南京博物院论文选编

（2013—2022）

南京博物院　编

科学出版社

北京

内 容 简 介

南京博物院的前身是1933年国民政府创建的"国立中央博物院筹备处"，中华人民共和国成立后，仍名"国立中央博物院"，1950年3月更名为"南京博物院"。南京博物院始终履行"提倡科学研究，辅助公众教育，以适当之陈列展览，图智识之增进"的立院宗旨，深耕文博事业，致力服务社会。2013年，南京博物院二期改扩建工程完工，形成"一院六馆"的格局，进一步提升了观众的参观体验，加强了文化遗产的保护、传承工作。2023年是南京博物院建院90周年，十年来，南京博物院在考古学、博物馆学、文化遗产、文物保护、文物学、艺术学等领域不断探索，持续推动学术进步。今选择部分论文汇编为论文选集，以祝贺南京博物院建院90周年。

本书适合博物馆学、考古学、历史学及相关专业的专家学者参考、阅读。

图书在版编目（CIP）数据

南京博物院论文选编：2013—2022 / 南京博物院编. —北京：科学出版社，2023.9

ISBN 978-7-03-076462-1

Ⅰ. ①南… Ⅱ. ①南… Ⅲ. ①考古学–文集②文物–研究–中国–文集 Ⅳ. ①K85-53

中国国家版本馆CIP数据核字（2023）第186200号

责任编辑：郝莎莎 / 责任校对：邹慧卿
责任印制：肖 兴 / 封面设计：张 放

科学出版社 出版

北京东黄城根北街 16 号

邮政编码：100717

http://www.sciencep.com

北京中科印刷有限公司 印刷

科学出版社发行 各地新华书店经销

*

2023年9月第 一 版 开本：889×1194 1/16

2023年9月第一次印刷 印张：35 3/4

字数：1 010 000

定价：**390.00元**

（如有印装质量问题，我社负责调换）

编　委　会

名誉主编　龚　良

主　　编　王奇志

副 主 编　徐　森　盛之翰　张金萍　马根伟

编　　委（按姓氏笔画排序）

王　姣　王　璟　王美诗　毛　颖

田　甜　田名利　许　越　李　竹

李　荔　李贵州　张　乐　张莅坤

周润垦　庞　鸥　郑冬青　巢　臻

蒋　群　戴　群

目 录

博物馆学

博物馆陈列展示柜内设计研究…………………………………………………… 张 乐（3）

组织变革视角中的博物馆数字信息资源整合…………………………………… 巢 臻（13）

后普查时期博物馆藏品管理的新发展研究——以南京博物院为例…………… 杨海涛（24）

博物馆高质量发展：品质、效能与评估………………………………… 龚 良 张 蕾（33）

基于智慧导览的博物馆观众调查、分析与探索——以南京博物院"法老·王"

　　"帝国盛世"特展为例………………………………………………………… 郑 晶（42）

国立中央博物院筹备处在李庄………………………………………………… 胡琰梅（52）

新时代博物馆定位与宗旨的实现………………………………………… 田 甜 王奇志（65）

从"藏·天下展"到"仰之弥高展"——南京博物院书画展策展思考………… 庞 鸥（74）

博物馆数据可视化平台初探——以南京博物院特展为例………………… 张莅坤 张立红（83）

"城市历史景观再现"展览模式探索——以民国馆和"因运而生"展为例…………

　　……………………………………………………………………………… 钱 钰 戴 群（93）

合规性与实用性：扬州中国大运河博物馆布展招标方式设计及实践………… 马根伟（103）

合作·共享：扬州中国大运河博物馆馆校合作的模式与活动策划…………… 许 越（116）

国际关系视角下的博物馆对外展览：作用与挑战…………………………… 陈 莉（126）

考古学

江苏张家港东山村遗址崧泽文化墓地初步研究………… 周润垦 胡颖芳 钱春峰（139）

江苏邳州梁王城遗址西周墓地出土人骨研究………………………………… 朱晓汀（156）

长江下游新石器时代动物形玉器的研究……………………………………… 费玲伢（168）

试析江南土墩墓的祭祀遗存…………………………………………… 高 伟 曹玲玲（180）

论顺山集文化…………………………………………………………………… 林留根（191）

试论中国史前的鹿角靴形器…………………………………………………… 许晶晶（213）

模印拼砌砖画与南朝帝陵墓室空间营造——以丹阳鹤仙坳大墓为中心……………………
…………………………………………………………… 左　骏　张长东（225）

海岱地区后李文化生业经济的研究与思考………………………………… 吴文婉（242）

南朝陵墓石刻新秩序的建立…………………………………………………… 卢小慧（258）

越系青瓷盉形器研究…………………………………………………………… 张小帆（268）

西周厉王、宣王纪日铭文的区分…………………………………… 朱国平　黄　苑（283）

文化遗产学

非物质文化遗产展的定义、分类及价值追求………………………………… 王美诗（297）

江苏女性非遗传承人身份认同与重构………………………………………… 朱莉莉（305）

文物保护

贵州贞丰县龙井村白棉纸制作工艺调查及纸张性能研究…… 郑冬青　彭　银　张金萍（317）

水硬石灰作为贺兰口岩画加固材料的耐候性能研究………… 徐　飞　杨隽永　杨　毅（325）

有机-无机复合疏水型二氧化硅涂层制备及性能 ……………………… 杨隽永　徐　飞（337）

瓷器传统修复材料变色成因分析……………………………………… 张　慧　张金鼎（351）

潮湿彩绘陶加固材料对比研究及应用………………………… 范陶峰　张　慧　杨隽永（357）

近现代文献脱酸关键技术集成与应用………………………………………………………
………………… 张玉芝　张云凤　张金萍　郑冬青　夏淑冉　蒋　弼（368）

太仓半泾河古船船体用材鉴定与分析………………… 陈潇俐　袁　雨　潘　彪　张　诺（376）

馆藏清代《牧牛图》轴的微生物病害研究………………………… 张　诺　徐　森（389）

传统书画装裱修复技艺多元价值及其体系构建探究——基于"苏裱"传承人访谈的思考
………………………………… 陈虹利　何伟俊　陈潇俐　陈　琦（400）

文物保护类展览的策划与特色——以"纸载千秋——传统记忆与保护技艺"为例
………………………………………………………………… 田建花　张金萍（410）

关于考古出土纸质文物保护利用的若干思考………………………………… 何伟俊（418）

新型文物封护保护材料氟橡胶耐紫外性能研究…… 章　月　杨隽永　冯向伟　徐　飞（429）

文物学

中国近代江南土布产业化道路对当今非遗土布产业开发的启示………………… 张　茹（439）

南京博物院藏乾隆皇帝御书《佛说贤首经》………………………………… 奚可桢（449）

晚清民国镇江清真寺伊斯兰教刻经述论……………………………………… 张平凤（455）

瓷僧帽壶源流考……………………………………………………………… 高　杰（470）

汉晋文物艺术形象中的丝路名马…………………………………………… 沈　骞（481）

南京博物院藏吴大澂信札五通初考…………………………………………… 万新华（487）

南京博物院藏古籍珍善本撷要………………………………… 欧阳摩壹　奚可桢（496）

艺术学

国立中央博物院筹备处贵州民间艺术考察初探——以庞薰琹为中心…………… 杜　臻（525）

豪气吞山河　风骚独自领——傅抱石毛泽东诗意画创作探析………………… 嵇亚林（536）

四川蒲江县河沙寺大雄宝殿明代壁画初探…………………… 鲁珊珊　戴旭斌（546）

胡小石楷书创作分期述略……………………………………………………… 赵启斌（557）

博物馆学

博物馆陈列展示柜内设计研究

张 乐

内容提要：本文叙述了博物馆陈列展示柜内设计的起源和发展，详细阐述了博物馆展柜柜内设计的基本原则和观念，分析柜内设计的形态构成、把握尺度和由此产生的视觉影响。课题结合实例，分析道具设计、色彩设计和光环境在柜内设计中发挥的视觉作用。柜内空间设计涵盖视觉设计的多个方面，包括创意法则、空间设计元素、与陈列展览设计结合、观众心理反馈、展柜空间设计操作流程等。对展品展示视觉影响的研究成果可以为博物馆的陈列设计提供新的指导思路，补充完善展览陈列艺术设计研究。

关键词：博物馆　陈列展览　陈列设计　柜内设计

"设计不是一种职业，它是一种态度和观念，一种规划（计划）的态度观点。"——莫合力纳吉（Laszlo Moholy-Nagy）。

"设计是包含规划的行动，为了控制它的结果，它是很难的智力工作并要求谨慎的关键的决策。它不重视把外形摆在最优先地位，而是把与之有关的各方面后果结合起来考虑，包括考虑经济、社会、文化效果。"——利特（德国乌尔姆造型学院）。

如果将博物馆陈列展示比作电影，柜内设计则是特写镜头，它将观众的注意力吸引在导演预设好的桥段中，通过独特的设计语言展示陈列品的艺术魅力。

一、博物馆陈列展示柜内设计定义

博物馆陈列展示柜内设计指的是博物馆在展览展示活动中，在陈列展柜内所做的陈列形式设计。陈列展示柜内设计是展览设计的一部分，是展示活动最直接的窗口，在陈列展览中具有重要的意义。

展柜是博物馆陈列的基础设施，对于文物展览展示效果发挥决定作用。传统展柜按材质分为实木展柜和金属展柜。实木展柜因可塑性强、质感厚重、色彩沉稳而在特定的历史时期被博物馆陈列广泛运用。随着文物保护要求提高、科学技术手段发展、新型材料运用，实木展柜的密封性差、灯光设计局限、防有害光性能不足等缺点显现。现在博物馆陈列中使用的展柜以金属展柜为主，具备密闭性强、防霉、防尘、防蛀等优点，柜内照明设计减少有害光辐射、防眩光，光照柔和均匀。现代金属展柜中设置温湿度监测调节设备、空气过滤设备和安保设备，减少展陈对文物造成的伤害。出于美观考虑，现在有些展览陈列会结合陈列设计主题，采取实木与金属相结合的展柜设计，此类展柜既具有传统的实木外观，又兼备金属展柜牢固、紧密、科技的特性，具有良好的陈列效果。

博物馆展柜种类多样，包括延墙通柜、独立展柜、恒湿展柜、壁挂展柜、壁龛、电动展柜等。应以文物类别、形态的不同选用不同的展柜陈列方式。"柜"是一个具有空间概念的名词，它指的是可以容纳物体并具有特定长度、宽度、高度的三维空间实体，物品可以根据尺寸、观看角度等在其中选择适当的摆放位置。展柜是一个闭合或半闭合的空间，具有采光的作用。在博物馆陈列展示中，展柜具有特殊的用途。展柜的用途包括保护文物、划分展示空间、陈列展示、宣传教育等。从博物馆"陈列展示"这个词语组成可以看出，展品"陈列"最初只是一种静态、单纯的摆放，具有简单的审美性，而"展示"包含"展开""明示"之意，使陈列具有了吸引观众的目的性。展示柜内设计必须服从于陈列展示设计的宗旨，了解展览的目的，熟悉展出文物的相关知识，在有限的展柜空间内，充分合理地调动、组织各种要素，以艺术的形式表现、渲染视觉氛围，引起观众的参观兴趣，使之获得捕捉知识的乐趣。

陈列设计根据展出文物的材质、形制规格，综合选择展柜陈列组合。每个展览的部题格局分别有两三种类型的展柜搭配。文物在展柜中的分布以疏密区分，形制相似、规模相近、器形较小的文物组合拼搭，中型和大型文物保持适当的间隔距离。依据时代分隔的展区，或将不同质感、大小的文物层叠摆放，营造一种"混搭"的美感，使陈列设计具时代感。

中心柜展示重点文物，化繁为简，是整个陈列的亮点。特性柜是展览陈列设计的创新，用于营造与众不同的视觉效果。以南京博物院"博物馆藏品架起沟通的桥梁"展览为例，高达6米的仓储式特性柜让观众联想到文物库房。特性柜的双面设计在展示文物的同时也展示了文物南迁运输用的木箱。木箱虽不是"文物"，但其独有的历史痕迹融入展览，对观众的吸引程度不亚于文物本身，激发了观众对南京博物院历史的兴趣，使之享有主动参观的心理趣味。展台是文物裸展的手段，用于展示不易移动的文物，通常以石质类文物为主，如石刻等。还有一类具有时代创新意义的是数字展台，用数字技术手段使展厅氛围活跃、流动起来，使得展览展示形式丰富多彩。

柜内设计的范围包括文物陈列支架设计、柜内展牌设计、文物陈列设计等。设计内容包括文物支架、承托固件、积木、说明牌、知识窗、背景图、文物陈列、多媒体展示等。

二、柜内设计创意法则

（一）以功能为先

陈列展示柜内设计是在辅助展览的前提下进行的，柜内设计必须以保障文物安全为前提条件。文物具有独特且不可复制性，是社会文明发展的遗物，是人类历史的见证物。历史性、综合性博物馆的展览多以文物的展览展示为基础进行内容和形式设计，可以说文物是展览的灵魂。展柜设计制作必须依照国家博物馆展柜制作标准，采用低反射玻璃，减少反射光、杂光；柜体应具有密封性，具有恒温恒湿调节和监测系统；灯光宽窄光配合使用，亮度通过电脑调节，电线走线整齐；柜门开启方式由自动结合手动，依据平柜、通柜、特型柜等展示方式不同，使用不同的开启模式。独立柜展柜可以根据不同文物的展览需要组合拼装为不同的形式，同样要符合安全、文保等功能要求。展柜玻璃为夹胶防爆玻璃。文物展柜的照明设备包括光导纤维灯光照明设备、LED光源、泛光照明设备等，对柜内光照度、色温控制都有要求。展柜背板、展台平面板、纺织衬料需用环保材料，确保展品的安全。展柜内布局需疏密有度，预留布展、展品调整、设备调试空间。柜内设计既要不影响文物和展柜的安全性、功能性，又要具有审美情趣，体现符合展览内容的历史文化内涵。展柜设计以功能为主、以形式为辅，两者相辅相成。

（二）美观与实用

美观和实用都很重要。柜内设计应具有与展览、文物背景相关的历史文化内涵，陈列展示具有设计性和艺术感染力，通过平面、立体、色彩等方面烘托出展览氛围。博物馆的展览按展出时间可分为常设展览和临时展览，陈列展示柜内设计所使用的材料应具有美观先进性和可重复利用性。陈列辅助工具如展架、承托固件等，可以设计得轻巧隐蔽，减少展柜内无关紧要、扰乱观众视线的杂乱元素，更加简单地衬托、突出文物，同时需要便于拆卸、组装，以方便布展和下次展览循环利用。知识窗、说明牌等在制作上应突出设计感，设计元素与展览整合统一，既美观大方，又能准确详细地阐释展品的内蕴。

（三）以技术性突出艺术性

柜内陈列科技含量主要体现在照明技术、材料技术、多媒体技术等方面，随着科技进步，现代博物馆展示技术发展迅速。以展柜玻璃为例，透光率达到95%以上、可见光反射率不超过1%的低反射超白进口玻璃已被一些大型博物馆采用。柜内照明设备包括防紫外线的光导纤维、LED光源和泛光照明设备等，大部分光源可通过数据系统进行智能控制，手动旋转调节光照角度。展柜内使用的材料，如背板、展台、积木、隔板、支架等均应采用阻燃材质，防潮防霉，结实抗震，既考虑形式设计的美观和质感，又确保文物在展示过程中安全无虞。伴随多媒体技术发展，博物馆运用3D影像技术和全息影像技术展出文物成为趋势，故柜内设计应充分为多媒体技术应用创造条件。陈列展示柜内设计既要使艺术设计成为现代科学技术的表现载体，又要充分运用现代科学技术来支撑艺术设计。

（四）局部与整体统一

柜内设计的局部与整体统一主要表现在以下几个方面。

1. 形式设计与展示主体统一

博物馆展览的展示主体是文物或艺术品，设计者需要从展品的造型、历史、色彩、材料、用途特征等方面设计与之相协调的方案。

2. 形式设计与展览整体统一

柜内设计过于简单，会显得整个展览呆板、没有生气。柜内设计需要重视展览细节，使形式设计变化与整个展览的理念密切统一。

3. 技术应用完整统一

柜内设计中的照明技术、材料技术、多媒体技术等应与整个展览的设计思路和技术运用相结合。

三、柜内展示设计要素

（一）平面

平面要素包括标识、图形、文字。

1. 标识

标识包括图形类的符号、文字、数字、方向标等记号，一个标识可以在简洁的、抽象的图形中利用视知觉的原理，减少设计方案带给观众的认知障碍，迅速地把展览的众多信息传递给观众。柜内展示设计中展览标识的运用应具有连贯性，柜内设计是整个陈列设计的一部分，标识元素贯穿整个陈列设计，在柜内设计中的标识元素更着重于重复和强调展览主题。标识通常应用在背景板、知识窗、说明牌、多媒体展示等各个方面，凸显展览独特的个性化特征。

2. 图形

柜内设计中的图形是对文物特点的概括、特写、展示、突出。设计者从文物的造型艺术和历史渊源提炼发挥，设计出紧扣展览主题的图形要素。早在文字发明之前，图形就作为人类信息传播的载体而存在，图形的传播打破了语言、文字的局限，便于不同国家、不同文化的观众直观地理解展览所要传达的信息。

3. 文字

柜内设计中的文字元素具有两重特性。首先，作为说明语言，文字的目的在于准确地传达信息，应具有规范性、准确性、严谨性、逻辑性等使用原则。其次，文字作为构图元素，其字体、字号、色彩、与图案之间的关系以及排放位置都是设计者应该考虑的要素。文字在某些构图中具有类似图形的作用。

（二）空间

柜内设计是在特定的空间中进行的，不论是完整的独立柜，还是半闭合式的壁龛，陈列设计的空间对象都是立体的、具有长宽高三维的、独立服务于展品的展示空间。观众参观博物馆展览的过程是一个运动的过程，观众首先需要被展柜中的文物吸引，然后走近展柜，通过对柜内的文物、图板等各种元素的观察理解等思维活动，最终使展品实现其陈列价值。柜内设计者应具有良好的空间感，需要研究观众的参观心理，抓住观众猎奇的心理，研究观众的视角。根据视觉科学研究，陈列展示应以人的身高为基准来确定展示主体的摆放高度，一般为从地面起距地80厘米，因视觉限制，不宜超过350厘米，经常运用的高度为80—250厘米的空间区域，根据人体的标准身高，最佳陈列高度应为127—187厘米。柜内陈列展品排列过松或者过密都会影响观众的参观活动，给人不同的视觉感受。

（三）陈列

柜内设计的主体是陈列，即文物如何摆放。陈列设计应从观众的参观要求出发，突出重点展品，有点有面，主次突出，陈列展品的远近、疏密、高低符合人们的视觉流程。辅助陈列造型具有变化，设计元素变化而不突兀，符合展览主题。展示陈列应遵循观察舒适度，包括高度、视角、视距等，针对不同的展览主题设计不同的参观路线。一般观众的竖向视角为26°、横向视角为45°，观众在这个范围内的观赏展品效果最佳。另外，需依据展品的内容做适当的距离调整。例如，展出的古代绢材质字画，绢的颜色通常为深褐色，画面不突出，遵循对字画的色温和照度的文保要求，整体展厅光线较暗，这时就要尽量提高字画的展示高度，或者拉近与观众之间的平行距离，以保障参观的效果。通常人们的视距是展品高度的2倍，大小与展品成正比，观众参观的视觉顺序是从左到右、自上而下，由中点扩散到四周，这些视觉习惯都应在进行柜内设计时予以考虑。

四、展览柜内设计的四个重点

展览柜内设计是整体综合性设计，重点包括立体的空间设计、材料选择、色彩设计、道具设计等。

（一）立体的空间设计

柜内设计的立体空间感通过背景墙、说明图版、文物说明牌、辅助说明道具、积木、展品等要素组合，加以体现。

博物馆展柜内的装置主要有照明系统、背景墙、说明图版、积木、展架、展品说明牌、展品、辅助说明牌、导览系统、文物保护设备设施等。柜内设计的范围包括除导览系统和文物保护设施外的所有内容。

展柜空间设计讲求以人为本。以人为本有三个方面：工程设计以人为本、审美设计以人为本、内容设计以人为本。柜内设计中的工程设计符合人体工程学，适应人体生理舒适度。视角，即观众的参观视线。展台高度应在视角舒适范围内，以展览观众群为考量。照明系统合理，避免炫光，减少杂光，带给观众舒服的参观感。审美设计包括展柜内所有装置设计，设计思路与展览大环境和谐统一，设计元素运用恰当。柜内层次分明，高低呼应，具有审美效果。内容设计的主要目的是将展览的内容表达出来，让观众易于接受。从观众的参观心理出发，说明图版、背景墙、说明牌、辅助说明牌的排序、摆放合理有效，不复杂、不易混淆。

柜内空间设计要素有以下作用。背景墙用于营造陈列环境氛围，也常用于文物背景知识解说和文物说明。说明图版主要内容为历史背景介绍、部题说明、文物知识窗等，是观众参观的要素内容，以放置于观众的视野范围内为宜。积木、展架根据文物的器形、材质和大小设计，摆放层次由高到低、由小到大。特殊器物做支架、爪件、撑托，既美观又利于文物安全。文物说明牌摆放有序，辅助说明道具按顺序排列，间隔适当，以免混淆而引起歧义。

（二）材料选择

柜内设计材料选择多种多样，以环保、阻燃、防霉、防蛀、防眩光的材料为主。选用木质材料应注意木材的吸湿性和柔韧性可能引起展板变形、背景墙贴面起泡等现象。有机玻璃和玻璃积木也是展陈设计中常用的承托件。光面有机玻璃具有通透、轻反光的展示效果，对于色彩较厚重、器形偏小的文物可以产生提升环境光的展示效果。在某些需要多面立体展示的文物中，光面玻璃或者有机玻璃配合镜面反射，可以实现更好的展示效果，如玺、印类器物的陈列展示。磨砂玻璃增加陈列设计质感，常用与积木搭配使用。在照明环境光较强的展厅，磨砂玻璃既不像光面玻璃反光过强，又可以增加设计环境的通透感和质感。在布料的选择上，大部分展览偏爱选择亚麻布或者麻布、棉布等，根据陈列设计侧重点不同，麻布和亚麻布纹理清晰、质感丰富、颜色淳朴、质厚耐磨，棉布则有多色选择，常作为展览部题的自然区分过渡。有些展览使用细绒布面料，具有精致、贵气、细腻的视觉效果，但是绒布在布展过程中容易磨损、倒绒，且难以打理，需特别注意。在南京博物院特展馆"盛世华彩"瓷器展中，设计师正是运用了蓝色绒布作为背景，配合照明灯光，衬托出瓷器艳丽的色彩和华贵的宫廷风格。

（三）色彩设计

博物馆展览陈列设计中，柜内设计的色彩以纯色为主，用于营造氛围、突出文物主题。背景色块与图案、字体颜色为补色或对比色。背景色的选择依据展出文物的颜色，常从文物自身的颜色中提取。比如青花瓷的陈列用藏蓝色作背景，陶器的则选择用砖红或者土黄色。颜色的运用不仅在视觉上带来整体感，也具有反射环境光的效果。过于鲜亮的颜色反光过重，会影响文物本身的色彩，用浅色的积木或台面对环境光线进行反射，具有提亮文物底部或下部的作用。色彩可以作为照明的局部补充，使柜内陈列效果更加完美。例如，在南京博物院"博物馆藏品架起沟通的桥梁"展览中，每个部题使用了单独的配色方式，由红、绿、蓝、黑色块自动区分。柜内设计中配合了金色的积木，在环境光不够充分的情况下，利用光线反衬出青铜器下腹部的纹饰图案，使得展出效果更加完美。

（四）道具设计

根据文物的形态，陈列设计中常常需要量身定制专门的撑托架，如爪架适用于瓦当陈列，金属支撑架用于陶俑支撑，有机玻璃用于玉器固定等。需要注意的是，在支撑有机类文物以及较为脆弱的文物时，需尽量减小支架与文物的直接接触面积，如需使用钉子等尖锐物，应将其接触的地方套以软橡胶，尽量减少对文物的伤害。垂挂类文物的展示常使用有机玻璃支架支撑起落地端的卷轴，尽量使之不与地面接触，避免污染。在坡面展台展示卷轴时，根据实际情况固定卷轴是需要提前考虑的问题，常用到鱼线或有机玻璃压板、压片固定。

陈列辅助道具的使用原则以不伤害文物为首要要求，做工需牢固可靠，辅助道具还应尽量"藏"在展览中，不喧宾夺主。

五、柜内设计操作流程

（一）展览陈列设计基本设计思路

首先，确定展览设计思路和展览主题、展览目标观众群体，制定陈列计划书，明确形式设计要素。

其次，收集整理展览设计的相关资料，包括展览的标识、展览的文字方案、展品介绍、展出文物信息（文物件数、器形、大小、材质、完残）、文物图片资料、展览相关内容图片资料、影像资料、展柜资料（展柜件数、大小、布局）、展厅情况（照明设备、建筑结构、安保情况）等。

（二）创意设计、制作

1. 文物定柜

即根据展览内容顺序、文物的规格尺寸和等级，初步确定文物的摆放位置。首先依据展览内容大纲对文物进行陈列区域划分。而后根据文物的等级、体积、形态、重量确定不同的展柜标准，如一级品放置独立柜以凸显其文物价值，石刻、家具等较重较大的文物应安排在有特殊承重要求的展柜或展台内，字画等需要特殊保存条件的放入温湿控制展柜并做照明调整。

2. 展示形式

文物大体定柜之后，针对不同的展柜特点做柜内展示设计。综合性展柜（即文物根据时代或特定因素划分，不同类型器物放置在同一展柜内），以文物的共通性为设计要点，化零为整，采用多种辅助陈列手段，如展板、积木、支架、多媒体等技术运用，展示立体的图景。同类型文物展柜，如瓷器仓储式展柜，由于整体展柜展示的是用一类器物，在展示设计上以突出器形的特点为主，调整照明设计，有重点地突出器物的美感。

3. 照明形式

根据展柜的不同采用不同的照明方式和照明角度，同时需要考虑环境光对展示效果产生的影响。不同材质的文物采用不同的光源设计，避免出现过强光造成视觉刺激。对于有文物保护要求的文物采取特殊的照明方式，如感应灯、渐变光调节等。

4. 平面形式设计

运用标识、图形、文字等设计元素，结合展览陈列设计营造出和谐统一的展览氛围。

5. 多媒体设计

根据特殊文物的特殊需要，制定多媒体技术运用计划。有重点地选择文物做3D、全息影像等多媒体设计。在柜内设计中结合展柜环境、陈列空间环境、技术硬件环境等设计多媒体应用方式，注意与整体展览陈列设计风格融合。

6. 文物定位

基本确定文物的摆放位置，根据文物的器形、体积确定陈列方式，根据文物的价值设计辅助展示说明，展览采用平面、立体相结合的方式达到全方位的陈列效果。

7. 布展顺序

柜内设计遵循由内而外、由上而下的设计程序，点面结合。从展览的制作顺序来考虑，应先注意需要使用特殊托架的文物陈列方式。选用牢固的材质制作支架和积木。制作背板的同时考虑材料的吸湿性和张力。首先制作背景板，常采用喷绘或者丝网印，而后悬挂说明图版，放置在墙面展示文物。积木与文物同时摆放、调整、固定。放置说明图版和辅助说明工具、语音导览卡等。在使用特殊定制的展柜时需要调节展柜灯光。柜内设计应按照顺序进行，一旦文物进入展柜，再对背景板及说明图版等进行调整就更加耗时耗力，而且增加文物保管的风险。

（三）制作费用测算、制作

根据柜内设计需要，确定柜内制作需要的材料、种类和质量，根据市场价格做成本测算。设计制作以可循环重复利用、材质符合施工安全要求为标准，根据陈列设计总体预算控制柜内设计制作成本，做到合理节约。依据布展时间进度完成制作。

六、柜内设计实例

2014年12月26日，"藏天下——庞莱臣虚斋名画合璧展"（以下简称"'藏天下'展"）在南京博物院特展馆隆重开幕。"藏天下"展以虚斋"藏"画为主题，故宫博物院、南京博物院、上海博物馆三馆藏虚斋字画为筋骨，藏家庞莱臣为脉络，策展人通过对古代名画的新中式演绎，使得"藏"沁润贯穿展览始终，格调清新雅致，深受观众喜爱。仅开展前3天，参观人数已超过3万。

分析"藏天下"展成功案例，主要体现在以下几个方面。

"藏天下"展中的名画主要有以下几种形式：立轴、册页、手卷、屏条、成扇。每种形式展示方法不一。其中一件沈周的《东庄图册》，为30页对开册页，所需展线长30米。因为展厅空间条件所限，《东庄图册》也是第一次在南京博物院全部展出。为此，形式设计师专为其量身定制了长15米的双面展示平柜，高110厘米，配以超白玻璃，外部灯光通过达利智能灯光控制，光线均匀，避免杂光，照度、色温严格以文保要求为准。这样的设计既拉近了文物和观众之间的距离，满足了观赏需要，又保护了文物，减少因展览产生的文物损耗。

"藏天下"展整体设计简洁，主题色为白色，通柜的柜内设计简洁而不简单。柜内立轴、册页、屏条混搭，册页以斜面积木平铺展示。为了解决柜内纵深不够的问题，采用双斜面的积木设计。纯白色的背景墙和积木浑然一体，把陈列主角留给了名画，低调营造展览雅致的氛围。

"藏天下"展的展柜主要有通柜、平柜、独立柜、特型旋转柜几种形式。特型旋转柜的高度、空间适合展示立轴，独立柜则为展示成扇画龙点睛。在成扇的柜内设计中，设计师特意测量了每把扇子的幅面，用有机玻璃制作扇架，再用鱼线加以固定。有机玻璃的透明质感为独立柜增添了玲珑剔透的视觉效果。

"藏天下"展的展柜内平面设计坚持简单和纯粹的原则。展板缩减为4块，全部甄选于庞莱臣《虚斋名画录》中的内容。说明牌以白色为基，简明扼要。部题说明突破常规，以灯箱的形式装于展柜的外侧，设计精练，内容简约。

综合"藏天下"展的柜内设计思考，柜内设计需要把握如下三点：①展品的特点，②风格与元素，③材质的选择。

七、柜内设计的宗旨

柜内设计遵循博物馆陈列设计以人为本的原则，依据人体工程学设计，遵从简单的设计美学，讲求自然融于境的朴素之美。柜内设计是陈列设计的内涵和诠释，围绕展览陈列主题，是对陈列设计语言的诠释。柜内设计更注重实用，从文物保护和为观众服务两个角度进行设计思考。

现代博物馆的展陈形式多种多样，作为展览实物载体的"柜"也出现了形式创新。南京博物院的"博物馆藏品架起沟通的桥梁"展览陈列设计，打破了传统展柜的概念，设计出具有强烈视觉冲击力的仓储式展柜。这种设计使展览不再局限于过去传统平行的陈列模式，从某种意义上说，将真实文物作为陈列设计的一部分，除了展现文物本身的历史内涵外，更赋予了文物装饰效果。

（原载于《美术与设计》2015年第5期）

组织变革视角中的博物馆数字信息资源整合

巢　臻

内容提要：博物馆数字信息资源是博物馆知识服务的重要资源基础，通过对信息资源进行整合来促进对资源的深度开发和利用，是互联网技术环境下资源利用的趋势。目前，关于博物馆信息资源整合的研究思路多集中于技术架构与资源标准方面，较少关注博物馆组织内部的协同问题。而博物馆组织内所有个人与群体间的协同与配合往往决定着整合行为的成败。因此迫切需要一种新的视角来指引资源整合研究和实践的推进。在研究中引入组织变革理论，将信息资源整合视作一种变革行为进行重新认识，可以为解决整合过程中的"组织协同"问题提供新的思路。

关键词：资源整合　组织变革　博物馆　信息化　数字媒体

"博物馆学的最主要之点在于信息。博物馆的物是信息的载体。"[①]如何对待、收集、保护、使用博物馆的信息是博物馆事业发展的根本。随着博物馆数字化的普及，博物馆在收藏、研究、教育各项业务中积累的大量业务资料均是以"数字媒体"[②]的形式存在的，其内容包括藏品类、档案类、新闻类和应用类等。"数字媒体"正成为博物馆在"文物藏品"之外的主要信息储存载体。

"十三五"期间，国家大力实施网络强国战略，"将数据转化为知识"，"让知识呈现方式服务于知识的传播"成为中国博物馆发展的重要战略之一。在基于数字信息传播技术的知识传播体系中，"加强海量的文化信息资源的开放整合"，"将信息转化为社会公众享有的学习资源"，"构建一个数字化教学的生态系统"[③]，通过对博物馆数字信息资源进行整合，促进对资源的深度开发和利用，是互联网技术环境下博物馆资源利用的趋势。

---

① 王宏钧：《中国博物馆学基础》，上海古籍出版社，2001年，第9页。

② 数字媒体是指以二进制数的形式记录、处理、传播、获取过程的信息载体，这些载体包括数字化的文字、图形、图像、声音、视频影像和动画等感觉媒体，表示这些感觉媒体的表示媒体（编码）等逻辑媒体，以及存储、传输、显示逻辑媒体的实物媒体。

③ 《2015文化、教育行业"文化大数据与教育创新"研讨会综述》，［2015-03-25］http://piccache.cnki.net/index/images2009/2015WHDSJ/index.html。

"资源异构""信息标准""组织协同"是当前博物馆数字信息资源整合研究与实践中的难点。其中，组织内的部门与人员间的协同配合问题贯穿于资源整合行为的全程，并对其整体规划与推行有着巨大的影响。目前，关于信息资源整合的研究思路主要有两种：第一种侧重于对计算机软硬件体系架构的研究，第二种侧重于博物馆资源内容信息标准体系的研究。然而，这两种研究思路都无法直接解决来自组织内部的协同问题，导致"资源整合"在实施中存在巨大困难。本文希望结合组织变革的相关理论，从"变革"的角度对数字信息资源整合行为进行重新认识，为解决整合过程中的"组织协同"问题提供新的思路。

一、博物馆数字信息资源整合研究中的问题

（一）博物馆数字信息资源整合的概念与内容

"资源整合"是系统论的思维方式，它在信息化领域很早被提出。其中最著名的是美国管理信息系统专家理查德·L. 诺兰（Richard L. Nolan）于20世纪70年代提出的"诺兰模型"中的描述。诺兰认为，任何组织由手工信息系统向以计算机为基础的信息系统发展时，都存在着一条客观的发展道路和规律，可以概括为：初始阶段、普及阶段、控制阶段、集成阶段、数据管理阶段和成熟阶段。他同时强调，任何组织在实现以计算机为基础的信息系统时都必须从一个阶段发展到下一个阶段，不能实现跳跃式发展[①]。

从2000年开始，博物馆信息化的工作重心是对实体馆藏资源进行数字化、虚拟化。各类博物馆业务资源平台相继搭建完成。多年来，博物馆一直在有组织、有目的地进行"数字信息资源"的累积。这一特征对应着诺兰模型的第三阶段"控制阶段"——"应用开始走向正规，并为将来的信息系统发展打下基础"[②]。

随着"智慧博物馆"概念的提出，"消除信息孤岛，使人与人、人与物、物与物之间形成系统化的协同工作方式，从而形成更为深入的智能化博物馆运作体系"[③]，成为国内博物馆信息化发展的新方向。这正符合诺兰模型中第四阶段"集成阶段"的特征——"努力整合现有的信息系统"[④]。

---

① 温尊平、廖文杰：《我国电子政务发展现状和趋势分析研究——基于诺兰模型和施诺特模型》，《情报杂志》2007年第1期。
② 温尊平、廖文杰：《我国电子政务发展现状和趋势分析研究——基于诺兰模型和施诺特模型》，《情报杂志》2007年第1期。
③ 宋新潮：《关于智慧博物馆体系建设的思考》，《中国博物馆》2015年第2期。
④ 温尊平、廖文杰：《我国电子政务发展现状和趋势分析研究——基于诺兰模型和施诺特模型》，《情报杂志》2007年第1期。

本文所讨论的"博物馆数字信息资源"是指以数字媒体为载体的、在博物馆业务活动中积累起来的、可用于文化服务的各类信息集合。其总体思路是，将博物馆组织内部分散的、多元的、异构的数字信息资源以逻辑的或物理的方式组织成一个整体，通过对其进行整体管理促进博物馆收藏、研究、教育各项业务的紧密协作，以提升博物馆的整体文化服务能力。

信息资源整合的内容分为数据层整合、内容层整合、资源层整合三个层次。数据是组成信息的基本元素，是开展业务的底层基础。数据层整合的目的是将分散异构的多种源数据进行整合，以便实时、智能地对有价值的信息进行提取。内容层整合是根据资源信息的内容特质将各类信息进行分类管理，使组织能够及时掌控内部已有的信息和知识。资源层整合强调对信息的整体管理和对业务的促进。资源层整合将涉及对信息架构和业务流程进行改造。

所以，博物馆数字信息资源整合是一个通过信息技术手段提升博物馆全局信息掌控能力的复杂过程，而不是单纯的信息系统建设项目。

（二）博物馆数字信息资源整合的难点

博物馆信息资源整合过程中的三个层面分别具有不同的难点。

数据层整合的难点在于"资源异构"，主要是由于硬件平台、操作系统、数据库间的差异，不同业务平台产出的结构化数据彼此缺乏关联，信息难以流动。

内容层整合的难点在于信息体系的复杂。由于博物馆的信息大多源自藏品，而藏品的意义大致可分为"自我意义"（形态、用途、环境信息等）、"历史意义"（文化、历史信息等）、"现实意义"（社会对于藏品的认识和需求等）三个层面，其内容从具象到抽象、从表象到逻辑[1]，使得制定适用的信息标准体系十分困难。

资源层整合的难点在于"组织协同"。信息资源整合是一种提升博物馆全局信息掌控能力的行为，组织内所有信息产出、利用部门间的协同与配合决定着整合的效果。然而，博物馆的各项学科、业务经过长年积累与发展，形成了各自不同的规则与方法，相互之间在"界限"与"融合"上保持着微妙的平衡。新技术引进、信息架构重构、业务流程改造势必打破这种平衡，带来一系列管理问题。如果处理不当，不仅无法实现整合目标，还会影响原有业务体系的运行。

（三）博物馆数字信息资源整合方法研究的传统思路

当前博物馆行业对于数字资源整合方法的研究主要基于两种视角。

第一种是基于技术的视角，侧重于对计算机软硬件体系架构的研究。其中较具代表性的思路有：以故宫博物院、首都博物馆为代表的一体化建设思路，即在基础信息化建设中，始终秉持数字资源"采集、管理、应用"标准化、一体化的建设思路；以河南博物院、苏州博物馆

---

① 宋向光：《博物馆藏品的意义——社会行为的物化》，《中国博物馆》1997年第3期。

为代表的"应用数据总线"思路，即借鉴计算机学科的"数据总线"概念，"采用一种在松耦合的服务和应用程序之间标准的集成方式，对服务调用和消息传输提供一种简单的调用方法"①，以达成整合数据和业务功能的目的。

第二种是基于内容的视角，侧重于对资源内容信息标准的研究。如《博物馆藏品信息指标体系规范》《博物馆藏品二维影像技术规范》《博物馆藏品信息指标著录规范》等一系列标准规范研究，以及近年来基于数字资源的元数据研究②和数据知识化研究③等。这种基于资源内容的研究是希望通过信息标准的制定为分布式的信息资源搭建连接的纽带。

实践证明，关于计算机软硬件体系架构的研究可以为整合提供有效的技术思路，关于资源内容信息标准体系的研究可以为整合提供连接的依据。但它们并不能解决来自管理学范畴内的各类"组织协同"问题，其中较具代表性的有如何应对组织内部对整合行为的消极态度，信息部门如何在推进过程中掌握主动，如何确保整合成果的有效性和可持续性。这些问题会贯穿于资源整合从规划到实施的所有环节：组织内部的消极态度会导致整合计划难以定位；信息部门缺乏足够推进力，会使整合计划难以实施；没有确保有效性和可持续性的手段，会使所有的研究与规划流于表面。这也是许多资源整合实践者在遭遇阻力时总会在管理机制上寻求协助的原因。

所以，解决"组织协同"问题是资源整合行为成功的关键。在技术视角和内容视角之外，需要添加一种新的视角来指引资源整合研究和实践的推进。

二、组织变革视角下的"组织协同"问题

（一）组织变革理论与博物馆数字信息资源整合

组织变革（organization change）理论是组织行为学的内容。组织变革是指运用科学和相关管理方法，对组织的权力机构、组织规模、沟通渠道、角色设定、组织与其他组织的关系，以及组织成员的观念、态度和行为等进行有目的的系统调整和革新，以适应组织所处的内外环境等变化，提高组织效能④。

博物馆数字信息资源整合符合了组织变革行为的所有特征。第一，组织内外环境的变化是信息资源整合的动因。这些变化的环境因素主要包括：社会大众日益增加的文化需求要求博物馆提升文化服务能力；在互联网时代，博物馆必须加强数字信息资源的利用水平；"互

---

① 单晓明：《谈博物馆数字资产管理系统中数据的管理与应用》，《中原文物》2014年第6期。
② 冯甲策：《国家博物馆元数据规范建设与应用》，《博物馆研究》2013年第3期。
③ 罗威、易军凯、何坤鹏：《构建文物数字化保护标准体系主题词表的探索》，《博物馆的数字化之路》，电子工业出版社，2015年，第181—188页。
④ 周三多：《管理学》（第三版），高等教育出版社，2010年，第210—215页。

联网+"与"智慧博物馆"概念对博物馆提出了创新要求；组织内部技术、人员、管理条件的变化使博物馆需要新的资源应用方式等。第二，信息资源整合是一种提升组织整体效能的行为，其整合范围覆盖了博物馆收藏、研究、教育各项业务的信息产出、管理、利用各项环节，其实质是打破原有的馆藏资源应用现状，建立新的资源应用体系。第三，信息资源整合的核心内容是改变组织成员的观念、态度和行为，信息资源整合的对象涉及博物馆大部分业务工作，其顺利推行的前提是组织内所有成员对于"共享互联"理念的接纳与配合。

所以，"数字信息资源整合"可以被视为博物馆组织为了适应内外环境、技术特征的变化而自发的技术性变革行为。组织变革的相关理论可以为博物馆数字信息资源整合过程中的"组织协同"问题提供指导。

（二）组织变革视角中对"组织协同"问题的分析

1. 信息资源整合中的阻力分析

组织变革理论认为，所有的变革行为都会存在"变革阻力"。"变革阻力"是指人们反对、阻挠甚至对抗变革的制约力。变革阻力对于变革行为既存在积极的作用，也存在消极的作用。其积极作用在于可以激发关于变革优缺点的有益讨论，进而获得完善的决策；而消极作用在于可能会成为变革过程中的冲突源，阻碍甚至扼杀变革。变革阻力可以是公开的、潜在的、直接的或是延后的。其中公开、直接的阻力较容易处理，如公开抵制、消极怠工等；而潜在、延后的变革阻力则十分微妙，如缺乏积极性、延迟执行、遗漏信息等，这些阻力可能刚开始产生的影响较小，但随着人们对变革反应的积累，其响会越来越大。博物馆内部对整合行为表现出的消极态度均可视为来自组织内部的变革阻力，分别来自个体和组织。

（1）个体来源的阻力

个体来源的阻力来自人类的情感、行为和认知等。结合博物馆工作人员的特征，个体阻力主要表现以下四个方面。

第一，对于以往习惯的依赖。出于工作习惯、知识结构等方面的原因，有的工作人员对数字技术应用抱持着谨慎观望的态度。其中最常见的态度是，只接受能够直接减少工作量的技术手段。对于资源整合这种带有全局性、长期性特征的技术应用，往往会被视为增加工作量的体现。这使得资源整合行为提高不了博物馆非信息岗位工作人员的积极性，甚至会引起他们的抵制。

第二，对不确定性的担忧。博物馆的工作人员往往不需要应对来自外部环境的激烈竞争和生存压力，对于稳定力的依赖情绪较强。资源整合行为所塑造的新环境，需要人们掌握更多的信息技术技能、面对更多的分享与沟通、面对更具延展性的工作范围。对某些工作人员来说，这些变化中的不确定性会使他们因缺乏应对新环境的能力和信心而将之夸大，从而造成他们对未知的恐惧及安全感的缺失。

第三，对利益负面影响的担忧。无论在薪酬管理制度中，还是在社会给予的认可中，对工作人员个人专业水平的认证都很重要。这就使得博物馆工作人员对岗位职称、学术地位等因素格外关注。博物馆所有工作均是围绕馆藏信息资源而展开的，掌握更多的信息资源意味着个人在研究项目申请、学术论文发表等方面拥有更多的主动权。而信息资源整合是要将原本孤立的资源提供给更多人使用，这会使有的工作人员丧失对于资源的独享性，进而失去在获得自身利益过程中的主动性。

第四，与已有价值认同的冲突。博物馆工作人员大多具有人文学科的教育背景，根据教育学的研究，人文科学的研究者更乐于采用感受、领悟、体验、想象、理解的艺术的方法[①]，许多人始终将信息技术视作辅助工具，而不在自身工作内容的核心范围之内。所以，围绕已固化的业务流程进行信息化建设较容易实现，而涉及业务流程优化的建设则较难实施。博物馆工作人员很容易受到中国传统文化观中循序渐进、清静无为、知足常乐的价值观影响，而信息资源整合的变革行为在某种程度上被视作冒险的、激进的、本末倒置的行为。

（2）组织来源的阻力

组织来源的阻力来自于博物馆组织内部，表现为以下三个方面。

第一，在整合概念上的分歧。"资源整合"的概念尚不能够被所有业务部门充分理解，特别是长期专注自身业务的部门甚至会对"资源整合"的概念进行重新定义：有的会将"资源整合"定义为对已有档案类信息的统一管理，有的会将其定义为业务资料数字化，有的则是认为"资源整合"是对公众数据的收集。这些内容虽然都在"资源整合"的范围之内，但"资源整合"的全局意义仍未得到所有人的重视。

第二，组织的结构惰性与有限的变革关注。结构惰性是指任何组织都拥有产生稳定性的内在机制，当组织面临改变时，来自组织结构的惰性就会充当反作用力，努力维持原有的稳定状态。博物馆的组织结构、制度构建都具有较强的继承性和稳定性。尽管现代博物馆学对教育的功能更加重视，但收藏、研究仍然是博物馆不可动摇的基本职能。任何一种变革行为都不能够对这两项基本职能的发挥造成影响。而博物馆有限的人员编制使得三项职能的工作难以实现精细分工，难点在于仅对某一子系统进行的有限变革会因为更大系统的问题而变得无效[②]，同时变革不能影响其他职能的正常运转。

第三，资源的重新分配对组织内的群体带来威胁。整合意味着将对原有的资源掌控格局的重新划分，这种关于资源拥有权和使用权的重新定义，会引起组织内特定群体的担心：有的群体担心会因此丧失专业领域的优势地位；有的群体对原本因资源控制而在整个体系中形成的平衡关系感到满意，担心会因此丧失现有的资源优势；有的群体会担心因此导致权力关系的变化和话语权的丧失等。出于对自身利益的保护，这些群体会极力抵制以"互联共享"为目的的资源整合行为，这也是资源整合行为面对的最大阻力。

---

① 刘大椿：《人文社会科学的学科定位与社会功能》，《中国人民大学学报》2003年第3期。

② 〔美〕斯蒂芬·P.罗宾斯、蒂莫西·A.贾奇著，李原、孙健敏、黄小勇译：《组织行为学》（第14版），中国人民大学出版社，2012年，第555页。

2. 信息资源整合推动者的角色定位

变革推动者是指在变革实施过程中促进其成功的个人或群体，是确保变革成功的重要因素。在博物馆行业，资源整合通常由信息部门负责推行。从组织变革管理的角度，信息部门作为变革推动者具有如下优势：第一，信息部门对组织内的历史、文化、人员、操作程序较为了解；第二，信息部门可以独立于博物馆收藏、研究、教育三大核心职能体系之外，对各项业务提出平常不会提出的见解；第三，信息部门可以在整个资源整合过程中对各项业务做技术引导。

而在现实中，信息部门与业务部门关于信息化建设的合作常会出现"两极化"的趋势：一种趋势是由业务部门完全主导，信息中心仅等同于业务部门与技术公司中间的协调人。长此以往，信息部门会丧失主动性和责任感。此模式若应用于资源整合中，会因缺乏必要的变革推动而导致各业务部门间的协作流于形式。另一种趋势是信息部门强势推行，以信息化的规律对所有业务流程进行梳理，必要时进行流程再造。这种模式将会使技术优势完全展现，但它往往会忽略业务部门深层次的需求，同时也会因组织中的各种阻力影响而导致需求分析结果的偏离，最终导致整合结果缺乏实用性。

从组织变革的视角看，导致信息部门做出这两种选择的原因在于：信息部门拥有自身的阻力和惰性；缺乏推行变革所必需的权力基础；缺乏对组织内阻力的了解；在面对不同阻力时，缺乏应对策略。

总体说来，目前许多博物馆的信息部门还没有具备完成资源变革规划实施的准备。这些准备包括明确资源整合的意义，了解组织内的阻力，做好克服阻力的准备，认清自身在变革中所需承担的角色等。

3. 信息资源整合的推行策略

组织变革管理理论为博物馆信息资源整合行为提供了理论模型作为参考。如库尔特·勒温（Kurt Lewin）关于计划变革的三阶段模型，他认为组织变革不是一种静止的状态，而是各种力量动态平衡的过程。所有关于资源变革的措施最终可归纳为两种目的：增加驱动力、减少抑制力[①]。而约翰·科特（J. P. Kooter）的八步计划模型，则更加细致地对变革行为中可能出现失误的地方进行了总结，他认为：组织变革失败往往是因为高层管理部分没有建立变革需求的紧迫感，没有创设有力的指导小组，没有确立变革的愿景并进行有效沟通，没能获得短期利益，没有能对组织文化变革加以明确定位等。科特八步计划模型可归纳为：建立变革紧迫感，建立权利联盟，制定指导性愿景，进行愿景沟通，鼓励员工为愿景采取行动，有计划地创造近期成果，巩固短期成果，评估行为强化变革[②]。这些总结和模型可以在资源整合的实施过程中预判将遇到的组织问题，再提供相应的解决思路，提高变革行为的成功率。

---

① K. Lewin. *Field Theory in Social Science*. New York: Harp-er & Row, 1951.

② J. P. Kooter. Leading Change: Why Transformation Efforts Fail. *Harvard Business Review*, 1995: 59-67. b. J. P. Koot-er. *Leading Change*. Harvard Business School Press, 1996.

三、组织变革视角下的博物馆信息资源整合

如果把博物馆的知识性服务比作一条生产链的话，那么收藏、研究、教育的协作之间存在一条资源利用的供求关系。建立以促进业务协作为目的信息资源系统，除了需要了解资源本身的属性（分布情况、内容标准、数据类型等）外，还需要厘清这种供求关系，但这种供求关系必须通过协作才能显现。所以，解决"组织协同"问题的思路是：在资源被整合前，首先促进组织内各项业务达成关于数字信息资源采集、管理、利用理念上的共识，进而使隐性的资源供求关系显现出来。

（一）推行数字信息资源整合的总体原则

1. 稳定性原则

在变革实施的策略上，组织变革理论将变革分为两种类型：渐进式和激进式。渐进式适用于利益矛盾非常突出或非常复杂的情况，激进式则适用于解决长期积累下来的问题。渐进式变革有利于维持组织的连续性和秩序，而激进式变革虽易于达成目标却会给组织带来风险。信息资源整合行为必须在提升博物馆社会服务能力的同时，确保博物馆其他职能业务的连续性和稳定性。所以，整合行为应以渐进式的方法为主基调，通过持续性、小幅度的调整来逐步实现最终的变革目的。

2. "以人为本"原则

博物馆组织的主体是"人"，博物馆各项职能的发挥都离不开"人"的因素，这种诉求不仅是管理科学发展的结果，也是信息时代的特征。博物馆所有的信息都源自人的智力创造，每一位信息产出者都是智力劳动者，所以，信息资源整合的深层目的是对人智力的治理，在制定策略时不能忽视人性和个人价值创造。因此，信息资源整合除了要具备成熟的技术体系和透彻的标准体系研究作为支撑外，还需在实践过程中注重对"人"的关怀，以人的共识带动资源应用的协同。

（二）对数字信息资源整合工作的建议

1. 营造有利于组织内部协作的环境

要促进组织内工作人员达成理念上的共识，需要为他们创造共同的愿景。愿景应由组织内

部的成员制定、讨论，获得组织共识，形成组织内所有人愿意全力以赴的未来方向[①]。通过愿景的创建，可以改变行业惯有的思维与习惯，支持发展战略的实施，营造有利于协作的氛围。

愿景的构成包括三个部分：配合战略建立使命感、建立有效的价值观、对整合过程进行有效的管理。构建愿景并不仅仅是变革推进者的任务，还需要得到来自管理层、各业务部门主管、各业务工作人员的参与。作为变革推动者，首先，需要管理层明确资源整合的作用、意义，并拿制定合理的核心目标与阶段性计划，以获得足够的信任；其次，需要与各部门共同商议资源应用细节方案，获得更多的理解；最后，需要使创新意识与协作精神成为工作人员价值观的一部分，保证其能够充分理解与配合。只有通过愿景沟通，才能有效地培育与鼓舞组织内部的所有人，激发个人潜能、增加团队协作。

2. 建立变革联盟

信息部门通常是变革的推动者，但信息部门在推行变革时也有一定的劣势：第一，在制定、阐述、推行愿景时缺乏影响力；第二，当变革涉及业务核心利益时，无法获得平级部门的充分配合；第三，依靠自身的力量无法在全局范围内控制后续的变革结果。

所以，信息部门必须联合博物馆的管理层成立变革联盟，变革联盟成员需包括博物馆的最高领导层成员、各业务部门管理层人员。成立联盟的作用在于三方面。第一，可以使信息部门在组织内建立权力基础，以便有效地传达愿景，保证变革目标、行为、过程间的协调统一。第二，可以避免资源整合理念上的分歧，直接掌控来自各层面的需求及阻力，并采用有效措施实施控制，达到化阻力为动力的目的。第三，能够降低政治活动对变革造成的影响。由于资源整合行为势必涉及原有资源掌控权的重新分配，将相关责权利分配问题放在联盟内部讨论，可以减少后续变革的阻力，提高变革的效率。

3. 注重个人与组织的共同发展

现代学习型组织理论的研究表明，要注重个体与组织的共同发展，使个体在组织的工作、学习中体验到自身的价值，才能使组织更明确地工作。所以，资源整合需要重视人的感情、友谊、归属、尊重等因素。

在变革管理的方法中，组织发展方法是建立在人文和民主价值观基础上的，它可以有效地增进组织的有效性和员工的主观幸福感。如通过"调查反馈"（survey feedback）的方法消除工作人员对资源整合行为的误解；通过"过程咨询"（process consultation）的方法形成针对各业务的流程调整方案；让信息部门充当外部顾问的角色，与各业务主管、工作人员共同工作，诊断需要调整的工作流程，提出技术建议，同时明确资源利用的供求关系；采用"群体间关系的开发"（intergroup development）的方法消除协作中的分歧，让各业务部门列出对自身业务

---

① 陈瑞贵：《愿景管理之研究》，复旦大学博士学位论文，2005年，第17页。

中关于资源利用的认识、对其他部门的认识以及自己认为的其他部门看待自己的方式，然后将这些信息共享，讨论产生分歧的原因。

4. 信息部门明确自身的责任和角色定位

作为变革推动者的信息部门需明确自身在变革行为中的责任。首先，信息部门要相信推行资源整合的必要性和自身在变革行为中应发挥的作用；其次，信息部门需要了解来自组织内部的阻力，并保持积极的心态，做好克服这些阻力的准备。

在推行策略上，信息部门需以化阻力为动力的原则，根据组织内部不同的客观情况，变换自身的角色。这些角色包括：作为规划者，积极协助管理层营建愿景、制定计划；作为导航者和解释者，向各业务部门的工作人员阐明资源整合的意义，并提供建议与指导；作为沟通者，与各业务部门保持良好的信息交流，在组织内联合具有创新精神的核心业务人员加入变革团队，吸纳来自各方面的意见；作为看护者，在整个变革过程中确保传统业务的正常运作，掌控变革与稳定间的平衡；作为培育者，以潜移默化的方法调整工作人员的价值观念和技能，营造有利于变革的环境。在现实中，这些角色可能出现重叠，信息部门需要根据实际情况做出判断，运用多样的观点解决实际的问题。

5. 采用分步式计划提高成功率

在勒温的三阶段变革模型中，"冻结"是使新变革持久的关键步骤；科特的八步计划模型中也指出，需要有计划地创造和奖励近期成果，这些成果会推动组织向新的愿景迈进。因此信息资源整合宜采用分步式的变革方法，适时形成短期成果，并以此为基础不断评估、调整下一步的计划。

通过在局部范围内采用团队建设（team building）的方法提升变革的成功率。其原因在于两方面。第一，将整合范围缩小，由具体的跨部门合作项目开始研究可以回避组织内的大多数阻力。如在策展项目中，可通过具体的项目需求，厘清保管、陈列及相关配合部门间的关于策展的资源供需关系；在公共教育项目中，可以厘清保管、社教等相关部门间关于教育文化产品制作中的资源供需关系。各种不同侧重、不同层次的资源供求关系的总和即是博物馆数字信息资源整合的整体系统需求。第二，在局部范围内组建项目小组，可以利用高度互动的群体活动提高团队成员之间的信任与开放程度，使各成员将对资源利用的不同看法表达出来，同时通过对项目目标效果的评估，发现潜在的协作问题，从而制造对资源整合问题深入思考的机会。

四、结　语

组织变革是一个连续的过程，并没有明确起点与终点。变革的核心"在于识别变革原因的复杂性和混合性、研究理性及政治性的并存、对效率和权力的追求、特殊人群以及极端条件的作用、变革的混乱性、环境中的力量，以及让这些因素共同发挥作用的某些条件"[①]。任何一种变革行为都是对组织内主导意识和文化的再解读，以及对组织结构和权力关系的挑战，所以，数字信息资源整合势必要面对变革自身的复杂性、博物馆管理体系的复杂性、技术与需求动态平衡关系的复杂性。相信以组织变革理论为指导，结合计算机软硬件架构与馆藏资源内容标准体系的研究，一定会达成资源整合的目标，提升博物馆的整体效能。

（原载于《东南文化》2016年第3期）

---

① 〔澳〕伊恩·帕尔默、理查德·邓福德、吉布·埃金著，金永红、奚玉芹译：《组织变革管理》，中国人民大学出版社，2009年，第218页。

后普查时期博物馆藏品管理的新发展研究

——以南京博物院为例

杨海涛

内容提要：全国第一次可移动文物普查结束后，如何利用普查经验和结果，建立和完善与新时期博物馆发展相适应的藏品管理体系，是当前我国博物馆建设面临的重要任务。南京博物院藏品管理的实例说明，博物馆可以通过健全管理制度、构建网络管理平台、创新便于利用的管理模式、实时监测文物保护动态等手段，全面提升藏品管理能力，建立对藏品的规范化、信息化和精细化的管理体系，使藏品更好地服务社会。

关键词：全国第一次可移动文物普查　博物馆　藏品管理　规范化　信息化　精细化　南京博物院

历时四年的第一次全国可移动文物普查结束了，这次普查对于全国博物馆的藏品管理有着深刻的影响，它既解决了困扰一些博物馆多年的藏品基本信息的标准化、准确化问题，又给各博物馆以后如何更科学地管理藏品带来了无形的压力。对于大中型博物馆，尤其是藏品资源比较丰富、藏品管理有历史遗留问题的博物馆来说，普查后的藏品如何管理，如何保护普查成果，如何最大限度地发挥普查成果的作用，均是值得研究的课题。利用普查经验和成果，建立和完善与新时期博物馆发展相适应的藏品管理体系，是现阶段我国博物馆建设面临的重要任务之一。本文以南京博物院（以下简称"南博"）普查后在藏品管理方面所面临的一些普遍性问题以及所进行的一些探索为例证，探讨我国博物馆在普查结束后的藏品管理模式和手段。

一、第一次全国可移动文物普查对藏品管理的影响

第一次全国可移动文物普查于2012年10月在全国各地启动，到2016年12月完成。这次普查是通过国家统一组织和规划实施，由各级文物管理部门按照统一的标准，借助信息化手段，采用一定时段内集中调查统计的方式，对包括博物馆和非博物馆在内的文物收藏单位所收藏的可

移动文物进行认定和登记的一次全面调查。这次普查的目的是全面了解我国文物资源的总体数量和分布情况并科学评估其价值，规划和完善文物登录备案机制，健全文物保护体系，提高文物保护水平，保证文物安全，加强对文物资源的整合利用，促进文物进入公共文化服务领域，有效发挥其在国民经济和社会发展总体布局中不可或缺的作用。

这次普查的主要内容是登录文物藏品的基本信息，主要包括藏品编号、名称、级别、类别、年代、尺寸、质地、质量、完残程度、保存状态、包含数量、来源方式、入藏时间、收藏单位名称等14项基本指标，另外还有11类附录信息以及照片影像资料、收藏单位等基本情况。普查内容基本包括了藏品的所有特征信息，既有藏品的客观信息，也有保存管理状况的信息。国家文物局发布了《普查藏品登录操作手册》（以下简称"《操作手册》"）对所有登录内容进行规范，《操作手册》参照2013年国家文物局发布的《馆藏文物登录规范》（WW/T 0017—2013）制定，既有很强的规范性，又有很高的指导性。

在普查之前，全国各博物馆藏品管理的内容和形式并不统一，各大型博物馆都有一套自己行之多年的管理方法，而许多中小型博物馆的藏品管理模式往往是照搬大型博物馆，有的照搬对象甚至不是本区域的大型博物馆。这就造成了各博物馆藏品管理方式的不统一，使藏品管理难以系统化、科学化和理论化。藏品管理的科学性不够，必然影响对藏品进行深层次的利用，不利于藏品基本信息及登录标准在信息技术条件下的互联互通。近几十年来，虽然许多博物馆学者和藏品保管专家出版、发表了一系列有关藏品管理的理论专著、专论和文章，试图规范藏品基本信息的登录标准，但均未进入全国认可并一致施行的实际操作层面。

因此，这次普查对藏品管理最主要的影响体现在两个方面。其一，厘清了藏品的收藏情况，即俗称的"家底清了"。我国许多博物馆出于种种历史原因，积存了大量的未整理或未纳入正常管理的藏品。以南博为例，在普查前，南博馆藏43万余件藏品，有一半左右的藏品没有纳入正常管理，或是未进行登记，或是有账封存，藏品的数量难以精确统计，因此"家底"不清；普查后，南博的所有藏品都纳入了正常管理。其二，普查后，一些曾经制约藏品标准化管理的痼疾基本得到解决，如定名不统一、尺寸登录不标准、数量不精确、图像采集不全面等。这也是普查的成果之一。

二、文物普查后如何科学地管理藏品

普查后，藏品管理工作所面临的挑战主要有两个方面。其一，大量以前未入藏的藏品现在纳入正常管理，突然增加的藏品量带来新的管理压力。在普查前，许多博物馆的部分不常用藏品，或未详细清点，或未登记入账，基本无专人管理且采用封存形式进行保管。而根据普查的要求，所有藏品都将登记入账，纳入正常管理。如果仍采取传统的管理模式，将大大增加保管员的负担，也影响管理的质量；而短时间内增加保管员的人数，在大多数博物馆并不现实。其二，快速发展的"藏品为公众服务"的需求给藏品管理带来巨大的挑战。普查后，藏品全部保存了照片和基本信息，具备了便利的使用条件，为策展人提供了大量的策展素材。为公众服务是我国现阶段博物馆发展的重要特征，展览是博物馆服务公众最主要的内容和方式。在国际博物馆协会（The International Council of Museums, ICOM）2007年修改博物馆定义的新形势下，博物馆事业发生了巨大变化，主要表现在服务方面。博物馆的工作中心原来是服务于"物"——藏品，现在是服务于"人"——公众①。以南博为例，在2016年，除历史馆、艺术馆等六馆的常设展览外，南博共举办了24个临时展览，观众达2 881 600人次，另外还开发了920款文创产品；在2017年，举办了25个临时展览，观众达3 295 889人次，开发文创产品1 300多种。这些为公众服务的项目都离不开藏品的支撑。而文物藏品与一般物品不同，它往往被频繁使用，而且使用有一定的程序和要求，这就对藏品管理提出了更高的要求。

文物普查后，不论是藏品管理量和提用量的增加，还是藏品的科学利用所带来的新问题，均可归纳为两个因素：一是传统的保管理念难以融入新时期的博物馆事业，传统的管理模式不适应当下博物馆的发展要求；二是信息化进程滞后，阻碍了藏品管理和使用的高效、有序运转。要想破解普查后藏品管理的难题，就必须采用新的科学的管理模式和管理手段，具体来说，就是建立对藏品的规范化、信息化、精细化的管理体系。

（一）藏品管理的规范化

藏品管理的规范化包括管理内容的规范化和管理过程的规范化。经过这次全国性的文物普查，绝大部分管理内容业已被规范，诸如藏品的定名、分类、年代、计量和记件规范化等，但是藏品的管理过程仍有待规范。藏品管理是博物馆重要的日常性业务工作，一件藏品从接收入馆到入库保管、提用、修复等，中间需经过多道手续，另外还要进行库内的点核、统计，这些都属于重复性的工作，其烦琐复杂的程度不言而喻。在这些领域，可以引进计算机管理系统，按照《博物馆藏品保管工作手册》②进行管理，其规范化和及时性都是人工管理难以做到的。以南博为例，目前南博藏品管理系统包含藏品管理、检索统计、影像管理、流通管理、智能监控、修复保护六个系统。通过电脑系统，南博的藏品管理实现了征集鉴定、藏品登录、藏品入柜、藏品出入库管理、藏品盘核、藏品注销、账册管理、藏品检索、藏品统计、藏品出入库检索、人员出入库检索、藏品数量变动统计、藏品提用动态统计、影像统计等内容和过程的规范化管理。

---

① 龚良、毛颖：《中国博物馆大型原创性特展之展览策划——以南京博物院为例专访龚良院长》，《东南文化》2016年第6期。

② 国家文物局：《博物馆藏品保管工作手册》，群众出版社，1993年。

（二）藏品管理的信息化

信息化是目前博物馆藏品管理最重要的手段。实际上，在普查之前，博物馆信息化的浪潮就已经席卷而来。从20世纪90年代开始，各博物馆陆续使用电脑进行藏品管理，大部分藏品信息已存入电脑系统。近年来，随着信息技术的进步，大数据、云计算、物联网开始进入博物馆，许多博物馆已有的藏品管理信息化系统现在面临升级完善。

以南博为例，在2005年前后，南博先后采用了国家文物局推荐的藏品信息系统软件、本院信息中心开发的"瑞博藏品管理系统"进行藏品管理。2014年，南博根据新的需求，联合软件设计单位开发出"藏品全流通管理系统"，尝试将RFID射频识别技术以及文物电子标签运用到藏品管理工作之中。RFID应用于藏品管理的原理是利用携带在某个移动物体上的RFID标签中的信息实现对物体的追踪，文物电子标签与所代表的藏品具有唯一的对应关系，管理员手持含有全馆文物数据库信息的RFID阅读器在库房、展厅巡视一遍即可将所有文物核对清楚。RFID技术还有利于对藏品的查询、统计和提用，在动态管理方面颇具成效。如果解决了技术瓶颈，实现RFID标签与藏品的有机结合，RFID技术将革命性地提高博物馆藏品的管理水平、管理效率、流通速度，检索效率也会成倍增长，有助于对藏品进行分类排架、整理归纳工作，大大减轻保管员的工作负荷。从未来的技术扩展角度来说，RFID还具有安全防盗功能，只要标签中的防盗功能处于激活状态，若有人携带文物出馆，博物馆大门的传感器就会发出警示信息，通知保卫部门采取行动，从而遏止偷盗事件的发生[1]。但是，以RFID技术为核心的藏品信息化的前提是扎实的藏品基础工作，即所有藏品基本完成登账入藏、鉴定定级、编目建档等工作。文物普查前，藏品底数不清、入藏建档不规范等情况制约了藏品的信息化管理；文物普查之后，随着基础工作的进一步规范、完善，普查为藏品的管理积累了丰富的数据和图象，使建设RFID 射频识别技术拥有了基础信息元的支撑。结合RFID射频识别技术、计算机技术、多媒体技术的智能化管理是未来"智慧博物馆"的发展方向。

（三）藏品管理的精细化

藏品的精细化管理就是按照国家文化部发布的《博物馆管理办法》[2]的要求，对藏品的接收、鉴定、登账、编目、建档、分类、上架、提用、注销、统计、保养、修复、复制等诸多方面设计精细的工作流程，实现藏品从进到出动态管理的无缝隙安全对接。实行精细化管理，可以把工作流程、工作岗位细分为一个个"工作单元"，对人员进行整合优化，组成精干的管理

---

① 徐文杰、管会生、王亚东：《基于RFID技术的博物馆文物管理系统的设计》，《微计算机信息》2010年第20期。

② 《博物馆管理办法》（中华人民共和国文化部第35号令），［2006-01-09］http://www.gov.cn/flfg/2006-01/09/content_151766.htm。

队伍，借助藏品信息化管理系统，建立"目标明晰，责任明确，安全高效，管理科学"的现代化藏品管理体系。博物馆对藏品的管理和使用，要强调对每个细节的把握，形成注重细节、分工合理、衔接有序、操作标准的工作模式，以标准化管理措施来代替个人经验管理。

精细化管理以制度化为保障，配以系统化、标准化、信息化、设置合理的流程并配备相应的工作管理条例，可以实现以较少的"人"管理较多的"物"这一目标。南博原先的藏品管理为专人专库，每位保管员管理一类或数类藏品。在强调藏品保管、"藏"重于"用"的时代，藏品提用量不大，这种管理模式尚能适应博物馆的运转要求，并且具有职责清楚这一突出优点。本次文物普查后，随着藏品管理量、提用量的增加，以及对保管员策展、研究等要求的提高，专人专库的模式就不再适应新时期博物馆事业的发展要求。在文物普查工作中，许多博物馆建立了多个普查小组。如南博成立了37个普查小组，每个小组配备了文物登记员、信息录入员、影像采集员等工作人员，这种小型的多功能小组可以为常规的藏品保管的精细化管理模式提供借鉴。目前，南博正在组建责任保管员和辅助保管员制度，以总账监管为枢纽，由过去的专人专库模式逐步向多人多库模式转变；同时，藏品管理由库房向展厅延伸，建立藏品巡查制度，藏品管理部门联合陈列、文保、保卫、物业等相关部门定期对展厅藏品进行巡视，填写巡视记录，排除各种隐患。

以多功能小组逐步替代单一的保管员来应对典藏和策展的需求，实现对藏品的精准定位，全面掌握并及时更新信息，从而实现对藏品常态化、标准化、数字化的流程通畅的全覆盖管理——这是一种符合新时期博物馆事业发展方向的新尝试。

以上三种管理是相互依存的关系，缺一不可，共同构建新型的博物馆藏品管理模式。规范化是基础、信息化是核心、精细化是关键。只有完成规范化，才能实现有效的信息化；信息化又为规范化管理、精细化管理提供了助力；而如果没有精细化管理，规范化、信息化就不能最终落实。

三、文物普查之后藏品管理科学化的实现路径

文物普查之后，藏品管理科学化是必然趋势。笔者认为，解决了现有困难之后，博物馆藏品管理工作的远景目标主要有四个方面。

（一）健全管理制度，对接国家文物登录制度

第一次全国可移动文物普查规范了现有藏品管理的各种技术标准，虽然普查只采集14项文物基础信息，但历年来国家文物局先后制定并发布了《近现代文物征集参考范围》《近现代一级文物藏品定级标准（试行）》《文物藏品定级标准》《古籍定级标准》《博物馆藏品信息指标体系规范（试行）》《博物馆藏品二维影像技术规范（试行）》《文物藏品档案规范》等标

准和规范，在此基础上，结合文物登录要求又制定出《馆藏文物登录规范》，并编制《第一次全国可移动文物普查工作手册》来指导各级普查办、各收藏单位的普查工作[①]。这实际上是规范文物登录的要求，为建立国家文物登录制度打下了基础。

在此次普查中，藏品的考古发掘信息、来源信息、流传经历、鉴定信息、保管信息、著录信息、损坏记录、修复复制记录、移动记录、陈列信息、研究信息等附属信息也在采集范围内。另外，在普查中，国家普查办实行规范编码，对文物藏品和收藏单位分类编号，统一配发标准代码。登录的每件文物都有了"文物身份证"，具有全国性的永久唯一的22位数字编码，作为文物属性查验、信息甄别和检索查询的识别标识，这就建立起集实物、档案、信息关联于一体的编码系统和数据管理系统。这些工作远远超出了一般博物馆藏品管理的内容和程序，实则也是博物馆对藏品信息进行全面梳理、调查、整理、研究的一次难得机会。博物馆应认识到，藏品管理不应仅限于藏品基础信息的认定和揭示，还包括博物馆对藏品的日常保护、研究、展示工作。因此，普查后各博物馆的藏品管理部门应该坚持根据《馆藏文物登录规范》制定藏品分类、定名、年代、计量等登录标准及认定程序，重新制定或健全本馆的管理制度，淘汰原先不够规范的登录制度、管理制度，实现藏品的标准化、精细化管理，无缝对接国家文物登录制度。

（二）构建网络管理平台，对接国家文物数据管理平台

早在2002年，国家文物局在《文物事业"十五"发展规划和2015年远景目标纲要》中就提出建立全国文物信息数据库的设想。这次可移动文物普查为建设全国可移动文物信息登录平台、形成全国藏品信息资源总库创造了基础条件。普查制定、执行了全国统一的藏品登录规范，规范了藏品档案和登记卡，确立了十余项标准，定名、计量、分类、断代等多个基本指标的标准首次实现全国范围内的统一。各单位按照这些普查要求开展藏品清点，核定账物对应，补充完善藏品信息，健全藏品账目档案，将普查数据上传至全国可移动文物信息登录平台。目前该平台已登录文物照片5000万张，数据总量超过140TB，有效构建起全国可移动文物大数据，基本建成了国家文物资源数据库，实现了全国国有可移动文物信息的统一集中存储。不久的将来，还将建立国家文物数据管理平台，从而改变过去各单位文物信息零散孤立、互不相通的信息孤岛局面，实现全国范围内各家博物馆文物藏品信息的统一管理、查询和使用。

对于各博物馆的藏品管理部门来说，本馆的藏品数据库建立之后，还要以开放的心态积极构建与国家文物数据管理平台相对应的网络管理平台。在满足本馆数据使用需求的同时，在条件成熟的情况下，将本馆藏品的数据变化及时更新到国家文物数据管理平台，这样既可以实现文物数据的有效性、实用性，又可以促进本馆的藏品管理工作更好地进行。国家文物局等五部委共同编制的《"互联网+中华文明"三年行动计划》中提出，到2019年末，初步构建文物信

---

① 潘志鹏：《对可移动文物普查与博物馆藏品数字化管理工作的思考》，《博物馆研究》2015年第3期。

息资源开放共享体系，支持文物博物馆单位有序开放文物资源信息，将资源信息开放、信息内容挖掘创新、信息产品提供等纳入文物博物馆单位评估定级标准和绩效考核范围①。

（三）实时监测文物保护动态，全面提升藏品管理能力

这次文物普查对藏品信息进行统一的标准化采集，为实现藏品资源的动态化管理和利用、全面提升藏品资源管理能力创造了条件。藏品的管理应遵循预防性保护的思路，建立实时保护动态监测系统，加强对库房环境、展厅环境、运输过程中环境的自动监测。

藏品保存环境是预防性保护的关键所在。环境的自动监测包括三个方面：温湿度的监测、空气环境的监测、安全环境的监测。南博目前采用现代无线通信、微传感器等信息技术，以往由人工监测的库房已实现远程自动化监测。所谓远程自动化监测，就是利用无线传感网络技术在长期无人值守的状态下工作，进行环境监测。无线传感网络技术作为物联网技术的核心技术之一，是最近一段时间逐渐发展成熟的新一代信息技术，它集成了无线通信技术、微传感器技术、分布式信息处理技术、嵌入式计算技术等，主要解决了物联网感知层最前端的信息感知、采集和短距离传输问题。藏品管理部门可根据不同质地、不同现状的藏品，按照个性化保管要求，编制一整套对空调、照明、通气等装备的调节程序，使库房区域和陈列展示区域保持最佳的温度、湿度、光照、空气流通等条件的微环境组合。藏品管理部门应随时掌控库房环境，并可以与设备部门互动，或直接指挥和调控设备。物联网技术发展已经为博物馆文物保存环境的监控引入了新的风险预控管理模式，为预防性保护珍贵文物提供了新的技术路线②。

（四）创新便于利用的管理手段，"让文物活起来"

藏品永远是博物馆运作的核心，只有通过对博物馆与藏品的了解，才能把博物馆的关怀与专业能力展现给大众③，这是藏品对于博物馆的意义。不仅如此，文物藏品对于文化传承和社会发展有着更大的作用。重视藏品管理，积极推进普查成果共享和利用，是目前各级文物机构和各博物馆的任务之一。除《"互联网+中华文明"三年行动计划》中提出通过观念创新、技术创新和模式创新，推动文物信息资源开放共享以外，近年来，社会大众对图书馆和博物馆

---

① 国家文物局、国家发展和改革委员会、科学技术部、工业和信息化部、财政部：《"互联网+中华文明"三年行动计划》（文物博函〔2016〕1944号），［2016-12-06］http://www.gov.cn/xinwen/2016/12/06/content_5143875.htm.

② 吴来明、徐方圆、黄河：《博物馆环境监控及相关物联网技术应用需求分析》，《文物保护与考古科学》2011年第3期。

③ Susan Pearce. *Museums, Objects, and Collections: A Cultural Study*. Washington D. C.: Smithsonian Institution Press, 1993: 9-11.

又有"开放获取"的要求①。"开放获取"英文为Open Access（简称OA），倡导"对用户免费""无限制使用""充分共享"的开放理念。美国伊利诺斯大学（University of Illinois）从2001年7月开始研究文化遗产资源的开放文档先导（Open Archives Initiative, OAI）项目，尝试并确定在文化遗产领域实现基于OAI协议服务的可行性②。虽然"开放获取"目前只在期刊和图书馆领域有较多的尝试，博物馆藏品信息在互联网上的公布权、传播权尚待讨论，但不可否认，"开放获取"也将是博物馆发展的趋势。

为适应藏品服务社会的新常态，藏品的管理应创新便于利用的管理手段。

首先，要拓展普查成果，继续建设和完善文物大数据体系。目前，世界已经发展至以数据为中心的范式——"大数据"时代，信息的每一部分与信息的其他部分之间将会变得越来越具有关联性③。文物大数据是"智慧博物馆"的构成细胞，"智慧博物馆"以数字化为基础，充分利用物联网、云计算、大数据、移动互联网等新技术，以全面感知为核心，分析、整合博物馆运行核心系统的各项关键信息，使其更加智能④。博物馆建立以藏品的信息化管理为核心的智慧管理系统，是建立"智慧博物馆"的基础阶段，也是核心内容。在"智慧博物馆"中，藏品系统的建设是博物馆信息建设的重要组成部分，是信息建设系统中的脉络控制的核心资源要素。在大数据时代，我们必须要有这样的认识："智慧博物馆"的一切都要信息化，要充分运用大数据，把"智慧博物馆"完全融入大数据之中，促使"智慧博物馆"在人们的学习、生活、工作和研究中发挥更大的作用。藏品数字资源是"智慧博物馆"的立足之本，是提升服务质量和服务水平的保证，是"让文物活起来"的基础。

其次，要细化编目与登录内容，弥补普查的不足。在藏品登记中，虽然我们期望将所有信息资料都采集到位，但迫于普查中的时间限制和人力、物力、财力的局限，各博物馆仅仅按照普查的要求对基本信息进行采集，那些与普查关系不大却又具有使用价值的信息都被剔除出采集的范围，如藏品研究著录信息、历年鉴定信息等。这种做法对当时的工作来说是省时、省力的无奈之举，但立足长远来看，这种做法导致了藏品系统中相当一部分信息数据的损失；更为重要的是，藏品的研究是无止境的，对藏品来源进行追溯和考证，对藏品的历史价值、艺术价值、工艺价值进行研究，深入挖掘能够反映中华文明独特魅力和文化传统的典型性文物，加强文物的原生态以及文物间关联性和系统性的研究，深入揭示文物的多重价值，可以为文物的可持续利用提供更具专业性和科学性的文物信息资源。促进文物资源的有效利用，可以进一步发挥其在传承中华优秀传统文化、不断提升国民素质和社会文明程度中的独特作用。

① 任真：《开放获取环境下的图书馆》，《大学图书馆学报》2005年第5期；单霁翔：《博物馆的社会责任与社会发展》，《四川文物》2011年第1期。

② 高渐：《开放获取在档案领域的应用研究》，吉林大学硕士学位论文，2008年。

③ 〔法〕乔治·纳汉著，赵春雷编译：《"大数据"时代的计算机信息处理技术》，《世界科学》2012年第2期。

④ 仇岩：《大数据时代博物馆动态观众服务体系浅析》，《中国博物馆》2014年第4期。

综上所述，第一次全国可移动文物普查的意义不仅在于全面掌握了各文物收藏单位的文物藏品的基本信息，更重要的是对以后的藏品管理提出了更高的要求。而管理模式是一种思想、一个过程、一种方法。南博结合自身藏品管理的特点，对普查后的藏品管理进行的一些有益的探索和尝试，具有一定的代表性和独创性，可以为其他博物馆的藏品管理工作提供借鉴。藏品的管理要素在全国各博物馆具有共性，普查为藏品管理工作的规范化、信息化、精细化提供了思路，这些管理要素不是简单的叠加汇聚，而是需要每一座博物馆根据自身特点融入创造性的设计，从而使各项要素之间互补匹配，形成更加高级、有序的整体结构，并使其藏品管理功能发生质的飞跃。在博物馆藏品从"重藏轻用"到"藏用并重"再到"开放获取"，逐步向提供全面利用服务转变的未来趋势中，建立和完善与新时期博物馆发展相适应的藏品管理内容和模式，是我国博物馆建设面临的重要任务。解决藏品管理所面临的困难和挑战，恰恰也是新时期博物馆藏品管理进一步发展的机遇。这对于在目前博物馆事业上升为中国国家战略的背景下，利用藏品让文物资源都"活起来"，发挥博物馆的"服务于人的全面发展"以及面向未来的公共文化服务和社会教育方面的作用，尤为重要。

（原载于《东南文化》2018年第3期）

博物馆高质量发展：品质、效能与评估

龚 良 张 蕾

内容提要：博物馆的高质量发展应注重博物馆的品质、效能与评估。建设高品质的博物馆，应有差异性的个性化发展定位、反映地域文明的标志性建筑外观、舒适宜人的博物馆文化空间，以及适应公众需求的服务空间。博物馆要发挥包括原创展览、教育服务项目、文创衍生商品在内的博物馆文化产品的作用，提供公众认可的、投入与产出之比合理的公共文化服务，要扩大传播能力，真正实现博物馆的宗旨。博物馆评估要体现博物馆的个性特色与差异性发展要求，真正评估出以人的长期工作成果为导向的、以服务公众效能为依据的优秀博物馆，反映出公众意愿和社会需要，要重视人才在发展中的重要作用，并要明确体现绩效意识。

关键词：博物馆 高质量 品质 效能 评估

21世纪以来，中国博物馆的发展出现三个重要变化。第一，博物馆自身的变化。中国博物馆的数量和效能有了显著增长，"截至2017年底，全国备案的博物馆达到5136家，是1978年的15倍，目前仍以每年180家左右的速度增长"①。如果考虑还有部分博物馆通过新建和改扩建增加了馆舍的面积和容量，那么全国博物馆系统服务公众的能力、效益的增长已经远超数量的增幅。第二，观众需求的变化。当今，博物馆的服务和研究对象从"物"转为"人"，博物馆以公众为服务对象，这使得博物馆的多样性目标有可能得以实现，服务社会公众也增加了新的内容和方法。博物馆的传播方式逐渐由博物馆自行决定传播主题和内容的单向传播，转变为博物馆与观众双向互动的方式②，且越来越关注观众的需求、重视观众的体验。随着人们对美好生活需求的不断提高，越来越多的观众乐于走进博物馆大门。第三，社会对博物馆的正确性、便于理解性、美感和舒适度等提出了更高的要求。以南京博物院（以下简称"南博"）为例，建筑面积从2008年的36 000平方米增长为今天的84 500平方米，观众的数量从2008年的60万人次增长为2018年的366万人次；与此同时，社会对高品质的南博提出了更高的要求，我们更应该

---

① 刘玉珠：《我国博物馆发展概况、问题及任务》，［2019-02-27］http://www.sohu.com/a/29807-0186_120029064。

② 龚良：《从社会教育到社会服务——南京博物院提升公共服务的实践与启示》，《东南文化》2017年第3期。

为这样的高要求付出更大的努力。

2018年12月4日，在南博召开的"第二届京津冀长三角珠三角博物馆高峰论坛"以"博物馆高质量发展"为主题，探讨了新时代博物馆高质量发展的目标定位和发展方向，契合了当前博物馆发展的要求。京津冀、长三角、珠三角作为中国经济最发达的地区，三者之间应更多地联系、沟通，引领中国博物馆的协调发展和高质量发展。协调发展不等于"千馆一面"，而是要发展出有各自特色的具有差异性的博物馆。为此，笔者认为博物馆应从品质、效能与评估三方面谋求博物馆的高质量发展。

一、博物馆建设的品质要求

博物馆建设应有品质要求。博物馆的品质要求与一直以来在发展过程中注重规模的思路不完全相同。既有的规模思路需要与时俱进，过去业内所认为的"小博物馆"要发展成"大博物馆"这一观点是就规模而言，但并不是所有博物馆的规模都是越大越好，这涉及博物馆发展的目标定位及根据定位所得出的评估结论。"好的博物馆"的标准应该有以下几点：藏品和展品资源丰富，包括展览在内的博物馆文化创意产品深受公众喜爱，服务公众的手段办法多样化，公共文化服务能力水平较高，且极具个性特色，即差异性发展做得很好。

1. 博物馆建设目标的差异性

按照博物馆建设的差异性发展要求，博物馆建设应有明确的特色定位，其外观应能够体现地域文化、符合个性发展和具有某种特色。目前，我国建设的一大批中小型博物馆中不乏满足差异性发展要求的优秀案例。以浙江宁海十里红妆博物馆为例，这座博物馆的特色就是只讲好一个故事——江南特有的嫁女故事。整座博物馆通过藏品展示、图文介绍、现场解说、多媒体数字化技术等表现手法，集中展示了万工轿、朱金木雕千工床、朱金木雕八仙人物纹杠箱等文物及其背后的故事，全方位再现浙东地区特有的婚嫁习俗和地方文化[1]。又如上海玻璃博物馆在大量保留原有玻璃厂空间结构与细节的基础上，结合玻璃艺术与厂房建筑本身的特点，在主馆内塑造了众多参观亮点，如"万花筒入口""历史长廊""玻璃屋"等，实现了玻璃艺术在空间上的升华。秉持"营造并共享博物馆美学新生活"的理念，此馆以玻璃为艺术主体、以上海玻璃博物馆为艺术核心，首创了全新的、多功能化的上海玻璃博物馆园区[2]。差异性的发展要求每座博物馆外观各异，每座博物馆反映的文化内容也各具特色，上述两座博物馆的特色非常明显、展陈极具个性，是差异性发展的表现之一。

---

① 《浙江宁海：十里红妆博物馆18日开馆》，［2018-05-18］http://baijiahao.baidu.com/s?id=160-0761698022601508 & wfr=spider&for=pc。

② 《关于上海玻璃博物馆》，［2018-05-18］http://www.shmog.org/about.

2. 博物馆建筑的标志性

博物馆建筑要体现文化的地域性，成为城市的文化标志，然而许多博物馆建成后所体现的文化标志并非地域性的文化标志，更多的是建筑设计师个人特征的标志，这对城市而言反而失去了意义。江苏苏州博物馆是一座"中而新、苏而新"的建筑，它以苏州庭院和园林为设计要素，苏州粉墙黛瓦的格调及叠山、理水、曲桥、漏窗、植被等园林要素一应俱全，整座博物馆就是一件苏州文化的大展品，展出的就是苏州的地域文明，是一座彰显经典文化气质与鲜明地域特征的博物馆。

3. 博物馆环境空间的宜人性

为公众提供更多的服务，让公众更喜爱博物馆的环境空间，是打造高品质博物馆的又一个要求。博物馆宜人的环境空间会让公众更有亲和感和舒适感，因此，需要从公众的视角出发设计相应的环境空间。南博在这方面做了很多努力，强化了包括展厅空间、室内展示空间、室内公共空间和室外空间等的空间利用，使展览展示空间更加丰富，休闲活动空间更加舒适。南博院落空间的中央水景中有反映江南水乡特征的大型不锈钢作品"梦莲"，艺术馆东侧草坪上伫立着意蕴竹林七贤的"七贤人"，从而使南博建筑的外部空间成为博物馆的展览空间，使每一位公众走进南博都能感受到由建筑、环境和展品组合成的文化空间。南博至少有五个公共空间——从室外的院落庭院空间、非遗馆下沉式广场空间，到室内的历史馆、特展馆、艺术馆各自的中庭空间等，这些公共空间组合成了一条参观流线；南博还配合展览主题、时令节气等内容在其中放置了小展品、小道具，组成了特殊的文化景观，公众在参观展厅的间隙可在此驻足、流连和欣赏，无形中延长了公众在博物馆的逗留时间，增加了公众在博物馆中的愉悦感。南博建筑的外部空间形象也是地域文明的反映，尤其"老大殿"的建筑是建馆之初的设计思想——"中国建筑之固有特色"的反映，因此，夜晚的外景灯光布置是南博外部空间服务市民的重要手段。南博每晚要到22点才关闭景观照明灯，虽然为此额外增加人力、物力的支出，但这不仅体现了自身特色，而且发挥了提升城市形象的作用，是博物馆扩大传播影响力的有效方法。江苏省美术馆、浙江乌镇木心美术馆的空间也是如此。

4. 博物馆服务的适应性

为满足公众需求，博物馆要有适应公众需求的服务内容和服务空间。南博的服务内容包括教育服务和生活休闲服务。教育服务由社会服务部主导，以"服务公众、奉献社会"为宗旨，承担着向社会公众宣传普及博物馆文化、提供文化教育服务等职能，主要有参与展览策划、开放服务、讲解接待、重大活动礼仪、社会教育活动、志愿者管理、"南博之友"管理，以及与公众服务相关的项目调查、研究、规划和组织实施等[1]。具有教育意义的社会服务项目寓教育

---

[1] 龚良：《从社会教育到社会服务——南京博物院提升公共服务的实践与启示》，《东南文化》2017年第3期。

于服务之中，极大地提升了博物馆受观众喜爱的程度，提升了博物馆服务社会发展和社会公众的质量效能。生活休闲服务由文化创意部主导，博物馆的商品、商店和公众餐厅是展览和教育服务的延伸，让博物馆的商品服务、餐饮服务等也能够体现区域文化传统，取得寓教育于服务之中的良好效果。

南博公共服务空间的设置力图使公众走到哪儿都能享受到便捷的服务。略有遗憾的是，南博在新馆设计时未将公众排长队候展的情况考虑在内，造成节假日存在一定程度的拥挤和观众排队时间过长的情况，这不是博物馆服务的理想状态。南博的教育活动空间、商店空间、老茶馆的服务空间、公共讲座空间都是为公众提供服务的空间，南博至少有十个教育活动空间；南博牵头成立的"江苏省博物馆商店联盟"的加盟店也超过四十个，这些空间既是博物馆展览内容的延伸，也是博物馆服务内容的延伸。博物馆的服务一定要与其目标、宗旨相一致，不以营利为目标，绝不能把公共空间随意地出租，也不能开设与博物馆内容无关的商店。2018年观众参观南博的平均逗留时间为3小时50分，这样的逗留时间既与南博的服务内容有密切关系，也得益于南博所营造的良好的公共空间。

二、博物馆效能的发挥

博物馆效能主要是指博物馆的工作效率和服务公众的能力，具体来说应该有良好的服务效果及社会经济效益。南博一直致力于将"综合性博物馆"的效能最大化，努力创造更多受公众喜爱的包括展览在内的文化创意产品，努力提供更多高品质的文化服务，努力让资源投入和公众获得更好的效益，努力完善公共服务信息化系统建设并扩大有效的传播能力，以增进公众的参与感和收获感，从而获得良好的社会效应。

1. 文化创意产品的作用发挥

博物馆要发挥高效能，首先要有好的文化创意产品。在江苏，博物馆文化创意产品至少由三部分组成：一是具有创造性劳动的原创展览，二是具有教育意义的社会服务项目，三是具有文化创意的衍生商品[①]。在博物馆内，这三者的相互结合可以发挥更好的作用。

2018年，南博的特展和临展丰富多样。"穆夏——欧洲新艺术运动瑰宝""世界巨匠——意大利文艺复兴三杰""琅琊王——从东晋到北魏"等展览均体现了引进展再创作的策展精神，深受观众的喜爱。南博在2018年暑期首次尝试举办了儿童亲子展"称霸侏罗纪——我是一只威猛的恐龙"，以拟人化的手段，从"我的世界""我很勇敢""原来我曾经这么小"到"我要成为威猛的恐龙"，讲述了小个子永川龙"川川"的成长经历，对儿童很有教育意

---

①　龚良：《从社会教育到社会服务——南京博物院提升公共服务的实践与启示》，《东南文化》2017年第3期。

义①。"时代印记——冯健亲捐赠油画作品展"弘扬了化私为公的正能量，受到社会各界高度关注。"'南张北溥'——吉林省博物院藏张大千、溥儒绘画作品展"拉开了艺术馆重新开放的帷幕。在这样的展览策划过程中，将文物之间的关系讲清楚，是策展的最重要的内容。展览展出的不再只是展品，而是展品与展品之间、展品与人之间、展品与当地地域之间的相互关系。厘清这几者间的关系，并将其清楚地呈现给公众，就是讲好了文物和展品背后的故事，公众会更加喜爱展览并愿意再次参观。

博物馆教育项目的基本理念是在公众和博物馆之间建立良好的互动关系，为公众提供丰富多样的体验教育和贴心服务，使博物馆成为建立在为社会及其发展服务基础之上的、令公众向往的"历史教育场所、知识学习场所、艺术享受场所、娱乐休闲场所和素质培养场所"②。南博在服务方式与服务对象方面力求做到对公众实行"分众式"教育，让各个年龄段的观众都能够找到自己喜爱的展览，享受到适合自己的服务。如"南都繁会·苏韵流芳——南京博物院基本陈列"立足于前期的观众调查与分析，针对观众的类别和特性实施分众教育项目，主要按年龄层次、知识结构、参观目的等方面划分出青少年、成年人、残障人士、专家等群体，策划、实施了不同层次的展览和配套社教活动③。创新应用多媒体导览系统，提升了社会教育的品质。

博物馆具有文化创意的衍生商品也应贴近公众生活，这是提升博物馆服务效能的又一个重要内容。南博目前开发的文创衍生商品有三个特色：传承江苏地域文明，与南博的藏品有紧密的联系，兼具观赏性和实用性。我们在南博开设了文创商店"博苏堂"，同时又在全省建立了"江苏省博物馆商店联盟"，扩大了博物馆的传播能力，把文创衍生商品作为展览和服务的延伸，兼具社会效益和经济效益。

2. 文化服务的公众认可

博物馆的文化服务要获得公众认可，就要认真解决博物馆"为谁服务"以及"谁"是重点服务对象的问题。南博在此方面非常明确，我们的重点服务对象是中等文化程度及以下的观众。我们提出，博物馆里没有不合格的观众，只有博物馆尚未做好的服务。从展览到活动，从博物馆内的每一处场馆到每一项服务，甚至厕纸、饮水机、休息座椅等细节服务，我们都应为观众考虑周全。如果在博物馆里出现诸如观众插队、乱扔纸屑等不文明举止，说明博物馆的排队服务、打扫卫生服务还没有做到位。当我们将提供舒适的排队环境、缩短排队时间、杜绝不良行为、提前预告入场须知等文明服务工作做到位后，所有观众都成了有序排队的模范。我们要求每一位博物馆人都是社会服务者，并将社会教育寓于社会服务之中，保安、保洁等工作人员也是如此。当保安、保洁等看到观众乱扔纸屑时，要在第一时间走到这位观众旁边将纸屑捡

---

① 《称霸侏罗纪——我是一只威猛的恐龙》，［2018-07-18］http://www.njmuseum.com/Antique/ExhibitionContent.aspx? menuid=c2f7b822-0c8b-417a-a393-dc8de9946b5a & id=4fe5cf4e-df5c-45-bd-9324-4c740a17bf34。

② 龚良、蔡琴：《博物馆与公众》，《东南文化》2010年第2期。

③ 龚良：《从社会教育到社会服务——南京博物院提升公共服务的实践与启示》，《东南文化》2017年第3期。

起并送入垃圾桶内。在这一行为中，保安、保洁等工作人员就是教育者，尽管没有言语上的劝阻，但身教重于言教，这样的教育才能更加有效，更加获得观众的认可。

3. 效能中的投入与产出之比

博物馆效能的一个重要指标是投入和产出之比是否为正比。自2016年以来，南博每年的特展、临展都在20个左右，其中三四个成本较高的特展为不占用财政资金的、向观众收取低票价的收费展。三年多来，南博的每一个收费展都为低票价展览，且去除成本后有所盈余，最主要的原因是我们在策划展览时始终有成本意识，有投入与产出之比的效能意识。我们通过观众调查来获知参观者是以何种原因、何种渠道得知展讯，最终结果显示70%以上的购票观众是到南博后才有了参观收费展的意向，17%的购票观众是看到南博微信公众号的推送和微信朋友圈而前来观展，8%的购票观众是在地铁、商场等公共场所看到宣传海报前来观展，而仅有不足1%的购票观众是通过传统媒体的广告宣传得知展讯。于是，我们将宣传的重点集中在南博的院落空间、地铁站台和中心商业区等人口密集地，同时，我们鼓励观众在展厅拍照并转发朋友圈，这样既减少了广告宣传费，又扩大了宣传传播效果。在考虑投入与产出之比时，我们做任何事情都要有调研、有创意和有比较。以2015年南博的"温·婉——中国古代女性文物大展"为例，此展没有展出大热的"明星文物"，展览成本也不高，但这个展览获得了2015年度"全国博物馆十大陈列展览精品奖"，展览配套图录《温·婉——中国古代女性文物大展》入选2015年"全国文化遗产十佳图书"，近三千本图录也销售一空，收获了较大的效益。因此，从馆舍建设、展览策划到文创产品开发，我们都要有这样的成本效益意识，这对博物馆的高质量发展大有裨益。

4. 扩大传播的能力

博物馆宗旨的实现要依靠传播，除了传统的展览、展示和服务外，互联网对扩大博物馆的传播能力发挥着巨大作用，增强了传播的有效性，并且使传播呈几何级增长。在互联网时代，博物馆要用新的传播手段讲好藏品之间的相互关系——祖先生活的故事、乡镇发展的故事、地域文化的故事、中华文明的故事等。

2018年3月，笔者在广东省博物馆作了一次题为《博物馆展览让公众留下来》的公共讲座，主办方用一个小型直播机进行全程直播。讲座结束后，经统计有20万人在网络上观看讲座直播。因此，同样的一场讲座，传播的范围可以是现场的300位观众，也可以是网络上的20万观众。2018年"5·18国际博物馆日"，南博与江苏交通广播网、"金陵之声99.7"合作，联动苏州博物馆、徐州博物馆和南通博物苑三家博物馆共开"博物馆奇妙夜"，主题为"舞动一座博物院"①。超过5000名观众通过预约前来南博参加"博物馆奇妙夜"活动，并有

---

① 《国际博物馆日，南京博物院推出系列活动》，［2018-05-21］http://www.njmuse-um.com/html/News_content@NewsID@02831aef-afda-4389-8520-82ab9e7102d6.html。

超过120万名公众通过腾讯、荔直播和江苏交通广播网的"大蓝鲸"APP视频直播关注"博物馆奇妙夜"活动。南博正是采用这种"新方法"连接了更多的"新公众"，呈现博物馆为公众带来的更多可能性，也契合了本次"国际博物馆日"的主题"超级连接的博物馆：新方法、新公众"（Hyperconnected Museum: New Approaches, New Publics）。在博物馆营销方面，我们也希望通过公众自身来扩大南博的传播力，微信朋友圈就是一个很好的方法。2018年，南博的观众参观量超过了366万次，如果有三分之一的观众将参观的信息和照片发至微信朋友圈，就至少有120万观众在宣传南博、扩大南博等方面发挥了传播力，就会有更多的公众看到南博及其展览服务的信息。我们希望借助新媒体的传播，让博物馆插上互联网的翅膀，使博物馆的影响力、传播力得到几何级增长。

三、正确的博物馆评估

博物馆的评估内容包括博物馆的发展定位、藏品征集、典藏、科学研究、陈列展览、社会教育与社会服务、博物馆设施与公民权利、文创与博物馆商店、文物与公众的安全以及智慧博物馆等。最为重要的是，博物馆评估应体现博物馆发展的导向，体现博物馆实现服务公众的能力，以及体现博物馆人在发展过程中的主体作用。

1. 评估是博物馆发展的导向

博物馆的评估一定要促进博物馆的高质量发展并引领其发展方向，但评估不能把博物馆的发展规模作为主要诉求，要从博物馆发展的目标定位来确定其规模和特色。因此未来在博物馆评估中，应将综合性博物馆作为一类评估主体来确定其某一方面"博"的内容体现，分析评估对普通公众实行"分众教育"的效果和美誉度；而将行业类、专题类博物馆作为另一类评估主体，来确定其"专""长""特"的个性化内容，分析评估其为特殊行业、特别类型的公众所做出的贡献。正如对南博的评估，应以对公众服务的综合效能为主，前文已有阐述，此处不再赘述；而对上海玻璃博物馆的评估，则应从其特色传播和公众喜爱的角度来展开。上海玻璃博物馆虽然是一座中小型博物馆，但若从玻璃这一专题、从公众喜爱度而言，它就是一座非常好的一流的博物馆。因此，博物馆评估要作为博物馆发展的导向，引领博物馆的发展。我们既要按照高品质评估要求，又要按照差异化发展要求进行评估。未来博物馆要"好"，应该是往差异化的方向发展。正如南博是综合性博物馆，而上海玻璃博物馆则是专题博物馆，两者的定位不同，评估的要求也应有所不同。

2. 评估体现博物馆的目标和宗旨

博物馆作为社会公共文化机构，以其独有的文化资源和展现方式为社会和社会发展服务，高质量的服务是当代博物馆实现其目标的主要手段。博物馆评估首先要体现博物馆的目标和宗旨，要用博物馆的文化产品、文化服务、文化环境实现更好的文化传播效果，让公众获得最佳的感受并从中受益。因此，评估应侧重高品质，侧重质量而非数量上的要求。不能将馆舍面积、职工人数、藏品和展览的数量作为评估的主要依据，而应从供给文化产品和文化服务的角度来评估考察公众的接受度和满意度。以南博的数字馆和民国馆为例，数字馆的面积为987平方米，以网络科技和现场互动相结合的方式，展示了以江苏文明为主的中华传统文化，以28个虚拟片段带给观众全新的体验。民国馆的面积为2650平方米，以南京的地域文化为主题，通过再现民国时期的一条街道，来直观展示民国时期的普通市民的生活状态。我们立足复原民国时期的市民生活，街道的陈设、匾额、器具等都是征集而来的民国文物，街上都是活态的实体店，如邮政局可以寄信，杂货店可以买卖，照相馆可以拍照，这些都是民国市井生活的情景再现[①]。两馆占地面积不大，但展示效果特别突出，受到了观众的广泛好评。

3. 评估要反映发展需要和公众意愿

任何评估都是有目的、有作用的，博物馆评估也不例外。从政府和管理者的角度而言，博物馆评估涉及区域分布和宏观控制、重视和投入的程度、分类分级的需要以及行业积极性的发挥，主要评估的目标对象是下级管理者和博物馆从业人员，如出台了《博物馆定级评估标准》《国家一级博物馆运行评估指标体系》等文件。而从社会和公众的角度来看，评估应要注重博物馆服务社会发展的能力、提供公共文化产品的能力、传播传统文化教育的能力，以及公众对博物馆的喜爱程度。从博物馆的发展和高质量的角度出发，笔者认为后者更应当在评估中受到重视。因此，评估博物馆的方法固然有很多，但最应当受到重视的三个产出指标应为：参观博物馆的观众人数（也可包括新媒体传播的公众人数，权重应当有所不同），观众平均逗留时间，公众对博物馆的满意度。一座讲核心价值和传统文化的博物馆、一座公众逗留时间长且令公众满意的博物馆、一座既有空间美感又好玩有趣的博物馆，一定是一座评估结果为优秀的博物馆。

4. 评估要重视人才在发展中的重要作用

一座博物馆的发展与博物馆的人才有着极为重要的联系，甚至可以说人才决定了博物馆的品质发展和高效发展。博物馆人才主要是指管理人才、专业人才和创新营销人才。在博物馆的管理人才中，若馆领导宏观掌控能力好，理论和业务基础扎实，制定的制度规范合理，愿意接受下级和群众的建议；中层干部思想活跃，愿意提出建议并为此努力，执行力强，与职工关系融洽，那这座博物馆必定生机勃勃、拥有广阔的发展前景。在具体工作中，人才特别是创新型人才的作用更为重大。目前南博展览实行"一个策展人+一组实施机构"的"策展人制度"[②]，

① 《南京博物院院长龚良：〈好的博物馆是一本有趣的故事书〉》，《新华日报》2016年4月6日第15版。
② 龚良、毛颖：《中国博物馆大型原创性特展之展览策划——以南京博物院为例专访龚良院长》，《东南文化》2016年第6期。

即采取一个策展人加一个团队支持的方式，配合度相对较高，因而效率也较高，比较符合今天的中国国情。

5. 评估应体现绩效意识

博物馆评估既要有质量要求，也应有绩效要求。博物馆评估所涉及的绩效内容，需充分考虑资源、人力、经费等的总投入与产品、服务、满意度的总产出之间的效益比例。在进行博物馆评估时，若一座大馆与一座中等馆服务公众的效能差不多，那理应中等博物馆的评估结果更好。在具体项目中的评估也应如此，以2016年南博策划的"法老·王——古埃及文明和中国汉代文明的故事"特展（以下简称"'法老·王'展"）为例，我们没有动用财政资金，而采用公众支付低票价的方式弥补展览成本，还产生了较大盈余。我们在展厅门口进行了观众调查，调查在不做展览、做成不收费展览以及做成收取30元或50元的收费展这三种情况下公众的观展意愿，结果显示若为"法老·王"展这样的高质量展览，观众非常愿意付费观展，社会效益和经济效益都很好。因此，从"法老·王"展开始，南博在2017年度共策划了25个展览，其中依靠财政支付经费的大概只占不到一半；我们每年策划三四个低票价的收费特展，这是投入最高的展览；另有近一半展览的经费来自收费展所得。通过向有参观需要的观众收取一定费用，并用这部分费用来为公众服务，投入较少、产出较多，这样的行为符合社会发展的阶段性对博物馆提出的要求，符合公众对博物馆的期待，更符合博物馆更好地促进社会和谐、传播文化传统、满足人民群众日益增长的精神文化生活需求的目标和宗旨。

四、结　　语

博物馆的高质量发展离不开博物馆的品质、效能与评估。京津冀、长三角、珠三角三大城市群是我国最重要的经济中心、文化中心和社会交流中心，肩负着引领国内高水平城市群建设的重要任务。深入推进区域博物馆协调发展，建成文化型城市群，对于提升区域文化软实力，解决现阶段"人民日益增长的美好生活需要和不平衡不充分的发展之间的矛盾"具有重要的现实意义。京津冀、长三角、珠三角应该更多地相互联系、相互合作、相互帮助，大家把各自的藏品库更开放，在合作中将展览做得更美、更有故事性，把文化创意产品开发做得更具地域性、更有创意性，让人才之间的交流变得更多、更广，共同促进区域博物馆的发展，做中国博物馆高质量发展的引领者——这是三个三角区域的博物馆在今后一个阶段的新目标和新愿景。

（原载于《东南文化》2019年第2期）

基于智慧导览的博物馆观众调查、分析与探索

——以南京博物院"法老·王""帝国盛世"特展为例

郑 晶

内容提要：智慧导览已在当今社会的多个领域得到广泛应用，南京博物院的特展"法老·王"展和"帝国盛世"展应用了智慧导览技术来丰富观众参观体验，不仅拓展了观众获取知识的深度与维度，而且在此基础上开展了博物馆观众调查。这两个展览通过智慧导览方式，结合信息叠加、数据识别、热点分析与调研问卷等，进一步探索了观众的需求，并分析了相应的结果，从而为今后博物馆教育观念与服务方法的创新提供了有益的参考。

关键词：博物馆 智慧导览 观众调查 "法老·王"展 "帝国盛世"展 特展 南京博物院

一、概 述

近年来随着经济的发展与公众文化需求的日益提高，参观博物馆已逐渐成为大众的常态化生活方式之一。以南京博物院2014—2018年的观众数量为例：2014年全年观众225万，2015年250万人（增长11.11%），2016年288万人（增长15.2%），2017年329万人（增长14.23%），2018年366万人（增长11.25%），观众量每年均保持高速增长态势。在传统景点和展馆，参观游览者基本都会有听取解说和介绍的要求。然而目前大多数博物馆尚停留在说明牌的字面解说或者讲解员导览讲解的层面上，很多时候传统讲解服务并不能完全满足观众的文化需求，而博物馆的免费开放则更是提高了公众对于参观体验时获取知识的要求，许多博物馆观众也存在进一步了解文物信息的需求。

南京博物院在2016年"法老·王——古埃及文明和中国汉代文明的故事"展（以下简称"'法老·王'展"）、2017年"帝国盛世——沙俄与大清的黄金时代"展（以下简称"'帝国盛世'展"）期间，就应用了智慧导览技术来丰富观众参观体验，不仅拓展了观众游览时获取知识的深度与维度，而且使得参观体验多元化，在博物馆导览的智慧化方面进行了有益的探

索，较好地满足了公众获取更多、更好相关知识的需求。另外，这两次展览中的智慧导览还利用蓝牙等无线技术感应参观者的方位，在通过专业的技术集成方案实现文物智慧导览的同时，将导览和对观众的情况调查结合起来，以信息互联等方式提供准确的数据支撑，从而较好地完成了观众情况调查。

二、博物馆观众调查工作回顾

西方博物馆早在19世纪末就开展了观众调查，1897年，德国的G. T. 弗贺奈尔（G. T. Fechner）即用问答的方式了解观众对艺术作品的反应[①]。国外相关资料显示，第二次世界大战结束后，西方博物馆进行了数千次观众调查活动，发表了上千份观众调查报告[②]。1985年，英国曾对博物馆的利用和遗产做过一次大规模的全国性调查，这次调查可以弥补此前这方面情报的短缺[③]。世界四大博物馆之一的法国卢浮宫（Musée du Louvre）从1994年3月开始实施了一项名为"常设参观者观察所"（Observatoire Permanent Des Publics）的观众调查与研究项目，这项调查研究的成果也很快反馈到该馆的日常工作中，使得该馆的展示宣传与接待业务水平得到较大的提升。作为一项制度，该项目还将长期地进行下去[④]。

相对于西方，我国博物馆观众调查工作的开展是从20世纪80年代博物馆事业走上正常发展轨道时开始的[⑤]。张松龄率先发表了《对〈海洋和它的居民〉展览观众意见的调查和分析》[⑥]；吴卫国带领南开大学博物馆学专业学生组织了一次京津地区博物馆观众抽样调查，根据收回的783份调查表，整理、分析后写出了《京津地区博物馆观众调查报告》[⑦]。以此为开端，我国博物馆逐步展开科学的观众调查，研究博物馆的公众需求。

博物馆的观众调查经过百余年的发展，时至今日其重要性更加突出，目前中国较为常用的是问卷调查法[⑧]。可以说，现如今我国博物馆的观众调查基本没有脱离问卷调查法、人数统计等传统方法范畴，传统的调查方法也一直占据我国博物馆观众调查的主导地位。可是，正如国家文物局课题"关于加强博物馆展示宣传和社会服务工作调查研究"中观众调查部分最终成果的简报显示：博物馆依据门票等所做的人数统计，往往不能很好地了解参观者的个体情况，

---

① 农茜、秦仙梅：《博物馆观众调查的分析与思考》，《博物馆研究》2007年第3期。
② 史吉祥：《博物馆观众调查的几个问题》，《中国博物馆》2000年第3期。
③ 陆建松：《博物馆观众：调查与分析》，《东南文化》1993年第2期。
④ Claude Fourteau、Sylvie Octobre撰，黄磊译：《卢浮宫博物馆大型观众调查报告——卢浮宫与她的观众》，《博物馆研究》2007年第2期。
⑤ 何宏：《博物馆服务与观众调查》，《文博》2012年第2期。
⑥ 张松龄：《对〈海洋和它的居民〉展览观众意见的调查和分析》，《中国博物馆》1985年第1期。
⑦ 吴卫国：《京津地区博物馆观众调查报告》，《中国博物馆》1987年第2期。
⑧ 常雯岚：《刍论中国博物馆事业"以人为本"思想暨实践的深化和拓展——以博物馆观众调查为视角》，《西安文理学院学报（社会科学版）》2008年第1期。

更无法体现观众的意愿与态度方面的信息①。所以，当今博物馆在保留传统调查方法优势的同时，迫切需要新的方法与技术来满足博物馆观众调查多重目的之要求，赋予博物馆观众调查更多的实际意义。

三、智慧导览与观众调查的结合

逐步发展起来的博物馆人性化服务，要求博物馆所提供的设施和服务应与观众的需求相协调。在此背景下，智慧导览应运而生，既可以满足现有观众的多元化需求，又可以吸引潜在的观众。可以说，智慧导览提供了一个很好的导览工具，不仅给观众带来全新的视觉、听觉体验，也增加了延伸的阅读方式。与常设展览相比，特展或临时展览尤其需要导览讲解，智慧导览作为必要的补充，在国内部分博物馆已有所尝试。如在2013年初，陕西历史博物馆开始研发手机自助导览系统，并提供了轻量化的良好用户体验②。

"法老·王"展、"帝国盛世"展这两次特展的智慧导览项目由南京博物院社会服务部联合相关的信息科技公司共同发起。这两个特展是国内为数不多的实践智慧导览的案例，在内容组织、使用体验、数据挖掘上做到了行业领先，是南京博物院在智慧博物馆道路上探索的重要一步。借助这一技术，博物馆也可以了解观众、进行观众调研并考核博物馆的教育与服务工作，为后续研究和持续改进相关服务提供重要的参考数据与指标。一个好的陈列展览，应当为观众创造一次舒适且有益的体验。为了达到这一目标，博物馆需更加密切关注观众的观展情况，将之纳入陈列展览的评估体系，并建立科学系统的观众评估体系③。作为智慧博物馆的新实践，重庆中国三峡博物馆在智慧管理平台建设时，曾通过人脸检测、边缘计算技术等获取参观数据，在后台对观众人数、性别、年龄、停留时间等数据进行统计和分析，形成大数据直观展示，从而帮助博物馆了解观众对文物的关注度，为博物馆策展提供决策依据④。

在大数据时代下，博物馆拥有一个更好的平台——我们可以充分利用新媒体技术建立以观众为导向的数据架构，精准、实时地把握和预见观众需求，建立以观众服务为核心的观众智慧服务系统⑤。作为非营利性的收费特展，"法老·王"展、"帝国盛世"展开展前即确定了展览目标：在"分众化"服务的基础上，了解观众所需所想，树立满足观众多种需求的优良服务

---

① 潘守永：《2004—2005年中国博物馆观众调查报告——"关于加强博物馆展示宣传和社会服务工作的调查研究"之"观众调查研究"报告》，《中国博物馆》2005年第2期。

② 李卓、程骋：《以建设智慧博物馆为背景的手机移动导览系统的实践——以陕西历史博物馆手机导览APP为例》，《科技风》2014年第11期。

③ 郭文钠：《将观众观展体验纳入陈列展览的评估体系——以广东省博物馆历代端砚艺术展览观众调查为例》，《中国博物馆》2012年第2期。

④ 刘华成：《智慧博物馆的新实践——重庆中国三峡博物馆智慧管理平台建设记》，［2018-11-19］http://wemedia.ifeng.com/88655157/wemedia。

⑤ 仇岩：《大数据时代博物馆动态观众服务体系浅析》，《中国博物馆》2014年第4期。

意识，进而完善相应的服务设施、方法与手段。在两个展览的参观过程中，观众完全可以自行掌控参观的节奏，手持智能平板电脑，便捷查看特展馆内文物的分布，对所关注的文物可选择由系统自动推送相关知识，或是自行点击对应图标对此件文物进行全方位的了解。所以，特展期间将观众调查与智慧导览有效结合，不是只满足于提供常见的博物馆智慧导览服务，而是更侧重于以观众调查推动与改进导览服务，不仅开创了国内外智慧导览与观众调查相辅相成之先河，还取得了一举多得之效果。

四、调查相关情况介绍

（一）项目基本情况

"法老·王"展在2016年8月10日开幕，因为属于在国内外博物馆中首次将智慧导览应用于观众调查，所以经精心筹备后，智慧导览在2016年12月7日才正式开始应用，并于2017年1月9日结束。整个项目共投入了50台智慧导览器，已购买门票的观众可以通过抵押身份证的方式免费租用。特展期间，智慧导览系统进行了7次软件升级，不断优化观众的使用体验，累计借用达6262人次，平均日借用达190人次，人均使用时长约55分钟。

"帝国盛世"展于2017年6月10日正式开展，9月10日闭展。通过"法老·王"展的经验积累，开展后即上线了智慧导览系统，投入智慧导览设备100台，租用方式不变。三个月的展期内，智慧导览系统进行了20次软件升级，共租借32 908人次，平均每天租借366人次，平均每台导览设备每天可以服务3.6个观众，人均使用时长约60分钟。

必须指出，现代博物馆引入先进科学技术，常见标志是在展览、教育、宣传中运用以智能电脑和互联网等为手段的声、光、电等集成技术，形式多样但并不成熟，与博物馆作为社会教育服务机构的角色无法相符；与此同时，博物馆在引用这些新技术的过程中还面临着许多障碍。这就要求我们在跨越障碍时解放思想，加大人才培养力度，争取早日将现代科技创造性地引入博物馆，而不仅仅是简单的模仿和抄袭[①]。

因此，正是得益于在智能导览时采用科学方法对观众进行调查研究，调查汇总了两次特展期间观众的态度和反应，并根据后台数据和现场反馈的问题，对智慧导览系统进行了多次升级，对内容设计、交互性能等不断优化，使观众接触到更为丰富的文物高清图像、衍生背景知识、主题视频和互动内容，从而获得更为全面和深入的观展体验。这两次展览为公众提供了更为贴心的专业服务，自然也就获得了一致的好评，也获取了更为真实有效的调查数据。

---

① 颜永树、李明：《西汉南越王墓博物馆观众基本情况调查报告》，《中国博物馆》1999年第2期。

（二）信息叠加

　　将智慧导览应用于博物馆观众调查的前提是应用者必须明确此种调查方式的独特性，通过"信息叠加"技术可以接收智慧导览器前端发送的数据，采集观众的年龄、性别、观赏时间、关注热点等信息，并将其实时叠加到系统后台。此外，智慧导览设备可以装载调查问卷，获取观众的参观动机、满意度、受教育程度、职业、居住地等信息，之后用统计数据对观众进行描述，并综合上述叠加的信息做出相应的逻辑分析和理论总结，由此得出有助于提升展览展示和公众服务水平的内容。

　　"信息叠加"使得汇总观众单一个体的多重信息变得简单，也使得提取有价值和参考意义的内容更为高效。例如，从调查总体情况而言，"信息叠加"得出的结果是：外观精美的文物往往容易受到观众青睐，观众对其相关知识介绍的关注度更高；但如果是外形普通的文物，一旦缺少生动的介绍和说明，观众往往会较快失去观看的兴趣。至于专业、严肃、文字量大的展览前言和导言，通常观众会匆匆一瞥而过，不愿意驻足观看。这些与以往博物馆观众调查得到的结论十分相似。如湖北省博物馆在针对器物标签改进方案的调查中发现：56%的观众认为需要增加文物的来历、功能、艺术价值等信息，40%的观众认为生僻字需要加拼音，24%的观众认为需要有配合器物的图解，19%的观众认为需要增加文物的相关数据（如重量、高度等）[①]。

　　另外，"信息叠加"还会得到一些有趣的数据：如从观众户籍所在地分布来看，展览覆盖的观众主要来自江苏及周边地区，江苏、安徽、浙江、山东是两次特展参与观众数量最多的四个省份，这体现了特展的主要影响范围；从整体数据来看，来自内陆省份的观众参观时长普遍高于沿海经济发达省份，这也是以往传统观众调查方法难以获得的数据。

（三）数据识别

　　在设计完善调查内容之后，基于智慧导览的观众调查数据识别不断通过技术手段采集数据，进而多次调整软件进行升级服务，将观众调查转变为博物馆与观众潜在交流与联系的形式。这样无论是对博物馆陈列展览，还是与之配套的教育服务，都能够提供各种相对客观公正的公众信息，也不失为一条行之有效的博物馆展览持续改进渠道。

　　首先，按性别、年龄考察观众的平均游览时间，能够从侧面反映博物馆观众的具体状况，以及现今博物馆教育服务最应关注的群体及其属性。"法老·王"展期间使用智慧导览的观众中男性占40.58%，女性占59.42%；"帝国盛世"展期间使用智慧导览的观众中男性占35.87%，女性占64.13%，女性观众比例明显高于男性。在使用时长与查看文物数量方面，女性观众也占一定优势，如使用智慧导览器60分钟以上的女性观众，两次特展分别达到1090人、

　　① 吕军、李说：《免费开放语境下博物馆人性化服务的建设——湖北省博物馆免费开放观众调查与启示》，《中国博物馆》2011年第Z1期。

10 544人，远超男性观众的508人、4967人。这在一定程度上说明，目前博物馆观众中女性的比例要高于男性，而且女性观众更愿意花时间、花精力去参观博物馆的展览。

其次，从智慧导览器的借出到归还的数据，除可以按年龄、性别统计观众的平均游览时间外，还可以统计出观众所查看智慧导览文物的平均数量。接近一半的观众能查看大部分文物，并且女性观众的文物查看数量也远高于男性观众。就这两次展览的使用数据来看，在游客平均查看25件智慧导览文物的情况下，展览的整体游览时长在60—70分钟，比展览设计时的预期稍长，与传统人工调查方式统计得出的结果十分接近。

另外，从使用智慧导览器观看展览的观众年龄构成来看，"法老·王"展中，21—40岁观众的占比为76%，有绝对的优势；"帝国盛世"展则基本覆盖各年龄段用户，其中11—30岁的观众数量超过一半。从年龄的角度看，各年龄段使用平均时长差异不大（图一、图二），但是70岁以上观众的使用时长均在60分钟左右，明显高于其他年龄段观众，说明这部分观众对文化产品有较多的需求，有时间也有意愿进行参观学习。同时，10岁以下观众的参观时长也较高，这与现场观察的结果相符。小朋友在智慧导览器的协助下，会觉得展览更好玩、更有趣，会愿意花更多时间看文物、听讲解，说明儿童观众在使用智慧导览器的情况下比较投入。

与平均游览时间所反映的情况类似，10岁以下的观众观看的智慧导览文物数量最多，而21—50岁的观众依然是参观智慧导览文物的主力军，70岁以上的老年人有更充分的时间来了解文物。这表明，只要提供充分的引导与辅助，让观众轻松、愉快地认识和了解文物，那他们也会自然而然地爱上参观博物馆。所以，无论是常设展览还是临时展览，如果有相应的针对性辅助设施，年轻人与儿童会愈发成为博物馆的"主力军"，老年人也会更加享受文化大餐，这将更好地体现博物馆的教育职能，这也是这两次智慧导览结合观众调查给我们博物馆人带来的启示之一。

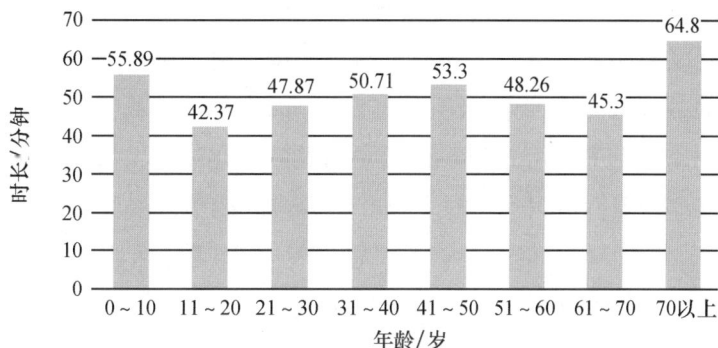

图一 "法老·王"展各年龄段平均使用时长示意图

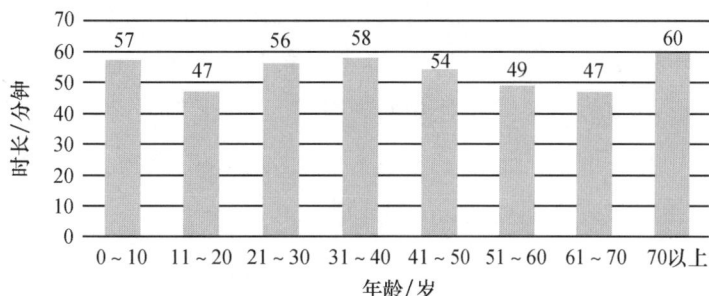

图二 "帝国盛世"展各年龄段平均使用时长示意图

（四）热点分析

通过汇总观众参观路线与停留时间等数据，智慧导览后台将自动选择参数设置，选择合适的分析范围，进而对空间关系的概念化参数等数据进行观众参观的热点分析，构建彼此交互的热点模型，得出此方面准确的观众调查结果。这既利于考察博物馆观众关注的热点，也便于对比调整后对热点的影响程度。

按各文物浏览次数与参观时间统计，"法老·王"展前十名文物依次是奥西里斯像、豺狼阿努比斯像、编钟、埃及艳后、彩绘镀金木乃伊面罩、木乃伊人形盖板、"长毋相忘"银带钩、错银铜牛灯、金缕玉衣、金兽，而提供视频的三件文物——奥西里斯像、豺狼阿努比斯像、编钟的平均参观时长远远领先于其他文物。除此之外，通过热点分析还可看出观众对于带有故事描述的文物游览时间普遍更长：金缕玉衣参观人数占比在所有文物中排第一位，达到83.1%；排名第十的"长毋相忘"银带钩参观人数占比也达到52.41%。

"帝国盛世"展各文物浏览次数与参观时间的前十名文物分别是乾隆蓝釉描金粉彩转心瓶、康熙皇帝朝服像、金编钟、十字架、乾隆皇帝汉服像、吊坠、叶卡捷琳娜肖像、彼得一世肖像、金册和金印、主教法冠和福音书。通过热点分析同样可以看出，有视频类讲解的文物往往能吸引更多观众，平均参观时长也都排在前五位。另一类就是有丰富拓展性讲解的文物，如主教法冠和福音书的详细参观人数占比72.17%，在所有文物中排第一位，应与该文物提供了东正教的发展史漫画有密切关系，也进一步表明新颖的说明形式与内容精彩的文物更能激发观众的参观兴趣。

在"法老·王"展智慧导览不同版本的迭代过程中，可以看到文物参观时长的排名会随着导览内容的变化而发生明显的改变。如在奥西里斯像、豺狼阿努比斯像的介绍中加入相关的影视片段后，两者的参观时间立即升至第一、二位。而在加入现场考古视频及考古故事介绍之后，编钟的参观时间立刻上升至第三位。这两个明显的变化说明，博物馆观众普遍对视觉化、故事化的内容更感兴趣，我们可以通过对文物介绍内容的调整来引导观众的关注热点。

热点图分析同样体现了相同的趋势，从"法老·王"展总体热点图（图三）可以明显看出，每次内容升级后，对应文物附近的热度都出现明显的提升，再次印证了可以通过调整展览介绍内容引导观众的关注热点。而"帝国盛世"展总体热点图（图四）中的"通柜"位置是观众聚集度最低的区域，这些区域对应的文物恰恰是介绍内容较少的。

根据前述不同年龄段观众的文物观看情况，结合两次热点图分析，发现不同类型的文物、不同的表现形式对不同年龄段观众的吸引力也不尽相同。举例来说，"帝国盛世"展的"套娃"这件（组）文物，10岁以下年龄段观众的观看时长远超其他年龄段，其他年龄段虽也有所差异，但是整体差异很小，而套娃恰是唯一植入了互动游戏的文物。这说明对于儿童而言，互动游戏是他们参观博物馆时更乐于接受的一种形式。

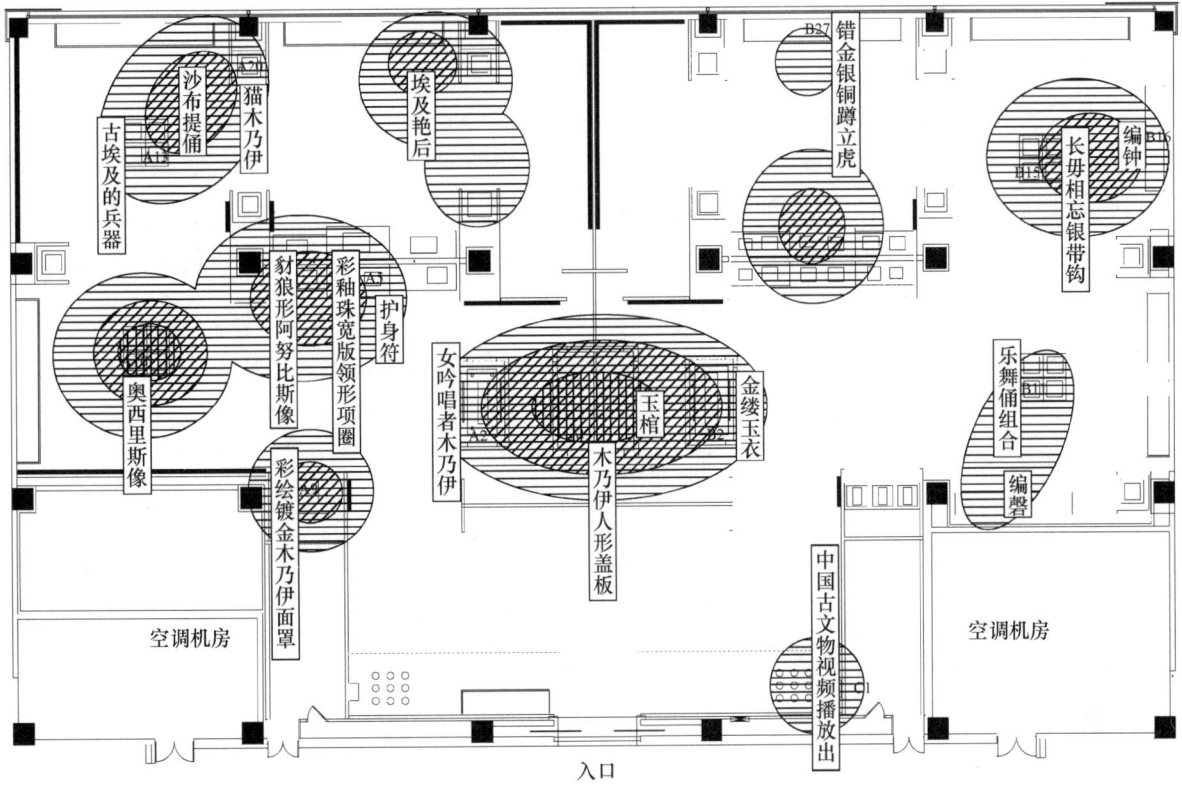

图三 "法老·王"展总体热点图（线条越密表示关注度越高）

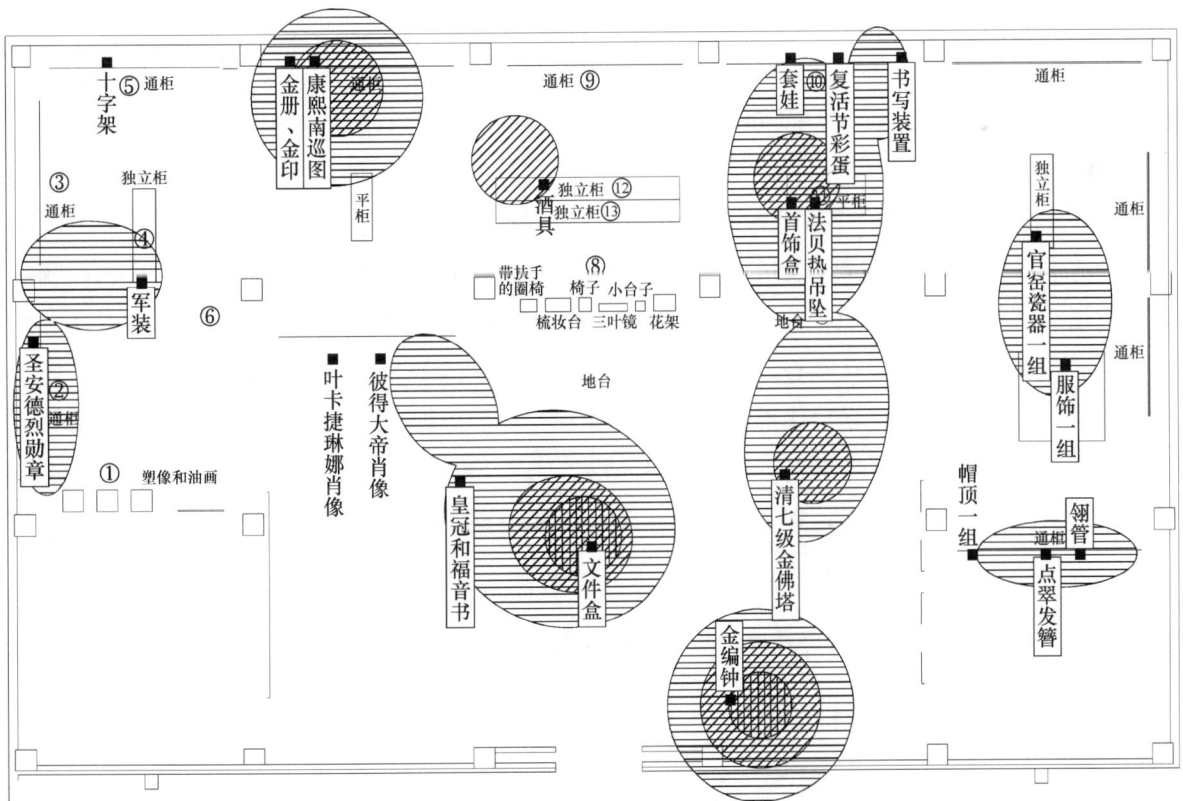

图四 "帝国盛世"展总体热点图（线条越密表示关注度越高）

（五）相关讨论

依照智慧导览进行观众调查的实际效果来看，博物馆充分利用非人工的高新技术设施，将观众被动地接受人工讲解转变为观众借助智慧导览系统主动吸收自己感兴趣的文化信息，这一举措不仅可以缓解人工讲解供不应求的现状，而且可以使观众更自由、更自主地参观，同时也更加有利于营造无噪音、无干扰的参观环境，提升整体参观服务功能[①]。博物馆为公众举办的展览，特别是收费特展，如果能够灵活运用信息叠加、数据识别、热点分析等观众调查手段与方法，根据观众的反馈不断调整与改进，可以吸引和争取更多的观众，使观众调查成为真正指导实际工作的有力工具，实现社会价值、经济效益的更大化。

免费使用的智慧导览器提高了观众参与问卷调查的便利性，也增强了观众接受博物馆调查的主动性。博物馆观众调查作为博物馆教育服务工作的传统手段，采用融入智慧导览等更为贴近观众的调查方式，也是现有科技条件下博物馆文化融入公众生活的发展方向之一。博物馆是为满足观众需要而存在的，应始终将观众的需要和社会的需求作为工作的出发点和落脚点，始终把观众放在主体和中心的位置上。通过观众调查与研究，正确分析观众参观心理，及时调整社会教育项目的计划和工作思路，推出适合不同层次观众的社教活动，更好地服务大众、惠及民生[②]。利用智慧导览和问卷调查结合的方式，及时综合了解观众的实际需求，可以避免以往传统观众调查滞后于实际情况的问题，也可以更好地以专题性调查配合传统的综合性调查，调整当下博物馆的教育与服务方法和策略。

博物馆社会教育与服务适应时代的发展，积极融入社会发展的潮流，不断提升服务水平，形成自身特色，为观众提供高质量的教育与服务产品，已成为评价博物馆的重要指标之一。2017年"浙江大学博物馆认知与传播国际学术研讨会"的专题演讲《博物馆语音导览系统的比较研究——以南京博物院"法老·王——古埃及文明和中国汉代文明的故事"和"神灵的艺术——来自中部非洲的面具特展"为例》，就提及多学科的融合可以帮助博物馆从更广阔的视角看待自身的工作[③]。所以，利用不同角度、不同形式、不同领域的相关学科研究方法和成果，融入现代的博物馆观众调查之中，可以对博物馆观众的参观心理、行为、特点与模式等进行科学的分析，为不同观众群体提供分众化服务，进而促进博物馆的自我完善和良性发展，真正使博物馆的社会教育服务走上可持续发展的道路。

在当代社会，博物馆的发展方向在一定程度上要以观众调查结果为基础。如果将博物馆的

---

① 向祎、朱宏秋、林晓平：《对博物馆免费开放后宣教工作的思考——以河南博物院夏季观众调查为例》，《中原文物》2009年第3期。

② 宋莉洁：《分析博物馆观众参观心理 做好社会教育及服务工作——从河北省博物馆观众调查说起》，《大众文艺》2012年第6期。

③ 胡凯云：《博物馆观众：积极发言的行动者——2017"浙江大学博物馆认知与传播国际学术研讨会"侧记》，《东南文化》2017年第3期。

观众调查视为一个永不停歇、连续不断的实验，像智慧导览这样有价值的反馈和检验的结果，无疑可以为下一步的实验提供更好、更高的基础，这样的博物馆才是观众真正需要的，这也是从"法老·王"展到"帝国盛世"展两次特展智慧导览的观众调查实践给予我们的启迪。毫无疑问，观众调查的时间、数量与周期越长，积累的信息量就会越多，可供分析的内容也就越加丰富，辐射面也就越广，参考价值也会越大。如果不断地将基于智慧导览累计的观众调查数据进行分析汇总，吸收公众反馈意见与专家评估结果，进而将其转化为博物馆的固定资源，并与社会公众服务联系起来，将之实践到教育服务中，将极大地促进展览策划的进步及教育活动方案的完善。这也极有可能成为决定博物馆能否为观众提供良好参观体验的关键，也必然是传统博物馆发展为新型智慧博物馆的可行性途径之一。

五、结　　语

现代科技正在悄然地改变着我们的生活方式，博物馆的服务方式逐步从"连接人与人""连接人与内容"，发展为如今的"连接人与教育""连接人与服务"。其实，在这方面国内的各大博物馆都有所尝试和实践，但大多未能成为观众参观展览的主要形式。其中一方面固然与普通观众接受信息化事物需要一定的过程有关，但另一方面更多地反映了我国博物馆对这类辅助性设施的重视程度还有待加强，思路有待进一步解放。"法老·王"展和"帝国盛世"展这两个特展虽然已落下帷幕，但在此期间观众调查新方法的尝试与相关经验却值得总结与思考。

在文化产业蓬勃发展的时代，文博人应具备主动的服务意识，在展览中科学充分地考虑不同背景、不同年龄、不同性别观众的各种需求，充分利用并用好现代科技手段。虽然就目前来看，在博物馆系统内推广智慧导览技术的费用较高，且难以拓宽到大中型博物馆的常设展览上，也存在一定的技术整合难度，全面普及较困难；然而，博物馆可以通过扩展语音导览器功能，利用新媒体技术中的人脸识别、边缘计算等来达到相同的目的。这方面工作推进的关键在于博物馆人是否能主动顺应潮流、解放思想、不断进取。

"法老·王"展与"帝国盛世"展这两次特展的智慧导览系统应用于博物馆观众调查的实践探索取得初步成功，正是源于南京博物院一直紧跟信息技术的发展步伐，多年来持续致力于社会教育与科技创新的融合发展，把国际领先的信息技术引入文化产业信息化、数字化建设中，这是南京博物院在教育服务中不断创新与实践的成果之一。我国博物馆如果以像智慧导览与观众调查这样的成果为基础，以智慧设备对接其他硬件，深化统计调查的软件，结合并拓展传统博物馆观众调查方法的边际，一切以优化服务、优化体验为导向，未来在此方面持之以恒，继续稳步前行，那必然会更好地满足博物馆社会教育服务之需求，为博物馆在内的文化产业科技发展做出更多的贡献。

（原载于《东南文化》2019年第3期）

国立中央博物院筹备处在李庄

胡琰梅

内容提要：国立中央博物院筹备处在大陆只有短短十余年历史，且因抗日战争辗转迁徙于四川南溪李庄。在李庄相对安宁的近六年间，虽生活艰难却取得了不俗的学术成就。本文梳理了大量档案史料和前人相关研究成果，力图全面呈现其在李庄所经历的艰辛和取得的成就等，分析其取得不俗成就的原因主要有先进的筹备理念、优秀的人才队伍、浓厚的学术氛围、合理的奖惩机制。

关键词：国立中央博物院筹备处　李庄　生活艰难　业绩辉煌

国立中央博物院筹备处建于1933年，历经艰辛的抗日战争，1948年有一部分迁台，1965年合并于"台北故宫博物院"，留在大陆的部分1950年改名为南京博物院。前辈学者关于国立中央博物院的筹备经过、西迁过程，有一些相关的论述[1]，而关于四川李庄（图一）的相关文字较少，仅有个别人的口述回忆，且多偏重于所开展的业务工作与取得的学术成就[2]。对于当时的国立中央博物院筹备处在李庄所处的具体环境、面临的诸多困难，以及为何能取得相应学术成就，缺乏全面、可靠的梳理。本文以档案史料为基础，呈现国立中央博物院筹备处在李庄的历史，并试图分析它在困境中取得辉煌成就的原因，以期对当今博物馆的发展有所启发。

---

[1] 李竹：《国立中央博物院筹备处》，《中国文化遗产》2005年第4期；中国第二历史档案馆（刘鼎铭选辑）：《国立中央博物院筹备处 1933年4月—1941年8月筹备经过报告》，《民国档案》2008年第2期；徐玲：《艰难的探索——国立中央博物院筹建始末》，《博物馆研究》2008年第4期（总第104期）；吴昌稳：《提倡科学研究 补助公众教育：国立中央博物院之筹设》，《客家文博》2017年第3期；李荔：《抗战时期的中央博物院文物西迁》，《中国文化遗产》2009年第2期；晓峰：《中华国宝迁运纪实》，《南京史志》1997年第4期。

[2] 索予明口述、冯明珠代笔：《烽火漫天拼学术——记李庄时期的国立中央博物院》，（台北）《故宫文物月刊》2006年第2期（总275期）；〔加〕李在中：《朵云封事》，北京出版社，2018年，第152—164页。

图一　李庄

一、生活艰难

抗日战争时期，国民经济困难，人民生活艰苦。1940年，国立中央博物院筹备处与中央研究院（以下简称"中研院"）等机构来到李庄时，正值大旱，豌豆麦子颗粒无收，榆树叶都被虫鸟吃光，水井里无水可用①。在天灾人祸并发的困境中，国立中央博物院筹备处如何在李庄安顿下来并有序工作至抗日战争胜利？

（一）住房

抗日战争时期的李庄总面积不足100平方千米，却要容纳万余名外来人口及相应的学术机构，住房无疑是个棘手的问题。同时迁往李庄的机构中，同济大学率先与李庄当地人接洽，因而占据了李庄条件较好的一些宫观庙宇。其他单位只好见缝插针，勉强找房子安顿下来。国立中央博物院筹备处初到李庄时与中国营造学社（以下简称"营造学社"）合租距李庄0.5千米左右的上坝张氏房屋。上坝张氏房屋规整的正厅正院为房东自留，所租者皆破旧不成格局，非修理不能迁入。办公及员工生活所需家具设备也需自行设法购置②。

1943年4月因筹备长期展览需要，国立中央博物院筹备处增租李庄镇张家祠（图二、图三）。张家祠是一座清道光年间修建的四合院，地基干燥，内部宽敞，四周完固，对国立中央博物院筹备处来说算是改善了办公条件。但承租之初与李庄中心小学产生许多纠纷，惹来不少麻烦。这从郭宝钧代李济写给南溪县政府、南溪县第三区区署的公函就可见一斑。先是李庄中

---

① 岱峻：《发现李庄》，四川文艺出版社，2009年，第71页。
② 台北"故宫博物院"存档案：0029-400-048、0029-400-050、0029-400-051、0029-400-060。

图二　国立中央博物院筹备处办公地张家祠

图三　张家祠外景

心小学不让收回体育场、封闭过道，后经协调，张氏允厕所归校方并另赠一地作为运动场，才得以筑墙封闭。不料，中心小学负责人仍在课堂公开谩骂，以幼童无知之名毁去祠堂新筑墙垣，并上报南溪县政府称其"动无场地，食无厕所，学校恐有闭门之虞"。国立中央博物院筹备处因典守职责所在，对筑墙封闭一事无可退让。经多次交涉并捐赠四百元平地费，事情才得以平息①。

　　一波刚平，一波又起。经过修缮，国立中央博物院筹备处于1943年6月1日正式迁入张家祠新址办公。8月25日中央陆军第七十六军新五师十三团二营四连径直开入张家祠驻扎，占用国立中央博物院筹备处全部职员宿舍及部分办公室。该连130余人，还在院内饲养鸡鸭羊犬，严重影响国立中央博物院筹备处的正常工作。国立中央博物院筹备处遂与十三团刘团长交涉，并

①　台北"故宫博物院"存档案：0032-500-115、0032-500-117、0032-500-119。

上报教育部①。此事何时得以妥善解决，详情不得而知，但其最终结果应是部队迁移，国立中央博物院筹备处工作环境得以保证。

以上两例表明，国立中央博物院筹备处在李庄安顿，除了要适应战时物质条件很差的大环境外，还需要协调与本地政府、军队、居民、其他机构等方面的关系。

（二）生活必需品

勉强有了安身之处，果腹之食、蔽体之衣又是长期需要解决的问题。李庄突然涌入大量外来人口，物资供不应求，加上战时特殊环境，物价飞涨，生计问题时刻困扰着本想一心做学问的学者和他们的家眷。

从现有档案看，作为生存必需的粮食，对于国立中央博物院筹备处人员来说是没有保障的：按年龄领取粮食，人口多的家庭很可能不够；一度领到的是碛米（需再次碾压才能食用），1943年6月以后才以九三折领取食米（中熟米）；还可能因粮库存粮不足，迟发以致出现断炊的危机②。为解决员工的口粮、平价布和生活补助费等生活问题，国立中央博物院筹备处主任李济三番五次给有关单位负责人写信，措辞恭敬有加，可谓忍辱负重、殚精竭虑③。

（三）医疗

缺衣少食之外，病魔是对生命最大的威胁。在战火纷飞的年代，地处医药资源匮乏的偏远小镇，国立中央博物院筹备处的前辈是如何战胜疾病，顽强地守护文物、潜心治学的？

1942年初春，李济的大女儿凤徵不幸身染伤寒，一病不起，因缺乏有效药物治疗，即便同济大学医学院数位留德教授共同努力，也无力回天，最终不治而亡④。在连失二女的打击下，李济曾一度感到无比哀伤，但最终在傅斯年等同仁的鼓励下，凭借坚定的信念和顽强的毅力，继续在学术报国的道路上负重前行。

国立中央博物院筹备处在李庄期间的医疗问题较依赖中研院历史语言研究所（以下简称"史语所"）等机构。台北"故宫博物院"存有关于1942年3月和6月，史语所医务室萧文炳医生到国立中央博物院筹备处来接种疫苗的档案⑤。1945年2月23日曾昭燏给李济的信中提道："这几日杨诲文太太闹胃病（并吐虫），前两日痛得不得了，日夜呻吟不休，我们临时把史小姐拉去诊察，并服了李太太的可丁和其他的药，才好一点。这两日往同济看，尚未大好，因此杨诲文请假。我觉得我们每次有人害病，便到史语所或营造学社去要药或由李太太私人拿出药

---

① 台北"故宫博物院"存档案：0032-500-123。
② 四川省宜宾市南溪区档案馆藏档案：9-1-232-18、9-1-232-17、9-1-299-1。
③ 台北"故宫博物院"存档案：0031-500-060、0034-500-007。
④ 岳南：《南渡北归（南渡）》，湖南文艺出版社，2011年，第306页。
⑤ 台北"故宫博物院"存档案：0031-500-093、0031-500-095。

来，实在不应当。这次在重庆望无论如何买点普通的药回来，例如阿司匹灵、金鸡纳霜、可丁、三道年（打虫药）、碘酒以及sulphur drugs（硫磺药物）等。庶几有个急病的时候，也临时有点办法。"①

史语所医疗方面的史料保存相对较多，如1941年7月29日董作宾写信乞求傅斯年请其夫人俞大彩帮忙购买治疗疟疾的盐水针，1945年4月5日董作宾写信给傅斯年催疟疾药，等等。史语所石璋如回忆："医务所的陈设非常简单。以前医务所的萧医生，与同仁、眷属处得很好，病理讲解也很清楚，护士小姐也很亲切。后来萧医生离职，换成绰号'开水先生'的张医生，因为许多同人去看病，张都要说喝开水，久而久之医务所就门可罗雀，他也被起了绰号。"由于缺医少药，又对中医持有偏见，不少人被病魔夺去了生命②。与史语所关系密切的兄弟单位国立中央博物院筹备处的处境自然也好不到哪去。

（四）治安

且不说学者个人生命财产的安全，仅大批文物、图书的安全责任就重如泰山。李庄民风淳朴，但也难敌一些人因生计无着又不愿自食其力而走上歧途，因而抢劫事件也是存在的。在史语所、国立中央博物院筹备处等机构迁往李庄之初，地方政府就派武装部队保卫古物图书的安全③。

尽管有士兵保卫，抢劫、盗劫之事还是时有发生。有档案记载且李庄当时居民有记忆的主要是史语所合作社经理魏善臣被抢劫一案。1941年7月20日，魏善臣向傅斯年呈报了在木鱼石行至尖嘴龙地方，遇匪抢去合作社7月份账款的详细经过。史语所分别向南溪县政府和南溪县第三区区署去函，请求缉捕劫匪并清查江滨一带户口以绝匪源④。关于此案的处理及后续影响，岱峻《发现李庄》一书亦有详细篇幅介绍⑤，在此不赘述。国立中央博物院筹备处虽未直接遭遇抢劫，但所处治安环境与史语所一致。

（五）交通

岷江与金沙江交汇的宜宾是长江上游最重要的城市。从宜宾经李庄去泸州、重庆，可直抵南京、上海。素有"万里长江第一古镇"之称的李庄，位于长江上游南岸，上宜宾、下南溪，两头都是25千米，是长江上游重要的水路驿站⑥。

---

① 南京博物院：《曾昭燏文集·日记书信卷》，文物出版社，2013年，第524、525页。
② 岱峻：《发现李庄》，四川文艺出版社，2009年，第78、79页。
③ 四川省宜宾市南溪区档案馆藏档案：11-1-63-1。
④ 四川省宜宾市南溪区档案馆藏档案：11-1-63-2。
⑤ 岱峻：《发现李庄》，四川文艺出版社，2009年，第85—88页。
⑥ 岱峻：《发现李庄》，四川文艺出版社，2009年，第21页。

1940年秋昆明危急，同济大学、中研院史语所和社会所等几家单位选择李庄作为安身之地，交通无疑是一个重要考量因素。尽管有便捷的交通，但在当时的战争环境中，还是免不了出现意外事故。

国立中央博物院筹备处人员少，且主要领导人同时是史语所员工，所以抗日战争期间一直跟着史语所走。史语所在从昆明到李庄的搬迁过程中就发生了一件让人揪心的事。

1940年11月12日，民生航运公司驳船装载史语所140箱公物，从泸州转运宜宾时，不幸失衡倾覆，书箱滑落长江，经过一番紧张的打捞，才全部救起。先期到达李庄的董作宾和在重庆的傅斯年都非常关心此事进展。两人信函往来，频频交流整件事的情况和对策[①]。国立中央博物院筹备处的古物图书是与史语所一起打包运输的，有七箱被水打湿，所幸损失不严重。此事在王振铎给李济的两封电报里也有所反映[②]。

（六）办公经费

国立中央博物院筹备处自1937年"七七事变"后，经常开支每月由8000元锐减至1200元。无奈只好简化机构，裁汰职员。1939年开始，预算部分恢复，内部组织也得以略加充实，如增加研究部、会计室，筹备图书室等。但这种经费的恢复也是有限的，如1942年的经费6万元，平均每月为5000元[③]。庆幸的是，杯水车薪的经费都用在刀刃上，不仅做出了许多学术成果，还举办了不少向公众开放的展览。

二、业 绩 辉 煌

（一）野外调查与发掘[④]

1. 川康民族调查

国立中央博物院筹备处马长寿等于1936年冬成立川康民族考察团，1942年1月考察工作结束，历时五年多。考察团每到一地调查，先辨族别，确定区域，测量体质，记录语音，溯编历史，叙述环境，进而综合分析各族的社会组织、政治制度、经济情况、人口因素、物质文化等。四次调查将川康民族的大体轮廓基本弄清楚，搜集了12箱标本，并撰成约百万字的调查报告——《凉山罗夷考察报告》。

---

① 岱峻：《发现李庄》，四川文艺出版社，2009年，第25—27页。
② 台北"故宫博物院"存档案：0029-400-049、0029-400-057。
③ 台北"故宫博物院"存档案：0031-700-219。
④ 谭旦冏：《中央博物院二十五年之经过》，中华丛书委员会印行，1960年，第92—98、124—189页。此处有关国立中央博物院筹备处在李庄的成就主要参考谭旦冏此书概括而成，并结合档案，增添书中遗漏项目。

2. 彭山考古发掘

1941年6月14日以吴金鼎为首的川康古迹考察团开始发掘四川彭山崖墓，全部工作在1942年12月9日结束。清理崖墓77座、砖室墓2座、土坑墓7座，出土陶俑等数百件，其中有1件陶佛座价值尤高（图四）。

图四　彭山崖墓发掘队员合影

3. 西北考古调查

国立中央博物院筹备处与中研院史语所合组西北史地考查团，于1942年4月开始在甘肃境内进行初步考查，1945年12月结束。主要工作有：敦煌壁画佛像整理、敦煌写本与古籍收集；汉代遗迹调查、汉简收集；洮河流域史前遗存调查与发掘；雍水、渭水流域调查；汉代烽燧遗迹调查、瓜州旧城调查，考察玉门关、阳关遗迹，发掘戈壁墓葬群，甘肃史前文化遗址调查，发现张掖、武威一带史前及唐代重要遗迹。

4. 丽江麽些经典调查与采集

李霖灿主持的丽江麽些文化调查工作自1941年7月1日开始，半年草成《象形文字初步工作报告》。1942年，以麽些民俗调查为主。1943年，注重麽些民俗标本采集及经典内容之探讨，运回标本6箱。1944年，《麽些象形文字字典》在李庄出版，为"国立中央博物院专刊乙种之二"。1945年，《麽些拼音文字字典》出版，为"国立中央博物院专刊乙种之三"。

5. 四川手工业调查与采集

1941年8月由谭旦同负责，开始对四川南部及西部旧手工业进行调查。调查方法有填表、记录、绘图、摄影及收集实物、仿制模型等。所调查手工业以制盐为主，涉及竹簧、草纸、砂锅制作、烧石灰、打铜、打铁、滑石采集、制伞、酿酒、糖业、夏布、造纸、织锦、造鼓、制盐、刺绣、制银、制弓箭等诸多门类。征集实物标本1200余件，整理调查报告几十万字，留下大量绘图和摄影资料，写成《中华民间工艺图说》。

6. 自然标本采集

国立中央博物院筹备处自然馆动物标本采集工作早在1937年与中研院动植物研究所商订有合作办法，因抗日战争未及进行。1942年开始在川康一带进行鸟类哺乳动物标本采集工作。所获标本主要有：鱼类788件、两栖类149件、爬虫类66件、鸟类455件、兽类40件、昆虫4170件。

7. 建筑史料编纂

1940年6月国立中央博物院筹备处曾委托营造学社调查西南诸省建筑与附属艺术。调查整理川康滇三省汉阙、汉崖墓及民居、会馆、牌坊、桥梁、水闸130余处。绘成实测图40余幅，照片500余张，各附文字说明。1942年两单位联合组织建筑史料编纂委员会。主要工作为收集整理古建筑的彩色图、照片、拓本、图表，制作建筑模型等[①]。

8. 琴台王建墓整理

1943年3—9月，琴台王建墓整理工作由四川省古物保存委员会主持，国立中央博物院筹备处及中研院史语所予以人员及技术协助。王建墓被盗严重，仍有较高学术价值：①墓本身的建筑构造是建筑史研究的良好材料；②发现了玉玺、玉册、银钵与玉带等有文字的器物，具有历史、天文、度量衡等多方面研究价值；③发现了铜器、银器、壁画、雕塑等艺术品。

（二）室内工作[②]

1. 文物登记

国立中央博物院筹备处1941年拟定文物整理方案，着手编目工作。

1942年对教育部购赠的一批长沙古物进行登记，将百余件陶、铜、铁、石、玉、漆、木器等器物进行编号、建藏品登记卡。

---

① 据台北"故宫博物院"存档案0032-700-0098，1943年8月国立中央博物院筹备处拨款三万元补助营造学社为本处绘制建筑模型图。经笔者与建筑艺术史学者殷力欣初步整理，南京博物院现仍存李庄时期营造学社绘制的古代建筑模型晒蓝图32种223张。

② 此处除另有注释的项目外，室内工作的主要成就均根据谭旦冏著《中央博物院二十五年之经过》（中华丛书委员会印行，1960年，第195—197页）一书内容概括提炼。

1943年将颂斋铜器32件、善斋铜器80余件进行藏品登记和整理保存。同时还整理其他各代铜器、石刻、砖文、陶器纹饰、瓦当等拓片500多张，苗族服饰彩画10余幅，大理史前遗址测量图等10余幅，以及从英国伦敦科学博物馆（London Science Museum）所购机械图等20幅。

1944年登记物品有何叙甫旧藏铜器、陶器、玉器、甲骨等1280余件；善斋旧藏铜器铜镜等130余件，杂件古物100余件；国子监旧藏铜器10件；元显儁墓志及盖各1件；河北巨鹿所出宋代桌椅各1件，展览图表照片等60余张，古物拓片420余张；周公庙林碑及嵩山三阙拓片等340余张；王建墓玉哀册拓片1套；麽些文经典1230余本，麽些人之宗教画及用具等约200件，丽江民俗照片40余张；丽江、大理两地碑刻拓片20余张，共计3800余件。

1945年登记物品有绘图藏品260余件，历史博物馆旧藏甲骨瓷器等百余件，黄文弼西北采集古物700余件，安特生（Johan Gunnar Andersson）采集石器340件，云南大理古物140余件，贵州夷苗衣饰乐器等近400件，川康民族标本500余件，自制各种拓片及图等60余张，共计2500余件。

除有一百箱尚存乐山仓库，西北史地考察团在西北所采古物尚存兰州，以及彭山古物尚在整理外，其余国立中央博物院筹备处人文馆所收藏文物均已登记完毕，登记卡片总数约7000张。

2. 学术研究

（1）李济对殷墟陶器的研究

抗日战争期间，李济带领团队对殷墟陶器进行了分类整理研究[①]。在昆明时，李济的团队完成了陶器制法、形制与纹饰的说明，做了吸水率和硬度测量等陶质物理实验，对标本进行绘图、拍照等。迁到李庄后，李济着手编制安阳殷墟出土陶器汇总，即陶器序数的编制。李济按照陶器不同部位的形态划分序号，将殷墟出土的1500余件完整或可复原的陶器都纳入同一个系统，系统内每一型每一式都有一个固定的名称，并且有匹配的图样表现其轮廓、结构与纹饰。共计16幅图录，按照序数排列殷墟陶器群的各式各样的全貌，编成《殷墟陶器图录》[②]。这份陶器汇总是李济团队陶器研究最为重要的成果，集中代表了李济陶器分类和类型学研究的思想。

（2）曾昭燏、李济著成《博物馆》

1943年7月，曾昭燏与李济合著的我国现代第一本博物馆学专著《博物馆》一书由重庆正中书局出版。曾昭燏在英国留学期间，曾赴德国柏林国家博物馆（Staatliche Museen zu Berlin）参加为期十个月的考古实习，后又去慕尼黑博物馆（Münchner Stadtmuseum）参加两个月的藏品整理和展览设计工作。这本书是曾昭燏回国后在两份实习报告的基础上重新整理而成的，署名增加李济。全书共十章，四万余字，通过对欧洲博物馆的深入考察，结合中国的实际情况，

---

① 李济自1934年至1947年身兼中研院史语所考古组主任、国立中央博物院筹备处主任两个职位，他的殷墟陶器研究主要阵地在史语所，但也有国立中央博物院筹备处人员参与，如李济的学生吴金鼎就是得力助手之一。

② 李济：《殷墟器物甲编：陶器（上辑）·序》，《李济文集·卷三》，上海人民出版社，2006年，第50—55页。

对博物馆的组织、管理、建筑设备及收藏、陈列、研究、教育等工作的基本原则和要求，做了系统、扼要的说明①。

在叙述博物馆沿革时，作者敏锐地指出中国与西方国家不同之处有二：中国历史悠久，文献丰富，而科学不发达，故历代收藏专重古物，对于科学物品、自然历史标本素加忽视；欧洲各国于18世纪时已确定博物馆应为大众而设，我国则直至清末仍是一切收藏只供少数人玩赏。

而在谈到博物馆的功用时，作者首次提出了博物馆具有保存有价值之物品、辅助研究工作、实施实物教育和精神教育的四大功能。这是有关博物馆收藏、研究、教育三大职能的最早论述，代表了当时博物馆学研究的最高水平。

难能可贵的是，作者还在书中专设"战时工作"一章，介绍欧洲国家之先例，提出我国博物馆战时应进行以下工作："然何妨仿诸先进国之成例，凡已有馆址及建筑者，尽量辅助教育事业。此外收集关于抗战之各种材料，及关于航空、后方生产一类之照片、图画、物品等，在城市及乡村举办短期展览与流动展览，亦非甚难之事。欲求抗战胜利，建国成功，须人人在其岗位上加倍努力，从事博物馆工作者，不可不勉也。"

（3）王振铎的汉代车制研究与静磁学研究

王振铎继续开展汉代车制研究，整理汉画像中有关辇车的资料，考证《周礼·考工记》的车制，制表、绘图、修正论文等。1952年未完成论文《汉代车制研究》，整理修缮车制模型完毕。

1944年，王振铎开始进行指南针发明史（中国古代"静磁学"）研究，于1945年完成论文《司南指南针与罗经盘——中国古代有关静磁学知识之发现及发明》。此外，王振铎还完成有关磁性的古代发明器物复原设计七种：《淮南子·天文训》之地盘模型、东汉时通行之司南模型、北宋时四种指南针装置模型、明代航海罗经盘、明代堪舆水罗经、清初航海旱罗经、清俞正燮发明之航海方罗盘。

3. 编辑与出版

国立中央博物院筹备处于1941年成立编辑委员会，李济、郭宝钧、曾昭燏、王振铎、谭旦冏五人任委员。先后编辑印成《云南苍洱境考古报告》《麽些象形文字字典》等。

4. 展览

国立中央博物院筹备处在李庄张家祠举办的展览有：1943年10月，举办远古石器展览及古代铜器展览；1944年3月，举办贵州夷苗衣饰展览②；1944年5月，举办汉代十三种车制展览；

---

① 南京博物院：《曾昭燏文集·博物馆卷》，文物出版社，2009年，第5—41页。

② 1944年3月22日曾昭燏说在李庄致李济信中提道："上星期日（十九日）为德育日展览'贵州夷苗衣饰'，来参观者千人左右，大半为同济师生，颇有好评。下星期日拟继续展览。"参见南京博物院：《曾昭燏文集·日记书信卷》，文物出版社，2013年，第518页。

1944年8月，举办中国历代建筑图像展览①；1944年10月，举办云南丽江麽些族文化展览；1945年3月，举办中国历代铜镜展览。国立中央博物院筹备处在李庄期间，于别处举办的展览有：1942年12月，参加重庆第三次全国美术展览会，展出铜器10件、漆器6件②；1943年11月，在重庆与社教扩大运动周同时举办"远古石器"及"铜器"展览，石器部分由李济负责，铜器部分为郭宝钧负责，展出铜器536件、石器841件③；1945年11月，参与孟买国际文化展览会，提供历代艺术文物照片14张，各图片由照片、拓片、墨画、彩画等组成，每张上附中英文说明，叙述其所代表时代的文化或其特殊艺术价值。

三、取得成就的原因

国立中央博物院筹备处在李庄近六年的时间，国难当头，生活异常艰苦，但仍取得了辉煌的成就，不仅妥善保管、整理文物以赓续中华文脉，以古物陈列服务于公众，还在学术上有诸多开创之功，如对西南各民族的调查与研究、对西北长城一带的考古发掘、川康手工艺调查与研究等。

李霖灿在他的《"中央博物院"的悲剧——记博物院事业中一项理想的真精神》一文中概括了国立中央博物院筹备处在从成立到最后消失的整个过程中取得不凡成就的原因：伟大的学术抱负、浓厚的研究精神、良好的读书风气、协调的合作热忱、培育人才之用心④。索予明认为国立中央博物院筹备处在李庄取得如此成就主要凭借两方面因素：主管领导有学术报国之理想，以身作则，鼓励同仁向学；与其他学术研究机构合作，拥有众多一流人才⑤。李霖灿之子李在中则认为主要可归纳为三项因素：在研究工作上落实科学的求真精神，在知识学问上鼓励同仁参与互动，在业务发展上重视国际视野⑥。

笔者以为国立中央博物院筹备处在抗日战争中却能取得骄人成绩，主要凭借以下几个因素。

---

① 1944年5月11日曾昭燏在李庄致李济函中提道："此次所展览者，计图108张，其中有34张为博物院之工作，说明上皆已注明……此稿今日即拟写好发出，陈列室昨日已动工安木板，尚未完毕。"参见南京博物院：《曾昭燏文集·日记书信卷》，文物出版社，2013年，第519页。

② 台北"故宫博物院"存档案0031-200-005，附国立中央博物院筹备处参展古物清册。1942年2月25日曾昭燏在李庄致李济函（南京博物院：《曾昭燏文集·日记书信卷》，文物出版社，2013年，第513页）中提及筹备此次在渝展览的情形，并询问展览场地详情。

③ 台北"故宫博物院"存档案0032-200-004为国立中央博物院筹备处写给民生轮船公司公函，嘱托民生公司用轮船将参展的九箱古物从重庆运回李庄。

④ 李霖灿：《"中央博物院"的悲剧——记博物院事业中一项理想的真精神》，转引自〔加〕李在中：《朵云封事》，北京出版社，2018年，第1—10页。

⑤ 索予明口述、冯明珠代笔：《烽火漫天拼学术——记李庄时期的国立中央博物院》，（台北）《故宫文物月刊》，2006年第2期（总275期）。

⑥ 〔加〕李在中：《朵云封事》，北京出版社，2018年，第155—164页。

（一）先进的筹备理念

最早提议筹建国立中央博物院的蔡元培认为，学校教育有局限性，发展社会教育势在必行，而博物馆是重要的社会教育机构，是进行美育教育的重要手段。宋伯胤曾经撰文概括蔡元培的博物馆观，主要内容有以下几点。第一，"教育并不专在学校"，博物馆、图书馆、研究所、展览会、动物园、植物园等都是"教育"机关。第二，博物馆的教育作用重在科学与美育。第三，从社会实际和时代特点出发，研究博物馆类型。蔡元培对博物馆进行细致的分类，认为可分为科学博物馆、自然历史博物馆、历史博物馆、人类学博物馆、美术博物馆、植物园与动物园、大学博物馆七类，并说明不同类型的博物馆所发挥的不同教育作用。第四，博物馆要免费开放，要办巡回展览，展品要"流通"。第五，展览的文字说明要有见解，重在启发①。

正是基于对博物馆社会教育价值的认识，蔡元培一方面在著述、演讲中论述博物馆的价值，强调建设博物馆的重要性，另一方面利用自己的声望与地位，努力把博物馆纳入中国文化教育系统，积极促成各类博物馆的建立，支持博物馆事业的发展②。1933年，时任中研院院长的蔡元培倡议创建国立中央博物院筹备处，明确建院宗旨为"为提供科学研究，辅助公众教育，以适当之陈列展览，图智识之增进"。国立中央博物院建院宗旨将科学研究放在第一位，与诸多以典藏古代文物精华为己任的博物馆大不相同，加上其定位是综合性博物馆而非某一专题性博物馆，所涉领域广泛，因而为学界所做出的贡献也很大。

（二）优秀的人才队伍

国立中央博物院筹备之初，就定位为国家级综合性博物馆，其主事者为傅斯年、李济这类赫赫有名的学者。第一届理事蔡元培、工世杰、翁文灏、丁文江、顾孟余、朱家骅、傅斯年、李济、黎照寰、秉志、李书华、罗家伦、胡适等都是学界名流。后来根据业务需求又延揽了郭宝钧、吴金鼎、王介忱、曾昭燏、夏鼐、马长寿、李霖灿、谭旦冏、庞薰琹、赵青芳、尹焕章等各类优秀人才。此外，还与中研院等机构紧密合作，具备多方面的一流人才。

（三）浓厚的学术氛围

在没有电灯的夜晚，国立中央博物院筹备处职员常聚在一起谈天说地，更多的是讨论学术问题。在领导和专家的带动下，年轻的职员也逐步成长起来。李济在编写《远古石器浅说》这

---

① 宋伯胤：《蔡元培的博物馆观》，《宋伯胤文集·博物馆卷》，文物出版社，2009年，第303—311页。

② 李霄：《现当代中国博物馆演进之轨迹——以南京博物院为例》，南京师范大学硕士学位论文，2012年，第10—11页。

本小册子时，让全院各研究员都阅读并提修改意见。大家也都直言不讳，纸上写满了各种见解，夏鼐写得最多，也最得李济赏识①。国立中央博物院筹备处浓厚的学术氛围由此可见一斑。

吴金鼎1942年9月在牧马山进行田野考古期间写给李济的信也为此留下了生动的注脚："今春鼎在蓉参观华大及四川博物馆时，私立小小志愿，希于三年期内愿见国立中央博物院所有藏品在全国居首位，并使自己在汉代考古学上得有一知半解。自发现牧马山墓葬后，此志益坚。近与乡珊兄仔细计议，拟于短期内多开几墓，冀天从人愿，在江水大退前获有特殊重要发现。"又说："今特早日以所志愿求助于先生，愿在指引之下，趁留川机会，尽力代博物院搜集标本，并增长个人学识，为公为私，苟得如愿以偿，更将倍于往日矣！"②

（四）合理的奖惩机制

要想激发员工自律、自觉的工作态度和积极的工作热情，就必须有合理的奖惩机制，有功则赏，有过则罚。笔者在档案中梳理出处分裴善元、提议奖励杨敬文两条相关内容。

1. 处分裴善元

李济曾因忙于其他事务，委托裴善元代行筹备处主任之责。1940年因书记史久颐携款潜逃，查出裴善元浮报费用一事。档案中没有找到对史久颐的处理结果，裴善元则没有逃脱浮报费用之责，但国立中央博物院筹备处也将裴试图弥补史久颐盗走款项及尽心保护古物运输等功劳一并呈报，才使中央公务员惩戒委员会最终做出了降一级改叙的处分结果③。

2. 提议奖励杨敬文

1942年12月，科室负责人徐重鑫呈报筹备处主任李济，所属事务员杨敬文工作努力，不畏繁难，成绩颇优，拟报请教育部会计处，补充佐理员月支薪一百元，以资激励④。不过笔者没有找到国立中央博物院筹备处给教育部的正式呈文。

以上两例，足见国立中央博物院筹备处注重对员工工作表现的考核，并适当予以奖惩。如此，则容易达到以儆效尤、见贤思齐的效果，在整个组织内形成认真负责、积极进取的工作氛围。

（原载于《档案建设》2019年第7期）

---

① 此事在李霖灿和索予明二位先生的文章里均有提到。
② 岳南：《南渡北归（南渡）》，湖南文艺出版社，2011年，第344—345页。
③ 台北"故宫博物院"存档案：0029-600-138、0029-600-141。
④ 台北"故宫博物院"存档案：0031-600-059。

新时代博物馆定位与宗旨的实现

田　甜　王奇志

内容提要：在坚定文化自信和文旅融合等多重背景下，中国博物馆事业的大发展已从追求体量大、数量多进入注重高服务品质、高文化效能和满足观众需求的转型新时代。随着博物馆服务领域不断延伸、观众体验方式日渐多元，新时代中国博物馆应在规划初期全面思考博物馆的基本属性、目标愿景和实现手段，并正确定位；每座博物馆在运营过程中需要从行业和个体双重视角思考定位和宗旨的准确性，深入挖掘本馆的独特资源；塑造符合宗旨表述的品牌形象，探寻适合自身发展的战略规划，不断提供丰富的文化产品、营造更加优质的综合文化服务空间。

关键词：博物馆　定位　宗旨　品牌　体验

在坚定文化自信和文旅融合等多重背景下，博物馆事业发展进入了机构和职能不断优化和调整的新时代，同时也面临着新机遇和新挑战。截至2018年底，全国正式登记注册的博物馆5354家，免费开放的博物馆4743家[1]，占全国博物馆总数的88.5%，全年博物馆参观数量为10.44亿人次[2]。随着物质生活水平日益提高，人们对精神文化产品的消费需求也大幅增长，博物馆免费开放后逐年递增的观众数量既是机遇也是挑战，博物馆的发展模式逐步从追求体量大、数量多向注重高服务品质、高文化效能和满足观众需求转变。

因此，新时代国内博物馆需要重新审视自身定位和宗旨，本文从博物馆的内涵延伸与观众体验拓展、行业与个体的双重视角、宗旨表述与品牌塑造三方面对上述问题展开分析。

---

[1]　《国家文物局关于政协十三届全国委员会第二次会议第0504号（文化宣传类053号）提案答复的函》（文物博函〔2019〕892号），［EB/OL］［2019-11-21］［2019-12-20］http://www.sach.gov.cn/art/2019/11/21/art_2237_42997.html.

[2]　《2018年博物馆参观人次》，［EB/OL］［2019-02-28］［2019-12-20］http://data.stats.gov.cn/easy-query.htm? cn=C01.

一、博物馆发展的时代特征：内涵延伸与观众体验拓展

1. 博物馆的内涵延伸与边界模糊

随着文化体制改革、互联网及大数据等新技术的推广和运用、人们日益增长的美好生活需求及博物馆自我提升的需求等因素，博物馆已逐渐成为集搜集、保存、修护、研究、展示、教育、休闲于一体的多功能场所。

博物馆内涵的延伸影响着其组织架构、运营管理、知识传播、服务形态、新技术运用等变化。故宫博物院提出"博物馆要从'馆舍天地'走向'大千世界'"；广东省博物馆提出"无边界博物馆"的概念[①]，将展览延伸到地铁站、社区等公共空间，并尝试用展览主题整体包装地铁车厢；南京博物院（以下简称"南博"）则将"社会教育部"改为"社会服务部"，虑及更多观众接受信息的方式，强调学习"自愿性"与服务"全面性"，从而突出博物馆的文化服务属性[②]；苏州博物馆（以下简称"苏博"）2018年向公众免费开放了古籍图书馆并开发了在线查询阅览系统，方便观众查阅电子文献与古籍文献、文博图书等。

随着内涵的延伸、服务的多样化，博物馆与其他文化机构的边界在逐步模糊。国内博物馆一定程度上呈现"非博物馆化"，大量非传统的展览选题、展示手段及教育模式被引入博物馆，商业的、市场的营销策略被博物馆学习借鉴，如传统展览空间加入商业互动体验装置、博物馆与各类品牌跨界合作推出线上线下展览等；而非博物馆文化空间则呈现"博物馆化"，如商场为了提升顾客体验开设美术馆，社区服务中心为了更好地服务民众举办不同主题的展览等，二者相向而行。

而纵观历年"国际博物馆日"主题，如"博物馆：促进社会变化的力量"（Museums as Agents of Social Change and Development，2008年）、"博物馆与有争议的历史：博物馆难以言说的历史"（Museums and Contested Histories: Saying the Unspeakable in Museums，2017年）、"致力于平等的博物馆：多元和包容"（Museums for Equality: Diversity and Inclusion，2020年）等，都在赋予博物馆新的职能和社会责任，有些显然已超出博物馆作为公共文化机构的范畴。目前《博物馆条例》（2015年）、国际博物馆协会（ICOM，2007年）给出的定义也已不能准确涵盖当下博物馆的机构改革、功能延伸、业务拓展等新内容。ICOM在2019年日本京都大会召开"博物馆的定义——国际博协的支柱"主题会议，试图就博物馆的新功能和新定义展开讨论，但最终没有达成一致意见，这也体现了博物馆在不同国家、社会、阶层的内涵和表述的复杂性。

---

① 魏峻：《构建无边界博物馆——以广东省博物馆为例》，广东省流动博物馆官方微信推文，2016年10月22日。
② 龚良：《从社会教育到社会服务——南京博物院提升公共服务的实践与启示》，《东南文化》2017年第3期。

综上所述，新时代国内博物馆机构和职能在不断调整，内涵也在持续延伸，其与其他文化机构的边界却在逐渐模糊。总结国内外有关博物馆的定义，大多包含以下关键词：非营利、公共、开放，物证、遗产，收藏、保护、研究，展示、教育、传播、交流、体验、学习、欣赏、情感、认同等，这些关键词可在思考博物馆定位和实现宗旨时使用。

2. 博物馆服务与观众体验的拓展

博物馆观众体验是指观众在博物馆亲身参观的经历及其在这一段时间的心理活动，观众通过感官刺激、情绪和认知上的参与获得一系列可记忆的事件，形成内部的独特感受和经验，产生情感变化的过程。体验是观众感知博物馆服务的过程，也是博物馆信息传播的途径。博物馆存在于观众的体验中，是丰富人们生活的"历史教育场所、知识学习场所、艺术享受场所、娱乐休闲场所和素质培养场所"[①]。"现代营销学之父"菲利普·科特勒（Philip Kotler）与尼尔·科特勒（Neil Kotler）将博物馆观众体验分为：休闲体验、社会交往体验、学习体验、审美体验、庆祝体验、着迷体验[②]。随着当下市场的需求及文博事业的发展，国内博物馆的服务与观众体验也在不断拓展中，观众体验主要包括以下几方面内容。

学习体验，也可称教育体验。观众在博物馆学习的不仅是知识，还包括社会经验（共享、秩序）。区别于学校教育，观众可依照自己的意愿、速度和方式参观博物馆，这种学习被称为"自选式学习"（free-choice learning），强调学习的自主性，如"建构主义"理论在博物馆中的运用。"可达性"（accessibility）也称"可及性"，是博物馆信息传播的特点，包括参观无障碍、信息可得到、博物馆及其藏品容易接近等。

审美体验，包含视觉、听觉等体验方式。通过展览、文化空间中视听等信息的传递，观众获得心情愉悦、审美素养提升的体验。博物馆收藏和展示不同时代、地域、风格和质地的藏品，这些藏品都是美的载体。如南博"穆夏——欧洲新艺术运动瑰宝"展提取阿尔丰斯·穆夏（Alphonse Mucha）作品中美的色彩与元素来装饰展厅，结合布景、花卉与空间变换来阐释穆夏的美学风格，让参观者从展品到展厅都享受到美的体验。

情感体验，观众通过崇敬、自豪、爱与恨等情绪变化与博物馆展览产生感情共鸣。博物馆既是观众参观学习的场所，也是观众自我定位，寻找存在感、归属感和价值的空间。想象共同体（imagined communities）是情感体验过程的重要特征，指人们虽然彼此不认识，没有直接关系，却有相同的归属感。叙述是展览构建情感体验的必要环节，通过信息传播，塑造、培养、达成一种共享区域历史的意识。如南博"江苏古代文明"展喻示了江苏省域文化的一体性；湖南省博物馆"湖南人——三湘历史文化陈列"则提出省域人群的概念，展览第二部分标题"我从哪里来"使本地观众更有代入感和归属感。

---

① 龚良、蔡琴：《博物馆与公众》，《东南文化》2010年第2期。

② 〔美〕尼尔·科特勒（Neil Kotler）、菲利普·科特勒（Philip Kotler）著，潘守永等译：《博物馆战略与市场营销》，北京燕山出版社，2006年，第37页。

娱乐休闲和文化旅游体验。文旅融合后，越来越多的博物馆引进"娱乐性教育"（edutainment）的概念，在展览和活动的内容与形式上做出了不少贴近公众的努力，且效果可喜。强调"寓教于乐"是博物馆娱乐休闲区别于游乐中心、商场、电影院等娱乐机构的本质所在。"娱乐"只是手段和工具，并不是博物馆的目的。"网红打卡"本是年轻人社交中的热门词汇，现也出现在博物馆某些热门的娱乐休闲体验中。而观众到博物馆"过大年"、体验节庆活动、参观主题特展也已成为一种新的文化旅游时尚。

社会交往体验，是观众在博物馆空间中与家人朋友间交流交往的体验。现在越来越多的家庭观众到博物馆体验传统文化、享受休闲时光，细品展览，参加儿童主题活动，享用博物馆主题咖啡馆或茶餐厅服务，流连忘返于传统与现代交织的文化艺术空间里。所以，博物馆也越来越重视家庭观众的参观需求，并提供相应的服务体验。

差异性体验，也可称"逃离体验"，是人们暂时离开日常生活到异质环境中获得的某种体验。差异性是关键，它可能比娱乐和教育的体验更加令人沉迷。现代人们工作生活节奏快、压力大，逃离现实、放松身心成为普遍需求，而博物馆就提供了这样的场所。隔着历史的迷雾，在与司空见惯的现当代物品相比较时，博物馆展品成为人们眼中全新的物件，观众可以体会到不同于自身所处时代和地域的文化、艺术和思想。

被尊重和认可的体验。其蕴含着对于人的普遍尊重，观众可以公平享有社会资源，平等参与博物馆项目。如无障碍设施及为残障人士专设的展览体现了对弱势群体的关照；免费饮用水、箱包寄存、婴儿车、母婴室、多语种讲解等周到的服务，对于观众而言是一种被尊重的体验。重视观众的感受和不同群体的需求，博物馆的宽容态度显示出对观众个体及其感受的尊重和认可。

二、博物馆的定位：行业和个体的双重视角

1. 作为行业的博物馆定位及关键因素

博物馆是人类记忆的场所，是不同地域、民族、文化、经济、宗教等共同体的话语表达，国家权力在记忆构建和呈现的过程中发挥主导作用。博物馆处于诸多行业的关系网络中，其定位是相对的，如博物馆与图书馆、档案馆、文化馆（群艺馆、群文馆）之间存在定位和职能的差异。博物馆的定位可对城市的社会稳定、经济发展和文化传播具有正面影响。

博物馆的发展与国家构建相关，是"重要的国家黏合剂"（key national unifier）[1]。我国国家领导人曾多次到博物馆参观并做出指示，人口调查、地图、博物馆是政府建立身份认同的

---

① 〔美〕倪威亮著，龚乔、雷虹霁译，潘守永校：《对利用生态博物馆保护活态遗产这一政策的思考》，《国际博物馆（中文版）》2014年第Z1期。

三个重要举措[①]。博物馆对城市经济的贡献，短期、直观、可测量地表现在就业、旅游、房地产价值等方面，不可测量的有品牌、教育等。个别博物馆对某个城市或地区具有重大的经济意义，如毕尔巴鄂效应（Bilbao Effect）[②]。以南博为例，南博2018年观众接待量为366.76万人次，对南京市GDP的综合贡献为26.956亿元，对南京旅游知名度、南京旅游形象的总体美誉度贡献分别为9.67%、14.12%，在南京24家主要景区中分别排名第一、第二[③]。博物馆通过对展览和藏品的解读传播城市文化，如首都博物馆"读城"系列展阐释了老北京城的历史文化面貌，苏博的"吴门四家"系列展则展现了苏州城市的江南文化特色与历史面貌。

在商业化和全球化浪潮下，博物馆机构是展示和建立民族意识及民族身份公共策略的关键要素，因为在一定程度上，丰富的藏品就是文化认同的标志和符号[④]。但是，随着博物馆不断融入当下社会，其与所处群体的关系更为紧密，国内博物馆存在不少价值观乱象。如个别地方政府对国有博物馆定位不清，把博物馆异化为装点城市的门面；有些地区出现贪大求奢的现象，博物馆城风靡一时；有的地方政府把博物馆文创工作作为新的经济增长点，博物馆的本源和基本属性却被消解；博物馆内针对成年人的文化信息传播出现低幼化、泛娱乐化等现象。因此，作为公共文化机构的博物馆应思考其行业的基本定位，以在国家和地区的发展中发挥积极作用：①公益性，不以营利为目的，发挥启蒙、教育功能，提供自由交流的平台，促进公众与博物馆、专家之间的交流；②基本性，提供一定社会经济发展水平中人们生存和发展所需的基本文化条件和文化福利；③均等性，全体公民不论地域、民族、性别、信仰、收入及身份差异，都能获得均等的公共文化服务；④便利性，保证在一定空间范围内设有公共文化活动场所，方便公民就近参与；⑤创造性，策划设计丰富多样的主题展览、教育活动、文化创意产品，以吸引更多观众；⑥体验性，为观众提供优良的体验，如前文提到的博物馆观众体验；⑦独特性，强调个性化发展，深入挖掘本馆的独特资源，以区别于其他文化机构。

2. 作为个体的博物馆定位及关键因素

定位影响博物馆的个性，国内博物馆的定位表述往往与宗旨相关。作为个体的博物馆，其定位应体现与其他博物馆之间的差异性：在城市历史和文化背景下，基于功能设定、价值观、专业、藏品、场馆的区别形成研究、展览、教育和服务等业务内容及外在形式的差异。国内博物馆几种常见的分类方法体现了这种差异性：按展示内容可分为艺术类、自然类、科技类、历史类等；按功能可分为收藏型、研究型、教育型、互动型等；按观众可分为儿童博物馆、社区

---

① 〔美〕本尼迪克特·安德森（Benedict Anderson）著，吴叡人译：《想象的共同体——民族主义的起源与散布》，上海人民出版社，2011年，第159页。

② 〔西班牙〕西尔克·哈里奇、比阿特丽斯·普拉萨著，焦怡雪译：《创意毕尔巴鄂：古根海姆效应》，《国际城市规划》2012年第3期。

③ 南京博物院：《文旅融合背景下南京博物院旅游贡献度研究》，《东南文化》2020年第1期。

④ 索菲娅·保洛、张羽：《中国公立博物馆的政策及影响：新趋势和挑战之探究》，《国际博物馆》2019年第1、2期。

博物馆等；按行政区可划分为国家级、省级、市级、区县级；按隶属可分为国有、非国有（民营）；按评估级别可分为一级、二级、三级等。此外，中国博物馆协会评估标准将博物馆分为综合类、专题类、纪念类、遗址类、民俗类、艺术类和自然科技类等七大类。

作为个体的博物馆，为了更好地服务公众，在其内涵不断延伸、观众体验不断提升的情况下，应如何确定适合本馆的定位？国内如中国（海南）南海博物馆是海南省委省政府积极响应国家"一带一路"倡议的重要举措，其定位和宗旨表述为"旨在展示南海人文历史和自然生态，保护南海文化遗产，促进海上丝绸之路国家和地区文化交流的综合性博物馆"[①]；建设中的扬州中国大运河博物馆（筹）集中展示了中国大运河的历史脉络、科技发展、人文生态，是全面反映中国大运河文化遗产价值及大运河带来美好生活的专题性博物馆。国外如国立美国历史博物馆（The National Museum of American History）作为史密森研究院（Smithsonian Institution）的一个部分，保存并展示美国社会、政治、文化、科学及军事等方面的历史遗产，展厅中展示了最早的星条旗；美国国家艺术馆（National Gallery of Art）以博物馆和学术的最高标准，通过保护、收藏、展览促进观众对艺术的理解，以此为国家利益服务。

可见，影响个体博物馆定位的关键因素是多方面的：①国家和相关管理机构的政策法规。如扬州中国大运河博物馆（筹）是大运河文化带、大运河文化公园江苏段建设的标志性项目，也是文旅融合的创新性尝试。②行业标准。如有国家博物馆定级评估体系、全国博物馆"十大陈列展览精品推介活动"的相关要求等。③所属城市或地域对博物馆公共文化服务职能的差异性规划。如同样坐落于北京市，中国国家博物馆和首都博物馆之间存在定位的差异。④博物馆的初期规划。博物馆的初期规划基本框定了其主要职能和业务范围，受规划影响的博物馆命名也通常能体现博物馆的基本定位。如上海玻璃博物馆是一座展示玻璃艺术与设计的专题性博物馆。⑤本馆的独特资源，包括藏品、文化遗址等。藏品资源是博物馆差异化定位的核心因素。以秦始皇帝陵博物院为例，兵马俑和秦文化是观众前往参观的重要原因，其临展如"平天下——秦的统一"也都基于兵马俑和秦文化展开。⑥业务范围和组织架构，包括研究、展览、教育、文创及人才培养等。如南博以"一院六馆"为构架，下辖众多省级研究所。⑦所属城市或地域的文化背景、历史地位。如苏州城市的历史文化对苏博整体定位形成影响。⑧利益相关方及其诉求，包括资助和捐赠者。如藏品捐赠者对藏品保存、展示空间等诉求对博物馆定位形成影响。⑨使用者的诉求。如儿童、青少年、女性、家庭观众、残疾人，本地和外地游客，以及社区、学校、街道等都会对相应的博物馆的功能定位产生影响。⑩竞争对手及合作者。如拥有相同竞争市场的博物馆、文保单位、科研单位及长期合作的品牌公司或机构的支持等，都会使相关场馆产生定位的差异。⑪媒体的评价及公众的参与度、满意度。如针对展览的观众调查对筹建中的博物馆定位有重要影响等。

---

① 《中国（海南）南海博物馆简介》，［2017-10-24］［2019-12-20］http://www.nanhaimuseum.org/n1/2017/1024/c411892-2960-6694.html.

三、博物馆的宗旨实现：宗旨表述与品牌塑造

1. 博物馆的宗旨表述与业务开展

宗旨是博物馆一切工作的目标和愿景，藏品保管、征集、展示、社教、文创、交流、财务、安保甚至空间设计、组织结构、学术研究、公共关系等无不与宗旨密切相关。宗旨表述一般包含博物馆的存在理由、未来愿景、实现手段、工作领域和范围（时间、地域、专业）以及利益相关方等关键因素，应符合博物馆定位，具有一定的前瞻性和可行性。例如，一座区域历史博物馆的宗旨可表述为：保存并向居民和观众展示那些从人类之初就在此居住的人们的历史及其创造精神。

以南博历年来定位和宗旨的变化对其业务的影响为例。南博前身为1933年创建的国立中央博物院筹备处，带有国家博物馆的职能和定位，建院宗旨为"提倡科学研究，辅助公众教育，以适当之陈列展览，图智识之增进"，馆舍架构为自然馆、人文馆、工艺馆，主要业务如收藏、研究和展示等都面向全国。1953年中央明文规定"南京博物院应逐步发展为我国东南地区中心博物馆，其性质为综合性的历史艺术的博物馆。陈列方面，应就现有基础作综合性的中国历史文物陈列。同时将东南地区材料作专题展览或陈列……为将来布置系统的东南地区历史陈列打下基础"。基于此，1954年南博推出"中国历史陈列"展。同年又改为华东区历史、艺术中心博物馆，主要任务一方面是做大区的物质文化史陈列，另一方面帮助辅导五省省级博物馆的业务工作。1964年江苏省文化局批复其为"江苏的历史艺术性博物馆"，省级博物馆的性质基本框定了南博的研究、展览、考古等业务方向。2009年南博成为中央地方共建国家级博物馆，"以点带面、立足区域、辐射全国、面向世界的博物馆综合资源共享平台，逐步打造一批最能够展现中华文明、反映中国文化价值，并具有国际一流水准的博物馆"。基于此定位和宗旨，2013年南博完成二期改扩建后重新开放，立足于江苏省地域文明推出"江苏古代文明"和"民国社会风情"等展览，同时着眼于"国内领先、国际一流"的目标，全力打造集历史文化艺术殿堂与文化休闲场所为一体的综合性博物馆①。

可见，博物馆的业务开展与定位、宗旨表述密不可分，每座博物馆都应立足于自身定位规划和资源特色思考宗旨，并用精练的语言加以表述。尤其是中小型博物馆、专题博物馆更应根据本馆的资源特色扬长避短，不盲目跟风，探寻适合本馆长期发展的个性化之路。

2. 博物馆的品牌塑造与宗旨实现

博物馆定位决定了其基本属性和宗旨，宗旨的表述明确了博物馆职能和业务范围。博物馆职能和业务范围内的综合文化服务形成一定品牌且品牌形象符合宗旨表述，便可视为博物馆宗

---

① 南京博物院：《南京博物院：一院六馆》，译林出版社，2019年，第5页。

旨的实现，反之则与宗旨偏离。宗旨的实现与否又影响博物馆定位的修改和确立。

品牌（brand）是公众对博物馆核心特征和价值的识别与界定，品牌形象（brand identity）是博物馆展示其品牌价值的途径①。博物馆品牌的创立是一个不断深入发掘的过程，只有发掘出博物馆独特的藏品、个性化特征以及区别于其他博物馆的核心价值时，才能创建品牌②。博物馆每展示一件物品，就是一种品牌塑造③。

英国维多利亚与艾尔伯特博物馆（Victoria and Albert Museum，以下简称"V&A博物馆"）在宗旨实现和品牌塑造上有很多值得学习的地方。其定位为艺术与设计博物馆，宗旨为"成为世界领先的艺术、设计和表演博物馆，并向最广大的受众宣扬设计领域的研究、知识和乐趣，以此丰富人们的生活"④。崇尚创造力和想象力是V&A博物馆的核心价值，博物馆通过推动艺术与设计的实践，增进有关艺术与设计的知识、理解和欣赏。"英国拥有数量众多的博物馆，V&A博物馆之所以能从中脱颖而出，吸引大量年轻人和时尚、艺术、设计爱好者，甚至成为当代设计师的灵感源泉，与其力图打造世界一流的艺术与设计博物馆品牌形象密不可分。"⑤纵观其历年的临时展览主题（包括时尚、装饰艺术、建筑设计、戏剧表演、时装设计、摄影艺术等），都围绕着设计、艺术和表演等内容。

博物馆可通过以下关键举措来塑造品牌和实现宗旨：①规划初期应全面思考博物馆的基本定位、目标愿景和实现手段，将其客观、简练地表述为定位和宗旨。②根据宗旨表述制定博物馆战略规划。每一项工作的开展都应强调与宗旨的关联性。③在博物馆运营过程中不断从行业和个体双重视角思考定位和宗旨的准确性，并结合区域规划研究博物馆在文化旅游中的角色、定位与品牌⑥。④分析博物馆的独特藏品、个性化特征以区别于其他博物馆，塑造适合本馆长期发展的稳定的品牌形象。⑤可提取本馆的个性化特征和独特元素，设计易于传播的可视化标识形象和标识导视系统，有助于博物馆的品牌推广。⑥深入挖掘藏品信息，有效地研究、展

① 《博物馆基础》在"理解博物馆的市场"单元中提出"品牌"和"品牌形象"的定义，强调了品牌对于博物馆市场的重要性。参见〔英〕蒂莫西·阿姆布罗斯（Timothy Ambrose）、克里斯平·佩恩（Crispin Paine）著，郭卉译：《博物馆基础》，译林出版社，2016年，第38页。

② Margot A. Wallace. *Museum Branding: How to Create and Maintain Image, Loyalty, and Support*. Rowman & Littlefield, 2016; 152.

③ 〔美〕玛格特·A. 华莱士（Margot A. Wallace）著，于君、王晓蕊译：《博物馆品牌形象的塑造——如何创立并保持形象、忠诚度和支持》，北京燕山出版社，2012年，第7页。

④ V&A博物馆宗旨表述："Our mission is to be recognised as the world's leading museum of art, design and performance, and to enrich people's lives by promoting research, knowledge and enjoyment of the designed world to the widest possible audience"，V&A博物馆官网〔2018-11-10〕〔2019-12-20〕https://www.vam.ac.uk/in-fo/about-us#our-mission.

⑤ 田甜：《从使命（Mission）到创造力（Creativity）——来自英国V&A博物馆的展览启示》，《东南文化》2019年第5期。

⑥ 钱兆悦：《文旅融合下的博物馆公众服务：新理念、新方法》，《东南文化》2018年第3期。

示、开发和利用，藏品利用是宗旨实现的关键环节①。⑦服务公众的综合文化业务，如展览策划、教育活动、文创开发等要保持系统性、一致性、关联性及优质性，"贯彻教育、研究和欣赏的要求"②，并维护好品牌形象，当与宗旨偏离时应及时修正。⑧注重观众感受，适当地进行观众研究，对参观预期、体验效果等进行调查分析，根据不同的需求"分众"开展综合文化服务。⑨注重品牌的宣传推广，将本馆形成品牌的系列展览、教育活动、文创产品等进行多种手段的宣传和推广，在增加关注度和美誉度的同时，开发潜在客户。

四、结　　语

新时代中国博物馆要做到定位与宗旨的实现，应在规划初期全面思考博物馆的基本定位、目标愿景和实现手段，每项工作的开展都应强调与宗旨的关联性，且不能偏离博物馆作为公共文化机构的基本属性；博物馆在运营过程中要从行业和个体双重视角思考定位和宗旨的准确性，深入挖掘本馆的独特资源；要塑造符合宗旨表述的品牌形象，探寻适合自身发展的战略规划，营造更加优质的综合文化服务空间。博物馆要以知识为后盾、藏品为媒介、专业技术为手段、社会发展需求为导向，在"为社会和社会发展"使命的引领下，切实履行"文化使者"的历史责任③，为公众提供更多、更好、更优质的综合文化服务，满足新时代人们日益增长的美好生活需求。

（原载于《东南文化》2020年第2期）

---

① 藏品是博物馆的立馆根基，是博物馆完成使命、实现宗旨的根本所在。参见段勇：《藏品是博物馆实现宗旨的根基》，《中原文物》2017年第2期。

② 宋向光：《物与识——当代中国博物馆理论与实践辨析》，科学出版社，2009年，第6页。

③ 宋向光：《公共博物馆的发展轨迹：从知识构建到文化表达》，《中国博物馆》2013年第1期。

从"藏·天下展"到"仰之弥高展"

——南京博物院书画展策展思考

庞　鸥

内容提要： 博物馆的书画展策展需要学术研究作为展览的支撑。以南京博物院"藏·天下——庞莱臣虚斋名画合璧展""青藤白阳——徐渭、陈淳书画艺术特展""仰之弥高——二十世纪中国画大家展"为例，展前的学术研究保证了展览内容的学术性、普及性和适当的延续性，是展览成功的基础与保障；在展陈方式上，策展者也根据研究成果为观众设计了合理的参观导引路线，突出重点展品，通过说明牌的设计、合理的布局、零距离观展等方式加大对书画作品的导读，探索"全貌展陈"，收到良好的展陈效果。

关键词： 博物馆　书画展　策展　展览内容　展陈方式　南京博物院

南京博物院（以下简称"南博"）筹办的大型特别展览从院内立项到展出通常需要两年时间。其实展览在立项之前已经历了设立主题、开会讨论、经费预算等一系列前期准备工作；在立项之后，逐步进入展览项目的正式实施阶段。一般说来，这两年内第一年的工作相对"务虚"，主要涉及展览调研、展览结构、拟定展品等；第二年的工作相对"务实"，主要涉及确定展览的篇章结构和展品、协调借展、编辑书籍、撰写文字、陈列设计、展场施工、文物点交、新闻宣传、讲座报告、人员接待、文创规划等，直至布展、换展与撤展。

通常来说，笔者作为南博的研究人员，所策划的展览主题、内容要与本院关系密切，也就是说展品的基础要以本院藏品为主。这就与一般美术机构的策展甚至其他一些中小型文博机构的展览不同，因为南博庋藏文物的数量、质量、品类等基本能够满足大型特别展览的展品需求。从2013年至今，笔者先后策划了三个展览："藏·天下——庞莱臣虚斋名画合璧展"（以下简称"藏·天下展"）、"青藤白阳——徐渭、陈淳书画艺术特展"（以下简称"青藤白阳展"）、"仰之弥高——二十世纪中国画大家展"（以下简称"仰之弥高展"）。这三个展览都是书画展，对于书画专业出身、致力于书画研究与鉴定工作的笔者而言，虽然展览的立意、内容的设置、研究与学术的深度和广度等不会有太大的困扰，然而在策划这三个特展过程中依然有许多意想不到的难题,以下笔者就这三个展览来谈一谈策展体会,同时兼顾分析展览的得与失,以供业界同行参考借鉴。

一、"藏·天下展":"全貌展陈"的理念与实施

1. 展览的主线设计

"藏·天下展"立项在2013年初,展期为2014年12月26日—2015年3月8日,为期近3个月,其间有一次换展。此展应该是国内较早系统展示收藏家及其藏品的专题性展览。庞莱臣是民国年间的藏家,所藏中国古代绘画量大质精,其虚斋所藏在中华人民共和国成立后主要归属故宫博物院(以下简称"故宫")、上海博物馆(以下简称"上博")、南博、苏州博物馆(以下简称"苏博")等文博机构。南博收藏有庞莱臣虚斋旧藏历代绘画名家作品一百余件套。在2010年,浙江湖州博物馆曾向南博商借了八十余件藏画,举办"巨象文晖:南京博物院藏'虚斋名画'特展",展期26天。湖州是庞莱臣的家乡,这个展览更类似一个中型规模的"回乡展",展品基本依托南博一家单位,数量适中。而"藏·天下展"相对而言对虚斋旧藏的展示更为全面,展品有168件,汇聚了故宫、上博和南博三大博物馆的藏品,展品数量大、质量精,其中宋元时期的画作有25件,且一级文物的数量更多、展期更长,毫无疑问这个展览的规模更大。

展览定名为"藏·天下",意为天下名画藏之虚斋,最终虚斋名画又藏之天下。展览围绕"藏"这一主题来展开,分为两个篇章。第一个篇章"藏画"是展览的主体部分,有一明一暗两条线索。明线是时间线索,按照时间顺序将展品分成宋元、明、清三个部分,与之对应的部题分别是"藏之极:晋唐宋元,大小我都要""藏之趣:南宗文人画,我所欲也""藏之要:非名家名作,我不收",展览围绕这三个部分组织展品。暗线以收藏趣味为线索,即展示以庞莱臣为代表的民国主流收藏家群体的收藏趣味与藏品选择。第二个篇章"藏家"是展览的辅助部分。主要用文字、图片和实物三种方式来展现庞莱臣的生平事迹,为观众提供一定量的文字和图片导览及实物体验。文字与图片内容涉及简单浅显的介绍与知识点的归纳;实物则是《虚斋名画录》《虚斋名画续录》及一些庞莱臣生前出版印行的书刊画册,穿插在第一篇章之中。

2. 展览的得失分析

"藏·天下展"的策展可以说得失兼有。先说得。展览按照笔者设想采用了"全貌展陈"的方式(图一)。所谓"全貌展陈",首先是每一件展品的外包装均展示出来。对一些珍贵的藏画特别是手卷和册页装裱形制的画作,庞莱臣都制作了精美的画套、囊匣、函套和夹板等。这些画作的附属部件在国内以往的书画展陈中基本不展出,而"全貌展陈"的方式可以让观众一睹虚斋藏画的本来面貌。其次是除了展品画面之外,引首、题跋甚至是跋尾的留白等部分都

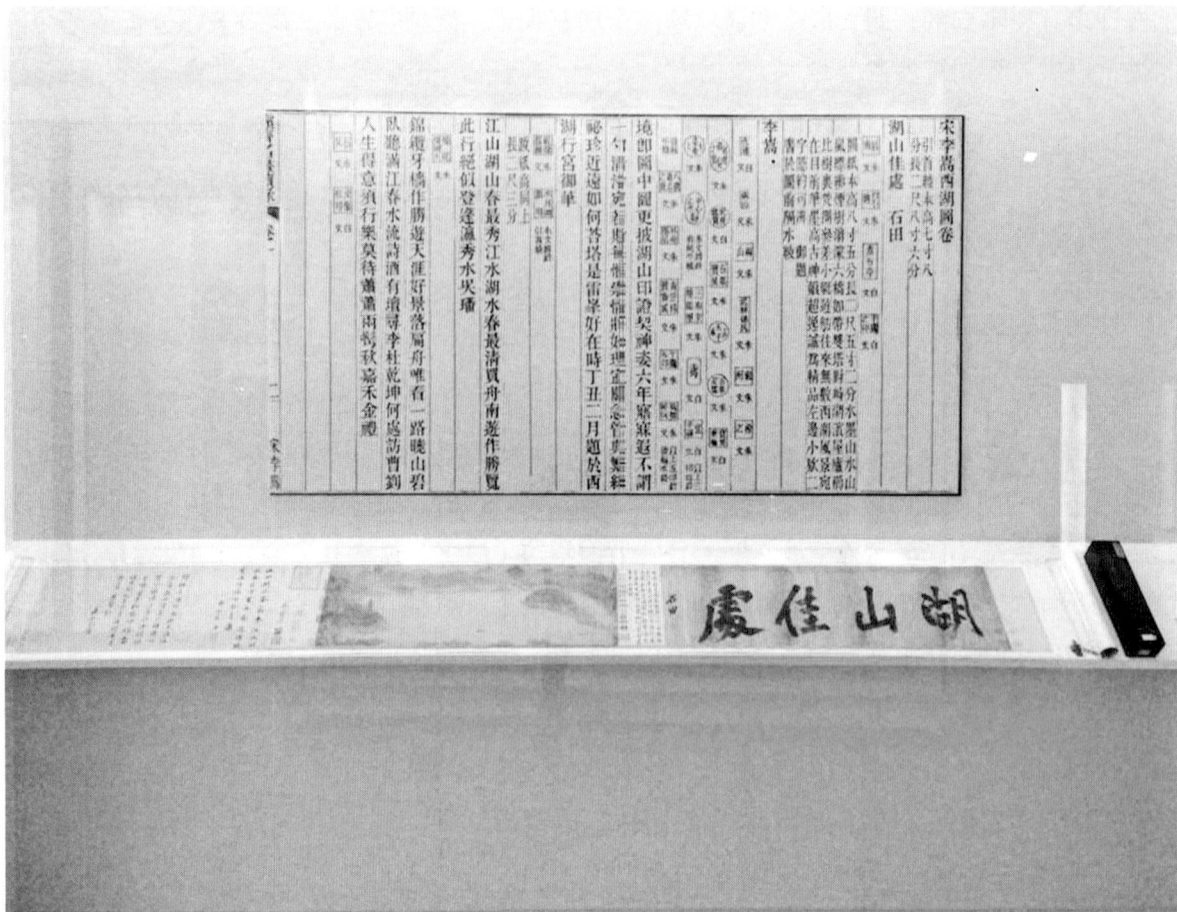

图一　"藏·天下展"的"全貌展陈"方式
图片来源：作者自摄

——展示，把展品上的每一段文字、每一方印章都呈现在观众眼前，这种方式对于研究这些画作的流传与递藏、断代与真伪等方面均大有裨益。基于此，为了这些更适合"全貌展陈"的展品，设计团队量身订做了一系列平柜与立柜，取得了较为满意的展陈效果，较好地践行了这一展陈理念。

举办"藏·天下展"时南博尚未引入收费展模式，参观人数较多，收到了良好的社会效益。

再说失。展览的缺憾主要有两个方面。第一是缺少一些巨制名作。虚斋旧藏的名迹多，除了南博收藏的虚斋名画全部展出之外，向故宫和上博借展的部分名迹未能全部如愿借来，如故宫藏赵孟頫《秀石疏林图》轴、曹知白《疏松幽岫》轴、柯九思《清秘阁墨竹图》轴等，上博藏董源《夏山图》卷、钱选《浮玉山居图》卷、倪瓒《渔庄秋霁图》轴等。如果这些名迹能够全部或部分参展，那么对于展览主题的表达无疑会更加充分。第二是展厅灯光的设置有不合理之处。从美化展厅的角度出发，设计团队为展厅定制了大量的灯光装饰附件，如展厅入口两侧的大幅灯箱、序厅中六扇类似屏风式的巨型灯箱装饰、展厅内平柜上方跨越式的门形灯箱装饰和平柜下方的灯带装饰以及独立展柜顶部的灯箱装饰等。这些灯箱装饰部件内部是LED灯带，灯光打开时的确能起到美化和亮化展厅空间、调整观众观展节奏及一定的宣传作用。但是副作用也显而易见。因为展厅四周墙面都放置了玻璃通柜，且数米长的平柜上也覆盖玻璃，灯箱装饰部件在玻璃上的反光显得特别刺眼，且造成了玻璃与玻璃之间的相互反射、相互干扰，极大地影响了观展体验。结果只能关闭这些发光部件的灯光，拆除跨越在平柜上方的门形灯箱。

二、"青藤白阳展"：为观众的研究与阐释

1. 策展理念的来龙去脉

不同于免费的"藏·天下展"，"青藤白阳展"是一个"高票价"收费展。展期为2017年8月29日—11月28日的"青藤白阳展"依然以南博藏品为主、其他博物馆藏品为辅。换言之，这是一个在深入研究的基础之上挖掘南博藏品资源而策划的书画专题特展。

在中国花鸟画史上，陈淳、徐渭向来被视为里程碑式的人物。他们的崛起于花鸟画史而言是一次巨大的变革，标志着写意花鸟画从小写意到大写意的划时代发展，在中国花鸟画发展进程中具有开宗立派的作用。两人用极具个性化的创作方法抒发、宣泄各自的主观情感，写意花鸟画发生了让人耳目一新的变化。他们将大写意花鸟画技法推向成熟，其绘画创作方法与理念影响深远，为后世楷模。他们用创作实践奠定了明代中后期直至今日的写意花鸟画的笔墨程式，左右了后人的审美趣味，指引着写意花鸟画由传统走向现代。

南博藏有陈淳、徐渭的多幅书画作品，其中更有徐渭最经典的代表作品之一《杂花图》卷。基于此，"青藤白阳展"围绕若干幅名作，兼及其他作品而展开。从策展的角度来说，"青藤白阳展"的理念在于厘清青藤白阳书画艺术的来龙去脉，而不只是陈淳与徐渭书画艺术的简单呈现。故此，展览除了南博的藏品以外，还向天津博物馆（以下简称"天博"）、上博、苏博商借，共展出书画作品73件（套），计113件。展览分为三个篇章："上篇：活水来"展示影响陈淳、徐渭绘画风格形成的相关画家作品，如吴门画派领袖沈周的《玉楼牡丹图》轴、文徵明的《冰姿倩影图》轴等，院体浙派中坚林良的《秋坡聚禽图》轴、周臣的《柴门送客图》轴等；"中篇：浩汤汤"充分展示陈淳、徐渭各个书画创作阶段的作品，其中更有陈淳《罨画山图》卷、徐渭《杂花图》卷等最具代表性的画作，涉及立轴、手卷、扇页等多种形制；"下篇：天际流"展示受到陈淳、徐渭绘画风格影响的明代中后期至清代晚期画家的作品，如陈栝《菊石图》轴、周之冕《仿陈道复花卉图》卷、朱耷《水木清华图》轴等。展品从明代中期的沈周到近代的吴昌硕之作均有，相对完整地呈现了青藤白阳书画艺术的发端、形成、发展和影响。

在组织展览内容时笔者遇到了三个难题：首先，澳门艺术博物馆于2006年9月举办过"乾坤清气——故宫、上博珍藏青藤白阳书画特展"（以下简称"乾坤清气展"），对陈淳与徐

渭的书画作品做了一次集中展示。展品涵盖了陈淳与徐渭各时期的代表作，展品数量达到了120件（套），计298件，可谓迄今为止陈淳与徐渭两位书画作品最盛大的一次集聚，在数量上"青藤白阳展"无法超越。故此，若"青藤白阳展"依然延续"乾坤清气展"的策展理念，则只是简单的重复。

其次，在展览作品的选择上出现了难题，这个难题主要体现在陈淳与徐渭书画作品的真伪上。其实，对古代书画作品的挑选并不困难，只需在《中国古代书画图目》[①]中检索陈淳与徐渭，即可清楚了解目前两位的作品被国内哪些文博、美术单位或其他机构收藏，作品的名称、形制、质地、创作年代、尺寸、真伪等基本信息也一应俱全，甚至部分作品还附有黑白缩略图。然而，问题恰又出在谢稚柳、启功、徐邦达、杨仁恺、刘九庵、傅熹年等全国顶级权威鉴定家的鉴定意见上，他们对部分作品意见相左、分歧较大，其结果让笔者难以选择。笔者只能重新建立鉴定依据与标准，重新对国内主要收藏单位收藏的陈淳与徐渭的书画作品甄别真伪。最终的鉴定结果是确定为真迹的书画作品数量并不多，尤其徐渭的作品真迹更少。

最后，既然是继承、发展、影响这样一种叙述形式，那么展出的作品就必须以时间顺序为线索。陈淳的作品问题不大，但是徐渭的作品真伪掺杂，并且明确署有年款的作品较少，给时间线索这一叙述形式带来不小的麻烦。这就必须在鉴定真伪的前提下，总结出徐渭早、中、晚期的绘画风格，继而划分归纳作品。

图二 "青藤白阳展"地面粘贴的观展导引路线
图片来源：作者自摄

2. 展陈方式的思考与突破

笔者对"青藤白阳展"的展陈方式有一些新的思考和尝试。第一，为观众设计合理的参观路线。展品中手卷占比较大，达到25卷，再加上4套册页，使得展厅中出现大量平柜，这就导致展线混乱，观众看展如在迷宫中行走一般。于是在展陈设计时，设计团队把通柜与立柜安置在展厅四周，留出中间区域放置平柜，用矮墙或隔断划分区域，并在地面粘贴观展引导线路，让观众有"路"可寻（图二）。

第二，突出重点展品。展览采用以名作为先导，再围绕其他作品的布局，即在序厅中以徐渭《杂花图》卷、陈淳《罨画山图》卷以及徐渭的《应制咏剑诗》《应制咏墨诗》两个书法巨轴为先导，起到先声夺人的作用，其他作品按篇章部题的时间顺序展陈。

---

① 中国古代书画鉴定组：《中国古代书画图目》，文物出版社，1986年。

第三，加大对书画作品的文字导读。设计团队从方便观众阅读的角度出发，注意细节的处理。古代书画作品对于普通观众来说存在一定的欣赏难度，于是我们增大了说明牌的尺幅。说明牌内容上除年代、作者、形制、尺寸、收藏单位等必备的基础信息外，笔者给每一幅作品都增加了文字赏析。除此之外，笔者还对书法作品及部分绘画作品的前题后跋进行了一一对应的文字释读，即释读文字的内容与原作对应、释读文字的位置也与原作对应，以方便观众阅读与理解。

第四，延续"全貌展陈"的展陈方式。将作品尤其是某些平时极少展出的名作（如徐渭《杂花图》卷和陈淳《罨画山图》卷）完整呈现，让观众完整地欣赏作品全貌，留下极为难得又难忘的观展体验与记忆。

"青藤白阳展"是收费特展，且票价不低，虽然在总的参观人数上远不如"藏·天下展"，但是在提供分众服务与观展体验方面均收到了良好的效果，在社会效益与经济效益方面也都取得了不错的成效。

三、"仰之弥高展"：观展零距离

2019年11月27日开幕的"仰之弥高展"从2018年初就已动议。20世纪是中国艺术史上的一个辉煌时代，伴随着中西文化的碰撞而观念迸发，中国绘画不断变革，流派、风格层出不穷，大师云集、名家迭出。"仰之弥高展"试图将这一时期的大家巨作集中起来，对20世纪中国画发展史进行"回眸"和梳理。

1. 近现代书画展的难点分析

笔者认为策划一个近现代书画展比策划一个古代书画展难度要大得多。难在哪里？

第一，选择画家难。哪几位画家能够"入选"？标准是什么？挑选哪些作品？不同于古代书画，20世纪离我们太近，甚至就是我们生活的时代，研习美术的专业人士甚至普通人都能或多或少地说出一些画家名字。笔者选出的是否是众多画家中最为出类拔萃的"第一梯队"？他们能否代表20世纪中国画的最高成就？展览能否正确引导普通观众？能否得到业界认可？选几位画家为宜？选少了，不足以勾勒出20世纪百年中国画的发展轮廓；选多了，展厅的容量有限，无法容纳过多的作品。这些问题都需要笔者权衡再权衡、谨慎再谨慎。对于画家，笔者给出的衡量标准是：艺术成就必须大，影响力巨大，有历史使命感，三者合一，缺一不可。在这个大前提下，笔者起初选择了十位画家：吴昌硕、齐白石、黄宾虹、徐悲鸿、潘天寿、张大千、林风眠、傅抱石、李可染和石鲁，但由于展厅容量所限，最终去掉吴昌硕与石鲁，保留八位画家，预计每一位画家的作品数量为二十幅左右。这样既保证了"梯队"的完整与兼容，也能相对全面地体现画家的艺术成就，又满足了展厅的容量。对于作品，笔者的要求相对来说比较简单：非代表作和精品力作不选。笔者选取并集中展示观众耳熟能详的能够载入中国画史的名作。由于此展并非画家的创作历程展，展出的作品就无须考虑画家每个创作阶段的作品。

第二，寻找作品难。对于古代书画作品及其收藏单位的寻找相较于现当代书画作品要容易得多，毕竟借助《中国古代书画图目》可快速检索到，而对这八位现当代画家名作的寻找则相对较难。笔者通过寻找与检索八位画家的图册（包括专辑、合集），最终确定一个大致的作品范围与收藏单位。除南博外，最终确定中国美术馆、北京画院、北京徐悲鸿纪念馆、李可染艺术基金会、天博、上海龙美术馆、苏博、南京市博物总馆八家美术、文博机构。简而言之，构成展览的九家机构各有所长：中国美术馆藏齐白石、黄宾虹、潘天寿、林风眠、傅抱石等的画作尤为精彩，北京画院无疑是收藏齐白石作品最多的机构，徐悲鸿的名作大多收藏在北京徐悲鸿纪念馆，李可染的名作也大多收藏在李可染艺术基金会，南博主要提供傅抱石的作品，天博、龙美术馆、苏博和南京市博物总馆的藏品则是极为重要的补充。

第三，借展难。主要难在张大千与林风眠二位的作品。张大千是集传统中国画之大成、具有国际视野的中国画大家。"集传统中国画之大成"这一方面较好解决，目前国内公立美术、文博机构收藏的张大千作品主要是他20世纪50年代以前的作品，如吉林省博物院藏有107件张大千的作品，其中最早的《树下卧牛图》轴作于1923年，最晚的《仿元人赵善长高山流泉图》轴作于1948年，且创作于20世纪40年代的有近60件；又如四川博物院藏张大千的作品数量在全国文博系统中首屈一指，其中最主要的是他于1941—1943年临摹敦煌壁画的作品。这就意味着目前国内公立美术、文博机构收藏的主要是张大千早期和中期的作品，然而他晚年最具代表性、艺术成就最高的"泼彩"作品鲜有涉及。张大千的泼彩画法是他走入"前无古人"境界的关键一步。泼彩不仅是张大千艺术从量变到质变的象征，让他从20世纪中国画家中脱颖而出，也是传统中国画最成功的"现代性突围"。对于展览来说，缺少张大千的泼彩作品是一个很大的缺憾，从某方面而言缺失了对于张大千国际视野的展示。林风眠以宏观的历史视野充分审视中西方艺术，通过吸纳民间艺术并使之与西方现代艺术语言相融合，开创了全新的艺术视野、绘画样式与视觉图像，打造出穿越古今和中西界限的独特个人风格，从而将中国画从传统推向现代、从中国进入世界。他笔下独具神韵的人物、风景、静物、花鸟也因此成为20世纪中国美术史上一道独具魅力的艺术景观，他的彩墨艺术更是20世纪中国绘画中一座难以超越的高峰。目前国内收藏林风眠作品的公立美术、文博机构主要集中在上海，如上海美术馆、上海国画院和上海市美术家协会。出于各种原因，南博未商借成功而遗憾错过。而笔者向中国美术馆借展的林风眠作品的品类相对不全。对于展览来说，张大千成熟时期的作品是无画可借，而林风眠的作品是有画借不全。在这种局面之下，笔者把借展单位扩大到民营美术馆，于是选择了上海龙美术馆，希望通过向龙美术馆一家借展，解决张大千与林风眠两位大象的作品问题。

2. 展陈方式的新探索

在展览方式上，"仰之弥高展"也做了一些新探索。

一是继续采用零距离观展。一般说来，博物馆的书画作品都被放置在通柜或立柜中展陈，"藏·天下展"与"青藤白阳展"均是如此。展柜陈列书画的优点是布展方便，缺点是作品与观众的距离较远。若不借助望远镜等工具，观众通常只能观其大概。"仰之弥高展"采取镜框或假墙（相当于固定在墙上的大镜框，适用于尺幅较大的作品）展陈的方式，这就使得观众与作品之间几乎零距离（只隔着一层亚克力玻璃），观众可以非常清楚地赏析作品细节（图三）。

图三　"仰之弥高展"观众零距离观展
图片来源：作者自摄

二是换展数量大。通常来说，对一个展览进行换展，少则几件、多则十几件，展览中的绝大多数展品几乎不变。这次展览第一次展出99件（套）作品，换展数量达到59件（套），意味着几乎换掉了三分之二的展品，既保证了展览的整体高质量，又满足了观众对于一个展览的好奇感与新鲜感。

三是展厅布局独立分区。"仰之弥高展"以画家出生时间为序，为每位画家的作品设置相对独立的区域，并在展区的墙面上以八种色彩加以区分，象征着八位画家的作品色调。如黄宾虹画作的区域是传统山水画中的浅绛色，张大千的是壁画中的石青色，李可染的是中国水墨画中的墨灰色。

四是说明牌的内容有利于阐释传播。"仰之弥高展"延续了"青藤白阳展"对说明牌的要求，请专业人士撰写作品的文字说明，每一件（套）的作品都有二三百字的文字赏析，既保证观众对作者、作品本身和背景知识等有所了解，又不产生阅读文字的疲劳感。

四、结语：内容为王

一个展览的优劣，内容起着关键性的主导作用，展陈的方式对内容有辅助作用。博物馆的展览对内容的要求主要有三个方面：其一是要具有一定的学术性。这是博物馆展览价值的体现，是博物馆展览有别于其他机构展览的关键所在。博物馆展览的目的与意义首先应当是学习、教育与鉴赏，其次才是休闲与娱乐。这就需要博物馆策展人在策划展览时充分利用博物馆的资源优势，将研究成果尽可能最大化地融入展览中，在对展览内容"搞懂""吃透"的基础上通过恰当的角度、方式来呈现与表达。其二是要具有一定的普及性。酒香也怕巷子深，过于阳春白雪，势必曲高和寡。博物馆应服务社会，通过展览让更多的观众走进展厅，这就需要策展人在展览内容的选择上有所兼顾与取舍。其三是要做到适当的延续性。延续性可体现在形成系列展览，如苏博策展的"吴门四家"系列特展包括"石田大穰——吴门画派之沈周特展""衡山仰止——吴门画派之文徵明特展""六如真如——吴门画派之唐寅特展""十洲高会——吴门画派之仇英特展"四个特展，之后的"清代苏州藏家系列特展"包括"烟云四合——清代苏州顾氏的收藏""梅景传家——清代苏州吴氏的收藏""攀古奕世——清代苏州潘氏的收藏"　"须静观止——清代苏州潘氏的收藏"四个特展，均体现了展览的延续性。展览的延续性还包括相关的研讨会、讲座等学术和推广活动。展览的延续性可使展览更加系统、充分、全面，也可以让公众较为持续地关注展览。

在笔者看来，现在的展览越来越不好办，以往一个引进展或巡回展可能会让观众趋之若鹜，但如今并不一定能受到观众的追捧。随着国内优秀的展览越来越多，加之到国外观展的观众逐渐增多，观众的品位越来越高、"眼光"越来越挑剔，因此展览的内容必须有新意、有价值、有分量，而不能简单地重复雷同。策展人如同厨师，一道大餐的呈现需要考虑食材的选择、搭配、烹饪方法和时间把控等，力求让食客感受到色香味俱美。好的策展在策展之初就应预判展览的效果，在策展过程中统摄协调各方面，在展览结束能收到观众的认同。

所以策展无小事。

（原载于《东南文化》2020年第2期）

博物馆数据可视化平台初探

——以南京博物院特展为例

张莅坤　张立红

内容提要：大数据可视化有助于推动博物馆内部管理的优化、文物展品的保护、文创产品的升级、公众服务的提升，具备较好的前瞻性、创新性、实用性与通用性。南京博物院在"世界巨匠——意大利文艺复兴三杰展"中尝试通过博物馆展览可视化运营统计监测系统，运用物联网、大数据、人工智能等信息行业的前沿技术，对展览、公众服务等方面实时监测分析，达到管理智能化、服务智慧化，是博物馆如何利用大数据做好陈列展览以及公共服务的初步探讨，也是文博场馆智慧工作的创新尝试。

关键词：博物馆　大数据　可视化　信息化　智慧博物馆　可视化运营监测系统　南京博物院

一、绪　　论

数据开放共享是大数据发展和深入挖掘数据价值的基础，对于促进产业升级、社会转型以及政府改革具有重要意义，是推进新型智慧城市建设的核心内容。我们常常迷失在数据中，纷繁复杂的数据让我们无所适从。可视化作为解决问题的有效手段，通过视觉的方式让数字易于理解。

数据可视化是可视化的一种方式，即"运用计算机图形学和图像处理技术，以图表、地图、标签云、动画或任何使内容更容易理解的图形方式来呈现数据，使通过数据表达的内容更容易被理解"[①]。数据可视化将数据库中每一个数据项作为单个图元元素表示，大量的数据集构成数据图像，同时将数据的各个属性值以多维数据的形式表示，使人们可以从不同的维度观察数据，从而对数据进行更深入的观察和分析。而随着数据数量和种类的不断扩张以及数据可视化研究的深入，单一的可视化已很难满足人们越来越多的对于挖掘数据中存在的各种隐形关

---

① 涂聪：《大数据时代背景下的数据可视化应用研究》，《电子制作》2013年第5期。

系的了解需求，可视化慢慢发展成涉及数据挖掘、人机交互、计算机图形学等科目的综合性学科。由此，将数据挖掘技术与可视化技术相结合起来，是人们从海量数据中汲取有效信息的一种良好方式①。

自1984年上海博物馆率先开始利用计算机探索藏品编目工作以来，我国文博领域在信息化建设方面已积累了三十多年经验。博物馆数字化、博物馆信息化以及智慧博物馆工程发展迅速，随着互联网技术的发展，越来越多的诸如大数据、智慧化等相关理念和技术也普遍被博物馆接受和采用。大数据时代的来临给中国博物馆带来了全新的机遇与挑战。

所谓大数据是指由于无法在一定时间范围内用常规软件工具捕捉、管理和处理的数据集合，因而需采用新处理模式，所形成的具有更强的决策力、洞察发现力和流程优化能力的海量、高增长率与多样化的信息资产。博物馆的数据来源于馆藏和观众，藏品管理中对于文物的环境监测、对文物状态和文物信息的收集统计都蕴含海量数据，而对观众身份、行为和状态的监测统计亦是博物馆大数据的又一源泉。

二、数据可视化发展现状

数据可视化是关于数据视觉表现形式的科学技术研究。其中，这种数据的视觉表现形式即一种以某种概要形式抽提出来的信息，包括相应信息单位的各种属性和变量。

数据可视化是一个不断演变的概念，其边界在不断地扩大。高级的技术方法允许利用图形、图像处理、计算机视觉以及用户界面，通过表达、建模以及对立体、表面、属性与动画的显示，对数据加以可视化解释。与立体建模等特殊技术方法相比，数据可视化所涵盖的技术方法更广泛。

数据可视化是数据内在价值的最终呈现手段，它利用各类图表将杂乱的数据以简明的逻辑展现出来，使用户找到内在规律，发现问题，从而指导经营决策。数据可视化广泛应用于政府、企业经营分析等各方面，数据可视化工具将运作所产生的所有有价值的数据集中在一个系统中。

数据可视化在企业、商业领域中的应用最常见的案例就是电商通过记录消费者个体浏览网站的兴趣爱好，结合数据挖掘、数据管理等应用技术，方便商家对消费者进行包括消费习性、地域环境、民族属性等方面的人口统计学特征分析，从而更好地制定营销策略，开发针对性产品。也有在行业管理中的运用，比如能源管理中，利用AI算法、神经网络，可以自动配置，合理节能，从而实现能效的有效诊断。数据可视化一般通过应用大屏展示。大屏展示要求大气、美观、交互性强，所以它的难度最大，且工作量最大。我国从中央到地方各级政府相继出台了一系列政策文件，逐步构建起数据资源开放共享政策体系。作为综合性、国家级博物馆，南京

---

① 刘健：《博物馆数据可视化的探索与实践——以上海博物馆数字化建设为例》，《博物院》2019年第2期。

博物院与时俱进，积极进行数据可视化相关探索，创造性地让博物馆全方位地与观众结合，服务社会发展和社会公众，打造一座"超级链接"的博物院，让博物院更好地与时代接轨、与社会同步，成为体现社会和谐、令观众喜爱的美好生活场所。

三、南京博物院可视化运营监测系统项目

南京博物院在"世界巨匠——意大利文艺复兴三杰"特展（以下简称"意大利文艺复兴三杰展"）中首次试用了展览可视化运营统计监测系统。本次展览共展出68件展品，为期3个月。展览期间共调用实时人流量摄像机、人脸识别摄像机、观众聚集量摄像机、图形运算超脑、定制统计软件等设备，采集对象主要包括观众数据、藏品数据、业务数据、管理数据、研究数据等。该系统在试用中数据采集精确、内容丰富、展示直观，我们在此基础上思考如何更好地运用这些数据，更好地发挥数据的价值。

（一）可视化系统架构

主要采用符合J2EE3.0规范的B/S多层技术架构模式。系统以MVC模式分层，将数据采集、数据处理、数据展示区分开。各层之间采用XML传递数据，实行系统运行、管理。采用FLEX客户端技术开发，确保浏览器的可移植性与一致性。消息中间件通过提供消息传递和消息排队模型，以在分布式环境下实行扩展进程间的通信。集群数据采集服务以及计算服务采用大容量并发采集技术以及集群技术、线程/数据库连接池技术、分布式GRID计算模型，提供系统的高可靠性以及高可用性。

（二）可视化界面的数据

1. 观众数据

博物馆内观众的特征行为主要包括驻足、拍照、情绪、攀附、行动路线等，可体现观众兴趣点、人员聚集处、危险行为等相关信息。对馆内观众行为进行分析，可以反馈在展览内容的更换、展览位置的调整、安保人员的部署、应急预案的设置等方面。博物馆智能客流分析统计系统采用双目立体化视觉分析的手段实现对客流的统计分析，支持显示屏的接入并进行客流人数的信息输出显示，可以设定客流阈值。当观众人数超过阈值，可联动前端视频图像开启弹图、语音报警、电子邮件及短信发送等信息通告，提醒管理人员。

人脸识别系统是视频分析、运动跟踪、人脸检测和识别技术在视频监控领域的全新综合应用。南京博物院图书信息部通过在前端部署安装摄像机设卡，对经过展厅出入口的人员进行人

脸抓拍，前端摄像机将抓拍到的人脸图片通过计算机网络传输到博物院中心机房的数据库进行特征提取。系统集高清人脸图像的抓拍、传输，人脸特征的提取和分析识别，自动报警与联网布控等诸多功能于一身，并具有强大的查询、检索等后台数据处理功能及通信、联网功能。

目前博物馆限流基本靠人工来完成，通过设置实物障碍或者志愿者人工阻止观众通行，此限流措施在一定程度上能达到限流目的，但不能达到高效精细化的控制和统计。南京博物院在"意大利文艺复兴三杰展"中，通过人脸识别系统，针对博物馆局部重点区域，借助区域关注度半球摄像机，统计区域内人员密度数量情况，并可结合电子地图呈现展厅各个出入口的流量实时状况，便于人员、安保等资源的合理、及时调度。

2. 文物预防性保护环境监控系统

南京博物院的文物预防性保护环境监控系统可以通过传感器采集展柜或展厅的温度、湿度、光照强度、二氧化碳浓度等数据，实现对展品保存环境的实时监测。在数据异常时实时报警，确保展陈文物保存环境的稳定。

3. 人员排班系统

文博场馆受展览内容、展览时间影响，在特定区域和特定时间容易出现较大的观众人数波动，而人工排班的局限性使得博物馆对这种波动的应对较为被动。南京博物院在特展中通过系统预设排班，避免了人员配置过度或不足的问题，最大限度地降低管理成本和控制人力资源成本，将合适的人员在合适的时间部署和调度在合适的位置，进而降低了博物馆在特殊区域、时间段的安防风险。

南京博物院的工作实践证明，文博单位有必要研发适合自身特点的调度博物馆安保人员、文创销售人员、志愿者等群体的人员排班系统，这样可以充分结合博物馆参观人数、观众聚集区域、文创商店运营等状况，实现科学化排班，保证文博工作的安全和效率。

4. 文创销售管理系统

南京博物院的文创销售管理系统可记录文创产品销售的商店位置、产品类型、销售数量、销售总额、销售人员、支付方式等信息，其数据分析可应用于博物馆文创商店选址、文创产品设计、销售人员数量调整、支付设备数量调整、销售人员业绩考核等各方面。

5. 大数据中心

我国博物馆信息部门的工作由于涉及部门较多、系统繁杂，所以往往有数据来源庞杂、数据不一致，质量低下，缺乏动态数据等问题，使得共享互通成为瓶颈，数据价值难以发挥。南京博物院图书信息中心在总结各家既往数据工作的基础上，认为应该建设一套符合数据共享交换的数据标准，以数据的采集、清洗、存储、分析和可视化全生命周期为管理闭环，打破各部门之间的信息壁垒，实现数据对内共享与对外开放，大数据中心即从事上述系统核心信息的集中展示和关联分析工作。

目前，南京博物院的大数据中心所展示的信息包括但不限于：可移动文物保存环境的稳定性信息统计，博物馆观众的数量统计、特征行为统计、身份信息统计，博物馆工作人员的排班信息统计，文创商店的销售数据统计，博物馆客流区域密度统计等。这些信息用于全平台的统一管理、数据统一管理、数据资源管理等功能，为博物院工作效率的提升和可持续发展提供了基础与动力。通过统一采集相关数据，南京博物院实现内部系统的统一权限、统一登录、统一管理，对内部系统及数据、网络采集数据进行统一管理、配置、监控、存储，方便查看、查询、分类、统计、导出、删除等操作。

可视化智能分析通过大家熟悉且直观的交互方式，可以快速构建分类、钻取、旋转的交叉表和图形报表，并且支持执行其他诸如打印、导出Excel等常见操作。

四、南京博物院可视化运营监测系统的具体应用

南京博物院通过对文博场馆展览的文物环境监测、观众行为分析与管理业务数据的综合比对，针对展厅可移动文物的保护与利用、观众行为判断、开放管理与运营反馈提供实时综合数据界面，为文物展品保护、管理与利用提供了翔实的决策数据支撑。运用先进的人脸识别、聚集量监测、轨迹跟踪技术算法，结合可移动文物预防性保护环境监测系统、售检票系统、人员排班系统、文创销售管理等博物馆相关业务系统的数据进行提取与关联分析，改善了馆内各业务系统数据不通、传递共享度低的孤岛现象；充分推动了南京博物院的展览相关部门的业务合作与数据共享，增进了协作能力；通过数据分析增强了决策与管理水平，为持续提升展览观众体验、优化公众服务提供数据支撑。大数据正成为南京博物院优化内部管理、提升公众服务品质的利器。

（一）文物保护分析

南京博物院通过文物微环境监测系统（图一）的温湿度实时监测数据，确保馆内可移动文物的保存环境稳定，数据异常时会自动报警；同时，可通过这些数据来排查异常原因，改进储存材料、展柜设计等缺陷，降低环境风险，从而保障文物的安全。

（二）安全保卫分析

南京博物院通过展厅内的实时监控，综合检票系统数据对比，汇总每日参观人数，自动计算误差人数与误差率（表一），确保人流量的统计精确性，实时客流统计准确率达到99.15%，达到目前国内行业最高水平。

图一　南京博物院可视化运营监测系统文物微环境监测界面示意图

表一 2019年1—2月南京博物院展厅观众实时客流量公布准确率统计

日期（日/月）	进入人数/人	离开人数/人	误差人数/人	误差率（误差人数/实际人数）
1/1	4060	4078	−18	−0.44%
2/1	1035	1039	−4	−0.38%
3/1	1035	1039	−4	−0.38%
4/1	1143	1148	−5	−0.44%
5/1	2190	2183	−7	−0.32%
6/1	2698	2729	−31	−1.14%
7/1	313	301	12	3.83%
8/1	1487	1485	2	0.13%
9/1	1366	1375	−9	−0.65%
10/1	1105	1110	−5	−0.45%
11/1	1162	1161	0	0
12/1	2479	2520	−23	−0.92%
13/1	2772	2766	6	0.22%
14/1	324	318	6	1.85%
……	……	……	……	……
15/2	2128	2129	−1	−0.05%
16/2	3867	3901	−34	−0.87%
17/2	3716	3770	−54	−1.43
18/2	337	335	2	0.59%
19/2	1397	1393	4	0.29%
20/2	1256	1252	4	0.32%
21/2	1371	1367	4	0.29%
22/2	1623	1627	−4	−0.25%
23/2	5014	5081	−67	1.32%
24/2	5197	5217	−20	−0.38%

　　南京博物院通过"意大利文艺复兴三杰展"售检票系统的数据和区域密度统计分析子系统的数据对比，发现展览中的热门展品《倚靠十字架的基督》吸引观众最多，观众平均观看文物时间也较长，便采取了相应措施，在客流过载时采取限流措施，避免参观人数过多带来的安全隐患。此外，还通过人员排班系统，根据热门展品的观众量来合理调度馆内人力，提高应对特殊区域或特殊时段内人流波动产生的管理压力的能力。

（三）社会服务分析

　　通过售检票系统的数据，可以配合来源地数据进行博物馆宣传、展示信息的定向投放。南

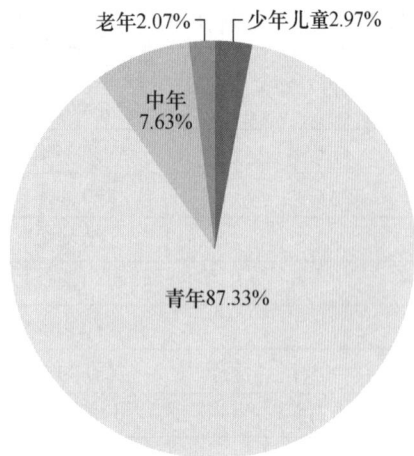

图二　"意大利文艺复兴三杰展"观众年龄分布图

京博物院大数据中心的数据表明，"意大利文艺复兴三杰展"中87.33%的观众为青年，其次是中年群体（图二）。南京博物院根据青年群体对科技产品和智能设备接受程度较高、适应性较快的特点，通过多媒体互动展项、高科技展陈手段等多种形式为青年观众提供有针对性的展览展示内容；而约3%和2%的少年儿童以及老年观众数据统计，也提醒有关部门在展览和服务中不能忽视老、少观众的需求。

不仅如此，南京博物院还通过对观众性别、年龄、门票类型等数据的分析，促使有关部门对诸如互动装置高度、购票设备类型等馆内服务设施进行改进。例如，大数据中心中对男女比例数据的统计提醒了有关部门调整厕所数量、提供哺乳室等设施，以满足女性观众的特殊需求。

通过观众行为分析系统的数据，如驻足时间、情绪分析等，南京博物院在展览中及时调整了展陈设计，从而进一步提高展览吸引力。在"意大利文艺复兴三杰展"中，《倚靠十字架的基督》展品最高实时围观观众达59人，观众平均观看时长为50秒；《美丽公主》展品最高实时围观观众达46人，观众平均观看时长为1分01秒；《圣家庭》展品最高实时围观观众达52人，观众平均观看时长为1分05秒。南京博物院对这些数据进行了分析并及时反馈给有关部门，为今后特展中优化明星展品的展示空间和展示路线提供了辅助参考，从而推动博物院展陈工作的进步。

"意大利文艺复兴三杰展"的大数据对观众参观的行进路线亦进行了统计。数据显示，按照既定路线参观的观众占特展总参观人数的68%，而有近三分之一的观众未按路线参观。这为策展部门对观展路线的设计提供了数据支持，在展览中设计多种观展路线以满足观众日益增长的个性化参观需求。

首次采用的人脸识别系统也为统计观众观展满意度提供了便利。对比以往的观众满意度调查，投入大量人力资源进行问卷调查得到的数据却具有随意性、模糊性的特点，该系统对观众面部特征的提取和采集，可以进行情绪"笑脸"识别，使得对观众观展满意度的调查可以精确至具体的展项或展览设施，而实时的表情识别数据也更具客观性。策展部门可针对不满、轻蔑等表情发生率较高的展览设施、展项及时调整和修改。必须注意的是，使用生物识别技术的时候，必须符合最新国家标准《信息安全技术个人信息安全规范》要求，原则上不应存储原始个人生物识别信息，仅存储个人生物识别信息的摘要信息便于数据统计、整理与分析。

（四）文创销售分析

文创销售管理系统的数据，可以配合商店位置统计数据优化文创商店的选址定位，配合产品类型和销售统计数据为文创产品的选型提供参考，配合支付方式的统计数据调整支付设备的数量，配合销售人员统计数据调整现场人力的分配并为绩效考核提供参考等。

五、博物馆展览可视化运营统计监测系统前景预期

（一）为业务转型助力

智慧博物馆实现的基础在于信息化的高度发展。南京博物院基于博物馆核心展览业务的数据可视化运营统计监测系统表明，该系统可有效推进各部门业务的开展。同时，展览相关数据的共享与分析，可推动博物馆内部管理的优化、文物展品的保护、文创产品的升级、公众服务的提升，具有文博行业通用性和标杆性，是文博场馆信息化建设的方向和潮流。相关管理部门可以向数据平台提供数据或使用数据平台提供的数据，部门之间可以通过数据平台交换数据，并利用大数据平台的数据产生新的数据，进而为新时期、新形势下博物馆工作的业务转型助力。

（二）为决策者提供依据

对展览全方位信息的汇总分析有助于增强决策与管理水平，为持续优化观众展览体验提供实时数据支撑，促进公共服务能力提升。

第一，对搜索、订单等海量数据的相关性分析，可以帮助博物馆管理层进行观众分析，了解游客的性别、年龄、来源地、目的性偏好以及重点客源地市场诊断等方面的探索。

第二，帮助博物馆管理部门掌握行业竞争情况，通过数据的精确分析来评估，能更好地预测和更明智地决策，并进行更为精准的干预。

第三，改善博物馆各业务系统数据不通、传递共享度低的孤岛现象，充分推动博物馆针对展览的相关部门的业务合作与数据共享，实时互通数据，增进协作能力，推动内部管理优化。

第四，通过对展品保存自然环境和社会环境的实时监测，获取展柜温湿度信息及展厅区域客流密度信息，确保展陈文物保存环境的稳定，强化文物展品保护。

第五，通过分析观众行为获取观众关注度信息，结合文创销售数据推导观众购买倾向，增强文创产品设计的针对性，有效解决馆藏文物利用前端"用什么""给谁用"的问题，为后续利用提供数据支撑，实现文创产品升级。

（三）更好地服务公众

为满足公众需求，博物馆要有适应公众需求的服务内容和服务空间。南京博物院的服务内容包括教育服务和生活休闲服务。教育服务由社会服务部主导，以"服务公众、奉献社会"为

宗旨，承担着向社会公众宣传普及博物馆文化、提供文化教育服务等职能，主要有参与展览策划、开放服务、讲解接待、重大活动礼仪、社会教育活动、志愿者管理、"南博之友"管理，以及与公众服务相关的项目的调查、研究、规划和组织实施等①。生活休闲服务由文化创意部主导，博物馆的商品、商店是展览和教育服务的延伸，让博物馆的商品服务、餐饮服务等也能够体现区域文化传统，取得寓教育于服务之中的良好效果。

对于观众而言，展览大数据技术应用体现在网络平台和手机终端平台的运用上，主要涉及参观前、参观中和参观后的数据需求，具体包括重点文物推荐、参观规划与攻略、观众分析、舒适度查询等。南京博物院通过人员排班系统的数据集成，优化了展览期间讲解员、安保人员、志愿者的排班管理，避免人力浪费，节省人力成本。通过观众关注度分析数据和文创销售管理系统的销售数据，分析不同观众类型对不同文创产品的购买倾向性，提升了文创产品设计和生产的针对性，为增加后续同类型展览文创产品收入提供了数据支持。

六、结　语

江苏省文博场馆的信息化水平位于全国前列，"互联网+博物馆"的理念深入人心。在此基础上利用大数据可视化平台推动可移动文物保存环境与相关影响、利用因素的数字化，是文博场馆打通业务系统、实现数据共享、提升管理水平的创新尝试，也是加强馆藏文物保护和利用的重要环节。对公众服务的大数据分析则是深度推进管理智能化、服务智慧化的关键步骤。

南京博物院此次尝试的博物馆展览可视化运营统计监测系统所涉及的物联网、大数据、人工智能等是信息行业的前沿技术，在各个领域均有成熟应用，配合自研算法、系统集成及数据可视化，可以完成数据的精确采集、智能分析和直观展示，技术先进且可靠。但其不足亦比较鲜明，部分数据的汇总还依靠人工，部门间的数据链尚未形成，信息孤岛的问题有所改善，但尚未根除。

随着需求导向的明确，业务部门信息化需求的系统性提升，大数据可视化对博物馆业务能力的推进作用也将逐步加强。大数据可视化有助于推动博物馆内部管理的优化、文物展品的保护、文创产品的升级、公众服务的提升，具备较好的前瞻性、创新性、实用性与通用性，便于推广至文博场馆中广泛使用。

（原载于《东南文化》2020年第4期）

---

① 龚良、张蕾：《博物馆高质量发展：品质、效能与评估》，《东南文化》2019年第2期。

"城市历史景观再现"展览模式探索

——以民国馆和"因运而生"展为例

钱 钰 戴 群

内容提要： 南京博物院在民国馆策展中首次创新实践了"城市历史景观再现"展览模式，并在扬州中国大运河博物馆"因运而生——大运河街肆印象"展中将这一模式延续与深化。"城市历史景观再现"展览模式是在复原的城市（镇）历史场景中由工作人员与观众共同展开真实的活动，并融入商业行为、互动体验、非遗展示，将知识和信息以通俗、有趣的方式转译出来。这种平易近人的体验互动模式可以给观众身临其境之感，达到寓教于乐的效果。这种活态的展示模式对后期的管理和运营有较高要求。

关键词： 博物馆展览 城市历史景观再现 南京博物院民国馆 "因运而生"展 扬州中国大运河博物馆

一、"城市历史景观"与"城市历史景观再现"

1. "城市历史景观"的概念

"城市历史景观"（historic urban landscape, HUL）这一概念首次于2005年世界遗产委员会（UNESCO World Heritage Committee）第27届会议《维也纳保护具有历史意义的城市景观备忘录》（*VIENNA MEMORANDUM on "World Heritage and Contemporary Architecture-Managing the Historic Urban Landscape"*）提出，并于2011年联合国教科文组织（UNESCO）通过的《关于城市历史景观的建议书》（*Recommendation on the Historic Urban Landscape*）正式定义：城市历史景观是由文化和自然价值及属性在历史上层层积淀而产生的城市区域，其超越了"历史中心"或"整体"的概念，包括更广泛的城市背景及其地理环境[①]。2013年，学界又提出将城

[①] 联合国教科文组织：《关于城市历史景观的建议书，包括定义汇编》，［2015-08-21］［2021-03-08］http://www.icomoschina.org.cn/uploads/download/20150821103343_download.pdf。

市历史景观视为一种保护方法，城市历史景观方法"拟通过对城镇空间中具有历史性意义的结构、场所及其他传统文化元素的判别，以及对其形成背景和演变脉络的分析，识别城镇在动态变化中的文化身份和特征"[①]，强调地理环境、城市文脉以及非物质文化遗产（以下简称"非遗"），主要应用于对历史城市及其文化遗产的保护。

2. "城市历史景观再现"展览模式

21世纪以来，我国博物馆建设进入快速发展时期，特别是"十三五"以来，我国平均每两天就新增一家博物馆。据统计，2019年全国已备案博物馆5535家，博物馆举办展览达2.86万个，接待观众12.27亿人次[②]。2020年受新冠疫情影响，博物馆实体展览普遍"暂停"，而"云展览"受到广泛关注与认可，博物馆数字文化产品成为特殊时期博物馆服务的新形态[③]。随着博物馆事业的发展，策展理念和展览模式发生了巨大的变化，展陈设计日趋多元化，运用虚拟现实（VR）和增强现实（AR）技术的虚拟展示、互动体验展示以及非遗展示已经十分普及，线上"云展览"也逐渐成为博物馆展览的重要组成部分。这些变化源于博物馆"从物到人"观念的转变，体现了博物馆重视公众、理解观众的趋势。

"城市历史景观再现"展览模式是在复原的城市（镇）历史场景中由工作人员与观众共同展开真实的活动，从而再现历史景观。这种展示除了物质背景外，"人"成为展览的重要组成部分。展览内容主要包括复原特定历史时期的城市街道及建筑，再现生产生活场景，引入商家进驻开展真实的商业服务，引入"老字号"非遗、非遗传承人提供真实的服务，等等。展览同时融入复原展示、互动体验展示、非遗展示等多样化展示。因此，"城市历史景观再现"展览模式体现了复合型的展示理念。

复原展示在近代就已应用于动植物标本展览的环境布置中，现代展馆对历史建筑、生产生活场景、事件场景、自然场景的复原都很常见，通常借助文物、模型、建筑物、多媒体等实现场景复原。但是这种复原展示与城市历史景观再现展示是有区别的，复原展示在本质上仍属于一种静态场景的展示，场景可以设置成不能进入的模型展示，也可以设置成能进入的场景展示，但观众没有参与行为，仍是参观者；而在城市历史景观再现展示中，观众作为展览不可缺少的组成部分，可以通过商业行为、互动体验参与展览，运用视觉、听觉、触觉等多感官感知展览传达的信息，与展览各方共同参与和完成展览。这就是该展陈模式的创新之处，从本质上具备"活态"的特征。因融合了各展示手法的优点，"城市历史景观再现"展览模式完全符合

---

① 《联合国教科文组织〈关于历史性城镇景观（HUL）的建议书〉在中国的实施》（*The Implementation of UNESCO Re-Commendation on Historic Urban Landscape (HUL) in China*），［2016-03-25］［2021-03-09］http://www.historicurbanlandscape.com / themes / 196 / userfiles / down-load/2016/3/25/jwjg2hpjzrdcr9s.pdf。

② 朱筱、陆华东：《2019年我国博物馆接待观众12.27亿人次》，［2020-05-18］［2021-03-08］https://baiji-ahao.baidu.com/s? id=1667022612226403658&wfr=spider&for=pc。

③ 《发展博物馆"云展览"为人民生活添色彩》，［2020-05-27］［2021-03-08］http://cul. china. com. cn/2020-05/27/content_41164864.htm。

博物馆展览的三个核心特征：首先，历史景观的复原展示以历史研究或现存的原型为复原参照，并结合相关文物展品，具有科学性和真实性；其次，展览向观众传达了特定历史时期涉及生产生活各方面的知识和文化，具有知识性和教育性；最后，展馆的商业行为、非遗互动对观众都极具吸引力，具有趣味性和娱乐性。下文将具体阐述"城市历史景观再现"的展览模式及理念。

二、"城市历史景观再现"展览模式的探索历程

2010年南京博物院（以下简称"南博"）在二期改扩建工程确定了"一院六馆"的格局，其中民国馆首次尝试了一种新的展览模式，即"城市历史景观再现"。2018年为建设中国大运河国家文化公园，江苏省筹建扬州中国大运河博物馆（以下简称"中运博"），南博作为策展方，在"因运而生——大运河街肆印象"（以下简称"'因运而生'展"）中延续了同一策展理念，并对这种展览模式进行了进一步探索。

1. 民国馆

2010年民国馆开始筹建，其定位为常设展览，立足呈现民国时期首都南京的城市风貌。编写展览大纲之初，策展方就力图摆脱文物加展板的传统陈列方式，而是在展厅内再现民国时南京的历史景观，让观众参与商业、生产、生活的互动体验。民国馆将"城市历史景观再现"展览模式创新运用于展览，从展览角度再现城市历史景观，不再局限于独立的建筑，而用更宽的视角呈现城镇，关注时间与空间、有形与无形，展示物质以外的历史、社会、经济、文化等多个层面。

1927年国民政府定都南京后，南京的近代城市建设得到了巨大发展，这一时期建筑类型丰富，包含居住建筑、行政建筑、文教建筑、工商业建筑、交通建筑、医疗建筑、宗教建筑等。南京成为"中国固有之形式"建筑的试验场，同时城市风貌上也体现了中西建筑风格碰撞交融的特征。西俗东渐之风影响下，南京的社会风尚也发生了很大的变化，体现在服饰、饮食、居住、出行、娱乐各个方面，具有崇尚文明且中西合璧的特征[①]。

民国馆展厅位于地下，层高8.1米，平面呈长条状，宽25.8、长达104.6米，面积约2140平方米。策展的难点在于如何在有限的展厅空间内有选择性地呈现民国时南京的城市面貌。经过提炼归纳，展览主题定为"老南京——民国首都社会风貌"，以民国一条街重点反映南京城市生活的繁华景象。民国馆对民国时南京城市景观的复原并非生硬照搬，而是具有叙事的逻辑性，如对民国南京城进行片段化的提炼，对社会风貌进行代表性的归纳，选择城市中各类景观元素进行拼合并重点解读，力图反映当时衣与食（如南北货、咖啡厅、饭店）、住与行（如火车站、客栈）、

---

① 罗玲：《近代南京城市建设研究》，南京大学出版社，1999年，第194—197页。

休闲娱乐（如咖啡厅、酒吧、大戏院）以及各类生活设施（如银行、邮局、理发店、照相馆、书局、诊所、中药铺、首饰铺）等多方面的市民生活，是近代南京城市文化的一个缩影。

为营造场景真实感，民国馆确立了三条原则：第一，展品尽量使用征集的民国物件，为此南博专门征集了1.3万件民国时期的老物件；第二，民国馆内不使用雕塑人像，工作人员配合民国场景着装，营造出"有人气"的氛围；第三，为防止观众"出戏"，策展团队对先进技术、多媒体的使用极为克制，只在天幕运用了声光电等技术模拟日夜环境。

从整体布局看，展厅内设置有一条主街"中央南路"，辅以次要街巷，同时结合建筑设计了二层流线，建立立体交通展线。为了呈现真实的街巷面貌，展厅在两端和中间设有三个出入口，并在局部运用街巷透视背景画，让观众感受街巷的无尽延伸。由于展厅空间有限，沿街仿民国建筑的空间设计也分为虚实结合的两个层次：实体建筑以邮局、书局、南北货、咖啡厅、火车站、酒吧为代表，可供观众进入或使用；仅有建筑立面作为背景展示的以大戏院、饭店、古玩店为代表。实体建筑空间使用也分成两类，一类是商家进驻，展开真实的商业活动，如书局、南北货、咖啡厅、首饰铺、诊所等；另一类是由馆方负责的展览、文创空间，如民居客栈、酒吧、邮局、报社、典当行等。除了常规的历史场景展示，还设有临时展厅。历史场景复原参考了文献资料、图片以及实物原型，如交通银行、大戏院、火车站均有建筑原型，其他建筑则以仿民国建筑的方式设计。民国馆内仿民国建筑设计遇到的最大问题是展厅层高不足，天花吊顶后最终净高6.3米，虽然策展团队试图通过缩小建筑比例、增加天幕灯光等手法弥补，但是二层建筑屋顶紧挨着天幕，在一定程度上影响了展览的空间效果。

其他细节诸如红绿灯、霓虹灯、明星海报、标语条幅、月份牌、牌匾、橱窗、路灯、邮筒、胶木插座、水磨石地面等也力求真实。征集的民国物件也大量应用于展厅各处，如井盖、家具、座椅、灯具、算盘、留声机、火车、老爷车、黄包车、自行车等，这些历史物件让展览显得真实可信，以致开馆不久便有热心观众质疑馆内设置的有轨电车是否符合南京历史，可见展览已经触动了老南京观众的历史情感，后经考证拆除了电车及轨道。这种接受观众意见而对展览方案做出调整的过程，也可视为馆方与观众的一种互动。

招商入驻经营业态是民国馆成功的重要一环，观众可以从多个维度感受民国氛围：观看传统工艺，购买传统食品及特色商品，品尝民国时髦的"咖啡"，与身穿民国服饰的工作人员交谈，聆听民国时期的音乐，使用民国样式的邮筒邮寄信件，等等。这种异时空的真实体验深受观众的喜爱，因此民国馆在开放后迅速成为网红打卡地、拍照地，观众好评如潮。民国馆以复古怀旧情怀唤起了年长观众的儿时记忆，也引发了年轻人的兴趣，观众愿意在民国馆驻足、留影、购物和休憩。

根据2015年《南京博物院观众满意状况调查》报告，当年观众参观最多、最喜欢、最愿意推荐的场馆是历史馆和民国馆，在被调查的观众中，有37%的观众最喜欢历史馆、33%的观众最喜欢民国馆[①]。历史馆无疑是南博最重要的展馆，而民国馆在其他展馆中脱颖而出，达到与

---

① 博物馆公共文化空间研究中心、南京师范大学社会发展学院：《南京博物院观众满意状况调查》，南京博物院内部资料，2015年12月。

历史馆相近的喜爱度，拥有良好的口碑，这与其创新的展览模式密不可分。实景比例、步入场景、历史元素、互动体验是该展览成功的关键。

民国馆虽然在开放后取得了好的成绩，但是并未就此止步，其后期的管理和运营是该展陈模式的特殊之处。民国馆的展览在2013年开馆后持续更新，陆续推出了一系列民国主题的临时展览，比较重要的有2014年"芳菲流年——中国百年旗袍展"、2016年"百年回眸——老月份牌广告画展"、2018年"印象南京——民国老照片展（1912—1949）"等，为民国馆定期注入新鲜血液。另外，馆内设施也在持续完善，如为改善使用效果而更换道路材质，为提高观众安全度而更换栏杆等。馆内的业态也在持续调整，如因展览效果更新场景，因运营情况更换商家等。民国馆在运营中也面临很多的问题，展品的安全问题是首要问题。民国馆的场景式布展基本为裸展，用于提升场景真实感的展品均面临使用中如何保护的压力。展馆开放初期，部分观众缺乏文物保护意识，出现了触摸、攀爬、乘坐等不当行为，因此南博在考虑文物安全的前提下不得不使用围栏、一米线、提示牌等，对展陈效果造成一定的影响；一些原本供观众休息的老座椅因安全与维护成本较高而封存，这确实是一种遗憾；部分征集的展品因理想效果与实际使用的情况差异较大也只能放弃，如钨丝灯泡的亮度不够、成本高且易耗损，在维持一段时间后因无替换产品也只能更换成节能灯。此外，一个突出问题是部分业态面临调整，部分为展览设定的项目可能经济效益并不好，商家、商品不得不做出调整，如民国馆售卖的传统小吃"金刚脐"虽然很受观众喜爱，但是因为成本、效益等市场经济因素却难以维持①。

基于对"城市历史景观再现"展览模式的有益探索，民国馆获得了观众的喜爱，同时也面临一些管理和运营的问题，这些问题能否在策展阶段解决、调整展览方式能否提前规避这些问题，都需要深入研究和实践探索。

2. "因运而生"展

2014年中国大运河申遗成功后进入了"后申遗时代"，打造大运河文化带成为新时代党中央、国务院做出的一项重大决策部署。大运河国家文化公园是打造中华文化标志的重要内容，大运河江苏段作为大运河国家文化公园全国唯一一处重点建设区，其标志性工程——中运博由南博担任策展方。中运博的展览框架综合考虑了各展览的相互关系，"因运而生"展与中运博另一常设展览"大运河——中国的世界文化遗产"（以下简称"'大运河'展"）呈现互补关系。"'大运河'展"是真实的、静态的、展品不可触摸的展览，而"因运而生"展是逼真的、动态的、展品可触摸的展览。策展团队在策展之初便确定了在南博民国馆实践的基础上延续"城市历史景观再现"展览模式，真实再现大运河沿岸城镇的历史景观，反映运河沿线人民的勤劳智慧与美好生活。

---

① 《南博停售老南京零食"金刚脐" 传统食品难传承》，［2015-03-02］［2021-03-08］http://js.ifeng.com/city/nj/detail_2015_03/02/3604419_0.shtml。

　　"因运而生"展位于博物馆的地面一层，展厅层高11.4米，平面大致呈长条状，普遍宽23、长134.4米，面积约3100平方米，较南博民国馆平面更为狭长。与民国馆相比，"因运而生"展明显更为复杂。中国大运河属于线性巨型工程，开凿和使用历史悠久，因此无论是时间跨度还是空间范围，作为研究对象，大运河沿线城镇都远超民国时的南京。大运河沿线分布了大量类型丰富、各具特色的城镇与村落，遗产构成庞杂。在策展初期，策展团队明确了要全面展示中国大运河沿线的城镇历史景观，时间跨度包括隋唐宋、元明清两个历史时期，空间范围覆盖中国大运河全线。策展团队在对大运河沿线八省四十余处历史街区和古镇进行调研后，意识到在有限的展厅内勾勒出大运河沿线城镇历史景观极具挑战性。策展工作中面临的难点大致有：①大运河的时空跨度大，沿线城镇众多，而展厅空间有限，所选择的展项应具有典型性；②各段需要协调好各类城镇历史景观要素，保证各段时空巧妙转换；③为展现城镇商业繁荣，业态设置密集，招商入驻、管理运营将面临巨大压力；④博物馆建筑设计与展陈设计存在冲突，如展厅疏散、结构柱、层高等设计均不理想，需要展陈方案弥补。

　　针对这些难点，"因运而生"展从时间和空间、有形和无形四个维度展现主题。展览叙事结构采用时间、空间两条线，规划为四部分：第一部分展现隋唐宋时期隋唐大运河沿线的城镇，"点式"重点表现两座都城；第二、三、四部分合力展现元明清时期京杭大运河和浙东运河沿线的城镇，按照运河沿线城镇的空间分布由北向南依次"线性"展开。各段均挑选相关城镇最能体现运河文化的历史景观要素进行展示，同时各有侧重（表一；图一）。

表一　"因运而生"展策展大纲分区说明

部分	位置	表现运河段	主要表现地域	表现时代
盛世东都，汴水繁华	西段	通济渠（汴河）、卫河（永济渠）	河南	隋唐宋
财赋京师，富甲齐郡	北段	通惠河、北运河、南运河、会通河	北京、山东	元明清
漕运枢纽，往来盐商	中段	淮扬运河、中运河	江苏（北）	元明清
人文江南，鱼米水乡	南段	江南运河、浙东运河	江苏（南）、浙江	元明清

　　第一部分西段是展览的起点，因隋唐大运河段已难觅隋唐宋时期的地上遗存，主要依靠考古发掘和出土文物、历史文献、图像以及少量实物等资料研究复原。西段面积占比约1/5，选取了隋唐洛阳城、宋汴京城为参照原型，侧重表现市肆，呈现从隋唐市坊到宋代街市的商贸繁荣场景。其余三部分面积占比4/5，北段是时空转换的节点，时间上由隋唐宋转至元明清，空间上由隋唐大运河转至京杭大运河。北段选取京杭大运河流经的北京、山东等地运河城镇为参考原型，侧重表现北方街市和民居生活；中段选取京杭大运河流经的江苏北部等地运河城镇为参考原型，重点展现以江苏的淮安和扬州为代表的淮扬地区的漕运、邮驿、戏曲、盐商、手工业文化；南段选取京杭大运河、浙东运河流经的以江苏苏州、浙江杭州为代表的江南地区为参考原型，侧重表现以丝织为代表的手工业和以粮食生产为主的农业等重要经济文化，呈现江南地区的鱼米水乡风貌。由于江浙的城镇遗产众多，展厅以对应的中段和南段占比最大，接近3/5。

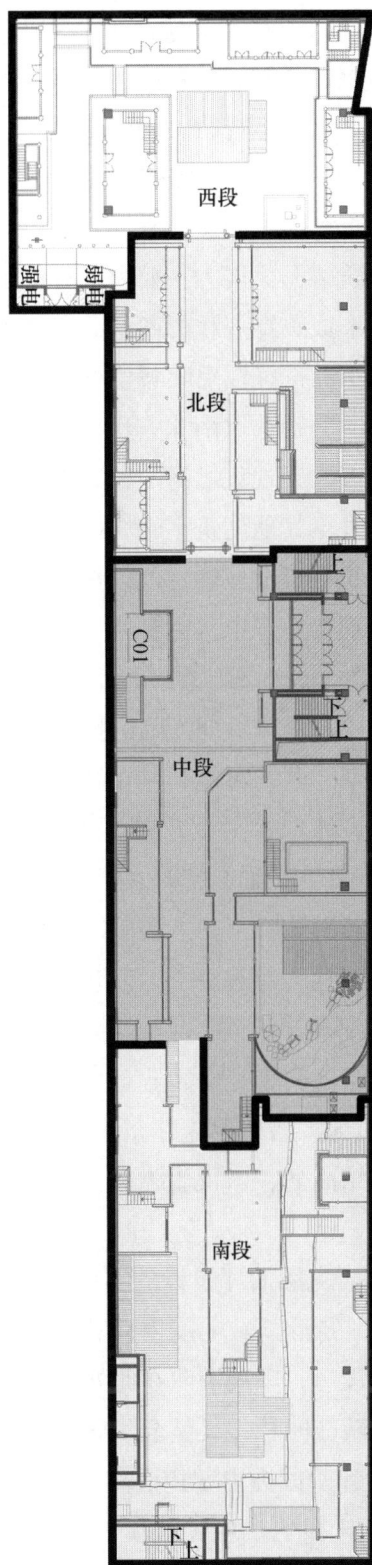

图一 "因运而生"展一层平面设计图
图片来源：苏州金螳螂文化发展股份有限公司

　　"因运而生"展由一条主街将四段串联，通过设置景观节点完成各段空间的过渡衔接，如入口的船模，彩楼欢门、乌头门节点，牌楼、戏台广场节点，码头广场节点，过街楼节点，出口的砖雕门楼等，既有各段特色，又可巧妙过渡，同时也是观众的拍照打卡处。展厅仿古建筑以两层为主，楼阁飞桥、水陆并行，形成水陆立体的展线。

　　城镇历史景观要素主要包括有形和无形两类。有形要素包含街巷、建筑。建筑遗产选取以商铺、戏台、邮驿为代表的公共建筑以及民居为主要表现对象。公共建筑既考虑展示又考虑互动体验和经营，以商业建筑为主，形成贯穿展厅的商街，有利于业态的经营，同时也体现了大运河的商业贸易文化；其他公共建筑的选择以反映各段城镇历史特色优先，如戏台、邮驿、救熄会、织造署等。民居以展示为主，分别选取南北方代表性住宅及内部陈设进行展现，如北段四合院、中段盐商住宅、南段河房等，展现大运河的民居文化。为力求真实，"因运而生"展仿古建筑以"实"为主，除四合院外，其他建筑空间均可使用；以"虚"为辅，主要用于背景画衔接处。各段建筑风格也力求反映年代及地域特色，在形制、比例、构造、尺寸、材料、色彩上均有所区分。无形要素大多体现在业态中，主要从经营、展示和互动体验三个方面考虑，业态商品需突出运河特色，以茶、丝、瓷、粮、竹等为代表，以非遗项目、老字号优先。"因运而生"展吸取了南博民国馆的经验，考虑后期面临的招商入驻、管理运营压力等情况，业态首先考虑展示，在此基础上兼顾后期经营的可能，并在经营上灵活机动地选择。基于此，业态大致可分为四类：第一类为纯展示，体现各段历史地域特色，如西段的洛阳宫灯、唐风宴饮、宋代茶酒及小吃，北段的钱庄、药铺，中段的当铺、盐商宅内陈设，南段的江南土灶和"十里红妆"等；第二类业态兼顾展示和互动体验，如古装服饰、雕版年画、皮影、彩灯、香粉、织绣、粮、伞、扇、梳等，互动体验包括项目展演、工艺展示和观众参与；第三类业态兼顾展示和经营，如瓷器、玉器、漆器、紫砂、竹（草、藤）编等手工艺制品和邮驿商品，第二、三类业态在后期根据情况招商经营；第四类为经营类业态，优先考虑必要性，为观众提供休憩场所，如糕铺茶馆等。为增加展览的真实感和趣味性，业态设计还包括了游戏、展演和文创产品，如正店投壶游戏、戏台和书茶馆曲艺、米行传统售卖方式等，各类业态均可考虑开发经营相关文创产品。

　　"因运而生"展的展览设计还需克服展厅设计的不足：首先是0.7米×0.7米的结构柱，主要通过展陈平面布局将结构柱藏在二层建筑或隔墙内；其次是展厅中部的疏散通道将展厅分成两个部分，影响了展览通长主街的设想，策展团队在此处设计了节点空间，采用了底层架空可通行的传统戏台及广场，既解决了疏散问题，又整合了展厅空间。针对层高问题，策展团队吸取了民国馆的经验，在展厅建筑设计阶段提出增加层高的要求，建成后，天花吊顶净高达8.8米，总体满足了布展条件，但是唐宋段的二层庑殿顶、歇山顶仍无法完全呈现屋面而留有遗憾。另外，由于该段唐风建筑尺寸较大，展厅的面积有限，策展团队对尺寸多次推敲，力图最大限度地把握和利用空间尺寸。

在展品征集方面，"因运而生"展吸取了民国馆的经验，基于真实性效果并能确保安全的部分采用实物征集，征集的展品涉及招牌、匾额、楹联、建筑构件、家具和器物等；基于互动性要求、作为观众使用和体验的部分则采用仿制品，如茶具、酒具、座椅等，历史年代较早难以征集的也采用仿制品。

为了让展览更具真实性，本次展览更为关注环境模拟，以期在展厅体现日夜、天气的自然变化。例如，西段宋汴京设置了夜市；南段江南水乡设置了烟雨场景，部分天幕使用了LED技术，以便更真实地模拟天空变化；在中段使用多媒体技术呈现运河码头场景；在各段设点还使用音效呈现自然、社会的背景声。相比南博民国馆，此次展览对技术的升级也是一种新的探索。

"因运而生"展在开展后也面临管理和运营的问题。在实践工作中对可能遇到的问题做出预判十分重要。考虑到后期展陈更新，策展团队在展览设计中预留了临展空间和非遗展演空间。在接下来的工作中还需持续解决展览实践中遇到的难点，并持续关注公众对展览的评价。

三、"城市历史景观再现"展览模式探索总结

"城市历史景观再现"展览模式适用于以城市（镇）历史文化为主题的动态展览，具有科学性、真实性、教育性、趣味性、娱乐性、互动性等特点，此类展览与一般的常规展览相比，具有一定的特殊性。第一，展览成本高。复原建设城市历史场景通常属于常设展览，需要搭建真实可用的建筑空间，需注意仿古建筑对展厅建筑结构的影响，满足疏散等消防规范，需进行二次机电设计。第二，对展厅建筑空间要求高。虽然室内仿古建筑依旧达不到实际建筑尺寸，但是对层高的要求已远远超过普通博物馆的设计值，在南博民国馆和中运博"因运而生"展的实践中均无法达到展陈的理想要求。建筑结构柱是另一个问题，在无法去除的情况下会增加展陈设计的难度，对展陈效果有不利影响。如有可能，应在博物馆设计过程中充分考虑此类展厅的层高和柱网尺寸。第二，策展涉及多部门合作。在两次实践中除古建所策展团队外，参与的部门还有征集部、非遗所、文创部等；还涉及多专业的合作，除展陈设计外还包括古建筑、室内陈设、非遗等专业。第四，展览设计中注重人的体验及作用，从视觉、触觉、听觉、味觉、嗅觉多维度设计体验展览信息。不建议使用雕塑人像，对多媒体技术手段需保持克制，但建议尝试多元化的展陈和合理使用先进技术手段。第五，此类展览属于裸展，展品征集及仿制应进行预判，既要考虑展品安全，也要设法满足观众互动体验时的使用要求。第六，对博物馆管理运营水平要求高。展览后期的持续维护会面临各种问题，如如何保持展陈设计的初心、延续升级展陈理念都是对管理运营团队的考验。

"城市历史景观再现"展览模式之所以能吸引观众，最主要在于策展团队从观众的角度出发，为观众打造其喜闻乐见的展览形式，从博物馆与观众关系来看，似乎走向了"顾客"阶

段^①。博物馆摒弃了展柜展板的说教模式，在逼真的历史场景中采用更为平易近人的体验互动模式，调动观众的各种感官，让观众有身临其境之感。这种模式将知识和信息用通俗、感性、趣味、简单的方式转译出来，观众在轻松愉悦的氛围中接受知识和教育，达到寓教于乐的效果。展览具有商业性、娱乐性，但是不同于社会上常见的仿古商街，展览有着明确的历史文化传播理念，对展览的历史场景有科学的考证；商业行为、娱乐项目均有严格把控，必须服从、服务于展览主题，不能因迎合观众而丧失立场甚至走向媚俗。在这类展览中还可以很好地融入高品质的文创产品、游戏项目等，带动博物馆其他工作的开展。当然，这种展览模式也有其局限性：首先其并非普遍适用，其展览主题偏向历史城镇涵盖的内容，比较适合大场景的常设展览，需要丰富的展陈内容支撑；其次，在资金支持、专业协调、后期运营维护等方面都有更高的要求。

（原载于《东南文化》2021年第3期）

---

① "扎哈瓦·朵琳（Zahava Doering）详细呈现了观众在博物馆人眼中的三种不同形象：陌生人（指的是博物馆的首要责任是藏品而非公众），客人（指的是博物馆处于使命感，试图借助教育活动和制度性的学习目标，把工作做得更好）和顾客（指的是博物馆将不再向观众极力推行其所认可的参观体验，相反，博物馆认识到观众犹如顾客一般有自己的需要、期望与诉求，并有义务去理解和满足）。……就目前情况来看，中国博物馆有关观众的认识尚处于'客人'阶段，即秉持'以人为本'的宗旨为观众安排教育活动或学习目标。"参见尹凯：《"从物到人"：一种博物馆观念的反思》，《博物院》2017年第5期。

合规性与实用性：扬州中国大运河博物馆布展招标方式设计及实践

内容提要：目前我国博物馆布展项目招标方式常见的有两种：设计和施工捆绑招标，即谁设计、谁施工；设计和施工分开招标，设计、施工是两家单位。两种方式各有利弊。扬州中国大运河博物馆布展招投标分为两个阶段，第一阶段是预审资格，评审投标方的过往业绩、专业能力、商务资质以及展览形式设计初步方案等，以此确定入围投标方；第二阶段是正式招标，评审入围投标方的形式设计深化和施工方案，确定中标方。高效、高质量的博物馆展览招标需要博物馆与财政、建设等行政职能部门加强前期沟通，重视专家团队的集体智慧、把握业务话语权，培养精通内容策划、形式设计、工程管理、招标投标的人才队伍。

关键词：博物馆　展览招投标　设计施工一体化　展览设计　展览施工

一、引　　言

为贯彻落实习近平总书记关于大运河文化带建设重要指示批示精神[①]，2018年，江苏省委、省政府决定在大运河原点城市、申遗牵头城市扬州建设中国大运河博物馆（以下简称"中运博"）。

按照全省统一部署，中运博馆舍建筑由扬州市负责建设，展览及运营由江苏省文化和旅游厅负责并交由南京博物院（以下简称"南博"）实施。中运博共设14个展示空间，包括2个常设展览、6个专题展览、2个数字沉浸式体验展、1个青少年互动体验展、1个小型剧场传统戏曲展演以及2个临时展厅。

作为省属国有博物馆，中运博布展资金全部来源于省级财政，需要履行政府采购流程和手续，实施公开招标。然而，博物馆布展并非简单地将展品置于展柜，而是一个根据策展要求和

[①] 《鉴往知来——跟着总书记学历史：千年大运河流动的文化》，［2020-11-15］［2021-03-15］https://m.gmw. cn/2020-11/15/content_34368856.htm。

传播目的，将展品以一种便于传播和理解的方式有机地安排在特定空间中的过程，是一项包含学术研究、传播效益和审美判断的复杂工作。从工作程序看，它是一个由策展人和设计者在脑际先行构筑，然后通过施工来实现落地的过程[①]。博物馆室内装饰装修工程与一般的室内装修有很大区别[②]，鉴于博物馆的特殊性和内在规律，本文结合我国博物馆布展招标主流做法及存在问题，介绍中运博布展项目公开招标方式的总体框架和实践经验，以期探索一种适合博物馆展览的政府采购新模式。需要说明的是，该布展招标方式是针对中运博的实际情况设计的，既有特点也存在不足，仅供交流探讨，企盼批评指正。

二、博物馆布展招标常见方式及优劣势分析

目前，我国博物馆常见的布展项目招标方式有两种。第一种是设计和施工捆绑招标，选择一家单位完成从形式设计初步方案、深化方案到施工方案及工程量清单并最终布展施工的全流程工作，即谁设计、谁施工。第二种是设计和施工分开招标，设计是一家单位、施工是另一家单位。设计中标方完成初步方案、深化方案及工程量清单，施工中标方完成布展施工[③]。

第一种方式的优势在于设计方和施工方合二为一，设计之初即考虑到施工，在实际操作过程中对工程质量和艺术水准的把握能够一以贯之，二者衔接到位；劣势在于投标方案只是初步方案以及很不成熟的图纸和概算，以此确定整个布展项目的中标方既不科学也不严谨。第二种方式的优势在于前期设计方案经过长时间磨合，相对而言较为成熟，施工招标依据充分可靠；劣势在于周期较长，设计和施工容易相互扯皮，设计理念不一定能在施工中完美呈现，且工程量清单计价存在投标方低于成本价竞争、通过牺牲工程质量来谋利的问题[④]，后期变更也会受到施工方出于利益考量而设置的阻力。

三、中运博布展招标方式

（一）总体思路

南博委托省属国有政府采购代理机构江苏省招标中心实施公开招标。经过前期与代理机

---

① 严建强：《当代博物馆展览建设的质量保障系统：以形成中评估为中心》，《博物馆管理》2019年第1期。
② 康杨：《浅析博物馆室内装饰装修工程的施工管理》，《居舍》2020年第10期。
③ 陆建松：《博物馆展览设计与制作布展：一体化还是强制分离？》，《东南文化》2020年第3期。本文也对这两种方式进行辨析。
④ 杨晓庄、白云峰：《工程量清单计价模式下的工程项目招投标研究》，《经济研究导刊》2015年第5期。

构的充分沟通，明确招标方式的四点原则：一是时间极为紧张，必须寻求既符合法律规范又满足布展特殊要求且节省时间的方式；二是接近一半的工作量属于展柜、照明、展具等货物采购以及形式设计等服务，不能简单等同于传统意义的工程建设，不应履行传统工程招投标的一套流程；三是为确保设计和施工相互协调一致，通过施工手段完美呈现设计效果，形式设计方应该被允许参与布展施工投标；四是中标方须按照经招标方认可的设计思路、制作图纸、货物清单，完成展厅环境营造和设备设施的采购安装等所有布展工作。

中运博的展览按照类别分为三个标段。第一标段包括"大运河——中国的世界文化遗产""世界运河与运河城市""隋炀帝与大运河""紫禁城与大运河""大运河史诗图卷"和临时展厅等6个传统形态展览；第二标段包括"因运而生——大运河街肆印象""大运河非物质文化""运河湿地寻趣"等3个强调互动性、创新性的非传统形态展览；第三标段包括"河之恋""运河上的舟楫""大明都水监之运河谜踪"等3个以多媒体技术为支撑的数字虚拟展览。

鉴于现有招标方式各有优劣，南博与代理机构经过多轮协商讨论，明确了中运博布展项目不归为工程类，而以货物及服务类名义公开招标，采取类似设计施工一体化①、但分两阶段操作的运作方式。第一阶段是资格预审，评审投标方的过往业绩、专业能力、商务资质，以及根据已有内容设计文本出具的形式设计初步方案等，确定入围投标方；第二阶段是正式招标，评审入围投标方的形式设计深化和施工方案，确定中标方。该方式的优势在于，一方面鼓励投标方竭尽所能拿出"看家本领"参与投标，因为只有入围第一阶段才能参与第二阶段，第二阶段也需要全力以赴才有可能成为中标方；另一方面解决了因设计方和施工方站在各自立场导致设计和施工脱节的老大难问题，相互推卸责任、调整变更不断的现象有望大幅减少。此外，对于中运博而言，其间沟通与磨合相对顺畅，可提高管理效率，节省大量时间。下文简要阐述该招标方式的整体设计和特殊之处。

（二）关于资格预审

《中华人民共和国招标投标法实施条例》（2019年修订版）第十五条规定："投标人采用资格预审办法对潜在投标人进行资格审查的，应当发布资格预审文件，编制资格预审文件。"此次招标，投标方依据文件提交材料、参加后续召开的审查会。其中，资格预审文件对如何开展预审、预审哪些资料以及第二阶段招标相关要求进行设计和界定，是评标全流程管理的首要环节。

1. 预审内容

把常规招标中的商务标、技术标拆分并融合，重新分为合格性评审、能力评审、方案评审三个层面。

---

① 目前也有EPC总承包模式。EPC（Engineering Procurement Construction）是指公司受业主委托，按照合同约定对工程建设项目的设计、采购、施工、试运行等实行全过程或若干阶段的承包。

（1）合格性评审

以《资格预审合格性审查表（1）》内容为依托，对投标方依据要求提供的企业注册登记、法定代表人及授权代表、财务状况、商业信誉、缴纳税金及社保等情况进行初步审查（表一）。任何一项不符合都无法通过，失去参与后续能力评审、方案评审的资格。

表一　中运博布展招标资格预审合格性审查表（1）

序号	审查内容	审查要求
1	资格预审申请书	有法定代表人或其授权代表签名（章）并加盖公章
2	法定代表人身份	法定代表人身份证复印件
3	法定代表人授权书原件	有法定代表人和其授权代表签名（章）并加盖公章。如法定代表人亲自签署申请文件，则不必提交此授权书
4	授权代表身份	授权代表人身份证复印件
5	具有独立承担民事责任的能力	提供法人或其他组织的营业执照复印件等证明文件。如申请人为境外企业可根据实际情况提供具有同等法律效力的"注册证书""商业登记证"等证明文件
6	具有良好的商业信誉和健全的财务会计制度	提供资格预审申请文件递交截止时间前的财务报表复印件
7	具有履行合同所必需的设备和专业技术能力	提供加盖申请人公章的声明函原件（格式见申请文件）
8	具有依法缴纳税金和社会保障资金的良好记录	提供距资格预审申请文件递交截止时间六个月内任一月份的纳税凭据复印件（依法免税的应提供相应文件说明）、距资格预审申请文件递交截止时间六个月内任一月份的依法缴纳社会保障资金的凭据复印件（凭据可以是缴费的银行单据、专用收据、社会保险缴纳清单或者所在社保机构开具的证明等，依法不需要缴纳社会保障资金的应提供相应文件说明），境外企业提供相关有效证明材料
9	参加政府采购活动前三年内（成立时间不足三年的，自成立时间起），在经营活动中没有重大违法记录	提供声明函原件（重大违法记录是指申请人因违法经营受到刑事处罚或责令停产停业、吊销许可证或者执照、较大数额罚款等行政处罚）
10	未被"信用中国"网站（www.creditchina.gov.cn）列入失信被执行人、重大税收违法案件当事人名单以及政府采购严重失信行为记录名单	提供网站截图
11	申请人与负责人为同一人或者存在直接控股、管理关系的不同申请人，不得参加同一项目下的采购活动	提供加盖申请人公章的声明函原件（格式见申请文件）
12	承诺函	按资格预审文件《第三章 资格预审申请文件格式》中"格式十三"提供承诺函原件
13	资格预审文件要求或申请人认为必要的其他文件或证明材料	

（2）能力评审

以《资格预审合格性审查表（2）》内容为依托，类似于常规招投标的资格审查，但又有区别，分值为30分，既有客观分也有主观分。除了投标方资质和业绩外，还设置了项目负责人业绩、货物采购清单、布展制作清单等评审以及现场答辩环节（表二）。

表二　中运博布展招标资格预审合格性审查表（2）

序号	审查内容及总分值	审查标准
1	申请人资质（5）	申请人具有住建部颁发的建筑装饰工程设计专项甲级资质或中国博物馆协会认定的博物馆陈列展览设计甲级资质，得2分； 提供证书复印件，否则不得分
		申请人具有建筑装修装饰工程专业承包一级资质或者中国博物馆协会认定的博物馆陈列展览施工壹级资质，得2分； 提供证书复印件，否则不得分
		申请人具有省级建设主管部门颁发的安全生产许可证，得1分； 提供证书复印件，否则不得分
2	申请人业绩（5）	申请人自2015年1月1日以来（以签订合同时间为准）承担过国家一级、二级博物馆新建或改陈布展项目的，每有一个业绩得1分，最多得5分； 提供业绩合同复印件，否则不得分
3	项目负责人业绩（5）	应为申请人正式员工，得1分； 提供社保证明，否则不得分
		自2015年1月1日以来（以签订合同时间为准）承担过国家一级、二级博物馆新建或改陈布展项目业绩的，每有一个业绩得1分，最多得2分； 提供业绩合同复印件以及是该项目负责人的证明材料等，否则不得分
		自2010年1月1日以来（以获奖时间为准）承担的项目获得"全国博物馆十大陈列展览精品"奖项的，每有一个业绩得1分，最多得2分； 提供业绩合同复印件、获奖证书复印件以及是该项目负责人的证明材料等，否则不得分
4	清单及报价编制情况（5）	货物采购、布展制作清单编制完整，得3分； 货物采购、布展制作清单编制基本完整，得2分； 货物采购、布展制作清单编制不完整，不得分
		展览概算、价格组成合理，得2分； 展览概算、价格组成基本合理，得1分； 展览概算、价格组成不合理，不得分
5	答辩情况（10）	根据资格预审文件要求准备一份展示电子文件（PPT或视频等形式）。评审过程中申请人指派本项目负责人对初步设计方案进行现场介绍及答辩，时间不超过15分钟。评委根据各申请人提供的图纸、多媒体资料等情况独立打分。 讲解深入到位，效果展示充分完整，得10分； 讲解基本清楚到位，效果展示基本完整，得7分； 讲解不够清楚，效果展示不够完整，得5分； 未能针对评委疑问进行讲解或者没有展示文件，不得分

　　关于投标方的资质，从展览形式设计角度出发，布展项目兼有装修装饰的工程性质和展览展示的艺术效果，住房和城乡建设部颁发的建筑装饰装修工程设计专项甲级资质、专业承包壹级资质，或者中国博物馆协会认定的博物馆陈列展览设计甲级资质、施工壹级资质，均是目前衡量投标方实力的重要指标。当然，甲级资质、壹级资质并不是每个展览项目投标必须具备的，而是要根据展览规模和要求设定。就中小型展览布展而言，低级别资质单位并不一定没有能力承接。此外，为防止和减少事故，根据《安全生产许可证条例》（2014年修正本）第四条"省、自治区、直辖市人民政府建设主管部门负责建筑施工企业安全生产许可证的颁发和管

理"，投标方应具有省级建设主管部门颁发的安全生产许可证。

关于投标方的业绩，需要关注的是近几年承担的国家一级、二级博物馆新建或改陈展览项目。博物馆事业发展带动了各地博物馆建设热潮，很多企业都希望参与，其中不乏一些不太懂博物馆行业规律的装饰装修企业[①]。没有实施过重要博物馆展览项目的企业在实践经验、理解能力、磨合程度上很难达到高质量展览的要求。

关于项目负责人业绩，目前社会上的展览设计及制作公司内部拥有多个不同专业背景和设计方向的团队，以项目化运作参与市场竞争，因此投标方业绩不一定是项目负责人业绩。投标方应整合内部资源，投入骨干力量，以最强实力致力于方案的科学性、艺术性设计，从而最大限度契合展览设计总体思路。项目负责人领衔的业绩越优秀，越能反映该负责人及其团队在博物馆展览方面的能力和经验。尤其是在第三标段，原则上应是具有作为主体承接过大型沉浸式、数字化展览展示或现场互动游戏设计及实施的相关业绩。

关于货物采购、布展制作清单，货物采购清单是指依各自方案需要采购的展柜、照明、展具以及投标方认为需要的其他所有货物和费用。为避免投标方使用低价伪劣产品以降低成本，类似展柜、照明等品牌必须在招标方提供的市场主流品牌中选择，且报价含供货、安装调试、质保、人员培训、后续服务等一切相关费用。布展制作清单指依各自方案中展厅环境布置、氛围营造的施工工程量清单，是除货物采购清单之外的工艺、技术、材料、人工等一切相关工作量和费用。货物采购、布展制作清单的费用之和即为展览概算，也就是初步报价。此部分分值较低，报价不是评审的主要依据。

（3）方案评审

以《资格预审合格性审查表（3）》内容为依托，评标专家根据投标方提供的展览形式设计初步方案打分，分值为70分，全属主观分（表三）。此部分是对投标方是否理解招标方展览内容设计大纲要求和展览展示思路的评审，考量其能否把内容设计以最合适的形式呈现给观众。

需要特别说明的是，按百分制60分为及格线，此部分得分不能低于42分，否则资格预审被视为不通过。这是资格预审的主要目的所在，审视投标方是否能够编制一套契合展览理念的出彩方案。若达不到及格线，在评审专家看来，其至少在中运博布展项目设计上能力有所欠缺。

2. 预审办法

预审方法主要依照如下三方面。①根据《中华人民共和国招标投标法》（2017年修正）第三十七条规定："评标由招标人依法组建的评标委员会负责。"评标委员会由招标方代表和有关技术方面的专家组成（下文具体阐述），需为5人以上的单数，其中至少2/3为外请的技术方面的专家，1/3为招标方代表。②投标方首先要符合《资格预审合格性审查表（1）》要求。此外，其最终得分为《资格预审合格性审查表（2）》和《资格预审合格性审查表（3）》得分之和。③按照得分由高到低排序，排名前四位成为入围投标方，进入下一轮正式招标。确定前四

---

① 陆建松：《博物馆建造及展览工程管理》，复旦大学出版社，2019年，第290页。

名入围是因为《中华人民共和国招标投标法实施条例》（2019年修订版）第十九条规定"通过资格预审的申请人少于3个的，应当重新招标"，增加1名入围投标方，以防有放弃入围资格的极端情况出现。

表三　中运博布展招标资格预审合格性审查表（3）

序号	审查内容及总分值	审查标准
1	初步设计对展陈大纲理解程度（9）	解读准确，符合要求，主题鲜明突出，得9分； 解读基本准确，基本符合要求，主题基本突出，得6分； 解读尚不准确，部分符合要求，主题尚不突出，得3分； 解读不准确，不能够满足要求，主题不突出，不得分
2	初步设计准确性、合理性（9）	完全满足文物保护、信息传达、参观舒适等功能，得9分； 基本满足文物保护、信息传达、参观舒适等功能，得6分； 部分满足文物保护、信息传达、参观舒适等功能，得3分； 不能满足文物保护、信息传达、参观舒适等功能，不得分
3	初步设计整体风格、形式（7）	新颖独特，效果图全面，得7分； 基本满足设计要求，效果图基本全面，得5分； 部分满足设计要求，效果图不够全面，得3分； 没有新意，效果图没有达到设计要求，不得分
4	初步设计展线、布局（8）	展线流畅，布局合理、重点展品突出，层次清晰，得8分； 展线、布局基本合理、重点展品基本突出，层次基本清晰，得6分； 展线、布局不够合理、重点展品不够突出，层次不够清晰，得3分； 展线、布局不合理，重点展品不突出，层次不清晰，不得分
5	初步设计图纸（8）	图纸充分、专业、实用性强，得8分； 图纸基本充分、专业、实用性较强，得6分； 图纸基本达到要求，得3分； 图纸不充分，不具有实用性，不得分
6	技术及手段（7）	先进且智能设备实用、可靠，得7分； 基本先进，智能设备有一定实用、可靠性，得5分； 部分达到先进、实用、可靠性，得3分； 不很先进且智能设备不具有实用性，不得分
7	非标产品设计创作（7）	完全符合内容文本和审美要求，得7分； 基本符合内容文本和审美要求，得5分； 部分符合内容文本和审美要求，得3分； 不符合内容文本和审美要求，不得分
8	多媒体展项与设备（7）	配置合理，技术先进，设备稳定，维护方便，得7分； 配置基本合理，基本做到技术先进、设备稳定、维护方便，得5分； 配置部分合理，部分做到技术先进、设备稳定、维护方便，得3分； 配置不合理，设备不能做到稳定、不利于维护，不得分
9	展览设备、选用材料（8）	设备完全满足要求，材料完全符合展览要求，得8分； 设备基本满足要求，材料基本符合展览要求，得6分； 设备部分满足要求，材料部分符合展览要求，得3分； 设备不能满足要求，材料不符合展览要求，不得分

3. 设计补偿

布展设计属于咨询服务，投标方编制技术文件付出了一定的智力、人力、财力，是创造性成果。在有限范围内设置补偿金，不仅保护了投标方的知识产权，也有利于提高投标积极性。住房和城乡建设部《建筑工程方案设计招标投标管理办法》（2008年）第三十八条规定："采用公开招标，招标人应在招标文件中明确其补偿标准。若投标人数量过多，招标人可在招标文件中明确对一定数量的投标人进行补偿。招标人可根据情况设置不同档次的补偿标准。"中运博布展项目资格预审排名前五位可以分别获得税前10万—40万元人民币补偿。博物馆布展设计从某种意义上说是一种需要多学科多领域合作的创造性劳动，要集合多方资源才能创造出好的作品。原则上，给予的设计补偿应以能够覆盖成本甚至略有盈余才能鼓励竞标。但目前国内尚未有相关政策规定，补不补、补多少完全由招标方视财力而定，没有补偿也是常见情况。

（三）正式招标

从资格预审阶段产生的四名入围投标方后续优化各自初步设计方案，在规定的投标文件递交期限内形成深化设计和施工方案及最终报价。

1. 方案深化

为帮助入围投标方更进一步了解展览形式设计总体理念，更好地参与第二阶段投标工作，应部分投标方要求，南博与招标代理机构共同组织技术交流会，策展团队与每个投标方分别交流，向其阐释宏观要求和改进方向。为体现公平公正，主要采取对方提问、南博答疑的方式，控制内容与时长大体一致，且不就单体方案给出具体修改倾向意见，交流会全程摄像。此外，委托代理机构统一组织现场踏查。此时建筑内部空间构造和布局基本成型，投标方测绘建模，凭借准确数据出具各类图纸，提高方案调整的针对性和落地性。

投标方在资格预审阶段提交方案、报价及交流会、现场踏查基础上，对设计思路以及新材料、新技术、新工艺等质量标准的意见建议进行进一步完善，形成展览形式设计深化方案。此阶段方案应相对成熟，达到能够按图施工的程度，因而招标方对布展图纸提出较高要求，包括但不限于展厅平面图、立面图、剖面图，展柜设计图，展具设计图，照明设计图，版面设计图，辅助展品设计图以及重点部分的放样图等详图。

2. 评审细则

抽取专家组成评标委员会，对照打分细则对实质性响应招标文件要求的投标文件进行评价和比较（表四）。总分为100分，按得分由高到低排序。得分相同的，按投标报价由低到高排序；得分且投标报价均相同的，按技术指标优劣排序。

表四 中运博布展招标评标打分细则

序号	评审内容及总分值		评分标准
1	投标报价（30）		供应商的报价经勘误和缺漏项修正、技术商务偏差调价等因素后的投标总价作为该供应商评标价。 价格计算得分：采用低价优先法计算，即满足采购文件要求且评标价最低的为评标基准价，其价格分为满分30分。 其他供应商的价格分按照下列公式计算（小数点保留两位）：投标报价得分＝（评标基准价/投标报价）×30
2	深化设计方案（40）	设计准确性、合理性（6）	完全满足文物保护、信息传达、参观舒适等功能，得6分； 基本满足文物保护、信息传达、参观舒适等功能，得4分； 部分满足文物保护、信息传达、参观舒适等功能，得2分； 不能满足文物保护、信息传达、参观舒适等功能，不得分
3		整体风格、形式（5）	新颖独特，与展示风格结合紧密，效果图全面，得5分； 基本满足要求，效果图基本全面，得3分； 部分满足设计要求，效果图不够全面，得1分； 没有新意，偏离采购要求，效果图没有达到要求，不得分
4		展线、布局（5）	展线流畅，布局合理，重点展品突出，层次清晰，有创意，得5分； 展线、布局基本满足要求，重点展品突出，层次清晰，得3分； 展线、布局基本满足要求，重点展品不突出，层次结构不够清晰，得1分； 展线、布局不合理，层次不清晰，不得分
5		深化设计图纸（5）	图纸充分，达到设计深度，专业、实用性强，有创意，得5分； 图纸基本满足要求，专业、实用性较强，特色鲜明，得3分； 图纸基本满足要求，专业、实用性一般，特色不很鲜明，得1分； 图纸不充分，不具有实用性，不得分
6		技术及手段（4）	先进且实用、可靠、稳定，得4分； 基本满足需求，实用、可靠、较稳定，得3分； 基本满足需求，但部分与展示内容不匹配，得2分； 不适用、落后且智能设备不具有实用性，不得分
7		非标产品设计创作（5）	完全符合展览主题，有创意、有特点，得5分； 基本符合展览主题，设计全面，得3分； 基本符合展览主题，但设计粗糙，得1分； 不符合展览要求，不得分
8		多媒体展项与设备（4）	配置合理，技术先进，设备稳定，维护方便，得4分； 配置基本合理，基本做到技术先进、设备稳定、维护方便，得3分； 配置部分合理，部分做到技术先进、设备稳定、维护方便，得2分； 配置不合理，不能做到稳定、不利于维护，不得分
9		展览设备、选用材料（6）	设备完全满足要求，材料完全符合展览要求，得6分； 设备基本满足要求，材料基本符合展览要求，得3分； 设备不能满足要求，材料不符合展览要求，不得分

续表

序号	评审内容及总分值		评分标准
10	施工方案（15）	施工方案及技术措施（5）	对施工方案和技术措施先进合理性，本项目的重点、难点分析准确具体性，解决方案的针对性、合理性等方面进行评审。 科学、合理、可操作性强，对布展的理解思路清晰，得5分； 粗糙、不详细，操作性一般，得3分； 不具体，不具有可操作性，不得分
11		售后服务（5）	对拟投入的专业人员配置、岗位安排、服务方案等是否能满足本项目服务要求等方面进行评审。 科学合理，专业人员配置适当、岗位分配明确、合理，保障度高，得5分； 基本满足要求，配备了专业人员，岗位安排较明确，得3分； 不够科学合理，专业人员岗位分配不清晰，得1分； 未提供服务或不合理、不可行，不得分
12		保证措施（5）	对项目质量及安全保证、监督措施等进行评审。 措施明确、可操作性强，保障度高，得5分； 措施基本满足采购要求、有保障，得3分； 措施一般，可操作性不强，得1分； 未提供措施或不合理、不可行，不得分
13	针对深化设计的答辩情况评审（15）		根据招标文件要求准备一份展示电子文件（PPT或视频等形式）。评审过程中投标方指派本项目负责人对深化设计方案、施工方案进行现场介绍及答辩，时间不超过25分钟。 评委根据各投标方提供的图纸、多媒体资料等情况予以独立打分
14			解读准确，方案考虑全面、完整，主题鲜明、突出，得5分； 解读基本准确，主要内容考虑完整，主题明显，得3分； 解读不够准确，方案考虑不完整、有疏漏，主题不突出，得1分； 解读出现偏差，方案考虑疏漏较多，主题有较大偏差，不得分
			讲解深入到位，效果展示充分完整，得10分； 讲解基本清楚、到位，效果展示基本完整，得7分； 讲解不够清楚，效果展示不够完整，得5分； 未能进行清楚讲解或者没有展示文件，不得分

　　本次采用综合评分法，价格分30分，方案分70分。虽然低价占据优势，但因之前资格预审阶段关于报价区间的承诺事项限制，投标方二次报价可预见且方案分占主体，中标与否最终取决于深化设计方案能否打动评审专家。深化设计方案中40分与资格预审阶段方案评审打分细则保持一致。增加实施方案30分，以使投标方将精力集中于技术措施、售后服务、保障措施方面。保障措施是指项目质量和安全生产协调统一，博物馆布展期间施工人员安全、进场文物都安全牵涉其中，不能有任何安全隐患。投标方应遵循"以人为本""谁主管谁负责"以及"三同时"①等安全生产领域工作原则，就安全管理制度、硬件设备配置和安全意识提升等给予稳妥详尽的规划。

---

　　① 《中华人民共和国安全生产法》第二十八条规定："生产经营单位新建、改建、扩建工程项目（以下统称'建设项目'）的安全设施，必须与主体工程同时设计、同时施工、同时投入生产和使用。安全设施投资应当纳入建设项目概算。"

3. 特定政策

招标文件必须列明国家相关优惠政策，这对于实现市场资源配置、维护社会和谐稳定具有重要意义。例如，《政府采购促进中小企业发展管理办法》（财库〔2020〕46号）第九条规定"小微企业报价给予6%—10%（工程项目为3%—5%）的扣除，用扣除后的价格参加评审"；《关于促进残疾人就业政府采购政策的通知》（财库〔2017〕141号）三规定"在政府采购活动中，残疾人福利性单位视同小型、微型企业"；《关于调整优化节能产品、环境标志产品政府采购执行机制的通知》（财库〔2019〕9号）第五条规定"采购人可在采购需求中提出更高的节约资源和保护环境要求，对符合条件的获证产品给予优先待遇"，因此本次招标对节能环保相应产品价格给予1%的扣除，用扣除后的价格参与评审。

实际操作过程中，小微企业、残疾人福利性单位参与博物馆布展项目的可能性较小。节能产品、环境标志产品往往在照明灯具、恒温恒湿设备、展柜展台等方面应用较多。

（四）关于承诺事项

针对招标方特别关注的事项，需要投标方明确态度的，以投标方法定代表人或授权代表签署承诺函的形式作为一种重要的增信措施，使其具备法律效力。中运博布展项目两阶段评审均要求投标方提供承诺函，主要内容包括以下五个方面。

一是报价区间。基于中运博布展经费相对有限，投标方承诺若入围第二阶段，正式报价可以在方案深化的基础上有所调整，但调整区间是第一阶段资格预审报价的80%—110%，降幅最大20%，增幅最大10%。这项承诺有两点重要之处：可以通过初步报价掌握不同标段或展览的预算区间以及性价比，为制定第二阶段招标限价提供决策依据；约束投标方依据各自方案科学、合理、谨慎编制概算，既不谋求低价中标，也不过于追求利润最大化。在成本控制的基础上保证项目质量，提升经济效益，实现工程质量和经济效益的正向促进。

二是固定总价合同。投标方应考虑所有的工作内容（包括但不限于制作、安装、运输、卸货、仓储、检验、调试、培训、售后、工期）满足招标方各类指令，以及设备设施和技术措施所产生的一切直接或间接费用。对于招标方提供资料不完善导致错项、漏项或缺项的情况，无论投标方是否在报价中列出相关明细报价，均被认为其价格已含在投标总价中。在合同执行过程中，对于方案微调导致的工作量、费用变更，招标方不执行签单手续；只有招标方认为属于重大调整、费用额度较高的，才会向中标方出具正式公函，以第三方结算审核为准。尽管条款有些苛刻甚至可以说不公平，但招标方应坚持质量水准、费用额度可控。不可否认，这样会给完工后的结算审核、决算审计造成一定困扰，需要相关方商讨解决。

三是知识产权。投标方确保方案不侵犯包括但不限于著作权、商标权、专利权在内的其他方知识产权；投标方不得将方案全部或部分用于本项目之外的其他任何项目；前四名入围投标方要遵照招标方论证意见和建议进行修改；除署名权外，招标方拥有方案全部知识产权，无须再为使用或修改支付任何费用。

四是主要货物品牌。中标方在投标文件中已经选择了展柜、照明灯具的合作品牌，但是否使用不是中标方的绝对权力，一定程度上取决于招标方从文物安全和展示效果角度综合比较后的取舍。南博专门组织专家对中标方提供的合作品牌进行比选，样品由监理方封存，用作结项验收标准。

五是数字技术源文件。数字技术和设备设施迭代快，为了规避中标方不能或不愿持续服务导致的技术风险，招标方应要求保留数字多媒体和程序的素材、数字制作工程及源文件。这样，接管的其他运营维护团队可以再修改再创作，确保数字资源服务不会因供应源头问题产生不必要的麻烦。

（五）关于专家遴选

博物馆布展项目评标不仅关乎招标权威性，更关乎选择一支优秀队伍，呈现一个融专业性、科学性、艺术性、体验性于一体的文化艺术工程。对于博物馆展览这样相对小众的行业，全国尚无相应的评标专家库，现行财政部门主导的专家库中也没有博物馆展陈专家，往往以建筑装饰、土木工程专家为主[①]，但是这些专家既不了解博物馆特征，也不了解展览主题，只是根据相关的标准和数据评分。

中运博展览涉及陈列展览、文化遗产保护、水利研究、博物馆管理等细分领域，涵盖面广、专业性强，政府采购所需评审专家既要有历史文化研究理论基础，又要有丰富的博物馆运营管理、展览策划实施实践经验。此前，江苏省政府采购专家库中暂无拥有国家级博物馆展览项目评审经验的专家，南博通过江苏省大运河文化带建设工作领导小组向省政府建议，请省财政厅支持增设"博物馆展览政府采购评标专家库"。设立专家库的初衷是服务中运博布展评标，从长远考虑，也为今后南博以及全省博物馆行业建立了一套完备的专业评审专家资源体系，使博物馆各类业务领域的招投标工作更加科学、规范、高效。因此，该专家库集成了当今国内博物馆运营管理的高层次专家，既包括国家级、省级博物馆管理者，也包括策划实施国家一级博物馆、大型专题博物馆展览项目的策展人，以及业界公认的理论基础深厚和实践经验丰富的学者。

根据《江苏省政府采购评审专家管理办法》（苏财规〔2017〕39号）第二十条"技术复杂、专业性强的采购项目，通过随机方式难以确定合适评审专家的，经主管预算单位同意，采购人可以自行选定相应专业领域的评审专家"，经江苏省文化和旅游厅同意，中运博布展项目招投标自行选定评审专家。资格预审、正式招标阶段分别在上述自设专家库中抽取五名专家，南博财务部门负责具体组织协调和制定抽取方案。将专家库内所有专家分为三个批次：大运河沿线省级博物馆馆长（原馆长、副馆长）和高校博物馆学教授为第一批次，非大运河沿线省级

---

① 郭春媛：《试论博物馆陈列展览工程实施问题——以郑州博物馆为例》，《中国博物馆》2019年第2期。

博物馆馆长（原馆长、副馆长）为第二批次，除上述两批次专家之外的其他专家为第三批次。南博提前三天按批次随机抽取、现场联系、纪检监督、全程摄像并做好保密工作。第一批次联系完毕，专家人数未满足要求的，再依次从第二、三批次中抽出，直至满足数量要求。

四、余　　论

博物馆布展招标选择何种方式以及如何运作，在地方上受法规政策、制度体系、上级支持、博物馆话语权、社会关注度等诸多因素影响。若要以博物馆从业者设想的理想状态执行，目前来看条件尚不成熟，且只靠博物馆单方推动，困难和阻力较大，有赖于凝聚社会各界共识才能实质扭转当前局面。博物馆要与财政、建设等行政职能部门加强前期沟通，争取得到较多的理解和支持；自始至终重视专家团队的集体智慧，牢牢把握住业务话语权；着重培养一支擅长内容策划、形式设计、工程管理、招标投标的人才队伍，才能打造高质量的文化、艺术盛宴，赓续中华优秀传统文化根脉，推动文化遗产的创造性转化和创新性发展。

（原载于《东南文化》2021年第3期）

合作·共享：扬州中国大运河博物馆馆校合作的模式与活动策划

许　越

内容提要：加强馆校合作工作，无论是对博物馆自身的发展、学校教育的完善，还是对学生及教师个人的进步成长，都发挥着极其重要的作用。扬州中国大运河博物馆创新性地采用"一个联盟（大运河博物馆联盟）+一个平台（不同学校、教师发展中心、教师个人）"模式，由博物馆与学校共同明确需求，根据不同学段、不同学科的特点，基于学生的生理、心理特征，设计出"大运河文化进校园综合课程纲要"。这种模式对博物馆及学校师生的成长都将发挥重要作用。

关键词：博物馆教育　博物馆进校园　馆校合作　分众教育　博物馆体验

博物馆作为非正式教育机构，致力于向公众提供高质量公共文化服务，尤其是在通过教育活动提升公众素质方面发挥着越来越重要的作用。同时，教育部门也在积极改革，深化与博物馆的合作。2015年9月，国家文物局与教育部联合发布《关于加强文教结合、完善博物馆青少年教育功能的指导意见》（文物博发〔2015〕9号），要求博物馆资源与中小学课堂教学、综合实践活动有机结合，并建立中小学生利用博物馆学习的长效机制。2020年10月，教育部、国家文物局联合印发《关于利用博物馆资源开展中小学教育教学的意见》（文物博发〔2020〕30号），指出应进一步健全博物馆与中小学校合作机制，促进博物馆资源融入教育体系，提升中小学生利用博物馆学习的效果。2021年1月，教育部发布《中华优秀传统文化进中小学课程教材指南》（教材〔2021〕1号），指明中小学课程教材主要围绕核心思想理念、中华人文精神、中华传统美德三大主题，将经典篇目、人文典故、基本常识、科技成就、艺术与特色技能以及其他文化遗产作为反映中华优秀传统文化的主要载体形式，要求以语文、历史、道德与法制（思想政治）三科为主，艺术（音乐、美术等）、体育与健康学科有重点地纳入，其他学科有机渗透，形成"3+2+N"全科覆盖。政策引领、实践创新促进了馆校合作日益深入，馆校合作已经成为博物馆教育服务的重要组成部分。为了实现共同教育目标，博物馆与学校共同努力、相互配合、协同发展，形成了全方位的教学合作关系。

西方馆校合作的历史已有一百余年，有明确记载的博物馆与学校的合作关系可以追溯到19世纪晚期①，经历了四个发展阶段："尝试合作"时期、"教育职能探索"时期、"合作角色重新定位"时期、"合作新视角突破"时期②。早在1895年，英国在修订的《学校教育法》中将学生参观博物馆纳入制度，并将参观学习的时间计入学时，馆校合作的手段不断进行创新。而到了20世纪80年代，馆校合作在西方已经较为成熟，如美国史密森尼研究院（Smithsonian Institution）下属的K-12教育部门，自1982年开始便在全美各地举办各种馆校合作研讨会，深入推动双方合作③。进入21世纪后，国内博物馆结合自身馆情，将馆校合作延伸至不同领域，如上海博物馆举办的"博物馆里的教师"专题培训班、南京博物院（以下简称"南博"）的"馆校合作·博物馆课程开发工作坊"等都进一步拓展了国内馆校合作的覆盖范围与研究深度④。

扬州中国大运河博物馆（以下简称"中运博"）的策划运营由南博整体负责，其公众教育服务由南博社会服务部（以下简称"社服部"）具体承担。自2013年南博二期改扩建工程结束并重新开放后，在"分众教育"理念指导下，社服部先后与南京市各区的教师发展中心、名师工作室以及多所幼儿园、小学、初高中、大专院校及职业教育学校合作，探索并践行了符合南博自身特色的馆校合作教育模式⑤。为进一步促进博物馆青少年教育与学校教育的有效衔接，为学校各学科的教学增添活力，尤其为了加强教师应用博物馆展览及馆藏资源的能力，南博于2016年在"法老·王——古埃及文明和中国汉代文明的故事"展览的展前教育活动培训中，首次开展了针对临时展览的博物馆种子教师培训⑥。通过培训，在展览的语音导览内容设计、小学生观展学习单设计、分众化教育活动策划与实施等工作中，种子教师或独立负责，或与博物馆教育人员共同完成相关项目，极大拓展了利用展览资源的能力。自中运博教育服务明确由社服部承担整体策划设计与运营后，社服部借鉴南博既往馆校合作的成功经验，依托前期馆校合作开展实施的既有案例与成熟模式，结合中运博陈列展览基本信息，通过对不同学段学生及教师的调查访谈，对中运博的教育服务体系做了初步建构与实践。

---

① 宋娴、孙阳：《西方馆校合作：演进、现状及启示》，《全球教育展望》2013年第12期。

② 转引自马伟丽：《博物馆公共教育之馆校合作研究——以上海博物馆为例》，山东师范大学硕士学位论文，2014年。

③ 宋娴：《博物馆与学校的合作机制研究》，上海科技教育出版社，2016年，第28—30页。

④ 《馆校合作·共享通融｜2020年"博物馆里的教师"培训班在上海博物馆举行》，［2020-11-27］［2021-03-01］https://mp.weixin.qq.com/s/22IBQhIQmk-wnFC7FHuOiYg；《邀约｜馆校合作·博物馆课程开发与实践工作坊（暨2020年度冬季南京博物院种子教师线下培训）》，［2020-12-09］［2021-03-01］https://mp.weixin.qq.com/s/tYXVTiGVLpaxK2Ry2aQ1uA。

⑤ 郑晶：《谈博物馆的"分众教育"——以南京博物院为例》，《东南文化》2015年第6期。

⑥ 南京博物院：《"法老·王"展览工作报告》，译林出版社，2019年，第131页。

一、中运博馆校合作机制的建立

（一）从"一个博物馆+一所学校"到"一个联盟+一个平台"模式

以往的馆校合作中，博物馆通常需要立足于本馆的藏品、展览、学术专家、教育人员、场馆空间等资源，通过与特定学校合作，共同发挥博物馆的教育功能，即"一个博物馆＋一所学校"模式。近年来，社服部根据实际工作需要，扩充了馆校合作中"馆""校"两者的范围："馆"方由南博一方扩充为江苏省博物馆学会下属的相关会员单位，从而在具体开展馆校合作项目时可以提供更好的资源；"校"方则由学校和教师个人逐步扩充为南京市各区教师发展中心及名师工作室等机构，从而根据具体合作内容开展有针对性的合作。例如，南京市各区教师发展中心为各区教育局下属单位，专门负责教师培训、教学研究、教育科研、信息化建设与名师工作，社服部在制定下一年度馆校合作计划时，邀请各区教师发展中心共同开展相关课程研发与教研活动，从而将馆校合作纳入中心下属各名师工作室及学校方面的常规教研计划之中。

中国大运河涉及北京、天津、河北、山东、河南、江苏、安徽、浙江八个省、直辖市，中运博则是中国唯一全流域、全时段、全方位展示中国大运河历史文化的博物馆。为了更深入地发掘和整合大运河沿线丰富的历史文化资源，中运博与南博于2020年11月14日联合大运河沿线32家博物馆，发起成立了"大运河博物馆联盟"。联盟明确了各馆在展览、教育、文创、宣传等方面进行资源共享与协同发展。通过对各馆原有大运河主题教育资源的汇总梳理，社服部基于过去的成功经验，将开展馆校合作立足的"一个博物馆"（中运博）的资源，扩充为"一个联盟"（大运河博物馆联盟）的资源。

同样，随着中运博的建立及大运河博物馆联盟的成立，原有馆校合作中的博物馆所在省、市、县地域空间内的合作学校，也扩充为沿线八省及其他省份的学校。除了有大量沿线学校与各区县教师发展中心作为单位加入馆校合作外，来自全国各地不同学科的教师个人也通过各种形式加入馆校合作平台，即馆校合作中的"一个学校"升级为包括不同学校、教师发展中心、教师个人在内的"一个平台"。2020年12月19日南博举办"馆校合作·大运河文化博物馆课程开发与实践工作坊"线下培训，吸引了二百余位来自全国各地不同学段、不同学科的教师加入种子教师群体，为后期大运河文化课程开发提供了交流平台①。

---

① 南博社服部举办的"馆校合作·大运河文化博物馆课程开发与实践工作坊"，［2020-12-09］［2021-03-01］https://mp.weixin.qq.com/s/tYXVTiGVLpaxK2Ry2aQ1uA。

（二）馆校合作的双向输入与输出

1. 双向需求的确定

馆校合作关系一旦确定，参与各方首先要明确彼此需求及共同目的，最直接的目的就是对馆校双方的教育服务功能相互补充与融合，从而达到彼此需求的共同满足。中运博作为主题性明确的博物馆，无论在青少年到馆参观人数与频次，还是在大运河文化博物馆课程开发与实践以及大运河文化进校园方面，都有明确的目标。在学校层面，无论是学校本身，还是具体的各科教师，在参观、活动、研学、校本课程开发、教师培训等方面对于大运河文化也有不同的需求。在中运博项目确定之后，社服部在馆校合作方面的首要工作就是通过对扬州本地及外地学校，从幼儿园到大专院校各学段的不同学科的教师、不同学段的学生等不同群体的前期调查，迅速总结整理出馆校双方关于大运河文化方面的各种需求。

2. 双向培训的组织与实施

在馆校合作的双方成员中，博物馆教育人员与学校教师是具体承担合作项目的核心人群。博物馆教育人员大多来自文博、考古、历史、中文、传播等学科，虽然对馆方资料较为熟悉，但在教育学专业知识与经验方面存在不足，尤其在校本课程的具体开发转化方面存在一定困难。而学校教师虽然在教学内容与经验方面较为擅长，但在涉及馆校合作中的文博专业知识、展览及文物内涵等方面则较为欠缺[1]。鉴于此，在完成馆校双方前期调查并明确共同需求之后，2020年10月—2021年2月，社服部在江苏南京、镇江、扬州、常州等城市，通过线下或线上方式，就大运河历史与文化、大运河沿线古迹、古今船闸、考古发现解读等主题，组织了九场针对学校教师的大运河文化培训[2]。除了组织专家对学校教师开展大运河主题的培训外，社服部还组织"南京市唐隽菁小学道德与法制名师工作室"、南京市鼓楼区教师发展中心、"南京市陈红高中历史名师工作室"分别代表小学、初中、高中学段就大运河文化馆校合作中的理念与实践对博物馆教育人员进行了培训。

在此背景下，建立系统的、定期的、专业的双向培训机制尤为关键，馆方对学校教师的系统培训使不同学校、不同学科的教师都能更充分地了解大运河的基本知识，尤其是了解大运河

---

① 刘楠、唐智婷、邓卓等：《基于馆校合作的教师培训项目实践研究——以上海自然博物馆"博老师研习会"为例》，《科学教育与博物馆》2020年第6期。

② 部分培训活动可参见：《南京市文靖东路小学开展成长型教师馆校合作专题培训暨"大运河文化进校园"合作研讨活动》，［2021-01-27］［2021-03-01］http://wjdlxx.jnjy.net.cn/NewShow-3684.aspx；《大运河文化·博物馆课程开发种子教师在线培训（暨大运河文化进校园项目推广）》，［2021-01-27］［2021-03-01］https://mp.weixin.qq.com/s/O7XyndfxiefdS6ZDEJIAYQ；《"大运河与文人生活"考察报道》，［2020-12-27］［2021-03-01］http://msgzz.nje.cn/wdxk/show-4337.html；《六朝遗珠——沿着朱先生的足迹"考察报告》，［2020-12-27］［2021-03-01］http://msgzz.nje.cn/wdxk/show-4338.html。

主题展览及其相关藏品的价值与内涵，能更好地吸收并转化这些知识为主题活动并运用于日常教学。而校方专家为博物馆教育人员开展的培训，使得中运博针对青少年策划及提供的教育服务更具普适性与科学性。

3. 合作内容的双向输出

馆校合作的主题与内容是多样的，针对学生群体的内容输出则是其中最为重要的组成部分。这类内容依据实施主体的差异，主要分为基于中运博场馆资源的教育服务、基于大运河沿线文博资源的教育服务、基于学校的大运河文化综合课程及项目。

基于中运博场馆资源的教育服务主要利用中运博的展览、藏品、空间、设施等资源策划并实施。首先，为更好地发挥展览针对青少年群体的教育服务功能，必须立足于青少年学生群体的具体需求。中运博展览的总体定位是"反映中国大运河文化遗产价值以及大运河带来的美好生活"，涉及历史、考古、地理、艺术、自然等不同学科。通过馆校合作双方对学生群体的共同调查，在所开展的前期双向培训基础之上，社服部教育人员与博物馆种子教师充分把握展览主旨，共同寻找展品的知识点、趣味点和相互关联。比如在"中国大运河史诗图卷"展中，"古代文学家与文学名篇"这一主题与中小学语文学科有所交叉；"隋炀帝与大运河"展中，扬州隋炀帝墓出土的遗物、隋炀帝开通大运河的背景与初高中历史学科呼应；"运河湿地寻趣"展中，运河沿线的地貌特征、动植物展品与小学阶段道德与法制学科及中学地理、生物学科知识点有所重合等。其次，根据到馆参观学生群体的年龄层次、知识背景、参观动机等，社服部教育人员与学校教师共同研讨、编撰了针对不同学生群体的"观展学习单"与《大运河文化读本》。不同学段、不同学科的教师结合不同主题展览所涉及的学科内容，将不同学科的知识点与教学要求融入展览配套学习单和读本，让学生在展厅中参观的同时开展研究性学习，深化学生观展的学习效果。语音导览是学生群体自主参观的重要学习工具，馆校双方教育人员从策划阶段开始，就在展品选择、流线设计、文稿创作等环节兼顾了不同学段学生的兴趣点与不同学科的知识点，并将不同版本的导览词与中小学学科的教学体系相融合。最后，馆校双方教育人员通过学生需求、展览知识点的共同梳理，围绕历史教育、科普实验、艺术启蒙、非遗体验等内容，共同开发馆内配套的教育活动与课程，从而让学生群体在博物馆内不仅完成参观游览，更能深度参加教育活动，从而扩大博物馆教育服务功能的内涵。

基于大运河沿线文博资源的教育服务主要是利用大运河沿线的文博场馆、文化遗产、考古发现及其他公共服务机构的资源策划并实施的教育服务。这类教育服务通常不局限于某个具体场馆，而是通过梳理、研究策划实施各种教育活动来达成，比如不同年龄段的冬令营、夏令营、研学项目、主题活动等①。馆校合作双方的教育人员中，社服部教育人员主要在博物馆场馆资源的整合、利用方面着手研究，学校教师则在研学项目及主题活动的环节设计与课程内容上展开讨论，从而发挥各学科背景的优势。以2020年策划实施的以文人生活、古遗址考察为主

---

① 王芳：《"驿路同游"：建构馆校合作研学实践新模式》，《文博学刊》2019年第3期。

题的"中学生大运河文化五日夏令营"为例①，从学生需求调查、主题策划、内容设计到承担具体授课任务、活动总结汇报等方面，都由参与馆校合作的学校教师与社服部教育人员共同实施。同时，夏令营进行过程中及活动结束后，双方教育人员及时总结优化，将前期实施的夏令营内容转化为具体学校的大运河文化特色校本课程或研究性项目。例如，2020年9月，参与"大运河文化传统文人生活夏令营"的南京市宁海中学的博物馆种子教师，将夏令营的课程迅速转化为宁海中学"大运河与美好生活"校本课程并顺利实施；2021年1月，参与"大运河文化古遗址考察夏令营"的南京外国语学校的博物馆种子教师，将夏令营中的部分课程与环节设置转化为面向南京外国语学校高中生的"口述历史·行走大运河"项目②。

基于学校的大运河文化综合课程及项目主要是利用学校资源，在合作的博物馆共同参与下，基于学校开展的、合作双方切实可行的、具有全国性中小学推广价值的大运河文化综合课程及项目。关于大运河文化进校园的规划纲要、课程属性、课程目标、课程内容等都是馆校双方在共同调查、共同策划、共同实践的基础上，在充分考虑可行性的前提下扬长避短、合作研究的结果，下文将重点展开讨论。

二、大运河文化综合课程内容的构建

"博物馆进校园"是馆校合作内容中学生群体覆盖面最广、学校方最具实施可行性的内容成果。"大运河文化进校园"便是中运博馆校合作中最重要的组成部分，而大运河文化综合课程作为"大运河文化进校园"的核心基础，自立项开始，社服部教育人员与学校教师便投入大量人力、物力构建课程内容，双方合作开发的综合课程纲要可为不同学校落实"大运河文化进校园"提供参考文本。

（一）综合课程性质

大运河文化综合课程是在小学、初中、高中学段开设的一门以中国大运河为基础、以建立文化自信为核心、促进学生社会性发展的综合实践课程，体现了思想性、人文性、综合性和实践性。思想性上，坚持用唯物史观阐释大运河的发展与变化，使学生认同中华民族优秀文化传统，增强爱国主义情感，坚定社会主义信念，逐步树立正确的世界观和人生观。人文性上，以大运河优秀的历史文化陶冶学生的心灵，帮助学生正确理解人与社会、人与自然的关系，提

---

①　《2020年大运河文化主题相关夏令营资料》，［2020-06-17］［2021-03-01］https://mp.weixin.qq.com/s/P9HoqjvPd75nQPI4VKBI3Q。

②　《宁海中学"大运河与美好生活"校本课程资料》，［2020-12-15］［2021-03-01］https://mp.weix-in.qq.com/s/AP4pKcs8t3z97DDNbjYidQ；《南京外国语学校"口述历史·行走大运河"项目资料》，［2021-02-06］［2021-03-01］https://mp.weixin.qq.com/s/5mQomz-i8cZf7JgTbWc5DA。

高人文素养，逐步形成正确的价值取向和积极向上的人生态度，以适应社会发展的需要。综合性上，课程设计体现社会环境、社会生活和社会关系的内在整合；课程内容有机融合了品德教育、爱国主义教育、历史与文化教育、地理和环境教育等；教学活动体现学生生活经验、知识学习与社会参与的彼此渗透和相互促进，从多角度、多层面引导学生理解、认识自我、他人和社会，并以此为基础形成基本的道德品质。实践性上，本课程学习是知与行相统一的过程，注重学生在体验、探究和问题解决的过程中形成良好道德品质，实现社会性发展。课程设计与实施注重联系学生的生活实际，引导学生在实践中发现和提出问题，在亲身参与丰富多样的社会活动中逐步形成探究意识和创新精神。当下，博物馆具身认知理论已成为博物馆学的关注热点，其有助于提升观众的参观体验。具身认知是指身体在认知过程中发挥关键作用，认知是通过身体的体验及其活动方式而形成的[①]，因此身体的体验就非常重要。特别对于成长期的青少年来说，知行合一的学习方式更能帮助他们深刻地掌握知识、深化知识并培养积极的思想情感。

（二）综合课程目标

课程目标是指课程要达到的具体目的和意图，可以反映某一教育阶段的学生通过课程学习在品德、智力、体质等方面达到的水平。小学、初中、高中阶段学生的生理年龄、心理特征、知识水平差异很大，因此应根据不同阶段的实际情况制定课程目标。

小学学段的课程目标是：了解中国大运河是纵贯南北的巨型水利工程，其开凿和使用历史悠久，作为仍在使用的超大型的系统性、综合性、组群性文物，是人类文明的无价瑰宝；了解中国大运河是世界上唯一一个为确保粮食运输安全而开凿的运河，它沟通了国家的政治中心与经济中心，促进了不同地域间的经济、文化交流，达到稳定政权、维持统一的目的；初步了解大运河与人们生产、生活的关系，知道大运河对生产和生活的重要影响；了解一些基本的地理常识，初步理解大运河与自然、环境的相互依存关系，了解当前面临的资源和环境等问题。除上述知识与技能目标外，小学阶段的课程目标还包括情感、态度、价值观等。

初中学段课程目标是：了解大运河文化发展的基本线索和重要史实；探究大运河的开凿历史、通航功能、漕运管理、工程技术和非物质文化遗产，探究大运河蕴含的丰厚的历史文化资源；开展自主、合作、探究式的学习活动，初步学会从多种渠道获取大运河文化的历史信息，通过运用搜集资料、掌握证据和独立思考，初步学会对大运河文化的理解和判断；培养学生保护、挖掘大运河所承载的丰厚优秀传统文化的意识，自觉传承弘扬中华民族优秀传统文化。

高中学段课程目标是：通过本课程的学习，了解有关大运河的史实；探究运河开凿、通航和维护等方面的知识，培养发现问题的意识和探究问题的能力，认识大运河的作用及价值；通过参观、体验等学习活动，感受大运河文化及文人生活，认识大运河的文化意义；通过本课程

---

① 叶浩生：《具身认知：认知心理学的新取向》，《心理科学进展》2010年第5期。

的学习，认识大运河的历史价值和现实意义，增强文化自信，树立正确的文化观，认同中华优秀传统文化的自豪感，培养爱祖国、爱家乡的精神，激发社会责任感。

（三）综合课程内容纲要

博物馆教育是多学科融合的过程，近些年博物馆教育领域逐渐引入STEM理念。从本质上说，STEM是一种整合了科学（science）、技术（technology）、工程（engineering）和数学（mathematics）的教育模式。一般而言，传统的课程设计以单门课程为基础，但是STEM教育通过跨学科的视角整合了这四门学科的教学。后来又加入艺术（arts）变成了STEAM，但这远远没有停止，其他学科也陆续加入，如社会和历史等①。因此，本次不同学段的大运河文化课程纲要建立在各学段学科教育的差异性及学生生理、心理特征基础之上，并融入地理、物理、历史、思政、音乐等学科内容（表一）。如《地理》八年级上册第二章"中国的自然环境"第三节"河流"中就有"京杭运河"的阅读材料；《道德与法治》九年级上册第六课"建设美丽中国"中有"共筑生命家园"，且涉及"坚持人与自然和谐共生"。这些内容都融入大运河文化课程纲要中。

表一　大运河文化课程初中学段纲要

探究主题	探究内容	活动建议	相关学科
主题一：大运河遗产保护	一、大运河的历史沿革	活动1：探究大运河的发展历史 活动2：研究传世绘画中大运河 活动3：探访大运河沿岸的古镇	历史、美术
	二、保护世界文化遗产	活动1：模拟申请世界遗产过程 活动2：绘制大运河的文化地图 活动3：设计保护运河的金点子	历史、英语、地理、道德与法治
主题二：大运河上大工程	一、大运河的水源工程	活动1：绘制沿线河流、湖泊图 活动2：了解会通的引泉工程 活动3：走近大运河白浮泉遗址	历史、地理、物理
	二、大运河的水道工程	活动1：大运河重要河段的由来 活动2：寻找大运河上的石拱桥 活动3：探究清口枢纽科学原理	历史、物理、数学

（四）综合课程实施建议

作为将知识点融于多学科课程且内容丰富的课程内容纲要，在实践过程中，其本身仅作为指导性框架，并不建议校方全部按照纲要框架实施，而是希望结合本地区学校与学生的实际情况，因地制宜选择一部分课程安排课时，从而真正与学校、学生相适应。

---

① 〔加拿大〕大卫·安德森著、季娇译：《从STEM教育到STEAM教育——大卫·安德森与季娇关于博物馆教育的对话》，《华东师范大学学报（教育科学版）》2017年第4期。

在课程具体规划与设置方面，建议不同学段的课时总数设置在4—12课时，学校可以根据实际情况合理规划，自主选择探究主题和探究问题，从而制定符合校情、学情的课程方案，展开丰富多彩且各具特色的教学活动。

以高中学段为例，建议学校建立跨学科的大运河文化教研组，便于历史、地理、语文、思想政治、物理、生物、美术、音乐等不同学科的教师共同研讨课程的实施。在课程教学时，应根据高中学段的特点，重点体现探索性和研究性，引导学生发现问题、提出问题、发表观点和深入思考，促进学生带着问题意识和证据意识对探究问题进行探索，拓展其认识的深度和广度。同时积极促进学生的自主学习、合作学习和探究学习，提高实践能力，培养创新精神。学校本身在课程实施过程中应加强与大运河联盟内各博物馆的合作，组织学生就近到相关博物馆参观学习，利用博物馆资源开展教育教学活动。

三、馆校合作的思考及展望

2021年6月，中运博正式开馆运行，其自身的教育团队成为中运博教育服务体系的实施主体，而南博社服部自中运博立项开始便参与馆校合作的各项策划，也将进入新的发展阶段。

中运博面向公众正式开放后，前期馆校合作中围绕博物馆自身策划的各项教育服务，如不同学段的自助导览服务、不同学段的观展学习单、针对不同学生群体的馆内教育活动等，都可以凭借展览与教育空间的正式开放而落地实施。因此，开馆之后基于中运博自身的教育服务体系，馆校合作的工作重点在于检验、评估并优化面对学生群体的馆内基础教育服务。通过访谈、调查、数据分析等手段，馆校双方的教育人员将对这些基础教育服务从主题策划、环节设置、课程内容、实际反馈等展开全方位评估，评估的结果又将成为后续馆校合作中馆校双方教育人员共同研究的重点与方向。

展览是博物馆向公众提供公共文化服务的核心产品。在中运博开馆之后，除了当前的展览之外，策划实施大运河文化不同主题的临时展览将成为中运博提升公众服务效能的重要手段。基于临时展览策划实施的教育服务也将成为后续馆校合作的重要内容。自临时展览立项开始，展览项目立项的评估、展览配套基础的教育服务、进校园教育项目的策划推广、馆校教育项目的策划实施等都将成为馆校合作的基本内容，同时借助配合该展览的博物馆种子教师培训活动，对中运博自身的宣传也将起到积极作用。

在学校方面，随着中运博正式开放及大运河博物馆联盟全面运行，前期馆校合作双方共同研讨推出的大运河文化综合课程内容纲要在课程设计或实践过程中，可供学校选择的展览、展品、专家等各类资源将更为具体便利。后续馆校合作的工作重点将结合学校自身的实际情况，对即将或已经实施的大运河文化综合课程做出整体评估，为校方不断提升优化相关课程提供基础。

总之，在馆校合作模式下开展系统性教育活动，无论对中运博自身的发展、对学校教育的完善，还是对学生及教师个人的进步成长，都将发挥着极其重要的作用。对中运博而言，如何长久保持开馆阶段新馆效应产生的社会高关注度将是馆方面临的挑战之一，馆校合作应是中运博长期吸引观众尤其是青少年观众、提升博物馆品牌影响力的重要手段，也必将成为中运博重要的工作内容。

（原载于《东南文化》2021年第3期）

国际关系视角下的博物馆对外展览：作用与挑战

陈　莉

内容提要： 在国际关系视角下，博物馆对外展览既可以被归为服务于一国对外政策的文化外交，也可以被归为致力于长远宏观目标的人文交流。每个对外展览因动因不同，所发挥的作用也不尽相同，但通常包括形塑国家形象、搭建沟通桥梁、增进相互理解。与此同时，国内外政治形势、法律框架、国家政策等都是对外展览发生的重要背景和能够发生的决定条件，而展览能否真正改变观众的行为或态度又受到文化偏见的干扰，这就造成了博物馆对外展览影响力的不可控性和缓释性。面对这些挑战，中国博物馆作为民族国家的形象代表，应当致力于在更高层次上将独特性转化成普遍性，以自己的方式表现其他社会和文化同样注重的价值，为推动构建人类命运共同体贡献力量。

关键词： 博物馆对外展览　国际关系　国家形象　文化外交　文化软实力

博物馆自走向现代化以来就在民族国家社会中发挥着特殊的公共政治意义。对内，它作为民族记忆的保存中心，通过文物及其背后的故事建立"想象共同体"或"记忆共同体"，塑造文化认同[1]。对外，它作为"身份的国家表达"和"记忆机构"[2]，以有形的方式体现一个群体的文化、价值观和愿景，争取相互尊重和理解，推动国际关系的发展。在博物馆的征集、典藏、陈列/展览和研究功能中，陈列/展览是博物馆实现社会职能的关键。其中，对外展览[3]是博物馆联系国外观众、提高声誉、在全球范围内产生影响和作用的主要因素[4]，是开展对外人文交流、推动国家利益的重要形式和手段。

1851年，英国为了展示作为"世界工厂"的繁荣和昌盛，举办了世界史上的第一次博览会。除了各种有关科学、工业、经济的展览外，文化产品亦是各个国家馆中的重要展示，由此

---

① Eric Gable. How We Study History Museums: Or Cultural Studies at Monticello. In Janet Marstine. *New Museum Theory and Practice*: *An Introduction*. New Jersey: Wiley-Blackwell, 2005: 110.

② Leanne Hoogwaerts. Museums, Exchanges, and Their Contribution to Joseph Nye's Concept of 'Soft Power'. *Museum & Society*, 2014 (2): 313.

③ 本文的博物馆对外展览专指出国展览，大多数情况下涉及跨文化传播。

④ 〔加拿大〕沈辰：《众妙之门：六谈当代博物馆》，文物出版社，2019年，第80页。

构成了国际艺术展览的雏形。1905—1906年，威廉·霍尔曼·亨特（William Holman Hunt）的"世界之光"（The Light of the World）被大英帝国送往国外巡展，成为文献中可见的具有现代意义的首个国际展览[1]。中国博物馆对外展览的实践早在20世纪30年代就初见端倪，作为研究课题到21世纪初开始引发学界关注[2]，陆续有学者对其历史、现状、存在问题、策略建议等做了研究和探讨[3]，另有一些学者在分析国外博物馆的文化外交策略[4]、外交合作机制[5]、博物馆外交[6]时也将博物馆对外展览当作一个重要方面加以研究。总体来说，国内学界对博物馆对外展览的研究集中于实践和经验的总结，对于这一活动背后的动机、存在的局限以及评估标准的探讨尚处于初级阶段。篇幅所限，本文将在国际关系视角下论述博物馆对外展览的作用和面临的挑战，以推动对这一课题的学理研究，为博物馆实践提供理论参考。

一、博物馆对外展览的作用

以国际关系为视角，博物馆对外展览既可以被归为服务于一国对外政策的文化外交，也可以被归为致力于长远宏观目标的人文交流[7]。前者主要由政府主导。相对于其他对外文化传播手段，对外展览不公开表达政治意图，政治宣传意味更弱，更易于被观众接受，因此是"平行外交"[8]的完美手段，可以直接或间接地推动一国政府的议程。后者除了政府主导外，商业动机、文化内在的推动力都是促成展览交流实现的重要因素。前者属于政治进程，而后者则属于

---

[1]　Lee Davidson, Leticia Perez-Castellanos. *Cosmopolitan Ambassadors: International Exhibitions, Cultural Diplomacy and the Polycentral Museum.* Delaware: Vernon Press, 2019: 3.

[2]　复旦大学文物与博物馆学系教授陆建松在2001年作了开创性研究。具体见陆建松：《走向世界——论新时期博物馆对外展览的重要意义》，《文化遗产研究集刊》（2），上海古籍出版社，2001年，第407页。

[3]　陆建松、韩翊玲：《我国博物馆国际交流与合作的现状、问题及其政策思考》，《四川文物》2011年第3期；韩翊玲：《提升我国博物馆对外展览对策研究》，复旦大学硕士学位论文，2011年；单霁翔：《博物馆使命与文化交流合作创新》，《四川文物》2014年第3期；庞雅妮：《陕西文物出境展览三十年大数据分析》，《文博》2016年第1期；庞雅妮：《国际交流背景下的秦兵马俑展览现象之分析》，《考古学研究》，科学出版社，2013年；庞雅妮、曹音：《异文化背景下中华传统文化的传播——"来自丝路之都的唐代艺术"展策展方案分析》，《文博》2017年第2期；李薇：《浅议国际传播中的互动关系——以我国博物馆业与国家形象建构为例》，《今传媒》2017年第10期；孔达：《试论博物馆对外展览建构国家形象的价值与路径》，《东南文化》2018年第5期。

[4]　郑妍：《浅析德国德累斯顿国家艺术博物馆的文化外交策略》，《中国美术馆》2008年第7期。

[5]　齐政文：《法国"博物馆外交"研究——以阿布扎比卢浮宫项目为例》，北京外国语大学硕士学位论文，2019年。

[6]　郝楠：《中韩关系中的博物馆外交》，《公共外交季刊》2019年第2期。

[7]　文化外交与人文交流的区别具体参见俞沂暄：《人文交流与新时代中国对外关系发展——兼与文化外交的比较分析》，《外交评论（外交学院学报）》2019年第5期。

[8]　"平行外交"指的是中央政府与次国家行为体在对外政策方面可能合作，也可能独立运行，如同两条平行的外交轨道。参见朱锐：《平行外交视域下的拉美城市外交——以墨西哥和智利为例》，《拉丁美洲研究》2019年第3期。

社会交往进程[①]。在实践中，致力于文化外交与人文交流的对外展览有时并没有显著区别，相互交织的情况时有发生。动因的不同造成每个对外展览发挥的作用也不尽相同，但主要有以下三个方面。

（一）形塑国家形象

致力于形塑国家形象的机构和组织并不仅限于政府和企业，而是包含政治和文化领域的各种行为体，从总体上构成了国家建立积极联想的动态过程。在国家组织或授意下举办的对外展览，可以构建良好的国家形象、弱化负面形象，进而获得他国公众以及他国政府对本国政治、经济的支持。

1934—1940年前后，日本国际文化关系协会（Society for International Cultural Relations, Kokusai Bunka Shinkokai）利用艺术展览在美国塑造了一个与军国主义截然相反的日本国家形象，迅速改变了西方人对于日本形象的认知，巧妙地影响了美国舆论[②]。无独有偶，20世纪30年代，由于意大利占领埃塞俄比亚和颁布反犹太法律产生了负面影响，贝尼托·墨索里尼（Benito Mussolini）转向将艺术作为在美国进行政治宣传的一种手段。通过在美举办当代艺术展和文艺复兴展，意大利政府宣示了当代意大利与其辉煌的历史遗产之间的连续性[③]。而这些文化外交使得墨索里尼成功达成了目标——直至1940年墨索里尼参加第二次世界大战之前，尽管出现了一些外交危机，但是美国从未中断与意大利的外交关系，甚至继续为意大利支付第一次世界大战的债务提供非常有利的财政条件[④]。1935年，面对严重的日本侵华危机，中国南京国民政府作为最主要的参展国，甄选了近一千件国宝级艺术品参加在英国皇家艺术学院（Royal Academy of Arts）举办的"中国艺术国际展览会"（International Exhibition of Chinese Art）[⑤]。对于南京国民政府而言，参与该活动表明了其为中国政权的合法继承人，是中国的合法代表，也是国际舞台上可以平等参与国际事务的一员。另外，南京国民政府还寄希望于展览取得的交流成果能够转化为切实的国际政治认同，从而争取到更多以英美为代表的盟军势力的支援。最终，"中国艺术国际展览会"不仅向世人展现了中国文化的基本脉络和中国艺术的价值理念，同时也在形塑民族国家形象和推动文化外交方面获得了成功，成为中华文化走向世界

---

① 文化外交与人文交流的区别具体参见俞沂暄：《人文交流与新时代中国对外关系发展——兼与文化外交的比较分析》，《外交评论（外交学院学报）》2019年第5期。

② John Gripentrog. Power and Culture: Japan's Cultural Diplomacy in the United States, 1934-1940. *Pacific His-torical Review*, 2015, 84 (4): 478-516.

③ Raffaele Bedarida. *Export/import: The Promotion of Contemporary Italian Art in the United States, 1935-1969*. New York: The City University of New York, 2016: 18-19.

④ Raffaele Bedarida. *Export/import: The Promotion of Contemporary Italian Art in the United States, 1935-1969*. New York: The City University of New York, 2016: 64.

⑤ 节泓：《第一次远征——1935 年中国艺术国际展览会在伦敦》，《中国书画》2004年第6期。

的一个重要里程碑①。由此可见，在国际局势紧张时，一国政府利用对外展览开展文化外交，可以彰显其友好、文明的国际形象，达到争取盟友的目的。

第二次世界大战后，对于建国不久的新兴国家，在海外——尤其是在西方——举办展览往往被看作在国际社会的重要亮相。韩国政府在1957—1959年授命韩国国家博物馆（National Museum of Korea）组织了韩国在海外举办的首个大型巡展"韩国艺术珍宝"展（Masterpieces of Korean Art），并将首站设在美国国家美术馆（National Gallery of Art），向美国公众展示了韩国文化区别于中国及日本文化的特征，力图在世界舞台上获得他国及公众对自身的文化认同②。20世纪70年代初，我国举办了1949年后走出国门的第一个大型展览——"中华人民共和国出土文物展览"③，并成立了承担文物交流任务的专门机构。当时，故宫博物院已闭馆，中国历史博物馆的文物展览也已关闭。时任国家文物局局长的王冶秋受"乒乓外交"的启示向国务院递交报告，申请将展览推向国际④。展品均为中华人民共和国成立后的出土文物，目的是"增进我国同世界各国人民的文化交流和友好往来"⑤，稀释国际社会对社会主义中国破坏文物的舆论影响。

即使是对政治介入文化艺术有天然抵触的美国，也在美苏争霸的冷战时期在多国举办美国现代艺术展，包括1946—1947年在法国巴黎、捷克斯洛伐克多地举办的"推进美国艺术"展（Advancing American Art），50年代中期在拉美、欧洲、亚洲和非洲巡展的"美国绘画之光"展（Highlights of American Painting），1964年先后在巴基斯坦、土耳其、伊朗举办的"艺术促进交流"系列展（Communication Through Art）。在这场宣传战中，美国政府将艺术作为有力工具，通过展览展示美国的多元化、对艺术的推崇和艺术自由⑥，以取得文化外交的胜利，为美国"赢得心灵和头脑"⑦。尽管随着冷战的结束，美国政府逐渐将重心从国家安全转为在全球经济中建立主导地位，文化项目难以为继，但"9·11事件"（September 11 attacks）之后，美国高层开始重新考虑政治与艺术的联姻，推动文化在"反恐战争"中发挥外交作用。"9·11之后：归零地影像"展（After September 11: Images from Ground Zero）在这一背景下应运而生。在美国国务院的支持以及美国大使馆和领事馆的推动下，该展览在世界各地尤其

① 徐婉玲：《国之交在于民相亲——以英国皇家艺术学院三场中国展览为中心的考察》［2019-02-20］［2020-05-10］http://en.chinaculture.org/cica/cn/2019-02/20/content_1361661.htm。

② Sang-hoon Jang. Cultural Diplomacy, National Identity and National Museum: South Korea's First Overseas Exhibition in the US, 1957 to 1959. *Museum & Society*, 2017 (3): 456-471.

③ 中国文物交流中心：《光荣使命——中国文物交流中心四十年》，文物出版社，2011年，第16页。

④ 陈振裕：《"文化大革命"期间出土文物展览亲历记》，《湖北文史》2009年第1期。

⑤ 中国文物交流中心：《光荣使命——中国文物交流中心四十年》，文物出版社，2011年，第20页。

⑥ Michael L. Krenn. *Fall-out Shelters for the Human Spirit*: *American Art and the Cold War*. North Carolina: The University of North Carolina Press, 2005: 3.

⑦ Michael L. Krenn. *Fall-out Shelters for the Human Spirit*: *American Art and the Cold War*. North Carolina: The University of North Carolina Press, 2005: 1.

是在中东和北非城市巡展，以"反击有关美国的'错误信息'"①，达成其文化外交的政治使命——"向世界讲述美国故事"②。由此可见，对外展览是民族国家进行选择性自我投射、建立与国家形象积极联想的有力武器。

（二）搭建沟通桥梁

在民族国家出现之后，博物馆等国家文化机构一直在文化政策方面发挥着举足轻重的作用，其中就包括搭建国与国之间的文化桥梁，不管是发展文化旅游还是推动与他国的外交对话。例如，英国大英博物馆（The British Museum）自成立之日起就遵循议会在1753年制定的基本原则，担当着重要的外交行为体的角色。该原则提出："让观众通过展品，既包括古代的也包括现当代的，回答有关当代政治和国际关系方面的问题。"③

在官方关系受挫时，博物馆可以作为建立非官方政治关系的安全空间，让协商渠道保持开放。这在伊朗与英国两国的文物互借中得到了最佳体现。2005年，大英博物馆举办展览"被遗忘的帝国：古代波斯世界"（Forgotten Empire: The World of Ancient Persia），并向伊朗的两家博物馆借展，其中多件文物是首次离开伊朗本土展出④。在展览开幕式上，伊朗副总统与英国外交大臣同时登台，而这在其他场合是不可想象的⑤。之后两国关系愈发紧张，博物馆一度成为两国仅存的外交关系渠道。当大英博物馆收藏的《居鲁士圆柱》（Cyrus Cylinder）最终出借给伊朗后，两国政府才缓慢启动其他讨论。此案例说明，国际展览因不涉及具体的利益，可以在国家间的关系紧张甚至恶化时发挥托底的作用，让两国能够延续交流直至关系改善。

2010年，"巴以和谈"重启不久即告中断，巴勒斯坦也面临着严峻的外部环境，与多国关系紧张。2011年，荷兰埃因霍温的范·埃比博物馆（Van Abbe Museum）将价值700万美元的巴勃罗·毕加索（Pablo Picasso）作品《女人半身像》（Buste de Femme）出借给巴勒斯坦国际艺术学院（International Art Academy Palestine），但荷兰在借展后两个月的联合国大会上并没有投票赞成支持巴勒斯坦成为联合国成员国。尽管在政治层面上两国存在分歧，但对外展览可以作为一种人道和民间支持，为民间交流打开一扇窗，发挥两国未来关系试验场的作用。

---

①　Liam Kennedy. Remembering September 11: Photography as Cultural Diplomacy. *International Affairs* (*Royal Institute of International Affairs 1944-*), 2003 (2): 318.

②　Liam Kennedy. Remembering September 11: Photography as Cultural Diplomacy. *International Affairs* (*Royal Institute of International Affairs 1944-*), 2003 (2): 322.

③　Neil MacGregor. "The British Museum". ［2020-05-10］ http: //icom.museum/fileadmin/user_up-load/pdf/ICOM_ News/2004-1/ENG/p7_2004-1.pdf。

④　包括伊朗国家博物馆（National Museum of Iran）和伊朗波斯波利斯博物馆（Persepolis Museum）。Stuart Jeffries.A Private View.［2005-10-22］［2020-05-10］http://www.guardian.co.uk/artanddesign/2005/oct/22/heritage。

⑤　Kirsten Bound，Rachel Briggs, John Holden & Samuel Jones. *Cultural Diplomacy*: *Culture Is a Central Component of International Relations*: *It's Time to Unlock Its Full Potential*. London: Demos, 2007: 55.

在政治领域，重大的国家利益分歧往往导致国家之间出现摩擦乃至冲突，而承载着文化的对外展览通常表达的是"过去时"，与现实国际社会的纷争保持着一定的安全距离。另外，艺术本身具有淡化意识形态、追求人类共同审美的先天优势。基于以上两点，对外展览往往能够成为外交领域表达善意、缓解矛盾、恢复对话的契机，能够在局势不稳定的情况下，为未来关系的缓解提供一种可能。

（三）增进跨文化理解

在如今意识形态领域纷争不断的世界，从约瑟夫·S.奈（Joseph S. Nye）的"软权力"（soft power）[①]到塞缪尔·P.亨廷顿（Samuel P. Huntington）的"文明的冲突"（clash of civilizations）[②]，文化的意义愈发凸显。以国家之间的竞争为重点、致力于获得文化霸权的行为对于缓解文化冲突并没有帮助，更无益于增进不同国家民众之间的了解。采取对话性、合作性更强的方式开展文化外交，融入更多的国际主义理念才是最佳路径。进入21世纪，对外展览交流不再局限于推广或宣传，而是被更多地用于促进对话和增进理解。

2009年，在澳大利亚外交贸易部的赞助下，澳大利亚国家美术馆（National Gallery of Australia）的"文化战士：澳大利亚土著艺术三年展"（Cultural Warriors: Australian Indigenous Art Triennial）在美国巡展，以增进两国的相互理解、改善两国关系。展览不仅展示了澳大利亚土著在文化上的成就，而且没有回避他们所遭遇的社会问题以及在政治上所做出的抗争，并因此取得了外交上的成功[③]。2012年，作为伦敦奥运会的官方文化项目"来自世界各地的故事"（Stories of the World）的活动之一，南京博物院的"中国珍宝展"（Treasures of China）在科尔切斯特城堡（Colchester Castle）展出。尤为特殊的是，来自科尔切斯特吉尔伯德学校（Gilberd School）的10名学生在展览之前的2011年拜访了南京博物院并挑选了10件心仪的文物参展。有学生在回忆中写道，亲自到访中国并将"中国"带回英国与他人分享的经历让他们永生难忘；也有学生因为参与了这项活动而开始学习中文，尝试用毛笔画画，练习中国舞蹈。2013—2014年，南京博物院再次携手英国文化机构——苏格兰古代与历史遗迹皇家学会（Royal Commission on the Ancient and Historical Monuments of Scotland）共同策划了反映中国南京和英国爱丁堡两座城市发展史的文化交流展——"双城记"（A Tale of Two Cities）。展览将两座城市及其背后的两种文化、两种制度融合在一个展览空间中，并分别在南京和爱丁堡展

---

① 1989年，约瑟夫·奈首次提出"软权力"的概念。他质疑美国衰落论，认为美国除了军事实力外，还拥有与硬权力相对的软权力，即设置议程、吸引他者并进而改变他者喜好的能力。

② 1993年，哈佛大学国际事务中心的塞缪尔·P.亨廷顿出版《文明的冲突？》（*The Clash of Civilizations?*）一书，对全球化时代世界多种文明能否和谐共存画上了问号。他认为不同的文明无法超越"文明群落"和"认同版块"，很容易导致冲突的悲剧。

③ Lee Davidson, Leticia Perez-Castellanos. *Cosmopolitan Ambassadors: International Exhibitions, Cultural Diplomacy and the Polycentral Museum*. Delaware: Vernon Press, 2019: 6.

出，以达到促进文化理解的目的。

　　总的来说，实物性特征和公益机构特性的结合使得公众对博物馆展览所蕴含的"历史"真实性和客观性较易产生信任，同时其视觉冲击力可以触动观众的神经并留下持久性的影响①，因此博物馆对外展览是让不同国家的民众了解彼此的异同及其背后深层原因的重要渠道。

二、博物馆对外展览面临的挑战

　　作为文化外交与人文交流的一种手段，博物馆对外展览一直被决策者认为是行之有效的。然而，这种信念隐含着两个错误的假设：第一个错误是将"文化"具体化，将文化当作一个很容易被呈现出来的事物，一个由内容——形象、思想和价值观——构成的实体；第二个错误是假设被包装在不同文化产品中的形象、思想和价值观的传播是一个线性的单向过程，只要传播发生，接收端（即国外目标受众）就会吸收这些产品中包含的信息。实际上，国家议程、法律框架、国家政策、文化外交目标等都是国际展览发生的重要背景和能够发生的决定条件，而展览能否真正改变观众的行为或态度，又由文化偏见的不同程度所决定。

（一）易受国际、国内政治的影响

　　艺术可以影响政治，却无法决定政治。1937年日本开始在亚洲推行霸权，日本国际文化关系协会"为世界文化做出贡献"②的基本主张与实际外交政策严重脱节，其在美国通过国际展览而提供的有关日本的"正确"和"准确"信息以及所塑造的国家形象——一个高度文明和伟大的国家——瞬间失去了吸引力③。1987—1988年，土耳其在美国华盛顿、芝加哥和纽约举办"苏莱曼大帝的时代"展（The Age of Sultan Suleyman the Magnificent）。在美国大都会艺术博物馆（The Metropolitan Museum of Art）办展期间，《纽约时报》（*The New York Times*）报道美洲观察组织因土耳其当时的监狱环境、政治犯和库尔德人的待遇，再次将其列为严重侵犯人权的国家④，致使由展览所塑造的土耳其的光辉形象显得格格不入。由此可见，国家形象的自我投射只有在实际的外交政策符合两国相互理解的基本假设时才有意义。一旦这种理解不存在，对外展览的效果就会大打折扣。

---

① 孔达：《试论博物馆对外展览建构国家形象的价值与路径》，《东南文化》2018年第5期。

② John Gripentrog. Power and Culture: Japan's Cultural Diplomacy in the United States, 1934-1940. *Pacific Historical Review*, 2015, 84 (4): 514.

③ John Gripentrog. Power and Culture: Japan's Cultural Diplomacy in the United States, 1934-1940. *Pacific Historical Review*, 2015, 84 (4): 481-485.

④ Brian Wallis. Selling Nations: International Exhibitions and Cultural Diplomacy. In Daniel J. Sherman and Irit Rogoff. *Museum Culture: History, Discourses, Spectacles*. London: Routledge, 1994: 270.

从国内政治的角度而言，如果对外展览纯粹是政治性的，成为某种政治权力"劫持的符号"，那么它就会沦为宣传；一旦被看作宣传，对外展览很快就会在政治上失效。作为象征而使用的艺术品要在国际关系中发挥效果，就必须超越其政治使命，并且政治议程越重要，艺术品就越应具有摄人心魄的美学力量，这样才有可能实现隐含在深处的政治目的[①]。因此，对外展览的效果不仅受到具体的国际政治环境的干扰，也受到国内政治干预和文化实践的影响。

（二）易受文化偏见的影响

"艺术品在不同的背景下具有不同的含义。出于公共关系的目的使用文物，在文物的选择和组合上就必须聚焦和美化供外国观众消费的国家形象。"[②]各国政府在将展览推向海外时，为了在国际社会确立自己的地位，不得不考虑海外观众的原始认知，因此会选择具有高辨识度的展览主题，往往无形当中强化了固有的国家形象，放大了带有偏见的差异。墨西哥是一个拥有多样化文化遗产的国家，但是被海外观众熟知的却只有玛雅文明（Maya Civilization）和阿兹特克文明（Aztec Civilization）。特奥蒂瓦坎文明（Teotihuacan Civilization）、奥尔梅克文明（Olmecs Civilization）等因知名度不足很少能成为国际展览的主题，即使阿兹特克展览是票房的保证，它在展出期间仍然收到了很多负面评论。例如，观众在评论人祭时会使用反应强烈的词汇，如"令人作呕""卑劣""极可憎"[③]，并将这种评论蔓延至对国民性的感受。

就中国来说，秦兵马俑展览是与图坦卡蒙（Tutankhamun）宝藏、死海文书（Dead Sea Scrolls）、庞贝古城（Pompeii）等比肩的受到青睐的国际展览品牌。据不完全统计，自1974年秦兵马俑被发现至2018年的四十多年中，以秦兵马俑为主题和包含秦兵马俑的展览在全世界近六十个国家和地区举办二百六十余次[④]，是具有国际影响力的中国文化符号之一。然而，瑞典东方博物馆（Östasiatiska Museet）前馆长马思中（Magnus Fiskesjö）则认为秦兵马俑国际巡展展现的是中国作为世界强国的形象，弘扬的是帝国主义的"统一"思想，而对帝国的另面——秦帝国对他国的征服和统治剥夺了他国自治的权利——则避而不谈；同时，他还认为展览反映了中国对历史观的控制、西方亲华分子的"不实"观点以及中国强大的"山寨"能力[⑤]。这些都从侧面反映了当地根深蒂固的刻板印象（stereotype）对展览效果的影响。事实

① Judith H. Balfe. Artworks as Symbols in International Politics. *International Journal of Politics, Culture, and Society*, 1987, 1 (2): 214.

② Brian Wallis. Selling Nations: International Exhibitions and Cultural Diplomacy. In Daniel J. Sherman and Irit Rogoff. *Museum Culture: History, Discourses, Spectacles*. London: Routledge, 1994: 269.

③ Lee Davidson, Leticia Perez-Castellanos. *Cosmopolitan Ambassadors: International Exhibitions, Cultural Diplomacy and the Polycentral Museum*. Delaware: Vernon Press, 2019: 206.

④ 中国文物交流中心：《金色名片——2018年度全国文物进出境展览集萃》，北京时代华文书局，2020年，第12页。

⑤ Magnus Fiskesjö. Terra-cotta Conquest: The First Emperor's Clay Army's Blockbuster Tour of the World. *Studies in Global Asias*, 2015 (1): 162-183.

上，国际社会对我国的认知还停留在十几年甚至几十年前的定格思维中，偏见和误解也普遍存在。例如，"中国秦始皇兵马俑"在大英博物馆展出时，西方媒体仍然会对展览进行过度政治解读；一些评论攻击展览试图对一位独裁统治者洗白，是打着历史旗号的政治宣传①。尽管博物馆对外展览作为中国文化外交的工具在英国总体上取得成功，但受到思维定式的影响，研究表明有些展览仍然强化了长久以来有关中国的刻板印象和过时看法②。这种局限性在藏品来源国不参与策展的展览中尤为明显。在这种合作形式中，藏品来源国基本放弃了遗产的主体表达权，对选题的把控以及对展览的诠释能力都较弱，而主办方为了吸引观众会在无形当中选择能够让观众产生迅速联想的刻板印象的展品，导致展览更易受到文化偏见的影响。

（三）影响力的不可控性和缓释性

博物馆展览的观众不是单一和均质化的群体，而是一个"复数"群体——不仅是年龄与性别、政治与社会身份、知识结构与认知、民族与文化身份等多维度的复数，更是不同个体与群体的日常生活体验、艺术经验、文本经验、社会政治经验乃至伦理经验的复数③。跨文化展览受到的影响更多，包括展览来源地的想法、观念、目的，展览主办方的想法、观念、目的，观者自己的"文化包袱"——不成系统的想法、观念和非常具体的目的④，这些都使得展览影响力变得不可控。

此外，刻板印象属于具有普遍性的心理认知误区，既不是朝夕形成的，也不易被改变。博物馆对社会的影响力主要通过公众影响力集合的方式体现⑤。个体从博物馆获得的知识和体验间接转化为对文化、政治、经济等方面的影响，但这种积累和影响往往需要很长的时间。因此，仅仅通过对外展览使得海外观众完全按照实施者的意图"想象"某一国家，这在短期内无法实现。

1953年，在美国国务院的支持下，日本政府组织的一次大型的古代艺术展在华盛顿、西雅图、芝加哥以及波士顿展出。为了监测和评估展览如何影响美国观众的政治态度，在日本协会的赞助下，日本社会科学家做了一项评估观众反应的研究。研究采取问卷调查和访谈的形式，得出的结论是：对于被"巨型展览的大肆宣传"（block buster hype）吸引而来的普通观众来说，展览的美学价值和政治"善意"都是失效的；对于精英观众来说，美学价值成功发挥了影

① 孔达：《试论博物馆对外展览建构国家形象的价值与路径》，《东南文化》2018年第5期。

② Da Kong. *Imaging China: China's Cultural Diplomacy Through Loan Exhibitions to British Museums*. Leicester, England: University of Leicester, 2015.

③ 许潇笑：《让文物"活起来"：策展再塑博物馆的社会表达方式》，《东南文化》2020年第3期。

④ Michael Baxandall. Exhibiting Intention: Some Preconditions of the Visual Display of Culturally Purposeful Objects. In Ivan Karp, Steven D. Lavine. *Exhibiting Cultures: The Poetics and Politics of Museum Display*. Washington: Smithsonian Books, 1991: 34.

⑤ 刘迪：《博物馆影响力刍议》，《中国文物科学研究》2015年第2期。

响力，但即使这样，其政治影响力仍然为零。无论观众类型如何，展览仍然强化了美国人对日本人固有的态度[1]。由此可见，在目标观众不明确的情况下，观众的反应千差万别，展览的影响力很难被主办方事先预见。

综上，博物馆对外展览的影响力既不是立竿见影的，也不是可以简单量化的，通常是多层次、长期且复杂的。

三、结　语

博物馆在国际关系中发挥的作用越来越受到重视，而对外展览是其中最复杂、最专业、耗资最多、规模最大的一项工作[2]。其本身所面临的挑战使我们不得不反思这种活动是否必然能增进不同文化间的理解和交流，抑或只是一种理想信念，其产生的影响力是否切实存在。关于这个问题，早在1990年，塔马拉・阿纳斯塔西娅・塔拉索夫（Tamara Anastasia Tarasoff）就在《博物馆国际活动评估：以1978至1988年加拿大博物馆的国际巡展为例》（*Assessing International Museum Activity: The Example of International Travelling Exhibitions from Canadian Museums, 1978-1988*）中提出过。她认为虽然博物馆频繁开展国际活动，但却并不关注其跨文化性，同时，博物馆开展这样的活动既不对增进文化间理解的能力进行量化和评估，也不制定指导方针[3]。三十年多后的今天，她指出的问题在实践中仍然存在。

在国际政治多极化的情境之下，由于每个文化传统自身的根源性差异，多元文化之间的关系首先是冲突和紧张，而非想象中的共生和融合。不同的信仰和不同的文化生成来源决定了不同文化之间的原始陌生，而达成某种普遍性社会观念的合理方式是超越文化的差异性，在各差异性文化传统之间寻求某种"重叠共识"，因此，沟通、对话、增进相互理解和认识至关重要[4]。中国博物馆作为民族国家的形象代表，应当致力于在更高层次上将独特性转化成普遍性，以自己的方式表现其他社会和文化同样看重的价值，为推动构建人类命运共同体贡献力量。

（原载于《东南文化》2021年第4期）

---

①　Judith H. Balfe. Artworks as Symbols in International Politics. *International Journal of Politics, Culture, and Society*, 1987, 1(2): 199-200.

②　Lee Davidson, Leticia Perez-Castellanos. *Cosmopolitan Ambassadors: International Exhibitions, Cultural Diplomacy and the Polycentral Museum*. Delaware: Vernon Press, 2019: 1.

③　Tamara Tarasoff. *Assessing International Museum Activity: The Example of International Travelling Exhibitions from Canadian Museums, 1978-1988*. Toronto: University of Toronto, 1990: 3. 转引自 Lillian Bayly-McCredie. *Museum Diplomacy: Developing Cultural Partnerships Between New Zealand and China*. Wellington: Victoria University of Wellington, 2016: 16-17.

④　张桂珍等：《中国对外传播》，中国传媒大学出版社，2005年，第10页。

考　古　学

江苏张家港东山村遗址崧泽文化墓地初步研究

周润垦　胡颖芳　钱春峰

内容提要：东山村遗址近几年发掘了一处崧泽文化时期的重要聚落，包括大型墓、中型墓、小型墓和大房址等众多遗迹，出土了丰富的遗物。对东山村遗址崧泽文化墓葬等级进行界定，探讨高等级大墓埋葬制度，以及对高等级大墓对应的"王者"时代性质进行初步研究，将有助于我们深刻认识东山村遗址在环太湖流域的地位和作用，对中国文明起源的研究具有重要意义。

关键词：江苏张家港　东山村　崧泽文化　高等级大墓

东山村遗址于1989年发现，曾进行两次小规模发掘①。2008年8月—2010年2月，由南京博物院主持，对遗址进行了新一轮的考古勘探和发掘，遗址范围近圆角方形，南北长约500、东西宽约600米，总面积约27万平方米。发掘面积约2700平方米，主要揭示了马家浜文化和崧泽文化时期的遗存②，其中发现的崧泽文化时期聚落遗存比较丰富。

崧泽文化时期的聚落遗存主要有，遗址Ⅰ区揭露的22座墓葬和若干灰坑，遗址Ⅱ区发现的5座房址，遗址Ⅲ区清理的15座大中型墓葬③和数个灰坑。尤其是遗址Ⅲ区发现的崧泽文化时期

---

① 张照根、姚瑶：《张家港东山村遗址发掘的主要收获》，《东南文化》1999年第4期；苏州博物馆、张家港市文物管理委员会：《张家港市东山村遗址发掘简报》，《文物》2000年第10期。

② 南京博物院、张家港市文广局、张家港博物馆：《江苏张家港市东山村新石器时代遗址》，《考古》2010年第8期；南京博物院、张家港博物馆：《江苏张家港东山村遗址M91发掘报告》，《东南文化》2010年第6期；南京博物院、张家港博物馆：《江苏张家港东山村遗址M101发掘报告》，《东南文化》2013年第3期；南京博物院、张家港市文物管理委员会、张家港博物馆：《张家港东山村新石器时代遗址发掘报告》，《考古学报》2015年第1期；南京博物院、张家港市文管办、张家港博物馆：《江苏张家港市东山村遗址崧泽文化墓葬M90发掘简报》，《考古》2015年第3期。

③ 南京博物院、张家港市文广局、张家港博物馆：《江苏张家港市东山村新石器时代遗址》，《考古》2010年第8期；南京博物院、张家港博物馆：《江苏张家港东山村遗址M91发掘报告》，《东南文化》2010年第6期；南京博物院、张家港博物馆：《江苏张家港东山村遗址M101发掘报告》，《东南文化》2013年第3期；南京博物院、张家港市文物管理委员会、张家港博物馆：《张家港东山村新石器时代遗址发掘报告》，《考古学报》2015年第1期；南京博物院、张家港市文管办、张家港博物馆：《江苏张家港市东山村遗址崧泽文化墓葬M90发掘简报》，《考古》2015年第3期。

的高等级大墓，不仅在规模上，而且在数量上，均为崧泽文化的首次发现。不仅如此，东山村遗址崧泽文化墓葬还实行分区埋葬，小型墓集中在遗址Ⅰ区东部，大中型墓集中在遗址Ⅲ区，这种分区埋葬的现象在同时期国内的其他遗址中极其罕见。目前，对东山村遗址崧泽文化墓葬尤其是高等级大墓所处的年代，学界基本比较认可，没有什么异议。对东山村遗址崧泽文化墓地的分期和年代推定在发掘报告中也有较为详细的分析，在此不再赘述。以下着重讨论东山村遗址崧泽文化墓葬的等级界定、高等级大墓埋葬制度以及M90等大型墓和所处时代等方面的问题，不当之处，请方家予以指正。

一、墓葬等级的界定

东山村遗址崧泽文化墓葬中有高等级大墓，也有小墓。其中高等级大墓主要集中在西部埋葬区，小墓则集中在东部。由于在高等级大墓区域中，也出现了一些在墓坑规模、随葬品种类和数量上较低的墓葬，由此在讨论与墓葬级别大小相关的问题时，如从墓葬级别的不同分析当时聚落社会的结构等，就涉及对这些墓葬进行等级分类的问题，因此首先应该对这些墓葬进行等级界定，才能更好地进行下一步的研究。以下试从墓葬的墓口尺寸、随葬品总数和玉器数量等方面对东山村崧泽文化时期墓葬的等级进行初步界定。

东山村遗址除了近年来在遗址Ⅰ区和Ⅲ区中共清理了37座崧泽文化时期墓葬外，早在1990年前后的发掘中，也在T4（为与近年来发掘的探沟和墓葬的编号相区别，以下分别在前面加"90"）中清理8座新石器时代墓葬。根据近年来对发现的东山村遗址崧泽文化墓地的分期结果，90T4 8座墓葬中有5座属于崧泽文化时期，另3座属于马家浜文化时期①。由于90T4的位置大体处于遗址Ⅰ区北面10多米的池塘附近（图一），与遗址Ⅰ区仅隔着条水泥道路。中间地带虽未经过发掘，但是在发掘遗址Ⅰ区时可知，该片墓地尚向北延伸。因此，遗址Ⅰ区和90T4内的崧泽文化墓葬应是相连在一起的，应作为一个墓葬区即东部埋葬区来对待。

现将东部埋葬区即遗址Ⅰ区和90T4内墓葬的墓葬尺寸、随葬品总数、玉器数量等信息统计如表一。

① 据近年对东山村遗址发掘的崧泽文化墓葬的分期结果，90T4内发现的8座墓葬中，有5座墓葬（90M1—90M5）属于崧泽文化，其中90M3和90M5的年代相当于本文崧泽文化第1段，M4相当于本文崧泽文化第2段，90M1和90M2相当于本文崧泽文化第4段。90M6—90M8则属于马家浜文化时期。

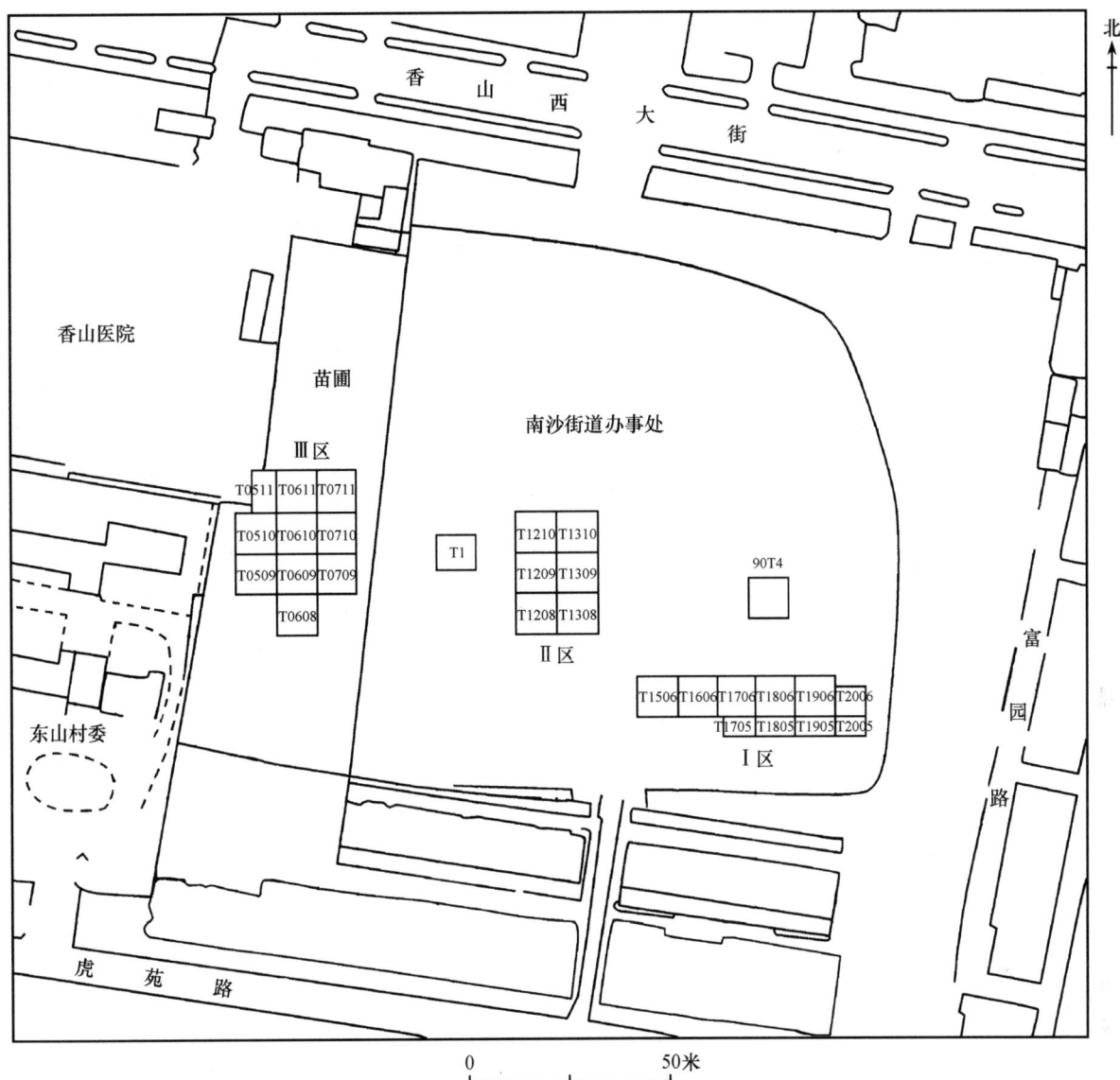

图一　东山村遗址发掘区位置图

表一　遗址东部埋葬区崧泽文化墓葬尺寸和随葬品数量统计表

时代	段别	墓葬	墓葬尺寸（长×宽×深）/米	随葬品总数/件	玉器/件
崧泽早期	第1段	M9	2.1×0.8×0.25	11	0
		M10	2×0.7×0.15	3	0
		90M3	1.48×0.44×0.22	13	2
		90M5	1.56×1.03×0.23	3	0
	第2段	M14	2.1×0.8×0.45	8	0
		M15	2.1×0.8×0.3	14	0

时代	段别	墓葬	墓葬尺寸（长×宽×深）/米	随葬品总数/件	玉器/件
崧泽早期	第2段	M50	1.95×0.76×0.4	2	0
		M58	1.5—1.85×0.8×0.17	1	0
		M75	1.81×0.76×0.3	7	0
		90M4	1.55×1.03×0.23	9	0
	第3段	M59	1.8×0.7—0.8×0.25	3	0
		M69	1.85×0.75—0.8×0.3	2	0
崧泽中期	第4段	M3	2×0.78×0.1	6	0
		M13	2.1×0.8×0.2	2	0
		M74	0.5—1.15×0.7×0.38	3	0
		90M1	2.18×0.8×0.1	11	0
		90M2	1.75×0.62—0.15	11	0
	第5段	M2	2.1×0.89×0.2	14	0
		M43	1.15—1.4×0.7×0.35	3	0
		M51	0.8—2.2×0.9×0.2—0.3	3	0
		M52	2.1×0.8—0.95×0.2—0.27	4	0
		M53	1.9×0.77×0.25	3	0
		M54	1.2—2.1×0.75×0.25—0.3	2	0
崧泽晚期	第6段	M1	2.1×0.9×0.2	17	3
		M4	2.4×0.7×0.2	31	1
		M5	2.1×0.9×0.15	15	1
		M41	2×0.75×0.3	2	0

注：其中M43、M51、M54、M58和M78等墓葬尚有部分压在隔梁下方未清理，以上数据为揭露部分的尺寸。90M5的墓葬尺寸在原发掘简报中未见报道，只提供数座墓葬的最低和最高数据，据原简报中"6座（M3—M8），……长1.13—1.56、宽0.37—1.03、深0.12—0.23米"。暂将90M5的长宽深取其最高值，为1.56×1.03×0.23米。M51由于清理后填埋未提取器物，随葬品总数不明。但是从清理后的现场分析，至少随葬3件器物，因此暂以3件计。

从表一中可以看出，近年来清理的墓葬除了M43、M51、M54、M58和M74等5座墓葬尚有部分压在隔梁下方未清理，墓葬实际长度不明外，其余有16座墓葬的长度在1.8—2.1米，有3座在1.5米左右，有2座分别略小于1.8米和略大于2.1米，仅有1座墓葬（M4）的长度为2.4米。以宽度计，则有22座墓葬的宽度在0.7—0.9米，有2座在1—1.1米，有2座在0.5—0.7米，有1座为0.8—0.95米。如果考虑宽度为0.8—0.95米的墓葬在找墓边时可能有数厘米的误差，则该座墓葬宽度同样可能在0.7—0.9米，如此则有23座墓葬的宽在0.7—0.9米。根据多年来考古发掘的常识，史前墓葬一般长宽比都比较固定，以此宽度推算，M43等5座墓葬虽然实际长度不明，但推算长度也应在1.8—2.1米。1990年清理的5座崧泽文化时期墓葬，其中90M1和90M2的长度和宽度与近年来发掘的基本接近，为1.8—2.1米。90M3、90M4和90M5等3座墓葬的长度在1.5米左右，其中有两座墓葬的宽度在1米多，此3座墓葬在形制上略显短宽。笔者以为，这3座墓葬可能是由于土质土色较难区分而据墓葬随葬品的位置来划出的墓圹，与实际墓葬长宽可能有些出入。因此，这3座墓葬的尺寸暂存疑。如此，东山村遗址东部埋葬区墓葬的长宽基本为，长在1.8—2.1米，宽在0.7—0.9米。极个别的墓葬长度为2.4米。

　　从随葬品总数来看，1—10件的有18座，占比约66.7%。11—20件的有8座，占比约29.6%[①]。仅有1座超过30件的，占比约3.7%。若以1—20件计，则有26座，占比约96.3%。以随葬玉器来看，仅有4座墓葬随葬，占比约14.8%。其中，随葬1件的有2座，随葬2件的1座，随葬3件的有1座。绝大多数墓葬未随葬玉器。从时代来看，随葬玉器的墓葬在早期有零星发现，但主要集中在崧泽文化晚期。

　　同样，将西部埋葬区即遗址Ⅲ区内墓葬的墓口尺寸、随葬品总数、玉器数量等信息统计如表二—表四。

表二　遗址西部埋葬区部分崧泽文化墓葬尺寸和随葬品数量统计表（一）

时代	段别	墓葬	墓葬尺寸（长×宽×深）/米	随葬品总数/件	玉器/件
崧泽早期	第2段	M90	3.05×1.7—1.8×0.4	65	19
		M92	3.3×1.26×0.6	49	12
	第3段	M95	3.1×1.6×0.37	55	12
		M98	3.2×1.52×0.32	44	8
崧泽中期	第4段	M91	3.15×1.76×0.5	38	14
		M94	3.05×1.55—1.6×0.5	22	5
		M96	3.1×1.6×0.5	34	14

表三　遗址西部埋葬区部分崧泽文化墓葬尺寸和随葬品数量统计表（二）

时代	段别	墓葬	墓葬尺寸（长×宽×深）/米	随葬品总数/件	玉器/件
崧泽早期	第3段	M89	2.65×1.1×0.4	33	3
崧泽中期	第5段	M93	2.8×1.6—1.65×0.4	33	13

表四　遗址西部埋葬区部分崧泽文化墓葬尺寸和随葬品数量统计表（三）

时代	段别	墓葬	墓葬尺寸（长×宽×深）/米	随葬品总数/件	玉器/件
崧泽早期	第2段	M87	2.46×1—1.04×0.25	9	0
		M99	2.07×0.8×0.25	13	2
	第3段	M102	0.8—0.85×1.03×0.35	6	0
崧泽中期	第4段	M85	2.05×0.8—0.9×0.25	13	2
	第5段	M76	2×0.8—0.85×0.15	5	1
		M83	2.05×0.83×0.25	13	2

---

　　① 其中M43、M51、M54、M58和M78等墓葬虽尚有部分压在隔梁下方未清理，但墓葬主体已清理出来。如果完全揭露，可能个别墓葬随葬品会有所增加，但也很有限，对整体数据的统计结果影响甚微。目前，暂以揭露出的部分进行统计。

　　从表二中可以看出，7座墓葬的长度均在3米以上，最长为3.3米。有6座墓葬的宽度在1.5米以上，1座墓葬略微显窄，为1.26米，最宽有1.8米。7座墓葬中除1座随葬品总数低于30件外，余6座均在30件以上。而其中有4座在40件以上，最高有65件（套）。从随葬玉器数量看，有5座墓葬在10件以上，有2座在5—10件，最高有19件。因此，表二中墓葬基本特点为：长3米以上，宽1.5米以上，随葬品30件以上，玉器10件以上。

　　从表三中可以看出，M89和M93的墓葬长度均低于3米，在2.6—2.8米，M89的宽度较窄，为1.1米，M93较宽为1.6米以上。在随葬品总数上，2座墓葬相同，均30件以上。玉器随葬数量差异较大，M89在10件以下，为3件，M93在10件以上，为13件。无疑，从以上分析可以得知，除了墓葬长度略显不足外，M93在墓葬宽度、随葬品总数和玉器总数等方面，都符合表二中墓葬的基本特点。M89的墓葬长度和宽度，以及玉器总数与表二中墓葬尚有差距。

　　从表四中可以看出，除M102被历史时期墓葬打破而长度不明外，有4座墓葬的长度在2—2.1米，宽度在0.8—0.9米。有1座墓葬的长度在2.4—2.5米。有2座墓葬的宽度在1—1.1米。从随葬品总数看，除M102被打破总数不明外，余均在30件以下。其中，有3座1—10件，有3座墓葬10—20件，这6座墓葬随葬品数量均在1—20件。从玉器随葬总数看，均在0—2件。其中，有3座随葬2件，有1座随葬1件，另有2座未见玉器出土。因此，表三中墓葬的一般特点为，长2—2.1米，宽0.8—0.9米，随葬品1—20件，玉器0—2件。从该特点看，表三中墓葬与表一中的墓葬比较接近。

　　通过以上分析，东山村遗址东部和西部埋葬区的墓葬在墓葬尺寸、随葬品总数和玉器数量等方面存在明显差异[①]，应有等级之分。而在具体以哪方面要素如墓葬尺寸、随葬品总数或玉器数量来确定为大型墓、中型墓或是小型墓，还是需要兼具其中几个方面，需要进行详细分析。对表二中墓葬的分析可知，该组墓葬的基本特点是长3米以上，宽1.5米以上，随葬品30件以上，玉器10件以上。如果严格以兼具这四个方面要素来定义大型墓的话，则只有M90、M95、M91和M96等4座墓葬称得上"大型墓"。其他M92、M98和M94等3座墓葬则只具备其中两方面或三方面要素。但显然，经仔细分析和综合考虑认为，M92、M98和M94等3座墓葬也应是"大型墓"。

　　M92，除了在墓葬宽度方面略微不足外，在墓葬长度、随葬品总数和玉器数量等方面均符合上述要求。其墓葬长度甚至达到了3.3米，不仅是东山村遗址史前墓葬中最长的一座，也是目前已发现环太湖流域崧泽文化墓葬中最长的一座。M92的随葬品总数为49件，上述严格意义的"大型墓"M91和M96则分别只有38件和34件，M92大大超过了二者。此外，从随葬陶器和石器看，其鼎、鬶、豆、罐、壶等陶器组合齐全，另出有大件器物陶缸和5件石钺等，也应是"大型墓"的规格。如此，M92也应归到"大型墓"之列。前述兼具四个方面要素似可修改为兼具三方面要素，即分别为长在3米以上、随葬品30件以上、玉器数量在10件以上。

---

　　① 显示墓葬等级的因素较多，不仅在墓葬尺寸、随葬品总数和玉器数量等方面体现显著，在陶器和石器的种类、大小，以及玉器的大小等均有表现。

M98，除了在玉器数量为8件，未到10件以上外，在墓葬长度、墓葬宽度和随葬品总数等方面也达到了上述要求。其随葬品总数为44件，也超过了严格意义上的"大型墓"M91和M96。此外，从随葬陶器和石器看，其鼎、鬶、豆、罐、壶等陶器组合齐全，另出有3件石钺、5件石锛和4件石凿等，与M92的内涵基本相同。将M98归入"大型墓"中，也应是没多大问题的。如此，前述兼具四个方面要素似也可修改为兼具三方面要素：长3米以上，宽度1.5米以上，随葬品30件以上。与M92的共同要素为两点，分别为长3米以上、随葬品30件以上。

M94，对照上述四个方面要素，只有墓葬长度和宽度符合上述要求。在随葬品总数和玉器数量方面尚有差距。分析出土的陶器和玉器，陶器中出土有严格意义上"大型墓"中常见的鼎、鬶、豆、罐、壶等组合，玉器中出土了2件玉镯，也是上述"大型墓"中才有的贵重物品。此外，M94的墓坑尺寸与表一（即东部埋葬区的墓葬）和表四（即西部墓葬区中的较小型墓葬）中的墓葬相比，大了许多。因此，M94虽然在随葬品总数和玉器数量方面与其他大型墓有一定差距，但在墓葬尺寸、随葬品种类和内涵上也可比肩"大型墓"。所以，以M94为标准的话，上述兼具四个方面要素似可修改为兼具两方面要素，分别为长3米以上、宽度1.5米以上。

再看表三中的M89和M93。M93除了在墓葬长度方面略显不足，与3米还差20厘米外，其他在墓葬宽度、随葬品总数和玉器数量等方面均符合上述要求。其在陶器组合和玉器种类方面也称得上"大型墓"。如此，上述兼具四个方面要素似可修改为兼具三方面要素，分别为墓葬宽度、随葬品总数和玉器总数。M89，除了随葬品总数超过30件以上符合要求外，其在墓葬长度、墓葬宽度和玉器总数方面均未达到要求。虽然M89中也见到其他大型墓中常有的鼎、鬶、豆、罐等固定组合，但由于玉器不仅数量少且未见到璜或镯等大件玉器配伍，墓葬长度和宽度方面也还有很大差距，因此，M89与"大型墓"的规格尚有一定距离。"大型墓"M92和M93在墓葬长度或宽度中的一方面虽略显不足，但在其他三方面均表现出色。而如从墓口的面积来定位"大型墓"的话，也可以看出M89与其他"大型墓"的差距（表五）。

表五　遗址西部埋葬区部分墓葬墓口面积一览表

时代	段别	墓葬	墓葬尺寸（长×宽×深）/米	墓口面积/平方米
崧泽早期	第2段	M90	3.05×1.7—1.8×0.4	5.338
		M92	3.3×1.26×0.6	4.158
	第3段	M95	3.1×1.6×0.37	4.96
		M98	3.2×1.52×0.32	4.864
崧泽中期	第4段	M91	3.15×1.76×0.5	5.544
		M94	3.05×1.55—1.6×0.5	4.804
		M96	3.1×1.6×0.5	4.96
崧泽晚期	第5段	M93	2.8×1.6—1.65×0.4	4.55
崧泽早期	第3段	M89	2.65×1.1×0.4	2.915

　　从表五中可以看出，M89的墓口面积与M90等8座墓葬存在较大的差距。M90等8座墓葬的墓口面积均在4平方米以上[①]，M89则还不到3平方米。以墓口面积来定义"大型墓"的话，上述在四方面要素都有一个或两个方面略显不足的M92、M93、M94和M98等4座墓葬，与严格兼具四方面要素的M90、M91、M95和M96等4座"大型墓"相比，墓口面积均在4平方米以上，因此前4座墓葬也是"大型墓"。这也与上文对前4座墓葬的分析定义为"大型墓"相呼应。因此，从墓口面积来看，M89还不是"大型墓"。其在玉器数量上的不足，也使其规格有所下降，定位为"中型墓"似乎更合理些。

　　综上，单纯地以某一方面或严格地以兼具某几方面要素来定义"大型墓"，都会有所偏差。从东山村遗址的这些发现看，"大型墓"须满足以下条件：

　　（1）墓口长度3米左右、宽度1.5米左右、墓口面积不低于4平方米的墓葬[②]。

　　（2）随葬品总数一般为30件以上[③]。

　　（3）玉器数量一般为10件以上，在5—9件的应有大件玉器[④]。

　　需要说明的是，上述3点条件中，以第1条为必要条件。其他两条可具一或兼具。

　　依上述3点条件，表二的所有墓葬和表三中的M93等共8座墓葬为大型墓。表三中的M89仅符合随葬品总数这一条件，与大型墓的标准尚有差距。

　　对表一中墓葬的分析可知，东山村遗址东部埋葬区墓葬的基本特点为：长1.8—2.1米，宽0.7—0.9米，随葬品1—20件，玉器0—3件[⑤]。对表四中墓葬的分析得出，遗址西部埋葬区部分墓葬的基本特点为：长2—2.1米，宽0.8—0.9米，随葬品总数1—20件，玉器总数0—2件[⑥]。将两个表进行对比，表四中墓葬在综合数据上要强于表一中墓葬。例如，在墓葬长度上，表四中墓葬长度均在2米以上，表一中至少有7座墓葬的长度1.8—2米；在墓葬宽度上，表四中墓葬宽度均在0.8米以上，表一中至少有10座墓葬的宽度不到0.8米；在随葬品平均数上，表一中墓葬随葬品平均数为7.4件，表四中的随葬品平均数为9.8件[⑦]，前者要低于后者；从出土玉器来看，表四中除了M102被打破未发现玉器出土外，5墓葬中有4座出土了玉器，占比约80%；表一中仅

---

① 如果以表四中墓葬长度和宽度的基本特点，即墓葬长度一般在3米以上，宽度一般在1.5米以上，则墓口面积在4.5平方米以上方能成为"大型墓"。而M90等8座墓葬中，除了M92低于4.5平方米外，其余7座均符合要求。然则M92无疑也是"大型墓"，因此，为就M92的情况，将符合"大型墓"的墓口面积设定为4平方米。

② 墓口面积亦可以规定为不低于4.5平方米，然则有一墓例外，即M92低于规定不在"大型墓"之列。而上文已经分析，M92也是"大型墓"。笔者以为，该时期墓葬的等级高低主要还是在于墓坑的大小。墓坑大的墓葬其随葬品都相应比较丰富，随葬品的种类、数量和大小也比一般墓葬规格要高。

③ 随葬品总数若严格地以"30件以上"作为限定条件，则有一墓例外，即M94低于该条件不在"大型墓"之列。

④ 玉器数量若严格地以"10件以上"作为条件，则有两墓例外，即M94和M98低于该条件不在"大型墓"之列。"5—9件"中的"5"为下限，则是以M94中出土的玉器数量为5件为参照。

⑤ 长度超过2.1米的仅有一墓为M4，其随葬品总数也超过20件，有31件。

⑥ 除了M102外，仅M87的墓葬长度为2.46、宽约1米。

⑦ 该统计包括了被打破的M102。如果未被打破，M102应有更多的随葬品出土，表六中的墓葬随葬品平均数还会上升。

有4座墓葬出土了玉器，占比约14.8%。即使不统计M43等5座部分压在隔梁下未完全清理的墓葬，出土玉器的比例也只有18.2%，与表四中的墓葬差距较大；从出土玉器墓葬的时代看，表四中的墓葬时代集中在崧泽文化早中期[①]，表一中墓葬的时代主要集中在崧泽文化晚期。换言之，在崧泽文化早期和中期，遗址西部埋葬区的这些墓葬（表六）绝大多数出土有玉器（M87中虽未见有玉器出土，但出土了一件石钺和3件石锛，其他墓葬则未见有石器出土，某种程度上弥补了未随葬玉器的不足。此外，M87的墓葬尺寸亦较大，显示并非一般墓葬），而在遗址东部埋葬区中的墓葬，则只有极个别墓葬见有玉器出土[②]。这种差别，当不是埋葬习俗、个人喜好或是受考古工作局限等原因造成的，而更多地体现了身份和地位上的差别。一言以概之，遗址西部埋葬区的这些墓葬（表二—表四，包括M87）在墓葬级别上要比同时期的遗址东部埋葬区的墓葬高。

此外，从表四中墓葬出土的随葬品本身看，这些墓葬的规格亦不低。M87共出9件器物，其中陶器5件、石钺1件、石锛3件。其中的石锛体格较宽大，通体磨制精良，刃部未见明显使用痕迹，虽然未见有玉器出土，但是出土了其他墓葬没有的石钺和石锛。M99共出土随葬品13件，其中陶器11件、玉器2件。玉器中的一件玉璜，虽残损较甚，但其形制大小与M98所出玉璜几乎一样。M102虽仅残存墓的南端，仍有6件陶器。陶器的器形普遍都比较大，且出土了两件遗址东部墓葬区罕见的长颈壶，其中一件在颈部还涂有朱彩，显然非一般用器。M85共出土13件器物，其中陶器11件、玉环和玉璜各 1 件。M76和M83分别出土5件和13件器物，两座墓葬虽被后期扰乱较甚，有的陶器仅存下半部，但M76内仍出土玉环1件，M83出土玉环和弦纹玉管各1件。M85、M76和M83中出土的玉器与大型墓中出土的相比器形略小。但在同时期的东部埋葬区墓葬中并未发现玉器出土，即使是与后来崧泽文化晚期墓葬（M1、M4和M5）中出土的玉器相比，在器形、大小方面也要胜出较多。因此，表四中墓葬的规格显然较表一中墓葬为高。

通过以上分析，遗址东部埋葬区绝大多数墓葬的等级在遗址中是最低的，因此，可以"小型墓"称之。遗址西部埋葬区中部分规格较上述8座大型墓低，但较东部埋葬区小型墓规格高的这些墓葬，可以"中型墓"来定义。其中 M89上文已经分析，离"大型墓"尚有差距，但明显比东部埋葬区的小型墓规格要高，因此也可暂归到"中型墓"中。同时可以看出，M89与其他中型墓相比，不仅在墓葬长度和宽度、随葬品总数和玉器数量等方面规格较高，且在随葬陶器的种类上甚至可比肩大型墓。因此，在中型墓中可能还有等级高低之别，由于这部分材料相对较少，这里不再细分。此外，由于遗址西部埋葬区尚未发现崧泽文化晚期的大型墓或中型墓，遗址东部埋葬区崧泽文化晚期的墓葬没有同时期对比材料。但是从墓葬尺寸、随葬品总数和玉器数量来看，M1、M5和M43等3座墓葬仍是"小型墓"，而M4比较接近M89，这里不妨暂以"中型墓"对待。

---

① 可能受考古工作的局限，目前东山村遗址西部埋葬区尚未发现属崧泽文化晚期的墓葬。

② 当然也不排除M43等5座局部压在隔梁下的墓葬将来会有玉器出土的可能。

综上，东山村遗址崧泽文化时期的墓葬可以分为大型墓、中型墓和小型墓。其中，表一中的墓葬除M4为中型墓外，其余均为小型墓；表二中的墓葬均为大型墓；表三中M93为大型墓，M89为中型墓；表四中的墓葬均为中型墓。以时代来看，在崧泽文化早期和中期时，大型墓和中型墓集中埋葬在遗址中心区域的西部，小型墓集中埋葬在遗址中心区域的东部。到崧泽文化晚期，遗址中心区域东部依然为小型墓的集中埋葬地，但也见到个别的中型墓开始埋葬在此区域。

依上文对大型墓和中型墓的界定，目前其他崧泽文化遗址中见到的较高规格的墓葬，如南楼遗址M7和M12，南河浜遗址的M16、M27、M59、M61、M35 和 M81，乌墩遗址M15，圩墩遗址M121和M122，新岗遗址M5和M47等①，都可以归到本文所界定的"中型墓"中。其中部分墓葬虽然在随葬品总数方面超过30件，但是在墓坑尺寸、墓口面积、玉器数量等方面，尤其是墓口面积等均未符合上述要求。

从墓葬等级的界定，明显可以看出东山村遗址崧泽文化时期的社会结构至少存在三个层次：第一层次，即以大型墓墓主为代表的"上层"。该阶层始终占有社会生产的大量物质资源，并且将军权或王权牢牢掌控在手中。第二层次，以中型墓墓主为代表的"中层"。该阶层在社会资源的占有程度上普遍与"上层"有不小差距，但得以和"上层"埋葬在相同区域，也显示了一定的地位和身份，其与"上层"的关系应十分密切，应是执行"上层"意志的具体操办者和管理者。第三层次，以小型墓墓主为代表的"下层"。该阶层在社会资源的占有方面与"上层"有相当的差距，但仍然可以看出，该阶层大多数具有一定的实力，极少见到没有随葬品的墓葬。或许正是有了广大具有一定实力的"下层"作为坚实的基础，东山村遗址才有了"上层"的荣华，并且在相当长的一段时期内得以保持。

二、高等级大墓埋葬制度

东山村遗址目前共发现8座高等级大墓，从这些大墓出土器物种类和组合分析，东山村遗址崧泽文化高等级大墓的埋葬已然有一套比较固定的制度，有一套属于自身特点的葬礼。

8座大型墓葬均未被扰乱，因此每座墓葬单元保存了相对完整的信息。现将这8座大型墓出土器物种类和数量统计成表六。从表六中可以看出，东山村崧泽文化时期的先民对这些大墓的随葬已然有一些固定的形式。

---

① 江苏江阴南楼遗址联合考古队：《江苏江阴南楼新石器时代遗址发掘简报》，《文物》2007年第7期；浙江省文物考古研究所：《南河浜——崧泽文化遗址发掘报告》，文物出版社，2005年；乌墩考古队：《武进乌墩遗址发掘报告》，《通古达今之路——宁沪高速公路（江苏段）考古发掘报告文集》，《东南文化》1994年增刊（2号）；常州市博物馆：《1985年江苏常州圩墩遗址的发掘》，《考古学报》2001年第1期；常州博物馆：《常州新岗：新石器时代文化遗址发掘报告》，文物出版社，2012年。

表六　东山村遗址高等级大墓出土器物统计表

期	段	墓号	合计件(套)	鼎	鬶	豆	罐	壶	缸	钵	杯	盆	盘	背壶	盉	匜	圈足盘	甑	瓶	纺轮	钺	锛	凿	砺石	斧	锥	璜	镯(镯形饰)	玦	管	环	系璧	钺	珠	蠡	其他形饰
				陶器																	石器						玉器									
崧泽早期	第2段	M90	65	4	3	8	9	4	2			1	1								5	2	1	4		1	1	2	6	5						6
崧泽早期	第3段	M92	49	3	2	4	8	5	1	1	3										5	2	2	1			2	1		7					1	1
崧泽早期	第3段	M98	44	3	2	6	5	4	1	1			2								3	5	4				1	2		2						3
崧泽早期	第3段	M95	55	2	2	5	11	7		1	1				1		1	1			2	4	4		1		1	1	2	7	1					
崧泽中期	第4段	M94	22		2	5	2		1	1	2									1		1		1				2				1	1	1		1
崧泽中期	第4段	M91	38	3	2	4	8				2					1		1		1		2					1	3			10					
崧泽中期	第4段	M96	34	4	1	3	5	5	1	1	1	1																2			9					1
崧泽中期	第5段	M93	33	3	2	3	4		1	1			1				3	1	1								1	2			7					3

从随葬陶器来看，大型墓中基本有比较固定的陶器组合，为鼎、鬶、豆、罐、壶等。8座大型墓中，除M91和M93未见有陶壶出土外，都有这种固定的陶器组合。其中鼎的数量一般为三四件，计有6座，M90和M96均有4件。陶鬶的数量大多数是2件，计有6座，可以看出随葬2件陶鬶是大型墓的标配。最多的有3件陶鬶，为M90；有1座随葬了1件。陶豆的数量一般在3件以上，有7座3—6件，另有1座出土有8件，为M90；但是早期和中期随葬陶豆的数量有些差别，早期的随葬数量多一些。陶罐的数量是这个陶器组合中最多的，随葬5件及以上的有6座，最多的有11件，为M95。M90随葬的数量也比较多，有9件。陶壶的数量在崧泽早期和中期差异较大，基本流行于崧泽早期。早期的4座大型墓中，均随葬有4件及以上陶壶；到了崧泽中期，仅2座大型墓各随葬1件陶壶。

此外，8座大型墓中常配以陶缸、陶钵、陶杯等器物。其中，有5座大型墓随葬有陶缸，并且陶缸的位置基本相对固定地放置于墓底的东南角。陶缸一般是随葬1件，M90则随葬了2件。陶缸的器形一般都比较大，器身高，胎体厚重，最高达78.4厘米（M95∶19）。有6座随葬陶钵，有4座随葬陶杯；随葬陶盆、陶盘或是陶匜的也有一些，分别是2座、3座和1座。另外，有些器形仅在早期或中期出现。例如，在崧泽早期阶段，大型墓中见有少量篓或盉等；在崧泽中期，大型墓中多见有圈足盘、陶甗或陶纺轮等。

从随葬石器来看，崧泽早期和中期差别较大，早期大墓中普遍随葬有较多的石器，到了中期却已不盛行，甚至急剧衰减。中期4座大墓中仅2座墓葬各随葬了两件石器，并且这两件石器都是小型器。虽然早期和中期在用石器陪葬方面发生了较大的变化，但在早期的大墓中，我们依然可以看出存在比较固定的石器组合。早期4座大墓中，都有钺、锛、凿这一固定的组合，并且石器的数量都在10件以上（含10件）。其中石钺绝大多数器形比较大，以M90出土的5把石钺制作最为精良，尺寸也相对比较大。早期4座大墓中均有出土超过20厘米的石锛或是石凿，或是两者均有。其中也有超过30厘米的超长型石锛或石凿，比如石锛M90∶15长34厘米，石凿M92∶26长33.4厘米等。此外，早期4座大墓中，有2座还随葬砺石，有1座随葬石斧，有1座随葬石锥。以上可以看出，在早期大墓中，石器陪葬以石钺、锛、凿为固定组合，且常见大型的石锛或石凿。到了中期，石钺和石凿在大型墓中未见出土，见到的石锛也是小型器，早期以石钺、大型石锛和石凿为代表的某种理念在中期弱化，反映了当时社会尤其是上层社会在日常行为和思想中出现了较大的改变，个中原因值得我们深入探讨。

从随葬玉器来看，大墓中也存在比较固定的玉器组合。从表六中可以看出，崧泽早期和中期的组合稍有不同。在崧泽早期4座大型墓中，均随葬有璜、镯（镯形饰）、管这一固定的组合。璜一般是1件，镯（镯形饰）是1或2件，管有3座为5件及以上（其中有2座可能是串饰），有两座为1—2件。此外，有较多的大墓随葬几何形小玉饰，有相当的墓葬还随葬有玉玦，如M90随葬了6件玉玦。环的数量较少，仅有1座出土了1件。到了中期，4座大墓中，除M91未见璜、M94未见璜和环外，都有璜、镯（镯形饰）、环这一组合。璜同样是1件，镯（镯形饰）的数量有所增加，一般是2件及以上。环的数量激增，均是7件及以上。早期组合之一的管到了本期为环所替代。M91中虽未见有璜，但是出土了一件玉钺，足见墓主身份等级之显贵。几何形小玉饰仍然流行，部分墓葬新出现了系璧。

此外，从墓葬的方向来看，8座大型墓的方向均是西北—东南方向，墓主头朝向西北。不仅大型墓，在东山村遗址目前发现的崧泽文化时期的小型墓和中型墓中，也都是这种墓向，说明自崧泽文化早期到晚期，墓葬朝向始终保持着这种传统。从墓葬随葬品的摆放位置来看，8座大型墓也基本遵循着一个比较固定的模式：随葬品基本上是摆放身体之上并围绕在墓主四周。其中陶器主要放置于墓主四周；玉器主要放置于墓主的上半身、头部上方和脚部；石器主要放置于墓主的上半身。

从以上分析可知，不管是墓葬的方向，还是随葬品的摆放位置，都基本遵照着一套固定的模式。东山村遗址崧泽文化时期的高等级大墓在陶器、石器、玉器等方面更是有比较固定的组合和数量要求。在陶器方面，以鼎、鬶、豆、罐、壶为稳定组合，鼎的数量一般为三四件，鬶一般为2件，豆一般为3件及以上，罐一般为5件及以上，壶在早期均随葬4件及以上，到了中期基本少见。大墓中还常见有陶缸、陶钵和陶杯，陶缸多数随葬1件，并且常放置于墓底东南角。在石器方面，崧泽早期以钺、锛、凿为稳定组合，并且常见大型器，数量一般为2件以上。在玉器方面，崧泽早期以璜、镯（镯形饰）、管为固定组合，崧泽中期以璜、镯（镯形饰）、环为稳定组合。这些现象说明，崧泽文化早中期的东山村先民在大型墓的埋葬上，已经形成了一套比较固定的葬礼。大型墓较高规格的墓坑以及众多随葬品的陪葬，折射出社会已经出现明显阶层分化，少数人牢牢占据着社会中稀缺的资源和大量财富，并且开创性地以一套华丽的葬礼来厚葬自己，自崧泽文化早期到中期一直保持着这种优势，使得东山村遗址在环太湖流域同时期遗址中格外熠熠生辉，在中国文明起源研究中占据着无可替代的重要地位。

三、M90和"王者"时代

从东山村遗址目前发现的材料分析，M90是8座大型墓中年代最早的。从M90及其他大墓的随葬品结构分析，可以看出当时社会已进入一个"英雄崇拜"的时代，或者说一个"王者"时代已经到来。

8座大型墓分属崧泽文化第2、3、4、5段，从一些典型器尤其是陶鬶的形制演变，还可以看出同阶段大墓的埋葬先后。

东山村遗址出土的陶鬶可以分为凿形足鬶和铲形足鬶（图二）。凿形足鬶据腹底的不同，又可分为A、B二型。A型为腹底锐折状，B型为圆弧状。A型凿形足鬶最初为小喇叭口，长身，溜肩；接着口部变大，腹部变短；之后肩部不断外鼓，由圆弧状演变成折弧状；再接着是口部有新变化，原来的长喇叭口变短，在其下新接倒喇叭形的颈部，最后器身满饰瓦棱纹；把手由三角状发展为半环形。从A型凿形足鬶完整的发展序列可以看出，M90比M92早，M98比

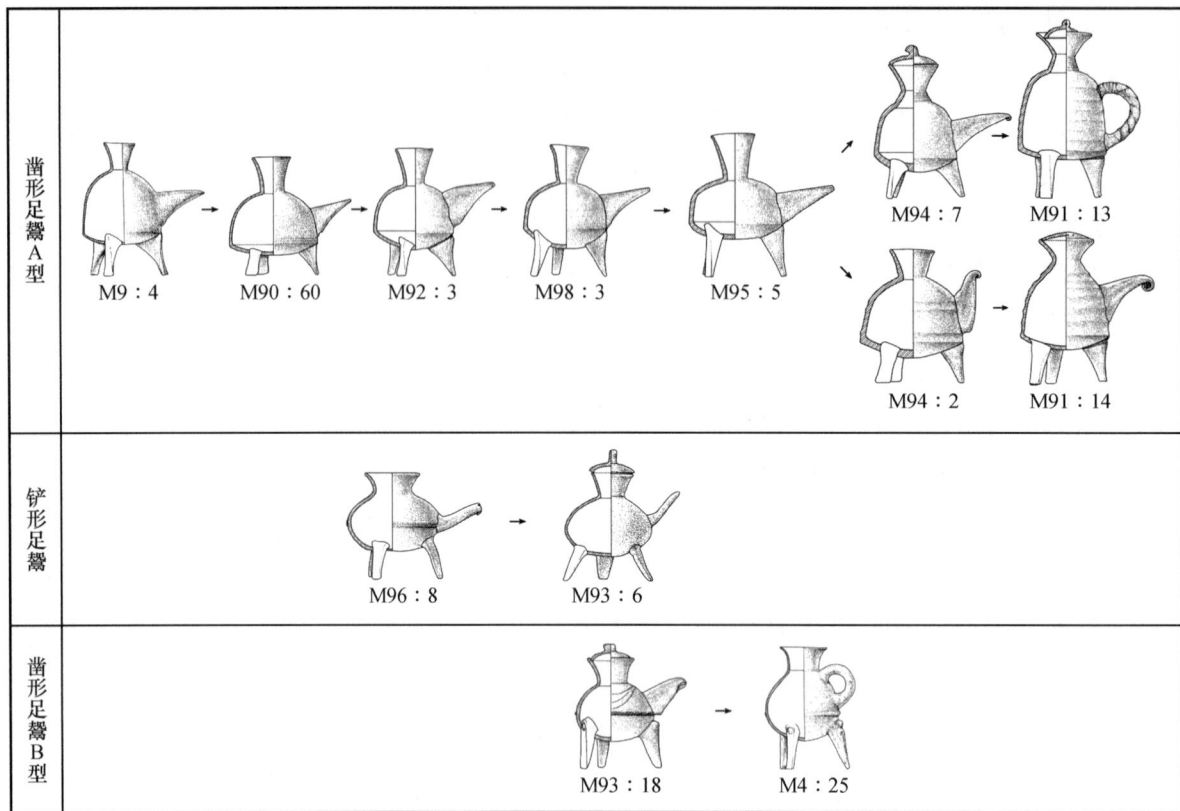

图二　东山村遗址陶鬶的演变趋势图

M95早，M94比M91早[①]。M90是这些大墓中的"第一代"。此外，我们还可以看出，A型凿形足鬶主要流行于崧泽文化早中期，到晚期消失。B型凿形足鬶出现于崧泽文化中期，并延续到晚期。铲形足鬶则是崧泽文化中期开始出现。

对M90及其他大墓墓主的厚葬，显然说明这些墓主生前具有极高的地位和威望，应该是聚落中的首领。而大墓中出土的石钺说明这些首领握有"兵权"，其生前可能在维护本部族生存或扩张中不断与外族进行战争。例如，M90和M92均出土5件石钺，M95和M98分别有2件和3件石钺出土，M90和M92均出土超过30厘米长的石锛或石凿。而这类大型的制作精致的石器，显然也是作为礼器，与石钺具有相同的象征意义。我们知道，崧泽文化在早期曾强烈地向西推进，在宁镇地区和皖江平原的诸考古学文化中占据了相当的比重。而崧泽文化的西渐对宁镇地区的影响也早有学者指出[②]。这里着重分析其对皖江平原的影响。其中比较典型的有安徽潜山薛家岗遗址，该遗址中相当多的陶器与崧泽文化很相似。薛家岗遗址的报告编写者同样谈到，"薛家岗文化……融合了较多的崧泽文化因素"[③]。在这较多的崧泽文化因素当中，陶鬶比较引

---

①　目前没有直接证据说明M91比M96要早，但是如果从A型凿形足鬶的消失和铲形足鬶的出现来看，应是M91比M96要早。

②　张敏：《关于环太湖地区原始文化的思考》，《庆祝张忠培先生七十岁论文集》，科学出版社，2004年。

③　安徽省文物考古研究所：《潜山薛家岗》，文物出版社，2004年。

人注目。

在薛家岗遗址中，我们同样看到有相当多的陶鬶出土。薛家岗遗址中出土崧泽文化时期相对完整的陶鬶共有21件，其中墓葬出土18件，灰坑2件，地层1件①。有8件属于A型凿形足鬶，有13件属于B型凿形足鬶②。有1件A型凿形鬶（M5：1）相当于东山村遗址崧泽文化第2段，有1件A型凿形足鬶（M90：3）相当于东山村遗址崧泽文化第3段，其余6件A型凿形足鬶相当于东山村遗址崧泽文化第4段；13件B型凿足鬶则大体处于东山村遗址崧泽文化第4段至第6段。可以看出，在崧泽文化早期，薛家岗遗址仅有2件A型凿足鬶。

在东山村遗址，包括20世纪90年代发掘的M1和M4出土的陶鬶，迄今共发现比较完整的崧泽文化时期陶鬶24件。其中凿形足鬶22件，铲形足鬶2件。腹底转折的A型凿形足鬶有20件，圆腹的B型凿形足鬶有2件。A型凿形足鬶从崧泽文化第1段一直延续到崧泽文化第4段，有较完整的发展序列。其中，属于崧泽文化第1段至第3段即崧泽文化早期的A型凿形足鬶共有14件③。

目前，在环太湖流域或宁镇地区的相当于崧泽文化时期的其他遗址当中，尚未看到如东山村遗址具有较完整发展序列的A型凿形足鬶。例如，江苏昆山绰墩遗址共出土崧泽文化时期陶鬶8件，其中A型凿形足鬶4件（年代上相当于东山村遗址崧泽文化第4段），铲形足鬶3件（均为圆腹），两型陶鬶均为崧泽文化中期，未见到崧泽文化早期的A型凿形足鬶④。上海青浦崧泽遗址中，在1994—1995年的发掘中于崧泽文化墓葬中出土了3件陶鬶，其中1件陶鬶为A型凿形足鬶（M135：2），2件为铲形足鬶（M122：5、M123：5）⑤。前者年代相当于东山村遗址崧泽文化第3段，后2件年代相当于东山村遗址崧泽文化第6段。新岗遗址中，未见到凿形足鬶，所见到的陶鬶多为铲形足，另有部分为锥状足或柱状足，均为圆腹，共有22件（墓葬出土21件，灰坑1件），年代上相当于东山村崧泽文化第4段至第6段，即崧泽文化中晚期，未见到崧泽文化早期的陶鬶出土⑥。江苏南京北阴阳营遗址中，相当于崧泽文化时期的陶鬶仅出土了2件，一件为居住区墓葬出土的侧装凿形足鬶（M237：1），一件为第二层墓葬出土的铲形足鬶（M111：7），两件均为圆腹，时代大体在崧泽文化中晚期⑦。江苏江阴南楼遗

①　安徽省文物考古研究所：《潜山薛家岗》，文物出版社，2004年。灰坑出土的2件（H41：15和H42：17）及地层出土的1件（T13④：7）与墓葬中出土的形制相同。墓葬中出土相对完整的18件，报告编写者归为薛家岗一期至四期，而薛家岗一期至四期相当于崧泽文化时期。薛家岗五期和六期已进入良渚文化时期，其出土的陶鬶形制已变，与前四期不同，这里不在统计之列。

②　8件A型凿形足鬶为：薛家岗 H41：15、M5：1、M65：5、M84：4、M90：3、M108：4、M113：3、T13④：7。13件B型凿形足鬶为：薛家岗 H42：17、M3：1、M7：2、M26：1、M60：2、M81：1、M91：10、M115：3、M117：4、M118：2、M124：1、M125：3、M138：4。

③　14件A型凿形足鬶为：东山村M9：4、M15：11、M90：9、M90：60、M92：3、M92：5、M99：9、90M4：7、M98：3、M98：11、M89：16、M89：19、M95：5、M95：9。

④　苏州市文物研究所：《昆山绰墩遗址》，文物出版社，2011年。

⑤　上海市文物管理委员会：《1994—1995年上海青浦崧泽遗址的发掘》，《上海博物馆集刊》（第八期），上海书画出版社，2000年。

⑥　常州博物馆：《常州新岗——新石器时代文化遗址发掘报告》，文物出版社，2013年，第234、273页。

⑦　南京博物院：《北阴阳营——新石器时代及商周时期遗址发掘报告》，文物出版社，1993年。

址中，见到发表的仅1件凿形足鬶（M18：17），折肩，腹底转折明显，绞索状半环耳，伴出有花瓣形圈足杯，在时代上属于崧泽文化晚期①。江苏常熟钱底巷遗址中，同样未见到崧泽文化早中期的凿形足鬶，仅见到墓葬中出土1件圆腹的铲形足鬶（M3：4），年代上属于崧泽文化晚期。江苏常州圩墩遗址中，仅见到墓葬出土了1件圆腹的柱状足鬶（M122：19），年代上相当于东山村遗址崧泽文化第5段，即崧泽文化中期偏晚阶段②。江苏海安青墩遗址中，墓葬内出土了2件圆腹的铲形足鬶（M64：3、M82：1），年代上属于崧泽文化中期③，相当于东山村遗址崧泽文化第4段。浙江安吉安乐遗址中，见到发表的有3件，两件为铲形足鬶（96M9：1、96M16：1），一件为凿形足鬶（M18：1），前两件时代属于崧泽文化早期，后一件大体相当于崧泽文化中期④。浙江嘉兴仙坛庙遗址中，见到发表的有3件，均为圆腹铲形足鬶（M37：9、M87：6、M166：3），年代上属崧泽文化早期⑤。浙江长兴江家山遗址中，在2014年11月于良渚博物院举办的"崧泽之美——浙江崧泽文化考古特展"中曾展览一件凿形足陶鬶（M111：13），小喇叭口，溜肩，腹底转折明显，与东山村遗址崧泽文化第1段墓葬M9中的陶鬶（M9：4）基本相似，年代上属于崧泽文化早期。其他遗址如上海青浦福泉山遗址、浙江嘉兴南河浜遗址以及江苏张家港徐家湾遗址等均未见到有陶鬶出土。

　　因此，从目前发表的材料来看，在环太湖流域和宁镇地区只有东山村遗址具有较完整发展序列的A型凿形足鬶。在薛家岗遗址中，虽然也出土了较多的陶鬶，但是相当于崧泽文化早期的A型凿形足鬶仅有2件，同时缺乏东山村遗址中A型凿形足鬶的最初形制如M9：4，以及缺乏一些中间形制如东山村M92：3、M98：3等。鉴于此，笔者以为，薛家岗遗址早期中的A型凿形足鬶（如M5：1、M90：3、M113：3、M65：5、M108：4等）⑥，应该来源于东山村遗址。而其中数量较多的B型圆腹凿形足鬶可能是从A型凿形足鬶转化而来，具有薛家岗遗址自身的特点。据此，可以推想，在崧泽文化早期，以M90墓主为首的东山村先民曾经沿江西上，在对外扩张中将相当多的文化带到了皖江平原。对当地的文化产生了巨大的影响。在对外扩张中，也给东山村遗址带来了极大的活力，并使之快速发展。而为纪念这些首领的功勋，或者说这些首领成了东山村人心目中的"英雄"，是他们的"王"，在这些"英雄"逝世后，部族人开创性地以大型墓的礼遇埋葬他们心中的"英雄"。除了随葬大量日常陶器外，还用具有礼器性质的陶缸、石钺、大型石锛或石凿，以及较多的玉器来陪葬。李伯谦先生曾谈道："东山村崧泽文化早中期大型墓和小型墓分区而葬现象的发现，在一座大型墓中随葬了5件石钺和19件玉器

① 江苏江阴南楼遗址联合考古队：《江苏江阴南楼新石器时代遗址发掘简报》，《文物》2007年第7期。

② 常州市博物馆：《1985年江苏常州圩墩遗址的发掘》，《考古学报》2001年第1期。

③ 南京博物院：《江苏海安青墩遗址》，《考古学报》1983年第2期。

④ 浙江省文物考古研究所、安吉县博物馆：《安吉安乐遗址第一次发掘简报》、《安吉安乐遗址第三、四次发掘的阶段性收获》，《浙北崧泽文化考古报告集》，文物出版社，2014年。

⑤ 浙江省文物考古研究所、海盐县博物馆：《海盐仙坛庙遗址的早中期遗存》，《浙北崧泽文化考古报告集》，文物出版社，2014年。

⑥ 安徽省文物考古研究所：《潜山薛家岗》，文物出版社，2004年。薛家岗遗址中还见到有较多的圆腹陶鬶，这些陶鬶可能是薛家岗遗址自身的特点。

及大量陶器现象的发现（即M90，笔者注），不仅表明距今5800年前长江下游早于其他地区已率先出现社会分级，而且表明军权、王权相结合的初级王权已露端倪。"[①]因此，M90墓主作为"第一代王"，拥有了更高规格的礼遇，不仅其随葬的5件石钺比其他大墓质地更坚实、制作更精美，而且其陪葬的陶鼎、鬶、豆、缸以及玉器的数量都比其他大墓要多。自M90开始，一个"王者"的时代悄然来临。

四、小　　结

近几年东山村遗址崧泽文化墓地的揭露，尤其是以M90为代表的一批崧泽文化早中期高等级大墓的首次发现，为我们重新审视环太湖流域崧泽文化的社会发展水平和文明化进程提供了极其重要的考古学资料。这些新发现，将以石钺、大型石锛和石凿为代表的军权或王权出现的时间从崧泽文化中晚期提早到了崧泽文化早期。遗址内大中型墓和小墓实行分区埋葬，大型墓内的随葬品有比较固定的器物组合，实行一套比较稳定的葬礼，并且出现了比较大的房址，这些都说明了东山村已经出现了明显的社会分层，将中华文明起源的时间推进到了距今5800年左右，为其后良渚文化先于其他地区进入文明古国奠定了坚实的基础。

（原载于《东南文化》2015年第6期）

[①] 李伯谦：《关于文明形成的判断标准问题》，《中国聚落考古的理论与实践》（第一辑），科学出版社，2010年。

江苏邳州梁王城遗址西周墓地出土人骨研究

朱晓汀

内容提要：江苏邳州梁王城遗址西周墓地出土了67例西周人骨，对其性别、年龄、人口寿命、体质类型、身高情况的分析特别是对颅骨形态特征的研究表明，梁王城西周组居民属于蒙古人种，具有中颅型结合高颅、狭颅的特点，同时具有狭额、高眶、阔鼻、正颌的面部特征，并且具有长狭的下颌。梁王城西周组居民的颅型与现代亚洲蒙古人种的东亚类型最为接近；面部特征与东亚类型、北亚类型比较接近；体质形态与河南、陕西、甘肃、青海出土的同时代人骨存在一定差异，但这种差异小于梁王城西周组与梁王城大汶口组、殷墟中小墓Ⅲ组、滕州前掌大B组之间的差异。

关键词：江苏邳州　梁王城遗址　西周墓地　人骨　蒙古人种　体质人类学

梁王城遗址位于江苏省邳州市戴庄镇李圩村西，自2004年至2009年共进行了6次发掘，揭露西周时期墓葬71座，收集人骨标本67例。笔者对出土人骨进行了性别、年龄鉴定，对保存较好的骨骼进行了观察、测量，并进行了初步的体质类型分析。

由于我国目前出土明确为周人族属的人骨材料极其有限，仅有陕西凤翔南指挥西村周墓、陕西铜川瓦窑沟和甘肃合水九站出土的先周文化墓葬等几批材料[1]，而江苏境内的周代体质人类学材料几乎为空白，因此，梁王城西周墓地出土的人骨材料对于认识西周居民的体质特征、研究周人与相关文化居民的亲疏关系、探讨周人的来源与构成具有重大意义。

---

[1]　焦南峰：《凤翔南指挥西村周墓人骨的初步研究》，《考古与文物》1985年第3期；陈靓：《瓦窑沟青铜时代墓地颅骨的人类学特征》，《人类学学报》2000年第1期；朱泓：《合水九站青铜时代颅骨的人种学分析》，《考古与文物》1992年第2期。

一、性别年龄情况及人口寿命研究

鉴定以骨盆形态为主，结合颅骨、下颌骨及其他相关骨骼对性别进行综合判定；以耻骨联合面的形态变化、牙齿的萌出或磨耗情况为主，结合颅骨骨缝及骨骺的愈合情况对年龄进行综合判定。

（一）性别年龄鉴定

共鉴定骨骼标本67例：性别明确者40例，不能鉴定性别者27例，鉴定率为59.7%；男性标本21例，女性标本19例，男女性别比为1∶0.9。

（二）人口寿命研究

1. 死亡年龄分布统计

在67例标本中，年龄段明确者59例，鉴定率为88%。青年期及中年期死亡年龄略高，未成年即夭折的比例为13.6%（表一）。

表一 梁王城周代居民死亡年龄分布统计

年龄阶段（岁）	男性/例数	百分比/%	女性/例数	百分比/%	性别不明/例数	百分比/%	合计/例数	百分比/%
婴儿期（0—2）	0	0	0	0	3	15.8	3	5.1
幼儿期（3—6）	0	0	0	0	2	10.5	2	3.4
少年期（7—14）	0	0	0	0	3	15.8	3	5.1
青年期（15—23）	8	38.1	6	31.6	4	21.1	18	30.5
壮年期（24—35）	5	23.8	7	36.8	2	10.5	14	23.7
中年期（36—55）	8	38.1	6	31.6	5	26.3	19	32.2
老年期（56—X）	0	0	0	0	0	0	0	0
合计	21	100	19	100	19	100	59	100
年龄段明确者	21	100	19	100	19	70.4	59	88
成年（年龄不详）	0	0	0	0	6	22.2	6	9
未判定（年龄不详）	0	0	0	0	2	7.4	2	3
总计	21	100	19	100	27	100	67	100

2. 平均寿命研究

将梁王城西周组出土的所有人骨视为同一代人来编制简略生命表，进行平均寿命的计算，梁王城西周组居民的平均寿命为男性30.83岁，女性31.18岁，女性略长于男性（表二、表三）。

表二　梁王城西周组古代居民男性组人口简略生命表

年龄组（X）	死亡概率（nqx）	尚存人数（lx）	各年龄组死亡人数（ndx）	各年龄组内生存人年数（nlx）	未来生存人年数累计（tx）	平均预期寿命（ex）
0—	0	21	0	21	647.5	30.83
1—	0	21	0	84	626.5	29.83
5—	0	21	0	105	542.5	25.83
10—	0	21	0	105	437.5	20.83
15—	23.81	21	5	92.5	332.5	15.83
20—	31.25	16	5	67.5	240	15
25—	9.09	11	1	52.5	172.5	15.68
30—	10	10	1	47.5	120	12
35—	22.22	9	2	40	72.5	8.06
40—	57.14	7	4	25	32.5	4.64
45—	100	3	3	7.5	7.5	2.5

表三　梁王城西周组古代居民女性组人口简略生命表

年龄组（X）	死亡概率（nqx）	尚存人数（lx）	各年龄组死亡人数（ndx）	各年龄组内生存人年数（nlx）	未来生存人年数累计（tx）	平均预期寿命（ex）
0—	0	19	0	19	592.5	31.18
1—	0	19	0	76	573.5	30.18
5—	0	19	0	95	497.5	26.18
10—	0	19	0	95	402.5	21.18
15—	26.32	19	5	82.5	307.5	16.18
20—	7.14	14	1	67.5	225	16.07
25—	15.38	13	2	60	157.5	12.12
30—	36.36	11	4	45	97.5	8.86
35—	42.86	7	3	27.5	52.5	7.5
40—	25	4	1	17.5	25	6.25
45—	100	3	3	7.5	7.5	2.5

二、颅骨的形态特征研究

梁王城西周墓地出土人骨中，可用于形态观察的颅骨共30例，均已成年并可明确鉴定其性别，其中男性15例，女性15例。颅骨非测量性形态特征的观察标准依据《人体测量手册》的相关著述①。统计结果见表四。

表四　梁王城西周组男女两性颅骨非测量性形态特征的统计

观察项目	性别（例数）	体质特征（例数）
颅形	男（7）	卵圆2、盾形3、楔形2
	女（2）	盾形2
眉弓突度	男（11）	微显5、稍显6
	女（10）	微显7、稍显3
眉弓范围	男（11）	2级8、1级3
	女（10）	2级3、1级7
眉间突度	男（10）	不显8、稍显2
	女（8）	不显7、稍显1
前额	男（9）	平直2、中等3、倾斜4
	女（5）	中等4、倾斜1
额中缝	男（10）	无9、全1
	女（11）	无11
前囟段	男（8）	微波3、深波5
	女（3）	微波1、深波1、锯齿1
顶段	男（7）	深波2、锯齿5
	女（4）	微波1、深波1、锯齿2
顶孔段	男（6）	微波2、深波4
	女（3）	锯齿3
人字点段	男（9）	深波2、锯齿6、复杂1
	女（2）	微波1、锯齿1
眶形	男（6）	方形4、长方形1、圆形1
	女（2）	方形1、长方形1
鼻根点凹陷	男（5）	1级2、0级3
	女（6）	0级6
鼻前棘	男（7）	1级6、2级1
	女（1）	1级1
梨状孔	男（3）	心形3
	女（1）	梨形1

---

① 邵象清：《人体测量手册》，上海辞书出版社，1985年。

续表

观察项目	性别（例数）	体质特征（例数）
梨状孔下缘	男（8）	锐型3、鼻前窝型3、鼻前沟型2
	女（2）	锐型1、鼻前沟型1
犬齿窝	男（5）	1级5
	女（2）	1级2
铲形门齿	男（10）	铲形门齿10
	女（9）	铲形门齿9
齿弓形状	男（13）	抛物线形12、U形1
	女（10）	抛物线形10
腭圆枕	男（12）	瘤状型4、嵴状型2、无6
	女（7）	嵴状型2、丘状型2、无3
乳突	男（13）	小7、中等6
	女（10）	小8、中等2
枕外隆突	男（14）	稍显13、缺如1
	女（7）	稍显5、缺如2
矢状脊	男（10）	无6、有4
	女（3）	无2、有1
翼区	男（2）	H型2
	女（1）	X型1
下颌圆枕	男（14）	无7、弱4、明显3
	女（12）	无8、弱3、明显1
下颌角区	男（12）	外翻6、直形4、内翻2
	女（12）	外翻4、直形1、内翻7
颏型	男（13）	圆形8、方形5
	女（12）	圆形10、方形2

　　两性差异比较大的非测量项目如下。颅形：男性主要有卵圆、盾形、楔形三种，女性皆为盾形。梨状孔：男性皆为心形；女性仅1例可供观察，为梨形。翼区：男性可供观察的仅有2例，均为H型；女性可供观察的仅有1例，为X型。额中缝：仅观察到1例男性标本存在，女性标本未发现。

　　两性非测量项目在出现比例上存在的差异如下。眉弓发育程度：据眉弓突度、眉弓范围、眉间突度几项非测量形态的观察结果，可以看出男性略强于女性；前额形态：男性呈倾斜状的所占比例较大；眶形：男性以方形居多，也有长方形、圆形，女性可供观察的仅有2例，分别为长方形、方形；鼻根点凹陷程度：女性皆为不显（0级），男性则有2例为稍显（1级）；鼻前棘：男性标本有1例为稍显（2级），其余6例为不显（1级），女性仅有1例可供观察，为不显（1级）；梨状孔下缘：男性有锐型、鼻前窝型、鼻前沟型三种类型，女性有锐型和鼻前沟型两种类型；乳突：男性较女性略大；枕外隆突：男性稍显的比例大于女性；矢状脊：男性的出现率大于女性；下颌圆枕：男性的出现比例高于女性；下颌角形态：男性外翻的比例较大，女性内翻的比例较大；颏型：男女两性都为圆形、方形两种，方形在男性中所占比例大于在女性中所占比例。

男女两性在非测量项目上几乎相同的项目如下：颅顶缝不复杂，以微波型、深波型、锯齿型为主；犬齿窝均较浅；所有可供观察的标本皆为铲形门齿；齿弓形状绝大多数为抛物线形，仅有1例为U形；腭圆枕出现率男性为50%，女性为57%。

综上，男女两性在非测量项目上存在显著差异的项目极少，仅在颅形、梨状孔、翼区等项目上有区别，这可能与此几项特征可供观察的个体数较少有关；男女两性在铲形门齿、齿弓形状、腭圆枕出现率等项目上比较一致。女性在眉弓、鼻根点凹陷、鼻前棘、乳突、枕外隆突、矢状脊、下颌圆枕等几个特征的发育上弱于男性，前额倾斜比例小于男性、下颌角形态多为内翻（男性多为外翻），女性中方形颏的比例小于男性，这些差异应属于性别上的差异，应不存在人种类型或种族的差异。

梁王城西周组铲形门齿100%的出现率、表现为不显或稍显的鼻根凹陷和鼻前棘都是蒙古人种的标志性特征，故梁王城西周组居民应归属于蒙古人种。

三、颅骨测量性状的研究

（一）颅骨测量数据的统计

梁王城西周墓地可供测量的头骨男性10例、女性10例，测量条件比较好的颅骨男性5例、女性4例。对这几例颅骨进行测量的结果显示，梁王城西周组颅骨具有中颅型结合高颅、狭颅的特点，同时具有狭额、高眶、阔鼻、正颌的面部特征，并且具有长狭的下颌（表五）。

表五　梁王城西周组男性主要测量项目及指数的平均值　（长度：毫米；角度：°；指数：%）

马丁号	项目	平均值（例数）	马丁号	项目	平均值（例数）
1	颅骨最大长（g-op）	179.17（6）		鼻梁角（72-75）	21.5（1）
5	颅基底长（n-enba）	99.67（3）	N∠	面三角（∠pr-n-ba）	62.9（3）
8	颅骨最大宽（eu-eu）	140（6）	A∠	面三角（∠n-pr-ba）	70.73（3）
9	最小额宽（ft-ft）	92.27（7）	B∠	面三角（∠n-ba-pr）	46.37（3）
11	耳点间宽（au-au）	127（8）	8：1	颅长宽指数	79.06（5）
12	枕骨最大宽（ast-ast）	112.8（8）	17：1	颅长高指数	79.26（3）
7	枕骨大孔长（enba-o）	36.03（6）	17：8	颅宽高指数	102.94（3）
16	枕骨大孔宽	33.92（6）	9：8	额宽指数	65.59（5）
17	颅高（ba-b）	141（3）	16：7	枕骨大孔指数	94.55（6）
21	耳上颅高（po-po）	117.25（6）	40：5	面突指数	92.62（2）

续表

马丁号	项目	平均值（例数）	马丁号	项目	平均值（例数）
23	颅周长（g-op-g）	500（1）	48：17	垂直颅面指数pr	53.51（3）
24	颅横弧（po-b-po）	313（2）	48：17	垂直颅面指数sd	56.33（3）
25	颅矢状弧（n-o）	368（4）	48：45	上面指数pr	55.31（2）
26	额骨矢状弧（n-b）	126.5（6）	48：45	上面指数sd	58.94（2）
27	顶骨矢状弧（b-l）	128.6（5）	48：46	上面指数pr	72.25（4）
28	枕骨矢状弧（l-o）	118.92（6）	48：46	上面指数sd	76.02（4）
29	额骨矢状弦（n-b）	111.12（6）	54：55	鼻指数	49.16（5）
30	顶骨矢状弦（b-l）	112.88（5）	52：51	眶指数IR	86.42（5）
31	枕骨矢状弦（l-o）	99.13（6）	52：51	眶指数IL	86.83（3）
40	面基底长（enba-pr）	95（2）	52：51a	眶指数IIR	96.19（2）
43	上面宽（fmt-fmt）	105.39（8）	52：51a	眶指数IIL	94.69（2）
44	两眶宽（ec-ec）	96.32（5）	54：51	鼻眶指数R	62.47（5）
45	颧宽（zy-zy）	128.5（2）	54：51	鼻眶指数L	64.59（3）
46	中面宽（zm-zm）	98.6（5）	54：51a	鼻眶指数R	70.02（2）
47	全面高（n-gn）	123（3）	54：51a	鼻眶指数L	68.19（2）
48	上面高（n-pr）	72.62（5）	SS：SC	鼻根指数	32.46（2）
48sd	上面高（n-sd）	76.08（5）	63：62	腭指数	109.3（3）
50	前眶间宽（mf-mf）	19.13（3）	45：0.5（1+8）	横颅面指数	82.83（2）
51	眶宽（mf-ec）R	40.15（6）	17：0.5（1+8）	高平均指数	89.52（3）
51	眶宽（mf-ec）L	40.25（4）		下颌骨指数	59.09（4）
51a	眶宽（d-ec）R	36.7（2）	65	下颌髁突间宽（cdl-cdl）	131.05（4）
51a	眶宽（d-ec）L	35.53（3）	66	下颌角间宽（go-go）	103.04（8）
52	眶高（Orb.Brea）R	34.96（5）	67	颏孔间宽	48.6（9）
52	眶高（Orb.Brea）L	35.05（4）	68	下颌体长	78.38（8）
MH	颧骨高（zm-fmo）R	44.83（6）	68-1	下颌体最大投影长	107（4）
MB	颧骨宽（zm-rim.Orb）	—	69	下颌联合高（id-gn）	35.31（8）
54	鼻宽	25.42（6）	69-1	下颌体高IR	31.18（9）
55	鼻高（n-ns）	51.58（5）	69-1	下颌体高IL	31.83（6）
SC	鼻最小宽	6.9（2）		下颌体高IIR	29.73（9）
SS	鼻最小宽高	2.25（2）		下颌体高IIL	29.09（7）
60	上颌齿槽弓长（pr-alv）	50.78（6）	69-3	下颌体厚IR	13.7（9）
61	上颌齿槽弓宽（ekm-ekm）	64.11（7）	69-3	下颌体厚IL	13.81（8）
62	腭长（ol-sta）	41.36（3）		下颌体厚IIR	16.46（9）
63	腭宽（enm-enm）	45.03（7）		下颌体厚IIL	16.06（9）
FC	两眶内宽（fmo-fmo）	96.59（7）	70	下颌枝高R	57.28（5）
FS	鼻根点至两眶内宽之矢高（n to fmo-fmo）	15.33（6）	70	下颌枝高L	63.35（8）

续表

马丁号	项目	平均值（例数）	马丁号	项目	平均值（例数）
DC	眶间宽（d-d）	23.7（1）	71	下颌枝宽I-R	41.26（5）
	鼻棘下点至中面宽之矢高（ss to zm-zm）	23.87（3）	71	下颌枝宽I-L	42.08（6）
32	额侧角I（∠n-m and FH）	84.92（6）	71	下颌枝宽II-R	32.72（5）
	额侧角II（∠g-m and FH）	77.5（6）	71	下颌枝宽II-L	34.95（6）
	前囟角I（∠g-b and FH）	45.75（6）	71a	下颌枝最小宽R	32.67（7）
	前囟角II（∠n-b and FH）	51.17（6）	71a	下颌枝最小宽L	35.26（7）
72	总面角（∠n-pr and FH）	85.9（5）	79	下颌角	119.94（8）
73	中面角（∠n-ns and FH）	89.8（5）	68：65	下颌骨指数	59.09（4）
74	齿槽面角（∠ns-pr and FH）	69.8（5）	71：70	下颌枝指数R	72.6（5）
75	鼻梁侧角（∠n-rhi and FH）	63（2）	71：70	下颌枝指数L	65.13（6）
77	鼻颧角（∠fmo-n-fmo）	143.57（5）		颏孔间弧	59.33（9）
SSA	颧上颌角（∠zm-ss-zm）	129.51（3）		下颌联合弧	37（8）

（二）与现代亚洲蒙古人种各地域类型的比较

将梁王城西周组与亚洲蒙古人种的北亚、东北亚、东亚和南亚四个区域类型进行比较，比较的项目包括颅长、颅宽、颅指数、颅高、颅长高指数、颅宽高指数、最小额宽、额角、颧宽、上面高、垂直颅面指数、上面指数、鼻颧角、面角、眶指数、鼻指数、鼻根指数。梁王城西周组有13个项目落入蒙古人种变异范围（表六）。未落入蒙古人种变异范围的4项，其差异状况如下：颅宽高指数略大于变异范围，眶指数略大于变异范围，颧宽值略小于变异范围，受颧宽略小的影响上面指数大于变异范围。从中可以大致梳理出梁王城西周组居民异于现代蒙古人种的形态特点：更狭的颅型、略窄的颧宽、更高的眼眶。

表六　梁王城西周组头骨测量值与亚洲蒙古人种各类型的比较（男）（长度：毫米；角度：°；指数：%）

马丁号	项目	梁王城西周组	亚洲蒙古人种				亚洲蒙古人种范围
			北亚	东北亚	东亚	南亚	
1	颅长（g-op）	179.2	174.9—192.7	180.7—192.4	175.0—182.2	169.9—181.3	169.9—192.7
8	颅宽（eu-eu）	140	144.4—151.5	134.3—142.6	137.6—143.9	137.9—143.9	134.3—151.5
8：1	颅指数	79.1	75.4—85.9	69.8—79.0	76.9—81.5	76.9—83.3	69.8—85.9
17	颅高（ba-b）	141	127.1—132.4	132.9—141.1	135.3—140.2	134.4—137.8	127.1—141.1
17：1	颅长高指数	79.3	67.4—73.5	72.6—75.2	74.3—80.1	76.5—79.5	67.4—80.1
17：8	颅宽高指数	102.9	85.2—91.7	93.3—102.8	94.4—100.3	95.0—101.3	85.2—102.8
9	最小额宽（ft-ft）	92.3	90.6—95.8	94.2—96.6	89.0—93.7	89.7—95.4	89.0—96.6
32	额角（n-mFH）	84.9	77.3—85.1	77.0—79.0	83.3—86.9	84.2—87	77.0—87.0

续表

马丁号	项目	梁王城西周组	亚洲蒙古人种				
			北亚	东北亚	东亚	南亚	亚洲蒙古人种范围
45	颧宽（zy-zy）	128.5	138.2—144.0	137.9—144.8	131.3—136.0	131.5—136.3	131.3—144.8
48	上面高（n-sd）	76.1	72.1—77.6	74.0—79.4	70.2—76.6	66.1—71.5	66.1—79.4
48∶17	垂直颅面指数	56.3	55.8—59.2	53.0—58.4	52.0—54.9	48.0—52.2	48—59.2
48∶45	上面指数	58.9	51.4—55.0	51.3—56.6	51.7—56.8	49.9—53.3	49.9—56.8
77	鼻颧角（fmo-n-fmo）	143.6	147.0—151.4	149.0—152.0	145.0—146.6	142.1—146.0	142.1—152
72	总面角（n-prFH）	85.9	85.3—88.1	80.5—86.3	80.6—86.5	81.1—84.2	80.5—88.1
52∶51	眶指数（右）	86.4	79.3—85.7	81.4—84.9	80.7—85.0	78.2—81.0	78.2—85.7
54∶55	鼻指数	49.2	45.0—50.7	42.6—47.6	45.2—50.2	50.3—55.5	42.6—55.5
SS∶SC	鼻根指数	32.5	26.9—38.5	34.7—42.5	31.0—35.0	26.1—36.1	26.1—42.5

　　梁王城西周组有9项指标落入北亚蒙古人种范围，包括颅长、颅指数、最小额宽、额角、上面高、垂直颅面指数、面角、鼻指数、鼻根指数；有1项指标（眶指数）略大于北亚蒙古人种的上限；有5项指标落入东北亚蒙古人种范围，包括颅宽、颅高、上面高、垂直颅面指数、面角；有1项指标略大于东北亚蒙古人种的上限；有10项指标落入东亚蒙古人种范围，包括颅长、颅宽、颅指数、颅长高指数、最小额宽、额角、上面高、面角、鼻指数、鼻根指数；有2项指标接近东亚蒙古人种范围，其中颧宽略小于东亚蒙古人种下限，上面指数略大于东亚蒙古人种上限；有8项指标落入南亚蒙古人种范围，包括颅长、颅宽、颅指数、颅长高指数、最小额宽、额角、鼻颧角、鼻根指数。

　　综上所述，从落入变异范围的项目数来看，梁王城西周居民的主要体质性状落入亚洲蒙古人种的东亚、北亚类型较多；从具体的项目来看，梁王城西周居民在颅型上与现代亚洲蒙古人种的东亚类型最为接近，在面部特征上与东亚类型、北亚类型都比较接近。

（三）与各相关古代组的比较

　　笔者对梁王城西周墓地出土的10例男性头骨和10例女性头骨进行了测量，计算各个项目的平均值，将平均值与国内其他地点出土的青铜时代人骨如河南安阳殷墟中小墓组（商代）、甘肃玉门火烧沟组（夏至早商）、陕西凤翔南指挥西村周墓组（先周）、陕西铜川瓦窑沟组（先周文化晚期）、甘肃合水九站组（先周晚期到西周晚期）、青海循化托伦都阿哈特拉组（时代相当于夏末至周初）、青海湟中李家山组（时代相当于夏末至周初）、山东滕州前掌大墓地B组（商至周）[①]，以及梁王城大汶口文化墓地出土人骨[②]进行对比，对比组选取了9组颅骨的相关数据，采用欧氏距离（Euclidean distance）聚类进行分类。欧氏距离系数计算公式为：

$$D_{ij}\sqrt{\sum_{j=1}^{m}\left(x_{ij}-x_{kj}\right)^2}$$，其中，i、k代表颅骨组，j代表测定项目，m代表测定项目数。应用此方法计算所得的D_{ij}函数值越小，说明两个颅骨组在形态特征上有可能越接近。从欧氏距离系数的计算结果可以看出，梁王城西周墓地居民与先周居民（瓦窑沟组、西村周组、九站组）、商代居民（殷墟中小墓Ⅱ、火烧沟组）、青海青铜时代居民（阿哈特拉组、李家山组）都存在较大的形态学距离，与梁王城当地新石器时代居民的形态距离更大，与前掌大B组、殷墟中小墓Ⅲ的形态距离最大（表七、表八）。

表七　梁王城西周组与各古代组聚类分析所选项目　　（长度：毫米；角度：°；指数：%）

项目	阿哈特拉组	李家山组	瓦窑沟组	西村周组	九站组	梁王城西周组	殷墟中小墓Ⅱ	殷墟中小墓Ⅲ	梁王城大汶口组	火烧沟组	前掌大B组
颅长（g-op）1	182.9	182.2	181.33	180.63	177.34	179.2	184.03	187.18	176.1	182.78	190.17
颅宽（eu-eu）8	140.3	140	140.08	136.81	139.34	140	140.13	142.67	140.64	138.44	150.87
颅高（ba-b）17	138.2	136.5	139.45	139.29	134.67	141	140.32	134.83	149.67	139.27	134.65
最小额宽（ft-ft）9	90	91.2	91.5	93.29	94	92.27	90.43	93.86	93.72	90.06	94.83
颧宽（zy-zy）45	133.7	138.6	136.33	131.48	137.34	128.5	133.08	145.4	141.94	136.25	138.6
上面高（n-sd）48	74.8	77.3	72.5	72.6	68.67	76.1	73.81	75.08	75.24	73.82	82.15
眶高右52	35.2	35.4	32.46	33.62	30	34.96	33.55	35.52	34.73	33.63	36
眶宽（mf-ek）右51	42.8	43.2	40.83	42.48	38.34	40.15	42.43	44.88	41.83	42.5	42.6
鼻高（n-ns）55	55.2	57	55	51.61	49.34	51.58	53.38	56.42	53.5	53.59	60.15
鼻宽54	26.1	26.7	26.38	27.74	24.67	25.42	26.99	28.96	25.67	26.73	28.2
总面角（n-pr-FH）72	85.8	87	83.33	81.05	79.34	85.9	83.81	84.63	79.75	86.68	87.5
颅指数8：1	76.7	76.93	77.25	75.75	78.63	79.06	76.5	76.27	79.62	75.9	79.56
颅长高指数17：1	75.6	74.96	76.9	77.16	75.87	79.26	76.09	72.08	84.38	76.12	69.25
颅宽高指数17：8	98.8	97.6	99.55	102.04	96.67	102.94	99.35	94.53	105.84	100.66	89.42
上面指数48：45（n-sd）	56	55.88	53.24	55.1	50	58.94	53.98	51.66	52.63	54.41	57.43
眶指数右52：51	82.3	82.02	79.87	79.25	78.23	86.42	78.59	79.32	83.02	78.47	79.81
鼻指数54：55	47.4	47.01	48.21	53.84	50.03	46.19	50.98	51.41	47.09	49.92	47.06
鼻根指数（SS：SC）	39.4	39.02	25.03	33.71	30.23	32.46	35.35	43.84	41.96	35.57	34.55

① 韩康信、潘其风：《安阳殷墟中小墓人骨的研究》，《安阳殷墟头骨研究》，文物出版社，1985年；韩康信：《甘肃玉门火烧沟古墓地人骨的研究》，《中国西北地区古代居民种族研究》，复旦大学出版社，2005年；韩康信：《青海循化阿哈特拉山古墓地人骨研究》，《考古学报》2000年第3期；张君：《青海李家山卡约文化墓地人骨种系研究》，《考古学报》1993年第3期；中国社会科学院考古研究所：《滕州前掌大墓地》，文物出版社，2005年。

② 朱晓汀、朱泓、林留根：《江苏邳州梁王城遗址大汶口文化墓地出土人骨研究》，《东南文化》2013年第4期。

表八　梁王城西周组与各相关古代组之间欧氏距离系数计算结果

案例	欧氏距离										
	阿哈特拉组	李家山组	瓦窑沟组	西村周组	九站组	梁王城西周组	殷墟中小墓Ⅱ	殷墟中小墓Ⅲ	梁王城大汶口组	火烧沟组	前掌大B组
阿哈特拉组	.000										
李家山组	6.535	.000									
瓦窑沟组	16.105	16.912	.000								
西村周组	13.328	16.609	13.415	.000							
九站组	19.699	20.626	13.387	15.135	.000						
梁王城西周组	13.695	17.308	16.210	14.692	21.782	.000					
殷墟中小墓Ⅱ	8.119	11.735	12.086	8.287	16.139	14.745	.000				
殷墟中小墓Ⅲ	17.232	13.882	24.681	23.389	24.481	29.129	18.786	.000			
梁王城大汶口组	21.316	22.025	24.435	22.050	26.061	22.146	21.512	27.193	.000.		
火烧沟组	7.810	9.573	12.130	10.075	16.520	15.311	5.245	17.778	20.925	.000	
前掌大B组	21.895	19.200	25.804	29.388	30.233	29.139	23.573	19.628	35.889	24.222	.000

　　根据以上欧氏距离系数做组间连接聚类（图一），结果显示，在与同为青铜时代居民的对比中，梁王城西周墓地出土的人骨材料与殷墟中小墓Ⅱ、火烧沟组所代表的商人，西村周墓、瓦窑沟组、九站组所代表的先周至西周居民，阿哈特拉组、李家山所代表的西北地区青铜时代居民相比，都有比较远的形态距离；与梁王城大汶口组、殷墟中小墓Ⅲ、前掌大B组的形态距离则更远。

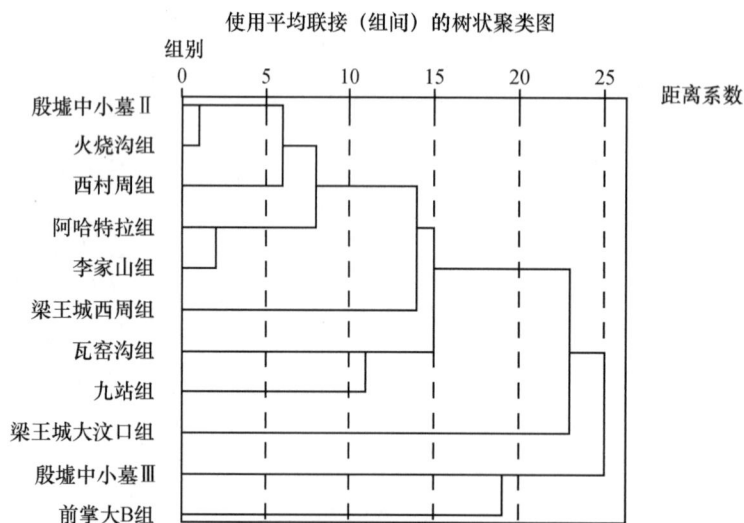

图一　梁王城西周组与其他古代人群关系的树状聚类图

　　梁王城西周墓地出土人骨在形态上与河南、陕西、甘肃、青海出土的同时代人骨有一定差异，但这种差异比其与梁王城大汶口组的差异要小。可见梁王城西周居民并非由新石器时代居民一脉相承发展而来，其中存在着外部基因的流入甚至是取代。与前文同一地点不同时代人骨之间的差异相比，梁王城西周居民与时代和地理位置都比较接近的前掌大B组居民的体质差异更大，这种体质差异所反映的社会层次的原因更值得我们深思。

四、身高的研究

对梁王城西周墓地出土人骨中保存较好的10例男性肢骨和6例女性肢骨进行测量，依据《体质人类学》中记录的利用长骨推算黄种人身高的公式[①]，根据每个个体的肱骨、尺骨、桡骨、股骨、胫骨、腓骨的最大长分别计算出身高值，再将这几个值取平均值，进而得到每个个体的身高值。经过计算，梁王城西周组成年男性的平均身高为166.4厘米，女性的平均身高为156.8厘米。

五、小　　结

（1）梁王城西周组居民男女性别比为1∶0.9；其在青年期及中年期死亡率略高，未成年即夭折的比例为13.6%；男性的平均寿命为30.83岁，女性的平均寿命为31.18岁。

（2）梁王城西周组男女两性的非测量性状基本一致，存在的细微差异应属于性别上的差异，不存在种族或人种类型的差异。梁王城西周组居民应属于蒙古人种。

（3）梁王城西周居民具有中颅型结合高颅、狭颅的特点，同时具有狭额、高眶、阔鼻、正颌的面部特征，并且具有长狭的下颌。在颅型上与现代亚洲蒙古人种的东亚类型最为接近，在面部特征上与东亚类型、北亚类型都比较接近。

（4）梁王城西周组人骨在形态上与河南、陕西、甘肃、青海出土的同时代人骨在形态上存在一定差异，但这种差异比其与梁王城大汶口组之间的差异要小。可见梁王城西周居民并非由新石器时代居民一脉相承发展而来，其中当存在着外部基因的流入甚至是取代；梁王城西周组与前掌大B组、殷墟中小墓Ⅲ之间也存在相当大的差异。

（5）梁王城西周居民成年男性的平均身高为166.4厘米，成年女性的平均身高为156.8厘米。

（原载于《东南文化》2016年第6期）

---

① 朱泓：《体质人类学》，高等教育出版社，2004年，第153、154页。

长江下游新石器时代动物形玉器的研究

费玲伢

内容提要：动物形玉器是长江下游新石器时代玉器研究的重要课题之一。本文将长江下游新石器时代的动物形玉器分为全形动物、半形动物和复合形动物三类，根据动物造型又分为若干不同的器形，并对动物形玉器的寓意进行分析推测，认为玉器的动物造型与原始宗教有着密切的关系，动物形玉器应象征某种神灵的力量或象征赋予人以某种神灵的力量。

关键词：长江下游　新石器时代　动物形玉器

一、动物形玉器的撷选

动物是玉器的母题之一。

长江下游新石器时代的玉器中，既有动物形玉器，也有在玉器表面镂刻或减地而成的动物形纹饰，动物造型和动物形纹饰都是长江下游新石器时代玉器研究的重要对象。

动物形玉器是长江下游新石器时代玉器的组成部分。尽管动物形玉器的数量不多，但动物形玉器代表了长江下游新石器时代玉器的一个重要的类别。因此，对动物形玉器的分类与研究，应为长江下游新石器时代玉器研究的重要课题之一。

长江下游动物形玉器，既有具象的动物形态，也有抽象的动物形态；既有圆雕的动物形玉器，也有镂刻的片状动物形玉器；既有整器为动物造型的玉器，也有部分为动物造型的玉器。

本文撷选的动物形玉器是以具有动物造型为标准，既包括具象的和抽象的动物形玉器、圆雕和片状动物形玉器，也包括整器或部分为动物造型的玉器，但不包括动物形纹饰和器表有动物形纹饰的玉器。

新石器时代的长江下游分为马家浜文化、崧泽文化和良渚文化三个发展时期。根据撷选的动物形玉器的年代分析，长江下游的动物形玉器主要流行于崧泽文化中期至良渚文化中期，即距今5500—4500年，发现动物形玉器的遗址分属北阴阳营文化、崧泽文化、凌家滩文化和良渚文化。

二、动物形玉器的分类

分类是玉器研究的基础。

依据器物的造型和动物的形态，长江下游新石器时代动物形玉器可分为半形动物、全形动物和复合形动物三类。

（一）半形动物

半形动物玉器多有首或有首及前半身。长江下游出土半形动物玉器的新石器时代遗址有含山凌家滩[①]，常熟罗墩[②]、钱底巷[③]以及新沂花厅[④]等。根据动物的形态，半形动物玉器可分为虎首形、龙首形、龙凤首形、鸟首形、犬形和猪形等六类。

1. 虎首形

虎首形玉器皆为条形玉璜，璜的两端作具象的虎形，有首和前肢。

虎首玉璜，含山凌家滩遗址出土。白玉，紫色沁斑，表面光滑。长扁圆形，璜的一端圆雕虎首及身躯前段，并有前肢，头部阴刻虎嘴、虎牙和虎须，眼为两面对钻圆孔，耳部圆雕，身躯阴刻虎斑纹。残长15厘米，宽1.5厘米（图一，1）。

虎首玉璜，含山凌家滩遗址出土。白玉，表面光滑。器呈长方形，剖面扁方形。璜的一端圆雕虎首及身躯前段，并有前肢。头部阴刻虎鼻、虎嘴和虎须，眼为两面对钻圆孔。另一端侧面对钻一小圆孔和凹槽，当与另一半璜相接。长16.5厘米，宽1.9厘米（图一，2）。

虎首玉璜，含山凌家滩遗址出土。白玉，黄色沁斑，表面光滑。两端雕虎首及身躯前段，并有前肢。头部阴刻鼻、嘴，对钻小孔为眼，面部浅浮雕耳、脑、吻部和皱皮纹，身躯前部琢出前肢并阴刻虎斑纹。两面纹饰相同。外径11.9厘米，内径7.1厘米，宽1.5厘米（图一，3）。此外，凌家滩遗址出土的另一件虎首玉璜（凌家滩87M8：25）的玉料、尺寸、形制与之基本相同。

2. 龙首形

龙首形玉器为环形小璧，具象形龙首。

---

①　安徽省文物考古研究所：《凌家滩——田野考古发掘报告之一》，文物出版社，2006年。

②　苏州博物馆、常熟博物馆：《江苏常熟罗墩遗址发掘简报》，《文物》1999年7期。

③　南京大学历史系考古专业、常熟博物馆：《江苏常熟钱底巷遗址发掘报告》，《考古学报》1996年4期。

④　花厅遗址虽不属长江下游，然遗址中出土大量良渚文化玉器，故亦将其出土的玉器归入长江下游。参见南京博物院：《花厅——新石器时代墓地发掘报告》，文物出版社，2003年。

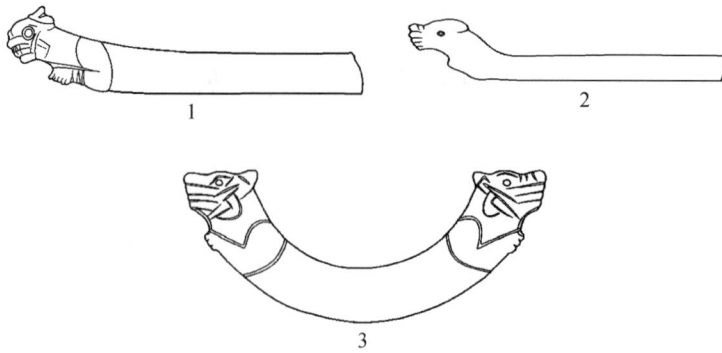

图一　半虎形玉璜
1. 凌家滩87含征：3　2. 凌家滩87M15：109　3. 凌家滩87M8：26

环形小璧，常熟罗墩遗址出土。白玉，受沁呈鸡骨白色，有淡黄、赭红色瑕斑。圆形，中部有对钻的大圆孔。一侧有相对的浅浮雕龙首，龙首由嘴、眼、角组成，共用的环形龙身呈对称状展开。直径3.4厘米，孔径1.1厘米（图二）。

3. 龙凤首形

龙凤首形玉器为璜，璜的两端分别作抽象的龙首与凤首。

龙凤首璜，含山凌家滩遗址出土。白玉，黄色沁斑，表面光滑。璜的中间分开，两端平齐，侧面各对钻一圆孔，并有暗槽相连，截面为扁方形。璜一端为龙首，一端为凤首，龙首眼部和凤首眼部各对钻一孔。外径16.5厘米，内径13.6厘米，宽0.9—1.5厘米（图三）。

4. 鸟首形

鸟首形玉器为玉佩，为具象的鸟首。

鸟首形佩残件，含山凌家滩遗址出土。青玉，玉色灰绿，表面润亮。仅有鸟首，长扁圆尖嘴，眼为对钻的圆孔，颈部阴刻四周弦纹。残高2.4厘米，嘴长1.3厘米（图四）。

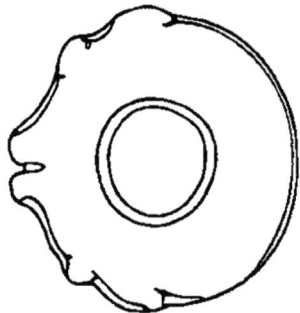

图二　半龙形玉环（罗墩M8：14）

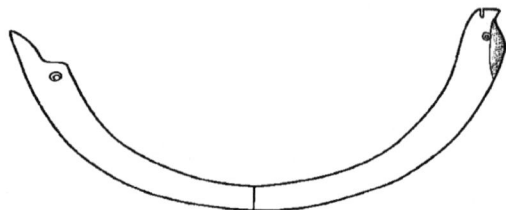

图三　半龙半凤形玉璜（凌家滩87M9：17、87M9：18）

5. 犬形

犬形玉器皆为玉佩，为具象的犬首。

犬形佩，含山凌家滩遗址出土。白玉，略泛黄，表面光滑。仅有犬首，一面平，另一面圆雕有头、鼻、眼，眼为两面对钻圆孔。高1.9厘米，宽2.3厘米（图五，1）。

犬形佩，常熟钱底巷遗址出土。白玉，受沁呈鸡骨白色，有黄斑。扁平，雕成犬首形，昂首，张嘴，以圆形穿孔为眼。高2.3厘米，宽1.9厘米（图五，2）。

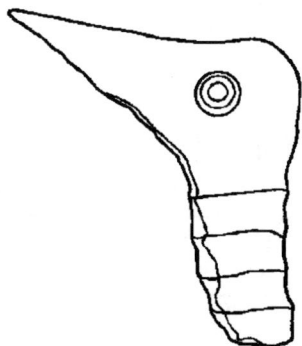

图四　鸟首形玉饰（凌家滩87T1107④：2）

图五　犬形玉饰
1. 凌家滩87M9：63　2. 钱底巷ⅣT1106⑥：27

6. 猪形

猪形玉器皆为玉佩，皆为抽象的猪形。

猪形佩，含山凌家滩遗址出土。玛瑙质，乳黄色，半透明，表面光滑。利用玛瑙自然形状稍加琢磨。琢磨出猪嘴、猪头部，眼睛利用自然孔洞磨光而成，顶部有三个自然孔洞，最大孔与眼孔相通。猪背圆弧肥大。猪尾部有一较浅的自然孔。长6.9厘米，高2.7厘米（图六，1）。

猪形佩，新沂花厅遗址出土。白玉，玉色乳白，表面光滑润泽。扁薄形，中有圆孔。猪头轮廓作宽额、拱鼻状，下颚弧圆，中间圆孔作猪眼。长5.2厘米，宽4.5厘米（图六，2）。

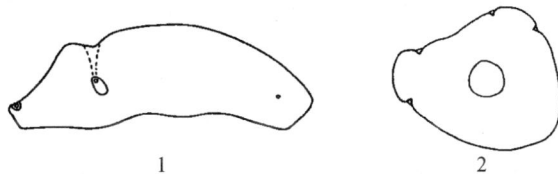
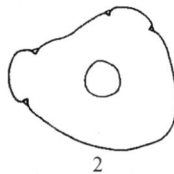

图六　猪形玉饰
1. 凌家滩87M13：1　2. 花厅M48：28

（二）全形动物

全形动物玉器为有首有尾的完整的动物形态。长江下游出土全形动物玉器的新石器时代遗址有含山凌家滩，江阴祁头山①，吴县张陵山②，上海福泉山③，桐乡新地里④，海盐仙坛庙⑤，余杭瑶山⑥、反山⑦、后头山⑧、横山⑨等。根据动物的形态，全形动物玉器可分为龙形、鸟形、蛙形、龟形、蝉形、兔形和鱼形等七类。

1. 龙形

龙形玉器为环形或近似环形的玉佩，皆为具象的龙形。

龙形佩，含山凌家滩遗址出土。白玉，泛青灰色，表面光滑润泽。龙首尾相连，中有一孔，呈扁圆环形。龙吻部突出，头顶雕刻两角，阴线刻出嘴、鼻，阴刻圆点为眼，脸部用阴线刻划折皱和龙须。龙身脊背阴刻规整的圆弧线，连着弧线阴刻十七条斜线并两侧面对称，似龙身麟片，靠近尾部实心对钻一圆孔。玉龙两面雕刻基本相同。长径4.4厘米，短径3.9厘米（图七，1）。

龙形佩，余杭后头山遗址出土。白玉，夹褐斑。龙首尾相连，中有一孔，呈圆环形。侧缘

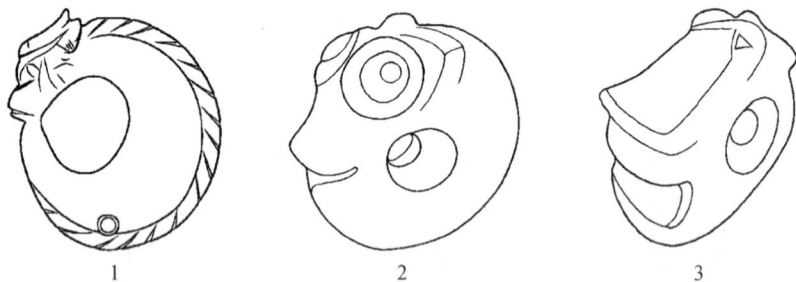

图七　龙形玉饰

1. 凌家滩98M16：2　2. 后头山M18：1　3. 仙坛庙M51出土

①　南京博物院、无锡市博物馆、江阴博物馆：《祁头山——太湖西北部新石器时代考古报告之一》，文物出版社，2007年。

②　南京博物院：《江苏吴县张陵山遗址发掘简报》，《文物资料丛刊》（6），文物出版社，1982年。

③　上海市文物管理委员会：《福泉山——新石器时代遗址发掘报告》，文物出版社，2000年。

④　浙江省文物考古研究所、桐乡市文物管理委员会：《新地里》，文物出版社，2006年。

⑤　王林远、李林：《海盐仙坛庙遗址》，《浙江省文物考古研究所》，《浙江考古新纪元》，科学出版社，2009年。

⑥　浙江省文物考古研究所：《瑶山——良渚遗址群考古报告之一》，文物出版社，2003年。

⑦　浙江省文物考古研究所：《反山——良渚遗址群考古报告之二》，文物出版社，2005年。

⑧　浙江省文物考古研究所、浙江杭州市余杭区文管会：《浙江余杭星桥后头山良渚文化墓地发掘简报》，《南方文物》2008年第3期。

⑨　浙江省余杭县文管会：《浙江余杭横山良渚文化墓葬清理简报》，《东方文明之光——良渚文化发现60周年纪念文集》，海南国防新闻出版中心，1996年。

用浅浮雕的方法凸雕出一突吻、大眼、翘角的龙首形象，与圆环的整体造型构成首尾相衔的完整的龙的形态。直径1.4厘米，孔径0.4厘米（图七，2）。

龙形佩，海盐仙坛庙遗址出土。青黄玉，玉质莹润，半透明。龙首尾相连，中有一孔，略呈环形。侧缘浮雕出一个龙首形象，龙首略似猪首形，眼、鼻、耳突出，与圆环的整体造型构成首尾相衔的完整的龙的形态。长1.1厘米，宽1.1厘米，孔径0.5厘米（图七，3）。

2. 鸟形

鸟形玉器为玉佩，皆为具象的鸟形。根据鸟的形态，可分为侧视状鸟形和俯视状鸟形两大类。

（1）侧视状鸟形

鸟形佩，桐乡新地里遗址出土。青白玉，受沁后泛黄白色，有黑色沁斑。整器圆雕，作侧立状。鸟首较小，垂首，身部略呈倒三角形，尾部为扁平条形，身下凸起的小方块上对钻一横向小孔。长2.3厘米，高1.3厘米（图八，1）。

鸟形佩，上海福泉山遗址出土。白玉，

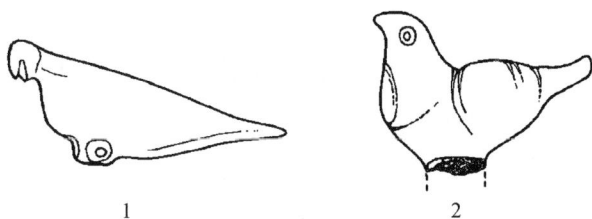

图八　侧视状鸟形玉饰
1. 新地里H11：1　2. 福泉山M126：3

受沁后泛乳白色。整器圆雕，作侧立状。鸟首较小，昂首，眼为钻孔，颈下两面各阴刻一条刻纹，尾部阴刻四条刻纹，足部残缺。长2.6厘米，残高1.88厘米（图八，2）。

（2）俯视状鸟形

鸟形佩，余杭瑶山遗址出土。青玉，有少量灰褐斑。扁平体，头部前伸，两翼舒展，底中部微凸。背面平整，钻三对隧孔，其中两翼上的两对隧孔与侧面对钻。正面在鸟首尖端用浅浮雕和阴刻线琢出神兽纹，主要表现嘴和两眼。长3.2厘米，宽4.6厘米（图九，1）。

鸟形佩，余杭反山遗址出土。黄玉，色泽斑杂，表面光滑。鸟形平展，尖喙短尾，两翼外张。鸟眼重圈，外圈为减地凸起，内圈为管钻，双眼之间因切磨起脊。背部各向两翼作斜向切磨，鸟首与背部之间有几道横向的切割线。背面钻有一对横向的隧孔。长4.36厘米，宽5.33厘米（图九，2）。

鸟形佩，余杭反山遗址出土。黄玉，夹浅蓝色斑，表面光滑。鸟形平展，尖喙短尾，两翼外张。鸟首与鸟尾微上翘，双眼减地凸起，背部也凸起。背面钻有两对横向的隧孔。其中一鸟

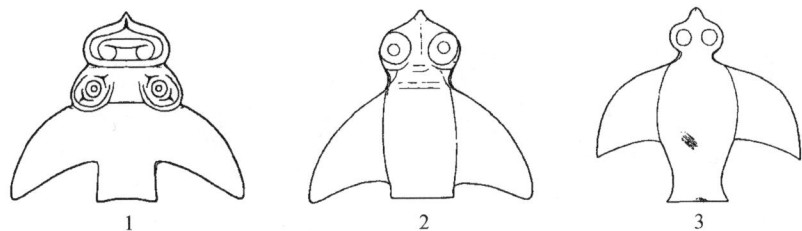

图九　俯视状鸟形玉饰
1. 瑶山M2：50　2. 反山M14：259　3. 反山M16：2

翅边缘残留片切割痕迹。长5.5厘米，宽5.8厘米（图九，3）。此外，反山遗址出土的另两件鸟形玉佩（M15：5、M17：60），形制与之大致相同。

3. 蛙形

根据雕刻技法和形态，蛙形玉器可分为圆雕蛙形和片状蛙形两类。圆雕蛙形玉器为玉佩，片状蛙形玉器为半圆形玉璜，皆为具象的蛙形。

（1）圆雕蛙形

蛙形佩，江阴祁头山遗址出土。青玉，微透明。蛙后足前蹬，前足收缩，口部微张，颈部对钻一系挂小孔。长4.7厘米，宽3.9厘米（图一〇，1）。

蛙形佩，吴县张陵山遗址出土。青玉，呈黄绿色，带有褐斑，透明润亮。一面保留原始切割面，另一面前端钻出系挂小孔，后端琢磨出蛙腿，并阴刻形成屈肢踞蹲的形象。长4.8厘米，宽3.2厘米（图一〇，2）。

（2）片状蛙形

蛙形璜，余杭瑶山遗址出土。白玉，表面光滑。平面略呈三角形，底端尖弧。以透雕和线刻雕成变形的伏蛙，眼为两面对钻的圆孔，两侧镂空成三角形眼睑，鼻孔为阴刻的卷云纹，嘴为弧边十字镂孔。眼眶以下的两侧各有一突起的蛙爪。高3.9厘米，宽7厘米（图一一，1）。

蛙形璜，余杭反山遗址出土。黄玉，夹透光青斑，光泽润亮。边缘略薄，两面以透雕和线刻雕成变形的伏蛙，蛙重圈眼，斜上下的弧尖状眼睑，鼻部为菱形，眼眶以下的两侧有蛙爪。高3.75厘米，宽7.58厘米（图一一，2）。

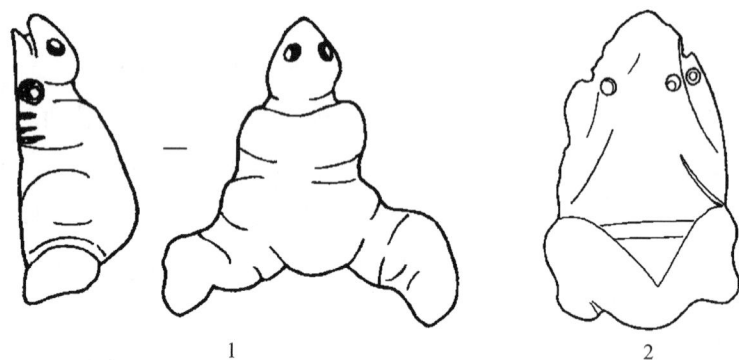

图一〇　圆雕蛙形玉饰

1. 祁头山T1325②：2　2. 张陵山M4出土

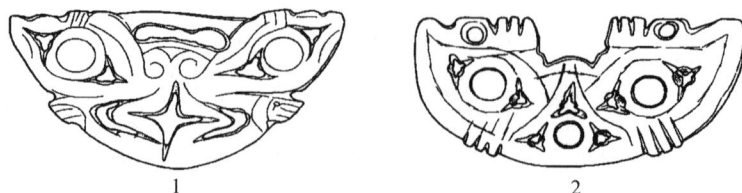

图一一　片状阴刻蛙形玉饰

1. 蛙形玉璜（瑶山M7：55）　2. 蛙形玉璜（反山M16：3）

4. 龟形

龟形玉器为玉佩，皆为具象的龟形。

龟形佩，余杭瑶山遗址出土。黄白玉，有褐色沁斑。龟头颈前伸，四爪作爬行状，龟背脊作弧形凸起，向两侧斜下，底腹部在颈部及尾部各有一对斜向对钻小孔，在中央另有一对相向弧形切割横贯龟腹。长3厘米，宽2厘米（图一二，1）。

龟形佩，余杭反山遗址出土。黄玉，有褐色沁。头颈前伸，四爪短小，作爬行状，背上有一道纵向折脊线。腹部平整，有一对横向的孔。长3.2厘米，宽2.2厘米（图一二，2）。

5. 蝉形

蝉形玉器为玉佩，既有具象的蝉形，也有抽象的蝉形。

蝉形佩，余杭横山遗址出土。黄白玉。器形扁薄，略呈长三角形，状如蝉头。一端平直，两边微凸弧尖，近平直边部有一对钻的小圆孔，两面从尖顶处到底边有一道凹槽，翼尖略开叉。长2.9厘米，宽1.8厘米（图一三，1）。

蝉形佩，余杭反山遗址出土。黄玉，有沁蚀。椭圆形，前端略宽，弧背，以凹凸的弧线勾勒出眼和翼，腹部前高后低，有一对横向的孔。长2.35厘米，宽1.6厘米（图一三，2）。

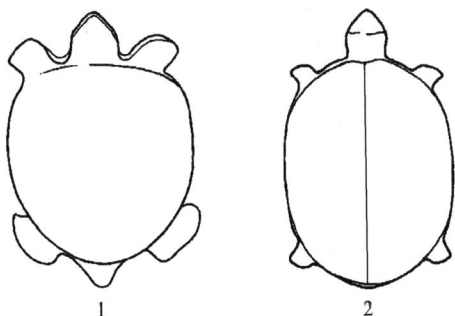

图一二　龟形玉饰

1. 1987年瑶山出土　2. 反山M17：39

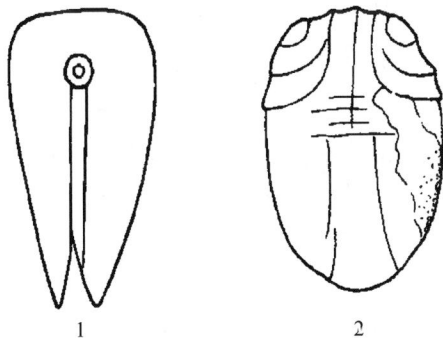

图一三　蝉形玉饰

1. 横山M2：16　2. 反山M14：187

6. 兔形

兔形玉器为具象的兔形，根据造型推测，可能为梳背。

兔形玉饰，含山凌家滩遗址出土。白玉，表面光滑。形体近似长方形，上部雕琢一兔子，两耳紧贴脊背，兔尾上翘。下部为一长条形凹边，上对钻四个圆孔。高1.9厘米，长6.8厘米（图一四）。

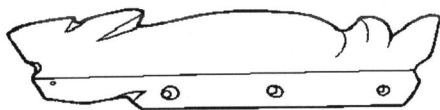

图一四　兔形玉饰

（凌家滩87M10：7）

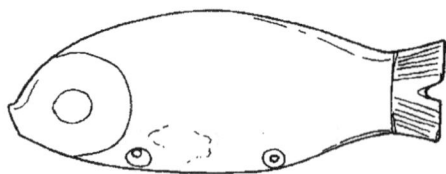

图一五　鱼形玉饰（反山M22∶23）

7. 鱼形

鱼形玉器为玉佩，为具象的鱼形。

鱼形佩，余杭反山遗址出土。黄玉，局部有沁。长条形，横截面呈椭圆形。头部圆雕，阴刻眼睛，拱背收腹，鱼鳍分叉，并阴刻鱼尾纹。鱼腹对钻有两个小孔。长4.83厘米（图一五）。

（三）复合形动物

复合形动物玉器皆为玉佩，有具象的造型和抽象的造型。复合形玉器既有动物与动物的复合，也有动物与人的复合。长江下游出土复合形动物玉器的新石器时代遗址有含山凌家滩、马鞍山烟墩山[①]、高淳朝墩头[②]、昆山赵陵山[③]、吴县张陵山等。根据组合，复合形动物玉器可分为动物与动物复合形和动物与人复合形两类。

1. 动物与动物复合形

鸟、兽、兽复合形佩，含山凌家滩遗址出土。白玉，泛青绿斑，表面光滑。中为鹰，两侧为猪。鹰呈展翅飞翔状，头和嘴琢磨而成，眼睛为一对钻圆孔，两翅为猪首或貘首，腹部规整阴刻一圆圈纹，内刻八角星纹，八角星内又阴刻一小圆圈纹，圆内偏左上对钻一圆孔，大圆的下部阴刻扇形齿纹作鹰的尾部。两面纹饰相同。高3.6厘米，宽6.35厘米（图一六，1）。

鸟、兽、兽复合形佩，昆山赵陵山遗址出土。青玉，局部受沁泛白。中为鸟，两侧为兽。

图一六　动物复合形玉饰

1. 凌家滩98M29∶6　2. 赵陵山M77∶86

---

① 马鞍山市文物管理所、马鞍山市博物馆：《马鞍山文物聚珍》，文物出版社，2006年。

② 南京博物院考古研究所资料。

③ 南京博物院：《赵陵山——1990～1995年度发掘报告》，文物出版社，2012年。

鸟作长弧条形，近顶端圆尖，上有一小孔，已残，两翅为大小不等两兽，长吻，尖状立耳，扁圆鼓身，尾短上翘，俯身侧立。长2.96厘米，宽1.52厘米（图一六，2）。

2. 动物与人复合形

兽、人复合形佩，马鞍山烟墩山遗址出土。青玉，白色沁，局部有褐色沁斑，表面光滑。分上、下两部分，上部圆雕人的高冠，冠上有一蹲鸟，圆头，尖嘴，缩颈，鼓腹，眼为小圆孔；下部为侧立的半身人像，圆目，突吻，短颈，挺胸，背部有一方形缺口，腿部对钻一小圆孔。高3.60厘米，宽1.50厘米（图一七，1）。

兽、人复合形佩，高淳朝墩头遗址出土。浅绿色玉，玉质细密。分上、下两部分，上部浅浮雕线刻人的高冠，冠上有一蹲兽，尖嘴，缩颈，鼓腹；下部为半身人像，脸方正，近菱形眼眶，大鼻抿嘴，一字胡，长耳，两臂相交平置于胸前。正面起脊，背面平直微内凹，横截面呈三角形，人像下端钻"Y"字形三向穿孔。长5厘米（图一七，2）。

兽、人复合形佩，吴县张陵山遗址出土。黄玉，表面光滑润泽。分上、下两部分，上部尖状高冠又似变形兽首，镂空刻画嘴、鼻及三角形纹饰；下部为侧身人像，雕刻嘴、鼻，眼为小圆孔，腹部有三角形镂空纹饰。高6厘米，宽1.20厘米（图一七，3）。

鸟、兽、人复合形佩，昆山赵陵山遗址出土。青玉，受沁呈鸡骨白，并有少量红褐色沁斑，表面光滑润亮。分上、下两部分，上部尖状高冠的顶端立一长喙翘尾的鸟，胸部下垂，做栖息状，鸟腹与匍匐的兽吻相接，兽头较小，弓背，翘尾，前、后脚分别立于尖状高冠的内侧；下部人像头戴尖状高冠，翘鼻，短颈，手臂后举与兽尾相接，下体作屈膝蹲踞式，底端有一小孔。高5.08厘米，宽2.95厘米（图一七，4）。

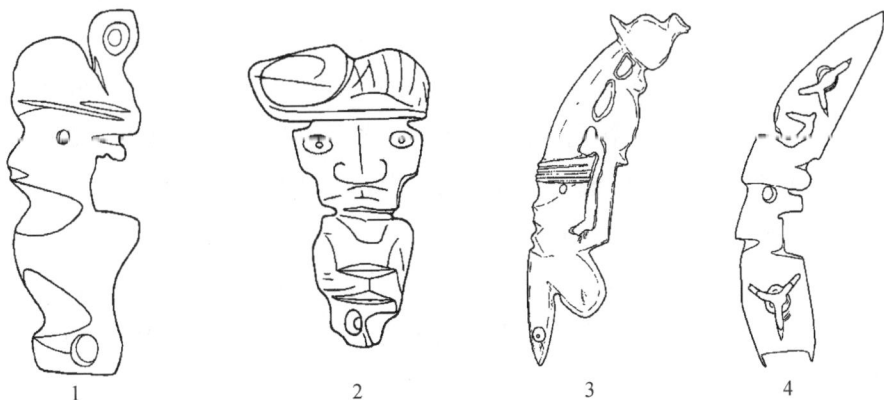

图一七 动物与人复合形玉饰

1. 马鞍山烟墩山出土　2. 朝墩头M12：17-1　3. 张陵山M5：16　4. 赵陵山M77：71

三、动物形玉器的寓意

玉器的寓意是玉文化的精髓。

玉文化是中国的传统文化，玉器的寓意一般为吉祥如意、和顺美满。而在新石器时代，玉器的寓意可能更为复杂，可能更具有浓郁的原始宗教色彩。

长江下游新石器时代的玉器中，动物形玉器数量明显少于其他种类的玉器，而在琮、璧等玉礼器上，常见兽、鸟等动物形纹饰，由此推测，动物形纹饰已成为玉礼器的附属，而动物形玉器在长江下游新石器时代诸多玉器中已退居次要位置。

分布于西辽河流域的红山文化玉器中，动物形玉器的数量众多，动物形玉器代表了红山文化玉器的主流，构成了红山文化玉器的主体。尽管新石器时代的西辽河流域与长江下游有几乎相同的玉龟、玉鸟、玉鱼等，但由于构成玉器的主体或玉器的主流不同，因而与长江下游新石器时代玉器形成强烈的反差。

新石器时代的玉器形态与原始宗教形态有着密切的关系。红山文化动物形玉器反映了红山文化原始宗教处于生殖崇拜阶段；而长江下游则以玉礼器代表了崧泽、凌家滩、良渚诸文化玉器的主流，构成了玉器的主体。

西辽河流域以动物形玉器为主流，而长江下游以玉礼器为主流，这不仅反映了西辽河流域和长江下游的原始宗教属于不同的体系，也反映了西辽河流域和长江下游的新石器时代的原始宗教处于不同的发展阶段。

新石器时代的玉礼器有璜、琮、璧、斧、钺等。尽管在长江下游新石器时代的玉礼器上常见动物形纹饰，然动物形玉器主要为玉佩。

长江下游新石器时代的动物形玉器除少量为条形和半圆形玉璜外，余皆为不同类型的佩饰。其中，龙、凤、虎、蛙等动物用于璜、环形璧等礼器类玉器，而犬、猪、兔、鸟、蝉、蛙、龟、鱼等动物则多用于一般的佩饰。动物形玉器虽多为佩饰，但并非仅具有装饰意义，其文化内涵应超越非动物形玉佩。

长江下游新石器时代的动物形玉器中，神灵类动物有龙、凤，非神灵类动物有虎、犬、猪、兔、鸟、蝉、蛙、龟、鱼，在非神灵类动物中，虎的威猛、鹰的翱翔、龟的长寿、蝉的蜕变以及鱼和蛙的多卵等，应同样具有灵性，而春秋战国时期流行的"四象""四灵"和"四神"也可能起源于新石器时代，因为在长江下游新石器时代的动物形玉器中均能见其端倪。非神灵类动物造型玉器的象征意义可能与生产、生活有一定的联系，而神灵类动物形玉器的象征意义可能与原始宗教的关系更为密切[①]。

复合形玉器是长江下游新石器时代玉器中的特殊现象，其器类新颖、造型独特、工艺先

---

①　严文明：《凌家滩玉器浅识》，《凌家滩玉器》，文物出版社，2000年。

进[1]，其中最重要的是具象的凌家滩遗址出土的鹰、猪与太阳纹复合形玉佩和赵陵山遗址出土鸟、兽、人复合形玉佩。在动物与动物的复合形玉器中，主要为鸟、兽、兽的组合；在人与动物的复合形玉器中，主要为人、兽的组合和人、鸟、兽的组合，显然复合形玉器的寓意要比单一的动物形玉器更为复杂和深邃：或寓意鸟、兽与太阳三位一体[2]，或寓意某一氏族或部族的图腾[3]，或寓意集鸟、兽的奇特功能于一体，或寓意人集鸟、兽的奇特功能于一体，或寓意集天、地或天、地、人于一体的神灵崇拜[4]。总之，复合形玉器应象征某种神灵的力量或象征赋予人以某种神灵的力量。

新石器时代玉器造型、纹饰应与生产技术和工艺水平有关，而玉器造型和纹饰的寓意可能与原始宗教有着密切的关系。动物形玉器是长江下游新石器时代玉器的重要组成部分，因此，动物形玉器应成为长江下游新石器时代玉器寓意研究的不可或缺的重要环节。

（原载于《华夏考古》2016年第4期）

---

① 杨建芳：《安徽古代玉器的超前性》，《安徽省出土玉器精粹》，众志美术出版社，2004年。

② 张敬国：《凌家滩玉器》，文物出版社，2000年。

③ 李修松：《试论凌家滩玉龙、玉鹰、玉龟、玉版的文化内涵》，《安徽大学学报（哲学社会科学版）》，2001年第6期。

④ 谷建祥：《五千年前人、鸟、兽玉组合器》，《东南文化》2000年第2期。

试析江南土墩墓的祭祀遗存

高　伟　曹玲玲

内容提要：江南土墩墓的祭祀遗存包含祭祀建筑、祭祀坑、用人祭祀、牺牲、设祭祀台、焚烧祭祀、祭祀器物群、封土祭祀等多种形式，依据祭祀遗存与土墩墓营建的相对早晚关系，可分为葬前、葬时、葬后三类祭祀遗存。

关键词：江南地区　土墩墓　祭祀　相关遗存

江南土墩墓自20世纪50年代发现以来，便以独特的埋葬方式引起了学界的极大关注[①]。20世纪70年代以后，随着土墩墓遗存的不断发现和研究的逐渐深入，"土墩墓"得以正式命名[②]。此后，随着考古工作的深入开展，学界对于土墩墓的形制、结构、建筑、分布、分区、分期、起源、族属等相关问题展开了多方面的研究和讨论，取得了重大进展。同时，关于土墩墓的祭祀遗存问题学界多有讨论，不过，对土墩墓祭祀遗存的辨识和认定却尚未形成统一的标准。《东南文化》2015年第3期上刊载了付琳先生《土墩墓祭祀遗存考辨》一文，文章认为土墩墓中常见"墓下祭祀"遗存、"墓前祭祀"遗存、"墩上祭祀"遗存和"墩脚祭祀"遗存等四类器物祭祀遗存形式，土墩墓中的"墓下建筑"遗存、人骨祭坑和焚烧祭祀遗存等可能与丧葬祭祀活动相关[③]。

---

①　本文讨论的范围不包括石室土墩。

②　邹厚本：《江苏南部土墩墓》，《文物资料丛刊》（6），文物出版社，1982年。

③　付琳：《土墩墓祭祀遗存考辨》，《东南文化》2015年第3期。

一、土墩墓祭祀遗存

土墩墓祭祀即墓葬祭祀的一种[①]，表达的是生者对逝者的祭拜和怀念，以及消灾避难和求福保安的祈福意愿。目前发现的江南土墩墓祭祀遗存包含祭祀建筑、祭祀坑、用人祭祀、牺牲、设祭祀台、焚烧祭祀、祭祀器物群、封土祭祀等多种形式。

1. 祭祀建筑

即丧葬祭祀活动的场所、构筑物和建筑物。依据祭祀建筑与墓葬的相对早晚关系，可分作葬前祭祀建筑和葬后祭祀建筑两种形式。

（1）葬前祭祀建筑

这类建筑先于墓葬营建，是土墩墓内最早的遗迹单位，通常发现于部分一墩一墓和向心结构的一墩多墓土墩中，设置于土墩墓的墩体中心，位于正下方墩子基础的层面上。现存形态以排列规则、密集的柱洞为主，或辅以基槽、土台等其他结构。建筑内不见遗物，它与中心墓葬没有直接关系，在建造中心墓葬时已经撤除或毁坏，考古发现仅存基槽、柱洞等遗迹。林留根先生称之为"墓下建筑"遗存，其主要功能是作为墓地标识和进行祭祀，对墓葬建筑的焚烧毁弃是土墩墓营建过程中最重要的祭祀行为[②]。付琳先生认为"墓下建筑"是形制简陋、具有临时性的遗存，很可能是土墩墓营建之前的祭祀活动遗存[③]。

以江苏金坛裕巷一号墩[④]为例，一号墩发现墓葬3座、器物群13处、房址1座。其中F1开口于第5层，打破第7层，半地穴式。平面近正方形，南北长4、东西长4.1、深0.5米，由23个柱洞组成，分南北两排排列。柱洞平面形状有圆形、半圆形和方形，直径最大者35、最小者15厘米，柱洞均直壁，浅平底，大部分柱洞打破半地穴坑的底部，所有柱洞构成一个平面呈"凸"字形的棚式建筑，门向朝东（图一）。

类似的建筑遗存在江苏句容周岗D2[⑤]、金坛薛埠上水二号墩[⑥]、句容寨花头D2[⑦]、大港双墩

---

①　"古不墓祭"的观点自汉代即占主导地位，然而，随着大量先秦墓葬资料和考古资料的不断发现，可确证墓葬祭祀活动在先秦时期的墓葬营建过程中就已经存在。参见董坤玉：《先秦墓祭制度再研究》，《考古》2010年第7期；刘洁：《"古不墓祭"之我见》，《许昌学院学报》2009年第1期。

②　林留根：《江南土墩墓相关建筑遗存的发现与研究》，《东南文化》2011年第3期。

③　付琳：《土墩墓祭祀遗存考辨》，《东南文化》2015年第3期。

④　南京博物院：《江苏金坛裕巷土墩墓群一号墩的发掘》，《考古学报》2009年第3期。

⑤　田名利、吕春华、唐星良：《土墩墓丧葬建筑》，《中国文化遗产》2005年第6期。

⑥　南京博物院考古研究所：《江苏金坛县薛埠镇上水土墩墓群二号墩发掘简报》，《考古》2008年第2期。

⑦　南京博物院：《江苏句容寨花头土墩墓D2、D6发掘简报》，《文物》2007年第7期。

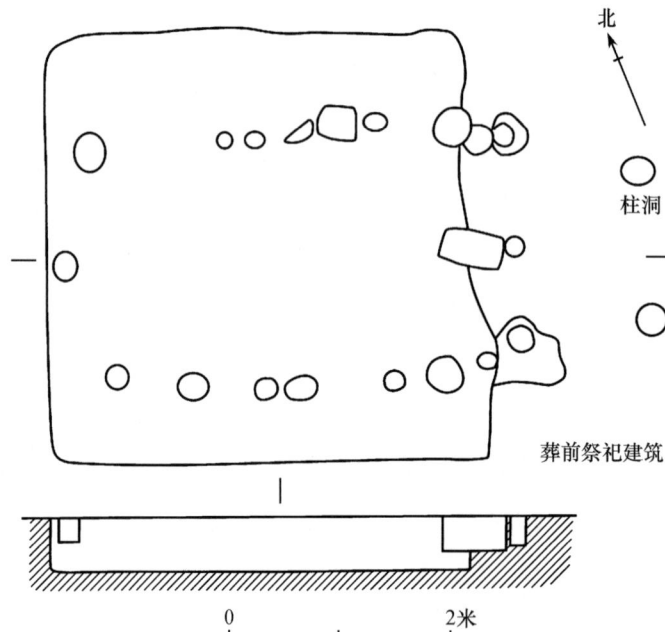

图一　金坛裕巷一号墩F1平、剖面图

2号墩①、丹徒辛丰大墩D1②、句容下蜀中心山D1③等土墩墓中均有发现。

（2）葬后祭祀建筑

这类建筑一般不早于墩内墓葬建造，通常是与墩内中心墓葬同时段的建筑遗存，伴有较为明显的火烧或毁弃痕迹。

以南京江宁陶吴一号土墩墓④为例，D1呈馒头状，底部椭圆形，南北长约62、东西长约48、高9.1米。D1内部发现2座作为墓葬的小型土墩，两者相距约3.5米，分别编号为d1、d2。所发现的建筑遗存位于D1西部，开口于D1第5d层下，发现分布规律的柱坑68个（图二）。东部柱坑叠压于M43之下，柱坑有圆形、半圆形和方形之别，直径0.16—0.36、深0.2—0.4米，均口大底小，内填较纯净的褐色黏土。西北部7个柱坑围成长方形，中部1个柱坑，南侧60个柱坑分为两排围成喇叭形，柱坑中间有一长约4.5、宽约2米的烧土面。M43位于d2中部，由石框、"凹"字形墓台、墓室、祭台、封门和"凸"字形填土组成。其中祭台位于墓室内西侧，平面呈长方形，长2.2、宽1.36、高0.05米。祭台表面有一层厚约0.4厘米的红烧土面。封门位于祭台西侧，发现一些炭化的站立状圆木痕迹，直径0.07—0.12米。从M43祭台发现的烧土面和烧焦的木构封门以及d1和d2西侧发现的小范围烧土面推测，在修筑D1过程中曾举行过次数不详的祭祀活动。

---

① 江苏镇江博物馆、南京博物院：《江苏镇江大港双墩 2号墩发掘报告》，《南方文物》2010年第4期。

② 镇江博物馆：《江苏丹徒薛家村大墩、边墩土墩墓发掘简报》，《东南文化》2010年第5期。

③ 南京博物院：《江苏句容下蜀中心山土墩墓发掘简报》，《东南文化》2011年第3期。

④ 南京市博物馆、江宁区博物馆：《南京江宁陶吴春秋时期大型土墩墓发掘简报》，《东南文化》2011年第3期。

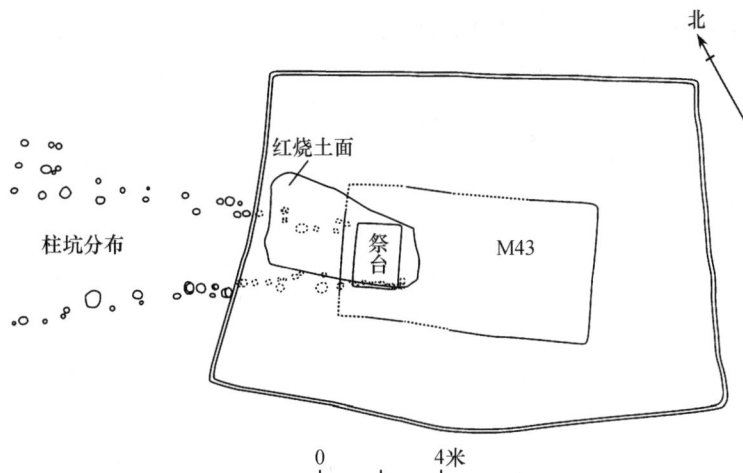

图二　江宁陶吴一号土墩墓相关祭祀遗存分布图

另外，类似浙江绍兴印山大墓发现的建筑遗存是否属于祭祀遗存值得商榷。印山大墓墓室为狭长条形"人"字坡的木屋结构，截面呈等腰三角形，用加工平整的巨大枕木构筑而成，原报告认为这应是允常"木客大冢"[①]；墓道东段底面上发现小型柱洞11个，分列南北两侧，其中北侧4个、南侧7个，均呈圆形，洞径8—25厘米，洞深16—50厘米。柱洞内的填土除3号洞有木质炭化物外，其余均与墓道填土一致，洞内立柱似乎在使用后即拔出。在南北柱洞外侧贴墓道壁外各发现一条浅排水沟，可能建墓时搭建了工棚类的临时性建筑。

此外，葬后祭祀建筑或存在建于封土之上的地表建筑。地表祭祀建筑与土墩属于同一时代的共存关系，是土墩形成之后的祭祀活动场所。此类建筑遗存在江南土墩墓尚未确切发现。据介绍，南京溧水和凤乡俞家D2的墩顶发现了圆形石砌祭台[②]。由于无法确定祭台与土墩遗存之间的共时关系，圆形石砌祭台是否为土墩祭祀遗存尚不得而知。

2. 祭祀坑

是早于墩内墓葬、专门用于祭祀活动的相关遗迹现象，通常位于土墩底层或边缘位置。

以江苏镇江丹徒南岗山土墩墓09DND1[③]为例，在土墩墓坑底部发现3处专门的祭祀坑，出土较多祭祀器物。三处遗物大致处于同一水平面上，呈曲尺形排列（图三）。值得注意的是，南岗山土墩墓多以十几座土墩墓为一组，每组又以一座较大的土墩为中心，沿山脊两侧对称分布，且每组中的大墩不是墓葬。从土墩所处的位置及土墩内揭露的遗存来看，中心墩应是各组土墩墓的总标志，而土墩内的遗物坑当为堆筑土墩时举行某种仪式的遗存。

①　浙江省文物考古研究所、绍兴县文物保护管理所：《浙江绍兴印山大墓发掘简报》，《文物》1999年第11期。

②　王志高：《溧水县和凤乡土墩墓》，《中国考古学年鉴·1992》，文物出版社，1994年，第199页。

③　南京博物院：《江苏丹徒南岗山土墩墓》，《考古学报》1993年第2期。

此外，江苏金坛薛埠镇上水二号墩墓葬下也发现祭祀器物坑遗存Q8[①]。Q8位于墩体的东部下层，器物之上有专门的封土，Q8被土台叠压，自身叠压在第6层之上（图四）。出土器物只有少数陶器在放置时是完好的，大多数在摆放时就已破碎。

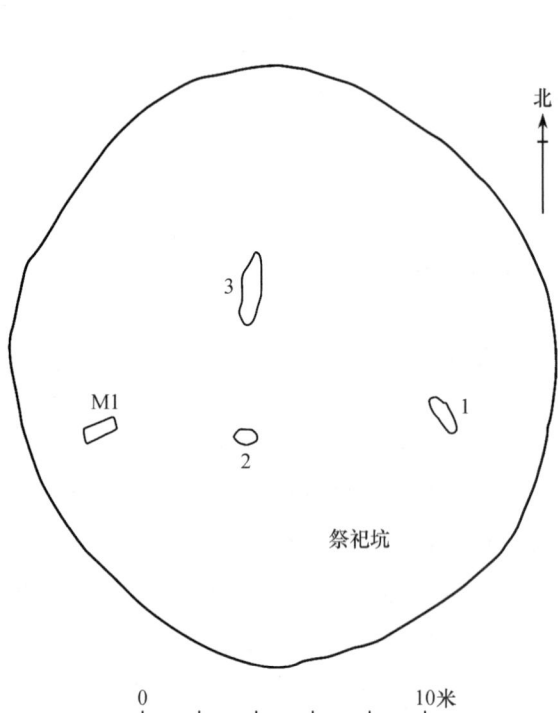

图三　南岗山D1平面图　　　　　图四　薛埠镇上水二号墩平、剖面图

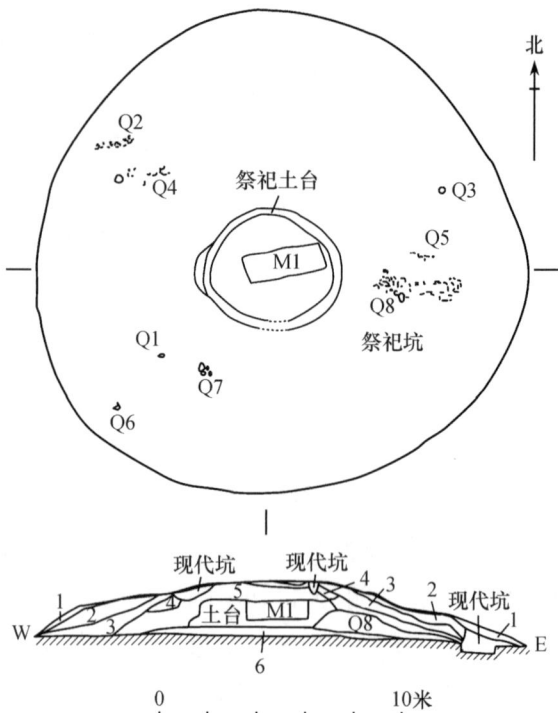

3. 用人祭祀和牺牲

包含人殉、人牲及"六畜"牺牲等祭祀。江南土墩墓发现的这几种祭祀遗存通常见于大型高规格墓葬之中，且用人祭祀和牺牲多一同发现。

目前发现用人祭祀和牺牲的土墩墓有如下几座：丹徒烟墩山大墓，在墓葬西北发现两座小坑，其中一坑出土小铜鼎、石器和人牙等遗物，推测是人殉附葬[②]；丹徒北山顶春秋大墓，墓坑两侧平台上各附葬1人，墓道中层偏南处附葬1女性，墓道底部西北角还发现盛装羊、家猪和鲤鱼的青铜鼎[③]；镇江粮山春秋石穴墓，于墓葬二层石台发现一处未成年儿童殉骨和部分马牲的残骨[④]；丹徒青龙山春秋大墓，墓道口两侧的二层台上各有殉人1个，墓室中有3匹马牲，另在主墓室东侧十余米处附葬一小型土墩墓[⑤]。

①　南京博物院考古研究所：《江苏金坛县薛埠镇上水土墩墓群二号墩发掘简报》，《考古》2008年第2期。
②　江苏省文物管理委员会：《江苏丹徒县烟墩山出土的古代青铜器》，《文物参考资料》1955年第5期。
③　江苏省丹徒考古队：《江苏丹徒北山顶春秋墓发掘报告》，《东南文化》1988年第3、4合期。
④　刘建国：《江苏丹徒粮山春秋石穴墓——兼谈吴国的葬制及人殉》，《考古与文物》1987年第4期。
⑤　丹徒考古队：《丹徒青龙山春秋大墓及附葬墓发掘简报》，《东方文明之韵——吴文化国际学术研讨会论文集》，岭南美术出版社，2000年。

4. 设祭祀台

　　设祭祀台，即修筑祭祀活动的台面，多见于中心墓室的旁侧或下方，平台经人为修整或有人类活动，常见祭祀器物（或器物残片）、成片的红烧土分布或大范围的焚烧遗迹等现象。

　　如丹徒北山顶春秋墓刀形墓道的南北两侧各有一个祭台，其上还发现附葬人的情况[①]。北侧土台长约18、宽约13米，南侧土台长约18、宽约7米（图五）。

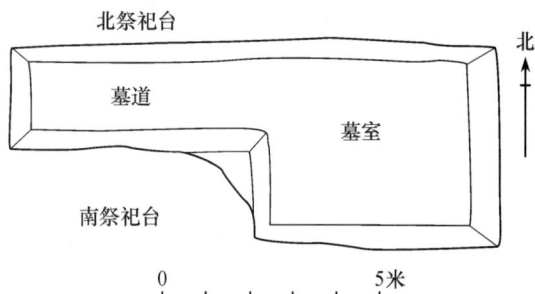

图五　北山顶大墓平面图

　　此外，薛埠镇上水二号墩发现的土台位于墩体中部。土台平面略呈椭圆形，断面呈梯形，上小下大，顶面平整。墩内墓葬M1即开口于土台台面上（图四）[②]。另在上水4号墩发现有面向墩心主墓的祭祀土台[③]。

5. 焚烧祭祀

　　土墩墓的焚烧遗迹较为常见，在墩体下部、墓葬周边、墩体上部等处皆有发现。焚烧祭祀不同于烧烤防潮的意义，是一种基于祭祀习俗的烧火现象，在土墩墓的营建过程前后都有发现，有学者称之为"燎祭"。实际上，燎祭又称燔燎、燔柴、郊柴、柴燎，是一种古老的祭天仪式[④]。燎祭最初是殷商时期祭祀制度的一种祭法，仅积薪而燎之，渐及于燎牲。陈梦家先生将受享燎祭者分为"先公、土、日月风、旬、河、岳、东母西母、蚀"等八类。这八类受享者皆为天帝与一切自然神，而"燎旬"为诸神中最为抽象者[⑤]。与土墩墓焚烧祭祀的对象显然不同。据有文字可考的历史，自商周至明清，燎祭一直为帝王邦君所施行，在近代一些少数民族的祭祀活动和一些地区民间风俗中仍保有这一古老礼仪[⑥]。

　　镇江句容鹅毛岗土墩墓二号墩发现2个火烧坑，分别开口于第5层下（K1）和第6B层下（K2）。在第2、4、6B等层下及近土墩底部处发现多处较大范围的红烧土面[⑦]。而这些层位恰恰是墓葬发现的集中区域，K1、K2内残留较多的红烧土和灰烬，未见器物出土。

　　丹徒薛家村大墩的两座墓葬都发现有各自附属的祭祀坑K1、K2（图六）[⑧]。其中，K1大

　　① 江苏省丹徒考古队：《江苏丹徒北山顶春秋墓发掘报告》，《东南文化》1988年第3、4合期。

　　② 南京博物院考古研究所：《江苏金坛县薛埠镇上水土墩墓群二号墩发掘简报》，《考古》2008年第2期。

　　③ 赵东升、杭涛：《复杂的祭祀行为》，《中国文化遗产》2005年第6期。

　　④ 李锦山：《燎祭起源于东部沿海地区》，《中国文化研究》1995年第1期。

　　⑤ 陈梦家：《古文字中之商周祭祀》，《燕京学报》1936年第19期。

　　⑥ 许科：《古代燎祭用物及其意义》，《四川大学学报（哲学社会科学版）》2008年第3期。

　　⑦ 镇江博物馆、句容市博物馆：《江苏句容鹅毛岗土墩墓D2发掘简报》，《东南文化》2012年第4期。

　　⑧ 镇江博物馆：《江苏丹徒薛家村大墩、边墩土墩墓发掘简报》，《东南文化》2010年第5期。

部分与M1墓道重合，前面少部分伸进墓室，坑内填土为黑灰色且夹有大量木炭屑及红烧土颗粒，土质松散，坑底为坚硬的红烧土面；M1最下层亦为红烧土垫层。K2位于M2墓坑中部，经火烧，坑壁两侧被烧成坚硬的红烧土墙，坑内为松散的红烧土；M2墓道最底层也是松散的红烧土。

6. 祭祀器物群

为墩体形成之后的祭祀遗存，层位上不早于墩内的第一座墓葬，时限上与墩内墓葬属于同一时段。祭祀器物群与随葬器物不同，多见于土墩的封土内，以数件或数十件器物集中摆放成组，不见人骨遗留。不同土墩墓的祭祀器物群组合和数量有所不同。

金坛裕巷一号墩发现3座墓葬，1处建筑遗存，13处器物群（图七）[①]。其中M1、Q1—Q10开口于第2层下，Q1—Q5、Q8、Q9位于第6层之上；M3、Q11—Q13开口于第3层下；第4层下发现M2；第5层下发现半地穴式方形建筑F1。从层位关系及分布情况而言，13处器物群与3座墓葬排列有序，未有扰乱。M1位于M3之上，但并未打破M3。F1作为墩内最早遗迹单位，显然具有葬前祭祀的意义。从器物群的器物组合及排列方式来说，所见器物以陶罐、鼎、瓿、坛、釜、钵、盂、盘以及原始瓷碗等为主，与墓葬内随葬品有着很大区别，但器类形制早晚差别不大。

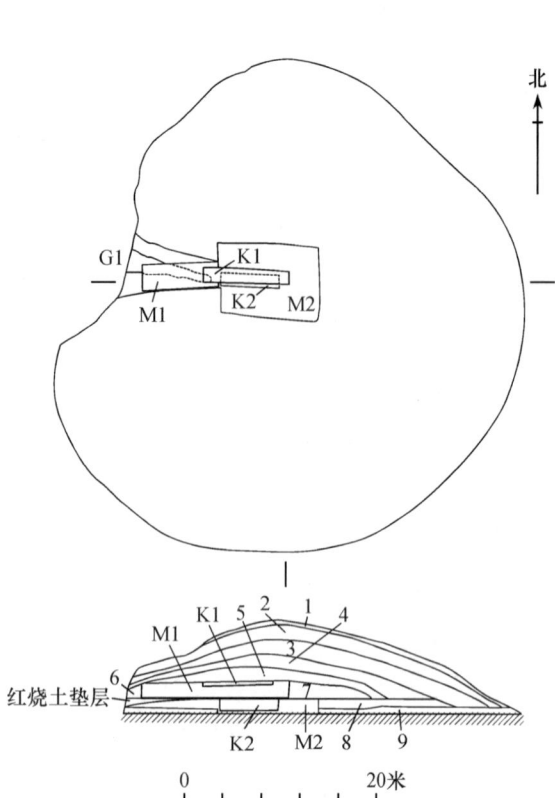

图六　薛家村大墩平、剖面图

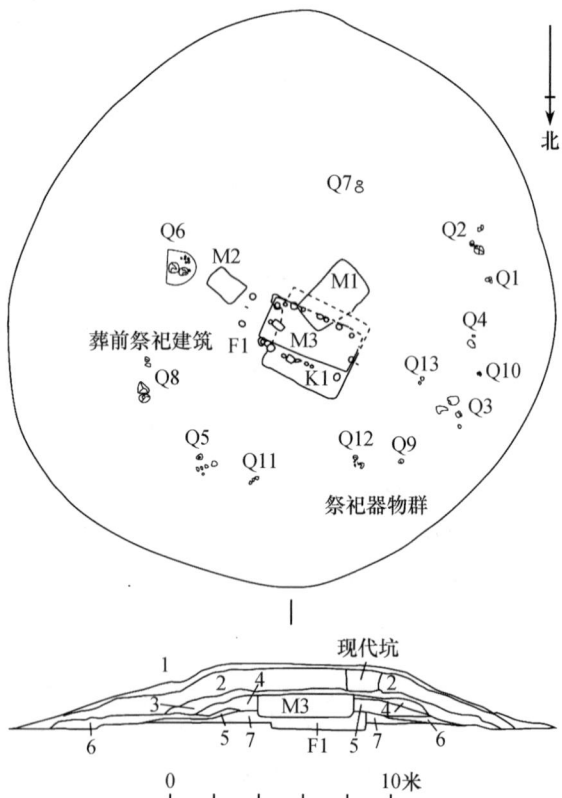

图七　金坛裕巷一号墩平面图

[①]　南京博物院：《江苏金坛裕巷土墩墓群一号墩的发掘》，《考古学报》2009年第3期。

句容中心山土墩墓发现墓葬1座、祭祀器物群1处和房址1座（图八）①。Q1位于土墩西部，器物置于第7层面上，被第6层叠压。出土印纹硬陶坛2件，出土时破碎严重，堆放在一起，在土墩西南墩脚位置发现，器物群器物出土时破碎严重，属有意识打碎。

7. 封土祭祀

是土墩墓形成一段时间后，对土墩的二次加封增土行为，伴有祭祀器物和焚烧祭祀等现象。如丹徒四脚墩M4和M6②。M4和M6皆为一墩一墓，两墓第3层皆是灰黑土层，厚20厘米左右，M4在第3层灰黑土上还发现夹砂陶鬲和硬陶坛各1件，说明这层灰黑土当是第一次封土后的腐殖质形成的，其下是墓葬，其上是二次封土。

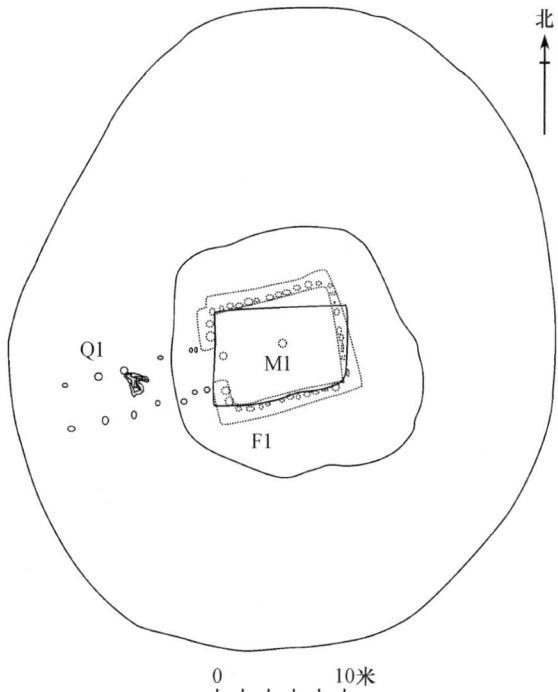

图八　句容下蜀中心山土墩墓平面图

四脚墩土墩墓第二次发掘时，在D2也发现类似的封土祭祀遗存③。D2位于土墩墓群的北部，在第3层出土1件陶鬲，三足向上扣置于第4层层表。此层下开口有墓葬一座，位于墩体平面中部。推测此陶鬲当为建造或加封土墩时的祭祀器物。实际上，在四脚墩D4、D6也发现二次封土的现象，此外，句容鹅毛岗D2Q3④、安徽屯溪弈棋M3⑤等处也存在类似的封土祭祀遗存。

另外，亦有学者提出"立石祭祀""石堆祭祀"等祭祀行为的存在，如句容天王镇东边山发掘的4号墩2号墓是一座浅坑石棺床的墓葬，在石棺床的东端设一圆形小坑，中间"品"字形置3块立石⑥。江苏宜兴百合村D1—D4皆发现有石堆遗迹，其中D1的石堆遗迹更是多达16处⑦。百合村D1发现墓葬1处、器物群2组、石堆遗迹16处、灰坑1处和窑类遗迹1处。16处石堆遗迹分位于土墩不同的层面，由多块不规则石块集中堆放、叠压在一起，并围绕M1呈向心结构分布。石堆遗迹形成年代早晚各异，但不会早于M1的时间。

① 南京博物院：《江苏句容下蜀中心山土墩墓发掘简报》，《东南文化》2011年第3期。
② 镇江博物馆：《丹徒镇四脚墩西周土墩墓发掘报告》，《东南文化》1989年第4、5合期。
③ 南京博物院、镇江博物馆：《江苏丹徒镇四脚墩土墩墓第二次发掘简报》，《考古与文物》1987年第4期。
④ 镇江博物馆、句容市博物馆：《江苏句容鹅毛岗土墩墓D2发掘简报》，《东南文化》2012年第4期。
⑤ 李国梁：《屯溪土墩墓发掘报告》，安徽人民出版社，2006年。
⑥ 赵东升、杭涛：《复杂的祭祀行为》，《中国文化遗产》2005年第6期。
⑦ 南京博物院、宜兴市文物管理委员会：《宜兴百合村土墩墓群D1—D4发掘报告》，《穿越宜溧山地：宁杭高铁江苏段考古发掘报告》，科学出版社，2013年。

二、祭祀遗存的分类

　　江南土墩墓的营建一般需要经过"规划""选址""平整""铺垫""挖坑""下葬""封土"等步骤①，而祭祀活动通常贯穿于土墩墓的整个形成过程。就层位关系而言，祭祀遗存在土墩墓的早期层位至晚期层位皆有发现；从分布情况来说，土墩墓发现的祭祀建筑、祭祀坑、用人祭祀、牺牲、设祭祀台、焚烧祭祀、祭祀器物群和封土祭祀等遗存常见于墩体下部、墩内埋葬前后或墩体上部周边。葬前祭祀建筑和祭祀坑多见于土墩墓下层，是土墩墓形成之初的祭祀；葬后祭祀建筑、用人祭祀、牺牲和设祭祀台等遗存与祭祀墓葬层位相同或时段一致；祭祀器物群和封土祭祀多是土墩墓形成之后的遗存；焚烧祭祀则存在普遍，土墩墓形成的各个时段都有相关遗存发现，从中亦可窥见用火祭祀的重要意义。

　　依据祭祀遗存与土墩墓营建的相对早晚关系，可将土墩墓祭祀遗存分作葬前祭祀、葬时祭祀和葬后祭祀三类遗存。

（一）葬前祭祀遗存

　　位于土墩墓的下方，在层位上是墩体的最早遗迹单位，属于土墩墓"规划""选址""平整""铺垫"等前期阶段的祭祀活动。常见葬前祭祀建筑、祭祀坑、焚烧祭祀等多种遗存。在土墩墓营建前期进行祭祀天地鬼神的仪式，具有标识墓地的作用。

（二）葬时祭祀遗存

　　位于土墩墓的墩体内部，处在墓葬的周边位置，多是为单个墓葬进行祭祀活动的遗存，在层位上不早于墓葬的形成，属于土墩墓"挖坑""下葬"阶段的祭祀遗存，常见焚烧祭祀、设祭祀台、用人祭祀、牺牲、葬后祭祀建筑、器物祭祀等。墓葬下葬过程中的祭祀活动会因墓主身份、社会地位及家族势力等而不同，祭祀遗存会表现出较大的差异。例如，用人祭祀、牺牲等祭祀遗存仅见于大型高规格的土墩墓中，焚烧祭祀、设祭祀台、葬后祭祀建筑、器物祭祀等遗存在大型土墩墓也很常见。中小型土墩墓的祭祀遗存相对不多或较为简易，或不见祭祀遗存。这一现象或可为土墩墓的等级区分提供一条新的研究思路。

（三）葬后祭祀遗存

　　位于墩体的上部及其周边位置，是墩体形成之后的遗迹现象，属于土墩墓"封土"阶段的

---

　　① 杜佳佳、王根富：《土墩墓研究中的几个问题》，《南方文物》2010年第4期。

祭祀活动。常见有祭祀器物群、封土祭祀、焚烧祭祀等遗存。"一墩一墓"的祭祀器物群和二次封土现象应是葬后多次祭祀遗存的累积，"一墩多墓"则是墩内早期墓葬和后期墓葬祭祀的总和。葬后祭祀具有血缘与家族观念的导向，现今社会依然存在，每逢清明或忌日，国人扫墓、烧纸钱等祭拜逝去亲人的习俗即为此类。诸如为逝者"添坟"，当是"二次封土"的另一表现形式，而供奉祭品、敬献花圈及焚烧纸钱等活动则可谓"祭祀器物群""焚烧祭祀"之新解。

从土墩墓的营建过程来说，祭祀活动并不是土墩或墩内墓葬形成的必要条件，所见遗存多为毁弃遗留或附属填埋，而有别于土墩墓的起土营建、墓葬堆埋及随葬器物等内容，属于土墩墓营建过程中的附属环节。土墩墓祭祀遗存是基于祭祀礼仪或丧葬习俗活动的遗留，作为土墩墓营建过程中的重要环节，祭祀活动更多是承载了人们的精神诉求。

三、相关讨论

付琳先生将土墩墓所见的器物祭祀遗存分作"墓下祭祀""墓前祭祀""墩上祭祀"和"墩脚祭祀"等四种主要遗存形式[1]，侧重对"祭祀器物群"进行详细考辨与探讨，认为土墩墓中所见的器物祭祀遗存一般都出现在丧葬过程中相对固定的环节，而且在土墩内摆放祭祀器物或挖掘祭坑的空间位置均存在一定规律可循。同时提出，土墩墓中的"墓下建筑"遗存、人骨祭坑和燎祭遗存等可能与丧葬祭祀活动相关。本文从土墩墓的营建过程入手，进一步梳理土墩墓相关祭祀遗存，认为考古发现的祭祀建筑、祭祀坑、用人祭祀、牺牲、设祭祀台、焚烧祭祀、祭祀器物群、封土祭祀等八种祭祀遗存可基本认定为土墩墓的祭祀活动遗留，依据祭祀遗存的分布和相对层位关系，可知祭祀遗存往往集中出现于土墩墓营建之初、墓葬形成过程中以及土墩墓葬形成之后，即葬前、葬时、葬后三个时段。葬前祭祀强调的是墓地的标识与归属，葬时祭祀追求的是葬式的奢华与宏大，葬后祭祀更多的则是追思与怀念。

相较于同时段中原社会的丧葬习俗，江南土墩墓的祭祀遗存有许多类似的地方，诸如大型竖穴土坑墓有长条形墓道，两边设有祭祀台等。北山顶春秋大墓青铜鼎中还发现羊、家猪和鲤鱼的骨骼，与《仪礼·有司彻》所谓羊、豕、鱼的"少牢"记载相符；随葬车马器、兵器、乐器等亦与中原地域类似。浙江长兴鼻子山战国墓[2]、安吉龙山战国墓[3]，江苏无锡鸿山越国贵族墓[4]等大型墓葬的陪葬坑中出土大量仿青铜礼乐器，这些陶瓷质地的礼乐器与中原贵族大墓中的青铜礼乐器性质显然是一致的，是墓主人生前崇高身份与地位的象征；而随葬品中的印纹硬陶器、原始瓷器及玉石器等则具有独特的地域性特征。

① 付琳：《土墩墓祭祀遗存考辨》，《东南文化》2015年第3期。
② 浙江省考古研究所：《浙江越墓》，科学出版社，2009年，第48—100、104—166页。
③ 浙江省考古研究所：《浙江越墓》，科学出版社，2009年，第48—100、104—166页。
④ 南京博物院考古研究所、无锡市锡山区文物管理委员会：《无锡鸿山越国贵族墓发掘简报》，《文物》2006年第1期。

同时，也存在一些过时性的现象，如用人祭祀。当时中原地区已鲜有用生人殉葬，偶见此类现象，往往非议不断。《左传》载，鲁成公二年（公元前589年），"宋文公卒，始厚葬，用蜃炭，益车马，始用殉，重器备，椁有四阿，棺有翰桧。君子谓：'华元、乐举，于是乎不臣。臣治烦去惑者也，是以伏死而争。今二子者，君生则纵其惑，死又益其侈，是弃君于恶也。何臣之为？'"《吴越春秋·阖闾内传》有阖闾为其女滕玉葬时用"男女与鹤俱入羡门"的记载，同样遭非议，"（阖闾）杀生以送死，国人非之"。《尸子·广篇》亦云："夫吴越之国，以臣妾为殉，中国闻而非之。"而考古发现中，河南固始县勾郚夫人墓①，江苏丹徒县的粮山二号墓②、青龙山墓③等不仅用人殉，还用人祭，殉人用丝织物包裹，且各有一套随葬器物。

土墩墓祭祀遗存反映了当时江南百越文化的丧葬习俗，其与中原葬制的共性，尤其是大型贵族墓对中原大墓的仿效，说明了中原葬俗文化的影响性作用；其在葬前、葬时及葬后等祭祀遗存中的差异性则反映出江南地区的地域特色，尤其江南土墩墓的大型封土及其祭祀活动显然对中原地区的丧葬文化也产生了一定的影响作用④。

目前，江南土墩墓发现的祭祀遗存往往呈现出差异性、个性化的特点。"一墩一墓""一墩多墓"的祭祀并不局限于某一种祭祀形式，同一土墩墓会发现多组祭祀遗存，有些土墩墓的祭祀遗存则只发现于某一个时段，而有些土墩墓的祭祀遗存则具有延续性，祭祀器物的形制和组合尚未发现出明显的规律性特征。凡此，一方面需加强对土墩墓祭祀遗存的关注，另一方面则要求从土墩墓营建及其祭祀遗存的时空关系中开展细致工作。本文对土墩墓葬前、葬时、葬后三个阶段进行了深入发掘与探讨，以期厘清江南土墩墓的祭祀遗存，进而准确把握其规律与特征，推动江南土墩墓的深入研究。

（原载于《东南文化》2017年第1期）

---

① 固始侯古堆一号墓发掘组：《河南固始侯古堆一号墓发掘简报》，《文物》1981年第1期。
② 刘建国：《江苏丹徒粮山春秋石穴墓——兼谈吴国的葬制及人殉》，《考古与文物》1987年第4期。
③ 丹徒考古队：《丹徒青龙山春秋大墓及附葬墓发掘简报》，《东方文明之韵——吴文化国际学术研讨会论文集》，岭南美术出版社，2000年。
④ 林留根：《论中国墓葬封土之源流》，《东南文化》1996年第4期。

论顺山集文化

林留根

内容提要： 江苏泗洪顺山集遗址第一、二期文化遗存文化面貌的特殊性十分鲜明，具有其自身的文化发展序列。通过与后李文化、贾湖文化、彭头山文化等考古学文化典型遗址的比较，可发现其与周边同时期的其他考古学文化有着明显的差异。因此，可将以顺山集遗址第一、二期遗存为代表的新的考古学文化命名为"顺山集文化"，其分布范围在淮河中下游以北地区，绝对年代在距今8500—8000年。

关键词： 顺山集遗址　第一、二期遗存　顺山集文化　新石器时代中期

一、顺山集遗址的发掘与研究

（一）遗址发掘概况

顺山集遗址位于江苏泗洪县梅花镇赵庄村重岗山北麓坡地，地处淮河中下游之交的黄淮平原东部。早在1962年春，南京博物院对洪泽湖周边进行考古调查时已发现了该遗址，按照当时的认识，将其定性为青莲岗文化[①]。至20世纪90年代，重岗山大规模开挖砂矿，对遗址造成了较大破坏，采砂坑断面上已暴露出遗址环壕。经南京博物院和泗洪县博物馆的数次考察，初步判定该遗址可能为新石器时代中期的大型环壕聚落，其重要性得到进一步认识。

为防止遗址遭受更大的破坏，同时为探索淮河下游地区的新石器时代早中期考古学文化面貌，经国家文物局批准，由南京博物院考古研究所、泗洪县博物馆组成的考古队，于2010年至2013年对顺山集遗址进行了三次考古发掘，揭露面积达2750平方米。共清理新石器时代房址5座、灰坑27个、墓地2处、墓葬共计92座，以及灶坑、兽坑、烧土堆积等其他遗迹，探明大型环壕1条，出土陶器、石器、骨器等各类遗物1000余件。通过对环壕进行解剖，确认顺山集遗址为新石器时代中期的大型环壕聚落址。

---

① 尹焕章、张正祥：《洪泽湖周围的考古调查》，《考古》1964年第5期。

经初步研究，顺山集遗址的新石器时代遗存可分为三期①。从类型学角度看，第一、二期遗存出土典型器物组合比较一致，具体器物形态的演变关系明显；而第三期遗存出土器物组合与具体器形均已发生较大变化。从层位学角度看，第二期时遗址的分布范围有所扩大，此时修建的环壕打破了第一期文化堆积；第二期是环壕由使用到废弃的时期；至第三期时，废弃的环壕大体被填实。从墓地选址与布局看，第二期墓地位于遗址西北环壕外侧，墓坑多为东北—西南向；第三期墓地位于遗址西南环壕外侧，墓坑多为西北—东南向，部分为东西向。综合上述因素，顺山集遗址第一、二期遗存的整体性更突出、关系更密切，具有同一种考古学文化不同发展阶段的序列关系；而第三期遗存的考古学文化面貌和性质已经发生转变。

（二）第一、二期遗存的划分

根据目前的考古发掘资料，顺山集遗址第一、二期遗存划分的主要依据是聚落环壕的形成与使用。通过对环壕进行解剖，可知环壕内的主要堆积与被环壕打破的文化堆积存在一定的差异。这种差异在居址区的个别探方内也有所发现。

由于该遗址因开挖砂矿受到严重破坏，加之发掘揭露面积有限，目前尚缺乏典型的层位关系支持第一、二期遗存的划分。但通过综合分析，并比较环壕内的主要堆积与早于环壕的遗存，从器物群的变化中，仍可以区分出这两期遗存。

顺山集遗址第一期的遗迹包括房址、灰坑、灶址和兽坑。房址为浅地穴式或地面式，周围有柱洞环绕，有门道，门道两侧亦有柱洞，灶坑位于房址内部。灰坑平面多呈椭圆形，斜壁，底较不平整，填土中包含陶器残片、石器、骨器，以及大量灰烬、烧土粒、动物骨骼等。灶址由烧结面与灶台两部分组成，烧结面表面呈龟裂状，灶台四周为火候较低的红烧土壁，灶坑中多残存陶支脚。兽坑与灰坑形制相似，斜壁，平底，内置一具蜷缩的狗骨。第一期出土遗物有陶器、玉石器和骨角器。陶器包括釜、罐、钵、盆、支脚等，基本器物组合如图一所示。陶质以夹砂陶为主，少量为泥质或夹炭陶；素面陶较多，器表装饰可见指甲纹、按捺纹、乳钉、附加堆纹、钻孔等。玉石器包括玉管、绿松石饰、石锛、石磨球、小石球等；玉管为双面管钻，打磨光滑。骨角器有刻槽鹿角，局部见多组摩擦细痕，可能为使用痕迹。

顺山集遗址第二期的遗迹包括环壕、房址、灰坑、墓地和烧土堆积。环壕围成不规则椭圆形，东西跨度230、南北跨度350米，周长近1千米，环壕以内面积约为75000平方米。北部环壕底面海拔最高，向南逐渐倾斜，南部与东西向的自然河道连接，形成相对封闭的空间。从解剖情况看，环壕底部平坦，有淤泥或泥沙。房址为地面式，周围有柱洞环绕，有中心柱，地面有大面积烧土并遗留陶支脚。灰坑平面多不规则，斜壁，底较不平整，填土中包含陶器残片、石

① 　南京博物院考古研究所、泗洪县博物馆：《江苏泗洪顺山集新石器时代遗址发掘报告》，《考古学报》2014年第4期；南京博物院、泗洪县博物馆：《顺山集——泗洪县新石器时代遗址考古发掘报告》，科学出版社，2016年。

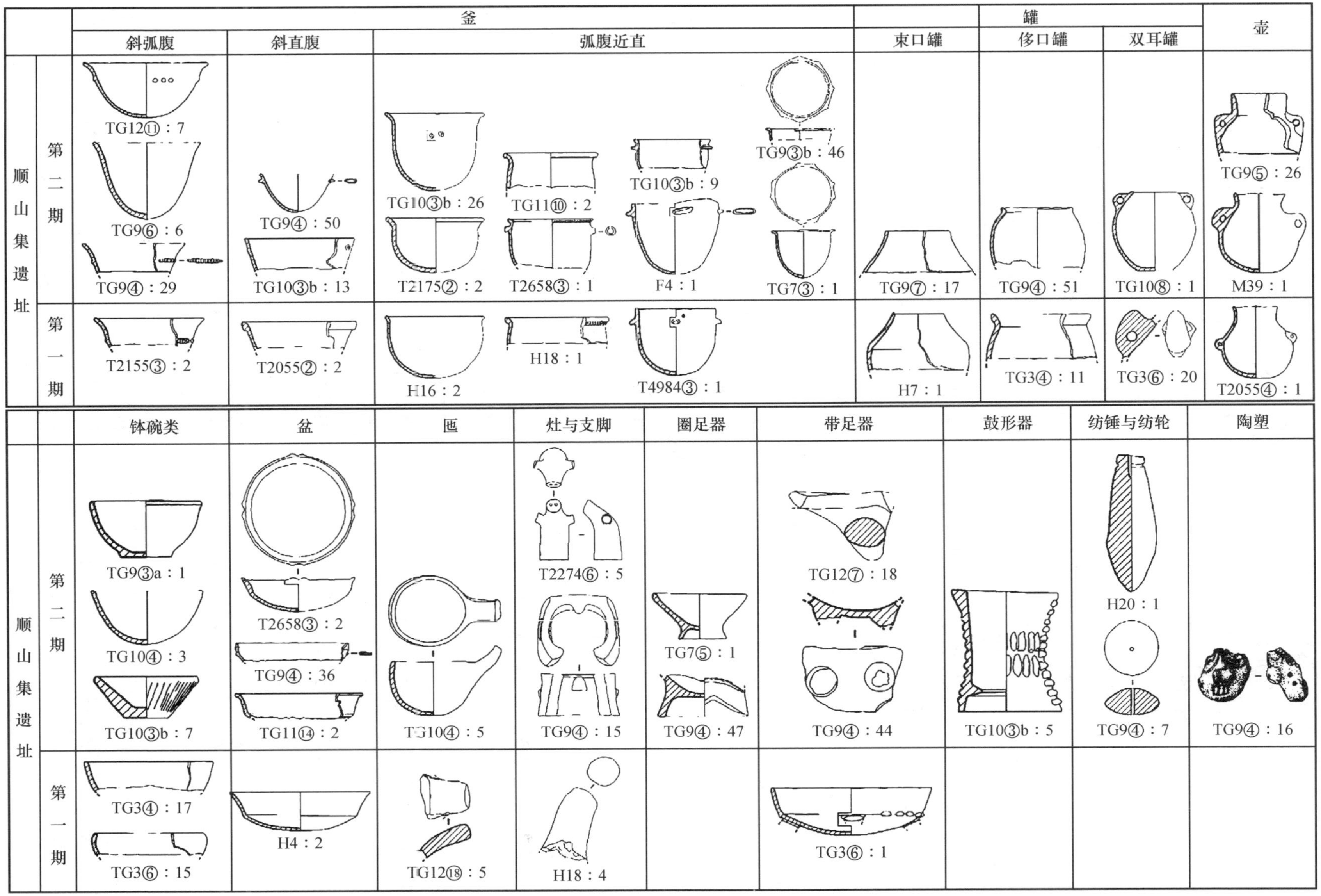

图一 顺山集遗址第一、二期遗存典型陶器组合

器、骨器及大量灰烬等。墓地位于遗址西北部环壕外侧，叠压在耕土下，保存状况一般，清理出的70座墓葬基本成排分布，头向多为北偏东；除少数为侧身葬外，多为仰身直肢葬，以单人葬为主，有少量合葬墓，个别墓内有随葬器物，数量在3件以下。第二期出土遗物有陶器、玉石器和骨角器。陶器包括釜、罐、壶、钵、盆、匜、碗、豆、鼓、灶、支脚、纺轮、纺锤、陶塑等，基本器物组合如图一所示。陶质与第一期相似，以夹砂陶为主，少量为泥质、夹炭或夹蚌陶；素面陶仍占大多数，器表装饰可见乳钉、刻划纹、钻孔等。大量陶纺锤形制独特，为同时期其他遗址罕见。陶塑较小，表现动物形象生动逼真。玉石器包括绿松石饰、石磨盘、石磨球、石研钵、石锛、石斧、石锤、石棒、小石球等。骨角器包括鹿角器、锥、镞等，其中一件猪形鹿角器结合了减地浅浮雕与圆雕的雕刻手法，表现出栩栩如生的野猪形象，十分精致。

通过对比第一、二期遗存的典型陶器组合，可知顺山集遗址第一期时出现的陶器群也是第二期遗存的核心陶器群。其中，圜底釜与支脚的炊器传统贯穿两期遗存。釜在第一期时已体现出种类繁多的特征并延续至第二期，按照腹部形态的不同，主要有三类：第一类为斜弧腹，是与喇叭形敞口配合形成的曲线形腹部；第二类为斜直腹，是与斜直的敞口配合形成的斜线形腹部；第三类为较直的弧腹，是与小侈口或直口配合形成的筒形腹部。由于装錾与否、装錾种类、口部薄厚以及口部修饰的不同等，三类釜的形态多有交叉。第二期釜的标本丰富，延续了第一期的三类腹形和种类交叉的风格，同时新增加一种通过装錾使得口沿呈花边状的筒形腹釜，典型标本如TG9③b：46、TG7③：1。罐、壶、匜的器形种类较统一，由于第一期标本较少，发展序列不详。钵、碗、盆、支脚类的差别，也主要在于新类型的增加，如划纹钵（TG10③b：7）、假圈足碗（TG9③a：1）、花边口沿盆（T2658③：2）、各类造型特殊的支脚（T2274⑥：5）等。底部带足的器物在顺山集遗址中极少见，但第一期的折腹盆（TG3⑥：1）可能即为三足器，至第二期时，乳突状小器足的出现也表明带足器的存在。此外，第二期遗存出现了圈足类的器形，如豆（TG7⑤：1）、圈足碗（TG9④：47）、鼓形器（TG10③b：5）等；出现大量的纺织工具，如纺轮（TG9④：7）和纺锤（H20：1）；还出现了制作精美、造型生动的小陶塑与陶塑面具（TG9④：16）。

以上种种变化，足以表明顺山集遗址第二期遗存的文化面貌，在生产、生活与审美情趣等方面，均已有了长足的进步；与稍显单调的第一期遗存相比，两期遗存的阶段性特征明显。

二、"顺山集第一、二期遗存"与相关考古学文化

在2012年11月中旬召开的"江苏泗洪顺山集遗址考古发掘成果论证会"上，与会专家对于顺山集遗址的发掘成果给予了高度评价，一致认为顺山集遗址第一、二期遗存的独特面貌足以命名一种新的考古学文化——"顺山集文化"，并指出这种考古学文化与大致处于同时期的后

李文化、裴李岗文化、彭头山文化等，具有一定的关联^①。鉴于此，展开顺山集遗址第一、二期遗存与同时期周边地区考古学文化的比较研究，将有助于对"顺山集文化"面貌的确认。

顺山集遗址地处淮河中下游之交，在新石器时代中期，北部海岱地区分布着后李文化，西部淮河流域上游分布着贾湖一期—裴李岗文化，西南部长江中游分布着彭头山文化、城背溪文化，南部钱塘江流域分布着上山—小黄山文化。其中，上山—小黄山文化平底器发达，且发表的资料有限（本文成稿之时《浦江上山》尚未出版），暂时难以与顺山集第一、二期遗存展开详细的比较研究。其他几种考古学文化，均有部分文化因素与顺山集第一、二期遗存相关，实有比较之必要。

（一）后李文化

后李文化是分布于泰沂山地北部小清河流域的鲁中地区新石器时代中期考古学文化。目前，经过系统发掘并发表较丰富资料者，主要有临淄后李、章丘小荆山、章丘西河、长清月庄、潍坊前埠下这五处遗址。其中，后李、小荆山、西河遗址的文化面貌较为接近，普遍流行叠唇釜；月庄和前埠下遗址文化面貌接近，流行带鋬手或短附加堆纹的釜。这两类陶釜从装饰风格到制法都有所区别，使得前述两类遗址的后李文化面貌呈现出一定差异。然而从这些遗址的分布状况看，月庄和前埠下遗址分别处于后李文化分布范围的东、西两端，以地域性差异解释这种区别可能并不合适。因此，本文尝试从后李文化分期着手，以求判断这种差异是否源于发展过程中的阶段性变化，进而与顺山集第一、二期遗存做历时性的比较分析。

1. 小荆山遗址

检索相关发掘简报中遗迹单位间的层位关系发现，小荆山遗址的材料具有一定的分期意义。其中，可利用的层位关系主要有下面三组：第一组为1991年发掘资料^②，第5层→F2→第6层→F1；第二组为1993年发掘资料^③，第5层→F15、F16→H126→第6层；第三组为1993年发掘资料^④，第4层→H123→第5层→H134→第6层。1991、1993年的发掘均采用统一地层，根据地层描述，两次发掘的第4—6层属后李文化层，可相互对应。

第一组层位关系中，F1、F2出土的陶叠唇釜明显具有可比性。F1出土的叠唇釜根据形态

①　南京博物院：《淮河中下游史前考古的重大突破——"江苏省泗洪顺山集遗址考古成果论证会"笔录》，《中国文物报》2012年12月21日第6版。

②　济南市文化局文物处、章丘市博物馆：《山东章丘小荆山遗址第一次发掘》，《东方考古》（第1集），科学出版社，2004年。

③　山东省文物考古研究所、章丘市博物馆：《山东章丘市小荆山遗址调查、发掘报告》，《华夏考古》1996年第2期。

④　山东省文物考古研究所、章丘市博物馆：《山东章丘市小荆山遗址调查、发掘报告》，《华夏考古》1996年第2期。

主要差异，可分为瘦长体釜、宽体釜和垂鼓腹釜三类。瘦长体釜略呈尖圜底，口部多为直口，个别微外侈；后两类釜圜底近平，口外侈。三类釜的叠唇处是否按压成锯齿状与釜体形态没有直接关系。F2出土的三件叠唇釜，体均较宽，圆圜底，腹部深浅略异，没有F1所出者那样明显的形态差别。其中，F2：21下腹部略外鼓，可能由F1：1那种垂鼓腹发展而来；F2：19中腹以上即有外敞的趋势，口部已呈明显的敞口。F1、F2出土陶釜的差异显示出，后李文化的叠唇釜可能经历了形态渐同、口部逐渐外敞的趋势。本文据此分别将以F1、F2为代表的遗存划分为F1组、F2组。

属于F1组的遗迹单位，还有出土尖圜底直口瘦长体釜的F039以及第5层下的G8。G8出土一件微敛口的方唇釜，近口部贴附五个类似錾手的梭形泥条，腹中部外鼓，圜底。此类釜在小荆山、西河等遗址少见，多见于月庄和前埠下遗址。除釜外，F1组的典型陶器还有一件匜（F1：21），装有饰指甲纹长方形泥条錾，流部短小。F2组的其他典型陶器较多，如叠唇壶、锥刺纹多足卷沿盆、多足钵、猪形陶塑等。H31也出土一件多足钵，足数为三[①]，较F2组的标本F2：18[②]而言，足更少，腹更深，口部更直。鉴于H31叠压在第6层下，相对年代应与F1组相当。

第二组层位关系中，F15、F16、H126所出陶器也只有叠唇釜具有可比性。标本F15：2具有F1组瘦长体釜的特征，但浅腹釜F15：1、深腹釜F16：3，均已出现敞口的特征。F15、F16叠压在第5层下，相对年代应与F2组大致相当。F16出土的多足器，亦为F2组中出现的器形。另外，F16：6为带孔錾手匜[③]，与F1所出匜类型有别，但也不排除是由F1组的匜发展所至。通过将F15、F16归并为F2组，则属于F2组的单位还有F12、F14、F17、F049、H113、H114、H118等。至此，F2组的陶器群又新增了双环耳筒腹罐、双环耳敛口罐、多角沿盆、敞口斜腹碗。

H126出土陶釜的形态，宽体与瘦长体的区别较明显，口部微外侈，接近F1组同类釜的特征，而标本H126：14已出现敞口的趋势。比较H126与F2组出土的陶壶，F2：17颈部较长，颈肩连接部圆缓，而H126：2颈部更短且颈肩部转折明显，二者应有发展演变的关系。比较H126与F2组出土的双环耳敛口陶罐，F17：19的双耳平置，而H126：13的双耳斜向上。鉴于以上差别，本文将以H126为代表的遗存定为H126组。F11出土陶叠唇壶的颈部形态与H126：2更接近，可归入H126组。其中，垂鼓腹釜F11：24的腹部形态介于F1：1与F2：21之间，同类形态的釜还有F13：6，由此，F13亦可归入H126组。F13还出土一件猪形陶塑，造型生动程度与F2：13差距较大。另外，可以归并入H126组的单位，还有出土斜向上双环耳陶罐的H120。

第三组层位关系中，H123、H134均出土带孔錾手陶匜，H123：2较完整，H134：3仅残存錾手，二者难以比较。倘若比较H123：2与F1组中的同类器F1：21，二者除錾手不同外，前者的流部更长更明显。H123所出口微敛的陶叠唇釜为上述组别未见，形态接近者如F056：4。由

---

① 小荆山遗址的后李文化遗存未见成系统的三足器，发掘简报将这种带三足的器物归入多足器类，以显示此类器物之间的相关性。

② 发掘简报将F2：18定为罐，从其形态与大小等角度考察，亦可归入钵类。

③ 发掘简报中称此类匜的錾手为"提梁"，本文中以"錾手"称之。

此，本文将以H123、F056为代表的遗存定为H123组，而将H134归并入F2组。

根据以上分析，小荆山遗址的后李文化遗存，可由分为早到晚F1组、H126组、F2组、H123组遗存，分别代表其发展过程的第一至四期。其中，第5层下的遗存年代跨度最长，可从第一期至第三期。各期的典型遗迹单位可列举如下：第一期，F1、F039、H31、G2、G8；第二期，F11、F13、H120、H126；第三期，F2、F12、F14、F15、F16、F17、F049、H113、H114、H118、H134；第四期，F056、H123。

小荆山遗址后李文化遗存的典型陶器演变规律如图二所示。叠唇釜从第一期至第四期，形态逐渐趋同，口部逐渐外敞，垂腹者的垂腹程度减小，并于第四期新见口微敛的叠唇釜。带錾手的非叠唇釜，第一期时即见微敛口方唇者，此后的演变形态不详。壶始见于第二期，发展至第三期时，颈部逐渐变长，折肩变为溜肩。多足钵从第一期至第三期，腹变深，口部内收。匜从第一期之后，可能朝着流部更斜更长的方向发展，第三期以后流行带孔的錾手。双环耳敛口罐始见于第二期，双耳斜向上，至第三期时双耳平置。多角沿盆始见于第二期，其他盆、碗类器物多见于第三期。小陶塑有猪形陶塑、人面塑，猪形陶塑见于第二、三期，第二期时造型较抽象，第三期时更生动形象。由于简报发表的资料有限，上述器物的演变规律还有待更多考古资料的证实。

2. 西河遗址

该遗址目前发表的资料包括一篇调查简报[①]和两篇发掘简报[②]，考古发掘均采用统一地层。其中，1997年和2008年的发掘中第3—6层为后李文化层，两者可相互对应。而调查报告的第4—6层为后李文化层，可见与发掘时揭露的遗存堆积情况有所不同。发表的器物多为遗迹单位出土，根据简报提供的第3层下房屋之间的层位关系，未见明显的陶器演变情况，且各遗迹单位内陶器组合与器形特征均较接近。房址内普遍出土敞口叠唇釜、双环耳平置的敛口罐、带孔錾手匜、敞口斜腹圈足碗、人面或猪形陶塑，并且没有发现明显垂鼓腹的叠唇釜（图三）。

这些特点表明，西河遗址以发掘简报所列第3层下房址为代表的遗存相当于小荆山遗址后李文化第三期。在上述发现房址的区域，两次发掘均未向第4层以下继续揭露，目前所知西河遗址后李文化遗存的年代相对较晚也与这一工作状况相对应，房址之下当有更早的遗存。

如图三所示，西河遗址的陶器与小荆山第三期相比存在一定差异。较典型者如F301：7，这类叠唇釜在西河遗址中常见，器形与小荆山F2：21相似，可能与垂鼓腹釜的演变有关；然而，F301：7在鼓腹处饰一道附加堆纹的情况在小荆山遗址内罕见。同时，西河遗址中尚未见到小荆山第三期流行的多足器、多角沿盆、卷沿盆等。这些区别可能与西河遗址的发掘面积较

---

①　山东省文物考古研究所：《山东章丘龙山三村窑厂遗址调查简报》，《华夏考古》1993年第1期。

②　山东省文物考古研究所：《山东章丘市西河新石器时代遗址1997年的发掘》，《考古》2000第10期；山东省文物考古研究所、章丘市城子崖博物馆：《章丘市西河遗址2008年考古发掘报告》，《海岱考古》（第5辑），科学出版社，2012年。

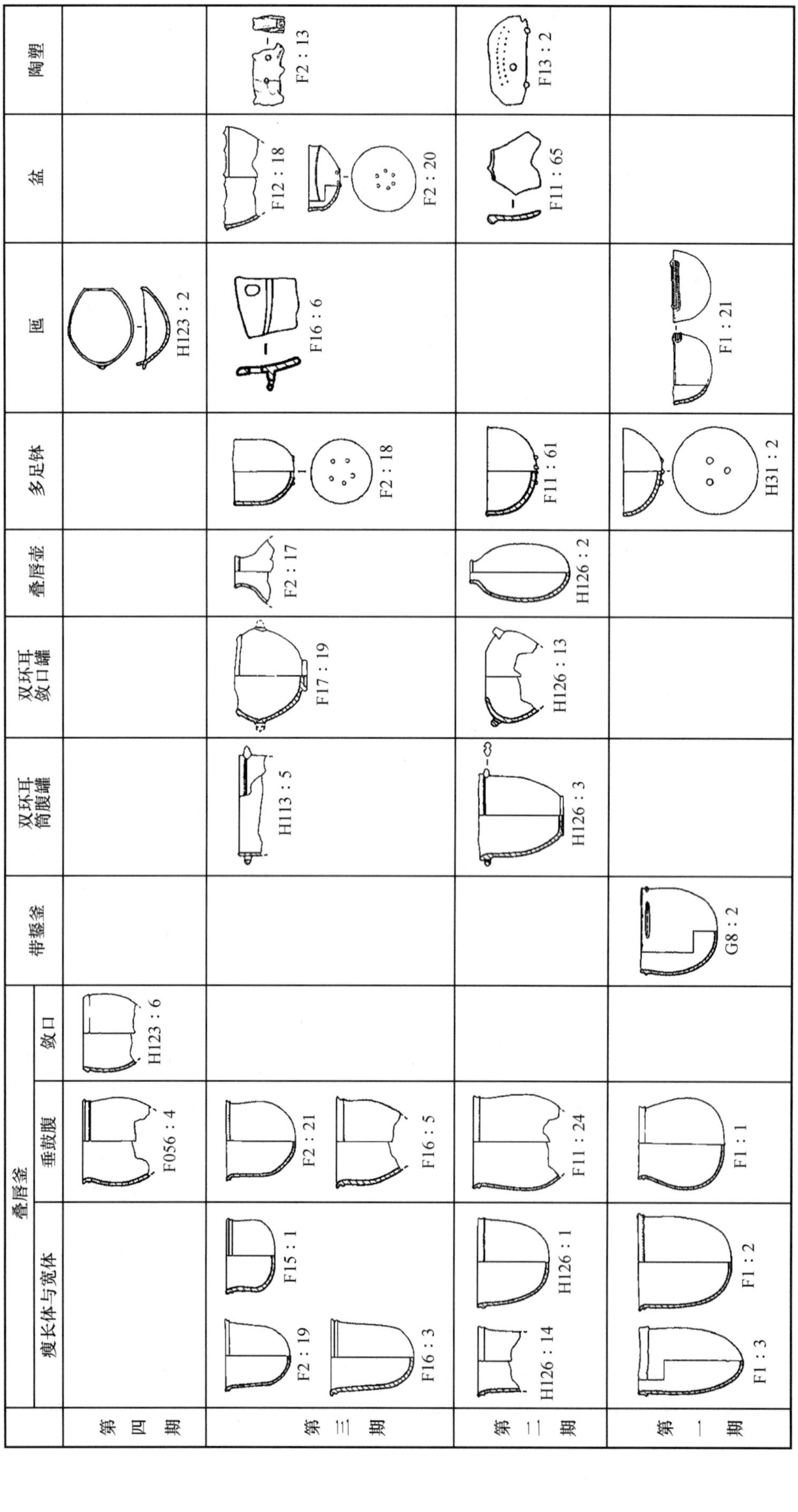

		第四期	第三期	第二期	第一期
陶塑			F2∶13	F13∶2	
盆			F12∶18　F2∶20	F11∶65	
匜		H123∶2	F16∶6		F1∶21
多足钵			F2∶18	F11∶61	H31∶2
叠唇壶			F2∶17	H126∶2	
双环耳敛口罐			F17∶19	H126∶13	
双环耳筒腹罐			H113∶5	H126∶3	
带錾釜				G8∶2	
叠唇釜	敛口	H123∶6			
	垂鼓腹	F056∶4	F2∶21　F16∶5	F11∶24	F1∶1
	瘦长体与宽体	F15∶1　F2∶19	F16∶3	H126∶1　H126∶14	F1∶2　F1∶3

图二　小荆山遗址后李文化典型陶器分期

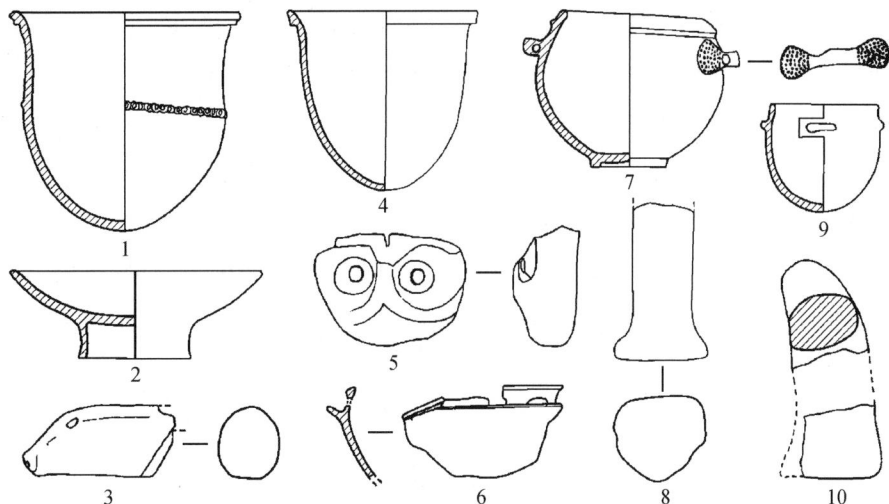

图三　西河遗址后李文化典型陶器

1、4.叠唇釜（F301：7、F301：1）　2.圈足碗（F58：17）　3、5.陶塑（F65：23、F56：11）　6.匜（F61：35）
7.敛口罐（F61：9）　8.陶棒（F302：4）　9.带錾釜（F61：3）　10.支脚（F63：20）

小有关，但也不排除是文化面貌的区域性特点。此外，非叠唇系列的带錾釜在西河遗址亦有发现，如F61：3。与小荆山遗址第一期的标本G8：2相比，西河的这件陶釜体形较小，可能具有使用功能上的区别。但F61：3的口部较直，鼓腹不明显的特点，可能与小荆山遗址第一期所见者存在演变关系。

3. 后李遗址

该遗址第一、二次发掘简报[①]发表的后李文化遗物，多为晚期灰坑内出土。第三、四次发掘简报[②]涉及的器物较少，且无层位关系可供检索。因此，后李遗址不适宜进行分期研究。通过与小荆山、西河遗址的对比，其器物群的总体特征不早于小荆山第三期，大约可与小荆山第三期、第四期相当。

4. 月庄遗址

根据发掘简报[③]的地层描述，该遗址有可能按统一地层发掘。发表的资料以Ⅰ区出土者为主，主要是第7层下至第10层下的遗迹；陶器以釜为主，另有少量敞口斜腹圈足碗、折腹钵、弧腹钵等。其中，釜的形态有三类：第一类为叠唇釜，残存的口沿均为敞口；第二类为非叠唇的带錾釜，多有四个錾；第三类为非叠唇的附加堆纹釜，腹中上部饰一至三道附加堆纹。

根据Ⅰ区的层位关系，比较第10层下的三个遗迹单位出土的典型陶器与上部层位所出者。

---

① 济青公路文物考古队：《山东临淄后李遗址第一、二次发掘简报》，《考古》1992年第11期。

② 济青公路文物工作队：《山东临淄后李遗址第三、四次发掘简报》，《考古》1994年第2期。

③ 山东大学东方考古研究中心、山东省文物考古研究所、济南市考古研究所：《山东济南长清区月庄遗址2003年发掘报告》，《东方考古》（第2集），科学出版社，2006年。

折腹钵H91：3①与第8层下的H61：1相似，后者腹部的折鼓程度更甚。带錾釜H124：2与第8层、第9层下的H61、H179等单位出土者相比，体形较粗短，微鼓腹；而如H179：4等，体形较长，弧腹斜收。附加堆纹釜H202：1的形态接近小荆山遗址中敞口不明显的叠唇釜；上部层位内所出者，除H167：6形态较特殊外，H179：5、H205：1等敞口亦不明显，但腹均变浅；而如H61：14、H179：6等，则与小荆山第三期的敞口叠唇釜相似。本文据上述比较，将月庄遗址的后李文化遗存分为第10层下H91组和第10层以上的H179组（图四）。通过与前述遗址后李文化典型器物的比较可知，H179组大致与小荆山第三期相当，H91组介于小荆山第三期与第一期之间，可置于与第二期相当的阶段。

H179组中，敞口叠唇釜、圈足碗、口部近直的弧腹钵等陶器均具有小荆山后李文化第三期的特征。所见零星器足，也可能为此时流行的多足器的乳钉状小足。尽管非叠唇类釜流行，而罐、匜、盆类器形缺失，其面貌与小荆山遗址差异较大，但其核心陶器群仍未超出后李文化的范畴。

5. 前埠下遗址

该遗址未见典型的后李文化层，所发表的后李文化遗迹单位均叠压在晚期文化层下②。从包含物特征来看，文化面貌较为一致，年代大致相当。发表的陶器以釜为主，另有少量环耳筒腹罐、侈口罐、弧腹钵、器盖等（图五）。其中，釜的形态有两类。第一类为叠唇釜，见零星口沿残片，如H44：1为敞口，与月庄遗址的同类器相似。第二类为带錾釜，简报中将其分为四小类，但其实是分段附加堆纹与錾手安装情况不同造成的差别。此类带錾釜口沿处的附加泥条与月庄遗址同类釜近口部的鸡冠状錾手相似，但此遗址带錾釜真正作为錾手使用的是附加泥条以下或间隔处的柱状、宽带状錾手。根据前述遗址中不同期别带錾釜的形态特征可知，其演变可能经历了口部由内敛逐渐变直、体形逐渐变长的过程。而前埠下遗址的带錾釜，多为敞口或直口，体形较月庄遗址H176组所出者更长，其相对年代可能更晚（图五，1、2、5）。因此，此类带錾釜近口部的附加泥条，或可看作由鸡冠状錾手退化至仅保留装饰效果。其他如环耳筒腹罐H160：1、弧腹钵H255：1的器形，与小荆山遗址第三期相距不远。据以上分析，前埠下遗址的后李文化遗存应与小荆山第四期年代相当。

6. 后李文化与顺山集第一、二期遗存的异同

综合考察各遗址的后李文化遗存，以小荆山遗址的分期方案作为标尺，上述五处遗址中后李文化遗存的期别对应关系可列为表一。

---

① 发掘简报中称"陶罐"，本文称其为陶折腹钵。
② 山东省文物考古研究所、寒亭区文物管理所：《山东潍坊前埠下遗址发掘报告》，《山东省高速公路考古报告集（1997）》，科学出版社，2000年。

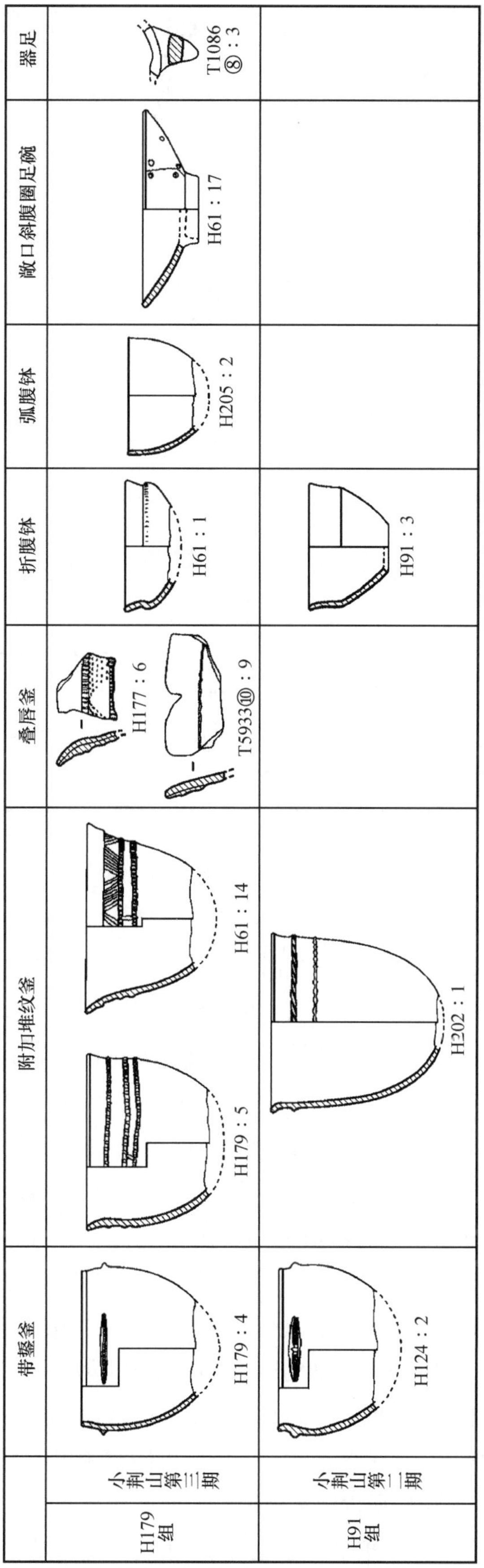

	带鋬釜	附加堆纹釜		叠唇盆	折腹钵	弧腹钵	敞口斜腹圈足碗	器足
小荆山第Ⅲ期 H179组	H179:4	H179:5 H61:14		H177:6 T5933⑩:9	H61:1	H205:2	H61:17	T1086 ⑧:3
小荆山第Ⅱ期 H91组	H124:2	H202:1			H91:3			

图四 月庄遗址后李文化典型陶器分组

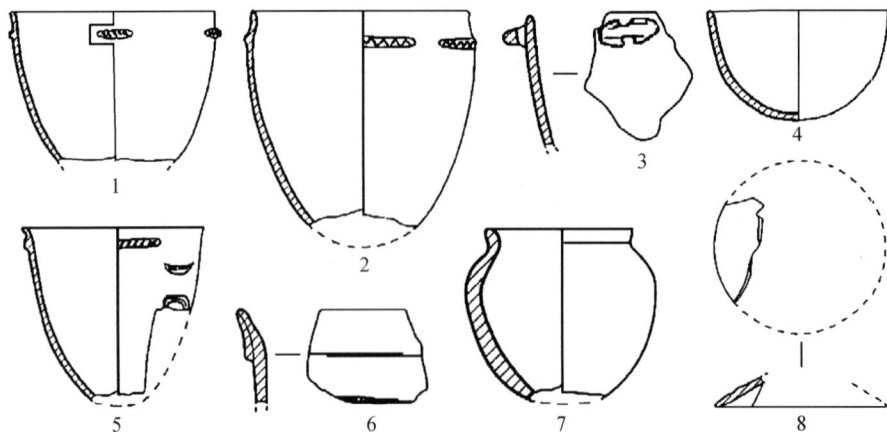

图五　前埠下遗址后李文化典型陶器

1、2、5. 带錾釜（H259：31、H133：5、H133：4）　3. 环耳筒腹罐（H160：1）　4. 弧腹钵（H255：1）

6. 叠唇釜（H44：1）　7. 侈口罐（H143：3）　8. 器盖（H142：3）

表一　相关遗址后李文化遗存期别对应表

分期 ＼ 遗址	小荆山	西河	后李	月庄	前埠下
第四期	H123组		√		√
第三期	F2组	√	√	H179组	
第二期	H126组			H91组	
第一期	F1组				

　　与顺山集遗址第一、二期遗存进行比较，后李文化的陶器群虽亦属夹砂陶系，但火候较低，不如顺山集的陶器质地坚硬、器形规整。后李文化流行陶圜底釜与石支脚的炊器系统，与顺山集大量使用陶支脚的传统有别，目前也尚无证据显示石支脚与陶支脚具有任何发展演变关系。后李文化罐类的双环耳多为横装，与顺山集竖装的双耳不同。后李文化的多角沿盆，尖角竖直凸起，与顺山集的花边状口沿类型不同。后李文化的匜也与顺山集所出角把匜类型不同。由此可见，两者的典型陶器群应为不同工艺系统、不同工艺水准下的产物。

　　然而，就部分陶器的器形风格来看，两者也有明显相似的因素。其中，以圜底釜最具有可比性（图六）。贯穿后李文化的叠唇釜，不见于顺山集遗址，然而，叠唇釜的外唇下缘戳印纹饰的风格，与顺山集第一期时即已出现的锯齿状厚唇口相似。贯穿后李文化的带錾釜，具有口部逐渐外敞、弧鼓腹向斜腹发展的趋势，而顺山集文化中形态相似者，演进方向亦类似。例如，顺山集第一期的T4984③：1与西河遗址F61：3较相似，顺山集第二期的F4：1与后李遗址H2048：1相似，介于后李文化第三、四期的形态之间。顺山集第一期时，斜弧腹釜的喇叭形大敞口特征明显，而后李文化自第三期时才开始出现明显的敞口，月庄遗址中一类附加堆纹釜的形态与顺山集流行者最为接近。其他器形或装饰风格中还有相似的因素（图六）。例如，前埠下遗址的侈口罐H143：3与顺山集所出同类器形制相似；后李文化第三期流行圈足器、乳突状多足器的现象，在顺山集第二期时也有所发现；顺山集第一期的双耳壶T2055④：1与西河遗址

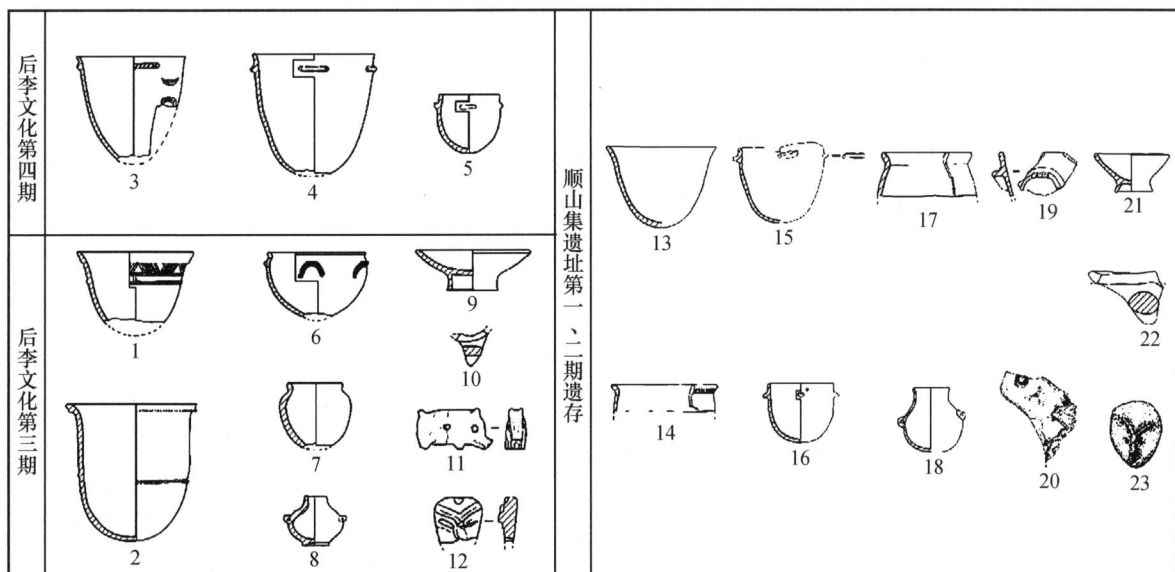

图六　后李文化第三、四期遗存与顺山集第一、二期遗存典型陶器的比较

1、6.附加堆纹釜（H61∶14、采∶048）　2.叠唇釜（F301∶2）　3—5、15、16.带鋬釜（H133∶4、H2048∶1、F61∶3、
F4∶1、T4984③∶1）　7、17.侈口罐（H143∶3、TG3④∶11）　8.环耳壶（F61∶2）　9、21.圈足碗（F58∶17、TG7⑤∶1）
10、22.器足（T1086⑧∶3、TG12⑦∶18）　11、12、23.陶塑（F2∶13、T0725⑤∶4、TG7③∶2）　13.斜弧腹釜（TG9⑥∶6）
14.直弧腹釜（H18∶1）　18.双耳壶（T2055④∶1）　19.月牙形鋬手（TG12⑨∶16）　20.支脚（TG12⑬∶1）
（1、6、10.月庄遗址出土，2、5、8、9.西河遗址出土，3、7.前埠下遗址出土，4.后李遗址出土，11、12.小荆山遗址出土，
13—23.顺山集遗址出土）

F61∶2相似；顺山集第二期所出月牙形附加泥条器鋬TG12⑨∶16与月庄遗址采∶048相似；顺山集第二期遗存的陶塑品，也与后李文化第三期时较成熟的陶塑艺术风格相似。

可以认为，顺山集第一、二期遗存与后李文化具有某些相似的文化特征，见于后李文化第三期，其下限可能并未超出后李文化第三期的年代范畴。由此推知，顺山集第一、二期遗存的相对年代大约与后李文化第三期相当。若以距今9000—7000年作为后李文化的绝对年代跨度，那么，目前推定的顺山集遗址第一、二期遗存年代为距今8500—8000年，恰好与后李文化中段相当，也与前文推论的相对年代的对应关系基本吻合。然而，虽然在这一时期二者在时代风格或文化间相互影响的作用下，出现类似的文化因素，但顺山集第一、二期遗存明显具有更成熟、发展程度更高的文化面貌。顺山集第一、二期之际修筑的聚落环壕，也较小荆山遗址所见后李文化的聚落环壕[1]年代更早，功能更明确，形制更完备。

---

①　山东省文物考古研究所、章丘市博物馆：《山东章丘市小荆山后李文化环壕聚落勘探报告》，《华夏考古》2003年第3期。

（二）贾湖一期—裴李岗文化

根据张弛《论贾湖一期文化遗存》^①的研究结论，贾湖一期文化与裴李岗文化是具有谱系关系的新石器时代中期考古学文化。贾湖一期文化于淮河上游—汉水中游地区发端，偏晚段则覆盖了裴李岗文化的分布范围。目前，淮河上游的舞阳贾湖遗址是贾湖一期文化遗存最主要的出土地点，并与裴李岗文化遗存具有直接的层位关系，"提供了能理解黄河中游至淮河上游和黄河下游至淮河中下游之间新石器文化关系的一个联结点"^②。因此，贾湖遗址的新石器时代中期考古学文化遗存是与顺山集遗址第一、二期遗存进行比较的最为理想的材料。

根据贾湖遗址发掘报告的分期，其陶器群变化有三个明显的阶段。第一阶段，即原报告第一期1—3段，流行角把罐、双耳壶或罐、带錾盆、方口盆、钵，属于典型的贾湖一期文化器物群；第二阶段，即原报告第二期4段，新增三足器、划纹盆等，与第一阶段流行器物群共存；第三阶段，即原报告第二期5、6段与第三期7—9段，第一阶段流行的器物群基本消失，罐、盆、钵等器形与第一阶段形态差异较大，三足钵、鼎等三足器发达，属于典型的裴李岗文化范畴。

关于贾湖一期文化与裴李岗文化的分界，本文采纳《论贾湖一期文化遗存》将原报告第二期4段纳入贾湖一期文化范畴的观点。据此可以认为，贾湖一期文化晚段与裴李岗文化有交叉，新旧考古学文化有过共存。根据贾湖遗址的 ^{14}C测年数据，贾湖一期文化上限距今约9000年，裴李岗文化上限距今约8600年；而贾湖一期文化下限当已进入裴李岗文化范畴，则其下限年代可以贾湖第二期的测年数据为区间，即处于距今8600—8200年。顺山集遗址第一、二期遗存的绝对年代距今8500—8000年，大约与裴李岗文化同时，其偏早阶段可能也与贾湖一期文化有过交集。

比较顺山集第一、二期遗存与裴李岗文化的典型陶器群，不难发现二者异大于同。唯一可比的双耳壶罐类器物，尚不如顺山集遗址与贾湖一期文化所见者的相似程度高。并且，贾湖一期文化中，方口盆、带錾盆、支脚等也与顺山集遗址的相关器类有所相似。由此看来，在淮河上游地区"贾湖一期—裴李岗"这一具有谱系关系的文化序列中，与顺山集第一、二期遗存具有可比性的是贾湖一期文化。

贾湖一期文化平底罐与柱状支脚的炊器系统，与顺山集圜底釜与歪头支脚的炊器系统不同（图七），这至少说明了贾湖一期文化在演变过程中，直接产生顺山集第一、二期遗存的可能性不大。

二者可比的陶器主要有双耳壶罐类和盆钵类。贾湖遗址发掘报告中双耳罐与罐形壶没有明显的区分，可视作同一类器形，按其形体差异可分为长体与矮体两类。这两种类型的基本特征一致，即有微束的颈部，腹部外鼓，平底，流行牛鼻形耳，耳部常见压印绳纹。而顺山集第一、二期遗存中双耳罐均为敛口，无颈，圜底，流行环带状桥形耳和牛鼻形耳，耳为素面；双

① 　张弛：《论贾湖一期文化遗存》，《文物》2011年第3期。

② 　俞伟超：《舞阳贾湖·序》，《舞阳贾湖》，科学出版社，1999年。

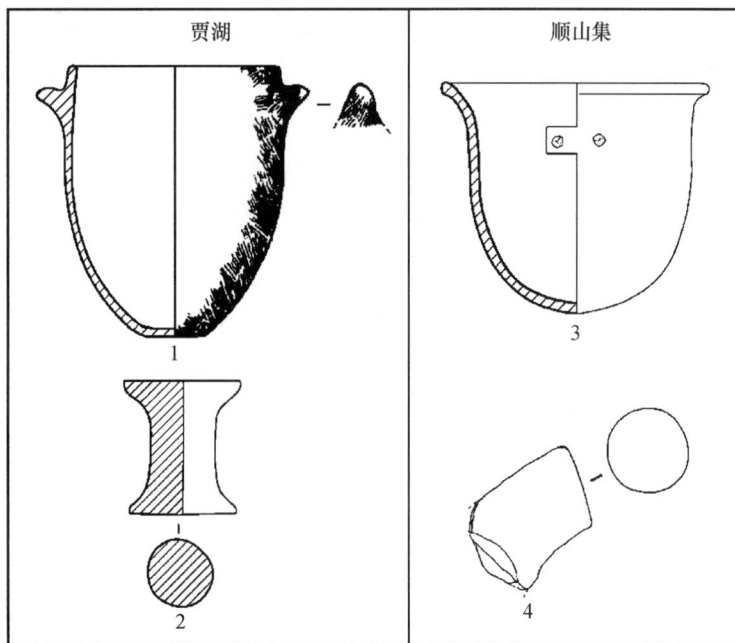

图七　贾湖一期文化与顺山集第一、二期遗存陶炊器的比较

1. 角把罐（H107：1）　　2、4. 支脚（H234：2、TG10⑤：8）　　3. 直弧腹釜（TG9③b：8）

耳壶的束颈程度大于贾湖一期所见者，圜底，双耳装于肩部也与贾湖一期装于颈部的风格有别（图八）。然而，在贾湖一期文化与顺山集第二期遗存中，各有零星标本具有对方壶罐类器物的特征（图八）。例如，顺山集TG10⑥：5具有贾湖一期同类器微束颈的特点，贾湖H42：2、H262：4则具有顺山集遗址同类器敛口的特点。

	贾湖一期文化		顺山集第一、二期遗存	
	长体壶罐类	矮体壶罐类	罐	壶
贾湖特点	H179：3	H335：6	TG10⑥：5	
顺山集特点	H262：4	H42：2	TG10⑧：1	M39：1

图八　贾湖一期文化与顺山集第一、二期遗存壶罐类陶器的比较

　　贾湖遗址报告所列盆钵类器形较多，以四角略显的方口盆、马鞍形双錾盆和横牛鼻耳钵最具有标识意义。而顺山集第二期遗存中出现的花边口沿盆T2658③：2，形态与前三者均有所关联（图九）。首先，此器的花边口沿是将盆口的四个对称处捏作马鞍形而成，与贾湖遗址所出双錾盆的錾手形态相似。其次，此器花边口沿具有四等分圆周的特点，与贾湖遗址方口盆的四等分特点相似。第三，贾湖遗址原报告所分一期3段时，横牛鼻耳钵即有饰对称的四耳者，如H117：1；二期4段时，又出现以双牛鼻耳代替马鞍形錾的四錾盆，如H198：7；而马鞍形双錾盆由一期1段至二期4段，腹壁逐渐倾斜的演进序列明显。贾湖遗址的这件四錾盆（H198：7）是与顺山集遗址花边口沿盆（T2658③：2）形态最为接近的标本（图九）。

　　此外，在贾湖一期文化与顺山集第一、二期遗存中，还分别存在一些具有对方文化特征的陶器（图一〇）。例如，贾湖遗址原报告一期3段的双叉形支脚H9：2与顺山集遗址的异形支脚

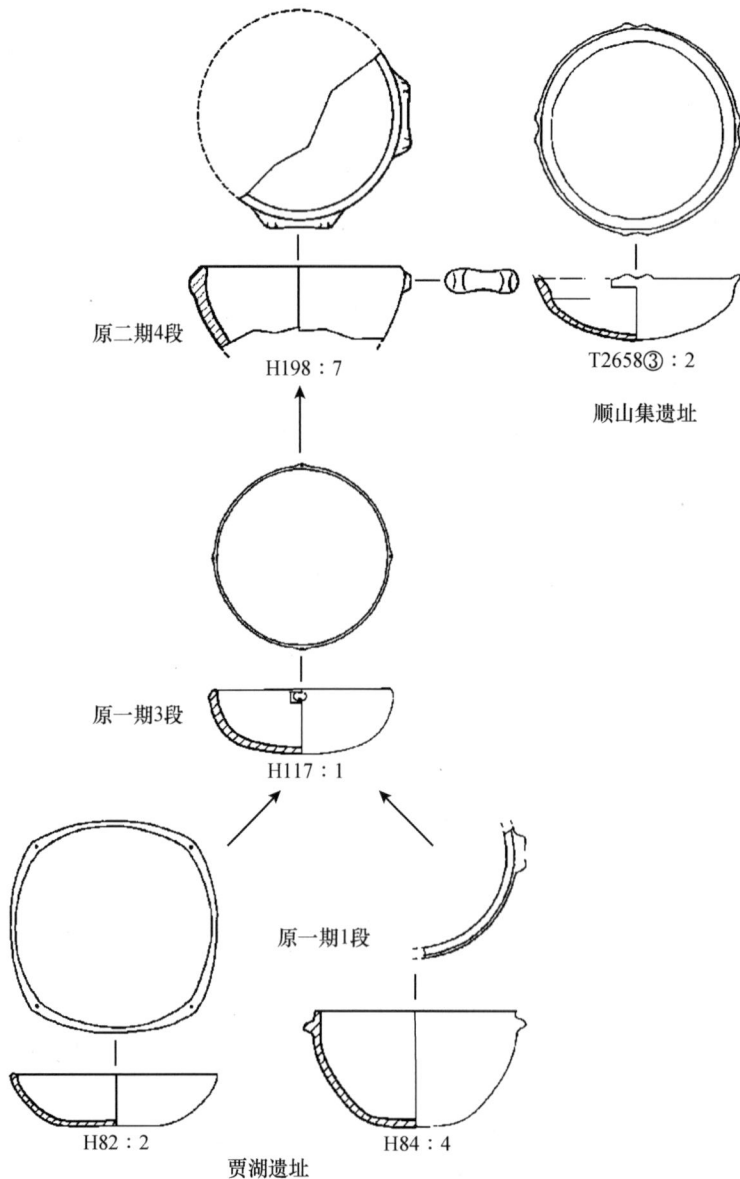

图九　贾湖一期文化与顺山集第一、二期遗存盆钵类陶器关联示意图

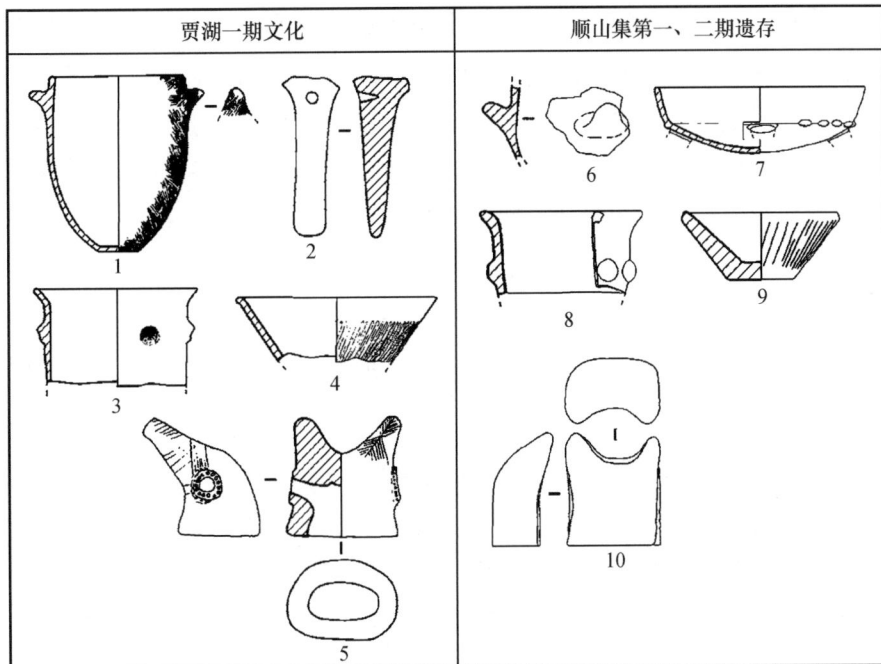

图一〇　贾湖一期文化与顺山集第一、二期遗存陶器的相似因素

1. 角把罐（H107：1）　2. 鼎足（H29：4）　3. 罐形鼎（H297：1）　4. 划纹盆（H107：2）　5. 双叉形支脚（H9：2）
6. 角状把手（TG11⑨：12）　7. 折腹盆（TG3⑥：1）　8. 筒腹釜（TG3④：12）　9. 划纹钵（TG10③b：7）
10. 异形支脚（TG9④：49）（1—5. 贾湖遗址出土，6—10. 顺山集遗址出土）

有关，同顺山集第二期所出TG9④：49基本相似。顺山集第一期的筒腹釜TG3④：12与贾湖遗址原报告二期4段装饰圆乳钉的罐形鼎H297：1等相似。顺山集第一期的折腹盆TG3⑥：1所附三足可能与贾湖遗址原报告二期4段的鼎足相似。顺山集第二期的划纹钵TG10③b：7与贾湖遗址原报告二期4段的划纹盆相似。顺山集第二期出土一件角状把手（TG11⑨：12）与贯穿贾湖一期文化的角把罐把手相似。由此推知，顺山集第一、二期遗存与贾湖一期文化相似的特征，基本限于贾湖一期文化末段，即贾湖遗址原报告二期4段之时。顺山集第一、二期遗存的年代上限，当不至于较贾湖一期文化末段更早。

（三）彭头山文化、城背溪文化

长江中游的彭头山文化与城背溪文化，是分别分布于环洞庭湖区和峡江地区的新石器时代中期考古学文化。关于彭头山文化，参考《彭头山与八十垱》[①]的分期方案，可分为四期。第一至三期文化遗存是彭头山文化的主要内涵；第四期中，以八十垱遗址CⅠ区第3B层为代表的晚段遗存，文化因素明显复杂化，显示出向皂市下层文化的过渡。关于城背溪文化，《宜都城背溪》[②]所建立的五期分期方案，是由多个遗址点出土的遗存综合而来，缺乏可用来支持这一

①　湖南省文物考古研究所：《彭头山与八十垱》，科学出版社，2006年。
②　湖北省文物考古研究所：《宜都城背溪》，文物出版社，2001年。

方案的典型层位关系，亦难以判定器物群的演变规律。本文对这两个考古学文化相对年代关系的认定，参考了孟华平《长江中游史前文化结构》[①]中对彭头山文化、城背溪文化、皂市下层文化之间相互关系的讨论，并借鉴其中关于城背溪文化的上限当不会早于彭头山文化晚期、城背溪文化与皂市下层文化均源于彭头山文化的认识。这充分说明在长江中游地区，圜底的绳纹釜罐类炊器系统应有明确的谱系渊源和发展脉络。

　　顺山集第一、二期遗存流行素面圜底陶釜的炊器系统，胎质和器表纹饰与长江中游地区差异显著；不同腹部形态的釜多具有口径大于最大腹径的特征，也与长江中游地区绳纹釜、罐口径多小于最大腹径，以及普遍存在小口束颈的造型传统有别。同时，两者与炊器配合使用的陶支脚造型也截然不同（图一一）。

　　另外，顺山集第一、二期遗存与彭头山文化相比，具有较强文化标识性的花边口沿类陶器，也分属各自不同的系统（图一一）。前者多见于釜或盆类器物，口沿外卷，连接腹壁处转折明显，口沿一周呈对称的两组马鞍形，如顺山集TG7③：1；而后者多见于盆、钵、盘类器

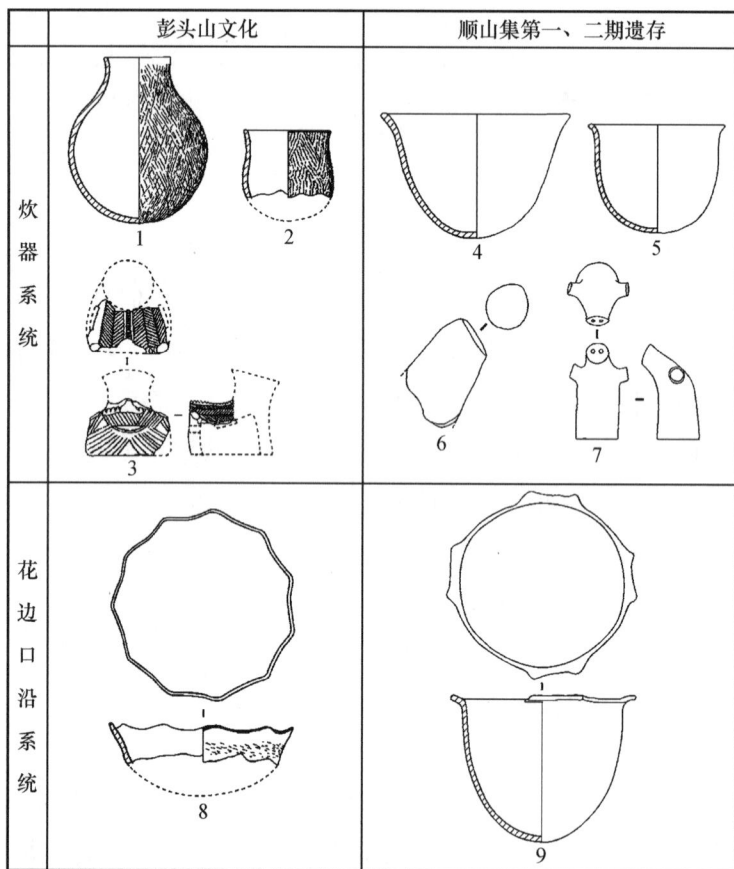

图一一　彭头山文化与顺山集第一、二期遗存典型陶器的比较

1、2.绳纹罐（H2：47、T12④：3）　3.支座（TG9⑩：147）　4.斜弧腹釜（TG9⑥：5）　5.直弧腹釜（TG12⑨：11）

6、7.支脚（TG9：7、T2274⑥：5）　8.葵口盆（T43⑱：120）　9.花边口沿釜（TG7③：1）

（1、2.彭头山遗址出土，3、8.八十垱遗址出土，4—7、9.顺山集遗址出土）

---

① 孟华平：《长江中游史前文化结构》，长江文艺出版社，1997年。

物，仍为敞口，与腹壁弧形顺接，口沿一周呈连续的波浪形花边，如八十垱T43⑱：120。由此可见，顺山集第一、二期遗存与彭头山文化、城背溪文化的相对年代对应关系，尚无法通过考察典型器物的形态演变序列，以类似时代风格可能具有的共时性来加以推断。

宜都地区属于城背溪文化的枝城北遗址H1①，提供了可用以间接判断顺山集第一、二期遗存与彭头山文化相对年代关系的陶器组合（图一二）。首先，H1出土有侈口、圆鼓腹、圜底的绳纹釜罐类、侈口圜底的绳纹盆钵类、方形支脚、牛鼻形假耳罐等A组器物②，均为彭头山文化第三期至第四期早段的典型器物，说明H1当处于彭头山文化的这一时段内。同时，H1还出土了三足罐形鼎和角把状乳钉侈口罐等B组器物，恰为贾湖遗址原报告二期4段的典型器物组合。由于贾湖一期文化的分布范围可至汉水中游地区，B组器物可看作贾湖一期文化的输入，因此，H1的相对年代应与贾湖一期文化末段基本相当，即进入顺山集第一、二期遗存的年代范畴。另外，八十垱遗址属于彭头山文化第三期的T43第18层、T48第16层中，各发表一件敞口圜底的釜罐类陶器（图一三）。除形体较小外，造型特征与顺山集遗址所见者一致，极有可能属于同一种时代风格。根据上述线索，本文暂且推测顺山集第一、二期遗存应与彭头山文化第三期大致相当，其下限可能不超过彭头山文化第四期早段。

根据《彭头山与八十垱》提供的绝对年代数据，彭头山文化距今9000—7600年，也包含了顺山集第一、二期遗存距今8500—8000年的年代区间。目前一般认为城背溪文化的绝对年代距今8000—7000年，整体上晚于顺山集第一、二期遗存。这与前述以枝城北H1作为桥梁，推断顺山集第一、二期遗存与彭头山文化的相对年代对应关系存在矛盾。然而，鉴于绝对年代数据的局限性，亦无证据排除城背溪文化与顺山集第一、二期遗存年代有过交集的可能

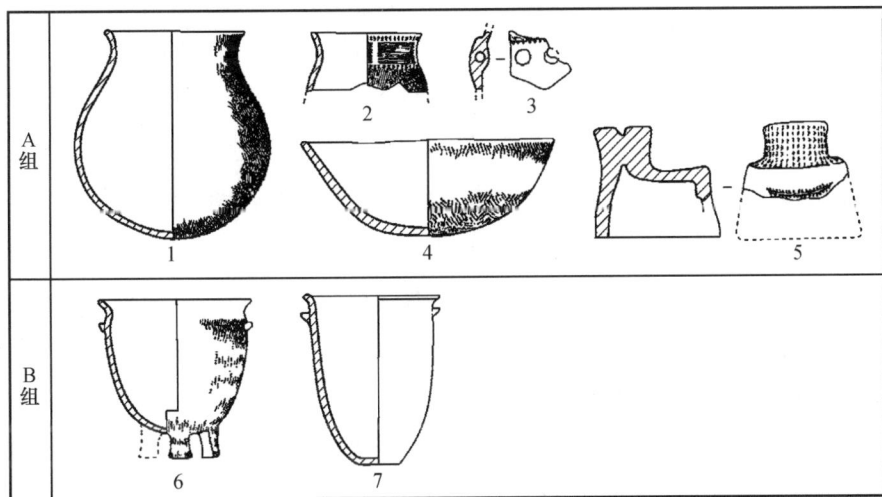

图一二　枝城北遗址H1典型陶器分组

1.绳纹釜（H1：17）　2.绳纹罐（H1：58）　3.牛鼻形假耳罐（H1：144）　4.绳纹钵（H1：16）　5.方形支脚（H1：20）

6.三足罐形鼎（H1：22）　7.角把侈口罐（H1：5，原报告称尊）

① 湖北省文物考古研究所：《宜都城背溪》，文物出版社，2001年，第102—126页。

② 《彭头山与八十垱》中所列乙类双耳罐，是在罐肩按压两个凹窝形成似牛鼻形的罐耳，并非附加的耳部。由于本文中已使用过"牛鼻形耳"这一概念，此处称"牛鼻形假耳"以示区别。

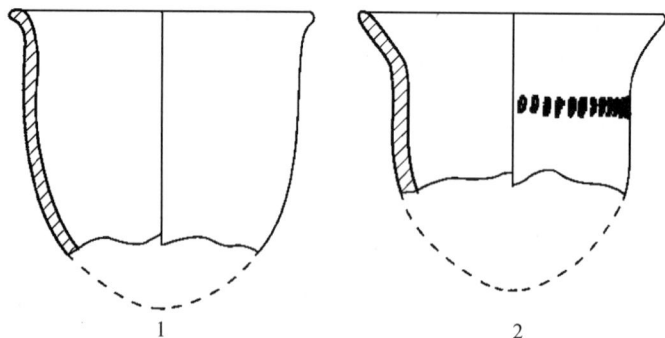

图一三　八十垱遗址彭头山文化第三期敞口釜罐类陶器
1. T43⑱：104　2. T48⑯：38

性。因此，反观目前学术界对城背溪文化发展序列的认识，如《宜都城背溪》和《长江中游史前文化结构》均以枝城北H1作为城背溪文化偏中间阶段的遗存，城背溪文化的上限或可更早些。

三、"顺山集文化"及其学术意义

（一）关于"顺山集文化"的命名

综合上文对顺山集遗址第一、二期遗存展开的比较研究，其典型陶器群文化面貌的特殊性已十分鲜明，加之顺山集遗址第二期明显具备了功能分区的环壕聚落的确认，一个新石器时代中期的新考古学文化——"顺山集文化"呼之欲出。

当然，对于新考古学文化的命名应持审慎的态度。例如，杭州湾地区"跨湖桥文化"的命名，自萧山跨湖桥遗址1990年第一次发掘以来，历经近25年的时间，最终由第二个具有相同文化内涵的地点——下孙遗址的发掘才得以确定[①]。因为，就考古学文化的命名原则而言，一般认为"属于同一时代、分布于共同地区，并且具有共同的特征的一群遗存"[②]才能命名为考古学文化。"跨湖桥文化"的命名，即是由于遗址点太过单一才迟迟未能确认。

目前，老濉河流域与顺山集遗址第一、二期遗存文化面貌一致的聚落址，尚有韩井遗址。另据有关学者介绍，安徽省淮河以北地区泗县、濉溪等地，亦有文化面貌相似的地点。由此来看，以顺山集遗址第一、二期为代表的遗存，目前已大致具有淮河中下游以北地区的分布范围。至于时代，除了可以参考距今8500—8000年这一绝对年代区间，经过上文的比较研究，以同时期其他考古学文化为标尺，也已找到了顺山集遗址第一、二期遗存的相对年代位置。顺山

---

① 施加农：《跨湖桥文化命名始末》，《杭州文博》2014年第1期。

② 参见中国大百科全书总编辑委员会：《中国大百科全书·考古学》，中国大百科全书出版社，1986年，第253、254页。

集遗址是此类遗存被发现和确认的第一个地点，也是经过正式发掘并公布资料的第一个地点。因此，以顺山集遗址来命名以其第一、二期遗存为代表的新考古学文化，即"顺山集文化"，条件成熟。

然而值得注意的是，由于目前仅有顺山集遗址公布了详细的发掘资料可供研究，暂时难以判断顺山集遗址第一、二期遗存是否涵盖了顺山集文化全程。显然，顺山集遗址第一、二期遗存与顺山集文化并不等同，顺山集文化的年代上下限及其内涵，均有超出顺山集遗址第一、二期遗存范围的可能性。

（二）顺山集文化的谱系问题

本文能够讨论的顺山集文化谱系问题，主要是针对以顺山集遗址第一、二期为代表的顺山集文化遗存，涉及其源流及与同时期考古学文化的关系两个方面。

目前，淮河中下游地区的新石器时代考古遗存，以顺山集遗址中顺山集文化的年代为最早，暂时无从讨论其直接的文化源头。关于其流变，可以明确的是，在皖北及江苏境内，顺山集文化之后年代最早且源头不详的考古学文化主要有双墩文化、马家浜文化和骆驼墩文化。三者年代均属新石器时代晚期早段，大约是距今7000年以后的考古学文化，与顺山集文化之间存在较大的年代缺环。而从分布范围看，除双墩文化与其接近外，后二者分布范围偏南，尚难以视作顺山集文化的直接后裔。但不排除上述三支考古学文化在谱系序列中从源头上可能受到顺山集文化的影响。因此，直接叠压在顺山集遗址第二期遗存之上的第三期遗存，将成为研究顺山集文化流变的关键。

关于顺山集文化与同时期考古学文化的关系问题，本文前面已进行详细对比研究，可得到图一四所示的年代对应关系。归纳起来，主要有以下四点认识。

第一，在上述同时期考古学文化中，顺山集文化与后李文化关系最为密切。两者可对比的器类丰富，典型陶器的上流器形接近，装饰风格有所相似。顺山集遗址的顺山集文化遗存大约始于后李文化第三期，口沿贴附泥条并戳成锯齿状的厚唇口釜，可能借鉴或改良了后李文化叠唇釜的口沿制法；而后李文化此期突然出现的喇叭形敞口堆纹釜，又可能源自顺山集文化喇叭形敞口釜的影响。顺山集文化与后李文化之间，文化因素的流动应当是双向的。

第二，假设顺山集遗址第一期是顺山集文化中年代最早的遗存，那么，贾湖一期文化较早阶段（即贾湖遗址原报告一期1至3段），以及后李文化第一、二期，均与顺山集文化的起源有关。二者虽然均不是顺山集文化的直接源头，但在二者共同作用下形成顺山集文化的可能性的确存在。

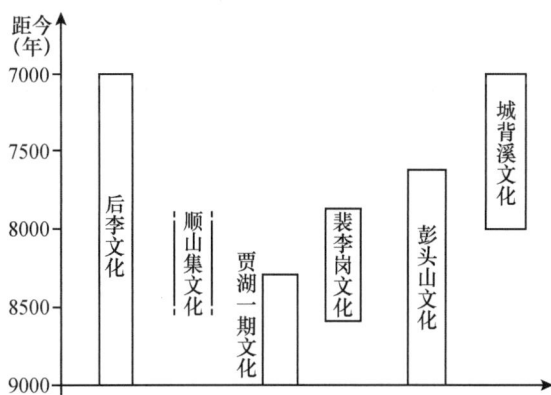

图一四　相关考古学文化年代对应关系示意图

第三，从贾湖遗址的分期情况加以推测，裴李岗文化与顺山集文化基本上是并行发展的两支考古学文化。

第四，长江中游的彭头山文化与顺山集文化没有谱系上的联系，同类器物的主流器形基本不存在联系。二者之间的关系，甚至不如彭头山文化与贾湖一期文化的关系密切。然而，八十垱遗址中发现个别具有顺山集文化因素的标本，暗示着顺山集文化因素也有向长江中游流入的可能性。

（三）顺山集文化的学术意义

顺山集文化是目前江苏境内得以确认的最早的考古学文化，填补了淮河中下游地区新石器时代中期考古学文化的空白，对于史前考古学研究，无疑具有重要的学术意义。

第一，顺山集遗址考古发掘所获成果，是目前研究顺山集文化的宝贵实物资料，借此可以了解顺山集文化的生产方式、饮食结构、居住形式、墓葬习俗、聚落形态、审美心理等与当时人们物质和精神生活相关的各个方面，以及距今8000年前淮河中下游地区的气候、水文、植被、物种等与自然环境有关的各种信息。

第二，顺山集文化的确认，有助于进一步完善新石器时代中期考古学文化的谱系框架，是研究这一时期考古学文化互动与交流的重要依据，并为江淮地区新石器时代晚期考古学文化追根溯源提供了重要线索。

第三，顺山集文化地处长江、黄河这两大孕育中华文明的重要水系之间，作为"淮系文化"[①]的重要组成部分，具有连接长江文明与黄河文明的纽带作用。顺山集遗址新石器时代中期大型环壕聚落的发现，体现出顺山集文化是这一时期具有较高发展程度的考古学文化，昭示着"淮系文化"的强大实力，表明其是探索中华文明进程的不可忽视的重要内容。

（原载于《考古》2017年第3期）

---

① 高广仁、邵望平：《析中国文明主源之——淮系文化》，《东方考古》（第1集），科学出版社，2004年。

试论中国史前的鹿角靴形器

许晶晶

内容提要：鹿角靴形器是中国新石器时代一类比较特殊的器物。本文在已有研究的基础上，根据不同的柄部特征，将鹿角靴形器分为五型，并对其式别进行了分析。在此基础上，简要探讨了其起源及传播的问题。鹿角靴形器应是一种缚柄使用的复合工具，型别不同，缚柄方式也不一样。从制作工艺的角度分析，并参考民族学材料，推测鹿角靴形器用于锄刨或掏掘，类似于锄。

关键词：鹿角靴形器　缚柄方式　功能

在我国的一些新石器时代遗址中，经常发现一种用鹿角制成的器物。该类器物以加工后基本垂直的鹿角主叉枝为组成部分，整体呈曲尺形或靴形，俗称"鹿角靴形器"，一般长4—13厘米，宽3—9厘米。出于观察角度和认识的不同，又有"角质刮削器""直角形骨器""鹿角钩形器""鹿角直角器"等不同称谓。

鹿角靴形器最早见诸报道是在河南唐河茅草寺遗址。该遗址下层出土1件"骨角器"，时代与邓州八里岗仰韶文化中期相当[1]。此后，不断有出土鹿角靴形器的报道。截至目前，共有34处遗址出土过此类器物[2]，总数达400多件，其分布范围北到胶东半岛北部，南及钱塘江流域，西至黄河中游地区，以淮河流域及环太湖地区数量最多。出土鹿角靴形器的遗址，以蚌埠双墩为最早，距今7300—7100年[3]；时代最晚的为淅川下集[4]和海盐龙潭港[5]，前者出土鹿角靴形器的地层属于龙山文化，后者所属墓葬的时代为良渚晚期偏早，距今约4600年。

---

① 河南省文化局文物工作队：《河南唐河茅草寺新石器时代遗址》，《考古》1965年第1期。

② 另有若干遗址相关资料尚未发表。

③ 安徽省文物考古研究所、蚌埠市博物馆：《蚌埠双墩——新石器时代遗址发掘报告》，科学出版社，2008年。

④ 原长办考古队河南分队：《淅川下集新石器时代遗址发掘报告》，《中原文物》1989年第1期。

⑤ 浙江省文物考古研究所、海盐县博物馆：《浙江海盐县龙潭港良渚文化墓地》，《考古》2001年第10期。

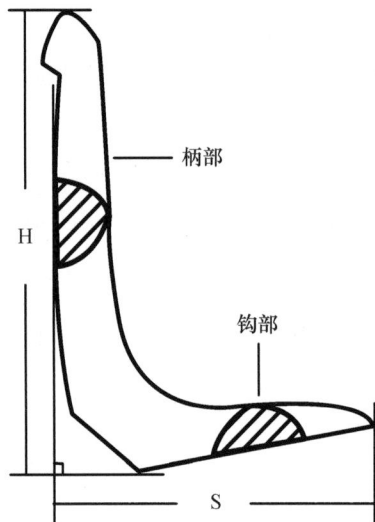

图一　鹿角靴形器的柄部、钩部
及长宽示意图

鹿角靴形器包括柄部和钩部两部分。钩部由稍短、略细的鹿角叉枝制成，其尖端多被加工成扁薄或圆尖的刃状，由部分标本上依稀可见的使用痕迹可知，钩部是鹿角靴形器的作用端；柄部一般由鹿角主枝制成，较钩部略长，其上端多加工出段、槽、孔或肩。

鹿角靴形器的尺寸主要是其长宽，为了便于分析比较，我们对不同发掘者使用的测量方法进行了统一。测量时，先于鹿角靴形器柄部背面作一条最贴合的切线，其两端分别为柄部顶点和钩部最低点，两点之间的距离即为长度（H）；切线到钩部尖端的距离为宽度（S）（图一）。

一、鹿角靴形器的型式、起源及传播

以往的研究多是针对单一若干遗址的鹿角靴形器进行分析，因而难免有所缺漏。近期，有学者开始将不同区域的鹿角靴形器进行综合分析，并在型式划分的基础上探讨其起源问题[①]。在全面收集目前可见资料的基础上，本节将对鹿角靴形器重新进行型式划分，并试图以更直观的方式探讨其起源及传播的问题[②]。

1. 鹿角靴形器的型式

鹿角靴形器的钩部几无二致，柄部差别较大，可以根据不同的柄部特征将鹿角靴形器分为五型。

A型　切段类。该型鹿角靴形器在柄部上端切出段，部分段的下方还配套着若干系索槽。出土此型鹿角靴形器的遗址最多，且多集中于淮河及其以北地区，以淮河流域最为密集，如河南的唐河茅草寺[③]、长葛石固[④]、郑州大河村[⑤]、新郑唐户[⑥]，安徽的定远侯家寨[⑦]、怀远双古

①　张小雷：《简论中国古代的靴形鹿角器》，《中原文物》2011年第4期。
②　吴县草鞋山、嘉兴吴家浜和济宁张山三遗址出土鹿角靴形器均为残件，型式不明，因而未纳入本文的讨论范围。
③　河南省文化局文物工作队：《河南唐河茅草寺新石器时代遗址》，《考古》1965年第1期。
④　河南省文物研究所：《长葛石固遗址发掘报告》，《华夏考古》1987年第1期。
⑤　郑州市文物考古研究所：《郑州大河村》，科学出版社，2001年。
⑥　河南省文物考古研究所、新郑市文物事业管理局：《新郑唐户新石器时代遗址调查》，《中原文物》2005年第5期。
⑦　阚绪杭：《定远县侯家寨新石器时代遗址发掘简报》，《文物研究》（第5辑），黄山书社，1989年。

堆①、濉溪石山子②、凤台峡山口③、淮南小孙岗④、蚌埠双墩⑤，山东的滕州北辛⑥等。A型鹿角靴形器占所有靴形器的比例最高，约55.58%⑦。这些遗址中，又以双墩和侯家寨出土鹿角靴形器最众，分别占到全部靴形器的32.47%和14.55%。

结合时代差异及长宽的大小变化，可将A型鹿角靴形器别为三式。

Ⅰ式：长度通常大于6厘米，宽度在5厘米左右，长度明显大于宽度，长宽比⑧一般大于1.4。蚌埠双墩92T052319∶148，钩柄夹角大于90°，长7.4厘米，宽5.1厘米，长宽比为1.45（图二，1）。

Ⅱ式：长5厘米左右，宽度略小于长度，长宽比大于1。郑州大河村T21⑤∶36，长5.2厘米，宽4.6厘米，长宽比1.13（图二，2）。

Ⅲ式：长度一般大于6厘米，宽度与长度相近，长宽比略大于1。郑州大河村T11④B∶31，长5.7厘米，宽5.6厘米，长宽比1.02（图二，3）。

A型靴形器的演化趋势为：长度由大减小再增大，变化较快；宽度逐渐增大，长宽比由大渐小。靴形器表现为由高瘦向矮胖变化。

B型　钻孔类。该型鹿角靴形器均于柄部上端钻孔，少数是在预先刻好的沟槽内钻孔。此型鹿角靴形器的数量在所有同类器中位居第二，约33.77%。根据柄部上端钻孔数的不同，又将B型鹿角靴形器划分为Ba和Bb二亚型，前者指柄部上端单孔者，如山东的胶县三里河⑨、栖霞古镇都⑩、江苏的高邮龙虬庄⑪、浙江的桐乡罗家角⑫、余杭吴家埠⑬、余姚河姆渡⑭、宁波傅

① 贾庆元、何长风：《怀远县双古堆新石器时代及商周遗址》，《中国考古学年鉴·1990》，文物出版社，1991年；贾庆元：《谈石山子古文化遗存》，《文物研究》（第11辑），黄山书社，1998年。

② 安徽省文物考古研究所：《安徽濉溪石山子新石器时代遗址》，《考古》1992年第3期。

③ 贾张、叶刘、陆周：《凤台县峡山口新石器时代遗址》，《中国考古学年鉴·1993》，文物出版社，1995年。

④ 淮南市博物馆：《安徽淮南市小孙岗遗址试掘收获》，《文物研究》（第14辑），黄山书社，2005年。

⑤ 安徽省文物考古研究所、蚌埠市博物馆：《蚌埠双墩——新石器时代遗址发掘报告》，科学出版社，2008年。

⑥ 中国社会科学院考古所山东队、山东省滕县博物馆：《山东滕县北辛遗址发掘报告》，《考古学报》1984年第2期。

⑦ 少数报道未提供确切的标本数量，这部分数据未计算入内（如峡山口）；对于残破不可判断型式的标本一律不作统计（如草鞋山）。下文的比例也是在这些原则下统计得出的，不再说明。

⑧ 本文中所有鹿角靴形器的长度（H）、宽度（S）值均按照上文所述方法，由笔者对照器物线图（无线图时参考照片）亲测得出，如与原报道不同，请以本文为准。

⑨ 中国社会科学院考古研究所：《胶县三里河》，文物出版社，1988年。

⑩ 烟台市博物馆、栖霞牟氏庄园文物管理处：《山东栖霞市古镇都新石器时代遗址发掘简报》，《考古》2008年第2期。本遗址及其他若干遗址（郑州大河村、海盐仙坛庙）的靴形器中存在部分骨质者，在本文中一并参与讨论。孙家河遗址的一件骨制靴形器由于为采集品，无明确地层依托，未纳入本文讨论范围（湖北省文物考古研究所：《宜都城背溪》，文物出版社，2001年，169页）。

⑪ 龙虬庄遗址考古队：《龙虬庄——江淮东部新石器时代遗址发掘报告》，科学出版社，1999年。

⑫ 罗家角考古队：《桐乡县罗家角遗址发掘报告》，《浙江省文物考古所学刊》，文物出版社，1981年。

⑬ 浙江省文物考古研究所：《余杭吴家埠新石器时代遗址》，《浙江省文物考古研究所学刊》，科学出版社，1993年。

⑭ 浙江省文物考古研究所：《河姆渡》，文物出版社，2003年。

家山^①、海盐仙坛庙^②及湖州塔地^③等遗址所出者；后者为双孔，出土于江苏的常州圩墩^④、常州新岗^⑤，浙江的海盐龙潭港^⑥和平湖庄桥坟^⑦等遗址；金坛三星村^⑧遗址兼出上述二亚型。太湖流域的部分遗址有在鹿角靴形器拐角处单侧加钻一孔的习惯，如圩墩、龙虬庄、三星村、新岗、罗家角、仙坛庙等，三里河出土的靴形器还在钻孔两侧刻出浅槽。粗略地看，拐角钻孔的情形多见于Bb型。

根据尺寸变化并参照年代关系，可以将Ba型分为三式。

Ⅰ式：宽度略大于5厘米，长度较宽度稍大，长宽比略大于1。余姚河姆渡T20④∶30，器体扁矮^⑨（图二，5）。

Ⅱ式：长度大于6厘米，宽5.5厘米左右，长宽比大于1。湖州塔地H39∶35，残，见明显磨制痕。长8厘米，宽5.6厘米，长宽比为1.43（图二，6）。

Ⅲ式：长约6厘米，宽近4厘米，长宽比较大。胶县三里河M279∶20，柄部上端钻孔，两侧有凹槽，长6.5厘米，宽4厘米，长宽比1.63（图二，7）。

Bb型可分二式。

Ⅰ式：长宽相近且较小，长宽比略大于1。常州新岗M95∶4，表面磨光，拐角处钻一孔，与另一靴形器（M95∶5）同出于墓主脚端，长5.2厘米，宽5厘米，长宽比1.04（图二，8）。

Ⅱ式：长度较大，一般超过7厘米，宽约5.5厘米，长宽比较大。海盐龙潭港M28∶46，将柄部上端减薄后再钻孔，长7.8厘米，宽5.5厘米，长宽比1.42（图二，9）。

B型鹿角靴形器的演化趋势是：长宽比逐渐增大，即器形由矮胖向瘦高发展。

C型　刻槽类。此型鹿角靴形器均于柄部上端刻有浅槽，且不与其他设施相配伍。出土该型靴形器的遗址相对较少，分布也较分散，如山西的垣曲古城东关^⑩，河南的淅川下集^⑪、淅川

① 宁波市文物考古研究所：《傅家山：新石器时代遗址发掘报告》，科学出版社，2013年。

② 浙江省文物考古研究所等：《海盐仙坛庙遗址的早中期遗存》，《浙北崧泽文化考古报告集（1996～2014）》，文物出版社，2014年。

③ 浙江省文物考古研究所等：《湖州塔地遗址的崧泽文化遗存》，《浙北崧泽文化考古报告集（1996～2014）》，文物出版社，2014年。

④ 常州市博物馆：《江苏常州圩墩村新石器时代遗址的调查和试掘》，《考古》1974年第2期；吴苏：《圩墩新石器时代遗址发掘简报》，《考古》1978年第4期；常州市博物馆：《常州圩墩新石器时代遗址第三次发掘简报》，《史前研究》1984年第2期；常州市博物馆：《1985年江苏常州圩墩遗址的发掘》，《考古学报》2001年第1期。

⑤ 常州博物馆：《常州新岗：新石器时代文化遗址发掘报告》，文物出版社，2012年。

⑥ 浙江省文物考古研究所、海盐县博物馆：《浙江海盐县龙潭港良渚文化墓地》，《考古》2001年第10期。

⑦ 浙江省文物考古研究所、平湖市博物馆：《浙江平湖市庄桥坟良渚文化遗址及墓地》，《考古》2005年第7期。

⑧ 江苏省三星村联合考古队：《江苏金坛三星村新石器时代遗址》，《文物》2004年第2期。

⑨ 原报告未发表线图，故尺寸未经本文修正，这里依照片推算其长宽比。

⑩ 中国历史博物馆考古部、山西省考古研究所、垣曲县博物馆：《垣曲古城东关》，科学出版社，2001年。

⑪ 原长办考古队河南分队：《淅川下集新石器时代遗址发掘报告》，《中原文物》1989年第1期。

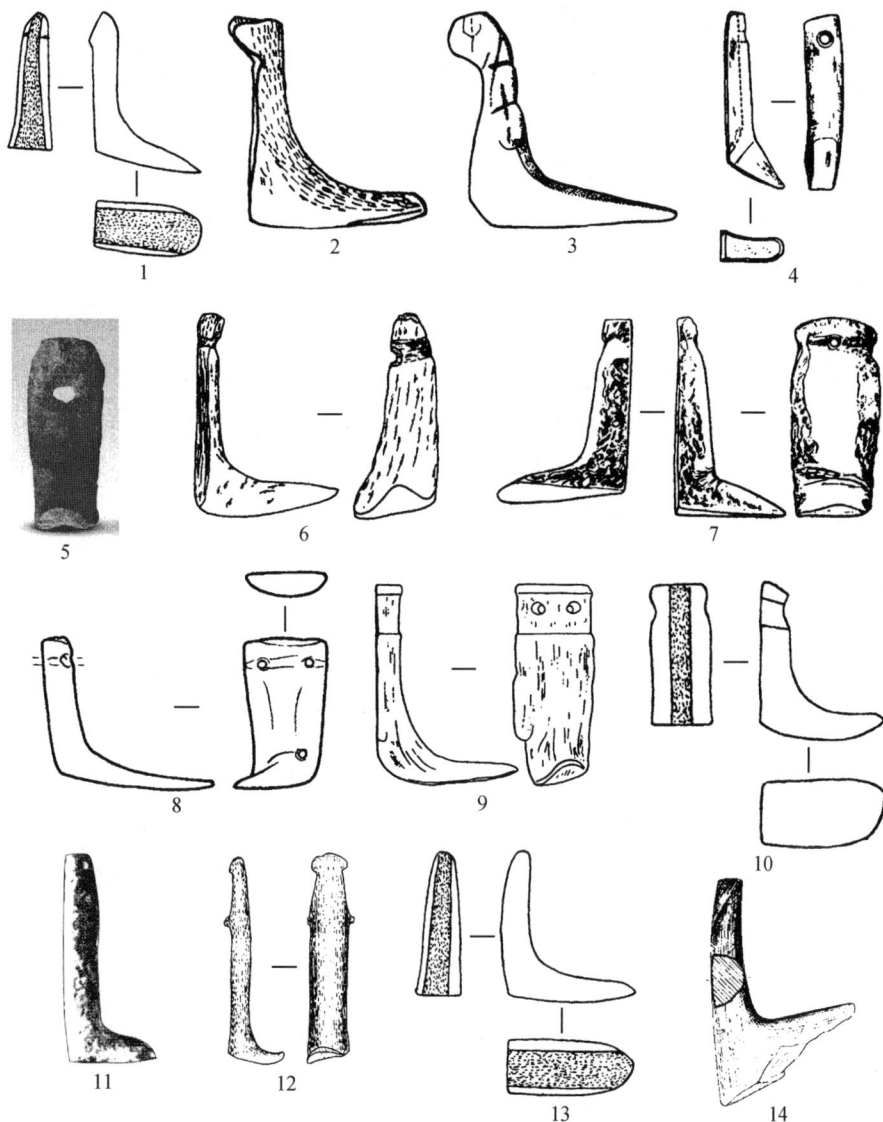

图二 中国史前的鹿角靴形器

1. 蚌埠双墩（92T052319：148） 2. 郑州大河村（T21⑤：36） 3. 郑州大河村（T11④B：31） 4. 海盐仙坛庙（M104：7）

5. 余姚河姆渡（T20④：30） 6. 湖州塔地（H39：35） 7. 胶县三里河（M279：20） 8. 常州新岗（M95：4）

9. 海盐龙潭港（M28：46） 10. 蚌埠双墩（91T0819④：3） 11. 浙川黄楝树（T10②：101） 12. 鹿邑武庄（T101⑤：5）

13. 蚌埠双墩（92T0523⑩：104） 14. 郧县大寺（T10④：16）

黄楝树①、郑州大河村②，浙江的余姚河姆渡③和安徽的蚌埠双墩④。这些靴形器中除河姆渡的"标本T27④：44"是于柄部上下各刻两道浅槽外，其余均为一道。C型鹿角靴形器出土数量较少，约占总数的4.68%。

① 长江流域规划办公室考古队河南分队：《河南浙川黄楝树遗址发掘报告》，《华夏考古》1990年第3期。

② 郑州市文物考古研究所：《郑州大河村》，科学出版社，2001年。

③ 浙江省文物考古研究所：《河姆渡》，文物出版社，2003年。

④ 安徽省文物考古研究所、蚌埠市博物馆：《蚌埠双墩——新石器时代遗址发掘报告》，科学出版社，2008年。

根据尺寸变化，C型鹿角靴形器可以分为二式。

Ⅰ式：长宽相近，多在5—6厘米。蚌埠双墩91T0819④：3，长5厘米，宽4.1厘米，长宽比1.22（图二，10）。

Ⅱ式：长宽比大于2。淅川黄楝树T10②：101，长宽比为2.13①（图二，11）。

C型靴形器的演化趋势为：长宽比越来越大，即由矮胖向瘦高发展。

D型　削肩类。该型鹿角靴形器数量最少，仅有1件，约占总数的0.26%。见于河南鹿邑武庄遗址②，以削低柄部上端两侧形成肩部为特征（图二，12）。

E型　不做额外处理类。此型鹿角靴形器将柄部切割成型并打磨光滑后不做额外加工，目前仅见于湖北郧县大寺③、安徽蚌埠双墩④和河南濮阳西水坡⑤三个遗址，共约22件，占全部总数的5.71%。

该型鹿角靴形器也可分为三式。

Ⅰ式：长度大于6厘米，宽度略小于长度，长宽比略大于1。蚌埠双墩92T0523⑩：104，长6.3厘米，宽6厘米，长宽比为1.05（图二，13）。

Ⅱ式：宽度小于长度，长宽比大于1。郧县大寺T10④：16，长10厘米，宽6厘米，长宽比为1.67（图二，14）。

Ⅲ式：宽度明显小于长度，长宽比较大。郧县大寺H10：4，长7.4厘米，宽2.8厘米⑥，长宽比为2.64。

E型鹿角靴形器的变化趋势是：柄部不断增长，钩部不断缩短，长宽比增大，即向着瘦长的方向发展。

以上5型共14式鹿角靴形器的型式与分期对应关系如表一⑦。

表一　中国史前鹿角靴形器的型式与分期对应关系表

型式 分期	A型	Ba型	Bb型	C型	D型	E型
新石器时代晚期早段	Ⅰ	Ⅰ	Ⅰ	Ⅰ	Ⅰ	Ⅰ
新石器时代晚期中段	Ⅱ					Ⅱ
新石器时代晚期晚段	Ⅲ	Ⅱ				
新石器时代末期		Ⅲ	Ⅱ	Ⅱ		Ⅲ

---

① 黄楝树及下集两遗址所出靴形器均未发表线图及尺寸，文中长宽比系笔者根据发表照片计算得出。

② 河南省文物考古研究所：《河南鹿邑县武庄遗址的发掘》，《考古》2002年第3期。

③ 中国社会科学院考古研究所：《青龙泉与大寺》，科学出版社，1991年。

④ 安徽省文物考古研究所、蚌埠市博物馆：《蚌埠双墩——新石器时代遗址发掘报告》，科学出版社，2008年。

⑤ 河南省文物考古研究所、濮阳市文物保护管理所：《濮阳西水坡》，中州古籍出版社，文物出版社，2012年。

⑥ 原报告仅发表了长度，这里的宽度数据是根据线图计算得出的。

⑦ 表中的分期参考：中国社会科学院考古研究所：《中国考古学·新石器时代卷》，中国社会科学出版社，2010年。其中，新石器时代晚期的三段分别对应半坡文化、庙底沟文化和西王村文化。

2. 起源和传播

将五型靴形器分别用不同符号标识（附表一），并按照由早及晚的顺序标注于地图上，即可形成不同时期鹿角靴形器的分布示意图。

通过对鹿角靴形器的型式划分及出土靴形器遗址时空分布特点的分析，可以得出以下结论：

就目前已有资料来看，最早的鹿角靴形器发现于新石器时代晚期早段，此时不论分布范围还是出土数量均已达到顶峰；此后，鹿角靴形器开始走上分布范围不断缩小、出土数量也不断减少的道路。

A型鹿角靴形器主要出土于淮河中游地区，黄河中游也有少量分布；B型以环太湖地区最多，胶东半岛北部有零星发现；其他三型数量较少，分布也较零散。

鹿角靴形器有两个明确的起源中心，即淮河中游和环太湖地区。自新石器时代晚期早段于淮河中游的双墩遗址出现后，A型鹿角靴形器就不断向西、向北扩展，此时分布范围最广、遗址数量最多；晚期中段局限于河南郑州至唐河一线及淮河中游的若干遗址；晚段又仅限于郑州附近，遗址也极少，至新石器时代末期时已完全消失。B型鹿角靴形器于新石器时代晚期早段产生于环太湖流域，此时不论出土数量还是分布范围均达到顶点；晚期晚段时分布最为局促、遗址数量最少；新石器时代末期时又向北传播到胶东半岛北部。C型似有从淮河中游经黄河中游向汉水上游传播的趋势。D、E两型靴形器数量太少，目前看不出明确的传播趋势或路径。

鹿角靴形器时空分布的变迁体现了史前先民文化交流和相互影响的动态过程。

二、鹿角靴形器的缚柄方式

对于鹿角靴形器的制作流程，通常是根据器物形态直接复原，在这一点上，研究者几乎没有分歧。综合起来看，制作鹿角靴形器包括以下几步：首先，截取一段有主干和枝杈的鹿角；其次，削平主叉枝的背面（通常至少削除一半），对于A型鹿角靴形器，需要在削平主干背面时预留出段；再次，对柄部上端进行钻孔、刻槽等加工，制作出适用的钩部；最后是对鹿角靴形器进行磨光等微处理。这些步骤中，削平主叉枝的背面对于一件鹿角靴形器的成型有着非常重要的意义。我们推测，削平叉枝的背面是为了使其减薄，这样便于将其进一步加工成扁薄或圆尖的尖端（此时，叉枝变身钩部，主干成为柄部）。显然，钩部的尖端应该是鹿角靴形器的作用端，部分遗物上仍可以观察到钩部的使用痕迹[①]。至于柄部，我们认为削平其背面旨在与他物组成复合工具，背面即是二者的结合面，换句话说，削平主枝的背面是为了缚柄。

由于柄部细部特征的差异，各型鹿角靴形器的缚柄方式也不一致。具体分析如下。

对于A型鹿角靴形器，"段"是复原缚柄方式的关键。这些段或相当于榫头，将（竹）木

---

① 如新郑唐户、郑州大河村等遗址均观察到鹿角靴形器钩部的底面和前端有明确的使用痕迹。

柄的一面削平，再于该平面上端开一个类似于卯眼的缺口，二者相合，如榫卯相扣，最后缚以绳索。这样鹿角靴形器便可与器柄完美匹配而不至于松动或滑脱了（图三）。

柄部上端的钻孔是B型鹿角靴形器缚以器柄的关键。这些小孔应该是用来穿绳系线的：先将（竹）木柄的一面削平，再于合适位置钻出相同数量的孔，便可用线绳将鹿角靴形器紧缚于器柄之上[①]（图四）。

C型鹿角靴形器上的浅槽显然用于系绳，为了将其缚于柄上，必然要在器柄上合适位置刻划相同数量的沟槽与之相对（图五）。

D型鹿角靴形器的肩部也应该是用来系绳的。因此，只要相应地在（竹）木柄上削出肩部，就可以将二者束缚在一起了（图六）。

E型鹿角靴形器的柄部在修治成型以后不再做任何加工，（竹）木柄的制作也应最简：只要将器柄加工出一平面即可匹配二者（图七）。从效果上看，E型鹿角靴形器相对于前四型更易滑脱。

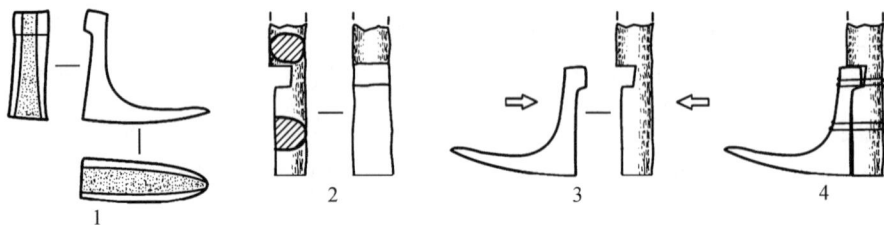

图三　A型鹿角靴形器的缚柄方式

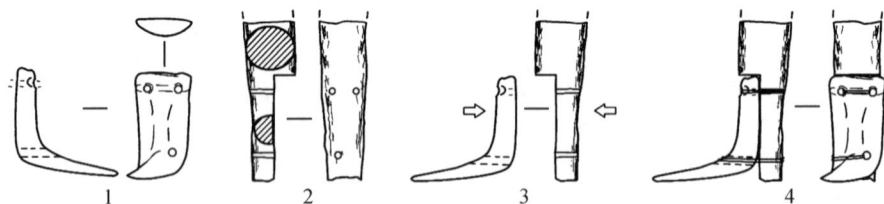

图四　B型鹿角靴形器的缚柄方式

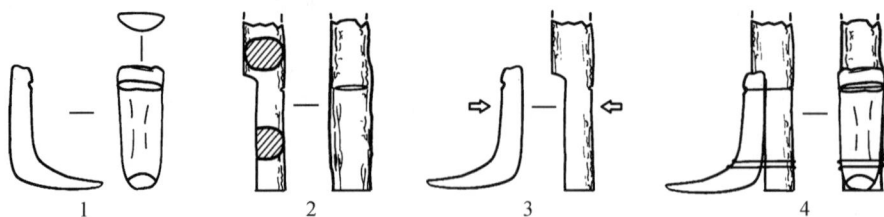

图五　C型鹿角靴形器的缚柄方式

---

① 这里以拐角钻孔的Bb型靴形器为例。至于Ba型及拐角无钻孔的情况，原理相同而具体的系绳方式稍异，不再图示。

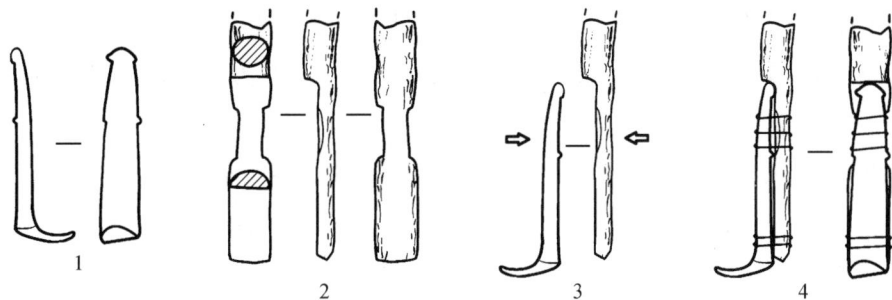

图六　D型鹿角靴形器的缚柄方式

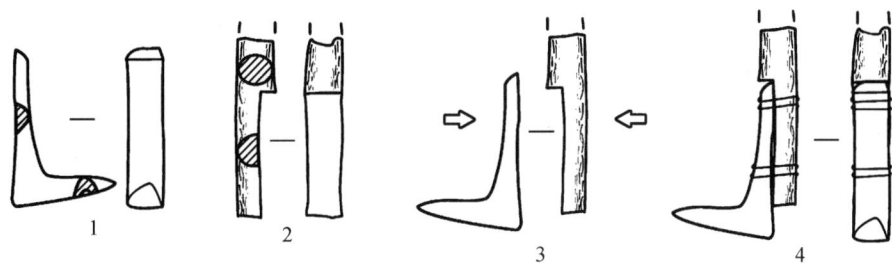

图七　E型鹿角靴形器的缚柄方式

三、鹿角靴形器的功能

学界关注最多的是鹿角靴形器的功能问题，一些发掘者曾于报告中简要提及，也有对出土于某一遗址者进行专门讨论的。主要有以下七种观点：

（1）制陶工具说。发掘者通过对濉溪石山子遗址出土鹿角靴形器的观察，认为它们是打磨陶器口沿的辅助型工具[1]。有学者通过对蚌埠双墩遗址靴形器的探究，推测其为集刮抹器表、制作口沿、修整圈足和刻划符号四种功能于一身的陶器加工工具[2]。

（2）渔猎工具说。王仁湘先生曾认为鹿角靴形器是用来钓鳄鱼的[3]。

（3）编织工具说。龙虬庄遗址发掘报告认为："靴形骨器、梭形角器和刀形骨器可能与编织有关，应属编织用具，其中靴形器可能用于绷线，梭形器可能用于织线，而刀形器可能用于理线。"[4]张小雷认为太湖地区的靴形器是用于缠绕丝线的纺织工具[5]。

（4）采集工具说。蚌埠双墩的发掘者认为鹿角靴形器似为采集用的勾捞工具[6]。解华顶

---

① 安徽省文物考古研究所：《安徽濉溪石山子新石器时代遗址》，《考古》1992年第3期。

② 王宇：《试谈蚌埠双墩遗址出土靴形器功用》，《南方文物》2011年第4期。

③ 王仁湘：《黄河流域新石器时代的骨质生产工具》，《中国考古学论丛》，科学出版社，1993年。

④ 龙虬庄遗址考古队：《龙虬庄——江淮东部新石器时代遗址发掘报告》，科学出版社，1999年，第343页。

⑤ 张小雷：《简论中国古代的靴形鹿角器》，《中原文物》2011年第4期。

⑥ 安徽省文物考古研究所、安徽省蚌埠市博物馆：《安徽蚌埠双墩新石器时代遗址发掘》，《考古学报》2007年第1期。

则结合双墩遗址所处时代的生态特点，推论鹿角靴形器是一种以钩部尖端和侧边切割的方式勾取树枝上果实的采集工具①。张小雷也认为分布于淮河流域的鹿角靴形器可能是勾取果实的采集工具②。

（5）带钩说。该说亦由王仁湘先生提出。他认为靴形器是史前带钩，并推测了它们的使用方式："它的柄尾有孔或刻槽，使用时应当是系在腰带的一端；腰带的另一端是一个套扣，直接挂套在钩首"，且"由于靴形器背面宽平，与腰部服帖，加上钩首较长，系带时可能效果还可以，系解方便"；成对出土于墓葬的"可能是在腰带的两端各系一枚靴形器，使用时用一个小绳套将两枚靴形器的钩底对底地固定在一起"③。

（6）刮削器说。垣曲古城东关遗址中唯一一件鹿角靴形器被定名为"角质刮削器"④。

（7）点播器说。濮阳西水坡遗址出土的鹿角靴形器均被认为是点播器⑤。

鹿角靴形器的柄部特征表明其当缚柄使用，不可能用于手持，手持的话没有必要将其加工成半圆剖面的形状，圆柄更适合持握，更不用对柄部上端进行加工，因此，鹿角靴形器不是用来手持制陶的；尽管鹿角靴形器的拐角在外部多呈直角的形态，然而绝大多数在内侧较为圆转光滑，更有钩柄夹角大如海盐仙坛庙M104：7者（图二，4），因而鹿角靴形器不大可能用于钩取果实，即使用于采摘，效果也不十分理想；鹿角靴形器一般自拐角向钩尖逐渐减薄，且内表光滑圆转，于钩部系线容易滑脱，从这一点看，鹿角靴形器不适合用作带钩。"渔猎工具说""编织工具说""刮削器说"三种推断均未经原作论证，这里不加评论。

我们认为鹿角靴形器主要用于刨锄或掏掘，因而一定程度上认可"点播器说"。对鹿角靴形器钩部的加工，以将其制作成扁薄或圆尖的尖端最为关键。只有刨锄或掏掘时，才对其尖端的形态有明确的要求，也只有在这样使用时，才可能留下许多至今仍然能够观察到的特定使用痕迹（这些痕迹均在尖端和底面，而非侧边或拐角内侧）。考察鹿角靴形器的形态发现，它们与一些现代少数民族还在使用的锄类工具比较相似。据民族学调查，在我国南方某些少数民族中比较广泛使用的一种原始播种工具即是小手锄。例如，景颇族在每年春季举行的破土仪式中，仍然使用被称为"凝奸"的竹制小锄挖穴点种⑥；云南哀牢山区中的苦聪人的主要农具之一"木橛头"就是用天然树杈制成的木锄，锄身长约13厘米、宽约7厘米，锄柄长约67厘米，主要用来掏穴点种玉米，其次用于采集⑦；独龙族、怒族和傈僳族在20世纪40年代还相当广泛地使用与苦聪人类似的小木锄⑧。李仰松先生曾对云南西盟佤族进行过民族学调查，佤族也曾

---

① 解华顶：《蚌埠双墩新石器时代遗址出土鹿角靴形器功用考》，《中国文物报》2008年12月26日第8版。

② 张小雷：《简论中国古代的靴形鹿角器》，《中原文物》2011年第4期。

③ 王仁湘：《善自约束：古代带钩与带扣》，上海古籍出版社，2012年，第93，94页。

④ 中国历史博物馆考古部、山西省考古研究所、垣曲县博物馆：《垣曲古城东关》，科学出版社，2001年，第87页。

⑤ 河南省文物考古研究所、濮阳市文物保护管理：《濮阳西水坡》，中州古籍出版社，2012年，第231页。

⑥ 李根蟠、卢勋：《中国南方少数民族原始农业形态》，农业出版社，1987年，第17页。

⑦ 李根蟠、卢勋：《中国南方少数民族原始农业形态》，农业出版社，1987年，第17页。

⑧ 李根蟠、卢勋：《中国南方少数民族原始农业形态》，农业出版社，1987年，第17页。

使用过以木、竹枝杈制成的木锄和竹锄[①]（图八，1、2）。除常见的竹木锄外，也有以骨角为锄的。在四川的木里和新疆个别地区曾使用过牛角锄。清代的台湾高山族以鹿角为锄的记载更是比比皆是，当时所谓"生番"诸社使用的小手锄，最初就是用鹿角绑在木棍上制成的[②]（图八，3、4）。这些木、竹或鹿角锄与缚柄后的鹿角靴形器非常相似，体量均不大，使用时单手持柄，以扁薄、锋利的锄身来进行各种活动，锄身损坏后还可修整或更换。这些小手锄作为农业工具，反映了较原始落后的农业生产形态。将鹿角靴形器作为锄使用时，鹿角较高韧性的材质特点应比竹、木锄更易发挥作用。使用过程中，由于力学原理，钩部的尖端及底面留下了使用痕迹[③]。

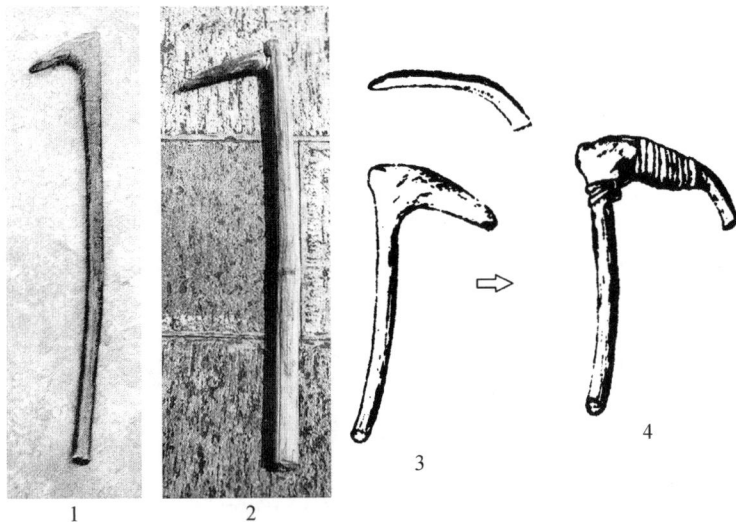

图八　部分少数民族使用的木、竹和角锄

1、2. 改自李仰松：《民族考古学论文集》，图版伍1、2　3、4. 改自陈国强、林嘉煌：《高山族文化》，第42页

环太湖流域及胶东半岛地区出于墓主脚下的鹿角靴形器原先可能是缚柄后埋藏的，（竹）木柄置于手旁，则靴形器可抵脚端。由于地底湿暗、年久日深，（竹）木柄及线绳终致腐败不见，仅留下靴形器附于脚侧。这样，通过测量墓主指骨与靴形器之间的距离，就可以粗略估算完整鹿角靴形器的器长。由金坛三星村M447和常州新岗M95所见器物推算，缚柄后的鹿角靴形器全长90—100厘米，这一长度刚好适合单手持握进行刨锄或掏掘的动作。

尽管上文已经论证鹿角靴形器可能是一类似于锄的复合工具，主要用于刨锄或掏掘。然而，也不排除偶尔将靴形器用作采集工具的可能性。如需进一步弄清鹿角靴形器的具体功能及使用方式，最好是对其进行微痕分析并参考复原实验（含制作和使用两方面）的结果。

（原载于《华夏考古》2019年第3期）

① 李仰松：《民族考古学论文集》，科学出版社，1998年，图版伍。

② 陈国强、林嘉煌：《高山族文化》，学林出版社，1988年，第43页。

③ 这里的力学原理非常简单：尖端在使用过程中与他物产生碰撞或摩擦而受损。有学者在提出大山前遗址夏家店下层文化的石铲是做石锄使用的假设后，进行石铲的复原使用实验时也观察到类似的作用端磨耗的情况，见：陈胜前、杨宪、董哲等：《大山前遗址夏家店下层文化石铲的功能研究》，《考古》2013年第6期。

附表一　中国史前鹿角靴形器统计简表

型别	遗址名称	出土数量/件	出土单位	年代	分期
A	蚌埠双墩	125*	地层或灰坑	7300—7100BP	新石器时代晚期早段
	滕州北辛	5		北辛文化早、中期	
	定远侯家寨	56		侯家寨一期（6900BP）	
	濉溪石山子	6		石山子一期	
	淮南小孙岗	1		双墩文化或略早	
	新郑唐户	2		一件仰韶早期，另一件仰韶晚期	新石器时代晚期早段、晚段
	怀远双古堆	较多	未知	大汶口文化早期或稍早	新石器时代晚期中段
	凤台峡山口	未知		与怀远双古堆相近	
	唐河茅草寺	1	地层或灰坑	仰韶文化中期	
	长葛石固	2		（5845±110）BP	
	郑州大河村	8		大河村仰韶文化第一、二期	
	郑州大河村	8		大河村仰韶文化第三、四期	新石器时代晚期晚段
Ba	桐乡罗家角	2	地层	马家浜文化第一、二期	新石器时代晚期早段
	余姚河姆渡	6		河姆渡文化	
	宁波傅家山	1			
	余杭吴家埠	2	墓葬	马家浜文化第二、三期	
	金坛三星村	未知		马家浜文化中晚期	
	高邮龙虬庄	1	地层	龙虬庄文化第二期前段（6300—6000BP）	
	湖州塔地	1	灰坑	崧泽文化晚期	新石器时代晚期晚段
	海盐仙坛庙	2	墓葬	良渚文化早期	
	胶县三里河	38		大汶口文化晚期	新石器时代末期
	栖霞古镇都	1	地层		
Bb	常州新岗	2	墓葬	马家浜文化中晚期	新石器时代晚期早段
	金坛三星村	未知			
	常州圩墩	16	墓葬、地层	马家浜文化第三、四期	
	平湖庄桥坟	2	墓葬	良渚文化中晚期	新石器时代末期
	海盐龙潭港	1		良渚文化晚期偏早	
C	蚌埠双墩	11*	地层或灰坑	7300—7100BP	新石器时代晚期早段
	垣曲古城东关	2		东关一期早段	
	余姚河姆渡	1		河姆渡文化	
	郑州大河村	2		大河村仰韶文化前二期	
	淅川黄楝树	1		屈家岭文化	新石器时代末期
	淅川下集	1		龙山文化	
D	鹿邑武庄	1	地层	相当于侯家寨二期	新石器时代晚期早段
E	蚌埠双墩	15*	地层或灰坑	7300—7100BP	新石器时代晚期早段
	濮阳西水坡	5		4500—4300BC	
	郧县大寺	1		大寺仰韶文化	新石器时代晚期中段
		1		大寺龙山文化	新石器时代末期

　　注：表中带"*"者为根据线图中各型所占比例乘以总数估计而得；三星村遗址出土鹿角靴形器总数为55件，然每个亚型的数量未知

模印拼砌砖画与南朝帝陵墓室空间营造

——以丹阳鹤仙坳大墓为中心

左　骏　张长东

内容提要：南朝大型模印拼砌砖是极具等级标识、时代和地域特色的一类墓葬建筑材料。江苏丹阳鹤仙坳南齐帝陵残存的模印拼砌砖为南朝陵墓建造、图像配置复原等提供了重要的研究资料。通过对砖料制作技术和拼砌过程的分析可知，拼砌砖画在墓室内壁装饰中有着特定的作用，而其对墓室空间营造、丧葬礼仪象征的功能，则是这些拼砌砖画被配置组合的意义所在。

关键词：南朝　拼砌砖画　墓室空间　丧葬礼仪

自20世纪60年代开始，在江苏丹阳南朝齐梁皇室墓区考古发掘了一批南朝皇室大型帝王陵墓，其中丹阳胡桥的鹤仙坳大墓（又名仙塘湾南朝大墓，下文简称"鹤仙坳墓"）发掘时代最早，墓主被认为是南朝齐明帝萧鸾的父亲萧道生，后被追赠为齐景帝，陵号修安[①]。该墓虽被盗掘严重，但仍出土了一批用于墓室内壁装饰的大型模印拼砌砖画。

众所周知，南朝墓葬中的拼砌砖画是极具时代特色和地域特色的文化遗存。本文以鹤仙坳墓为例，尝试解读有关南朝帝陵中拼砌砖的制作及墓葬的营建，并分析画面在墓室中的分布规律及其所呈现的空间意义。

一、砖画的制作与墓室的营建

（一）砖料的制作

始见于南朝时期的大型拼砌砖画，可以通过模具进行量化生产，分体后再组合拼砌。拼砌

---

① 南京博物院：《江苏丹阳胡桥南朝大墓及砖刻壁画》，《文物》1974年第2期。

完整的砖画以其流畅的线条和稳健的图案布局，展现出粉本绘制者高超的线条构图能力。而且将其付诸作坊制作，再运送至墓地砌构、彩绘，成为墓室建筑景观的一部分，也展示出匠人精湛的制作技艺。大型墓葬的营建是一个复杂的过程，尤其是最高等级的帝王陵墓，需要各类工种的协调配合。砖是墓室建造的基本单位，尤其是模印拼砌砖画用砖，除了具有装饰功能外，还是墓室结构的重要组成部分。如何制作砖料，与墓室的整体设计、构筑营建密不可分。

鹤仙坳墓可见的用砖类型，据发掘材料统计，大概有10种花纹图案、32种模印文字砖以及拼砌模印砖。其中拼砌砖画用砖大体固定在长33、宽14—14.5、厚4.5—5厘米。"砖作"是对专业制砖工种的称谓，宋代《营造法式》以及明代《天工开物·陶埏》篇中，详细记载了有关"砖作""窑作"的规格、用法、制造以及砖窑的建造方法[①]。历代出土的墓砖所保留的工艺特征，与民族工艺调查中传统土窑的制坯步骤基本一致，显示出传统制砖工艺顽强的延续性[②]。有关制砖料土的来源，六朝时期，长江以南地区制砖多为就近取材[③]。在南京地区，也曾发现在六朝墓葬附近设立砖窑的现象[④]。鹤仙坳墓砖色青灰，比同时期普通用砖更为坚硬、细腻、紧密，表明其用泥的严选与工艺的考究。

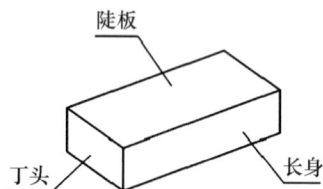

图一　砖料各面称谓
采自《明清广府地区砖作研究》
图4-1：a

按近代对砖体的六面命名（图一），分别是两个丁头面（宽与厚）、两个长身面（长与厚）、两个陡板面（长与宽）。鹤仙坳墓拼砌画砖的砖料多是长扁方体，其砖体六面中，至少三四面上保留明显的模印、刻画及匠作痕迹，这为进一步探究砖作技艺提供了重要的线索。

拼砌砖画需要使用特定的模具，按设定好的砖体尺寸分解图像粉本，并制作模具[⑤]。南朝模具实物已不可见，而用模具翻印的成品砖体，尤其是砖面印纹细部痕迹，反映出当时模具的丰富信息。模印图像的线条由多段一端稍宽、另一端稍尖的短线连接而成，这表明，当时使用有刃的刀具刻制模具，因此有明显的入刀（尖）、收刀（宽）痕迹（图二）。从印砖纹样的位置可知，模具应组合于丁头面或长身面一侧。另外，与常见的叩击脱模不同[⑥]，现存砖面纹样中未见由于脱模刮抹造成的图案模糊，这类砖很可能使用了拆卸模具的脱模方式。

① （宋）李诫：《营造法式》卷二"砖作制度"和"窑作制度"，商务印书馆，1954年，第95页；（明）宋应星：《天工开物》"陶埏第七"，中华书局，2016年，第141页。

② 张光玮：《关于传统制砖的几个话题》，《世界建筑》2016年第9期；李敏锋：《明清广府地区砖作研究》，华南理工大学硕士学位论文，2013年。

③ 据《宋书》记载，元嘉初年，王彭丧父，乡邻出力帮其做砖。"砖须水而天旱"，王彭号天自诉，砖灶前忽生泉水，乡邻助之。葬事即竟，水便自竭。参见《宋书·王彭传》，中华书局，1974年，第2250页。

④ 参见马涛、祁海宁：《南京市栖霞区狮子冲南朝陵园考古工作简报》，《南朝真迹——南京新出南朝砖印壁画墓与砖文精选》，江苏凤凰美术出版社，2016年，第86页，图二。

⑤ 关于模具的讨论，参见林树中：《江苏丹阳南齐陵墓砖印壁画探讨》，《文物》1977年第1期；罗宗真：《六朝考古》，南京大学出版社，1994年，第129页。

⑥ 《营造法式》第108页："坯之制：皆先用灰椟格模匣，次入泥；以杖脱，曝令干。"

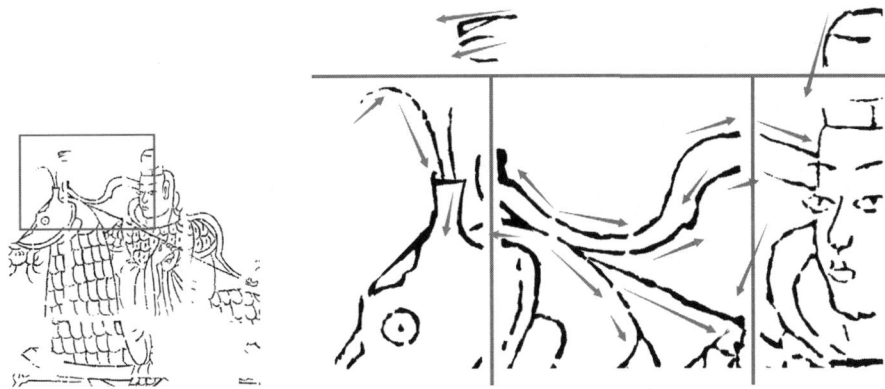

图二 鹤仙坳墓 "具张" 图像上的走刀痕迹
根据《江苏丹阳胡桥南朝大墓及砖刻壁画》图一六改绘

鹤仙坳墓砖的两个陡板面上均有粗麻布纹。其中一侧麻布纹相对完整，另一侧布纹多呈连续的长方形，似是用麻布包裹而制成的拍印工具的痕迹。陡板面密集的麻布纹，是为了在砌造过程中增加砖与黏合剂的接触面，以此增强砖砌结构的稳定性。在麻布纹砖上留有竖直的刮抹痕迹（图三），似是所谓"铁线弓戛平其面"的修整工序①。

陡板面的铭文，是用硬质尖杆状笔刻写在未干透的砖坯上。刻铭除了便于成品的分类储存，更重要的功能应当是在营建墓室过程中，标示工匠如何拼砌。可见，模具制作与砖作匠人属于不同的群体，为了避免工种转换对产品信息造成缺失，必须将产品信息以其他形式标识。

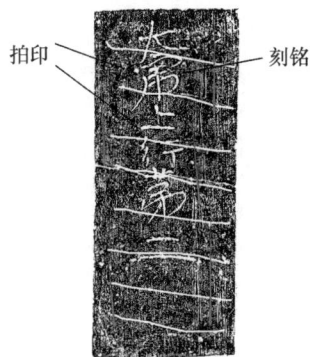

图三 鹤仙坳墓 "大虎" 砖
陡板面刻铭及竖直的刮抹痕迹
根据《江苏丹阳胡桥南朝大墓及砖刻
壁画》图九改绘

脱模砖坯通过一个阶段的晾坯，便可以入窑烧造。现存鹤仙坳墓砖多为青灰色，少量砖有杂色。青灰砖是在烧造过程中，在人工造成的窑内还原气氛中渗碳形成②。由于碳的沉积作用，孔隙率更小，因而更能抗风化、耐腐蚀，质量上有明显的优势，也从侧面反映出这批砖料的烧造团队技术精良。

（二）墓室的营建

鹤仙坳墓室由封门墙、甬道、主室等部分组成，甬道内有两组石门，分前后两进。主墓室平面接近向外弧凸的长方形，墓室中部起棺床。拼砌砖画破坏严重，大部分砌筑存留在墓室东、西两壁面，共计五幅（图四）。

鹤仙坳墓室主体营建，除拼砌砖画砖以外，还使用了简化的胜纹砖、模印铭文砖、莲花叠

---

① 《天工开物》第142页："填满木框之中，铁线弓戛平其面而成坯形。"
② 青砖的烧造原理，参见"窑水"法（《营造法式》第108页）和"济水"法（《天工开物》第142页）。

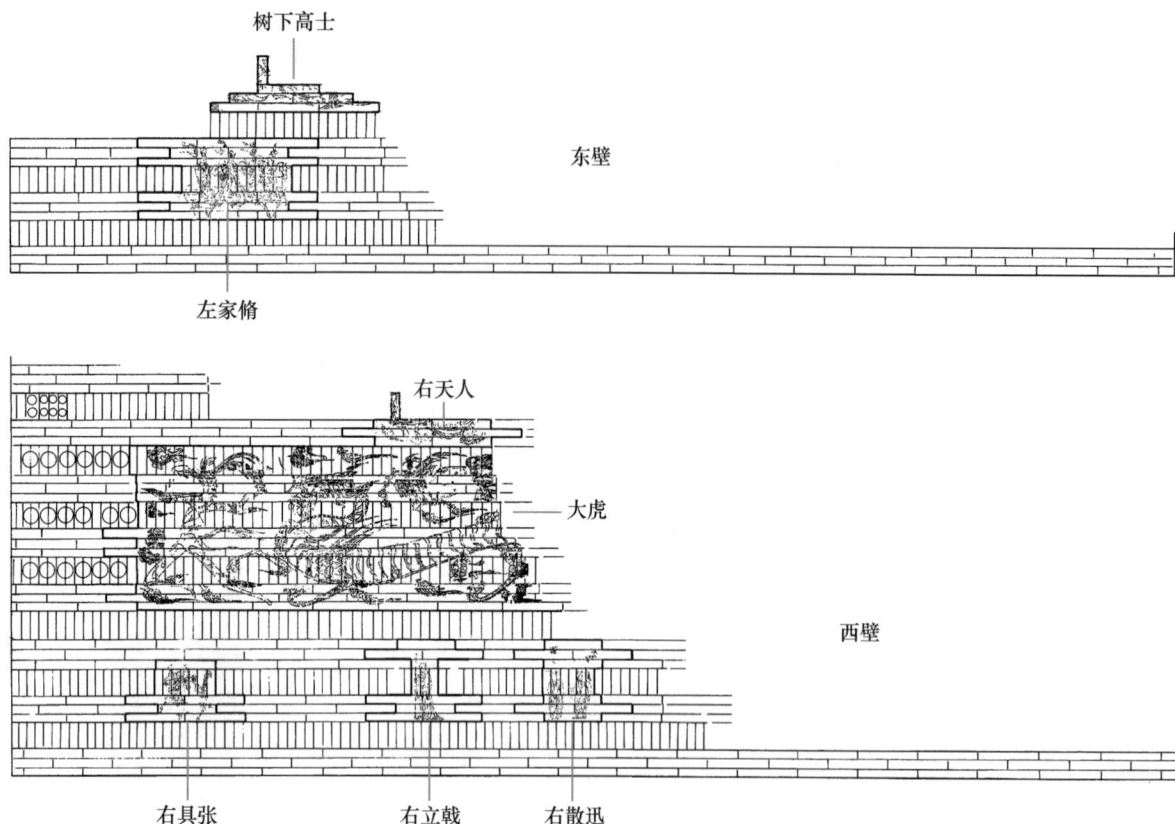

图四　鹤仙坳墓主室东、西壁残存拼砌砖画位置示意图
根据《江苏丹阳胡桥南朝大墓及砖刻壁画》图三、五改绘

胜纹砖等（表一）。其中，模印铭文砖在已发掘的金家村、吴家村及南京栖霞齐梁帝王陵均有使用①，另在中国浙江余杭小横山南朝墓地、韩国公州的百济武宁王陵（宋山里7号墓）也有零星发现②。鹤仙坳墓的模印铭文砖，多发现在墓室顶部、甬道倒塌的乱砖中。近年来通过对小横山南朝墓的模印砖的研究，可以基本确定，模印铭文砖主要用于券顶的砌造③。

　　对各类砖料砌筑位置的了解，有助于我们知道墓室的详细营建步骤和组合过程。鹤仙坳主墓室的营建，首先是在平整好的墓坑中铺垫地砖作为墓室基础，在此之上，取用三卧一甃（三顺一丁）、平砖对错的技法砌筑墓室内壁④，拼砌砖画图案在内壁的砌建中完成。鹤仙坳墓砖

　　① 　南京博物院：《江苏丹阳县胡桥、建山两座南朝墓葬》，《文物》1980年第2期；南京博物院、南京市文物保管委员会：《南京栖霞山甘家巷六朝墓群》，《考古》1976年第5期；南京博物院：《南京尧化门南朝梁墓发掘简报》，《文物》1981年第12期；南京博物院：《梁朝桂阳王萧象墓》，《文物》1990年第8期。

　　② 　杭州市文物考古研究所、余杭博物馆：《余杭小横山东晋南朝墓（上、下）》，文物出版社，2013年；王志高：《六朝建康城遗址出土陶瓦的观察与研究》，《六朝建康城发掘与研究》，江苏人民出版社，2015年，第94页。

　　③ 　刘卫鹏：《余杭小横山东晋南朝墓墓砖文字研究》，《南京晓庄学院学报》2014年第3期。

　　④ 　"三卧一甃"一词对应传统考古的"三顺一丁"，其中"甃"是指侧立起来，将丁头砖露出。参见刘大可：《中国古建筑瓦石营法》，建筑工业出版社，1993年，第三章"墙体"，第59页。"三卧一甃"为莫阳女士在对襄阳砖画研究中首次提出，参见莫阳：《试论襄阳南朝画像砖墓的营建及图像布局》，《考古与文物》2018年第6期。

体之间用薄泥浆黏结，可见，墓室的稳固只能依靠合理的结构本身①。以下遵循墓葬结构，从甬道到主室，对鹤仙坳墓砖画的拼砌过程加以推测。

表一　鹤仙坳墓各类模印花纹、铭文砖相对使用量及发现部位

砖类	使用部位
简化胜纹砖	墓室外壁墙体、封门墙、挡土墙
模印铭文砖	主室穹隆顶、封门墙（少量）
莲花叠胜纹砖（丁头叠胜莲花、长身面叠胜莲花加网格纹）	墓室外壁墙体（少量）、内壁墙体
模印拼砌砖画砖	墓室内壁部分墙体
忍冬缠枝纹砖	主室近棺床东、西两侧一层卧砖龙、虎上部中层卧砖
两拼合"莲花胜"纹砖	"大龙""大虎"砖画前端的三层甓砖

1. 甬道

在甬道口的残砖中，发现有刻铭"右师子下行……"，因此推测应有对置的狮子图。狮子图在金家村、吴家村以及南京油坊桥罐子山、栖霞狮子冲诸墓均有发现②。墓葬发掘资料显示，通常狮子图被安置在第一道石门与甬道口之间，砖画自内墙体下部两组三卧一甓砖后开始。诸墓砖上有"下行"、"中行"及"上行"刻铭编号。例如，右金家村，狮子图的构成自下而上分别是下层三卧一甓、中层三卧、上层一甓三卧（图五）。

虽然鹤仙坳甬道已塌毁，但参考金家村墓的发现可以推测，其在甬道内壁应砌有日、月图像，位于甬道口与第一重石门间的顶部，日在东（左），月在西（右）。砖呈楔形，其模印画面均位于短侧的丁头面，长丁头面则砌于墙体内。陡板面分别刻铭"小日""小月"，两块砖的短侧丁头拼合成一幅完整图案（图六，1）。另外，在狮子冲两墓坍塌的砖料中，发现"大日""大月"自铭砖，模印画面在其丁头，按其图案比例，完整画面应由三块长方形规格的甓砖拼合而成（图六，2）。金家村的日、月图案砖是楔形甓砖为甬道券顶的结构用砖，当面朝墓门方向时，甬道顶部左为日、右为月。而狮子冲的"大日""大月"铭文砖均为长方形砖

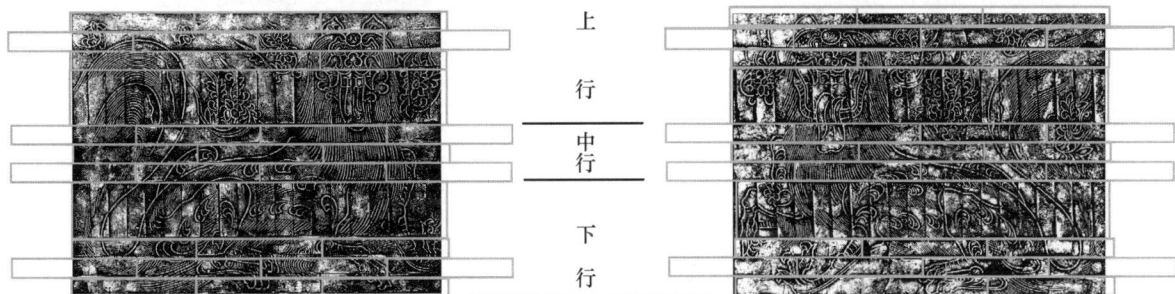

上行
中行
下行

图五　金家村墓狮子拼砌组合示意图
根据《六朝艺术》图二〇一、图二〇二改绘

①　赵胤宰：《长江中下游汉六朝砖墓的建筑结构与技术研究》，北京大学博士学位论文，2007年。

②　罗宗真：《南京西善桥油坊村南朝大墓的发掘》，《考古》1963年第6期；南京市博物馆总馆、南京市考古研究所：《南朝真迹——南京新出南朝砖印壁画墓与砖文精选》，江苏凤凰美术出版社，2016年。

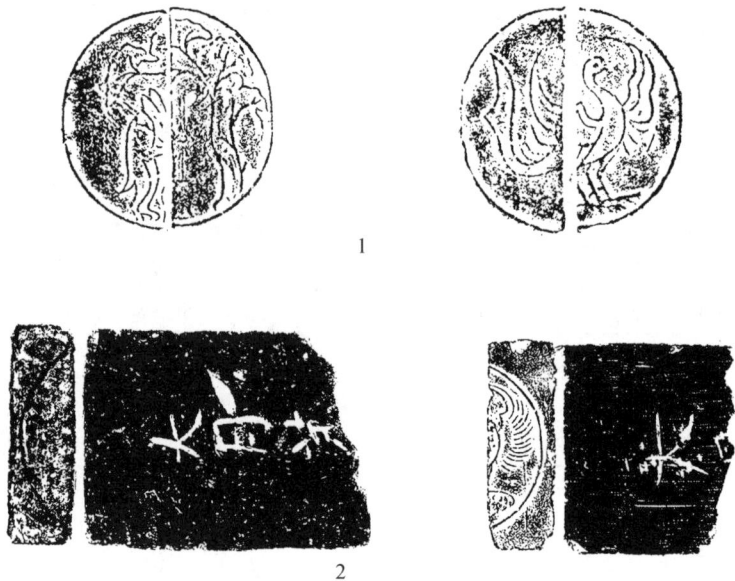

图六　日、月拼砌砖拓片

1. 金家村墓小日（左侧）和小月图案（采自《六朝艺术》图一九九、图二〇〇）

2. 狮子冲墓大月（M1）（左侧）和大日（M2）铭文（采自《六朝真迹》第353、431页）

料，此类砖料通常砌筑在墙体的内壁立（直）面。

鹤仙坳墓的两重石门与其间的内壁面、券顶均被破坏，原位于两重石门之间的武士画面现已不存。按照金家村墓、吴家村墓的规律，鹤仙坳墓原应配置武士砖。武士砖自铭"直阁"，砌筑方式以吴家村墓砖刻铭文为例。其中，"右直阁下四讫"对应武士下行錾砖的最下面一块，"右直阁上三"对应右武士头部的皮弁及簪导，另有"左直阁中行四"錾砖。可见，直阁类图像砖的编号系统与狮子相似，自下而上分为"下行""中行"及"上行"，下层为三卧一錾，中层为三卧一錾，上层为三卧（图七）。

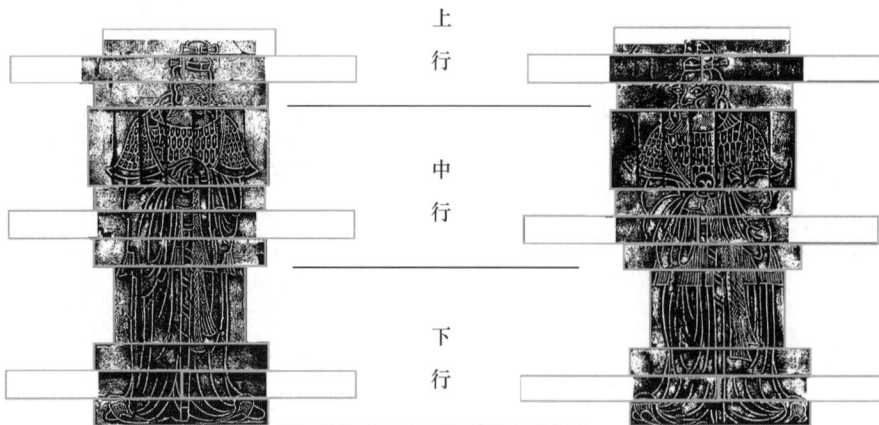

图七　吴家村墓"直阁"图像拼砌组合示意图

根据《六朝艺术》图二〇三、图二〇四改绘

2. 主室

鹤仙坳墓主室东、西两内壁画面最丰富，上层为大龙或大虎、树下高士，下层为"具张"、"笠（立）戟"、"散迅"和"家脩"，即卤簿图。鹤仙坳墓主室东、西两壁由多幅图案构成，需要由下至上，层层砌构，这就要求匠人对砖画砌筑的先后时间进行科学统筹。

下层砌筑先以三层平砌错缝的卧砖为基础，在两层莲花胜纹卧砖之间加忍冬缠枝纹砖一层。卤簿图由前至后（南向北）分别为"具张""笠戟""散迅""家脩"（残）。整幅出行卤簿图均起于内壁第二组卧砖层，图案尺幅大小各有不同。砌筑遵循自下而上原则，其中"具张"使用三卧、一甃、一卧砖，"笠戟"使用三卧、一甃、三卧砖，"散迅"使用三卧、一甃、三卧砖，"家脩"则用三卧、一甃、两卧砖（图八）。

关于刻铭情况，目前可参照狮子冲墓公布材料加以推测。狮子冲M2"具张"卧砖的陡板面刻有"右具张下四""左具张下五讫"，其中层甃砖自铭"右具张三"，未见有"中"铭；M2还有卧砖"[右]笠戟上一"，图案为笼冠与戟下垂的旌，完整图像为上层卧砖的第一块。余下"散迅"（或称"迅散"）、"家脩"编号规律相类。

鹤仙坳墓西壁以自下而上的第三组甃砖为上、下层分界，上层画面从第四组第一层卧砖开始。上层前部为大虎（或称"羽人戏虎"），东壁对应处应该是自铭"大龙"。此前经比对，

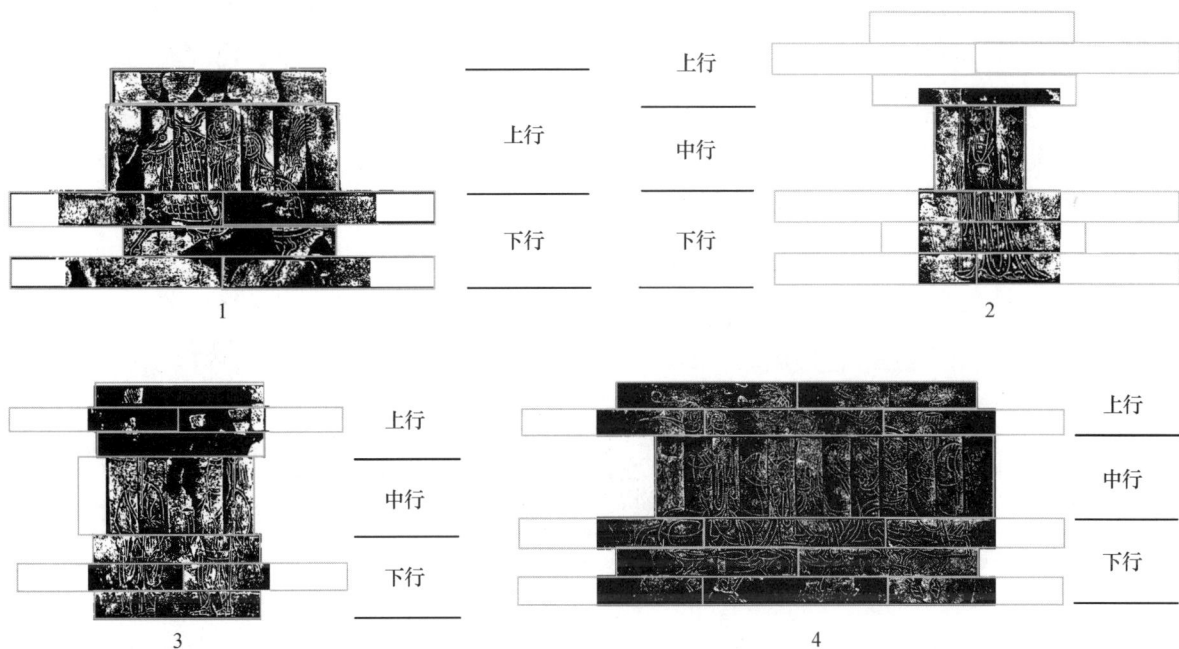

图八　鹤仙坳墓西壁下层卤簿图拼砌组合示意图
1. 具张　2. 笠戟　3. 散迅　4. 家脩
根据《江苏丹阳胡桥南朝大墓及砖刻壁画》图一六—图一八、图六改绘

鹤仙坳墓与金家村两墓西壁大虎图案为同模[①]，故鹤仙坳墓大虎图可参考金家村墓。图案以三组三卧一甃砖面构成，计卧砖九层、甃砖三层。从石子冈墓和狮子冲墓出土残砖刻铭可知，龙、虎模印拼砌砖的刻铭编号"下""中""上"，正与自下而上的每组三卧一甃对应[②]。砌筑顺序按图像刻铭流水号排序。中行、上行与下行的砌筑方式相同，可依此复原鹤仙坳墓西壁大虎图（图九）。

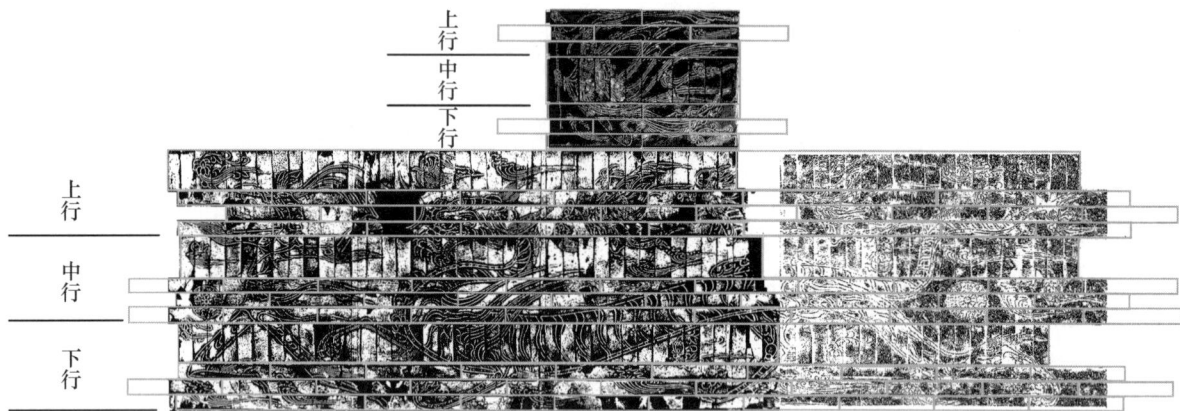

图九　鹤仙坳墓与金家村墓西壁上层大虎、天人图案组合复原示意图
根据《六朝艺术》图一八〇、图二一三以及《琅琊王》81页改绘

鹤仙坳墓的残砖中见有"天人右……"刻铭，另在石子冈墓、狮子冲墓也有发现（图一〇，1）。目前所见天人砖刻铭有"下""中""上"，其中"下"与"上"铭皆为卧砖，"中"铭为甃砖。狮子冲墓甃砖铭"右天人中十四"尚未结束，可知其画幅较宽。狮子冲M2东壁曾揭露较为完整的持节天人图，位于大龙之上[③]（图一〇，2）。在鹤仙坳墓大虎中部，两飞天上卧砖有三层模印云纹残留。类似情形见于吴家村墓大龙上部，均是天人图案的底部线条（图一〇，3）。2018年南京博物院对金家村墓残砖进行部分整理比对后，修复出一件完整的"左天人"拼砌砖画，画面与狮子冲M2相类（图一〇，4）。

鹤仙坳墓的主室后壁、西壁被毁至底，东壁残留属于两位高士的底层三卧砖、一甃砖，图案仅存树根和人物脚部。经与金家村墓所见图案线条比对，图案内容高度一致，分别是山涛和王戎。高士图的营建层位与龙虎相同，图案设计比大虎少一层甃砖，即从底部卧砖开始，共计两组三卧一甃加上顶部一组三层卧砖。高士砖陡板面刻铭编号系统是近年研究者关注的重点，其刻铭有"下""中""上"，对应的下层三卧一甃、中层三卧、上层一甃三卧（图一一）。

按以往所见，高士图在东西两壁的首位人物分别是向秀和嵇康，故东壁编号常以"向"为

---

① 〔日〕曾布川宽著，傅江译：《六朝帝陵》，南京出版社，2004年，第28页，第八章"羽人戏龙、羽人戏虎图砖画"。

② 耿朔、杨曼宁：《试论南京石子冈南朝墓出土模印拼镶画像砖的相关问题》，《考古》2019年第4期。

③ 南京市考古研究所：《南京栖霞狮子冲南朝大墓发掘简报》，《东南文化》2015年第4期，彩插一，5。

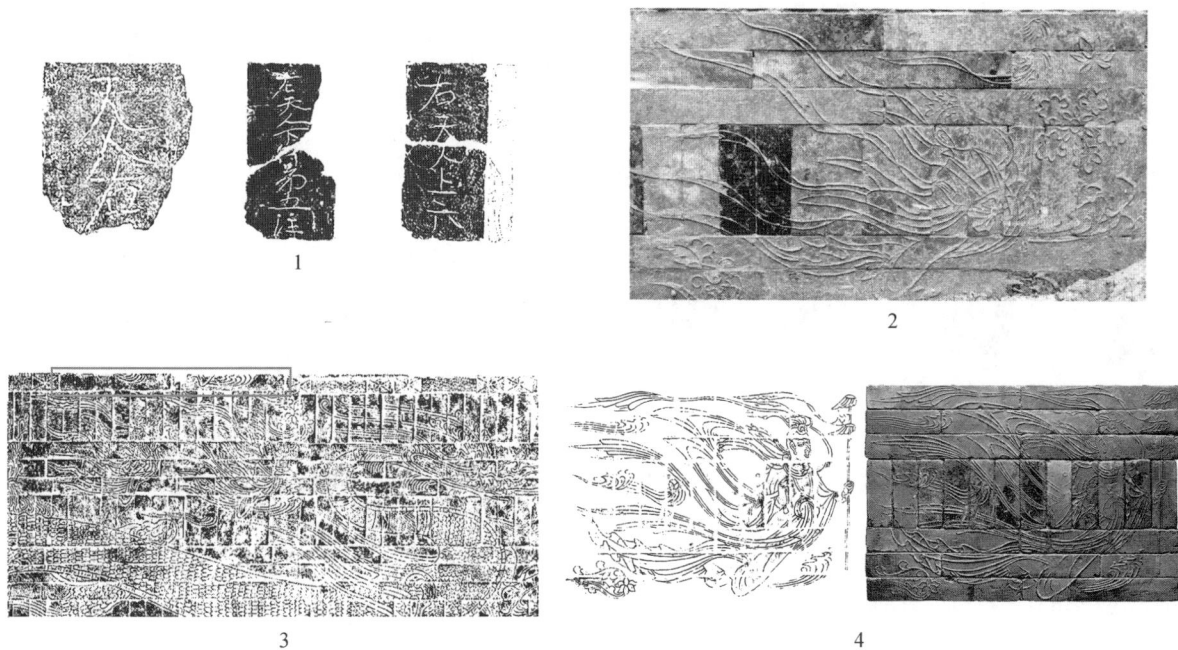

图一〇　"天人"拼砌砖及拓片

1.鹤仙坳墓、石子冈墓、狮子冲M2刻铭"天人"砖拓片（采自《南朝真迹——南京新出南朝砖印壁画墓与砖文精选》第283、525页）　2.狮子冲M2东壁上持节左天人图（采自《南京栖霞狮子冲南朝大墓发掘简报》彩插一，5）　3.吴家村墓大龙上方的左天人残迹（采自《六朝艺术》图一八九局部）　4.金家村"左天人"（采自《琅琊王》第80、81页）

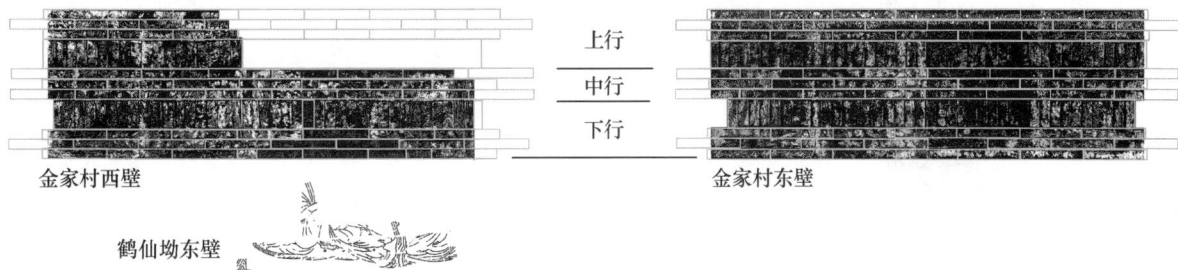

图一一　鹤仙坳墓残存高士（左下线图）与金家村壘东、西壁高士图对比
根据《六朝艺术》图二一六—图二二三改绘

首，西壁编号常以"嵇"为始①。山涛与王戎本应置于西壁，鹤仙坳墓却反常地见于东壁，王戎成为东壁首位，这表明在砌筑过程中发生了某种变故。

南朝大型陵墓均采用近椭圆形四面结顶的穹隆顶。在鹤仙坳墓坍塌的乱砖内采集到"朱鸟""玄武"刻铭砖体，由此可知，在穹隆顶上应该装饰同铭题材的图像。"朱鸟"（即朱雀）卧砖残块仅见一块，铭为"朱鸟中⬚第……"。"朱鸟"铭在南京狮子冲两座陵墓残砖中见有多块，分为普通长条砖和楔形砖。如"朱鸟上行十"和"朱鸟上行七"长条卧砖，"朱鸟中行十五"楔形甃砖（图一二，1）。参考龙、虎图案皆由卧砖九层、甃砖三层组成的纵向高

① 至南朝晚期，高士人物图榜题出现错误，位置发生位移，但是"向"为东壁、"嵇"为西壁的编号系统并未发生改变。这说明，相对于图像本身而言，其编号系统更加完整地存留于匠作技艺的传承当中。

图一二　朱雀、玄武刻铭砖及相关图像

1. 朱雀、玄武刻铭砖拓片（采自《江苏丹阳胡桥南朝大墓及砖刻壁画》图一五，《江苏丹阳南齐陵墓砖印壁画探讨》图一，
《南朝真迹》第402、405、519、522、521页）　2. 韩国公州宋山里6号墓南、北壁（采自《朝鲜古迹研究会遗稿Ⅱ》图六）

度，另参考狮子冲朱鸟刻铭"上""中""下"可对应自上而下的每组三卧一甃砖，可推测鹤仙坳墓"朱鸟"图像的纵高可能与龙、虎相当。

　　韩国公州宋山里6号墓中，彩绘朱雀位于南壁甬道内门的正上方[①]（图一二，2），因而鹤仙坳墓"朱鸟"可能位于主室券顶南壁的壁面，其两侧翼之下的壁面分置日、月图像。这也为上文大日、大月图案的复原提供了重要依据。

　　林树中曾在鹤仙坳墓采集到"玄武"铭砖残片，可知内壁原应有对应图像[②]。狮子冲两墓里也发现一些残砖，如"玄武上行三"长条卧砖、"玄武上行七"长条甃砖等。其中，"上行"铭所见最大编号为"十六"长条甃砖（图一二，1）。由刻铭编号可以推测，玄武图案的纵高应该与龙、虎、朱鸟一致，也刻铭"上""中""下"对应自上而下的每组三卧一甃砖料（图一二，2）。

　　在进行模印纹样与刻铭的比对中，我们发现，绝大部分甃砖刻铭与模印纹样间存在特定关系，由此可以推测出砖画砌筑的方向与过程。以狮子冲M2"右师子"为例，甃砖铭文均刻于模印纹样丁头面的左侧。推测工匠在由南向北砌筑甬道内壁时，刻铭能够保持面向匠人（图一三）。

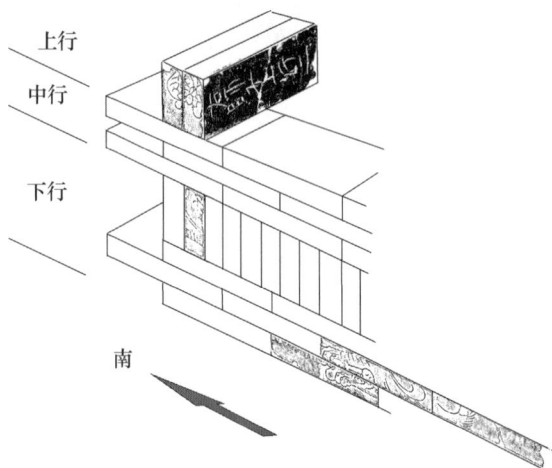

图一三　"右师子"图案拼砌过程推测示意图
根据狮子冲M2砖改绘

　　① 宋山里6号墓时代为萧梁时期，参见〔日〕有光教一、藤井和夫：《朝鲜古迹研究会遗稿Ⅱ——公州宋山里第29号坟、高灵主山第39号坟发掘调查报告（1933、1939）》，东洋文库，2002年，第8页。宋山里6号墓可能受到萧梁官瓦匠的指导，属于典型南朝"建康模式"，参见王志高：《韩国公州宋山里6号坟几个问题的探讨》，《东南文化》2008年第4期。

　　② 林树中：《江苏丹阳南齐陵墓砖印壁画探讨》，《文物》1977年第1期。

又如石子冈墓的上层大龙砖，錾砖铭文均刻于模印纹样錾砖丁头面的右侧，其后"向"首高士錾砖情况一致。故此推测，如以此砖营建东壁，砌筑方向当由南至北，匠人面向甬道。而在西壁，大虎砖铭情况正与东壁相反，即錾砖铭文均刻于模印纹样丁头面的左侧，推测其砌筑方向仍是由南向北，匠人面向甬道。"稽"首"高士"錾砖刻铭则与其一致，砌筑方向应亦如之①。所以，大龙、大虎两幅画面起砌可能均选择了主室南壁面为坐标；高士图均紧跟其后，显然是选取了完工的大龙、大虎墙体为坐标。

反观鹤仙坳墓，东壁高士图与常规方位不符，据上我们提出一种可能：为了节省工期或者赶工期，大龙与高士两幅可能由两组匠人同时砌筑。其中东壁大龙选择主室南壁为起砌坐标，从南向北砌；大龙尚未完成时，高士砌筑坐标只能选择北壁，从北向南砌。为了保证有刻铭一面始终对着匠人，刻铭在左侧的以"稽"开始的砌砖成为首选。于是，在鹤仙坳墓中，王戎出现在东壁首位，与其他墓迥异。

二、图像配置与意义

（一）布局的复原

我们参考金家村、吴家村及狮子冲等齐、梁时期陵墓中拼砌砖画的位置规律，将鹤仙坳墓室中的拼砌砖画复原。由甬道开始，甬道口至第一重石门间的平券顶部东、西对置有日、月图，第一重石门前的东、西立壁面有对置头向外的狮子图，两重石门之间的立壁面，有对置侧面向外的武士。主墓室前方上部东、西壁对置羽人戏龙、羽人戏虎图，朝向甬道，龙、虎上方各有一个大天人，龙、虎身后各有三个小天人，均朝向甬道。龙虎后部是东、西各四人对置的树下高士，东壁从王戎像开始、西壁从荣启期像开始。

东、西壁下层为卤簿图，亦为东西对置，均朝向甬道（表二、图一四）。

拼砌砖画在田野考古发掘刚揭露时，砖画线条范围以内的表面多留有施彩痕迹。例如，鹤仙坳墓的具张砖面涂有白彩，大虎身上存留少量白彩及少量朱彩。相同的情况也存在于其他装饰砖画的大墓中。例如，金家村墓小月砖面残留白彩，其狮子的口、鼻、舌等处均涂红彩；大虎虎身、羽人局部也残留白彩。在狮子冲M2高士图上，亦发现局部保留有青绿、朱色彩绘②。

拼砌砖画与两汉和北朝墓室壁画显然不同，或许是因为南方墓室内阴湿，易造成壁画地仗层脱落，故而进行了壁画改良。现存的砖面模印线条原本应是壁画构图，如此设计一是为了在

---

① 石子冈墓发现的零砖中，也见有长身面模印"上""下"的，为辅助功用标识。相关讨论参见王汉：《从壁画砖看南京西善桥宫山墓的年代》，《东南文化》2018年第2期。另外我们发现，刻铭文字风格也不尽相同，这均反映出同一墓室不同区域所用画面拼砌砖，可能出自不同的匠作团队。

② 南京考古研究所：《南京栖霞狮子冲南朝大墓发掘简报》，《东南文化》2015年第4期，彩插一，4。

阴湿环境中稳固彩绘颜料，二是便于匠人在线条的设定中填彩。可以推想，当壁画绘就，凸起的线条内均填绘着五彩，将呈现出一种特殊而丰富的视觉效果[①]。

表二　鶴仙坳墓模印拼砌砖画配置复原

北壁	玄武													北壁
西壁	上	右天人	荣首四贤（嵇号）	下	右家倄	棺椁	棺	棺椁	左家倄	下	王首四贤（向号）	左天人	上	东壁
			大虎及三小天人		右散迅		床		左散迅		大龙及三小天人			
					右笠戟				左笠戟					
					右具张		主室		左具张					
南壁	右	大月							大日				左	南壁
	朱雀													
西壁				石门										东壁
	右	右直阁		甬道		左直阁					左			
				石门										
	上	小月	下	右狮子		左狮子		下	小日	上				
甬道口	彩绘			甬道		彩绘					甬道口			
	封门													

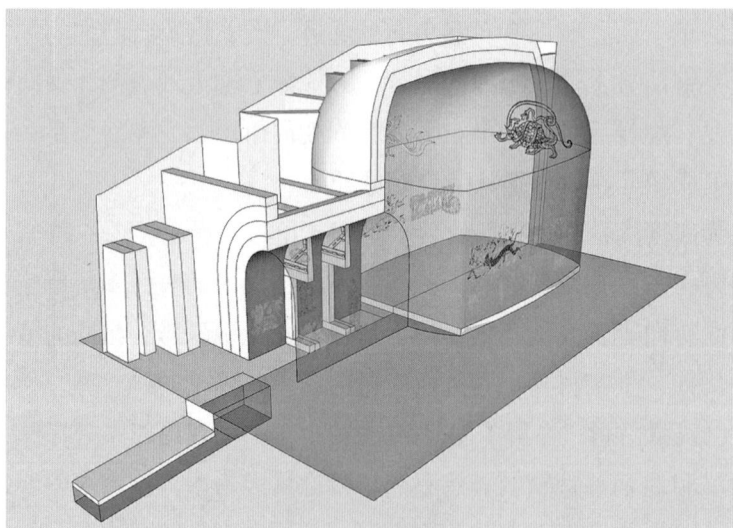

图一四　鶴仙坳墓拼砌砖画建模复原示意图（东南—西北）

[①]　凸线条内填彩后，会带来近似立体的视觉效果，或与所谓"凹凸花"技法似有异曲同工之处。"凹凸花"详见（唐）许嵩：《建康实录》"一乘寺"，中华书局，1986年，第686页。

（二）图像的意义

与设计和营造墓室的过程相反，在完工的墓室空间中，随着位置的转化，人的视觉移动模式通常是由局部至整体、由上至下地转换。下文将以进入墓室的观者视角来探讨拼砌砖画图像组合，以及这些组合配置于此空间的特殊功用和象征意义。

鹤仙坳墓的甬道被破坏严重，金家村墓、吴家村墓入口券顶外部仍残留彩绘。甬道口的彩绘装饰还见于河南邓州学庄南朝画像砖墓，也常见于北朝壁画墓甬道口四周[①]。进入甬道会看见券顶上部东西对置的日、月以及两侧的狮子图，它们以一种微缩景观的方式提示观者，已从墓室外的现实世界转向墓室内的营造空间。日、月图像虽目前所见有大、小之分，但从两者图案内容来看，并无明显差别。将日、月安置在墓室入口甬道空间，目前看应是南朝陵墓艺术的首创[②]。

日、月图像下为左右狮子图，做蹲踞状，鬣毛飘舞，张口吐舌[③]。东晋顾恺之曾绘多幅狮子图[④]，南北朝时期的佛教典籍也有对狮子俊美形象的细致解读[⑤]。以金家村墓为例，甬道口对狮图是第一道石门前的守护者，其与陵园神道前实体石雕神兽一起，构成了墓室内与外的两层守护。而在两狮子上端上布置日、月图，增强了虚拟场景转换的空间感。

甬道设置"人"字拱形石门楣和石门是南朝高等级墓葬特征之一。狮子冲墓、灵山大浦塘村南朝大墓残存的石门楣、门柱上均有细腻的线刻花纹[⑥]，原先似还有贴金彩绘。南齐东昏侯萧宝卷所建华丽的玉寿殿，"窗间尽画神仙……凿金银为书字，灵兽、神禽、风云、华炬，为之玩饰"[⑦]。故石门装饰应是高等级建筑门户的写照。步入第一道石门，武士图像安置在两道石门之间的东、西壁面，砖铭为"直阁"，乃"直阁将军"之省略[⑧]。

进入第二道石门，便进入整个陵墓的核心空间——墓葬的主室。设计者将四方神瑞、天

---

①　河南省文化局文物工作队：《邓县彩色画象砖墓》，文物出版社，1958年；山西省考古研究所、太原市文物考古研究所：《北齐东安王娄叡墓》，文物出版社，2006年；山西省考古研究所、太原市文物考古研究所：《太原北齐徐显秀墓发掘简报》，《文物》2003年第10期。

②　目前所见日、月成组版本共有5种，包括金家村1组（小日、小月）、狮子冲3组（M1大月1组，M2小日1组，大日、大月1组），另有尚未定组大日、大月1例。

③　目前所见"师子"版本共有4种，包括石子冈零砖中2例、金家村1例、吴家村1例（西善桥罐子山大墓残狮子可能与之相同）。

④　详见（唐）张彦远：《历代名画记》卷五"顾恺之"条，人民美术出版社，2005年，第115页。

⑤　（南朝·梁）僧旻：《经律异相》"杂兽畜生部"卷四七"狮子王"，上海古籍出版社，2011年，第248页。

⑥　李翔：《南京市栖霞区灵山大浦塘村南朝墓》，《2012南京考古工作报告》页24，内部资料。

⑦　《南史·齐东昏侯本纪》，中华书局，1975年，153页；《南齐书·东昏侯本纪》，中华书局，1972年，页104页。

⑧　张金龙：《南朝禁卫武官组织系统考》，《史学月刊》2005年第1期。另外，小横山类似图像称"将军"，或是避皇室专用"直阁"之嫌。目前所见"直阁"版本共有3种，包括金家村1例、吴家村1例、狮子冲（M1）1例。

人、高士以及展示墓主生前威仪的卤簿图同置于一个有限空间内，每幅图又按不同层次、方向组合，从视觉上营造出一个巨大的虚实共存场景。

鹤仙坳墓与金家村墓大龙均被破坏，原东壁应有设置。西面的大虎尽管残损近半，仍可与同模的金家村墓比照①。龙、虎的中后身躯上飞舞着四个天人，位于上层的天人身躯硕大，持节而降；其身下三位较小天人各持法物，图像与《真诰》所载神降场景相合，如"（东卿大君来降）从侍七人，入户，一人持紫旄节、一人持华幡、一名十绝灵幡、一人带绿章囊"②。新见金家村墓左天人所持之节，是两层蠹旄节，上挂小幡，推测与其对应的右天人形象，应该大体相类。

东汉魏晋以降，道教是社会上层的主流信仰。鹤仙坳墓的设计者利用时人熟知的四神天人图案，在主室四壁上部营造出一个无垠的神仙世界。常州戚家村南朝画像砖墓所见的龙、虎图同样也被安置在墓室东、西两壁，且为第一层中心位置③。又如小横山M1，其东、西壁发现有大型的龙、虎拼砌砖，残存的玄武砖应在墓室顶部。此外，河南邓州彩色画像砖墓有龙、虎纹砖，发现时玄武尚砌于后壁正中。上述墓葬中，同样装饰着天人、瑞兽等图案。可见，以多类神瑞围绕四神图为中心的配置，是当时颇为盛行的组合模式。总之，鹤仙坳墓主室前部上层图像的多幅图案组合，是要构建起墓室壁面内的神仙世界以及通往仙界的路径④，营造出被葬者长眠的"场域"空间⑤。

树下高士图经历年研究，不断揭示出该图案的演变脉络和图式寓意⑥。高士拼砌砖画图像明显有三个画风⑦。关于这种图案的墓室功能，或认为是出于对七贤的崇敬，对追求自我奔放精神的向往⑧；或认为高士人物已成为道教意义神格化的宗教偶像，是对成仙的礼赞⑨。鹤仙坳墓的高士图因故导致互换，但其图案的功能和意义同样能在墓室空间里得到实现。

---

① 目前所见"大龙""大虎"版本共有5种，包括石子冈2例、鹤仙坳1例（金家村与之同）、吴家村1例、狮子冲（M1）1例。"朱鸟"与"玄武"目前版本各见两种，其中鹤仙坳1例、狮子冲1例。

② 〔日〕吉川忠夫、麦谷邦夫卷，朱越利译：《真诰校注》卷二"运象篇"，中国社会科学出版社，2006年，第58—59、133、90页。

③ 常州市博物馆：《常州南郊戚家村画像砖墓》，《文物》1979年第3期；常州市博物馆、武进县博物馆：《江苏常州南郊画像、花纹砖墓》，《考古》1994年第12期。

④ 画像砖图像"四神"和"天人"与道教世界"神灵体系"的相关研究，参见姚律：《常州戚家村画像砖墓图像主题思想浅见》，《长江文化论丛》（第九辑），南京大学出版社，2013年，第50页。

⑤ 此处借用社会学"场域"理论，以强调人们为某种目的而刻意营造相互关联的空间。参见〔挪威〕诺伯舒兹著，施植明译：《场所精神——迈向建筑现象学》，华中科技大学出版社，2012年，第48页。

⑥ 相关研究参见赵超：《从南京出土的南朝竹林七贤壁画谈开去》，《中国典籍与文化》2000年第3期；郑岩：《魏晋南北朝壁画墓研究（增订版）》，文物出版社，2016年，189页，第七章"南北朝墓葬中竹林七贤与荣启期画像的意义"；Maxwell O.Hearn（何慕文），Seven Sages of the Bamboo Grove, China Dawn of a Golden Age 200-750AD, The Metropolitan Museum of Art, P.208；王汉：《论丹阳金家村南朝墓竹林七贤壁画的承前启后》，《故宫博物院院刊》2018年第3期。

⑦ "树下高士"版本目前可见4类，其中西善桥宫山1例（石子冈、铁心桥与之同）、金家村1例（鹤仙坳与之同）、吴家村1例（狮子冲M2与之同），还有狮子冲M1。

⑧ 韦正：《地下的名士图——论竹林七贤与荣启期墓室壁画的性质》，《艺术考古》2005年第3期。

⑨ 〔日〕町田章（劳继译）：《南齐帝陵考》，《东南文化》（第二辑），江苏古籍出版社，1987年，第51页。

　　东、西壁高士图的排列，也被认为是围绕棺椁的屏风或帷障①。魏晋南北朝时期，屏风均置于床或榻的边沿，构成三面环绕的"围榻"，这种屏风可对整体空间形成半隔绝，为主人提供隐秘场所。南朝陵墓中的高士图并未按照现实屏风常见的2扇、4扇、2扇的排列，而是对置于东西两壁，每壁四人②。以鹤仙坳墓为例，其主室后壁弧面宽约5米，而两壁高士图合并后，幅度长近5米，如将高士图置于后壁，显然就无法兼顾东西两壁面。另外，北壁仅用莲花叠胜纹砖丁面做三卧一甓来砌造，与东、西壁的构筑技法大相径庭。总之，从画面布局、墓室结构来说，按照现实围屏形态配置高士图可能难以实现。

　　主室东、西壁面最下层可总称为卤簿图③，鹤仙坳墓现存4幅。该组卤簿图东、西墙面原各有4幅，图像风格、人物装束均保持一致，是一幅连续的图像。西壁下层自南向北以"具张"为首（图一五，1），"笠戟"列后（图一五，2）。该戟为矛首，下有凸出的月形横刃，应为"矟（稍）"④，幡、穗挂于横刃上，类似持矟。如河北磁县东魏茹茹公主墓墓道壁画，绘制多人的持矟仪卫；河北湾漳北齐大墓墓道壁画中，是更为宏大的持矟挂幡仪仗⑤。"散迅"两人持羽葆柄曲柄华盖，组成了伞扇仪卫⑥（图一五，3）。以"家脩"命名的乐队，正是鼓、箫、笳的组合模式（图一五，4），与《隋书》中记载南陈时期的乘舆鼓吹"箫十三人、笳二人、鼓一人"⑦相合。

图一五　鹤仙坳墓卤簿图摹本
1. 西壁"右具张"　2. 西壁"右笠戟"　3. 西壁"右散迅"　4. 东壁"左家脩"
采自《江苏丹阳胡桥南朝大墓及砖刻壁画》图一六—图一八、图六

　　① 杨泓：《北朝"七贤"屏风壁画》，《寻常的精致》，辽宁教育出版社，1996年，第118页；杨泓：《华烛帐前明》第三章"屏壁生辉"，黄山书社，2017年，第60页；邹清泉：《北魏画像石榻考辨》，《考古与文物》2014年第5期。

　　② 西晋贺循《葬礼》中，有四翣夹棺的"天子"规制，或有联系，详见（唐）杜佑：《通典》"凶礼"，中华书局，1988年，第2346页。

　　③ 目前所见卤簿版本计3种，包括鹤仙坳1例（吴家村与之同）、金家村1例、狮子冲（M1）1例。

　　④ 关于戟与矟的关系，详见杨泓：《中国古代兵器论丛》，中国社会科学出版社，2007年，第186页，"中国古代的戟"。

　　⑤ 磁县文化馆：《河北磁县东魏茹茹公主墓发掘简报》，《文物》1984年第4期；中国社会科学院考古研究所、河北省文物研究所：《磁县湾漳北朝壁画墓》，科学出版社，2003年，图123。

　　⑥ 对魏晋南北朝伞扇组合的研究，参见刘未：《魏晋南北朝图像资料中的伞扇仪仗》，《东南文化》2005年第3期。

　　⑦ 《隋书·音乐志》，中华书局，1973年，第309页。

　　魏晋至南朝的卤簿仪仗，可以参考《晋书·舆服志》所载"中朝大驾卤簿"①，记述了西晋时期帝王出行规制。南朝帝陵拼砌砖画与文献记载的卤簿制度相比，虽极度减缩，但彰显等级身份的四个核心仪卫（先导武士骑兵、持戟、持羽葆华盖、鼓吹乐队）无一缺少。对照鹤仙坳墓主室空间，设计者将主室中棺床作为图像安置的坐标，其中"具张""笠戟"偏于棺床的前部，"散迅"偏于中部。"具张"不仅象征出行队伍的开道，从图像中架弓、挂刀的武器配置来看，似乎起到整个队列的护卫功能。"笠戟"朝服，则是引导的持槊仪卫。两侧的"散迅"，华盖、羽葆原应夹侍于帝王近身两侧，故其应是最接近棺椁的仪卫图像。

　　朝鲜安岳里东晋平东将军冬寿墓中，绘制有一幅完整的出行仪仗图②，对围绕墓主冬寿的仪卫配置有细致的描绘。其左、右侧前为持长槊的甲骑具装，主人车驾前有持幡引导，车驾近身左、右均安排有架斧及弓的护卫，后面紧跟骑马的鼓吹、持华盖，最后部为鼓吹组合。此图组合与南朝帝陵中的卤簿图有共通之处。

　　六朝帝王卤簿经过刘宋孝武帝完善后最终定型③。南朝帝陵东、西壁下层卤簿图，以平面图像围绕墓中的棺椁，营造出一幅"武骑卫前后，鼓吹萧笳声"，"班剑引前，箫鼓陪后"的帝王出行场景④，应该是南朝帝王卤簿的图证。

三、余　　论

　　经复原后的鹤仙坳墓室内图像，不仅营造出不同的场景空间，且对墓室甬道、主室的空间功用进行了划分。实际上，鹤仙坳墓的设计者应该是从整个陵园考虑，用陵园建筑、石刻（地上）、墓室内壁砖画（地下）共同营造出陵墓景观的"总体艺术"⑤，目的是呈现一个多层视觉而且庄重的丧葬礼仪空间（图一六）。下面就以鹤仙坳墓主室图像配置为例，从墓室设计者的视角，探讨对主室空间的构想。

　　主室礼仪空间以围绕墓主棺床后部的"高士八曲屏风"为中心，将棺床的后部区划成一个半开放的私密场所，其间可能包括部分随葬器具，从而构成以棺椁为核心的第一重空间。第二重空间由东、西壁面下层的卤簿仪卫出行图构成，模拟墓主生前出行场景。相对前两层场域对现实的摹写，第三层空间是对信仰的展现，鉴于天人图与龙、虎间并未产生实质互动，天人组合应属于道教灵现降诰的场景，故第三层空间是神祇自天界降凡的再现。

　　"四极"的代表"四神"图像，构成了最广阔的第四重空间。广义上说，第四层空间营造

　　①　《晋书·舆服志》，中华书局，1974年，第757页。

　　②　〔朝鲜〕朝鲜民族主义人民共和国科学院考古学及民俗学研究所：《安岳3号坟发掘报告》，科学院出版社，1957年，图版XXVII。

　　③　《宋书·礼制》，中华书局，1974年，第521—526页。

　　④　《宋书之乐制》《吴喜传》，中华书局，1974年，第626、2121页。

　　⑤　巫鸿：《"空间"的美术史》，上海人民出版社，2018年，第159页，"空间与总体艺术"。

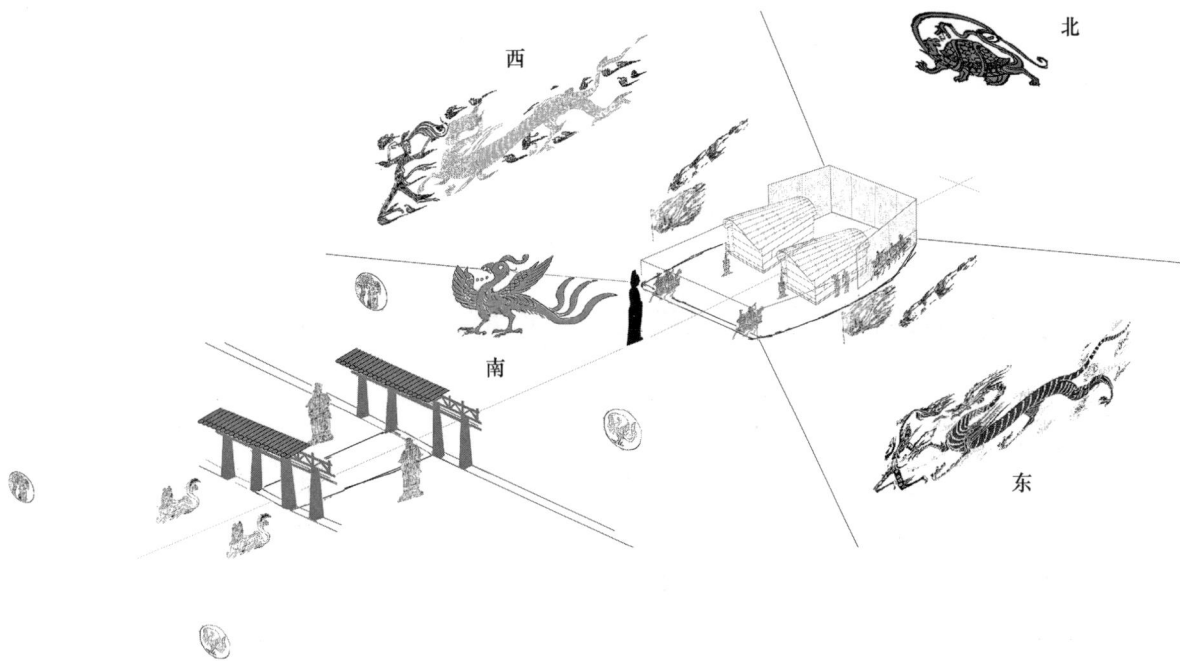

图一六　鹤仙坳墓室内壁空间场景营造示意图
笔者自绘

的场景包含了前述三层空间。四神相对位置并非处于同一高度，观者对于龙、虎图的视觉延伸相对平直；而朱雀与玄武高置，观者必须前后仰观，从而拓展了空间纵深感。设计者对墓室拼砌砖画以外的内壁（包括穹隆顶）未做过多处理，大概是利用砖面原本的青灰色泽，既能承托出砖画着彩后的效果，也能将主室壁面补白部分营造出所谓天之"玄色"，进一步加强深邃的空间背景。

作为墓葬制度的组成元素，绘画被认为是东晋南朝时期艺术进入一个"自觉的时代"的重要例证[①]。此时，国家上层意志及大型工程设计者直接参与到各类建筑装饰艺术的创作当中。伴随着南朝刘宋中后期对礼制的革新[②]，以鹤仙坳墓为代表的南朝帝陵地上与地下建筑共同营造出的礼仪性陵园景观[③]，恰是这一变革的具体表现。

（原载于《故宫博物院院刊》2019年第7期）

---

① 郑岩：《前朝楷模，后世所范》，《魏晋南北朝壁画墓研究（增订版）》，文物出版社，2016年，第309页。

② 与其说上述南朝陵墓是革新，不如说是其摒弃"晋制"后对"汉制"的复古，如重新安置石神兽、立碑、起封土等。在巫鸿看来，"复古"实际上是"受到特定愿望和目的的驱动"，"赋予其不同政治、道德和艺术价值的尝试"。详见巫鸿：《中国艺术和视觉文化中的"复古"模式》，《时空中的美术——巫鸿古代美术史文编二集》，生活·读书·新知三联书店，2016年。

③ 莫阳：《继承与创新——南朝帝陵地表遗迹研究》，中央美术学院硕士学位论文，2012年。

海岱地区后李文化生业经济的研究与思考

吴文婉

内容提要：后李文化是海岱地区目前所见明确的新石器时代早中期文化遗存之一，在研究人类社会自采集狩猎经济向农业经济过渡发展中具有重要意义。近年该文化多处遗址相继开展了动植物、生物化学分析等工作，为探讨后李文化的生业经济提供了重要的信息和证据。本文通过系统梳理动植物遗存、生产工具、人骨生物化学分析等方面的已有成果及新数据，对后李文化生业经济发展模式进行综合考察。我们认为后李文化的生业经济模式仍以传统采集狩猎方式为主，兼顾植物栽培驯化和家畜驯养。低水平食物生产是后李文化生业经济的主要特点，海岱地区人类进行低水平食物生产的时间至少可以追溯至距今9000年，其后数千年间食物生产逐步强化，低水平食物生产还存在不同的发展阶段。

关键词：海岱地区　后李文化　生业经济　低水平食物生产

一、引　　言

早全新世的植物利用是旧石器时代晚期狩猎采集经济向新石器时代农业经济过渡的关键环节，植物利用方式和内容直接影响了后续农业经济的发展方向。西亚对野生大麦和小麦等的利用引发了大麦和小麦的栽培和农业起源[1]，东亚对野生稻和狗尾草等的利用则引发了稻作农业和粟作农业的起源和发展[2]。目前对于大麦和小麦从野生到驯化的过程已经有比较明确的

---

[1] Zeder M A. The Origins of Agriculture in the Near East, *Current Anthropology*, 2011, 52 (S4): S211-235.

[2] Cohen D J. The Beginnings of Agriculture in China:A Multiregional View, *Current Anthropology*, 52 (S4):S273-293, 2011; Zhao Z J. New Archaeobotanic Data for the Study of the Origins of Agriculture in China, *Current Anthropology*, 2011, 52 (S4): S295-306; 赵志军：《从兴隆沟遗址浮选结果谈中国北方旱作农业起源问题》，《东亚古物》（A卷），文物出版社，2004年。

认识①，对稻作农业起源的过程也做了较多探讨②。相比之下，粟作农业起源的研究③还比较欠缺，其原因主要是缺乏早期野生植物利用阶段和初期植物栽培阶段的考古证据。近年来在磁山④、南庄头和东胡林⑤、柿子滩⑥等距今1万年左右的遗址已经发现一些线索，不断涌现的考古发现对于进一步探索粟作农业起源具有重要意义。

在黄河下游地区，尽管已经发现了扁扁洞⑦等更早的遗存，但后李文化仍是目前山东地区所发现最重要的新石器时代早中期文化遗存⑧。后李文化距今9000—7000年，主要分布在鲁北泰沂山系北麓的山前冲积平原地带，范围大致东起淄河，西到长清，已发现遗址10余处，包括后李⑨、彭家⑩、西河⑪、小荆山⑫、张马屯⑬、前埠下⑭、月庄（张官）⑮、孙家和西南

① Tanno K-i, Willcox G. How Fast was Wild Wheat Domesticated? *Science*, 2006, 311 (5769): 1886; Ba r-Yosef O. Climatic Fluctuations and Early Farming in West and East Asia, *Current Anthropology*, 2011, 52 (S4): S175-193; Bar-Yosef O, Belfer-Cohen A. The Origins of Sedentism and Farming Communities in the Levant, *Journal of World Prehistory*, 1989, 3 (4): 447-498.

② Fuller D Q, et al. Evidence for a Late Onset of Agriculture in the Lower Yangtze Region and Challenges for an Archaeobotany of Rice, *Past Human Migrations in East Asia*: *Matching Archaeology, Linguistics and Genetics*, Routledge, 2008, pp.40-83; Fuller D Q, et al. The Domestication Process and Domestication Rate in Rice: Spikelet Bases from the Lower Yangtze, *Science*, 2009, 323 (5921): 1607-1610; Jones M K, et al. Origins of Agriculture in East Asia, *Science*, 324(5928): 730-731, 2009; Fuller D Q, et al. An Evolutionary Model for Chinese Rice Domestication: Reassessing the Data of the Lower Yangtze Region, *New Approaches to Prehistoric Agriculture*, Sahoi Pyoungnon, 2009, pp:2-35.

③ Weber S A, et al. Millets and Their Role in Early Agriculture. *Pragdhara*, 2008, 18: 69-90.

④ Lu H Y, et al. Earliest Domestication of Common Millet (*Panicum Miliaceum*) in East Asia Extended to 10,000 Years Ago, *Proceedings of the National Academy of Sciences*, 2009, 106 (18): 7367-7372.

⑤ Yang X Y, et al. Early Millet Use in Northern China, *Proceedings of the National Academy of Sciences*, 2012, 109 (10): 3726-3730.

⑥ Liu L, et al. Plant Exploitation of the Last Foragers at Shizitan in the Middle Yellow River Valley China: Evidence from Grinding Stones, *Journal of Archaeological Science*, 2011, 38 (12): 3524-3532.

⑦ Sun B, et al. Archaeological Discovery and Research at Bianbiandong Early Neolithic Cave Site, Shandong, China, *Quaternary International*, 2014, 348: 169-182.

⑧ 栾丰实：《海岱地区考古研究》，山东大学出版社，1997年。

⑨ 任相宏：《黄河下游新发现的后李文化》，《中国文物报》1992年2月16日第3版。

⑩ 魏成敏：《淄博市彭家后李文化遗址》，《中国考古学年鉴·2001》，文物出版社，2002年。

⑪ 山东省文物考古研究所、章丘市城子崖博物馆：《章丘市西河遗址2008年考古发掘报告》，《海岱考古》（第五辑），科学出版社，2012年。

⑫ 山东省文物考古研究所、章丘市博物馆：《山东章丘市小荆山遗址调查、发掘报告》，《华夏考古》1996年第2期；济南市文化局文物处、章丘市博物馆：《山东章丘小荆山遗址第一次发掘》，《东方考古》（第1集），科学出版社，2004年；山东省文物考古研究所、章丘市博物馆：《山东章丘市小荆山后李文化环壕聚落勘探报告》，《华夏考古》2003年第3期。

⑬ 张马屯遗址考古队：《济南市张马屯遗址新石器时代早期文化遗存》，《考古》2018年第2期。

⑭ 山东省文物考古研究所、寒亭区文物管理所：《山东潍坊前埠下遗址发掘报告》，《山东省高速公路考古报告集（1997）》，科学出版社，2000年。

⑮ 山东大学东方考古研究中心、山东省文物考古研究所、济南市考古研究所：《山东济南长清区月庄遗址2003年发掘报告》，《东方考古》（第2集），科学出版社，2006年。

庄①、归德西南②、绿竹园和摩天岭③、盛福庄和郭店④、六吉庄子⑤等。此外，兖州西桑园遗址下层⑥、皖北的小山口和古台寺⑦也发现了相似遗存。考古学研究表明，后李文化已经存在定居聚落⑧，社会组织结构可能处于母系大家族的阶段⑨。以往研究多认为后李文化可能处在较原始的刀耕火种阶段⑩，而近年来的新观点认为后李先民是一个正从狩猎采集捕捞经济向农业经济转变的人群，聚落除狩猎、采集和捕捞等主要的生计手段外，还出现了初级的食物生产活动⑪。后李文化在农业起源中具有重要地位，与同时期其他文化群体联系密切，在生计方式上表现出一定共性。近年多个遗址的工作获得了更多后李文化生业经济的资料，本文将通过系统梳理包括植物考古、动物考古、稳定同位素分析和生产工具研究等方面的成果与最新收获，对海岱地区后李文化的生业经济模式及早期人类社会低水平生产进行考察，提出一些初步认识。

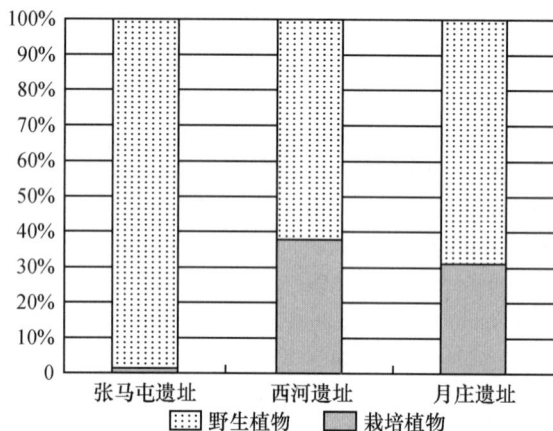

图一　后李文化部分遗址出土的野生与栽培植物遗存比例示意图
三个遗址统计的种子总数均不包括不可鉴定的种子

①　山东大学历史系考古专业、邹平县文物局：《山东邹平县古文化遗址调查》，《考古》1989年第6期。

②　山东大学东方考古研究中心：《2003年山东省济南市长清区归德镇南大沙河流域系统区域调查主要收获》，《东方考古》（第2集），科学出版社，2006年。

③　济南市文化局文物处、章丘县博物馆：《山东章丘县西部原始文化遗址调查》，《海岱考古》（第一辑），山东大学出版社，1989年。

④　方辉、钱益江、陈雪香等：《济南市小清河流域区域系统考古调查》，《东方考古》（第2集），科学出版社，2006年。

⑤　山东省文物考古研究所、诸城市博物馆：《山东诸城市六吉庄子新石器时代遗址调查》，《华夏考古》2007年第2期。

⑥　栾丰实：《海岱地区考古研究》，山东大学出版社，1997年。

⑦　中国社会科学院考古研究所安徽队：《安徽宿县小山口和古台寺遗址试掘简报》，《考古》1993年第12期。

⑧　中国社会科学院考古研究所：《中国考古学·新石器时代卷》，中国社会科学出版社，2010年。

⑨　马良民：《后李文化西河聚落的婚姻、家族形态初探》，《东方考古》（第1集），科学出版社，2004年。

⑩　中国社会科学院考古研究所：《中国考古学·新石器时代卷》，中国社会科学出版社，2010年。

⑪　靳桂云：《后李文化生业经济初步研究》，《东方考古》（第9集），科学出版社，2012年。

二、后李文化野生资源的开发与利用

（一）植物资源的开发利用

西河[①]、月庄[②]、张马屯[③]、六吉庄子[④]、前埠下[⑤]、小荆山[⑥]和彭家庄[⑦]等遗址的研究案例显示这一时期先民的植物性食物组合十分丰富，主要来自采集的野生资源。已发现的野生植物遗存包括禾本科、豆科、藜科、莎草科、唇形科、茜草科、十字花科、罂粟科、蓼科、榆科、马齿苋属、酸浆属、楝木属、葡萄属、桑属、李属、蔍草属、薹草属、小叶朴、野西瓜苗和芡实等植物的种子和果实等，涵盖草本、木本和水生植物。微体遗存分析发现了部分植物遗存残留物，如块根块茎可食部分和坚果类植物果实的淀粉粒、禾本科（包括小麦族）种子的淀粉粒和来自茎秆的植硅体等。

开发利用大量野生植物资源是后李文化诸遗址的共同特点。尽管无法确定遗址中出现的所有野生植物遗存都是被人类利用的，但从这类遗存在各遗址中普遍存在的情况来看，其在后李文化发展过程中始终占据了重要地位。在开展浮选工作的遗址中，野生植物种类在年代最早的张马屯遗址中最丰富，占可鉴定植物遗存总数的近99%，在西河和月庄遗址中也超过了60%（图一）。六吉庄子遗址的淀粉粒中90%以上为野生植物资源，虽然石磨盘、磨棒加工植物的种

① Jin G Y, et al. 8000-Year Old Rice Remains from the North Edge of the Shandong Highlands, East China, *Journal of Archaeological Science*, 2014, 51: 34-42；靳桂云：《山东地区先秦考古遗址植硅体分析及相关问题》，《东方考古》（第3集），科学出版社，2006年；吴文婉、杨晓兰、靳桂云：《淀粉粒分析在考古学中的应用——以月庄等遗址为例》，《东方考古》（第8集），科学出版社，2011年。

② Gary W. Crawford、陈雪香等：《山东济南长清区月庄遗址发现后李文化时期的炭化稻》，《东方考古》（第3集），科学出版社，2006年；Cary W. Crawford、陈雷香等：《山东济南长清月庄遗址植物遗存的初步分析》，《江汉考古》2013年第2期；靳桂云：《山东先秦考古遗址植硅体分析与研究（1997~2003）》，《海岱地区早期农业和人类学研究》，科学出版社，2008年；王强、栾丰实、上条信彦等：《山东月庄遗址石器表层残留物的淀粉粒分析：7000年前的食物加工及生计模式》，《东方考古》（第7集），科学出版社，2010年；吴文婉、杨晓燕、靳桂云等：《淀粉粒分析在考古学中的应用——以月庄等遗址为例》，《东方考古》（第8集），科学出版社，2011年。

③ Wu W W, et al. The Early Holocene Archaeobotanical Record from the Zhangmatun Site Situated at the Northern Edge of the Shandong Highlands, China, *Quaternary International*, 2014, 348: 183-193.

④ 吴文婉、靳桂云、王海玉：《山东诸城六吉庄子遗址磨盘、磨棒淀粉粒分析初步结果》，《南方文物》2017年第4期。

⑤ 靳桂云：《山东地区先秦考古遗址植硅体分析及相关问题》，《东方考古》（第3集），科学出版社，2006年；靳桂云：《前埠下遗址植物硅酸体分析报告》（《山东潍坊前埠下遗址发掘报告》附录三），《山东省高速公路考古报告集（1997）》，科学出版社，2000年。

⑥ 王强、上条信彦：《微痕及淀粉粒分析在海岱地区史前农业考古研究中的应用》，《东方考古》（第9集），科学出版社，2012年。

⑦ 靳桂云：《山东先秦考古遗址植硅体分析与研究（1997~2003）》，《海岱地区早期农业和人类学研究》，科学出版社，2008年。

类并不能代表聚落植物性食物的全貌，但其反映出大规模采集野生植物资源应是可信的。

禾本科植物种子是可食野生植物中数量较多的一类，包括了黍亚科、早熟禾亚科、狗尾草属、马唐属和牛筋草等，这些植物多见于史前考古遗址，常与人类活动相关。淀粉粒分析还普遍发现小麦族植物，虽无法确定具体种属，但小麦族作为禾本科植物里重要的一类，可能是古人最早采集利用的野生植物资源之一。相关研究表明，在中国，旧石器时代晚期先民就可能对小麦族的某些植物进行采集[①]。豆科、藜科等可被食用，也可作为饲料等。酸浆属、桑属、李属、葡萄属、橡树等植物的果实是常见的野生植物资源，其中葡萄属在各遗址中的出现频率很高，数量突出，西河遗址还发现了山桃。这些植物结实多，除能让古人果腹外，还能提供一定的水分、糖分等。通过微体遗存分析还在月庄、西河、六吉庄子等多个遗址发现了先民利用坚果类和块根块茎类植物的证据，其中块茎类有疑似贝母属的水生植物，结合炭化遗存中发现的芡实等，揭示了该时期古人对水生植物资源的开发利用。从六吉庄子遗址复原的植物种类及其所占比例来看，先民最大的植物性食物来源是野生谷物和块根块茎类[②]。西河、月庄等聚落背山面水，水源条件便利，对水生资源的获取顺理成章。至于橡子等坚果类植物更是旧石器时代以来古人采集食用的最主要植物性食物来源之一，后李文化先民对这类野生植物的利用是毋庸置疑的。

除上述可被人类食用的植物外，还有可供药用的植物种类，如张马屯和西河遗址都发现了野西瓜苗，张马屯还出土数量较多的小花扁担杆和紫堇属种子。先民对这些具有药用功效的植物的具体使用部位和方法已不得而知，但这类种子突出的数量暗示了它们与古人的生活息息相关。而西河、张马屯等发现的棶木属等植物可能不是供食用，而是用来制作工具等，是后李先民资源生产的一个部分。

（二）动物资源的开发利用

从西河、张马屯、月庄、前埠下和小荆山等经过系统动物考古统计分析[③]的遗址来看，动物遗存都比较丰富，种类包含哺乳动物、软体动物、鱼类、鸟类和爬行动物等。软体动物和鱼类均为淡水种属，说明聚落周围应有较大面积的淡水水域以供渔猎。楔蚌、丽蚌等贝类的大量出现表明当时的气候比较温暖湿润，降水丰富，聚落附近具有适于这类软体动物生存的流水环境。狐、野猪、鹿类等常栖身于灌木丛或山林之中，它们的频出揭示了遗址周围的森林或树林

① 万智巍、马志坤、杨晓燕等：《江西万年仙人洞和吊桶环遗址蚌器表面残留物中的淀粉粒及其环境指示》，《第四纪研究》2012年第2期。

② 吴文婉、靳桂云、王海玉：《山东诸城六吉庄子遗址磨盘、磨棒淀粉粒分析初步结果》，《南方文物》2017年第4期。

③ 宋艳波：《济南地区后李文化时期动物遗存综合分析》，《华夏考古》2016年第3期；宋艳波：《济南长清月庄2003年出土动物遗存分析》，《考古学研究》（七），科学出版社，2008年；孔庆生：《前埠下新石器时代遗址中的动物遗骸》（《山东潍坊前埠下遗址发掘报告》附录一），《山东省高速公路考古报告集（1997）》，科学出版社，2000年；孔庆生：《小荆山遗址中的动物遗骸》（《山东章丘市小荆山遗址调查、发掘报告》附录），《华夏考古》1996年第2期。

植被环境。后李先民对这些动物资源的利用主要是为了获取肉食，在获取肉食后还可能利用剩余部分来饲养狗和制作一些生产生活用品[①]。

多个遗址的动物群组合都是以野生动物为主，如前埠下遗址就以梅花鹿等野生动物数量最多[②]。从可鉴定标本数和最小个体数来看（图二、图三），野生动物（以哺乳动物为主）在各个遗址中都贡献了60%以上的肉食来源[③]（表一）。其中数量较多的鹿类骨骼和鹿角制品显示这类动物在后李先民生活中具有重要地位，它们为人类提供肉食，同时也是制作生产工具的重要原料。除陆生野生动物外，水生资源也是当时人类肉食蛋白的重要来源，特别是前埠下等遗址的水生贝类、鱼类资源种类十分丰富。以上都显示后李文化聚落依山傍水，所处的微环境中有茂密的树林（森林）和充沛的淡水水域，野生动物资源比较丰富，先民依靠狩猎野生哺乳动物、捕捞水生动物来获取足够的肉食资源。狩猎和捕捞是这一时期先民最重要的生计方式，同时辅以猪、狗的家畜驯养。

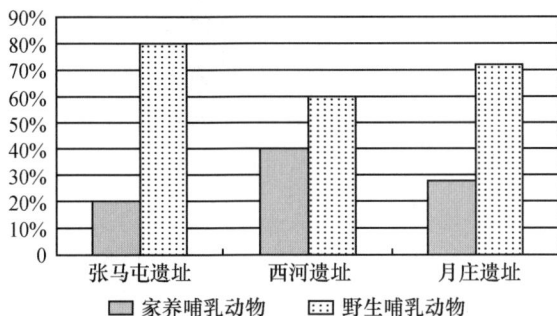

图二　后李文化部分遗址家养与野生哺乳动物
数量百分比示意图（可鉴定标本数）

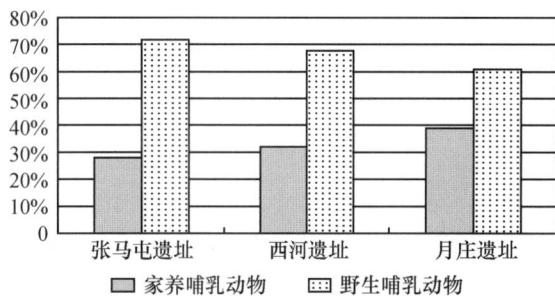

图三　后李文化部分遗址家养与野生哺乳动物
数量百分比示意图（最小个体数）

表一　后李文化部分遗址哺乳动物肉食量比例

遗址动物种属		张马屯遗址	西河遗址	月庄遗址
家养哺乳动物	猪	33%	35%	30%
	狗	极少	无	极少
	总比例	33%	35%	30%
野生哺乳动物	鹿类	23%	17%	13%
	牛	43%	48%	57%
	其他	极少	极少	极少
	总比例	67%	65%	70%

注：表格数据采自宋艳波：《济南地区后李文化时期动物遗存综合分析》，《华夏考古》2016年第3期。

---

①　宋艳波：《济南地区后李文化时期动物遗存综合分析》，《华夏考古》2016年第3期。

②　孔庆生：《前埠下新石器时代遗址中的动物遗骸》（《山东潍坊前埠下遗址发掘报告》附录一），《山东省高速公路考古报告集（1997）》，科学出版社，2000年。

③　宋艳波：《济南地区后李文化时期动物遗存综合分析》，《华夏考古》2016年第3期。

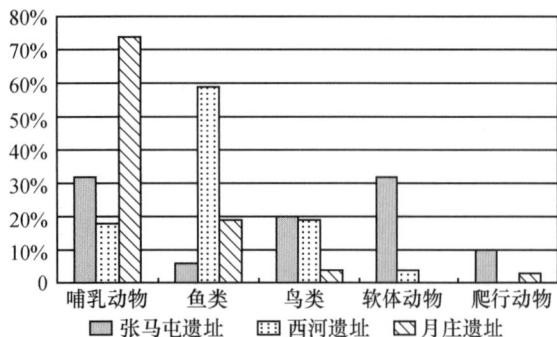

图四　后李文化部分遗址动物遗存组成百分比示意图

在以狩猎、渔猎为主要生计方式的模式下，不同聚落对于不同的动物对象各有青睐。对后李文化数个遗址动物遗骸的类别统计（图四）显示，鱼类在西河遗址中更突出，月庄遗址的鱼骨数量也较多，这两个遗址都发现了集中出土鱼骨的大灰坑。同时月庄遗址的哺乳动物遗骸比重很高，应是狩猎活动的反映。前埠下、小荆山遗址则发现数量较多、种属庞杂的淡水蚌类。可见贝类、鱼类和野生鳖类等肉食在聚落中占据了一定比例。相比而言，张马屯遗址的哺乳动物、爬行动物都相对较多，鱼类资源最少，而软体动物遗存比重却明显高于西河和月庄两个遗址，因此对于张马屯聚落先民而言，水生动物资源也是他们取食的重要对象，只不过他们可能更倾向于获取贝类资源。

三、后李文化的食物生产实践

（一）粟作农业起源的重要线索

研究表明，中国北方数个粟作农业起源核心区域的农耕传统并不是单一作物、单一人群传播的结果，而是不同地域先民的适应性发展成果[①]。后李文化作为黄河下游地区早期粟作农业的重要载体之一，成为探索这个地区粟作农业起源的重点，寻找如东胡林、柿子滩这样的早期遗址便成为研究的突破口。山东地区已经发现了扁扁洞等年代更早的遗址，但仍缺乏更多的研究。关于后李文化生业经济的证据主要来自济南市周边的数个遗址，年代在距今8000年前后。而新近发掘的张马屯遗址距今9000年左右，发现有与后李文化特征相近的陶片。尽管还无法完全确定张马屯遗址的文化属性，但其所在的时间段正处于北方粟作农业起源和发展的重要阶段[②]，自然应成为探讨该地区早期粟作农业的重要线索。

从植物遗存本身来看，后李文化的粟类作物已经脱离了"野生"的行列，是人类主动种植以获取稳定食物的对象。张马屯遗址的黍较粟多，这些炭化粟、黍与同出的狗尾草属种子在形态与尺寸上明显不同，而与年代稍晚的大地湾、兴隆沟遗址的同类遗存相近，可见距今9000年时粟类植物已经处于早期栽培的阶段。对大麦、小麦和水稻小穗轴基盘的研究表明作物的驯化

① Bettinger R L, et al. The Origins of Food Production in North China: A Different Kind of Agricultural Revolution, *Evolutionary Anthropology*, 2010, 19 (1): 9-21.

② Liu X Y, et al. River Valleys and Foothills: Changing Archaeological Perceptions of North China's Earliest Farms, *Antiquity*, 2009, 83 (319): 82-95.

进程是十分缓慢的，很可能持续了至少2000—3000年的时间[1]。淀粉粒分析也暗示着粟的驯化进程可能持续了很长一段时间[2]。在新石器时代早中期的数千年间，粟类植物的驯化表现在种子尺寸上的增长速度并不明显，驯化进程很缓慢。尽管张马屯遗址初显驯化特点的粟和黍在数量和出土概率上都很低，但却暗示了栽培活动的出现和聚落食物获取方式的特点，即开始了食物生产。随后的1000多年里，粟、黍的形态和尺寸可能没有发生太大变化，月庄遗址30粒炭化黍的长、宽、厚均值为1.5、1和1毫米[3]，在形态上较兴隆沟的炭化黍短而窄，粒厚相当，与仰韶时代早期的黍相比则较瘦[4]，从侧面反映出月庄遗址的黍也还处于栽培过程中籽粒演化的较早阶段。但月庄遗址的粟类遗存在数量上明显大幅提升，这应是人类对粟类作物栽培、驯化与利用进一步强化的证据。

作为中国北方传统的农作物，粟和黍无疑应该是后李先民植物性食物的组成，尽管二者呈现从早到晚逐步增加的发展趋势，但它们对整体食谱的贡献很有限。小荆山遗址人骨及月庄遗址动物骨骼的碳、氮稳定同位素分析显示C$_4$植物（如粟）仅对先民直接蛋白质的摄入贡献了约25%的比重，其余均来自C$_3$植物和动物资源[5]。这表明即使将C$_4$植物来源全部视为粟，粟作农业在当时人类的生活方式中也未占据主导地位，采集、狩猎或驯养家畜才是当时先民的主要生计模式。值得注意的是，后李先民可能最早栽培的也是黍，但由于炭化遗存数量很有限，目前尚无法进一步验证。随后在整个文化发展过程中，先民对粟的关注有所提高，不论是炭化种子还是淀粉粒、植硅体都发现了粟的踪迹，其普遍性在某些聚落中较黍突出。但黍在月庄遗址的出土概率和数量百分比分别达到44%和38.1%，这两个数值都是所有植物遗存中最高的，可见黍在月庄先民的植物性食物中具有绝对优势，仍受到重视。

更新世末期至全新世早期的气候波动可能促使了中国北方的聚落向野生粟类植物栽培的方向发展[6]。在此背景下，人类对某些野生植物的利用进一步促进并支持了定居聚落的稳定、人口的增长和团结[7]，进而走向农业生产。西亚地区农业的出现就源于对野生植物（如野大麦和野生扁豆）的栽培，时间可追溯至距今约11000年的前陶新石器时代A期（PPNA），而中国

① Tanno K-i, Willcox G. How Fast was Wild Wheat Domesticated? *Science*, 2006, 311 (5769): 1886; Fuller D Q, et al. The Domestication Process and Domestication Rate in Rice: Spikelet Bases from the Lower Yangtze, *Science*, 2009, 323 (5921): 1607-1610; Fuller D Q. Contrasting Patterns in Crop Domestication and Domestication Rates: Recent Archaeobotanical Insights from the Old World, *Annals of Botany*, 2007, 100 (5): 903-924.

② Yang X Y, et al. Early Millet Use in Northern China, *Proceedings of the National Academy of Sciences*, 2012, 109 (10): 3726-3730.

③ Cary W. Crawford、陈雪香等：《山东济南长清月庄遗址植物遗存的初步分析》，《江汉考古》2013年第2期。

④ 如北阡遗址。参见王海玉、靳桂云：《山东即墨北阡遗址（2009）炭化种子果实遗存研究》，《东方考古》（第10集），科学出版社，2013年。

⑤ Hu Y W, et al. Stable Isotope Analysis of Humans from Xiaojingshan Site: Implications for Understanding the Origin of Millet Agriculture in China, *Journal of Arhcaeological Science*, 2008, 35(11): 2960-2965.

⑥ Bar-Yosef O. Climatic Fluctuations and Early Farming in West and East Asia, Current Anthropology, 2011, 52 (S4): S175-193.

⑦ Cohen D J. The Beginnings of Agriculture in China: A Multiregional View, *Current Anthropology*, 2011, 52 (S4): S273-293.

的农业起源似乎也遵循了同一模式[①]。同时，越来越多的证据表明在驯化植物出现形态变化的数百年前，人类已经主动改造当地生境和管理生物群落来增加某些具有经济效益的植物资源的利用[②]。在考古学上一个明显的证据就是各种农田伴生杂草的出现。包括张马屯等在内的多个遗址发现的杂草类种子基本为禾本科种子，其中有黍亚科和狗尾草属等旱地农田杂草类型，西河遗址还发现了稗属等水田环境的杂草类型。杂草种子的大量出现可能与早期的食物生产有密切关系，它们的频出表明人类主动进行耕种并对栽种的对象进行照料[③]，最终这些杂草可能被早期栽培者与农作物一起收获而进入遗址。西亚大麦、小麦的早期栽培也伴生着大量的野生植物[④]，这可能正是早期植物栽培或者说农业起源阶段的一个共同特点。

（二）稻作农业的新发现

水稻遗存是后李文化生业经济研究最重要的发现之一。西河遗址的炭化稻占种子总数的36.6%，出土概率为30%；月庄遗址水稻的占比为11.9%，但出土概率仅为4%。从数量百分比来看，水稻似乎在西河聚落的食物组合中份额更重。此外，相较于粟（黍），稻颖果更大，丢落后被捡拾的可能性更高，从而遗留在遗址内的概率低，因此事实上稻在这两个聚落食物组合中的比重可能更高。炭化水稻遗存在西河和月庄遗址都是集中出土，先民可能在聚落中辟有专门的区域（窖穴）来储藏或处理这些水稻。由于缺少小穗轴的佐证，目前很难判断西河遗址炭化稻的属性，同时水稻种子的形态也尚未呈现明显的驯化特征。尽管如此，研究者仍然指出西河遗址的水稻有可能已经被人类栽培，如与水稻同出的莎草属、藨草属等湿地环境的植物类型揭示了聚落周围有适合喜湿植物生长的环境，而稗属等农田杂草种子的出现，同样揭示了这些稻是栽培稻的可能性[⑤]。同样，月庄遗址的水稻大大超出了现代野生稻原生地的范围，参考同时期的跨湖桥遗址中有近一半水稻属于不易脱粒类型的情况来看，我们有理由推测月庄的水稻可能也是人类栽培的产物。通过判别公式的检验[⑥]，月庄遗址的水稻在尺寸和粒形上都更接近现代野生稻，可能仍处于稻谷驯化的早期。

---

① Zhao Z J. New Archaeobotanic Data for the Study of the Origins of Agriculture in China, *Current Anthropology*, 2011, 52 (S4): S295-306.

② Weiss E, et al. Autonomous Cultivation Before Domestication, *Science*, 2006, 312 (5780): 1608-1610.

③ Zeder M A. The Origins of Agriculture in the Near East, *Current Anthropology*, 2011, 52 (S4): S211-235.

④ Willcox G, et al. Late Pleistocene and Early Holocene Climate and the Beginnings of Cultivation in Northern Syria, *The Holocene*, 2009, 19 (1): 151-158; Willcox G, et al. Early Holocene Cultivation Before Domestication in Northern Syria, *Vegetation History and Arhcaeobotany*, 2008, 17 (3): 313-325.

⑤ Jin G Y, et al. 8000-Year Old Rice Remains from the North Edge of the Shandong Highlands, East China, *Journal of Archaeological Science*, 2014, 51: 34-42.

⑥ 赵志军、顾海滨：《考古遗址出土稻谷遗存的鉴定方法及应用》，《湖南考古辑刊》（第8集），岳麓书社，2009年。

虽然现代生物学调查显示现代野生稻的分布范围不会超过长江流域[①]，但也有学者认为山东高地北缘在温暖湿润的全新世早期可能有野生稻分布[②]。因此，要回答后李文化时期海岱地区是否可能种植水稻的问题，需要更多全新世气候、植被复原的研究来支持。有学者认为，如果非本地栽培，这些栽培稻就可能是外地传来的[③]，是人群迁移的结果[④]，有可能是从裴李岗文化传播过来的[⑤]。此外，近年来在江苏泗洪顺山集遗址发现了距今8000年左右的水稻遗存[⑥]，遗址壕沟内属于第二期的堆积内发现了较多来自水稻的植硅体，包括大量来自稻壳的乳突型植硅体和少量来自茎叶的哑铃型和扇型植硅体[⑦]，这与西河遗址发现最多为稻壳植硅体的情况一致。顺山集遗址地理位置更靠南，不排除当地栽培水稻的可能性。由此或许可以推测苏北地区与后李文化同时期的人群向北迁徙带来水稻或水稻种植。显然这种推测还需要大量工作来论证。但不论这些栽培稻的原生地在哪，它们已经是后李文化时期部分聚落先民重要的植物性食物组成部分，他们对这些水稻进行加工、储藏，并与本地种植的粟类作物搭配食用。

（三）家畜饲养与驯化

后李文化聚落已呈现了一定的定居状态，多处遗址均发现数量有限的猪遗骸。张马屯遗址猪的年龄全部在1.5岁以上，其中75%大于2岁，结合牙齿M3的测量数据分析，该遗址的猪可能是处于驯化早期阶段的家养动物。西河遗址的猪可能已被驯化，但形态特征还处在驯化的初期。需要注意的是，西河遗址先民在人工饲养猪的同时也会继续狩猎野猪，因此从出土材料上很难区分出家猪和野猪[⑧]。这种情况同样出现在月庄遗址，同位素分析显示该遗址有部分猪骨遗存来自家猪[⑨]。这个结果与动物遗存研究的结论互相印证补充，说明在后李文化时期，至少月庄聚落的先民已经开始驯养家猪了。

从猪骨形态、牙齿M$_3$测量数据、死亡年龄分析，结合陶塑猪、猪上颌骨随葬等考古学文化现象来看，后李时期先民已经开始驯化家猪，但饲养水平还很有限，处于家猪驯化的初始阶

① 庞汉华、陈成斌：《中国野生稻资源》，广西科学技术出版社，2002年。

② Fuller D Q, et al. Consilience of Genetics and Archaeobotany in the Entangled History of Rice, *Archaeological and Anthropological Sciences*, 2010, 2 (2): 115-131.

③ Gary W、Crawford、陈雪香等：《山东济南长清区月庄遗址发现后李文化时期的炭化稻》，《东方考古》（第3集），科学出版社，2006年。

④ 张弛：《论贾湖一期文化遗存》，《文物》2011年第3期。

⑤ 栾丰实：《海岱地区早期农业的几个问题》，《庆祝何炳棣先生九十华诞论文集》，三秦出版社，2008年。

⑥ 南京博物院考古研究所、泗洪县博物馆：《江苏泗洪顺山集新石器时代遗址发掘报告》，《考古学报》2014年第4期。

⑦ 吴文婉、林留根、甘恢元等：《泗洪顺山集二期聚落环境与生业的植硅体证据》，《中国农史》2017年第1期。

⑧ 宋艳波：《济南地区后李文化时期动物遗存综合分析》，《华夏考古》2016年第3期。

⑨ 胡耀武、栾丰实、王守功等：《利用C，N稳定同位素分析法鉴别家猪与野猪的初步尝试》，《中国科学D辑：地球科学》2008年第6期。

段[①]。已有的几个统计数据显示，家猪为聚落居民贡献的肉食量并不太多，如在月庄遗址中，就可鉴定标本数而言，即使将遗址中的猪全部视为家猪，也仅占哺乳动物总数的28%；从哺乳动物最小个体数来看，即使猪和狗全部为家养动物，野生动物仍以61%的比例占据主要位置[②]。

狗在这一时期已被驯化，西河、张马屯和月庄等遗址发现一定数量带有肉食类动物啃咬痕迹的骨骼，可能也与狗啃咬等行为有关[③]，狗与人的关系应十分密切。但这一时期饲养的狗并不一定被人所食用，如从月庄遗址灰坑内埋葬完整狗骨等行为来看，狗可能被用于祭祀或有其他特殊用途，也可能承袭旧石器时代以来的模式，仍是人类狩猎活动的得力助手。

四、后李文化的生产工具

后李文化经发掘、试掘并公布详细资料的有西河、小荆山、前埠下、月庄几处遗址。从公布的材料看，这几处遗址出土的生产工具以石器最多，另有蚌器和骨器等，不同形制的工具在这几处遗址中的命名基本一致。小荆山遗址发现并公布的生产工具种类和数量最丰富，本文以小荆山遗址为重点进行分析。

小荆山遗址历年公布的石质生产工具共128件，骨质工具共124件，角质工具共3件，蚌质工具共18件，陶质工具仅1件弹丸。

石质工具以石斧数量最多，其用途尚存争议。小荆山遗址出土及采集的石斧可分为两种，一种为先通体磨制，再将上部琢平；另一种刃两端外撇，宽度明显大于斧体，这种石斧的制作难度较大并且不见于该地区此后的文化遗存，是后李文化时期石器制作的特点[④]。这两种石斧的横截面大多呈椭圆形，有学者认为这类椭圆形石斧的用途可能与有段石锛有相同之处，主要用于砍伐树木、扩大耕地、加工木材和营造房屋[⑤]。石斧实际上是一种用途非常广泛的生产工具，包括狩猎、防身和加工，也可用来砍伐树木便于开荒，是原始农业开垦土地的农具之一，但效率应该有限[⑥]。

石锛仅3件，器形小且薄，最大1件通体长不超过6厘米，似乎难以胜任农业生产的需求，不应归为农业生产工具，而是手工工具[⑦]，用于加工木质工具等。石凿的体型也较小，其用途可能与石锛近似。

---

① 宋艳波：《济南地区后李文化时期动物遗存综合分析》，《华夏考古》2016年第3期。

② 宋艳波：《济南地区后李文化时期动物遗存综合分析》，《华夏考古》2016年第3期。

③ 宋艳波：《济南长清月庄2003年出土动物遗存分析》，《考古学研究》（七），科学出版社，2008年。

④ 济南市文化局文物处、章丘市博物馆：《山东章丘小荆山遗址第一次发掘》，《东方考古》（第1集），科学出版社，2004年。

⑤ 殷志强：《中国古代石斧初论》，《农业考古》1986年第1期。

⑥ 陈文华：《试论我国农具史上的几个问题》，《考古学报》1981年第4期。

⑦ 林惠祥：《中国东南区新石器文化特征之一：有段石锛》，《考古学报》1958年第3期。

石球和陶弹丸虽然材质不同，但其功能有相通之处。小荆山遗址仅发现1件石球，月庄遗址发现7件，这些石球直径4—9厘米。陶弹丸则在这两个遗址中各出土1件。关于石球的用途学术界大致有打制加工石器所用的石锤、砸击工具、狩猎工具和原始体育游戏用具几种观点[1]。狩猎工具是得到公认的最普遍的观点，根据民族志的记载，有飞石索和绊兽索两种使用方法[2]，考古学材料实证其可拴在绳上作为飞石索来捕获猎物[3]。有学者通过观察统计认为直径5—8厘米、重200—800克的球状器比较适宜作为飞石索来捕猎动物[4]，后李文化的石球、陶弹丸正符合这一规格。由此我们倾向于认为这类球状工具主要用于狩猎活动，也可能作为敲砸器以手持方式砸击坚果便于食用[5]。

石锤在小荆山遗址发现3件，为长条形。根据日本学者的民俗学调查和研究，日本境内形制类似的长条形石锤是与石砧配套使用进行七叶树果实的剥壳加工的[6]。七叶树果实无法直接食用，需要去涩，这项复杂的技术从考古实例看很可能是在绳纹时代中期之后才被古人所掌握的。中国的考古遗址中并不常见七叶树果实遗存，最常见的是以橡子为代表的坚果类遗存，河姆渡和田螺山等遗址储藏橡子的窖穴以实证表明坚果类植物是史前先民采集食用的重要资源，但对于这类资源的具体加工方法和食用方式尚缺乏深入的研究。后李文化的西河、前埠下遗址也发现了石锤，同时西河、月庄和小荆山遗址都发现了栎属等坚果类植物淀粉粒，这些坚果类植物果实与七叶树果实一样具有较坚硬的外果壳，大多需要进行去涩的处理，二者加工、食用的方法和步骤应有诸多共性。因此，我们或可推断后李文化的石锤也可能作为坚果类食物的加工工具使用。

另一类数量较多的食物加工工具为配套使用的石磨盘和磨棒。小荆山遗址出土的39件石磨盘和15件磨棒大多"形无定制"，磨盘只有一个加工面。这类配套工具的使用方法主要有两种[7]：一是磨盘磨面短于磨棒，磨棒皆为长条形，使用者手握磨棒两端往来推拉压磨使用；另一种是磨盘磨面长于磨棒，使用者手握磨棒上部往来推拉压磨使用。月庄遗址的磨盘、磨棒数量也十分突出，其中包括了较多采集品。关于石磨盘的使用方法和加工对象近年来得到许多关

①　仪明洁、高星、裴树文等：《石球的定义、分类与功能浅析》，《人类学学报》2012年第4期。

②　耀西、兆麟：《石球——古老的狩猎工具》，《化石》1977年第3期。

③　贾兰坡、卫奇、李超荣等：《许家窑旧石器时代文化遗址1976年发掘报告》，《古脊椎动物与古人类》1979年第4期。

④　陈哲英：《石球的再研究》，《文物世界》2008年第1期。

⑤　Willoughby P R. Spheroids and Battered Stones in the African Early Stone Age, *World Archaeology*, 1985, 17 (1): 44-60.

⑥　〔日〕桥口尚武著，刘恒武译：《七叶树果实的食用习俗与石锤及石砧》，《南方文物》2010年第2期。

⑦　济南市文化局文物处、章丘市博物馆：《山东章丘小荆山遗址第一次发掘》，《东方考古》（第1集），科学出版社，2004年。

注①，残留物、微痕分析都确认石磨盘、磨棒的加工对象多样化②，并非单一的谷物加工，在某些研究案例里包括坚果等非谷物类植物的淀粉甚至占绝大部分③。加藤里美梳理了磨盘、磨棒的分布与发展史后指出这类工具与粟作农业有更加密切的关系④。小荆山遗址2件磨盘上有曾作为砸击坚果类石砧使用而造成的特有凹坑或研磨石、骨器形成的凹槽，而西河、月庄等其他遗址的磨盘上则有加工谷物类造成的特有微痕光泽类型⑤，残留物分析发现了豆类植物淀粉粒，再次证明磨盘的多样性用途⑥。磨盘、磨棒或许与加工粟类作物有关，但它们的存在很大程度上"是采集经济的产物"⑦。

后李文化的铲类工具极少，仅见小荆山遗址的3件石铲和2件骨铲。有学者对后李文化遗址所在地域的土质特点进行分析，认为树枝木棍等简易工具可能勉强胜任简单的挖坑播种，但工作效率要低于石铲等石器⑧。尽管如此，铲类工具的罕见可能表明当时先民进行植物栽培还是主要依靠木质工具，如用木棍或树枝耕种。

刀为收割或切割工具，以蚌刀为主，共15件，骨刀仅2件。刀的刃部磨制加工，保存较好的蚌刀为锯齿状刃，骨刀为平刃。此外，仅有的1件蚌削或许也具有收割或切割的功能。刀的这两种用途似乎无太大异议，并不一定仅作为农具⑨，只要硬度够、刃够锋利，各类材质的刀都可能用于收割植物和切割肉类，石刀已经被证实具有上述两种用途⑩。从动植物遗存的分析来看，后李文化聚落中尽管已经出现了初期的植物栽培和动物驯养，但采集狩猎经济成分仍然占据了很大比重。我们认为蚌刀、骨刀、蚌削等类工具并非专用于农业生产，还可能因地制宜

---

　　① 周昕：《新石器时代的石磨盘、石磨棒》，《古今农业》2000年第3期；赵世纲：《石磨盘、磨棒是谷物加工工具吗？》，《农业考古》2005年第3期；葛人：《石磨盘和石磨盘的用法》，《中国文物报》2007年9月28日第7版；曾慧芳、朱宏斌：《关于中国新石器时代石磨盘用途的几点思考》，《农业考古》2012年第3期。

　　② 杨晓燕、郁金城、吕厚远等：《北京平谷上宅遗址磨盘磨棒功能分析：来自植物淀粉粒的证据》，《中国科学D辑：地球科学》2009年第9期；张永辉、翁屹、姚凌等：《裴李岗遗址出土石磨盘表面淀粉粒的鉴定与分析》，《第四纪研究》2011年第5期；Liu L, et al. A Functional Analysis of Grinding Stones from an Early Holocene Site at Donghulin, North China, *Journal of Archaeological Science*, 2010, 37 (10): 2630-2639; Liu L, et al. Plant Exploitation of the Last Foragers at Shizitan in the Middle Yellow River Valley China: Evidence from Grinding Stones, *Journal of Archaeological Science*, 2011, 38 (12): 3524-3532.

　　③ Tao D W, et al. Starch Grain Analysis for Groundstone Tools from Neolithic Baiyinchanghan Site: Implications for Their Function in Northeast China, *Journal of Arhcaeological Science*, 2011, 38 (12): 3577-3583.

　　④ 〔日〕加藤里美：《海岱地区新石器时代的磨盘、磨棒》，《东方考古》（第2集），科学出版社，2006年。

　　⑤ 〔日〕上条信彦：《山东半岛磨盘与磨棒的使用微痕及淀粉粒分析》，《海岱地区早期农业和人类学研究》，科学出版社，2008年。

　　⑥ 王强、上条信彦：《微痕及淀粉粒分析在海岱地区史前农业考古研究中的应用》，《东方考古》（第9集），科学出版社，2012年。

　　⑦ 石兴邦：《前仰韶文化的发现及其意义》，《中国考古学研究——夏鼐先生考古五十年纪念论文集》（二），科学出版社，1986年。

　　⑧ 靳桂云：《后李文化生业经济初步研究》，《东方考古》（第9集），科学出版社，2012年。

　　⑨ 安志敏：《中国古代的石刀》，《考古学报》1955年第2期。

　　⑩ 崔天兴、杨琴、郁金城等：《北京平谷上宅遗址骨柄石刃刀的微痕分析：来自环境扫描电镜观察的证据》，《中国科学：地球科学》2010年第6期。

地用于动植物食物的各类加工上。

骨匕在小荆山遗址发现25件，占后李文化骨匕总数的96%。关于骨匕的具体用途可参考黄渭金对河姆渡出土骨匕的专题研究，根据器形大小和具体性质将骨匕分为掘土工具、制陶工具、进食工具和人体装饰四种功能[1]。遗憾的是小荆山遗址出土的骨匕大多残损严重，仅剩端首部位，因此很难判断骨匕在先民的生产活动中所扮演的角色。蚌匕仅小荆山遗址有2件，从蚌器本身的硬度和厚度来看，掘土可能并不实用，且耗损率高。骨镞、镖在小荆山和前埠下遗址都有发现，从其倒刺、细长尖刃等设计可看出制作之考究，对它们作为狩猎和渔猎工具并无争议。前埠下遗址还发现1件骨叉，应作捕鱼之用。骨锥、角锥、骨钻等显然不用于采集、狩猎、渔猎和农业生产，这些工具数量很多，制作精细，应是古人用于缝制衣物、制作和加工工具的辅助用具。

以上是后李文化各类生产工具的概况。需要注意的是，西河遗址公布的材料中除少量石质工具外，并无其他发现。动物考古研究表明该遗址的鱼类遗骸十分突出，植物遗存也发现了很丰富的野生植物资源，显然采集和渔猎经济对该聚落十分重要，但生产工具中却不见与这些生计活动密切相关的发现，这显然与遗物保存的偶然性有关。同样，月庄遗址的渔猎、狩猎工具也很少。可见若单以生产工具的分类和统计来判断聚落的生业经济模式显然是有局限性的，需综合其他遗存的分析。

综观诸遗址生产工具的类型、数量和组合，可以发现并不是每个后李文化聚落都具有完整的工具组合。一个完整的农耕工具组合应包括从事农业生产的全部工具，如耕种类、收割类、后期加工类等一系列工具。实物资料最丰富的小荆山遗址可相对确定与农业生产相关的有砍伐开荒的石斧，还可能使用石铲和骨铲进行简单挖坑耕种；骨刀和蚌刀可用于农作物收割，但还可能用于野生植物的收割和肉类的切割；粮食加工工具是最丰富的一类，石磨盘、磨棒可用于加工粟类作物、坚果类植物、块茎类植物等；石锤可用于坚果等植物果实的剥壳，但与刀类工具一样，这些食物加工工具加工的对象应该包括栽培的农作物和采集的食物资源，因此并不能视为农业生产发展的固定指标。与狩猎经济相关的有石球、陶弹丸和骨镞，渔猎工具有骨镖、锥和角锥等，其他工具则涉及日常生活生产（如缝制衣物等）的其他方面。从上述各类工具的绝对数量来看（图五），农业经济的比重表面上超过了另外两种生计方式，但实则不然。农业工具中石斧占近86%，而石斧是一种用途很广泛的工具，并不局限于农业生产；同时用于掘土的铲类工具数量却很少，这都使我们需要对以工具为代表的农业生产水平和规模做更保守的评估。若从可供统计的四个遗址整体情况来看，农业生产工具与狩猎和渔猎工具的整体比重不相上下（图六），而加工工具中石锤、磨盘等也在很大程度上反映了采集经济的较高比重。因此我们可从生产工具中窥视到后李文化生业经济应是具备一定农业生产，同时在很大程度上依赖采集和渔猎经济的生计模式。

---

[1]　黄渭金：《浅析河姆渡骨匕的用途》，《农业考古》1998年第3期。

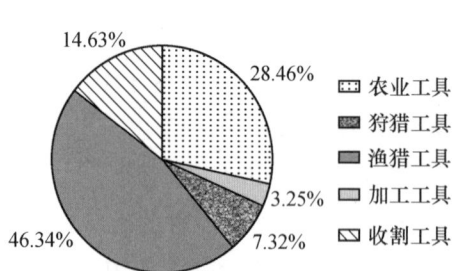

图五　小荆山遗址各类生产工具比例示意图
农业工具统计石斧、铲和骨铲，狩猎工具统计石球、陶弹丸和骨镞，渔猎工具为骨镖，加工工具统计石锤、磨盘和磨棒，收割工具统计蚌刀、削和骨刀

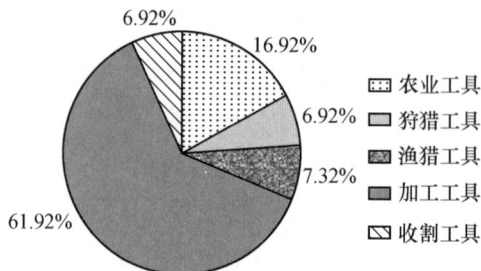

图六　后李文化诸遗址各类生产工具比例示意图
农业工具统计石斧、铲和骨铲，狩猎工具统计石球、陶弹丸和骨镞，渔猎工具统计骨镖、叉和陶网坠，加工工具统计石锤、磨盘和磨棒，收割工具统计蚌刀、削和骨刀

五、结　语

通过梳理和分析后李文化诸遗址目前已有的植物考古、动物考古、稳定同位素分析和生产工具研究等几个方面的成果，我们可以将后李文化的生业经济概括如下。

对野生植物资源的广泛利用是后李文化诸聚落的共同特点，各遗址都发现了多种可食果类、蔬菜类植物遗存以及多种具有药用、饲料等功用的野生植物，反映了先民有较丰富的资源以供采集，更在长期实践中掌握了多种植物的生长习性和使用价值，其中就包括了一些后来成为人类重要主食的禾本科等野生植物。年代最早的张马屯遗址植物种类多达38种，相比年代更晚的西河、月庄等遗址而言，此阶段先民更多依赖于采集的食物资源，丰富的野生植物说明了当时采集经济的重要地位，广谱特点更突出。同时，从此时期开始出现的少量初具驯化特征的粟类遗存说明此时聚落已经出现了粟类植物的栽培和驯化，是人类适应性生计策略转变的一个方面，只是这类植物在早期先民的食谱中所占比例还较低。而以西河、月庄遗址为代表的稍晚阶段的后李文化聚落中，植物栽培的比重有了明显上升，同时还可能种植水稻作为另一种食物补充。但从小荆山等遗址的发现和同时期北方其他地区的农耕对象来看，粟仍是早期北方先民植物性食物生产的主要内容，只是从人骨同位素的数据来看，此时期粟类尚未占据主食地位。采集野生植物相较早期有所下降，但仍是此时的重要生计，低水平食物生产始终贯穿于后李文化整个发展过程。粟作农业的发展脉络在后李文化中被传承下来，从不同阶段的遗址中可观察到粟作农耕的萌芽和逐步发展，但采集经济策略始终未退出后李人的历史舞台。

尽管后李文化时期先民已经开始驯养家猪，但饲养水平应该较低，处于家猪驯化的初始阶段，此时期家猪与野猪在形态上差别不明显，所提供的肉食量占先民动物蛋白摄入的比重有限。狗也是人类驯养的对象之一，但它们更可能作为人类狩猎活动的得力助手，而非人类食用的对象。相反，各遗址内均出土了数量较多、种属繁杂的野生动物遗存，涵盖了陆生动物、水生动物和鸟类等，野生哺乳动物为这一时期诸聚落的先民都提供了60%以上的肉食供给。由此可见，后李文化时期先民以遗址周围丰富的野生动物资源作为狩猎和捕捞对象，获取自身生存所需的主要肉食资源，同时也饲养家猪获取肉食的补充。当然，不同聚落根据所在区域的资源类型和丰富程度对捕猎的动物种类各有偏好。

后李文化诸遗址的生产工具丰富程度有别，诸如西河等遗址目前的实物资料还不足以很好地反映聚落的生计模式。通过分析不同类别工具的使用方法和功能，我们明确数量较多的斧类工具用途较宽泛，铲类工具虽可胜任农业生产需求，但仅有的数件石铲和骨铲或表明这一时期可能更主要依靠树枝或木质工具进行简单的挖坑播种。刀、匕等工具可同时适用于农作物收割和收获、加工野生动植物资源；石锤、磨盘和磨棒等加工工具的加工对象也包括了栽培植物和采集的野生植物。上述工具都无法全面准确地反映农业生产的水平和规模。而与采集、狩猎和渔猎经济相关的各类工具的绝对数量虽然在个别遗址中不占优势，但从整体看还是与农业生产工具相当。考虑到农业生产工具中斧的比重很大、加工工具反映的野生植物加工等情况，我们认为后李文化的食物生产水平和规模有限。多个遗址文化层堆积较薄的特点或许表明虽然当时已经出现了定居，但土地肥力的消耗和季节性的食物短缺迫使先民还需要进行短距离的迁徙，以采集、狩猎和渔猎的传统模式为主来解决生计问题。

总之，在延续旧石器时代采集狩猎经济的大背景下，后李先民进行动植物驯化和农业生产是人类广谱地、系统地改造生境和生物群落的结果，人类进行这些活动的目的是追求动植物资源的经济利益，这种"人类生态位构建"[①]的实践活动广泛存在于世界各地，山东高地全新世早期的聚落也不例外。低水平食物生产作为新石器时代早中期人类生产实践的一个普遍特点，近年来正逐渐被学术界广泛认可接受，后李文化时期人类有意识的社会生产显然属于低水平生产的范畴。低水平食物生产作为一种人类社会经济生产的状态在全球范围内持续存在了数千年，在中国也如此。海岱地区人类进行低水平食物生产的时间至少可以追溯至距今约9000年，其后乃至大汶口文化时期，多个聚落的生计仍然包含了明显的采集狩猎成分，但我们也应注意到这个过程中食物生产的逐步强化，即低水平食物生产还应存在不同发展阶段。

（原载于《考古》2019年第8期）

---

① Smith B D. The Ultimate Ecosystem Engineers, Science, 2007, 315 (5820): 1797-1798; Smith B D. Niche Construction and the Behavioral Context of Plant and Animal Domestication, *Evolutionary Anthropology*, 2007, 16 (5): 188-199.

南朝陵墓石刻新秩序的建立

卢小慧

内容提要：本文通过历史文献与田野调查，探讨西汉初年至南朝萧梁年间丧葬制度的发展演变。通过对汉代的阙、南朝陵墓石柱以及新宗教影响等问题的探讨，指出南朝陵墓石刻新组合的出现，不仅是作为一种制度确立起来，而且预示着一种新秩序的建立。

关键词：南朝陵墓石刻　新秩序　阙石柱

西汉建国之初，即承秦制，帝王崇尚厚葬，至东汉时愈演愈烈，王符《潜夫论》说：

> 今京师贵戚，郡县豪家，生不极养，死乃崇丧。或至金缕玉匣，楩梓楩楠，多埋珍宝偶人车马，造起大冢，广种松柏，庐舍祠堂，务崇华侈。[①]

从考古调查发掘资料来看，东汉时厚葬之风表现为地上建冢立祠、筑阙、设石柱与石兽，地下建豪华的砖石多室墓，绘壁画、设画像石，随葬物品丰盛华美。

然而，经过两汉魏晋南北朝，情况已发生巨大变化，《隋书·礼仪志》载：

> （梁天监）六年（507），申明葬制，凡墓不得造石人兽碑，唯听作石柱，记名位而已。[②]

从实地调查情况来看，南朝陵墓建筑石刻主要由石兽、石柱、石碑三种构成。这说明当时的皇帝诏令已不起作用了，但无论如何，都不能与两汉的厚葬风气相比。因此，从上述资料看，西汉初年至南朝萧梁年间，丧葬制度发生了巨大变化，而这种变化的内在原因是什么？对其后的丧葬制度与陵墓建筑有什么影响？这些都值得我们思考。

---

① （南朝宋）范晔：《后汉书》卷四九《王符传》，中华书局，2007年。

② （唐）魏徵等：《隋书》卷八《礼仪志三》，中华书局，1973年。

一、阙与汉代墓葬神道

　　所谓陵墓石刻是指按一定规律设置于陵园茔域神道两侧的石质圆雕艺术品。帝王陵墓前的设置又称陵园石雕，一般包括人物、动物、碑、柱[①]。其雏形最早出现于战国至秦代。东汉明帝后，在神道两旁布置石刻群，成为一种代表等级地位的制度。

　　阙是汉代墓葬建筑中常见的内容，不仅是建筑组群前的序幕，还涉及汉代社会等级、思想意识等问题。陈明达先生在《汉代的石阙》一文中指出，阙是标志着宫殿、居室、神祠、坟墓的范围，"人臣将朝，至此则思其所阙"，其实也就是说至此便已进入帝王宫禁之地，所以要毕恭毕敬的意思。换句话说，它成了一种特殊的界碑[②]。

　　"阙"最早见于《诗经·郑风·子衿》："纵我不往，子宁不来，挑兮达兮，在城阙兮。"[③]可见当时已有"阙"。汉代，"阙"达到了鼎盛，有"秦宫汉阙"之习语。《史记》卷八《高祖本纪》载：

　　（八年）萧丞相营作未央宫，立东阙、北阙、前殿、武库、太仓。[④]

又，《水经注》卷一九《渭水》载：

　　《三辅黄图》曰：建章宫，汉武帝造，周二十余里，千门万户。其东凤阙，高七丈五尺，俗言贞女楼，非也。《汉武帝故事》云，阙高二十丈。《关中记》曰：建章宫圆阙，临北道，有金凤在阙上，高丈余，故号凤阙也。[⑤]

　　汉代宫殿中阙不仅建得多，而且建得巍峨高大，豪华气派。但是遗憾的是，这类阙主要以土木为结构，所以经过漫长的历史岁月，这类建筑已化为乌有。

　　保存至今的汉代阙以石阙居多，这些石阙以祠庙阙与墓阙为主，尤以墓阙居多，墓阙又可以称为神道阙。神道，《后汉书》卷四二《中山简王焉传》载：

　　① 王朝闻总主编，陈绶祥主编：《中国美术史·魏晋南北朝卷》，齐鲁书社、明天出版社，2000年，第235、228—229页。

　　② 陈明达：《汉代的石阙》，《文物》1961年第12期。

　　③ （清）阮元校刻：《十三经注疏·毛诗正义》（影印本），中华书局，1980年，第345页。

　　④ （汉）司马迁：《史记》卷八《高祖本纪》。

　　⑤ （北魏）郦道元撰，陈桥驿点校：《水经注》卷一九《渭水》，上海古籍出版社，1990年，第364页。

南京博物院论文选编（2013—2022）

"大为修冢茔，开神道。"李贤作注："墓前开道，建石柱以为标，谓之神道。"①

这就说明神道的重要标志就是在两侧列置石刻。"神道"一称，从侧面也印证了墓阙是茔域门的标志，其所处位置标志着陵园门在此。北京秦君阙的阙前石柱表额铭曰"汉故幽州书佐秦君之神道"②，也充分说明了它标志着神道的入口。

在考古发掘的大量汉画像石、画像砖中，也可以看到阙。河南新郑出土的汉代画像砖上有许多形制各异的宫阙、楼阁、"天门"，其上大都居有神人、神鸟等，描绘出活灵活现的神仙世界③。四川地区出土的某些汉画像石中的单阙、凤阙，亦分别有飞仙和凤鸟居其上④。这些画像石中的"阙"其实就是通向仙境的天门或者天梯。如1988年1月四川简阳鬼头山东汉墓出土的石棺画像面中，中间就是一座单檐庑殿式的双阙，阙上面极其醒目地镌刻着"天门"二字⑤。20世纪80年代在巫山东汉墓中出土了七件鎏金铜牌，上面用流畅的细线刻出了人物、鸟兽、高大的双阙和缭绕的云气图像，并用双勾笔法刻出了隶书"天门"二字⑥，"天门"即天之门户，《楚辞·九歌·大司命》中有"广开兮天门"⑦；《淮南子·天文》有"天阿者，群神之阙也"⑧。

陵墓建筑是通过直观、总体的形式，将可视的现实存在和不可视的思维存在混为一体，直观地再现出来，将人的现世情景、精神状态、天国境界毋庸置疑地浓缩融合在一起。在佛教"轮回转世"说传入之前，神仙思想笼罩着整个汉代社会。对人们而言，死后只有两种选择：如果不能升仙到昆仑山仙界，并在那里获得永恒的生命，永远过着无忧无虑的幸福生活的话，就只能被幽闭在阴暗的地下灵魂世界而永无出头之日。因此，升仙到昆仑山仙界是人们至死不渝的追求目标。高达数十丈的"阙"隐含了人们对羽化成仙、长生不死的渴求，折射了人们脱离凡界、进入仙界的思想，所以"阙"具有一种崇高感和神秘感。至于陵墓建筑中的墓阙，则是墓主死后登入仙界的天梯，是交通人、神之间的门户。有学者指出，"阙"是天上仙宫的象征符号和人类交通仙界的媒介，是道教神学家为死者提供的引导墓主通天升仙的天梯⑨。因此，汉阙被赋予了深刻的文化内涵，它不仅是一种礼制符号，更是一种宗教符号，是仙界不可或缺的环境和符号，其精神内核是天门，是人、神两界的交通门户，是人成仙时通向天上仙界的门径。

① （南朝宋）范晔：《后汉书》卷四二《中山简王焉传》，中华书局，2007年。
② 北京市文物工作队：《北京西郊发现汉代石阙清理简报》，《文物》1964年第11期。
③ 参见薛文灿、刘松根：《河南新郑汉代画像砖》，上海书画出版社，1993年，第9—19页。
④ 参见吕林：《四川汉代画象艺术选》，四川美术出版社，1988年，第89、91页。
⑤ 雷建金：《简阳县鬼头山发现榜题画像石棺》，《四川文物》1988年第6期。
⑥ 赵殿增、袁曙光：《"天门"考——兼论四川汉画像砖（石）的组合与主题》，《四川文物》1990年第6期。
⑦ （明）汪瑗撰，董洪利点校：《楚辞集解》，北京古籍出版社，1994年，第124页。
⑧ 张双棣撰：《淮南子校释》卷三《天文训》，北京大学出版社，1997年，第297页。
⑨ 姜生：《汉阙考》，《中山大学学报（社会科学版）》1997年第1期。

二、南朝陵墓石刻新变革

东汉末年以后，黄河中游地区发生一系列战乱，大小军阀割据、兼并，混战连年。动荡不安的政局和连绵不断的战争势如汹涌的波涛，摧毁着秦汉帝国所建立的中央集权统治。政治上，皇权以冠冕堂皇的"禅让"方式屡屡更替，甚至东晋一朝，出现"皇帝垂拱，士族当权，流民出力"的门阀政治局面。如何重树皇权的神圣性、建立新的统治秩序成为南朝各政权面临的重要问题。在思想上，热衷于黄老学说的人们开始理性思辨：长生不老固然不行，羽化成仙显然是一个美好愿望。既然长生不老、羽化成仙失去了吸引力，那么与之相关的一切物质层面的东西也就被人们所抛弃。于是，阙在陵墓神道中充当门面的特权开始丧失，以石兽、石柱、石碑三种六件（或八件）为代表的石刻组合开始出现在南朝帝王陵墓前。这种新的排列组合不仅作为一种制度确立起来，并且预示着一种新秩序建立。

1. 地下世界的石柱

据文献记载，东汉末年，石阙、石兽、石碑或石祠、石兽、石碑组合常见，也有少量用石兽、石碑、石柱，如河南获嘉县汉桂阳太守赵越墓有石碑、柱、牛、虎、羊等[1]。经过两晋，阙在陵墓神道石刻的组合中逐渐消失，取而代之的是石柱。

东汉许慎在《说文解字》卷七《木部》中说："柱，楹也。"[2]文献中关于"柱（柱础）"的记载很多，《春秋谷梁传》卷六"庄公二十三年"条下载："秋，丹桓宫楹。礼，天子诸侯黝垩，大夫苍士黈，丹楹，非礼也。"[3]《史记》卷一二《孝武本纪》中有"雕楹玉础""铜柱、承露仙人掌之属矣"[4]，张衡《西京赋》中"雕楹玉碣，绣栭云楣"[5]。说明柱与柱础不仅是建筑的一部分，而且有一定的装饰功能。

在汉代墓葬制度和"事死如生"观念的影响下，地下墓葬建筑日趋宅第化，即仿照生前的居住建筑而营建墓葬建筑，因而当时也把地下墓葬建筑称作"宅""室""室宅"等，并把墓主人生前的一切待遇都尽可能地移入地下，这就使得很多汉代墓葬中存在着大量石柱，而这些石柱本身又附着大量雕刻，如柱与柱础石上或有浮雕画像[6]，或塑成立兽形[7]，或有高浮雕人

---

① （北魏）郦道元撰，陈桥驿点校：《水经注》卷九《清水》，上海古籍出版社，1990年，第182页。

② （汉）许慎撰，（清）段玉裁注：《说文解字·第六篇上·木部》（影印本），上海古籍出版社，1981年，第253页。

③ （清）阮元校刻：《十三经注疏·春秋谷梁传》（影印本），中华书局，1980年，第2386页。

④ （汉）司马迁：《史记》卷一二《孝武本纪》。

⑤ （南朝萧梁）萧统主编：《昭明文选》（影印本）卷二，中华书局，1977年。

⑥ 南京博物院、山东省文物管理处：《沂南古画像石墓发掘报告》，文化部文物管理局，1956年，图版42、43。

⑦ 河南省文物工作队第二队：《洛阳30.14号汉墓发掘简报》，《文物参考资料》1955年第10期。

像、奇禽瑞兽[1]，或为龟座蟠龙柱[2]等。这些石柱，虽然功能并非陵墓神道石柱，但是对研究陵墓石柱有着重要参考价值。在已发现的汉代画像砖石墓葬中，以山东沂南北寨村墓[3]、安丘董家庄墓[4]和平阴孟庄墓[5]等几处汉墓中石柱最具代表性。

这些石柱的出现应该基于这三个方面考虑，一方面是希望地下的墓室像地上府邸一样坚不可摧；另一方面也许与升天的愿望有关，希望摆脱空间的束缚；同时，石柱上大量裸戏、交媾场景，是一种希望子孙众多、生生不息的象征。这都反映了汉人"事死如生"的思想观念和所追求的死后生活，因此，人们不遗余力地将种种思想观念与追求在墓葬建筑中表现。问题是，这些石柱产生的根源是什么？人们为什么将这些思想意图都表现在墓室中的石柱上？

2. 神柱崇拜

中国是一个多山的国家，在我国最古老的哲学书籍———《周易》中，山为艮卦，"艮第五十二"中云："艮，止也。"[6] "艮止"之道，被视为圣贤修养之境，"艮"，可以处，可以息，可以居，可以殁。《说文解字》"山部"云："山，宣也，谓能宣郁气，生万物也。有石而高。象形。"[7]《释名》"释山"云："山，产也，言产生万物。"[8]郁郁苍苍的高山被视为万物之源，是万人所瞻仰、具有神性的地方，甚至可以影响天地成坏和国家治乱，因而古人认为，君子当殁而有处，处而不移，止于可止，则高山亦仰而止也。古人还认为，高山之巅连接着天庭，居住着天神，天地可以相通，人神可互往来，往来的通道则是天梯。根据《山海经》的记载，昆仑山便是具有这种"天梯"作用的通天工具之一，昆仑神话中的西王母居住在这里。《论衡》卷七《道虚篇》指出：

> 如天之门在西北，升天之人，宜从昆仑上。淮南之国，在地东南，如审升天，宜举家先从昆仑，乃得其阶；如鼓翼邪飞，趋西北之隅，是则淮南王有羽翼也。[9]

① 山东省博物馆：《山东安丘汉画象石墓发掘简报》，《文物》1964年第4期。
② 岳凤霞、刘兴珍：《浙江海宁长安镇画像石》，《文物》1984年第3期。
③ 华东文物工作队山东组：《山东沂南汉画像石墓》，《文物参考资料》1954年第8期；朱正昌、张从军等：《汉画像石》，山东友谊出版社，2002年，第186—251页。
④ 殷汝章：《山东安丘牟山水库发现大型石刻汉墓》，《文物》1960年第5期；山东省博物馆：《山东安丘汉画象石发掘简报》，《文物》1964年第4期；安丘县文化局、安丘县博物馆：《安丘董家庄汉画像石墓》，济南出版社，1992年。
⑤ 朱正昌、张从军等：《汉画像石》，山东友谊出版社，2002年，第153—160页。
⑥ 高亨：《周易古经今注》，中华书局，1984年，第311页。
⑦ （汉）许慎撰，（清）段玉裁注：《说文解字·第九篇下·山部》（影印本），上海古籍出版社，1981年，第437页。
⑧ （汉）刘熙：《释名》（影印本）卷一《释山》，四部丛刊，1984年。
⑨ （汉）王充撰，黄晖校释：《论衡校释》，中华书局，1990年，第319页。

　　古人认为昆仑地处神州之中心，故为中柱，即神话学上所说的"天地之脐"，同时，古人由直观的视觉印象而产生天圆地方的观念，认为在大地的四面八方有八座高山支撑着天空。这八座高山便是八根"天柱"，而八座高山的顶端与天结合处，也就是上天的入口，被称为"八门"。《淮南子》卷四《地形训》载："天地之间，九州八柱（'柱'原作'极'，据王念孙《读书杂志》校改）。"据该篇所记，这八根擎天柱指：东北方的方土之山，称"苍门"；东方的东极之山，称"开明之门"；东南方的波母之山，称"阳门"；南方的南极之山，称"暑门"；西南方的编驹之山，称"白门"；西方的西极之山，称"阊阖之门"；西北方的不周之山，称"幽都之门"；北方的北极之山，称"寒门"[1]。《淮南子》卷三《天文训》还记述了大洪水等天灾的产生与天柱的倒塌有关：

　　　　昔者共工与颛顼争为帝，怒而触不周之山，天柱折，地维绝。天倾西北，故日月星辰移焉；地不满东南，故水潦尘埃归焉[2]。

　　从上述记载中，我们大致可以知道，由于天柱被折，天倾西北，日月星辰的地理位置发生转换，东南下陷，大洪水发生。

　　值得指出的是，在古人的思想中，神话昆仑并不是一座具体的山，《尔雅·释丘》曰："三成为昆仑丘。"郭璞注："昆仑山三重，故以名云。"释曰："《昆仑山记》云：'昆仑山，一名昆丘，三重，高万一千里'是也。凡丘之形三重者，因取此名云耳。"[3]清代学者毕阮在注《山海经》时则更明确地说："'昆仑'者，高山皆得名之。"[4]这说明神话昆仑具有广泛的代表性意义，是神山的代表。除昆仑山外，神山在《山海经》中尚有多处，如《山海经》中巫觋借以升降天地的《大荒西经》中的灵山，《海外西经》中的登葆山，《海内经》中的肇山；《大荒东经》中所记的日月所出之六山：大言山、合虚山、明星山、鞠陵于天山、猗天苏门山、壑明俊疾山；《大荒西经》中记的日月所入之六山：曰丰沮玉门山、龙山、日月山、鏖钜山、常阳山、大荒山。

　　汉人眼中的世界分为天界、人间、地界（幽都）三界，天界实际上又是人间生活的延伸。屈原《九歌·东君》有诗曰："驾龙舟兮乘雷，载云旗兮委蛇。"[5]说的就是人间所能看到的运载工具，只不过比人间更增添了一些美好、浪漫而又神秘的东西。汉文化是楚文化的直接继承者，这种人间向天界延展的现象比起屈原有过之而无不及。渴望死后升仙是时人最大的愿望，而墓中出现大量升仙题材无疑是这种功利目的的强烈表现。终汉一世，由帝王首倡，天下云从，祀神求仙之风弥漫于整个社会，而汉墓中出现的石柱自然也是这种社会风气下的产物。

---

①　张双棣撰：《淮南子校释》，北京大学出版社，1997年，第418—419、443、444页。

②　张双棣撰：《淮南子校释》，北京大学出版社，1997年，第245页。

③　（清）阮元校刻：《十三经注疏·尔雅·释丘》（影印本），中华书局，1980年，第2616页。

④　袁珂校注：《山海经校注》，上海古籍出版社，1980年，第198页。

⑤　金开诚、董洪利、高路明：《屈原集校注》，中华书局，1996年，第256页。

永嘉丧乱后，大量侨流人口入居江南。这些侨流人口南迁不仅为江南地区带来大量人口，而且将中原文化也带到这一地区，其中也包括丧葬制度与文化。东汉以后，曹氏师王莽故事，以"禅让"代汉；司马氏"做家门"时的卑鄙与残酷，都使皇权的"膺天顺人"光晕黯然失色，对士大夫所珍视的纲常理念形成了强烈的冲击。此后，自魏晋至梁陈，"禅让"成风，王朝更代"一依虞夏故事"，形似和平的禅让并不和平，甚至每每皇权交替或社会动荡之时，帝王陵墓更成为首要的破坏对象。为重振皇权，南朝帝王在政治上采取了一系列政策与措施，同时，在墓葬建筑制度上，将汉代墓室中的石柱移到了地面上，以期借此保佑皇权不替、社会稳定、子孙繁盛，乃至国运绵延不绝。

三、新宗教影响

公元2年，佛教进入中国。其时，以儒学为核心框架的中国文化基本格局已初步形成。作为外来文化，佛教与儒家思想有颇多抵触：佛教集团内部相互平等，有独立的戒律，其语言"皆胡言也"，凡此种种，都不同于中国汉民族的生活方式与习俗，陈寅恪先生对此有精辟论述："佛教的移植中国，可视为一个以宪法结合的外国（夷）贵族集团，插入到中国（华）社会中来。"[①]

为在中土立足，佛教吸收儒、道思想，经历了试探、适应、发展、改变、渗透、融合等多个阶段，最终成为中国文化、思想的一部分。同时，在这些阶段中，佛教也对中国文化产生了巨大影响，这一点在南北朝表现得尤为显著。

对于南朝佛教特点，汤用彤先生曾指出："佛义与玄学之同流，继承魏晋之风，为南统之特征。"并说："凡南朝帝王即位，年岁稍长知文学者，靡不奖励佛学，并重玄理。"[②]在南朝帝王中，信仰佛教的人不计其数，而较为世人所知的，除齐竟陵王萧子良外，便是梁武帝萧衍，佛教于此而全盛。

南朝帝王之所以重视佛教，与当时的社会现实有着密切关系。东汉末年以后，战乱频仍，社会经济遭到严重破坏，社会缺乏持久的和平环境。在动荡飘摇的环境下，传统的墓葬礼制受到一定冲击。同时，由于个体生命难以保障，对生命的强烈关注也带有普遍社会性，生命的延续益发受到重视，因此，陷入衰退混乱中的陵墓制度得以迅速发展。

作为外来宗教，佛教"生死轮回"理论为中国传统的生命观涂上了更为充实的色彩，佛国极乐世界也为人们的精神世界提供了更为绚丽的美妙境界。人们在逃避现实、寄托佛教的同时，也憧憬着肉体寂灭后的享乐，而这种憧憬也会表现到墓葬形式中。于是在墓葬建筑里，佛教因素侵入传统的、以道教观念为核心的宗教和儒家正统观念所构成的观念体系中，并赋予墓

① 万绳楠：《陈寅恪魏晋南北朝史讲演录》，贵州人民出版社，2008年，第291页。
② 汤用彤：《汉魏两晋南北朝佛教史》，昆仑出版社，2006年，第367、402页。

葬观念以新的内容和表现形式。因此有学者指出："佛教因素的干预促进了南北朝时期对墓葬的日益重视，它也是促使陵墓制度由衰退转而复苏的激素。"①

南朝陵墓石柱是陵墓神道中首当其冲的造型形式。从整体看，南朝陵墓石柱不仅体现了两汉在建筑形式上的升华，而且由于接纳了西方建筑形式而成为特定时代下中外艺术结合的典型范例。滕固先生在《六朝陵墓石迹述略》一文中曾指出："梁代石柱，上承汉制，又或参以波斯和印度的风尚。"②所谓"承汉制"是南朝石柱与汉代石柱接近，波斯风尚是指柱身刻作下凹的直棱纹，这是古代流行于埃及、希腊、波斯一带的石柱样式，一般称为古希腊柱式，印度风尚则指柱头蹲兽的做法。

文献中关于汉晋墓葬神道石柱的记载主要见于《水经注》，约有十余例，分布地域以河南为多，另有安徽、河北、陕西等地，时代以东汉后期居多，也有2例属西晋时期。但极少谈到石柱的具体形制，只有司马士会墓石柱描述较详：

> 涡水南，有谯定王司马士会冢。冢前有碑，晋永嘉三年（公元309年）立。碑南二百许步有两石柱，高丈余，半下为束竹交文，作制极工。石榜云：晋故使持节散骑常侍都督扬州、江州诸军事，安东大将军谯定王河内温司马公墓之神道。③

从引文来看，司马士会墓前的石柱为上、下两端，下部为束竹纹饰，制作精巧。据杨晓春先生统计，汉、晋墓葬神道石柱遗存现存计5例④：北京东汉永宁二年（121年）幽州书佐秦君石柱⑤，山东历城汉琅邪相刘君石柱⑥，河南博爱西晋乐安相苟府君石柱⑦，洛阳西晋永宁元年（301年）散骑常侍镖骑将军韩寿石柱⑧，重庆巴县东晋隆安三年（399年）巴郡察孝骑都尉杨阳石柱⑨。

从这些石柱遗存与历史文献来看，东汉石柱柱身纹饰不分上、下段，而从西晋开始，石柱柱身出现分段式纹饰，如苟君石柱、司马士会石柱等，所以南朝陵墓石柱分段式做法可以追溯至西晋，因此有学者认为，汉晋时期的石柱从不分段到分段的变化，"正是为了在凸楞纹之外

① 王朝闻总主编，陈绶祥主编：《中国美术史》（魏晋南北朝卷），齐鲁书社、明天出版社，2000年，第235、228—229页。

② 滕固：《六朝陵墓石迹述略》，《六朝陵墓调查报告》，参见杨晓春编《朱希祖六朝历史考古论集》，南京大学出版社，2009年，第105页。

③ （北魏）郦道元著，陈桥驿点校：《水经注》卷二三《阴沟水》，上海古籍出版社，1990年，第449页。

④ 杨晓春：《南朝陵墓神道石刻渊源研究》，《考古》2006年第8期。

⑤ 北京市文物工作队：《北京西郊发现汉代石柱清理简报》，《文物》1964年第11期。

⑥ 滕固：《六朝陵墓石迹述略》，《六朝陵墓调查报告》，《朱希祖六朝历史考古论集》，南京大学出版社，2009年，第115页。

⑦ 刘习祥、张英昭：《博爱县出土的晋代石柱》，《中原文物》1981年第1期。

⑧ 黄明兰：《西晋散骑常侍韩寿墓墓表跋》，《文物》1982年第1期。

⑨ 〔日〕曾布川宽著，傅江译：《六朝帝陵———以石兽和砖画为中心》，南京出版社，2004年，第9页。

安排另一种纹饰的需要，甚至可以认为主要是为了安排凹楞纹的需要"①。

由汉、晋到南朝，陵墓石柱的主要作用是标记神道兆域、界隔生死、举哀表丧、显示等级以及刻记名位身份以示后人，其核心是题镌墓主谥号、爵位、官职和名讳的榜额，其本质是表达儒家礼仪和世俗功名，这说明神道石柱的性质与功能仍然体现的是本土文化的发展逻辑，但是这些石柱柱身上的凹槽直棱纹、"收分"、柱顶上的覆莲纹、狮形小石兽以及柱额两侧的莲花纹饰，则表明南朝陵墓石柱已受到外来文化的浸染。因此，南朝陵墓石柱是在继承东汉传统基础上，糅进了外来艺术的因子，从而形成比东汉更为高贵华丽、雄伟壮观的风貌。

从南朝梁至唐中后期这段时间，唐长孺先生做过这样的论断：

> 唐代经济、政治、军事以及文化诸方面都发生了显著的变化，它标志着中国封建社会由前期向后期的转变。但这些变化，或者说这些变化中的最重要部分，乃是东晋南朝的继承，我们姑且称之为"南朝化"。②

唐先生说的文化方面的变化，当然也包括佛教文化对中国社会的影响。正是这种影响，开创了南北朝隋唐的佛学时代。在这个时代，佛教完成了中国化，影响着中国文化，也影响着中国丧葬制度中的陵墓石刻，从而使得这些陵墓石刻在继承汉代陵墓石刻的基础上，开创了一种新境界，实现了继汉开唐的历史性转变，进而对唐宋时期的陵墓石刻产生了深远影响。

四、小　　结

通过对汉阙、南朝陵墓石柱以及新宗教影响等问题的探讨，我们认为有以下几点值得注意：

首先，在汉代"天人合一"思想的支配下，神仙思想笼罩着整个社会，汉阙被赋予了深刻文化内涵，它不仅是一种礼制符号，更是一种宗教符号，是神仙界不可或缺的环境和符号，其精神内核是天门，是人神两界的交通门户，是人成仙时通向天国的门径。而墓阙则是墓主死后登入仙界的天梯，是沟通人神两界的门户。

其次，在古人看来，高山是古代圣贤修养之境，是君子殁而有处，亦仰而止之所，而百神所居的昆仑山，更是天地互通、人神互往的天柱。在这些思想观念影响下，南朝帝王将从前墓室建筑中的石柱移到地面，以期保佑墓葬建筑坚不可摧，灵魂能够通过天柱顺利升天。同时，保佑阴阳交泰，子孙蕃昌，苗胤不替。

再次，佛教作为外来宗教，其"生死轮回"理论与极乐世界为中国传统的生命观提供了更为充实、绚丽的美妙境界。于是在墓葬制度里，佛教因素侵入传统的、以道教观念为核心的宗

---

① 杨晓春：《南朝陵墓神道石刻渊源研究》，《考古》2006年第8期。
② 唐长孺：《魏晋南北朝隋唐史三论》，武汉大学出版社，1992年，第495页。

教和儒家正统观念所构成的观念体系，赋予墓葬观念以新的内容和表现形式，并最终促使陵墓制度开始复苏。

最后，为重整皇权，南朝帝王在政治上采取了一系列政策与措施，而在墓葬建筑制度上，也将汉代墓室中的石柱移到了地面上，以期借此保佑皇权不替、社会稳定、子孙繁盛，乃至国运绵延不绝。同时，新的石刻组合不仅作为一种制度确立起来，并且预示着一种新秩序的建立。

（原载于《学海》2020年第1期）

越系青瓷盉形器研究

张小帆

内容提要： 越系青瓷盉形器是两周时期流行于太湖—钱塘江流域的青瓷器，越系青瓷盉形器的基本特征是腹部向上斜出一管状流，由于形态各异，定名不一。本文通过对越系青瓷盉形器的分类研究以及使用方向与基本功能的推测，认为越系青瓷盉形器皆属于酒器，部分青瓷盉形器可能为两周时期越人的礼仪用器。

关键词： 越系青瓷　盉形器　酒器　礼器

一、越系青瓷盉形器的基本概念

越人是生活在太湖—钱塘江流域的於越族群，越国是於越族群建立的国家。

越系青瓷又称"原始瓷""原始青瓷"[①]，是夏商时期越人的伟大发明[②]。

用青瓷仿制礼乐器是越人一大的创举，太湖—钱塘江流域出土的青瓷鼎、甗、罍、尊、卣、觯、盉、缶、壶、豆、盘、匜和钟、镈、句鑃、錞于、钲、铎等礼乐器都是模仿青铜器造型烧制的越系青瓷器，其中带流的有"盉"与"匜"。

在考古报告和文物图录中，一般将出管状流的器物称为"盉"，将出槽状流或尖状流的器物称为"匜"。

《说文·皿部》："盉，调味也。"《说文·匚部》："匜，似羹魁，柄中有道，可以注

---

① 中国硅酸盐学会：《中国陶瓷史》，文物出版社，1982年，第76页；刘毅：《商周印纹硬陶与原始瓷器研究》，《华夏考古》2003年第3期；陆明华：《原始青瓷与青瓷概念思考——兼述德清窑及鸿山考古的收获》，《东方博物》（第二十九辑），浙江大学出版社，2008年；李清临：《商周时期原始瓷的产地问题再思考》，《华夏考古》2015年第4期；王光尧：《试探原始青瓷之本名》，《故宫博物院院刊》2015年第5期。

② 浙江省文物考古研究所、湖州市博物馆、德清县博物馆：《东苕溪流域夏商时期原始瓷窑址》，《文物》2016年第8期；浙江省文物考古研究所、湖州市博物馆、德清县博物馆：《东苕溪流域夏商时期的原始瓷窑址》，文物出版社，2015年，第243—250页；郑建明：《夏商原始瓷起源的动力因素》，《原始瓷起源研究论文集》，文物出版社，2015年。

水。"匜为"水器"，而盉则有"酒器""水器"二说①。

王国维《说盉》："余谓盉者，盖和水于酒之器，所以节酒之厚薄者也。"②有学者根据汉字的结构研究，推测"盉"为酒水调和之器③。

陶盉出现于新石器时代④，商周时期流行青铜盉⑤。

殷商时期的长江下游和钱塘江流域不见青铜盉，也不见青瓷盉；西周时期江苏丹徒烟墩山西周墓、仪征破山口西周墓出土过单把青铜盉⑥，单把青铜盉的基本形态是圆口，有盖，垂腹，三足，腹中部出流，与流相对的一侧有半环形把手（图一），西周时期不见用青瓷仿制的单把盉。

春秋战国之际，长江下游和钱塘江流域出现青铜提梁盉。青铜提梁盉的基本形态是直口，有盖，腹圆鼓，三蹄足外撇，腹中部出兽首管状流，肩上部有半环形提梁，江苏镇江王家山春秋墓、苏州虎丘春秋墓、吴县何山春秋墓和浙江安吉上马山春秋墓、绍兴坡塘战国墓皆出土过青铜提梁盉⑦，何山出土青铜提梁盉自名"盉"；此外，上海博物馆还藏有"吴王夫差盉"⑧。

战国时期出现青铜双耳罐形盉。青铜双耳罐形盉的基本形态是直口，有盖，腹圆鼓，三蹄足外撇，腹中部出兽首管状流，两侧有环形提耳，江苏淮阴高庄战国墓出土过青铜双耳罐

---

① 陈仲玉：《青铜盉形器的研究》，《大陆杂志》1974年第4期；郭宝钧：《商周铜器群综合研究》，文物出版社，1981年，第151页；张临生：《说盉与匜——青铜彝器中的水器》，（台北）《故宫学术季刊》1982年第1期；张亚初：《对商周青铜盉的综合研究》，《中国考古学研究——夏鼐先生考古五十年纪念论文集》（二），科学出版社，1986年；彭裕、商韩、文博等：《商周青铜盉研究》，《考古学报》2018年第4期。

② 王国维：《观堂集林》（一），中华书局，1959年，第153页。

③ 周要港：《汉字中的酒器盉》，《寻根》2020年第3期；杨逸尘：《"和"的美学思想探源别说——兼析汉字"盉""龢""和"的结构》，《贵州教育学院学报（社会科学）》2006年第22卷第5期；王帅：《商周青铜器自名新解——以匜、盉为例》，《中原文物》2013年第4期；陈元、何清湖、易法银：《论"和"之源考》，《中医药导报》2018年第24卷第17期。

④ 宋静、赵晓明：《彝盉源考》，《山西农业大学学报（社会科学版）》2010年第5期；方向明：《长江卜游地区新石器时代盉鬶的若干问题》，《嘉兴学院学报》2010年第5期。

⑤ 容庚、张维持：《殷周青铜器通论》，文物出版社，1984年，第46页；朱凤瀚：《中国青铜器综论》，上海古籍出版社，2009年，第295—307页；李零：《商周铜礼器分类的再认识》，《中国国家博物馆馆刊》2020年第11期。

⑥ 江苏省文物管理委员会：《江苏丹徒县烟墩山出土的古代青铜器》，《文物参考资料》1955年第5期；南京博物院：《南京博物院珍藏系列：青铜器》，上海古籍出版社，1998年，第3页；杨正宏、肖梦龙主编：《镇江出土吴国青铜器》，文物出版社，2008年，第33页；王志敏、韩益之：《介绍江苏仪征过去发现的几件西周青铜器》，《文物参考资料》1956年第12期；南京博物院：《南京博物院珍藏系列：青铜器》，上海古籍出版社，1998年，第4页；仪征市博物馆：《仪征出土文物集粹》，文物出版社，2008年，第21页。

⑦ 镇江博物馆：《江苏镇江谏壁王家山东周墓》，《文物》1987年第12期；苏州博物馆考古组：《苏州虎丘东周墓》，《文物》1981年第11期；吴县文物管理委员会：《江苏吴县何山东周墓》，《文物》1984年第5期；安吉县文物保护管理所：《浙江安吉出土春秋青铜盉》，《文物》2006年第11期；浙江省文物管理委员会、浙江省文物考古所、绍兴地区文化局等：《绍兴306号战国墓发掘简报》，《文物》1984年第1期。

⑧ 陈佩芬：《吴王夫差盉》，《上海博物馆集刊》1996年第7期。

图一　青铜盉

1. 丹徒烟墩山西周墓出土　2. 仪征破山口西周墓出土

形盉①。

　　越系青瓷提梁盉、硬陶双耳罐形盉即越人仿照青铜提梁盉、青铜双耳罐形盉烧制的陶瓷明器。

　　越系青瓷提梁盉出现于春秋战国之际，流行于战国时期，浙江绍兴、萧山、安吉、德清、上虞、桐乡和江苏无锡等地皆出土过青瓷提梁盉②，青瓷提梁盉与青铜提梁盉的造型相同（图二）。

　　青瓷双耳罐形盉目前尚未发现，硬陶双耳罐形盉出土于江苏无锡老虎墩战国墓③，硬陶烧制的罐形盉明显仿自青铜双耳罐形盉（图三）。

　　越系青瓷器中，有一些出管状流而器形又不同于盉的青瓷器，考古报告和文物图录或称为"盉"，或称为"塔形壶""带流壶""带流罐""带甄盉"等，"越系青瓷盉形器"即指这些既出管状流而器形又不同于盉的青瓷器。

　　越系青瓷盉形器是两周时期出现于太湖—钱塘江流域的青瓷器，青瓷盉形器的基本特征是腹上部有一向上斜出的管状流。越系青瓷盉形器的形态各异，因其造型既不同于提梁盉，也不同于罐形盉，故被称为"盉形器"。

---

　　①　淮阴市博物馆：《淮阴高庄战国墓》，《考古学报》1988年第2期；淮安市博物馆：《淮阴高庄战国墓》，文物出版社，2009年，彩版一八。

　　②　浙江省文物考古研究所：《古越瓷韵——浙江出土商周原始瓷集粹》，文物出版社，2010年，第127、137、161、164、184、195、234页；南京博物院、江苏省考古研究所：《大越遗珍——鸿山越墓文物菁华》，文物出版社，2008年，第164—169页。

　　③　南京博物院、江苏省考古研究所、无锡市山区文物管理委员会：《鸿山越墓发掘报告》，文物出版社，2007年，第139—140页；南京博物院、江苏省考古研究所：《大越遗珍——鸿山越墓文物菁华》，文物出版社，2008年，第65页。

图二　青铜提梁盉与青瓷提梁盉
1.镇江王家山春秋墓出土　2.德清梁山战国墓出土

图三　青铜双耳罐形盉与硬陶双耳罐形盉
1.淮阴高庄战国墓出土　2.无锡老虎墩战国墓出土

然而到目前为止，未见与越系青瓷盉形器相关的研究；虽有学者对封顶盉、象鼻盉、曲柄盉进行过研究[①]，然越系青瓷器中不见封顶盉、象鼻盉、曲柄盉；有学者推测仰韶文化陶质盉形器为煎煮草药的药用器皿，龙山文化晚期和夏商周三代用于盛水、盛酒的礼器陶盉、铜盉源

[①]　杜金鹏：《封顶盉研究》，《考古学报》1992年第1期；庞小霞、高江涛：《先秦时期封顶壶形盉初步研究》，《考古》2012年第9期；罗汝鹏：《从象鼻盉到原始瓷大口折肩尊——论夏商时期东南地区对中原王朝的一种贡赋模式》，《南方文物》2014年第1期；李景山：《象鼻盉的"贡"与"赐"》，《洛阳考古》2017年第4期；郑小炉：《试论青铜甗（鬲）形盉》，《南方文物》2003年第3期；张爱冰：《也谈曲柄盉的年代及其相关问题》，《文物》2014年第3期；余飞、白国柱：《甗形盉——江淮、皖南的青铜器瑰宝》，《大众考古》2018年第8期。

于煎煮草药用的陶盉[1]，然越系青瓷盉形器未必。

本文的研究对象即"越系青瓷盉形器"。根据器物形态对越系青瓷盉形器进行分类，根据利手性和方向性对越系青瓷盉形器的功能进行推测，是本文的初衷。

二、越系青瓷盉形器的器形分类

带流的器皿多与倾注液体有关，而带管状流的器皿则多与酒有关，因为管状流限制了液体倾注时的流量，增加了液体倾注的准确性，因此带管状流的越系青瓷盉形器多与酒有关，属酒器范畴。

根据器物形态的差异，将越系青瓷盉形器分为六类，并附带介绍与青瓷盉形器的相关的斗与勺。

出管状流的还有青瓷虎子，虎子不属于本文讨论的盉形器的范畴，但有将青瓷器球形兽首流盉形器与青瓷虎子相混淆的现象，因此本文将虎子另立一类，目的是将球形兽首流盉形器与虎子进行比较。

（一）侧錾盉形器

越系青瓷侧錾盉形器主要出土于安徽屯溪、浙江衢州、安吉等地[2]，屯溪弈棋村西周墓M1出土3件、M3出土3件、M5出土1件，衢州松园西周墓和安吉上马山西周墓D90M1各出土1件，香港九如堂收藏1件，发掘报告和文物图录称之为"侧把盉""塔形壶"，年代为西周早期至西周中期。

青瓷侧錾盉形器的整体造型可能模仿江南水乡常见的田螺，上部作圆锥状，顶端立一鸟形纽，腹中部圆鼓，下部内收，矮圈足，上腹部斜出一短流，流呈管状或上部有缺的管状，与流呈直角处出一向上弯曲的宽扁錾，通体施釉，器身满饰粗凸弦纹（图四）。

青瓷侧錾盉形器的形体较小，屯溪M3出土的3件侧錾盉形器通高12.2—13.9、腹径13—14.8、足径8.6—9.8厘米；安吉上马山D90M1出土的侧錾盉形器通高11、腹径12、足径7.9厘米；衢州松园西周墓出土的侧錾盉形器通高12、腹径11.8、足径8.6厘米；香港九如堂收藏的侧錾盉形器通高14、足径9.2厘米[3]。

---

① 王克林：《试探新石器时代的医药——对仰韶文化盉形器用途之推测》，《文物季刊》1994年第4期。

② 李国梁：《屯溪土墩墓发掘报告》，安徽人民出版社，2006年，第26、44、50页；安徽省文物事业管理局：《安徽馆藏珍宝》，中华书局，2008年，第165页；浙江省文物考古研究所：《古越瓷韵——浙江出土商周原始瓷集粹》，文物出版社，2010年，第9、19页。

③ 《九如堂古陶瓷藏品》，九如堂，2001年，第138页。九如堂藏青瓷侧錾盉形器可能出土于衢江北岸的大型墓葬，参见衢州市文物管理委员会：《浙江衢州市发现原始青瓷》，《考古》1984年第2期；金华地区文管会：《浙江衢州西山西周土墩墓》，《考古》1984年第7期。

图四 青瓷侧鋬盉形器

1.屯溪弈棋村M3出土 2.安吉上马山D90M1出土 3.衢州松园西周墓出土 4.香港九如堂藏

青瓷侧鋬盉形器无口，液体须由管状流中注入再从管状流中倾出。根据流与鋬的位置和相互关系，青瓷侧鋬盉形器仅利于右手的把握，即右手拇指压在向上弯曲的宽扁鋬上，手掌和四指托住下腹部及圈足部；其使用的方向性单一，以右手把握盉形器倒出器内液体时的方向只能朝内，即倾注液体时盉形器的流朝向自身。

青瓷侧鋬盉形器的器形既不见于新石器时代的陶器，也不见于商周时期的青铜器，侧鋬盉形器的造型无渊源可寻，侧鋬盉形器没有可进行类比的陶器或青铜器；根据的器形大小、使用方向和使用功能推测，侧鋬盉形器可能为饮酒器。

（二）罐形提梁盉形器

越系青瓷罐形提梁盉形器出土于安徽屯溪①和浙江义乌、奉化②等地，市溪弈棋村M1出土2件，义乌木枧山西周墓和奉化各出土1件，发掘报告和文物图录称之为"盉"或"提梁盉"，年代为西周早期至西周中期。

青瓷罐形提梁盉形器为扁腹罐形，子母口，口沿外侈，有盖，盖面圆鼓，盖上有半环形提梁，扁腹中部圆鼓，下部内收，矮圈足，上腹部斜出一管状流，流与提梁呈一条直线，通体施釉（图五）。

屯溪M1出土的2件罐形提梁盉形器通高7—8.1、口径9.1—10.4、腹径10.5—12、足径8厘米，满饰粗凸弦纹，肩部贴"S"形的泥条堆塑；义乌木枧山西周墓出土的盉形器提梁缺失，残高11.4、口径12、足径9.9厘米，肩部饰细弦纹、戳点纹，肩部、流根部和提梁根部贴"S"形的泥条堆塑；奉化出土的罐形提梁盉形器通高13、口径7.8、足径6.7厘米，提梁作绹索状，肩部饰细弦纹、戳点纹，肩部、流根部和提梁根部贴"S"形的泥条堆塑。

青瓷罐形提梁盉形器的形体则显得较小，提梁本应与器身相连，屯溪出土的罐形提梁盉形却与盖相连；所有出土的罐形提梁盉的器盖皆与器身烧结，显然为明器。

---

① 李国梁：《屯溪土墩墓发掘报告》，安徽人民出版社，2006年，第44页。

② 浙江省文物考古研究所：《古越瓷韵——浙江出土商周原始瓷集粹》，文物出版社，2010年，第65、88页。

图五　青瓷罐形提梁盉形器与青铜盉
1. 屯溪弈棋村M1出土　2. 义乌木枧山西周墓出土　3. 奉化出土

图六　繁昌汤家山西周墓出土青铜盉

安徽繁昌汤家山西周墓出土1件西周晚期的青铜单把盉[①]，盉身作罐形，上有盖，圈足外撇，上腹部斜出管状流，与流对应的一侧有半环形把（图六），通高29.2、口径17.6、腹深17.6厘米。

青瓷罐形提梁盉形器的器身与青铜单把盉相同，其造型可能仿自青铜单把盉。

青瓷罐形提梁盉形器有口有流，酒可从口中注入，从流孔倒出；提梁既利于右手提起，也利于左手提起；如用右手提拿，则倾注酒时流的朝向有三：既可朝向对方、朝向左方，也可朝向自身。

根据器形推测，青瓷罐形提梁盉形器可能为仿青铜单把盉的酒器；根据使用方向和使用功能推测，罐形提梁盉形器可能为向杯、盏斟酒的斟酒器。

（三）兽首流盉形器

兽形兽首流盉形器出土于安徽屯溪西郊土墩墓[②]，文物图录称之为"虎形器"。

屯溪出土的兽首流盉形器的年代为西周晚期，通高23.5、底径16.2厘米，器身呈椭圆状，上部一端出兽首流，一端出椭圆形管状口，流与口之间有一兽形提梁，虎首上刻划眉眼及胡须，肩部刻划折线纹，下腹部饰细弦纹与拍印绳纹，大平底，器身上部施釉（图七，1）。

兽首流盉形器的流、提梁、口呈一条直线，提梁既利于左手，也利于右手，用右手提起盉形器使酒从兽首流中注出时的方向既可朝向对方、左方，也可朝向自身方向；兽首流盉形器的流口径较大，根据实用功能推测，兽首流盉形器可能为注酒器，即先将酒从口中灌入，提起后

① 安徽省文物工作队等：《安徽繁昌出土一批春秋青铜器》，《文物》1982年第12期；安徽大学、安徽省文物考古研究所：《皖南商周青铜器》，文物出版社，2006年，第91—93页；张爱冰、陆勤毅：《繁昌汤家山出土青铜器的年代及其相关问题》，《文物》2010年第12期；张小帆：《繁昌汤家山西周墓的再认识》，《南方文物》2014年第1期。

② 杨立新主编：《中国出土瓷器全集·安徽卷》，科学出版社，2008年，第6页。

图七　青瓷兽首流盉形器与盉形陶器
1.屯溪西郊西周墓出土　2.余姚鲻山遗址H17出土

再由流向大口的罍、尊、卣一类的容器中注酒。

兽首流盉形器的器形可能源于河姆渡文化的盉形陶器，浙江余姚鲻山遗址（图七，2）、河姆渡遗址皆出土过盉形陶器[①]。

河姆渡文化盉形陶器的造型与青瓷兽首流盉形器的造型异曲同工，其功能应与青瓷兽首流盉形器相同，河姆渡文化的盉形陶器的发现反映了钱塘江流域酿酒的历史悠久绵长[②]。

（四）细流圈足罐形盉形器

越系青瓷细流圈足罐形盉形器仅浙江长兴陈母墓岭西周墓出土1件，文物图录称之为"带甗壶""带甗盉"，年代为西周晚期[③]。

细流圈足罐形盉形器侈口，折沿，溜肩，腹中部圆鼓，矮圈足，肩部出一管状细流，口上置一圜底碗，碗底部有5个圆孔，通体施釉，碗口沿内侧饰弦纹，贴有"S"形的泥条堆塑，罐形盉形器的肩部饰细弦纹，内填戳点纹，流根部贴有"S"形的泥条堆塑（图八，1），通高10.9、口径10、足径8.7厘米。

细流圈足罐形盉形器的形态较小，置于口部的圜底碗与罐口已烧结，亦当为明器。

---

① 浙江省文物考古研究所、厦门大学历史系：《浙江余姚市鲻山遗址发掘简报》，《考古》2001年第10期；浙江省文物考古研究所：《浙江考古精华》，文物出版社，1999年，第41页；浙江省文物考古研究所：《河姆渡：新石器时代遗址考古发掘报告》，文物出版社，2003年，第244页。

② 陈靖显：《河姆渡陶盉与长江流域酿酒史》，《酿酒》1994年第3期；杨古城、曹厚德：《六千年前的浙东酒器——盉》，《浙江工艺美术》1998年第2期；包启安：《长江下游文化区的遗存与我国小曲酒的诞生》，《中国酿造》2007年第4期。

③ 浙江省文物考古研究所：《古越瓷韵——浙江出土商周原始瓷集粹》，文物出版社，2010年，第71页；浙江省文物局：《发现历史——浙江新世纪考古成果展》，中国摄影出版社，2011年，第291页。

图八　罐形带流青瓷盉形器与青铜甗形盉
1. 长兴陈母墓岭西周墓出土　2. 绍兴坡塘战国墓出土

　　细流圈足罐形盉形器既无提梁又无把手或鋬，只能用两手端起，因此没有固定的使用方向。根据细流圈足罐形盉形器的实用功能推测，其肩部的细流是为了将酒准确注入饮酒器中，因此细流圈足罐形盉形器可能为向杯、盏斟酒的斟酒器。

　　细流圈足罐形盉形器口部的碗因圜底上有5个孔，被文物图录称为"甑"。

　　甑是古代蒸食物的瓦器，底部有许多小孔，置于鬲上，合称为甗，《说文·瓦部》："甑，甗也。"段注："甑所以炊蒸米为饭者，其底七穿，故必以箅蔽甑底而加米于上，而馏之，而馏之。"

　　甗用于蒸食物，上部盛放食物的容器为底部有孔的甑，下部为鬲形或鼎形炊器。罐形盉形器上部的碗底虽然有孔，但下部是罐而不是鬲形或鼎形炊器；既然罐形盉形器的下部不是炊器，不用于"蒸"，其上部就不是甑，就不应名"带甑壶"或"带甑盉"。

　　根据对长江下游新石器时代陶质酒器的研究[①]，置于罐形盉形器口部的底有小圆孔的碗应为滤钵。将新酿的醪用枓、勺等挹酒器从大口的酿酒器中舀出，再徐徐注入滤钵，使含较多悬浮物的浊酒经过滤后变为清澈的酒，因此器口上底部有孔的碗即滤钵，罐形盉形器为滤酒器[②]。

　　新酿的酒中所含的悬浮物称为"糟"或"糟粕"，《楚辞·渔父》："何不餔其糟而歠其醨？"含有糟粕的酒称之为"醪"，《说文·酉部》："醪，汁滓酒也。"根据罐形盉形器的器形推测，其使用方法是先用挹酒器将醪注入滤钵，利用滤钵的小孔滤除浊酒中悬浮的糟粕，滤除糟粕后的清酒通过小孔沥入罐中；再用双手端起圈足罐形盉形器，将罐内的清酒通过管状细流注入饮酒的杯、盏之中。

　　可与之进行比较的是浙江绍兴306号墓出土的青铜甗形盉（图八，2）。青铜甗形盉通高仅26厘米，上部为甑，下部为带流与把的鬲形器，把手中空，可纳入木柄，考古报告称之为"甗

────────────

① 张小帆：《崧泽文化陶质酒器初探》，《考古》2017年第12期。
② 林毅、郑建明：《壶觞沃酹：江南原始瓷酒器与权力的起源》，《大众考古》2016年第7期。

盉"，文物图录称之为"甗形盉"或"青铜盉"①。

考古报告认为："甗的功能在于蒸煮甑内的食物，故甑体多大于鬲体，一般无盖。此器加盖，可增加蒸汽热能效益，但鬲腹设流嘴，与上述效应相背。其体积远较同墓所出之甗为小，且甑体明显小于鬲体。一侧有柄，功能与向鬲体注水无关，只能便于倾倒鬲内液体。故此器之用途，当是通过蒸汽的作用提取盛于甑内的某种物品的蒸馏液汁，故暂名之为甗盉。"

考古报告注意到甗形盉的功能"与向鬲体注水无关，只能便于倾倒鬲内液体"，但"通过蒸汽的作用提取盛于甑内的某种物品的蒸馏液汁"，恐不确，因下部的鬲斜出管状流，底部加热时产生的热气会从流中冒出而不利于蒸熟食物，因此甗形盉可能是集滤酒与加热于一体的滤酒、温酒器，把手中的纳入的木柄不传热，青铜甗形盉的流与把手的夹角呈90°，手把木柄将鬲形器内经过滤、加热后的酒注出，使用方向只能朝内，即注酒时甗形盉的流朝向自身。

青铜甗形盉为滤酒、温酒、注酒的实用器，除温酒功能之外，其余功能与细流圈足罐形盉形器相当。

（五）粗流平底罐形盉形器

越系青瓷粗流平底罐形盉形器出土于浙江德清和萧山，年代为战国晚期②。德清丘庄战国墓出土1件，萧山出土1件，文物图录皆称之为"带流罐"。

粗流平底罐形盉形器的罐口微侈，短颈，宽肩，上腹圆鼓，下腹内收，平底，肩部一侧向上出一管状粗流，流口上方有一长方形缺口，通体施釉；德清出土的肩部有三个铺首衔环形耳，口径15.3、底径12.2、高16.6厘米，萧山出土的肩部有一个铺首衔环形耳，口径15.2、底径12.6、高17.8厘米（图九），两件粗流平底罐形盉形器的器形大小相似。

江苏仪征张集团山M1出土釉陶粗流平底罐形盉形器2件③，流口上方也有一长方形缺口，与流对应的一侧有一半环形蕉叶纹耳，口径13.6、底径23.2、通高33.1厘米，盖内有墨书文字"锺盖"二字（图一〇）。

《说文·金部》："锺，酒器也。"段注："古者此器盖用以宁酒，……自锺倾之而入于尊，自尊勺之而入于觯。""宁酒"即"贮酒"，《说文·宁部》"宁，辨积物也。"《说文·贝部》："贮，积也。"

---

① 浙江省文物管理委员会、浙江省文物考古所、绍兴地区文化局等：《绍兴306号战国墓发掘简报》，《文物》1984年第1期；浙江省文物考古研究所：《浙江考古精华》，文物出版社，1999年，第181页；浙江省博物馆：《越魂》，浙江人民美术出版社，2004年，第71页。

② 浙江省文物考古研究所：《古越瓷韵——浙江出土商周原始瓷集粹》，文物出版社，2010年，第194页；德清县博物馆：《德清博物馆文物珍藏》，西泠印社出版社，2010年，第55页；萧山博物馆：《萧山古陶瓷》，文物出版社，2007年，第169页。

③ 南京博物院、仪征博物馆筹备办公室：《仪征张集团山西汉墓》，《考古学报》1992年第4期；仪征市博物馆：《仪征出土文物集粹》，文物出版社，2008年，第69页。

图九　罐形粗流平底青瓷盉形器
1.德清丘庄战国墓出土　2.萧山出土

图一〇　仪征张集西汉墓出土釉陶锺与盖内墨书文字

团山M1的年代为西汉早期，与战国晚期相距不远，因此德清丘庄战国墓和萧山出土的粗流平底罐形盉形器可能名"锺"；粗流罐形盉形器当为注酒之器，先将酒倒入锺内，然后向有流的一方倾斜，通过流将酒注入罍、尊、卣一类的容器中，即"自锺倾之而入于尊"。

德清出土的粗流平底罐形盉形器的肩部有三个可用于系绳的耳，系绳后的罐形粗流盉形器虽便于拎起或置放，但并不适宜倾倒罐内呈液体状的酒，而萧山出土的粗流平底罐形盉形器肩部只有一个耳，无法系绳，因此铺首衔环的半环耳可能仅起装饰作用而与注酒无关。

粗流平底罐形盉形器注酒时当用两手端起，没有固定的使用方向。

（六）球形兽首流盉形器

球形兽首流盉形器出土于浙江德清和萧山①，年代为战国晚期。德清亭子桥窑址出土1件，考古报告和文物图录称之为"提梁壶"；萧山出土1件，文物图录称之为"虎子"。

德清出土的球形兽首流盉形器通高18.4、底径14厘米，顶部圆鼓，上有提梁，大平底，器身一侧出粗壮的管状口，口上方有缺，另一侧出兽首流，流孔与腹相通，通体施釉；萧山出土的球形兽首流盉形器通高18.9、底径13厘米，顶部圆鼓，上有提梁，平底，器身一侧出粗壮的管状口，口上方无缺，另一侧出兽首流，兽首出两角，流呈小方口，与腹相通，通体施釉（图一一）。

---

①　浙江省文物考古研究所、德清县博物馆：《德清亭子桥：战国原始瓷窑址发掘报告》，文物出版社，2011年，第80页；浙江省文物考古研究所：《古越瓷韵——浙江出土商周原始瓷集粹》，文物出版社，2010年，第247页；萧山博物馆：《萧山古陶瓷》，文物出版社，2007年，第167页。

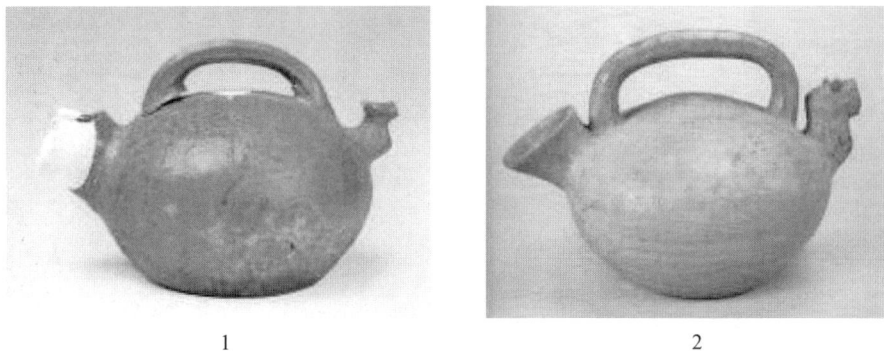

图一一　瓷盉兽首流青形器
1.德清亭子桥窑址出土　2.萧山博物馆藏

萧山博物馆编辑出版的文物图录将馆藏的球形兽首流盉形器称为"虎子"，根据虎子的实用功能，没有必要在与口相对的一方出细孔径的兽首流。

萧山出土的球形兽首流盉形器的造型与德清亭子桥窑址出土的球形兽首流盉形器相同，功能也应相同。球形兽首流盉形器的流、提梁、口呈一条直线，提梁既利于左手，也利于右手，用右手提起盉形器使酒从兽首流中注出时的方向既可朝向对方、左方，也可朝向自身方向；球形兽首流盉形器的流孔细小，根据实用功能推测，可能为向杯、盏斟酒的斟酒器。

（七）挹酒器

挹酒器不属盉形器的范畴，而是与盉形器相关的用器。

用于挹酒的器物有科与勺。《说文·木部》："科，勺也。"《说文·勺部》："勺，挹取也。"科亦作斗，《说文·斗部》："斗，有柄，凡斗之属皆从斗。"《诗·小雅·大东》："维北有斗，不可以挹酒浆。"

浙江黄岩小人尖西周墓出土1件青铜科安徽庐江岳庙山出土1件春秋时期的青铜勺[1]（图一二）。青铜科长柄，科作口小腹鼓的深腹杯形，长柄向下弯曲以便于在罍、尊、卣内挹酒，科高4.8、柄残长12厘米；青铜勺直柄，近勺处向下弯曲，勺深腹圜底，与柄呈90°处出一尖流，以便于注酒，口径6.3、柄长26.8厘米。

江苏丹徒北山顶春秋墓出土1件春秋晚期的青铜勺[2]，勺呈椭圆形，浅勺，柄中空，上部有销孔，可纳木柄，勺径12.2厘米×8.8厘米。青铜勺无尖状流，当为舀取食物的用器，也有可能兼作挹酒之器，萧山出土的战国时期青瓷勺的形态与青铜勺相似[3]（图一三）。

---

[1]　浙江省文物考古研究所等：《黄岩小人尖西周时期土墩墓》，《浙江省文物考古研究所学刊》，科学出版社，1993年；安徽大学、安徽省社会科学院、安徽省文物考古研究所：《安徽江淮地区商周青铜器》，文物出版社，2014年，第185页。

[2]　江苏省丹徒考古队：《江苏丹徒北山顶春秋墓发掘报告》，《东南文化》1988年第3、4合期；杨正宏、肖梦龙主编：《镇江出土吴国青铜器》，文物出版社，2008年，第138页。

[3]　浙江省博物馆：《越魂》，浙江人民美术出版社，2004年，第193页；萧山博物馆：《萧山古陶瓷》，文物出版社，2007年，第153页。

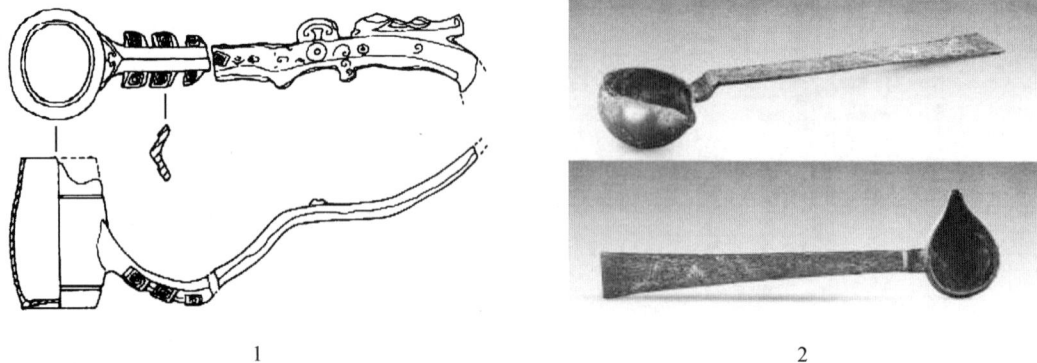

图一二　青铜料与青铜勺
1.黄岩小人尖西周墓出土料　2.庐江岳庙出土勺

图一三　青铜勺与青瓷勺
1.丹徒北山顶春秋墓出土青铜勺　2.萧山博物馆藏青瓷勺

（八）虎子

虎子虽然也出管状流，但不是酒器，与上述盉形器的功能有异。因虎子与兽首流盉形器易相混淆，故列在最后进行简单的介绍。

越系青瓷虎子出现于春秋战国之际，流行于战国时期。

青瓷虎子出土于浙江余杭、萧山等地和江苏无锡鸿山邱承墩战国墓[①]（图一四），虎子的基本特征是形体近似球形，上部圆鼓，有提梁，平底或平底下有三矮足，与提梁方向一致的一侧出粗管状流，流上方有缺口，通高18—20厘米。

江苏镇江王家山春秋墓出土1件青铜虎子[②]，虎子的下腹部铸有弯曲的四肢，粗管状流朝上，流没有缺口，通长26.8、宽16.5厘米（图一五）。

---

① 浙江省文物考古研究所：《古越瓷韵——浙江出土商周原始瓷集粹》，文物出版社，2010年，第228页；萧山博物馆：《萧山古陶瓷》，文物出版社，2007年，第115、165、166页；南京博物院、江苏省考古研究所：《大越遗珍——鸿山越墓文物菁华》，文物出版社，2008年，第231页。

② 镇江博物馆：《江苏镇江谏壁王家山东周墓》，《文物》1987年第12期；杨正宏、肖梦龙主编：《镇江出土吴国青铜器》，文物出版社，2008年，第124页。

图一四 青瓷虎子
1. 杭州余杭区出土 2、3. 萧山博物馆藏 4. 无锡鸿山邱承墩M1出土

青瓷虎子的形体大小与青铜虎子近似，其造型可能模仿青铜虎子。

春秋晚期的青铜虎子与江苏淮安山前村汉墓出土的青铜虎子类似[1]，当有一定的传承关系；而越系青瓷虎子与浙江绍兴、萧山、安吉等地出土的汉代釉陶虎子和六朝青瓷虎子[2]则有着明显的传承关系。

虎子不属于本文讨论的盉形器，且与虎子的相关研究甚多[3]，此不赘述。

图一五 镇江王家山春秋墓出土的青铜虎子

三、越系青瓷盉形器的研究意义

太湖—钱塘江流域是於越族群的分布范围，越国是於越族群建立的国家。越国是非华夏化的国家，有着自身的文化传统而不受周代礼制的束缚，可能存在着不同于"周礼"的"越礼"。

---

① 李艳梅：《淮安市博物馆藏青铜虎子》，《文物》2016年第8期。

② 汉代釉陶虎子见萧山博物馆：《萧山古陶瓷》，文物出版社，2007年，第180页；安吉博物馆：《安吉文物精华》，文物出版社，2003年，第67页；绍兴市文物管理局：《绍兴文物精华》（下卷），浙江人民美术出版社，2000年，第44—45页；六朝青瓷虎子见萧山博物馆：《萧山古陶瓷》，文物出版社，2007年，第190、193、204、205页；绍兴市文物管理局：《绍兴文物精华》（下卷），浙江人民美术出版社，2000年，第58页。

③ 倪振逵：《关于"青瓷虎子"问题》，《考古通讯》1956年第5期；曾凡：《关于"青瓷虎子"用途的新发现》，《考古通讯》1957年第2期；孙桂恩：《谈谈青瓷虎子的两种用途》，《考古通讯》1957年第6期；黄文宽：《从广州出土的虎子谈虎子的考证》，《考古通讯》1957年第6期；黄纲正：《长沙出土的战国虎子及有关问题》，《文物》1986年第9期；周燕儿：《刍议青瓷虎子的用途》，《东南文化》1992年第6期；李铧、郑淑霞：《"虎子"的用途及相关文化》，《文物春秋》1999年第2期；黄展岳：《关于伏虎形器和"虎子"的问题》，《文物》1999年第5期；李晖：《兽子·虎子·马子溲器民俗文化抉微》，《民俗研究》2003年第4期；冯双元：《也谈"虎子"与"马子"》，《东南文化》2006年第5期；王蔚波：《浅析古代虎子造型装饰艺术》，《文物鉴定与鉴赏》2010年第4期；张立东：《"脚盆"与"虎子"：性别考古的新视角》，《大众考古》2018年第9期；焦存超、罗月：《虎子器形起源之说辨析》，《古籍整理研究学刊》2019年第5期；邢琳：《江西出土虎子的初步研究》，《文物天地》2021年第1期。

越系青瓷出现于夏商时期，两周时期是越系青瓷发展的高峰时期，越系青瓷盉形器即出现于这一时期。

仿青铜器的青瓷盉形器出现于春秋战国之际，西周至春秋时期的青瓷盉形器是否仿青铜器的造型，目前尚无例证，而罐形提梁盉也仅是扁腹罐形的器身与青铜单把盉相同。两周时期的越国贵族墓葬不用青铜器随葬，因此几乎不见越国的青铜酒器，出土的青瓷盉形器虽然多为明器，然据此可以推测越国实用酒器的器类与器形。

越系青瓷盉形器都与酒有关。侧錾盉形器可能为饮酒器，罐形提梁盉形器、兽首流盉形器、粗流罐形盉形器可能都与注酒有关，而细流罐形盉形器可能与滤酒、注酒有关。

罐形提梁盉形器与细流、粗流的罐形盉形器都有口有流，既利于酒的注入，也方便酒的注出，因此罐形提梁盉形器与细流、粗流的罐形盉形器应为实用器或仿实用器的造型；侧錾盉形器与兽首流盉形器不利于酒的注入和注出，推测侧錾盉形器与兽首流盉形器可能为越人的礼仪用器。

两周时期的“酒”与“礼”有着密切的关系，《诗·周颂·丰年》：“为酒为醴。”郑玄注：“醴当为礼。”越国的礼仪制度虽然不见于历史文献，但酒是越国政治生活的重要组成部分，《吴越春秋·句践伐吴外传》：“越王……置酒文台，……大夫种进祝酒，其辞曰：‘皇天佑助，我王受福。……觞酒二升，万福无极！’”两周时期的越系青瓷酒器是礼仪用器，是越国礼仪的物质载体。

越系青瓷盉形器虽然出土的数量不多，但盉形器功能的确认无疑增加了越系青瓷酒器的器类，拓展了越文化的研究空间，为两周时期越国礼仪用器的研究增添了新的内容。

（原载于《南方文物》2022年第1期）

西周厉王、宣王纪日铭文的区分

朱国平　黄　苑

内容提要：从金文历日的共存、实际天象进行授历考虑，可以界定既生霸、既望、既死霸的对应时段。初吉并非月相。以月相为基础，对属于西周厉王、宣王时期的铜器进行分组，可以推定宣王元年为公元前826年。厉王元年目前尚难推定。宣王历日说明当时以晦日作为月首。

关键词：西周　纪日铭文　月相　厉王　宣王

西周厉王、宣王时期纪日铭文所属王世，目前仍然存在部分纪日铭文难以归入的情况，学界有推测铭文本身干支有误，通过改字来校正的方法[①]。本文拟通过对月相的界定、文献的梳理等对厉王、宣王的纪年铜器进行区分，分析是否有不需要改字的其他选项。

一、计算方法与月相界定

为与干支对应，文中计算后的取值最终正数舍去余数、负数如有余数退1取整，即误差值包括加1日。为了计算方便，行文时在有些干支后附加有用于计算的序数。

1. 朔望月长和闰年数

（1）朔望月长取29.53日，朔望月的真值是29.530588日，$1/(0.000588 \times 235/19) \approx 137.5$年，在68年内误差不到半日。

（2）岁实取365.242，岁实的真值为365.24219日，$1/365.24219 - 365.242 \approx 5263$，即5263年误差1日。岁余$=365.242 - 29.53 \times 12 = 10.882$，闰年数$=$年序间距$\times 10.882/29.53$。

---

① 夏商周断代工程专家组：《夏商周断代工程1996—2000年阶段成果报告（简本）》，世界图书出版公司北京公司，2000年。

2. 日序间距

日序间距取值-29至29。日序间距=干支间距+60×干支重复值-月朔间距。例如，1月甲子1和2月戊申45，干支间距=45-1=44，月朔间距=（2-1）×29.53=29.53，日序间距=44+0×60-29.53=14.47，取值14，即戊申45的日序在甲子1后14日。如果1月甲子1在1月1日，2月戊申45在2月1+14=15日（后文省略计算过程）。

3. 既生霸日序在上半月，为时段

（1）既生霸日序在上半月

晋侯苏钟有铭"正月既生霸戊午""二月既望癸卯"①。干支间距45日，月朔间距29.53日，日序间距15日，即癸卯40日序在戊午55后15日，戊午55最晚为15日。作为月相，既生霸在前，既望在后，既生霸肯定包括1至15日中的1日，既望肯定包括16至30中的1日，目前金文中尚未见到在既生霸和既望之间的月相词语，两个月相相联，总日数至少16日，分界是第15和16日。

作册魆卣有铭"二月既望乙亥""四月既生霸庚午"②，干支间距55日。月朔间距59.06。日序间距-5，庚午7的日序在乙亥12前4天。结合晋侯苏钟所得既生霸在第15日前，既望在第16日后。既生霸应是11日至15日中的1日，既望是16日至20日中的1日。

（2）既生霸为时段

两件速鼎分别记铭"四十二年五月既生霸乙卯""四十三年六月既生霸丁亥"③，干支间距32日，月朔间距13月，闰年数0.4月，可有0或1个闰月，即月朔间距13月或14月。经计算，14月不符。月朔间距为13月，即383.89日，日序间距为8日。两件速鼎均有"既生霸"月相，既生霸时段最短为9日。

学界公认的共王标准器有卫盉④（三年三月既生霸壬寅，与五祀卫鼎、九年卫鼎同出，作器者均为卫，并且均有定伯名）、五祀卫鼎（正月初吉庚戌，铭有"余执恭王卹功"，为共王时）、九年卫鼎（九年正月既死霸庚辰）、趞曹鼎⑤（十五年五月既生霸壬午，铭有"共王在周新宫"，为共王时）四器（表一）。

---

①　北京大学考古学系、山西省考古研究所：《天马—曲村遗址北赵晋侯墓地第二次发掘》，《文物》1994年第1期。

②　中国社会科学院考古研究所：《殷周金文集成释文（第4卷）》，香港中文大学出版社，2001年，第174页。

③　陕西省考古研究所、宝鸡市考古工作队、眉县文化馆杨家村联合考古队：《陕西眉县杨家村西周青铜器窖藏发掘简报》，《文物》2003年第6期。

④　岐山县文化馆、陕西省文管会：《陕西省岐山县董家村西周铜器窖穴发掘简报》，《文物》1976年第5期。

⑤　中国社会科学院考古研究所：《殷周金文集成释文（第2卷）》，香港中文大学出版社，2001年，第359页。

表一 共王标准器纪日铭文推定日序

共王标准器	卫盉	五祀卫鼎	九年卫鼎	趞曹鼎
纪日铭文	三年三月既生霸壬寅	五年正月初吉庚戌	九年正月既死霸庚辰	十五年五月既生霸壬午
推定日序	10	28（10+18）	21（10+11）	不符合
	11	29（11+18）	22（11+11）	1（11-10）
	12	30（12+18）	23（12+11）	2（12-10）
	13	1（13-12）	24（13+11）	3（13-10）
	14	2（14-12）	25（14+11）	4（14-10）
	15	3（15-12）	26（15+11）	5（15-10）

卫盉与五祀卫鼎干支间距8日，月朔间距22月，闰年数0.4月，可有0或1个闰月，即月朔间距22月或23月。经计算，月朔间距为22月，即649.66日，日序间距为18日。如为23月，多1闰，日序间距为-12日。

卫盉与九年卫鼎干支间距38日。月朔间距70月，闰年数2.2月，可有2或3个闰月，即月朔间距72月或73月。经计算，73月不符。月朔间距为72月，即2126.16日，日序间距为11日。

卫盉与趞曹鼎干支间距40日。月朔间距146月，闰年数4.4月，可有4或5个闰月，即月朔间距150月或151月。经计算，151月不符。月朔间距为150月，即4429.5日，日序间距为-10日。

共王标准器中卫盉和趞曹鼎均有既生霸，经计算，既生霸日序是至少长达11日的时间段，取值为1至15日。既生霸作为定点或作为四分月相之一都不准确。

4. 既望日序在下半月，应是时段

静方鼎有铭"八月初吉庚申""月既望丁丑"[①]，干支间距17日，即既望的日序需在初吉17日之后，既望包括18至30中的1日。

前述晋侯稣钟说明既望包括16至30中的1日；作册魋卣说明既望包括16至20中的1日。

综上，既望必须包括18至30、16至30、16至20中的1日，说明既望肯定包括下半月的前面部分，考虑到既望和既生霸中间没有其他月相，两者要相互衔接，故笔者推测既望应该是时段，且至少包括16至18日。

5. 既死霸日序在下半月，晚于既望

晋侯稣钟的铭文中有"二月既死霸壬寅""六月初吉戊寅"，这组历日虽属年难定，但具体内容为赏赐事由和受赐事，当同年。干支间距36日，月朔间距118.12日，日序间距-23日，可算出既死霸在初吉23日后，那么既死霸应包括24至30中的1日。

《逸周书·世俘》有"维四月乙未日，武王成辟，四方通殷，命有国"，"越若来二月既死魄，越五日，甲子朝，至接于商。则咸刘商王纣……丁卯……戊辰……壬申……辛巳，

---

① 徐天进：《日本出光美术馆收藏的静方鼎》，《文物》1998年第5期。

至，告以馘俘。……甲申……辛亥，荐俘殷王鼎……壬子……癸丑……甲寅，谒我殷于牧野……乙卯，籥人奏崇禹生开三终，王定"[1]的记载。西周武成时期尚未见月相术语，该术语应为西周中晚期所加（这组历日也见于《汉书·律历志》所引《武成》"粤若来三月，既死霸，粤五日甲子，咸刘商王纣"，"惟四月既旁生霸，粤六日庚戌，武王燎于周庙。翌日辛亥，祀于天位。粤五日乙卯，乃以庶国祀馘于周庙"[2]。其中的三月既死霸是刘歆为了符合将既死霸定义为朔日而改动了原来的二月，与之对应的是增加了闰二月，年中置闰和既死霸为朔都是刘歆之误）。4月有乙未32，乙卯52在2月既死霸后间隔57日，小于2个月长，也只能在4月，则乙未不晚于10日。甲子和4月乙未的干支间距为31，即如果乙未为4月1日，甲子最早为2月29日，既死霸在其前5日，应为24至30日中1日。

结合前述表一共王标准器知既死霸为22至26日中的1日，则既死霸必须包括22至26或24至30日中的1日。

西周时历法的月首不可能为朔日，因为朔日不能通过观测确认，只能推算，推算历法在西周应该还没有出现。包括金文在内的西周文献均无"朔"字发现，亦可作为证据。根据观测月相来确定月首的话，月首为晦日或朏后一日的可能性较大。原因如下：晦日早晨无月亮，当天即可确认为新的一月开始；朏日的月亮新出是当日的傍晚，只能通过观察确认次日即朏后一日为新的一月的开始。

综上，既望和既死霸均在下半月，且既望必须包括下半月的前半部分，作为月相术语，应该不重合。根据表一推知既死霸可为22至26日中的1日，既望和既死霸的分界应该就在这1日。由于既死霸月相铜器较少，既望暂以长时段为值，即既望取值16至25日，既死霸取值26至30日（如前一月为小月，则既望取值16至26日，既死霸取值27至30日）。

6. 初吉非月相

（1）初吉无确指

静方鼎铭记"八月初吉庚申""月既望丁丑"，干支间距17日。初吉如为月相，包括1至13日中的1日，或在上旬，或在中旬。

静簋铭记："六月初吉……丁卯……八月初吉庚寅。"[3]干支间距23日，月朔间距59.06，日序间距23，即丁卯4不晚于7日，庚寅27不早于24日，初吉或在上旬，或在下旬。

元年师兑簋有铭"元年五月初吉甲寅"[4]、三年师兑簋有铭"三年二月初吉丁亥"[5]，二者干支间距31日，月朔间距21月，闰年数0.7月，可有0或1个闰月，即月朔间距21月或22月。经

① 黄怀信：《逸周书校补注释》，西北大学出版社，1996年，第210—213页。
② 班固撰，颜师古注：《汉书·律历志》（第21卷），中华书局，1964年，第1015—1016页。
③ 中国社会科学院考古研究所：《殷周金文集成释文》（第3卷），香港中文大学出版社，2001年，第386页。
④ 中国社会科学院考古研究所：《殷周金文集成释文》（第3卷），香港中文大学出版社，2001年，第389页。
⑤ 中国社会科学院考古研究所：《殷周金文集成释文》（第3卷），香港中文大学出版社，2001年，第449页。

计算，22月不符。月朔间距为21月，即620.13日，日序间距10日，丁亥24在甲寅51之后10日，初吉肯定会在中旬。

根据共王标准器（表一）、静方鼎、静簋、元年师兑簋和三年师兑簋等器推算的初吉日序在上、中、下旬均有出现，说明初吉并无确指。

（2）初吉非定点

定点说以初吉为朔日。五年以内初吉器目前发现有13件，假设王元年正月朔日为X，按照前文计算方法，根据这13件初吉器可以推算出王元年正月朔日的日序（表二）。

表二 根据五年以内初吉器纪日铭文推定王元年正月朔日日序

五年以内初吉器	纪日铭文	王元年正月朔日日序
师兽簋[1]	元年正月初吉丁亥	丁亥24
元年师兑簋	元年五月初吉甲寅	乙卯52
郏簋[2]	二年正月初吉丁亥	壬辰29（不另加闰）
吴方彝[3]	二年二月初吉丁亥	癸亥60（不另加闰）
王臣簋[4]	二年三月初吉庚寅	丙申33（不另加闰）
趩觯[5]	二年三月初吉乙卯	辛酉58（不另加闰）
三年师兑簋	三年二月初吉丁亥	戊辰5（不另加闰）
师晨鼎[6]	三年三月初吉甲戌	丙戌23（不另加闰）
柞钟[7]	三年四月初吉甲寅	丙申33（不另加闰）
散伯车父鼎[8]	四年八月初吉丁亥	丁未44（不另加闰）
师酉鼎[9]	四年九月初吉丁亥	戊寅15（不另加闰）
五祀卫鼎	五年正月初吉庚戌	癸卯40（不另加闰）
谏簋[10]	五年三月初吉庚寅	癸未20（不另加闰）

① 中国社会科学院考古研究所：《殷周金文集成释文》（第3卷），香港中文大学出版社，2001年，第439页。
② 中国社会科学院考古研究所：《殷周金文集成释文》（第3卷），香港中文大学出版社，2001年，第417页。
③ 中国社会科学院考古研究所：《殷周金文集成释文》（第6卷），香港中文大学出版社，2001年，第23页。
④ 吴镇烽、王东海：《王臣簋的出土与相关铜器的时代》，《文物》1980年第5期。
⑤ 中国社会科学院考古研究所：《殷周金文集成释文》（第4卷），香港中文大学出版社，2001年，第354页。
⑥ 中国社会科学院考古研究所：《殷周金文集成释文》（第2卷），香港中文大学出版社，2001年，第383页。
⑦ 陕西省博物馆、陕西省文物管理委员会：《扶风齐家村青铜器群》，文物出版社，第1963年。
⑧ 史言：《扶风庄白大队出土的一批西周铜器》，《文物》1972年第6期。
⑨ 朱凤瀚：《师酉鼎与师酉簋》，《中国历史文物》2004年第1期。
⑩ 中国社会科学院考古研究所：《殷周金文集成释文》（第3卷），香港中文大学出版社，2001年，第403页。

　　根据表二中推定的结果，如果不考虑置闰影响的话，仅有两个推定日序相同（丙申33），另有两组日序间隔小于2（丙戌23与丁亥24、辛酉58与癸亥60），说明这13件初吉器至少对应了10个王。如果考虑置闰影响，大于31的这组均减30，即变为丙寅3、癸酉10、丁丑14、乙酉22、辛卯28、癸巳30参与比较。此时，将日序间隔小于2的数据分为1组，推定的13个朔日日序可以分为6组，分别为：①丙申33（丙寅3）与戊辰5；②癸卯40（癸酉10）；③丁未44（丁丑14）与戊寅15；④癸未20；⑤乙卯52（乙酉22）、丙戌23、丁亥24；⑥辛酉58（辛卯28）、壬辰29、癸亥60（癸巳30）。分析六组数据，可发现第1、3、6组分别还需细分成两组，因为柞钟和三年师兑簋同为三年，散伯车父鼎和师酉鼎同为四年，邾簋和吴方彝同为二年，都不能通过置闰减30。综上，这13件初吉器至少分为9组，至少对应9个王。

　　一个王的元年正月初一的干支只能有一个，而从穆王以后的西周有8王。上述即便考虑置闰影响，并将间隔小于2的合并后，所得最小可能王数也已经超过周王数，所以，初吉肯定不是定点。

　　（3）初吉与既生霸存在重合

　　司马共组器铭文中皆有"王在周师录宫"和"司马共右"，铭文中包括3组纪日，即师晨鼎铭记"三年三月初吉甲戌"，痹盨铭记"四年二月既生霸戊戌"[1]，谏簋铭记"五年三月初吉庚寅"。四年痹盨的作器者痹还作有两件痹壶，三年痹壶铭记"三年九月丁巳"，十三年痹壶铭记"十又三年九月初吉戊寅"。由于痹父墙盘记载武、成、康、昭、穆王后的时王称天子，时王应是共王。按照前述计算方法，以四年痹盨作为基准，其余四器和它计算后可推定日序见表三。

表三　司马共组器及三年痹壶、十三年痹壶纪日铭文推定日序

铜器	师晨鼎	三年痹壶	四年痹盨	谏簋	十三年痹壶
纪日铭文	三年三月初吉甲戌	三年九月丁巳	四年二月既生霸戊戌	五年三月初吉庚寅	十又三年九月初吉戊寅
推定日序	16（15+1）	2（15-13）	15	13（15-2）	20（15+5）
	15（14+1）	1（14-13）	14	12（14-2）	19（14+5）
	14（13+1）	不符	13	11（13-2）	18（13+5）

　　表三显示，既生霸戊戌35只能是14、15中的1日，三个初吉与既生霸的日序间距分别为1、-2、5，初吉时段至少8日，而前述既生霸的时段至少11日，且不超过15日，两者相加大于15，必然存在重合。

　　综上，初吉无确指、非定点，与既生霸存在重合，所以，初吉无月相名价值，1至30日取值均有可能。

---

① 陕西周原考古队：《陕西扶风庄白一号西周青铜器窖藏发掘简报》，《文物》1978年第3期。

二、厉王、宣王纪日铭文的区分

1. 厉宣时期纪日铭文对应的元年正月月首

从铭文内容考虑，可能属于厉王时的铜器有元年师兑簋、三年师兑簋、师兽簋（三器铭文皆有"龢父"，属龢父组）及作器者同为师兑的七年师兑簋[①]四器。可能属于宣王时的铜器有吴虎鼎[②]（十八年十三月既生霸丙戌；铭文有"申厉王令""夷宫"，属夷宫组）、袁盘[③]（二十八年五月既望庚寅，属史减组）、晋侯苏钟（三十三年正月既生霸戊午、二月既望癸卯）、两件逨鼎（四十二年五月既生霸乙卯、四十三年六月既生霸丁亥，属史减组。逨盘铭有"享辟厉王"，有学者认为盘为宣王，鼎为厉王，笔者认为宣王作为王年46年的周王，其在位年占康王以后1/4，不应没有高于30年的王年器）、克镈[④]（十六年九月初吉庚寅，铭文有"厉宫"，可以是宣王时；克鼎也记王世，追记克的祖父师华父保共王而命克为官，夷王为共王之孙，符合周自懿王后王位更替快的历史）、㝬攸比鼎[⑤]（属夷宫组）、此鼎[⑥]（属夷宫组）八器。以上12器，加上断代工程改干支的伊簋[⑦]、纪年长达37年的山鼎[⑧]，共计15组纪日铭文，据其推算厉宣两王元年正月月首干支如表四。

表四　厉宣时期纪日铭文对应的元年正月月首推定干支统计表

厉宣时期铜器	纪日铭文	闰	元年正月月首干支	闰	另加闰	分组
师兽簋（龢父组）	元年正月初吉丁亥	0	戊午55至丁亥24			B
元年师兑簋（龢父组）	元年五月初吉甲寅			0	丙戌23至乙卯52	A
三年师兑簋（龢父组）	三年二月初吉丁亥	1	庚午7至己亥36	0	己亥36至戊辰5	A
七年师兑簋	七年五月初吉甲寅	2	辛酉58至庚寅27	3	壬辰29至辛酉58	A
克镈	十六年九月初吉庚寅	5	辛酉58至庚寅27	6	壬辰29至辛酉58	AB
此鼎（夷宫组）	十七年十二月既生霸乙卯	5	戊寅15至丁辰29	6	己酉46至癸亥60	A
吴虎鼎（夷宫组）	十八年十三月既生霸丙戌	7	丙戌23至庚子37	6	丙辰53至庚午7	B
伊簋	二十七年正月既望丁亥	9	壬戌59至壬申9	10	癸巳30至癸卯40	B
袁盘（史减组）	二十八年五月既望庚寅	9	癸酉10至癸未20	10	癸卯40至癸丑50	A
㝬攸比鼎（夷宫组）	三十一年三月初吉壬辰	12	戊午55至丁亥24	11	戊子25至丁巳54	A

① 朱凤瀚：《简论与西周年代学有关的几件铜器》，《新出金文与西周历史》，上海古籍出版社，2011年。
② 穆晓军：《陕西长安县出土西周吴虎鼎》，《考古与文物》1998年第3期。
③ 中国社会科学院考古研究所：《殷周金文集成释文》（第2卷），香港中文大学出版社，2001年，第385页。
④ 中国社会科学院考古研究所：《殷周金文集成释文》（第1卷），香港中文大学出版社，2001年，第172页。
⑤ 中国社会科学院考古研究所：《殷周金文集成释文》（第2卷），香港中文大学出版社，2001年，第384页。
⑥ 岐山县文化馆、陕西省文管会：《陕西省岐山县董家村西周铜器窖穴发掘简报》，《文物》1976年第5期。
⑦ 中国社会科学院考古研究所：《殷周金文集成释文》（第3卷），香港中文大学出版社，2001年，第406页。
⑧ 中国社会科学院考古研究所：《殷周金文集成释文》（第2卷），香港中文大学出版社，2001年，第391页。

续表

厉宣时期铜器	纪日铭文	闰	元年正月月首干支	闰	另加闰	分组
晋侯苏钟	三十三年正月既生霸戊午	11	己卯16至癸巳30	12	庚戌47至甲子1	A
	三十三年二月既望癸卯	11	甲申21至甲午31	12	甲寅51至甲子1	A
山鼎	三十七年正月初吉庚戌	13	庚辰17至己酉46	14	庚戌47至己卯16	A
四十二年逨鼎（史减组）	四十二年五月既生霸乙卯	15	辛未8至乙酉22	16	辛丑38至乙卯52	A
四十三年逨鼎（史减组）	四十三年六月既生霸丁亥	15	己卯16至癸巳30	16	己酉46至癸亥60	A

2. 厉宣时期纪日铭文的分组

史减组包括寰盘和逨鼎，均有王事，达到四十三，与目前断代工程采用的厉王共和前在位三十七年也不相合，只能是宣王。史减组共同的元年正月月首是己卯16至癸未20或己酉46至癸丑50，表四中除元年器、吴虎鼎、伊簋外，其余诸器均可通过闰法变换符合，考虑到龢父组的师兑存在二器，选用符合元年师兑簋的己酉46至癸丑50作为本组元年正月月首干支，定为A组（如果考虑到晋侯苏钟，本组干支可扩展1日为己酉46至甲寅51，晋侯苏钟的临界说明既望和既死霸的分界不应早于26日，如是27日，晋侯苏钟的既望区间为癸丑50至甲子1）。A组由于有王年达到43年的器物，应是宣王。

元年器中师兽簋不能归为A组，和吴虎鼎、伊簋共同的元年正月月首是壬戌59至庚午7，定为B组。其中，伊簋是西周晚期超过25年的器物，其所属王世还存在分歧。在《西周年代考》中，陈梦家曾拟定夷王二十七年，伊簋被定为夷王时器[①]。懿王元年（899BC）发生的"天再旦"是符合天象计算实际的日全食现象，宣王逝于782BC，从懿王至宣王共经历117年。如果用《史记·卫康叔世家》厉王奔彘前不超过25年的说法（"顷侯厚赂周夷王，夷王命卫为侯。顷侯立十二年卒，子厘侯立。厘侯十三年，周厉王出奔于彘，共和行政焉"[②]，13+12=25，厉王共和前在位不超过25年），考虑共和14年，宣王46年，117-25-14-46=32，在懿、孝、夷三王中存在一王在位超过25年的可能。所以，伊簋可能是厉王器，也可能不是。如果B组去除伊簋，则厉王元年正月月首可以放宽为戊午55至庚午7。

A、B两组的区分可以包括表四的所有纪日铭文，说明不改干支，是存在符合月长、岁实的纪日方法的。

两组分法的疑问在于A组与宣王元年的实朔不符。宣王元年（827BC）正月实朔是辛酉58或庚寅27[③]，与A组己酉46至甲寅51相差超过7日，无论月首是晦日还是朏后一日，至多弥补3日，无法弥补宣王元年月首与A组有约10日的干支间距。如果宣王元年使用《史记》的说法，与目前的纪日铭文有所矛盾，有必要对《史记》的说法进一步讨论。

① 陈梦家：《西周年代考》，商务印书馆，1955年。

② 司马迁撰，裴骃集解，司马贞索隐，张守节正义：《史记·卫康叔世家》（第37卷），中华书局，1963年，第1591页。

③ 张培瑜：《三千五百年历日天象》，大象出版社，1997年，第525页。

3. 宣王元年的修订

目前，《史记》是厉王、宣王纪年的唯一来源，其实《史记》在周代纪年中常存在自相矛盾的地方。学界一般常用《史记·十二诸侯年表》作为周代纪年的基准，但《史记》并没有采用《史记·十二诸侯年表》作为基准去除这些矛盾，说明《史记·十二诸侯年表》本身不是唯一准确的，只不过选择了一种说法来编年表，并没有确实的证据证明其他说法不准确。

厉王的纪年自相矛盾处较多，比如：①《史记·卫康叔世家》"顷侯厚赂周夷王，夷王命卫为侯。顷侯立十二年卒，子厘侯立。厘侯十三年，周厉王出奔于彘，共和行政焉"，说明厉王共和前在位不超过25年，而《史记·周本纪》"（厉王）三十四年，王益严，国人莫敢言，道路以目"①，34年即超过25年。②《史记·陈杞世家》"慎公当周厉王时。慎公卒，子幽公宁立。幽公十二年，周厉王奔于彘"②，而《史记·十二诸侯年表》中陈幽公十四年对应共和元年（公元前841年）③。③《史记·十二诸侯年表》鲁的纪年在共和元年为真公濞十五年，一云十四年④。鲁应该是纪年延续较准确的国家，出现这一矛盾说明《史记·十二诸侯年表》并不准确。其实共和元年应该不是当时的真实纪年，王世纪年有确定的程序，在共和时期只能沿用周厉王纪年，不存在诸侯国共同认可一个违背当时礼制的纪年方法的可能。

既然共和纪年可能不存在，那么宣王应是《史记》的首个有效纪年，但宣王的纪年其实也存在一些矛盾。①《史记·鲁周公世家》"（真公）二十九年，周宣王即位。三十年，真公卒，弟敖立，是为武公。武公九年春，武公与长子括，少子戏，西朝周宣王。……归而卒，戏立，是为懿公……九年……攻弑懿公，而立伯御为君。……十一年，周宣王伐鲁，杀其君伯御……立称于夷宫，是为孝公。……二十五年……犬戎杀幽王"⑤，宣王元年至幽王被杀的总年数是2+9+9+11+25=56年，减去幽王11年，宣王在位45年，较《史记·十二诸侯年表》宣王在位46年少1年。《史记·十二诸侯年表》的鲁武公是十年卒，非九年卒，多1年，这样符合宣王在位46年。鲁武公九年卒和十年卒的差异说明周宣王在位可以有45年和46年两说。②《史记·燕召公世家》"子厘侯立。是岁，周宣王初即位。……三十六年，厘侯卒，子顷侯立。顷

① 司马迁撰，裴骃集解，司马贞索隐，张守节正义：《史记·周本纪》（第4卷），中华书局，1963年，第142页。

② 司马迁撰，裴骃集解，司马贞索隐，张守节正义：《史记·陈杞世家》（第36卷），中华书局，1963年，第1575页

③ 司马迁撰，裴骃集解，司马贞索隐，张守节正义：《史记·十二诸侯年表》（第14卷），中华书局，1963年，第512页。

④ 司马迁撰，裴骃集解，司马贞索隐，张守节正义：《史记·十二诸侯年表》（第14卷），中华书局，1963年，第512页。

⑤ 司马迁撰，裴骃集解，司马贞索隐，张守节正义：《史记·鲁周公世家》（第33卷），中华书局，1963年，第1526、1527页。

侯二十年，周幽王淫乱，为犬戎所弑"①，宣王元年至幽王被杀的总年数是36+20=56年，减去幽王11年，宣王在位45年，较《史记·十二诸侯年表》宣王在位46年少1年。《史记·十二诸侯年表》是将厘侯元年列在宣王2年，弥补了1年。厘侯元年对应宣王1年或2年的差异也说明周宣王在位有45年和46年两说。③《史记·陈杞世家》"厘公六年，周宣王即位。三十六年，厘公卒，子武公灵立。武公十五年卒，子夷公说立。是岁，周幽王即位。夷公三年卒，弟平公燮立。平公七年，周幽王为犬戎所杀"②，宣王元年至幽王被杀的总年数是7+3+15+36-6+1=56年，减去幽王11年，宣王在位45年，较《史记·十二诸侯年表》宣王在位46年少1年。《史记·十二诸侯年表》是将厘公五年列在宣王元年，这样弥补符合了宣王46年。厘公五年和厘公六年的差异也说明周宣王在位可以有45年和46年两说。④《后汉书·西羌传》记载："及宣王立四年，使秦仲伐戎，为戎所杀。……后二十七年，……后五年，王伐条戎、奔戎，王师败绩。后二年，晋人败北戎于汾隰，戎人灭姜侯之邑。"李贤注："见《竹书纪年》。"③宣王38年（4+27+5+2=38），晋人败北戎于汾隰，戎人灭姜侯之邑。《国语·周语上》"（宣王）三十九年，战于千亩，王师败绩于姜氏之戎"④，《史记·周本纪》亦如是记载⑤。《史记·周本纪》沿用《国语》的39年，较《竹书纪年》的38年多1年，38年和39年的差异亦说明周宣王在位可以有45年和46年两说。⑤旁证是周元王元年也存在476BC和475BC的分歧。《史记·周本纪》"四十二年，敬王崩"⑥，《史记·十二诸侯年表》"四十三，敬王崩"⑦，并将敬王元年对应昭公二十三年，敬王四十三年对应哀公十八年。两者存在敬王纪年42年和43年的矛盾。而《左传》昭公二十二年"（十一月）己丑，敬王即位"⑧，敬王元年为昭公二十三年。《左传》哀公十九年"冬，叔青如京师，敬王崩故也"⑨，自昭公二十三年至哀公十九年，昭公在位32年，其后的定公在位15年，可算出敬王纪年达44年。如上，敬王纪年就有三种说法，即使不考虑《史记·周本纪》的42年，也有43年和44年的差异，即周元王元年至少存在476BC和475BC的分歧。

---

　① 司马迁撰，裴骃集解，司马贞索隐，张守节正义：《史记·燕召公世家》（第34卷），中华书局，1963年，第1551页。

　② 司马迁撰，裴骃集解，司马贞索隐，张守节正义：《史记·陈杞世家》（第36卷），中华书局，1963年，第1576页。

　③ 范晔撰，李贤注：《后汉书·西羌传》（第87卷），中华书局，1965年，第2871、2872页。

　④ 上海师范大学古籍整理组校点：《国语·周语上》，上海古籍出版社，1978年，第22页。

　⑤ 司马迁撰，裴骃集解，司马贞索隐，张守节正义：《史记·周本纪》（第4卷），中华书局，1963年，第144页。

　⑥ 司马迁撰，裴骃集解，司马贞索隐，张守节正义：《史记·周本纪》（第4卷），中华书局，1963年，第157页。

　⑦ 司马迁撰，裴骃集解，司马贞索隐，张守节正义：《史记·十二诸侯年表》（第14卷），中华书局，1963年，第682页。

　⑧ 杨伯峻：《春秋左传注》，中华书局，1981年，第1438页。

　⑨ 杨伯峻：《春秋左传注》，中华书局，1981年，第1714、1715页。

4. 宣王元年826BC的实朔对照

前述宣王在位除46年一说外，还应有45年一说，即宣王元年在826BC。西周历法的岁首多为建子、建丑。建子指岁首在冬至所在之月，建丑在其次月。以此为基准对表四中A组铜器进行实朔对照，列为表五。

表五　A组铜器纪日铭文实朔对照表

A组铜器	年	月建	实朔（公历日）	金文历日日序
元年师兑簋（元年五月初吉甲寅51）	826BC	建子	50（0424）	2
三年师兑簋（三年二月初吉丁亥24）	824BC	建子	11（0104）	14
七年师兑簋（七年五月初吉甲寅51）	820BC	建丑	45（0517）	7
克镈（十六年九月初吉庚寅27）	811BC	建丑	21（0903）	7
此鼎（十七年十二月既生霸乙卯52）	810BC	建子	44（1120）	9
裒盘（二十八年五月既望庚寅27）	799BC	建子	13（0425）	15
鬲攸比鼎（三十一年三月初吉壬辰29）	796BC	建子	27（0222）	3
晋侯苏钟（三十三年正月既生霸戊午55）	794BC	建子	46（0102）	10
晋侯苏钟（三十三年二月既望癸卯40）	794BC	建丑	15（0131）	26
山鼎（三十七年正月初吉庚戌47）	790BC	建丑	23（0118）	25
四十二年逑（四十二年五月既生霸乙卯52）	785BC	建丑	52（0520）	1
四十三年逑鼎（四十三年六月既生霸丁亥24）	784BC	建丑	15（0607）	10

涉及日序为1至26，其中既生霸1至10，既望15至26。前文分析月首不能为朔日，当时可能采用晦日或朏后一日为月首。如果月首为晦日，则涉及日序为2至27，其中既生霸2至11，既望16至26，符合前文分析的既生霸和既望时段[①]。如果月首为朏后一日，则涉及日序为-3至22，其中既生霸-3至6，既望11至22，不符合前文分析的既生霸和既望时段，故月首可能采用的晦日。826BC建子月首干支52，与表四推论的己酉46至癸丑50相差2日，月首为晦日基本弥补了这一差距。

5. 断代工程宣王组

断代工程宣王组的既望和既死霸的分界定在23与24日，认为克盨和伊簋需改干支，同时还改了归入厉王组的晋侯苏钟的二月既望干支，将原来晋侯苏钟既生霸、既望的日序间距15变为4[②]。伊簋如果不改干支是28日，晋侯苏钟如果不改干支是30日，与所定的既望和既死霸的分界定在23与24日矛盾，改动干支依据的是无准确支撑的既望和既死霸的分界定在23与24日，严谨性略有欠缺。从上文的分析可知，其实无需改干支，也是可以分为两组，包容这些金文历日的。

---

① 其中，晋侯苏钟（三十三年二月既望癸卯40）实朔为戊寅15，公历1月31日21时48分，当月晦日应该为实朔日，所以日序不变。

② 夏商周断代工程专家组：《夏商周断代工程1996—2000年阶段成果报告（简本）》，世界图书出版公司北京公司，2000年，第23、35页。

6.厉王元年的推测

B组壬戌59至庚午7是上文金文历日的另一个分组，应该属于厉王，考虑到晦日为月首，可以加1日。B组历日最高27年，考虑到共和占用的14年，在金文中不存在记录王事的可能，826+27+14=867，在867BC之前有869BC建子02（1223）、870BC建丑08（0103）、874BC建丑60（0116）三年符合条件。如果不考虑伊簋，只考虑师兽簋、吴虎鼎，B组放宽为戊午55至庚午7，历日最高18年，在符合《史记·卫康叔世家》的纪年内考虑，厉王共和前在位不超过25年，如加共和，不超过39年，即上限826+39=865，下限826+18+14=858。在865BC至858BC之间，有865BC建子08（1208）、864BC建丑02（0125）、863BC建丑57（0115）、859BC建丑04（0101）四年符合条件。

《史记》中关于厉王的纪年有《史记·卫康叔世家》不超过25年和《史记·周本纪》在位37年两说，无法取舍。厉王三十四年仅见于《史记·周本纪》："厉王即位三十年，好利，近荣夷公"，"三十四年，王益严，国人莫敢言，道路以目"[1]，两段文字基本与《国语·周语上》同，惟独多了三十年和三十四年。两书均以流于彘结束。

鉴于目前尚无其他可以信赖的依据，厉王元年存在的可能性也颇多，考虑到吴虎鼎有夷宫不符合史减组，厉王能以王行事的时间肯定大于18年，从伊簋所属王世的分歧看，厉王以王行事的时间很有可能小于25年。

三、总　结

从金文历日的共存、实际天象进行授历考虑，可以界定既生霸为1至15日，既望取值16至25日，既死霸取值26至30日（如前一月为小月，则既望取值16至26日，既死霸取值27至30日）。以月相为基础，可以确认属于厉宣时期的铜器可以分为两组。在分组基础上，宣王元年为826BC能支持目前多数高年金文的纪日符合宣王时期，也符合宣王超过40年的时段占西周晚期近一半的实际，同时也有部分文献的支持，可以推定宣王元年为826BC。因此，在仍然存在选项的情形下，不宜改动干支，可以在断代工程的结论外进行一些尝试。

厉王元年目前尚难推定，文献的矛盾在金文历日中尚难准确取舍，如果西周晚期王事达到27年的有3位，那么厉王行王事的时间可以只略多于18年即可，如果只有厉、宣两位，厉王行王事的时间应达到27年。

宣王历日说明当时以晦日作为月首，这样也便于在实际观测中确认并颁历，即使古代信息传播不便，各诸侯国依旧能保持一致，具有一定的合理性。

（原载于《考古与文物》2022年第5期）

---

① 司马迁撰，裴骃集解，司马贞索隐，张守节正义：《史记·周本纪》（第4卷），中华书局，1963年，第141页。

文化遗产学

非物质文化遗产展的定义、分类及价值追求

王美诗

内容提要：非遗是"无形"文化遗产，具有活态性、流变性、即时性等特点，非遗展示经历了原生态展示、民族民间艺术展示、"活态"展示三个阶段。当代专业的策展工作者需从狭义定义去界定非遗展，以当代视角和审美意识去理解、把握、呈现非遗的传统文化属性，在展览策划中体现出策展者保护非遗的主观意识，从"全遗产观"视角策展，在展览中阐释非遗的核心价值和文化属性，积极搭建传统文化和现代审美的桥梁。

关键词：非物质文化遗产展　活态展　过程性展示　展览评估

非物质文化遗产（以下简称"非遗"）有着悠久的历史，与之相应，关于非遗的展览展示活动也古已有之。自非遗事项诞生之时起，人们对非遗的展览展示活动就一直存在。2003年联合国教科文组织（UNESCO）第32届大会通过《保护非物质文化遗产公约》（*Convention for the Safeguarding of the Intangible Cultural Heritage*，以下简称"《公约》"）后，"非遗"的概念逐步被纳入学术研究的话语体系，人们才明确以"遗产"的视角去看待和组织这类文化展览活动。各种形式的非遗展览、展演、展会、展示日趋丰富，广泛出现在博物馆、文化馆、文化生态园区、旅游景点等公共文化场所。但其实非遗展的展览实践和研究还处在开创成长期，策展人对非遗展普遍缺乏良好的理性认知和清晰的价值追求。因此，笔者从溯源非遗的展览实践入手，紧扣非遗的核心要义，探讨非遗展的定义、分类及价值追求问题，以期引起业界进行更深入的理论探讨。

一、非遗展的起源和现代演变

展览是一种供人们参观、交流、贸易的综合性的广义的展现形式，以固定或流动的方式，公开展出人类文明。展览起源于祭祀和市场贸易，随着社会生产力的发展与文明程度的提高，这种"摆与看"的基本形式逐步从物物交换扩展到精神和文化领域，逐步成为我们现在所理解

的展览①。其中本文论及的非遗展览，随着文明的发展，逐渐有了比较固定的展示空间和展示内容，在不同的历史时期有不同的发展阶段。

1. 原生态展示阶段

在传统农耕时代，由于贸易、酬神、娱乐、庆典等生活需要，人们对非遗事项的展示主要有三类：一是在庙宇中举办祭祀活动、酬神演出等；二是在庙会集市上展销商品，表演各类游艺、说唱、戏曲等活动；三是宫廷举办大型演出及节庆活动。在我国各类文献和文物提供的历史信息中能发现大量这类展示活动，有的甚至已经出现了展示空间和展示内容对应的基本类型。例如，广场演出——汉代"百戏"和宋代《东京梦华录》记载的"诸军百戏"；主题灯展——东汉宫廷、寺院、庶民百姓"燃灯表佛"，唐玄宗时的灯楼展，由宋代延续至今的元宵灯会；老街展销——明清时期江南百工技艺"前店后坊"的展销活动；迎宾流线展——清《扬州画舫录》记载的乾隆南巡路线上分段搭建戏台的戏曲会演。从某种意义上来说，这些非遗事项的原生态展示活动勾勒出了非遗展的雏形。

2. 民族民间艺术展示阶段

中华民国时期，随着东西方文化交流的深入，国人渐以现代观念组织举办展览。在展览理念方面，蔡元培先生是中国当代展览实践及理论的推动者和先行者，他从促进国民审美教育的角度出发，提出要重视人类学博物馆、剧院、音乐会等事业②。在展览实践方面，国立中央博物院筹备处提出人文馆展陈要涵盖民族文物，并组织进行了西南地区民族文物调查征集工作③。在振兴实业、提倡国货、为国争光的大背景下，中国近代举办的多种博览会展出了大量我国民族手工艺产品④。不少博览会同期也举办戏曲、灯展、游艺、民族音乐等活动，以荟萃的形式吸引观众观展。1944年2月在广西桂林还举办过西南第一届戏剧展览会，通过"剧目展演—资料展示—工作展评"三位一体的展览形式，以现代戏剧眼光系统而深刻地弘扬了中华民族的戏剧艺术文化⑤。

中华人民共和国成立后，在民族大团结和促进人民艺术发展的时代背景下，我国开展了民族民俗研究和工艺美术等相关工作。1987年，中国民俗学会与中国民间文艺家协会共同拟定了《筹建中国各民族民间文化博物馆的构想》，提出博物馆的内容范围：各种民间文艺、民族风俗及有关史料，包括记录手稿、录像、图片、实物收藏和展览、文献资料、图书等⑥。这是在

---

① 潘杰：《中国展览史》，电子科技大学出版社，1993年，第4页。

② 赵成清：《蔡元培的美育理论与实践》，《湖北美术学院学报》2019年第4期。

③ 南京博物院：《南京博物院八十年院史（1933—2013）》，2013年，第212、213页。

④ 马敏：《博览会与近代中国》，华中师范大学出版社，2010年。

⑤ 彭梅玉：《中国现代戏剧运动史上的丰碑——记第一届西南戏剧展览会》，《广西地方志》2006年第4期。

⑥ 中国民俗学会秘书处、施爱东执笔：《中国民俗学会大事记》，2013年，第34页。

以民族艺术、民俗美术、民间文艺、工艺美术的视角征集、展示我国各族人民创造的非遗。为开辟更多展览空间，这一时期兴建了各类民族博物馆、民俗陈列馆、传统工艺美术馆、人民剧场、民族音乐厅等。

总的说来，除了表演艺术展，这一阶段的非遗展展示对象往往是民族民俗文物、民间工艺美术，是将"物"作为展品和欣赏审美对象。这是遵循保护、展示民族民俗文化及其物质遗存的策展理念，展览形态通常是以实物、图片、影像资料和文字呈现的静态展。

3.非遗"活态"展示阶段

2003年联合国教科文组织第32届大会通过《公约》，2004年我国加入《公约》并将非遗保护积极纳入公共文化事业体系，我国的非遗展览实践也逐步朝着新的方向开展。依托于《公约》的非遗概念和国内学者的深入阐释，业界逐渐明晰了"活态"的策展理念和"见人、见物、见生活"的策展原则，展示对象主体从"物"转变为"传承人"直接或间接参与的过程性内容，理念、原则、主体的变化也直接扩大了更丰富的展示载体种类。有学者总结了当下国内外非遗展示空间的形态：一是"博物馆"，包括民俗博物馆、人类学博物馆、民族博物馆、户外博物馆、生态博物馆；二是"文化中心"，包括遗产阐释中心、游客中心等[①]。在我国公共文化事业官方话语体系中，非遗展还在建设特色小镇、美丽乡村、文化生态保护实验区、少数民族非遗生产性保护示范基地等工作中广泛存在[②]。随着互联网络信息技术的提升和智慧博物馆、虚拟展示技术的发展，非遗展已经超越实体空间，在虚拟网络世界里得以呈现。

从溯源非遗展的三个阶段性描述中可以发现，在历史发展的进程中，非遗展在空间和功能方面发生了较大的演变。空间方面，传统农耕时代产生了庙宇、庙会集市、广场、街道等原生展示空间；进入近现代以后，大部分原生空间保留下来，又逐步增加了博物馆、文化中心、剧院、音乐厅等公共空间。功能方面，近现代以后这些空间在祭祀、事神、贸易、观赏等原生功能基础上，又增加了宣传、教育、文化保护的功能。这是社会现代化转型的结果，是人们对非遗保护从自发到自觉行为的表征，体现了社会向现代化转型后中华民族主动寻求集体文化认同和文化归属感的心路历程。

二、定义：时空视角下的广义和狭义之分

非遗展的定义有广义和狭义之分，这在业界已有初步探讨。广义来说，"非遗的展示形式可以包括：正规与非正规教育中的非遗主题实践活动、非遗相关现场展演、非遗商品售卖推广活动以及借助新媒体开展的线上活动等都属于非遗展示的范畴"。狭义来说，"就是通过非遗

---

① 杨红：《非物质文化遗产展示与传播前沿·前言》，清华大学出版社，2017年。
② 高丙中：《非物质文化遗产保护实践的中国属性》，《中国非物质文化遗产》2020年第1期。

相关实物展品的有形陈列和动态多媒体以及交互式的、多感官的、浸入式的无形陈列，采用阐释、演示、体验等展示辅助手段，加深参观者对非遗的理解，在发挥保存、传播、研究、教育等基本功能之外，在宣传、弘扬、传承、振兴层面促进非遗的保护。非遗的展示包括实体空间展示，也包括基于PC、移动端、平板电脑等的虚拟展示"①。此定义从展示的形式、功能、目的做了陈述，但对非遗展的时空变化、文化属性、形态特征陈述还不够明确，不利于策展人把握展览的思想核心和重点，值得商榷。

实际上，非遗展的广义定义和狭义定义可从非遗展的历史溯源中引申出来。广义来说，非遗展包括在历史原生空间、各类现代文化空间和网络虚拟空间中举办的以非遗事项为展现内容的展览、展示、展销、展演等活动。狭义来说，非遗展是指将非遗事项作为保护、审美的传统文化对象，在当下所见的各类实体文化空间和虚拟文化空间中，加以过程性展示，充分利用传承人活态展演、相关实物资源和现代展览技术，阐释非遗的精湛技艺、艺术美感、历史传承、精神世界等丰富内涵，供受众体验、欣赏、理解、消费的展览、展示、展销、展演等活动。对当代专业策展工作者来说，此狭义定义从非遗的当代视角、属性特点、丰富内涵、文化角色几个方面明确地强调了非遗展的本质要求和策展重点。

1. 从非遗的当代视角来看，展览须将其作为保护、审美的传统文化对象

在一些文化传统继承状况良好的地区，某些非遗项目仍以原生态的形式保存在民间，这种原生态的展示属于广义的非遗展，是传统农耕时代原生态非遗展示的延续。而当代专业的策展工作者需要从狭义定义去界定非遗展，以当代视角和审美意识理解、把握、呈现非遗的传统文化属性，在展览策划中体现出策展者保护非遗的主观意识，在展览设计中用传统或现代的手法表现非遗的传统美感。即使是在非遗原生态形式保存得很好的地区，如文化生态保护实验区或少数民族非遗生产性保护示范基地，策展人于其间开展策展工作，仍需要强调这一点，从而积极搭建传统文化和现代审美的桥梁。

2. 从非遗的属性特点来看，展览须立足活态、强调过程性展示

非遗是"无形"文化遗产，具有活态性、流变性、即时性等特点，是非遗传承的核心要素，人类创造作品过程中，人的智慧和情感因素始终贯穿其中。对非遗的展示必须充分展现其"无形"价值，包括精湛的技艺、人的智慧与情感等活态属性特征。这方面可借鉴博物馆展览展示的重要方式——过程性展示，凸显非遗的"无形"价值②。过程性展示重在展现某一文化事项产生的过程，通过拆分技艺流程的方式，让观众看到某一事物产生的步骤和方法。过程性展示应作为非遗展览的根本，贯穿到展示空间的挑选改造、展览大纲的撰写、展陈形式的设

---

① 杨红：《非物质文化遗产展示与传播前沿·前言》，清华大学出版社，2017年。

② 高蒙河、宋雨晗：《从"良渚全考古"到"良博全展示"——以良渚博物院2018年改陈策展为例》，《东南文化》2018年第6期。

计、展览教育活动的规划、展览传播的组织等各个环节当中。在展览实际操作中，可以从非遗的空间型和时间型两种项目类型特点策划①。空间型非遗强调产品的生产过程，涉及传统技艺、传统美术、医药等生产性项目，这一类展览需要重点考虑将产品的生产过程设计融入展览的空间、流线、模型、互动道具之中，将诸多空间性展陈细节考虑周全、付诸实施。时间型非遗强调人的动态艺术，包括口头文学、戏剧、曲艺、音乐、舞蹈、杂技、体育和游艺等表演项目，以及岁时节庆和礼仪活动，这一类展览重点需要合理规划活动程序，在某一时间段内充分协调展示团队、组织展览受众，将诸多时间节点提前规划，使得观众的体验参与流程和非遗的表演过程高度契合。在这两种展览设计中，策展者和形式设计者必须通过各种可以进行过程性展示的方式，如传承人现场活态展演、技艺流程性展品、现代声光电技术、游戏动画设计、网络程序等形式，将看不见的"无形"价值展现出来，引导观众在观看过程中理解非遗的活态属性。策展者需要通过观众调查等方式，更精准地把握观众对展览的感知和体验节点。

3. 从非遗的丰富内涵来看，展览应阐释其精湛技艺、精神世界等个性化信息

非遗是通过工匠、表演艺术家、社群世代传承下来的具有"流派"特色的无形文化遗产，其包含的文化信息具有丰富的个性：有巧夺天工的独家技艺，有"台上一分钟、台下十年功"的精湛表演艺术，有世代传承的行业传统，有工匠家族或社群集体铭记的信念、心愿、情感等精神财富。这是非遗的内涵和灵魂，应在非遗展览内容策划和展陈设计制作中重点呈现。由于这些信息具有很强的个性特征和主观情感因素，因此在撰写展览内容大纲时应秉持人文关怀，以文学手法予以表现。在阐释性文本撰写方面，需要与文物展的知识性语言阐释有所区别，引导观众惊叹于传承人艰苦练就的精湛技艺，并感受这些从事非遗的工匠、艺人、社群所蕴含的精神力量。

4. 从非遗的文化角色来看，展览应呈现其文化整体性

非遗和物质文化遗产同属于人类文化遗产，两者是密不可分的一个文化整体现象，"一种文化应包括三个层面：实物层面、技术层面与历史文化层面"，"实物层面属于物质文化，技术层面与历史文化层面共同构成非物质文化的内涵"②。非遗是物质文化遗产的创造过程，物质文化遗产是非遗留下的物化产品，两者具有天然共生的文化关联性，具有互为依存的文化意义。在展陈实践中，为便于观众全面、真实、自然地理解非遗的文化角色，把握其本质特征，非遗展应从"全遗产观"视角策展③，即将属于同一文化生态圈的物质文化遗产和非遗作为一

---

① 严建强、邵晨卉：《非物质文化遗产与博物馆——关于当代中国非物质文化与博物馆关系的若干思考》，《中原文物》2018年第3期。

② 陈金文：《几个与"非遗"保护相关问题的探讨》，《鲁东大学学报（哲学社会科学版）》2015年第1期。

③ 王美诗：《话语视角下的非遗活态展览——以南京博物院非物质文化遗产馆为例》，《文化遗产》2016年第3期。

个统一的体系整体观照，尽可能将非遗代入整体文化体系进行阐释。应提倡将可移动文物和不可移动文物纳入非遗展整体策划，如香山帮传统建筑技艺的展示可以结合现存的江南古典园林建筑进行策展。只有这样，非遗的丰富内涵才能被现场还原，展览才更具说服力。

综上所述，非遗展以非遗事项为策展主题，其策展重点不同于艺术展、文物展，具有新的特征和自身要求。从以上四个方面入手，策展团队可更加清晰地把握其必不可少的内容组成和关键要素，从而更加全面地、生动地在展览中阐释非遗的核心价值和文化属性。

三、非遗展的分类和价值追求

对于当代专业策展工作者来说，狭义的非遗展还是比较新的领域，从操作实践到展览理念都仍处于探索阶段，其表现方式具有多元、交错的特性。我们有必要在探讨展览的价值追求之前，厘清其主要类型。

依据展览对象，非遗展主要分为传统表演艺术展、传统手工技艺展、民俗及岁时节庆活动展。传统表演艺术展是关于传统口头文学、音乐、戏剧、曲艺、舞蹈、杂技等具有表演性质的非遗项目的展览；传统手工技艺展是关于传统美术、技艺、医药等具有技艺性质的非遗项目的展览；民俗及岁时节庆活动展是关于传统礼仪、节庆民俗、行业习俗、游艺竞技等具有风俗习惯性质的非遗项目的展览。

依据展览主题，非遗展可分为项目主题展、类型主题展、区域文化主题展、综合主题展。这是根据策划展览的选题方向进行的分类。项目主题展是围绕某一个非遗项目策划的专题展览，如惠山泥人展、昆曲展、南京剪纸展；类型主题展是围绕某一类非遗项目策划的专题展览，如中华戏曲展、中国织锦艺术展；区域文化主题展是围绕某一特定文化区域的非遗策划的专题展，如江南百工展、侗族艺术展；综合主题展是展出的非遗项目、非遗类型、非遗区域文化较为丰富的一类展览，展览规模很大，如非遗国际博览会。

依据展陈形式，非遗展可分为非遗静态展、活态展、数字展、线上展、综合展。非遗静态展是指利用图片、文字、文物、模型、装置来展示非遗的历史底蕴、文化内涵、物质遗存、技艺流程、工具等内容的展览；非遗活态展是指传承人现场参与的展览展示，通常以演出、游艺活动、民俗节庆活动、工艺制作现场展示等形式存在；非遗数字展是在一个相对固定的空间里利用视频、音频、立体成像等数字技术、数字设备对非遗相关内容的展示；非遗线上展是利用微信、App、官网、直播等网络平台对非遗内容进行网络虚拟空间的展示与传播；非遗综合展是指综合利用静态展、活态展、数字展、线上展等各类展览形式对非遗内容进行深入、全方位、立体的展示和传播。在实际策展和形式设计中，越来越多的非遗展往往以综合展的形态呈现。

依据展览审美方式，非遗展可分为非遗知识展和非遗体验展。非遗知识展通常是按照某种既定的非遗知识体系和学术结构形成展览文本，呈现给公众的展览通常是"我教你学、我说你听"的方式，有一定的严肃性和隔离感；非遗体验展是通过对非遗事项进行场景和氛围重建，让观众沉浸到特定的文化情景中，直接体验和感受非遗事项。

依据展览时效，非遗展可分为非遗常态展和非遗临时展。非遗常态展是在较为固定的展览空间中长时间固定展出的非遗展览，如在非遗馆、非遗生态园区、非遗一条街等场所内常设的非遗展厅、非遗工坊、传习所等；非遗临时展是短期举办的非遗展览、非遗节，如戏剧节、博物馆举办的非遗临展、商业空间举办的非遗展销会等。

可以看出，一方面，当下的非遗展已逐渐积累，形成了一定的叙述主题和形态模式，这也引发了业界对于展览日趋模式化、标签化、物化和技术化的担忧[1]；但另一方面，这也正体现出非遗展有意识地借鉴了各类展览的策展思路。如果这种借鉴能够较好地结合非遗展的核心理念，那么在实践中势必存在很多产生碰撞、重组、拓展的事业空间，具有很强的创新优势。因此，通过总结思考非遗展的策展理念、核心诉求和价值导向，策展人可以突破现有非遗展览类型模式的局限，将展览类型相互拼接、叠加呈现，继承和创造并举，探索更多的可能性，实现文化的"创造性转化、创新性发展"。引申到展览评估层面，策展中应倡导自主、创新、融合、多元的价值追求。

1. 基于学术的自主性

在我国，非遗的保护具有政府主导的公共文化事业的属性，但如果仅以行政文稿的叙述方式撰写展览文本，会让观众感到枯燥。因此，策展者首先应回归学术研究的独立性与自主性。策展者同时应是优秀的研究者，应致力于钩沉非遗历史脉络、研究非遗文化特性、思考非遗传承规律，进行有学术深度、学术趣味、学术格调的策展。非遗项目申报文本、名录信息、非遗项目分类资料等只是展览的基础，对非遗的田野调查、摄像录像、访谈、图片资料、研究专著也只是重要参考资料，在实际的策展中，应对以上研究成果有针对性地深入研究和系统思考，有价值的学术转化，通过趣味性、启发性、科普性、生活性的学术语言让展览大纲摆脱行政话语或学术习惯的窠臼，增强展览内容的生动性、可看性。

2. 实现文化的创造性

对非遗的保护过程就是一个"他救—自救—文艺复兴"的转化过程，文化创造实际上是非遗保护的重要内涵[2]。把非遗作为审美的传统文化对象，并不是要在策展中机械固化地框定展示的禁区，而应该在呈现非遗原生状态的同时，不拒绝呈现非遗元素现代性创造转化的新实践。这既能在现代语境的视角下凸显非遗的传统核心特征，同时也能彰显非遗传统融入现代

---

① 关昕：《从知识、技术到智识传统："非遗"主题展览的话语分析》，《东南文化》2018年第6期。

② 宋俊华、何研：《学科视野下的非物质文化遗产保护能力建设——"非物质文化遗产保护能力建设国际学术研讨会"综述》，《文化遗产》2019年第6期。

生活的可能性，恰与"为明天收藏今天"①的博物馆发展趋势相呼应。创造性不仅体现在展品上，也可以延伸至社会教育活动、文创产品开发、媒体宣传产品等环节，将展览环节的创新和非遗当代创新融为一体。

3. 突出设计的融合性

"传统博物馆展览的目的可以是讲一个故事、解释一个概念或者只是陈列精美的物品"②，而非遗展更强调展示人的创造过程。因此，展览形式设计需要构思制作模型、装置、虚拟技术、视频录像、程序、动画等辅助手段，需要设计可触摸、可操作的道具与公众互动，需要充分考虑传承人现场展示的便捷性、舒适性和对人的尊重。人的进场给展览形式设计提出了新的功能性要求，这些都应包括在非遗展的形式设计之中。相比博物馆传统展览而言，非遗展具有"多元混合的展览形式体系"③，需要对展陈空间进行最优组合，展览流线的设计应合理而充满趣味。这对策展者和设计师来说，将更具挑战性。

4. 满足参与者的多元需求

对博物馆展览质量的评估近年来多采用专家判断和观众判断的双重评估，而由于非遗的认定主体是社区、群体、个人，因此对非遗展的评估应更重视认定主体的意见。社区、群体的意见不仅体现为参观观众的直接评价，也应考虑大众传播情形下体现社区、群体意志的媒体评价。随着媒体传播形态的多元化发展，各种媒体与参展传承人之间进行互动或嫁接会成为常态④，非遗展览的评估应考虑媒体对展览的信息传播情况，即在媒体呈现的镜像中，是否对非遗文化和传承人表达了欣赏、尊重和友善以及媒体对非遗展览的解读是否真实、客观、正面。应特别考虑传承人主动在自媒体发声的情形，即非遗展中的传承人和日常生活中的传承人是否形象统一、和谐以及展览是否存在异化传承人的倾向。除了社区、群体的意见外，展览亦不可忽视个人（可理解为传承人）的价值评判：展览是否能够客观地呈现传承人的精神世界，是否能够准确地表达传承人自身对其承载的非遗技艺的理解，是否能够尊重传承人对技艺的特殊感情，是否能够维护传承人的个体尊严，协助他们实现美好的文化愿景等。这些都是策展中应考虑的问题。综上而言，非遗展应重点从观众满意度、传播满意度、传承人满意度三方面进行综合评估。

（原载于《东南文化》2021年第5期）

① 严建强、邵晨卉：《地方博物馆：使命、特征与策略》，《博物院》2018年第3期。

② 〔英〕蒂莫西·阿姆布罗斯、克里斯平·佩恩著，郭卉译：《博物馆基础》（第3版），译林出版社，2016年。

③ 严建强、邵晨卉：《非物质文化遗产与博物馆——关于当代中国非物质文化与博物馆关系的若干思考》，《中原文物》2018年第3期。

④ 于凤静、王文权：《场景重构：5G非遗传播要素的嬗变与影响》，《当代传播》2020年第2期。

江苏女性非遗传承人身份认同与重构

朱莉莉

内容提要：女性非遗传承人的知识结构、生活体验、价值取向不同，所持有的非遗项目展现风格特点大不相同。江苏非遗传承人中，女性占比34.8%，对44位具有代表性的江苏音乐表演类和手工技艺类国家级、省级女性非遗传承人的访谈调查显示，江苏女性非遗传承人因受性别刻板印象、性别隔离、认知偏差等影响，在非遗发展创新过程中会陷入自我认同危机。敦促两性享有同等的社会权利、加强自我认知及公共政策的真正落实，可推进女性非遗传承人自我权益表达、自我认同及身份重构，从而实现对女性非遗传承人的整体观照，也是博物馆伦理道德中有关性别文化探索的重要内容。

关键词：女性非遗传承人　音乐表演　身份认同　性别建构　博物馆保护

在保护世界文化遗产理念的推动下，中国非物质文化遗产（以下简称"非遗"）专业化、系统化的保护研究工作逐步积累了丰富的实践经验。非遗保护工作强调以"人"为本，以田野调查为基本方法，推动了非遗跨学科、多视角的研究。当下，非遗传承人的保护面临着新的挑战，本文依照已纳入国家、省、市、县四级非遗项目代表性传承人的名录，基于博物馆非遗保护范畴课题的需要，开展较广泛而深入的田野调查，以国家、省两级的江苏女性非遗传承人为研究对象，探讨女性非遗传承人在保护工作中的自我表达，并针对其保护传承工作中反映的主要问题，提出对策和建议，为进一步展开相关研究工作提供参考。

一、女性非遗传承人研究现状

博物馆非遗保护工作着重非遗展示展演，以及非遗传播与共享，对女性非遗传承群体的关注，只有零星的展陈尝试，并没有系统展开挖掘。目前国内相关研究中较具代表性的有：王烜①以历时、共时与现时的视角，认为历史特殊婚制、游牧民族属性和传承人身份认定是裕固

---

① 王烜：《裕固族非物质文化遗产女性传承人研究》，中央民族大学，2013年。

族女性地位较高的主要原因，传承人的身份认定在现实中地位影响力是上升的。田丽红[①]提出山西侯马刺绣女性传承人老化断代情况严重、市场前景堪忧，认为女性独有的气质有助于习得和传承刺绣技艺，这种观点有落入女性刻板印象窠臼之嫌。梁莉莉[②]以回族女性传承人为中心，从突出"性别平等"保护理念、强化"文化主体"身份及"赋权"等角度探讨女性传承人保护路径。方云[③]以非遗类展陈个案探索中国家庭主妇个体体验的生命故事，呼吁对中国传统土布纺织工艺传承的关注。于倩倩[④]认为女性传承人是年画传承的隐形群体，因女性力量的天然缺点与思想观念的差异，形成了印刷装裱者多刻板者少的局面，但作者未深入探讨如何发挥年画事业中女性传承人的作用。许意如[⑤]提出将大数据技术与培养女性壮锦传承人结合，实现女性壮锦技艺传承人的科学性、有效性、合理性培养。杨秀明[⑥]提出在新媒体时代，非遗舞蹈传承中女性可以发挥网络平台优势，借助身体动态影像促进非遗舞蹈的传播，在交互过程中阐释非遗舞蹈文化精神，发出女性主体声音，在虚拟空间与现实空间共同寻求真正的性别平等。

　　整体而言，这些研究对我国不同地区女性非传承人的现状及相关问题进行了有益的探讨，关注女性非遗传承人由身份认定、非遗类展陈到新媒体数字化保护多路径探索，更多聚焦在单项非遗或者少数民族女性传承人、女性传承人在传承中的生活环境及传承困难、力图改善女性传承人的传承困境等方面。但是真正深入地从性别理论、两性互动、共享及非遗项目横向对比方面进行的研究较少。目前，非遗保护工作中，男性非遗传承人仍占有主导地位[⑦]，女性非遗传承人在完成非遗保护工作外，还要面对生育、职业性别隔离等因素带来的影响。本文引入"江苏省女性非遗传承人"作为核心概念，在2019—2020年田野调查中，就典型性、地域性等特点，从江苏省非遗传承人中筛选出音乐表演类和手工技艺类国家级、省级女性非遗传承人44位（表一），涉及11市，以半开放式访谈和实地调研的调查方法，聚焦其非遗传承情况、创作思路、生活境况、思想转化、存在问题等。

---

① 田丽红：《山西侯马刺绣女性传承人研究》，山西师范大学，2015年。

② 梁莉莉：《社会性别视野中的非遗传承人保护路径探索——基于回族女性传承人的讨论》，《云南民族大学学报（哲学社会科学版）》2016年第6期，第62—68页。

③ 方云：《"叙事空间理论"视域下的博物馆非遗类展陈——以"云泽芳韵土布展——女性与纺织：传统中国普通家庭主妇的生命故事"为例》，《"博物馆的社会价值研究"学术研讨论文集》，2016年。

④ 于倩倩：《非物质文化遗产视角下朱仙镇木版年画传承人的传承研究》，西北民族大学，2018年。

⑤ 许意如、贺剑武：《大数据技术在少数民族女性"非遗"传承人培养中的应用——以壮锦为例》，《民族民俗》2019年第25期，第61、62页。

⑥ 杨秀明：《新媒体时代"非遗"舞蹈女性参与研究综述》，《北京科技大学学报（社会科学版）》2020年第2期，第75页。

⑦ 截至2018年5月，根据中华人民共和国文化和旅游部官网公布的第一至五批国家级非物质性文化遗产代表性项目代表性传承人的数据，江苏省内国家级非遗传承人共计178人，男性116人、占比65.2%，女性62人、占比34.8%。

表一　被访江苏女性非遗传承人情况表（单位：人）

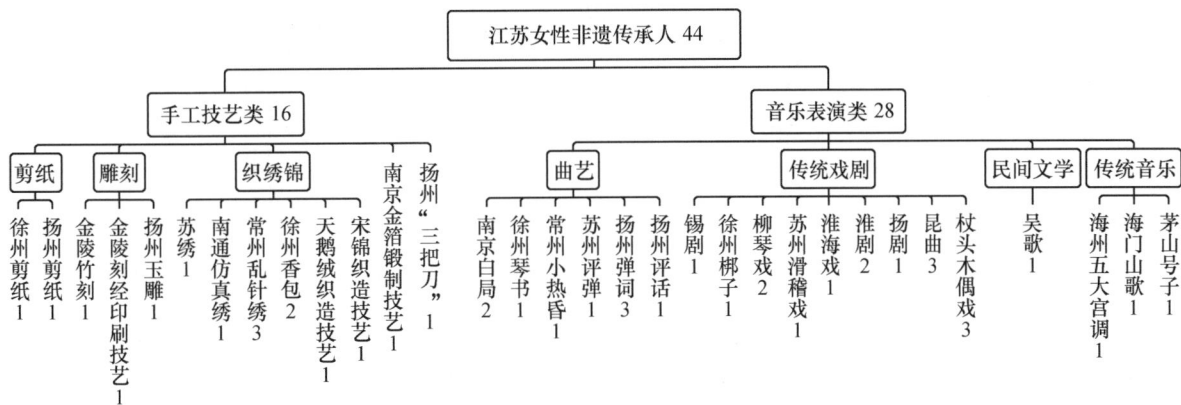

- 江苏女性非遗传承人 44
  - 手工技艺类 16
    - 剪纸
      - 徐州剪纸 1
      - 扬州剪纸 1
    - 雕刻
      - 金陵竹刻 1
      - 扬州玉雕 1
    - 织绣锦
      - 金陵刻经印刷技艺 1
      - 苏绣 1
      - 南通仿真绣 1
      - 常州乱针绣 3
      - 徐州香包 2
      - 天鹅绒织造技艺 1
      - 宋锦织造技艺 1
    - 南京金箔锻制技艺 1
    - 扬州"三把刀" 1
  - 音乐表演类 28
    - 曲艺
      - 南京白局 2
      - 徐州琴书 1
      - 常州小热昏 1
      - 苏州评弹 3
      - 扬州评话 1
    - 传统戏剧
      - 锡剧 1
      - 徐州梆子 1
      - 柳琴戏 2
      - 苏州滑稽戏 1
      - 淮海戏 1
      - 淮剧 2
      - 扬剧 3
      - 昆曲 1
      - 杖头木偶戏 3
    - 民间文学
      - 吴歌 1
    - 传统音乐
      - 海州五大宫调 1
      - 海门山歌 1
      - 茅山号子 1

身份认同是个体与他人持续社会交往的产物，与自我认知密切相关。身份认同有初级身份认同和次级身份认同，初级身份认同如性别及族群身份，本文研究对象性别框定为女性，这是每个受访者已有身份认同。次级身份认同包含社会角色、职业及社会地位等，如妻子、母亲、女儿、媳妇、职工、领导、传承人等多重身份叠加，共同左右个体身份认同和价值观。身份认同会随获得新的社会角色或放弃旧角色变化而显得复杂多变，女性非遗传承人身份可能会给个体本身带来自豪感、归属感。例如，持有非遗项目使其拥有自主表达权，且赢得来自各方的尊重，社会地位有所提高，更容易掌握家族中的话语权，这也是非遗项目获得价值认可的渠道。

近年来，女性非遗传承人逐渐参与到博物馆策展、公众教育、传承活动等非遗保护工作中，其话语权和发挥的力量越来越引人瞩目。本文系统地搜集女性非遗传承人的个人与家庭情况、流传派系以及她们对非遗项目的认知实践、传承创新，记录女性非遗传承人从艺经历中对各方关系的适应、自我调节，非遗传承过程中女性非遗传承人对自身认知和建构，进而就如何呈现女性非遗传承人在博物馆非遗保护中的作用、引导公众与女性非遗传承人进行更广泛的交流对话并进行非遗相关理论探索和实践反思等展开讨论，以期对博物馆非遗保护事业提供有益参考。

二、江苏省女性非遗传承人工作状况及其类型

田野调查访谈是将个人记忆转化为社会记忆时所获取的第一手资料，其中饱含着女性非遗传承人对所持有非遗项目的深层理解和反思。通过前期数据整理和资料爬梳，可以充分了解非遗项目相关知识、目前的传承状态、市场状态。访谈对象的筛选，首先要避免因身体原因无法清楚表达想法的受访对象，并力求在非遗门类、非遗作品呈现及传承工作等方面具有典型性，且在同门类项目中筛选出横向对比的持有人，以实现互补互证。采访提纲包括学艺经历、专业发展、思想感情、兴趣爱好以及核心社会关系等内容。为保证访谈的有效性，还要通过摄影、摄像、录音设备，数字化跟踪记录非遗传承人展示所持有非遗工艺步骤或是唱腔、身段的音乐

表演演示等。采访结束后，对访谈内容加以整理，如有疑问，再向被访者请教确认并进行补充访谈。同时，对搜集的材料进行核实和深度挖掘，保持问题意识。田野调查和深度访谈是非遗保护工作的必要步骤，能够精确认识非遗发展趋势，合理引导非遗保护及创新工作。

本文所选取的样本，按非遗类目来看，如表一所示，有手工技艺类和音乐表演类。其中，前者涵盖雕刻、锻制、印刷、织绣、中医诊疗等12个非遗项目、16位女性非遗传承人，后者囊括传统曲艺、传统戏剧、民间文学、传统音乐等19个非遗项目、28位女性非遗传承人。按传承关系来看，其中有家族传承中的母女传承对比，如柳琴戏王桂珍、王晓红，淮剧黄素萍、陈澄；有师徒传承对比，如苏州评弹邢晏芝、扬州弹词包伟；还有同一非遗项目多位女性传承人的横向对比，如常州乱针绣孙燕云、单银娣、狄静。

她们的工作状态大致可分为三种类型。一为受旧有行业规范的影响，主体地位弱化，承认男女性别造成的差异。非遗传承的主力军为男性，这在手工技艺类非遗项目传承中尤为突出，因为其有着"传男不传女"的行业规矩。而像雕刻类非遗女性传承人占比少，除了受制于"传男不传女"的旧俗，还与雕刻类工艺步骤对体能要求高有关，所以女性并不占优势。不过，随着社会的进步，非遗传承破除陈规旧俗，女性也有了成为非遗传承人的机会，研究样本中呈现出夫妻共持、母子档、母女档、父子档等多种传承方式。金陵刻经印刷技艺省级非遗传承人邓清之进入刻经传承队伍，对雕刻类非遗传承来说即是一个重大改变。

二为受家庭角色的羁绊，女性角色内化。妻子承担生育重任、照顾家庭之余，即使也参与非遗传承的相关工作，但总会出现"名誉都是丈夫的"的情况。音乐表演类非遗中的淮剧、柳琴戏，手工技艺类非遗中的秦淮灯彩、邳州纸塑狮子头等以家族传承为代表的非遗项目，妻子在非遗传承环节同样承担很多责任，但这些贡献时常被忽略不计，最终成就的是丈夫，因为妻子常被认为不适合"抛头露面"。访谈发现，在传承发展非遗工作之外，家庭身份在女性非遗传承人的多种身份中仍普遍居于首位。多位女性非遗传承人在访谈中强调家人对自己工作的支持，以及自己在孩子成长路上母亲身份的缺失。调查样本中的44位女性，有30位有类似表述，高达68.1%。

三为主体意识觉醒，产生自我认同，并反过来影响周围人对她们的身份认同。女性非遗传承人发挥主观能动性，将对自身、世界的感悟，通过作品呈现出来，产生对自身文化的认同，并在一定程度上影响周围人对自己的身份认同。在音乐表演类非遗中，女性非遗传承人对声腔形态及舞台表演等创作有较高的自我价值认同，并产生强劲的主观能动性，进而追求更为高远的目标。对专业技能的高要求、高标准、高创造力，促使她们对事业更为精进。扬州弹词国家级非遗传承人李仁珍，凭借高创造力，形成"李调"，被誉为"弹词皇后"。苏州评弹国家级非遗传承人邢晏芝继承"俞调""祁调"，并在此基础上创造了"晏芝调"。滑稽戏国家级传承人顾芗三次荣获"梅花奖"，不断尝试新剧本、新角色，自我评价较高。在手工技艺类非遗中，宋锦织造技艺国家级非遗传承人钱小萍，撰写《中国宋锦》《丝织丝纹》等著作，是苏州丝绸博物馆创始人和首任馆长。扬州玉雕国家级非遗传承人薛春梅，以玉雕人物山子雕为专长，作品频获"天工奖""神工奖"等奖项。扬州"三把刀"项目国家级非遗传承人陆琴，创办了陆琴脚艺品牌、陆琴脚艺职业技能培训学校，出版了《修脚保健技巧》《修脚技术》。她作学徒打工时自己攒钱买相机，拍下顾客的病脚，做笔记分析研究[①]。陆琴靠着不被看好的职业，建立技师考评机制，对社会成员教授收纳，帮助国家促进就业，充分实现了自身价值和社会价值。

综上所述，准确把握江苏女性非遗传承人的现状，有助于女性非遗传承人在非遗保护事业中，积极应对多重社会角色的矛盾，不断探索非遗传承创新，建立自我认同，实现自我价值。

三、性别观念对于女性非遗传承人的影响分析

波伏瓦的《第二性》认为"女人不是天生的，而是后天形成的"[②]。"女性"是被建构出来的，角色认同在循环往复不断建构、塑造、规范中形成，并潜移默化地形成自我规训。在非遗传承工作中，女性非遗传承人虽拥有独特专业能力和创造经验，但现实社会的性别规范在一定程度上加强了她们对自我角色的限定，她们在家庭角色和工作角色中不停转换，在自我角色的限制和对传统束缚的突破中矛盾前进。这个过程有退让也有妥协，最终促使女性完成自我建构。本文调查样本所在的家庭，对女性坚持非遗保护工作有支持声，也有反对声。虽然当下女性属于家庭生活的观念有所松动，但女性每一步抉择仍有来自家庭的压力和责任，究其原因有四。

其一，陷入性别角色定位的矛盾。女性非遗传承人持有的非遗项目与生计挂钩，如果经济收入可观，则事业能促成经济独立，一定程度上能提升女性在家庭中的地位及权利，可使她们获得较大范围的自主权。如果经济收入较低，就容易引起生存压力与传承压力的分歧，继续持有非遗项目会造成家庭矛盾加剧。在音乐表演类非遗项目调查样本中，有即使非遗工作很出色、经济独立，还要兼顾家庭，却仍不被丈夫理解的例子；也有因经济收入长期高于丈夫，家庭兼顾不周，导致婚姻关系终止的例子。还有女性因为音乐表演事业放弃婚姻生活或是生育权利，她们无法兼顾婚姻生活中妻子或母亲的角色而选择成全自己，但在访谈中，她们显然觉得大众对这个选择不赞同，语气和态度也明显对访谈深入此话题充满抗拒。传统和社会赋予她们的角色定位，让她们对自己的选择缺乏底气，甚至有自我否定的倾向。更有个别女性非遗传承人发现女性所处的劣势，强调不把自己当女性看，甚至觉得自己性格果敢、不拘小节，带有男性气质，在性格构建中更倾向于男性看齐，表现出对本身女性角色的否定。

其二，生育权并非如己所愿。所谓的生育权，是女性本身能够自主决定是否要生育、什么时候生育或者放弃生育。但在目前访谈样本中，被动生育的占大多数，个体要承受生育带来

---

① 据南京博物院2019年青年课题"讲述'她'的故事——江苏女性非遗传承人初步研究"2020年4月3日对扬州三把刀国家级非遗传承人陆琴访谈整理。

② 〔法〕波伏瓦著，郑克鲁译：《第二性》，上海译文出版社，2015年，第939页。

的一切影响，其中，生育对事业的干扰尤为突出。从样本中音乐表演类女性非遗传承人的情况来看，生育是舞台艺术发展的重大影响因素。她们中有为了舞台艺术放弃生育权利的，也不乏因此导致婚变的；有因舞台艺术而在怀孕过程中反复失去孩子的，也有自身想放弃生育权但又不得不因婚姻而选择生育的[①]。音乐表演类非遗时常有"跑码头"演出，这对身体素质要求极高。本是台柱子，却可能因怀孕、生育被替换，本可以拼奖、拿奖的好时机也可能因怀孕、生育而必须舍弃，怀孕、生育对演出的影响由此可见一斑。对于家庭而言，生完孩子要继续"跑码头"，也是困难重重。如果夫妻为同行，孩子就跟着老一辈做留守儿童，样本中就有传承人的子女表达出童年母爱缺失，不理解自己的母亲。虽然也有的丈夫选择退居二线做行政工作，这样夫妻中有一人能够照顾家庭日常，但这毕竟是少数。如果夫妻不同行、妻子的工作难以获得丈夫的理解，就会引发诸多矛盾。在艺术追求和家庭生活二者之间寻求平衡，音乐表演类女性非遗传承人要比手工技艺类女性非遗传承人更难，原因在于前者需"舞台演出"及"跑码头"，较之于在家就可以完成创作的后者，更难兼顾生育环节及家庭生活。

其三，职业性别隔离因素。在劳动力市场中劳动者会因性别不同而集中到不同的行业，担任不同性质的工作。虽然在一定程度上来说，性别隔离有所下降，但女性似乎仍难与男性享有同等的职业晋升机会。从音乐表演类非遗剧团女性样本来看，她们在升职方面所面临的障碍更为突出。非遗剧团想要在众多剧团中脱颖而出，除了依靠创作优秀作品外，还要在市场中占据有利位置，争取相关部门政策扶持、外部资金、市场演出、进行邀约订单、对剧团行政财政及业务朝向加以把控，这些都非常考验团长个人眼界魄力、业务能力及综合能力。如果音乐表演类女性非遗传承人担任团长，除了完成上述工作内容外，还要额外承受性别可能带来的劣势。如职位晋升中的隐形性别歧视、职业性别隔离；又如剧团领导班子依然以男性居多，在投票过程中对职位就任者的性别选择仍会有一定影响。当女性非遗传承人剧团团长在领导力、管理力、人际关系方面过硬，获过中国戏剧梅花奖，拥有卓越的专业技能，且能够在业内带动流量、为剧团获取更多资源，晋升的阻力会相对减小。也有女性实际上具有担任剧团负责人的能力，但仍选择做业务方面负责人，因为她认为自己对处理剧团行政事务和人际关系等没有把握，而是更擅长演戏、教戏、创作等纯粹的音乐表演业务工作。例如，南京白局团长黄玲玲负责南京白局传承团队运转，她坦陈自己是被推到团长位置的，因此不得不担任团长一职，虽然她自身专业过硬，但她认为自己的管理能力还达不到应有的水平[②]。这些都在一定程度上表明，女性非遗传承人缺乏自身认同，对领导位置性别隔离的隐形障碍具有畏难情绪，并影响到女性非遗传承人自身志向的主动性。

其四，性别刻板印象的影响。新闻工作者沃尔特·李普曼将"刻板印象"定义为：闯入

---

① 当女性非遗传承人想放弃生育权时，几乎都要面临家人的质疑，即如何面对不生育对婚姻关系可能带来的影响，以及是否能承受潜在的后果。这会对女性本身造成心理压力而促使其被动选择生育。

② 据南京博物院2019年青年课题"讲述'她'的故事——江苏女性非遗传承人初步研究"2019年7月31日南京白局省级非遗传承人黄玲玲访谈整理。

个人认知能力及其对外界事物的看法之间的一种由文化因素决定的形象①。刻板印象，在一定程度上是对事实的歪曲。性别刻板印象是对男性与女性不同特征的条件反射式的观念，会使被刻板印象化的群体成员个人认知的独立性受到影响。认为女性在数学和自然科学方面能力不及男性、女性在逻辑思维方面不及男性等，都属于对女性的刻板印象。在以男性为主导的职业领域中，劳动力性别隔离是由两性生物差异与自然差异造成的。波伏瓦就生物学上女性与男性身体构造的不同，认为女性在月经、生育、体能等因素的影响下，个体生命的确没有男性丰富。PMS②在女性经历中有着很大的影响，比如，对音乐表演类女性非遗传承人来说，舞台演出、"跑码头"均对体能和精神状态有所要求，演出之前和整个演出过程，都充满了与PMS的对抗。调查样本中的女性非遗传承人，很少将个人事业的成功归功于自身努力，而是更强调外部环境的诸多因素对自身成功的作用，甚至将其归因为运气，这种归因误差进一步导致部分女性非遗传承人对事业选择期望降低，承认社会存在的性别刻板印象及劳动力性别隔离，缺乏走向成功的野心和积极性。这样的心态，是适应现实、被动调节的结果。

四、女性非遗传承人的自我觉醒与身份重构

女性的生存状况在社会变革中不断改善，但女性在要职上晋升不易、生育自主权缺失等问题仍然存在。样本中女性非遗传承人高频次地表达出既想实现自我社会价值，又想实现家人对好妻子、好母亲、好媳妇、好女儿等多重身份的期盼，现实中她们却在自我肯定和自我妥协中不断摇摆，实现平衡的代价往往是让步、妥协、牺牲，或者是持续处于高压状态。平等并没有在真正意义上到来，现代社会在男女平等方面还有很大的进步空间。要改变女性非遗传承人面临的诸多困境，需要个人力量和社会力量双管齐下，不仅要尝试从女性自身进行变革，也需要社会结构、社会制度的实践改革。个人转变不是在真空的社会环境中完成的，而是时时刻刻受所处社会环境影响。具体说来，可以从以下三个方面着手。

1. 敦促两性享有同等的社会权利

博纳尔称女人属于家庭，而不属于政治社会，大自然创造她们，是让她们照料家务，而不是行使公共职权③。从某种程度上来说，女性学历提升使女性在公共职业中正式任职的比例有所提高，但事实上，男性似乎更具有利地位。习焉不察的是，在大部分情况下，女性同时为劳动者和主妇，即使夫妻双方都为全职工作者，照料孩子和家庭也依旧主要由女性承担，女性在

---

① 〔美〕玛丽·克劳福德、罗达·昂格尔著，许敏敏、宋婧、李岩译：《妇女与性别》，中华书局，2009年，第64页。

② PMS："经前综合征"（Premenstrual Syndrome），是指女性在月经周期前感受到的身体不适和情绪变化。

③ 〔法〕波伏瓦著，郑克鲁译：《第二性》，上海译文出版社，2015年，第158页。

"职员"和"主妇"双重角色之间取得有效平衡非常艰难。"主妇"承担的无偿的家务劳动，不直接作用于集体生产，在社会层面体现为家务劳动的贬值。步入婚姻后，囿于家庭劳动、生育，似乎不少女性都很难长期坚持研究或全身心投入职业。对于部分女性来说，即使她们能通过工作获得经济独立，可一旦需要，她们仍会选择牺牲自己的工作、兴趣以保障丈夫的职业规划。具体到非遗保护工作中来看，可以通过赋予女性非遗传承人以同等的专业进修机会、制定相对公平的用人机制等措施，来保障女性非遗传承人在传承工作中的主体地位，为女性非遗传承人从事非遗保护工作提供更多可能性。

2. 加强自我认知能力

应该说，性别隔离和性别阶层化仍是普遍现象，女性在专业领域晋升相对困难，女性在事业前进道路上受阻的这一普遍现象被称为"玻璃天花板"——女性能看见她的目标，但是会撞见一个她们看不见但又不能穿过的障碍[①]。在非遗保护工作中，尤其是对非遗剧团的领导层来说，男性成员因占据数量优势而能决定群体文化，零星的女性成员的存在，类似于装点门面，于是她们成为"象征性的女性"。女性非遗传承人即使获得领导职位，在非遗剧团核心团队决策中，决策分量仍显甚微。同时，基于男性、女性的社会性别刻板印象，男性更有可能被挑选为群体领袖。比如，江苏省演艺集团音乐表演类非遗京、昆、锡、扬四个剧团的团长皆为男性。刻板印象、认知偏差和社会结构等因素，使女性更难担任行业领导职位。加强女性非遗传承人在自身性别和领导身份的融合，首先需要她们主动跳脱性别刻板印象的窠臼，不断增强自信，在领导身份、领导能力、人际支持以及对团队承诺等方面加强自我认知。

3. 公共政策的真正落实

拒绝做母亲、选择不生育被视为女性心理失调的标志，刻板印象视之为自私的表现。更有学者认为"在这种社会背景中，要一个孩子的决定不能代表一种自由的选择，最多是逃避压力来适应环境的无能"[②]。"生"还是"不生"，影响女性非遗传承人决定的因素既来自自己，也来自他人。选择不生育，需要承受外部压力。而选择生育，要克服自身压力，要考虑是否已经做好为人母的准备，要考虑配偶及整个家庭的需求，还要考虑当自身需求与他人需求产生冲突时选择对抗还是妥协，以及自己是否能够承担相应的后果。列维-施特劳斯说："在血统形态变动的后面，入住夫家的常规表明了标志人类社会特点的两性不对等的基本关

---

① 〔美〕玛丽·克劳福德、罗达·昂格尔著，许敏敏、宋婧、李岩译：《妇女与性别》，中华书局，2009年，第677页。

② 〔美〕玛丽·克劳福德、罗达·昂格尔著，许敏敏、宋婧、李岩译：《妇女与性别》，中华书局，2009年，第591页。

系。"①没有决定生殖命运的能力，女性就永远不会在社会、经济和政治生活中拥有平等角色，而会继续在政治上被男性统治，经济上依赖于男性②。不可否认的是，当下男性也在逐渐对孩子和家庭进行必需的养育性角色参与。在调查样本中，15.9%的男性配偶从无感、反对，到逐渐对女性非遗传承工作改观、承认女性付出，并落实到实际行动，自觉担任起更多的家庭责任及辅助工作。应该说，一定程度上，这对改善女性非遗传承人的困境以及推进性别平等是有意义的。然而，这还远远不够。对于女性来说，工作和家庭的平衡，有赖于个人和社会的共同努力。对于儿童照顾、带薪假期、同工同酬、教育公平、工作场合平等、反性别歧视等公共政策的真正落实，实现家庭责任的社会平等，是改善目前女性非遗传承人困境、促进两性平等的有效路径。

五、结　　语

当下女性非遗传承人在公共空间的自我表达仍有一定的局限性，因此有必要结合博物馆的功能与特点，以女性非遗传承人为研究对象，展开相关的田野调查、学术研究及非遗主题展陈等。通过田野调查，非遗传承发展中的性别伦理问题已然浮出水面。"家中无长兄"的现实与家族传承的需要，促使女性非遗传承人走向创作，从幕后至台前，在公共空间中积极表达，在非遗传播发展中崭露头角，努力挣脱刻板印象、认知偏差、性别隔离等对自己的影响。通过非遗保护中性别话题的呈现和争鸣，实现对女性非遗传承人的整体观照，是博物馆伦理道德中有关性别文化探索的重要内容。

总之，女性非遗传承人在非遗传承发展中的重要性不可忽视，非遗传承公共责任的分担和文化资源的共享在每个女性非遗传承人身上会有新的体现。在非遗传承保护创新上，女性非遗传承人对自身权利意识关注的提高、女性非遗传承人的身份认同与重构是一个长期的过程，在未来学术研究中仍需进一步探讨。

［原载于《南京艺术学院学报（音乐与表演）》2022年第3期］

---

① 〔法〕波伏瓦：《第二性》，郑克鲁译，上海译文出版社，2015年，第99页。
② 〔美〕玛丽·克劳福德、罗达·昂格尔著，许敏敏、宋婧、李岩译：《妇女与性别》，中华书局，2009年，第594页。

文物保护

贵州贞丰县龙井村白棉纸制作工艺调查及纸张性能研究

郑冬青　彭　银　张金萍

内容提要：贵州贞丰县小屯乡龙井村以生产手工白棉纸著称，其生产技艺已于2006年被国务院列入《第一批国家级非物质文化遗产名录》。通过现场考察和同村民访谈，详细了解了龙井村白棉纸的制作工艺，并对纸张外观、pH、抗张强度、耐折度、撕裂度、纤维成分等进行了实验室研究，结果表明龙井村白棉纸在关键生产技艺上忠实地继承了我国古代造纸工艺，抄造的纸张品质较好，物理强度优异，化学稳定性好，可应用于书法创作及文物保护修复。

关键词：贞丰县龙井村　白棉纸　制造工艺　性能研究

一、贞丰县龙井村自然环境

贞丰县位于贵州省西南部、黔西南布依族苗族自治州东部。贞丰县地处云贵高原向广西丘陵过渡的斜坡地带，地势由西北向东南呈阶梯状逐级下降。其大部分地区属于典型的喀斯特地貌，加上一些珍稀的动植物，就构成了一个完美的喀斯特自然生态圈[①]。此地气候温和，冬无严寒，夏天无酷暑，属典型亚热带季风湿润气候。年均降水量1356毫米，年平均气温16.6℃[②]。

贞丰县小屯乡辖11个村，龙井村距小屯乡乡政府驻地2千米，以生产手工白棉纸著称，生

---

① 邬蒂、向往：《喀斯特生态王国贞丰》，《人与自然》2003年第10期。

② 周仕鹏、吴兴洋、姜荣：《贞丰国家一般气象站气象要素资料分析》，《贵州气象》2011年第4期。

产的纸张统称为"小屯白棉纸"，目前保留着古法造纸的作坊约有500户，均尊蔡伦为先师[①]。小屯白棉纸生产技艺已于2006年被国务院列入《第一批国家级非物质文化遗产名录》，代表性传承人为刘世阳[②]。

二、白棉纸制作工艺调查

（一）原料和处理方法

龙井村白棉纸以构皮为原料，仙人掌汁为纸药，造纸过程中还需用到石灰、草木灰等。

1. 采集原料

龙井村附近造纸户一般在农历二至四月采集1—3年生的构皮。据了解，1年生且树径在20cm左右的构树皮质量最好，若树龄太大，纤维老了，造出的纸质量就不好。农历五六月也可采集，但因此时构树含水量少，皮薄，皮的质量差，用火烤才可剥皮，叫"火烤皮"。剥皮后要晒干。阴天构皮容易发红，雨天可以用火烤。将晒好的皮打成捆以便于运输。

2. 泡料

将成捆的构皮揭开，放在水池中浸泡两三天。

3. 捆料

将构皮捞出后捆成小颗方便浆石灰。一般100斤干构皮可捆成30颗左右。

（二）煮熟、漂白和打浆

1. 浆料

用钩子将构皮放在石灰池里浆。浆了石灰的料叫"石灰皮"。

---

① 相传农历三月十一日是蔡伦的生日。"文化大革命"前，在村头有一蔡伦庙，每逢蔡伦会，家家户户凑份钱，杀一头大肥猪，在村头的蔡伦庙焚香祭祖。破四旧时，庙毁了，但在每家每户的堂屋里都供放着"天地宗亲师"位，上面必不可少地写着"蔡伦先师、鲁班先师、杜康先师"，这一祖宗牌位也就成了抄纸人对祖师爷的唯一纪念。在调查中我们发现在抄纸作坊聚集处的路边还供有"蔡伦先师之位"的牌位。

② 龙井村白棉纸生产主要通过师徒、父子相传，至今已有两百多年的历史。小屯乡刘氏一族一直是白棉纸生产技艺的主要传承者，传至当代已有10代。

2. 蒸料

将料整齐码放在木甑或石甑里面蒸，需时3—4天。一般蒸料过程中要加一次水。

3. 洗料

用钩子将料取出，放在水池或小溪里清洗一天一夜，然后用脚踩，将石灰踩掉。

4. 泡料

将构皮放在水池中浸泡2天后，翻转再泡1—2天，感觉皮较软、较均匀，皮上有润滑度即可。

5. 揉料

把料撸起来，用手将粗料揉掉。

6. 洗料

将揉好的料放在池子里再次清洗，然后在平地上堆成垛。

7. 榨料

用木榨将构皮里的水分榨掉。

8. 二次蒸料

榨干后，把料取下来并抖松，后将草木灰均匀涂在料上，再从料头开始拉到料尾，打成草墩模样放在甑子里，中间留一个出气孔，用稻草盖住，再用泥巴将顶部全部密封好，二次蒸料，最少蒸2—3天。

9. 泡料

将料钩出放在水池中浸泡，以便去掉草木灰。

10. 踩料

把料放在平地上，用脚踩去皮上硬质或渣子。

11. 洗料

将料放在料箕里，置于小溪中，用手转料，使料箕中间形成旋涡，靠离心力将浑水流出去。

12. 拣料

把料里面的黑壳、疙瘩、杂质等拣掉。

13. 打料

用石碓将料打成薄片，越薄越好。打料需要2人合作，一人打碓，一人转碓。

14. 洗料

放在淘箕里，将很细的浑浆淘洗掉。

15. 打槽

将洗好的构皮料放在槽子里搅拌，将料搅匀。

16. 加纸药

取仙人掌削掉皮，放在一个小池子里，用木棍搅拌，使其胶汁全部溶解于池中，再反复搅拌均匀直至稠状。将仙人掌胶汁浆添加到已搅拌均匀的构皮浆中，再次搅拌约半小时。

（三）抄纸、压榨和干燥

1. 抄纸

抄纸时，双手平抬纸帘，内侧一端先沉入纸浆中，接着沉另一端，先前后晃动纸帘几次，然后左右再晃动几次，最后用两手把纸帘平提起，再把帘上的湿纸扣放在木板上。龙井村白棉纸抄纸过程中有的一帘抄一张纸，有的一帘中间隔开一次抄出两张纸。

2. 榨纸

用木榨将纸垛慢慢榨干，然后起垛。

3. 晒纸

原始工艺是将纸一张张撕下来，用棕刷刷到火墙上焙干。现在已经不用火墙了，改为太阳晒干，将抄好的纸一张张贴在墙壁或地面等平整处晾晒，晾晒时视纸页湿度而定可重叠。

4. 揭纸

待纸干后，将纸逐一揭下来。

5. 理纸

将一张张叠好，并理齐，100张为一刀。

三、白棉纸纸张性能研究

（一）纸张基本信息

完成现场调查后购买了一些白棉纸到实验室进行研究。纸张幅面尺寸约为106cm×52cm，经测试定量为33.67g/m²。

从外观上看，纸张颜色洁白，表面平滑，在VHX-1000E超景深显微镜下可看到纸张纤维交织紧密，夹杂少量未漂白的纤维或其他杂质。

（二）帘纹密度

手工纸是用纸帘一帘一帘抄制而成，抄纸时由于浆料中纤维在帘条上与帘条间的沉积量不同，在纸页上形成一条条明暗不同的纹道，迎光可见，称为"帘纹"。纸张的帘纹是手工纸的重要标志，帘纹的疏密程度用每厘米多少道来表示。两晋南北朝时期，帘纹多为3—7道/cm；到明清时期，一般书写纸的帘纹可达10—15道/cm，因此帘纹形态常是纸张质量和制造年代的参考因素[1]。经检测，所购白棉纸的帘纹约为12道/cm。

（三）厚度

厚度是反映造纸技术水平和纸张质量的一个重要指标。采用DRK107B纸与纸板测厚仪在

---

[1] 王菊华：《中国古代造纸工程技术史》，山西教育出版社，2006年，第132—144、355—379页。

纸张上选择了5处位置进行了厚度测试，取其算术平均值。经测试，纸张平均厚度约为121.3微米。

（四）白度颜色

纸张白度可以反映纸张纤维的提纯程度和老化程度，纤维素含量越高、老化程度越低的纸，一般白度越高。采用DRK103B白度颜色测定仪对纸张进行测试（表一）。即使现在，有很多纸的白度也还达不到40度[①]，由此可见龙井村白棉纸的白度很高。

表一　纸张白度颜色值表

白度/度	色度		
	L	a	b
61.82	89.6	−1.1	4.7

（五）pH

纸张pH对纸张的稳定性和耐久性有很大影响，弱碱性的纸张状态比较稳定；偏酸性的纸张由于酸催化水解导致纤维素β-1，4糖苷键的断裂后被氧化生成羧酸，从而导致纸张不断酸化、降解。纸张的pH及其稳定性是其能否应用于文物保护修复中的重要参考依据。

根据ISO 5630-1标准[②]，将纸张置于105℃环境下干热老化72小时，测试其老化后pH变化情况。pH的测试采用ORION 3 STAR台式pH计平头电极无损测试，在纸张上选3个不同部位测试后取其算术平均值，3次测试之间差别不能大于0.2。经测试，纸张初始pH为7.93，老化后为7.06，表明该纸张呈弱碱性且状态较为稳定。

（六）抗张指数

抗张指数指纸在一定条件下所能承受的最大张力，它受纤维本身强度和纤维之间结合影响。

将纸张裁成宽15、长大于100cm的纸条（根据纸张帘纹方向区分横向和纵向），采用DRK 101B型电子拉力实验机进行抗拉强度实验。各组实验均需取得10个以上的有效数据，然后取其算术平均值。经测试，该纸张抗张强度横向为645.5N/m、纵向为1387.5N/m。

---

① 陈彪、王菊华：《一生为纸———科技史家王菊华研究员访谈录》，《广西民族大学学报（自然科学版）》2012年第1期。

② 国际标准化组织：《纸和纸板加速老化》第一部分"在105℃时的干热处理"（ISO 5630-1-1991）。

（七）耐折度

耐折度是指纸张在一定张力下，抗往复折叠的能力。耐折度能反映纤维本身强度和纤维间结合状况。

将纸张裁成宽15、长约100cm的纸条（根据纸张帘纹方向区分横向和纵向），采用DRK111型纸张耐折度测定仪进行耐折度实验。由于皮纸纤维长，纸张强度较好，耐折度一般都较高，故初始张力预设为9.8N。各组实验均需取得10个以上的有效数据，然后取其算术平均值。经测试，该纸张耐折度横向为18.3次、纵向为366.2次。

（八）撕裂度

纸张的撕裂度是指继续撕开已切口的纸所需力的平均值，是表征纸张物理强度的重要指标。

将纸张裁成长63、宽50cm的小块（根据纸张帘纹方向区分横向和纵向），采用DRK108B型纸张撕裂度仪进行测试。各组实验均需取得10个以上的有效数据，然后取其算术平均值。经测试，该纸张撕裂度横向为1743.3mN、纵向为2414.3mN。

（九）纸张纤维成分

在纸张上取少量样品，在XWY-VI型造纸纤维测量仪下观察其造纸纤维。首先将纸样用蒸馏水浸润，用手指揉搓成球状，放在载玻片上，滴几滴蒸馏水后用尖头镊子和钢针将纤维分散开，尽量使其分布均匀，然后滴上I-ZnCl2染色剂后小心盖上盖玻片。盖时防止产生气泡，盖玻片周围渗出的染色剂用滤纸吸除干净。

将制好的样片放在显微镜下观察，可见所有纤维形态基本相同，应为单一原料纸。从图中可看出纤维经I-ZnCl2染色剂染色后显棕红色，纤维均较长，纤维壁上有明显的横节纹，且大部分纤维外壁附有一层透明的胶衣（图一、图二），是明显的构皮纸[1]。

四、结　语

龙井村所产传统手工白棉纸在关键生产技艺上忠实地继承了我国古代造纸工艺，纸品具有外观洁白、纸张表面平滑、吸水性强、润墨性好等优点，可用于书法绘画创作。

---

[1]　王菊华：《中国造纸原料纤维特性及显微图谱》，中国轻工业出版社，1999年，第163—189页。

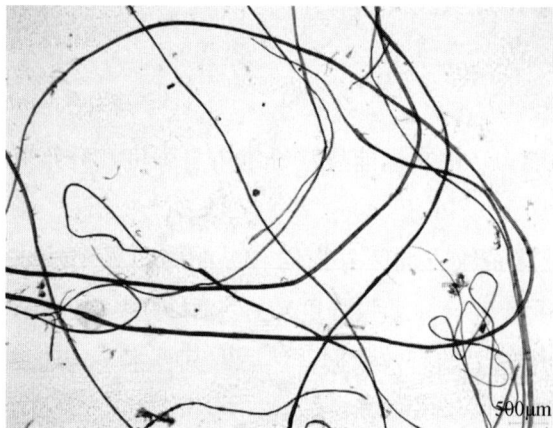

图一　纤维微观形态（50×）

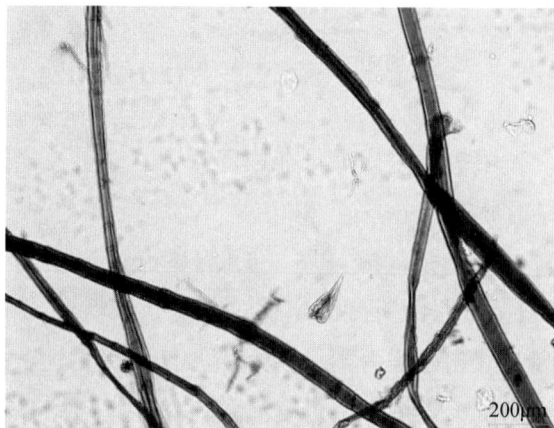

图二　纤维微观形态（200×）

　　龙井村白棉纸的抗张力、耐折度和撕裂度等物理强度指标比河北迁安桑皮纸、甘肃康县构皮纸、安徽净皮宣等明显要高[1]，而且其pH呈弱碱性并能保持稳定，经相应处理后可应用于文物的保护修复之中。南京博物院文物保护研究所已将龙井村白棉纸作为载体成功研制出文物防霉包装纸，用于馆藏有机类文物的预防性保护之中，取得了很好的效果[2]。

（原载于《四川文物》2014年第2期）

---

　　① 张学津等：《北方手工纸的耐久性研究》，《中国文物保护技术协会第七次学术年会论文集》，科学出版社，2013年，第448—455页。

　　② 郑冬青：《馆藏文物防霉纸的研究》，《博物馆研究》2013年第1期。

水硬石灰作为贺兰口岩画加固材料的耐候性能研究

徐 飞 杨隽永 杨 毅

内容提要：为了研究水硬性石灰在贺兰口地区的稳定性，以贺兰口岩石为试验对象，在实验室里分别用水硬性石灰和环氧树脂加固试块，并且做了耐冻融、耐热、耐高低温交变等一系列的耐候性能对比试验。结果表明，水硬性石灰与环氧树脂相比有较好的耐热性能；在冻融环境中，水硬石灰没有环氧树脂性能稳定，容易产生脱落现象。

关键词：岩画 加固 水硬石灰 耐候性

一、引　　言

贺兰口岩画主要分布在宁夏贺兰口沟口内外的山壁上和沟口外洪积扇坡地上，在保护范围内，共发现有岩画2194组，单体岩画5500幅，有着极其珍贵的价值。这些岩画有着多种病害，其中片状剥落（图一）和裂隙是主要的病害。

为了保护好这些岩画，必须对开裂的部分进行灌浆加固。由于环氧树脂有较好的渗透性和较高的黏结强度，对石刻类文物进行裂隙灌浆加固时，起到的补强作用是不容置疑的。但是环氧树脂作为有机高分子材料，有着高分子

图一　贺兰口岩画表面片状剥落

材料耐老化性较差、易黄变、老化产物与岩石不兼容等问题[1]。由于无机材料没有老化问题，化学成分与岩石接近，因此近几年来，以无机材料为主作为砖石类文物加固剂研究是一个探

---

[1]　丁著明、吴良义、范华等：《环氧树脂的稳定化（Ⅰ）环氧树脂的老化研究进展》，《热固性树脂》2001年第5期，第34—36页；Melo M J, B racci S, Camaiti M, et al. Photodegradation of acrylic resins used in the conservation of stone. *Polym Degrad Stab*, 1999, 66(1)：23-30.

索方向。如曾余瑶、张秉坚以石灰等无机材料为基料，与糯米浆混合组成复合配方，该配方材料固结以后有适度的表面硬度，对古建和石刻文物有适中的加固强度，并且具有较好的耐水浸泡性和优良的耐老化性[①]。崔瑾等以石灰糯米浆为主体，加入了现代高分子材料改性剂，提高了无机灌浆材料的力学性能、耐污性能，增强了石灰和砖黏结强度和耐水性[②]。周霄、戴仕炳等采用水硬性石灰加固保护广西花山岩画，取得了良好的效果[③]。范陶峰在保护宁波招宝山明清石刻时，使用水硬性石灰作为环氧树脂灌浆加固后的填缝剂，避免环氧树脂直接暴露在光照下，起到表层填缝的作用，在操作的时候发现水硬性石灰具有附着力强、不挂浆、易清洗、不龟裂、固化速度快等特点，是较好的石刻文物封缝材料[④]。

在实践操作中发现水硬性石灰渗透性不好，只能对一些较为宽大浅表层的裂缝进行灌浆加固，还不能对细小岩石裂缝进行充分的灌浆加固。而一些进口的环氧灌浆树脂如瑞士的爱牢达XH160A/B由于有超强的渗透性，可以对石刻细小缝隙进行常压灌浆，充分地渗透，起到较好的加固作用[⑤]。因此，目前水硬性石灰还不能完全替代环氧树脂的灌浆加固作用，二者相互结合是目前较为可行的方法。环氧树脂在有光照的情况下容易老化，故不能够直接暴露在岩石的表面。对于贺兰口岩画表面的细小裂缝，尝试先采用进口的爱牢达XH160A/B环氧树脂进行灌浆，预留2—3mm的表层高度，等环氧树脂固化后，使用水硬性石灰在环氧树脂表层封面，使得环氧树脂不直接暴露在光照下，起到表层填缝的作用。对于较为宽大的裂缝，可以考虑使用水硬性石灰进行灌浆加固等操作。水硬性石灰在较为寒冷的我国西北地区，性能是否稳定，做了一些环境模拟破坏试验进行研究。

二、实 验 材 料

（一）实验用石样

贺兰口淡绿色岩石试块（砂岩）尺寸为20mm × 20mm × 20mm。

①　曾余瑶、张秉坚、梁晓玲：《传统建筑泥灰类加固材料的性能研究与机理探讨》，《文物保护与考古科学》2008年第2期，第1—7页。

②　崔瑾、贾京健、倪斌：《改性灌浆材料在防治故宫古建筑墙体空鼓、返碱等病害中的应用》，《中国文物保护技术协会第七次学术年会论文集》，科学出版社，2012年，第258—263页

③　周霄、胡源、王金华等：《水硬石灰在华山岩画加固保护中的应用研究》，《文物保护与考古科学》，2011年2期，第1—7页。

④　范陶峰：《镇海招宝山明清碑刻保护》，《石材》2011年第8期，第51—54页。

⑤　张成英：《经典黏结未来安全源于专业——爱牢达系列高性能建筑胶粘剂》，《建筑结构》2007年增刊，第429—432页。

（二）化学灌浆和填缝材料

灌浆加固材料采用瑞士爱牢达XH160A/B双组份环氧树脂，填缝加固材料采用同济大学德赛堡建筑材料有限公司的NHL天然水硬性石灰（表一）。XH160A/B环氧树脂灌浆液具有良好的加固和黏接性能，但由于其在日光、高温条件下易泛黄老化。因此，常用作岩石内部加固材料，在内层灌浆加固后，表层再用填缝材料进行勾缝、抹灰或调色。填缝材料常用耐老化性能优良的无机材料如普通石灰、滑石粉、石膏等。近年来，以水硬性石灰为主要成分的材料获得文物保护工作者的青睐。

表一　化学灌浆和填缝材料

名称	产地，规格	用途
NHL（天然水硬性石灰）	德赛堡建筑材料有限公司	填缝剂
爱牢达XH160A	亨斯迈先进化工材料（广东）有限公司	环氧主剂
爱牢达XH160B	亨斯迈先进化工材料（广东）有限公司	固化剂

三、试 验 方 法

（一）样品的制备及预处理

1. 水硬石灰试块

为进行各项性能测试，灰浆需加水搅拌成型，制备成一定规格的固结试体，要求匀质性好而且在数量上能得到充分保证。

试件规格采用20mm×20mm×20mm小试块，采用相应的金属模具，称取一定量的灰粉料放入搅拌锅中，按照水灰比0.4加入水，用油灰刀人工搅拌均匀，再将拌和物倒入模具中，上下振动20次去除气泡，表面抹平后，于室温下放置1d后脱模。要求试体均匀无大气孔，且空隙率相同。将脱模后的试体放在空气中养护21d，编号备用。模具、工具和制备好的试体见图二、图三。

2. 水硬石灰半涂岩石试件

半涂岩石试件是将岩石试件的一半用填缝灰浆涂覆，抹平。通过改变温度或其他环境条件来考察灰浆体积安定性和耐候性能，反映灰浆硬化体与岩石基体的热膨胀性是否匹配，涂与不涂界面处的老化情况。本次试验采用20mm×20mm×20mm贺兰山岩画绿色岩石试件，灰浆水灰比为0.4，采用油灰刀将灰浆均匀涂覆到试件上，表面涂覆面积约占总面积的一半，涂抹厚度控制在3mm左右。制备好的试件（图四）放在室温下空气中固化21d备用。

图二　成型模具和用具

图三　制备的试件（20mm×20mm×20mm）

3. 环氧灌浆料制备

爱牢达XH160A/B 配制：按厂家推荐的比例XH160A：XH160B=100：30重量比，分别称量于250mL 一次性塑料杯中，将XH160B 缓慢倒入到XH160A 中，搅拌均匀备用。

掺加石粉浆料的配制：在上述环氧灌浆液中，分别按环氧灌浆液、石粉重量比1：1、1：2和1：3掺加石粉，搅拌均匀。

图四　水硬石灰半涂件

4. 环氧灌浆料半涂岩石试件

本次试验采用20mm×20mm×20mm贺兰山岩画绿色岩石试件，环氧树脂浆液的配比制备同上，采用毛刷和油灰刀将浆液均匀涂覆到试件上，表面涂覆面积约占总面积一半。制备好的试件放在室温下空气中固化21d，见图五、图六。

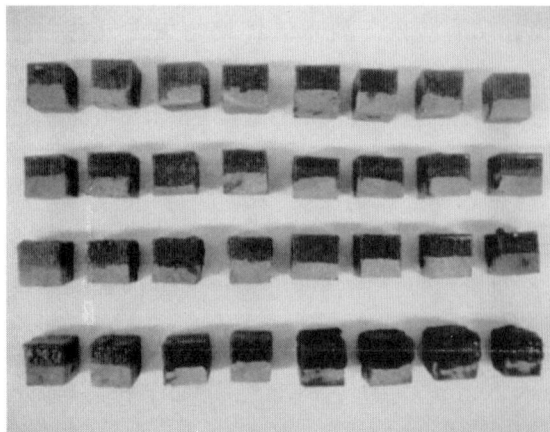

图五　环氧树脂半涂试件侧面

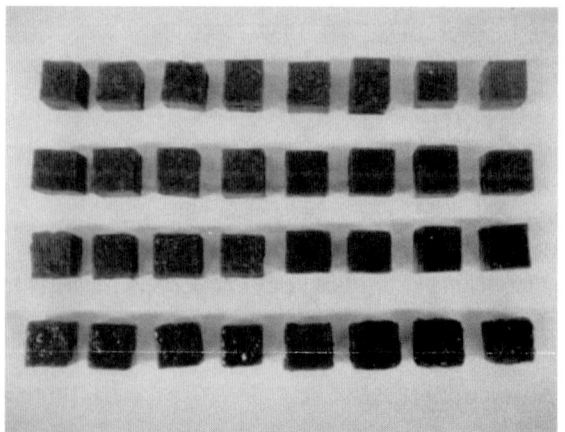

图六　环氧树脂半涂试件正面

（二）水硬石灰浆料需水量与凝结时间的测定

石灰类灰浆需水量的测定目前无国家标准，本研究参照 GB/T 1346-1989《水泥标准稠度用水量、凝结时间、安定性检验方法》的标准进行测定。仪器为水泥稠凝测定仪（图七），无锡建筑仪器机械厂生产。

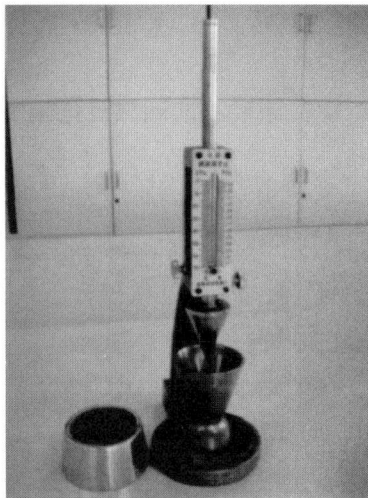

（三）水硬石灰体积安定性测定

贺兰山岩石处于季节、昼夜温差大的环境下，因此对表面填缝材料的热稳定性提出了更高的要求，分别采用沸煮法和干烘法对灰浆的体积安定性进行了试验。

图七　水泥稠凝测定仪

1. 沸煮法测定体积安定性

体积安定性参照 GB/T 1346-1989《水泥标准稠度用水量、凝结时间、安定性检验方法》进行（使用仪器为沸煮箱，F2-31A，无锡建材仪器机械有限公司）。将 2 块 NHL 试体放置在沸煮箱水中的篦板上，加热至沸腾并恒沸（180±5）min。冷却后取出观察外表现状。

2. 干烘法测定体积安定性

按照 JC/T 478.1-92《建筑石灰试验方法物理试验方法》进行，在两块约 100mm×100mm 的石棉网板上，分别制备直径 50—70mm、中心厚 8—10mm、边缘渐薄、表面光滑的 NHL 试饼。接着将试饼室温养护 5min 后，放入烘箱中，在 100—105℃烘干 4h 取出。肉眼观察外表现状。

（四）腐蚀循环实验

1. 水硬石灰耐水性能的测定

耐水浸蚀试验是在室温下，将试体浸泡在水中，经过一定时间后取出，观察试体有无裂纹、鼓泡、起皮、溃散、剥落等破坏现象。

2. 水硬石灰耐盐浸蚀

耐盐浸蚀试验是将试体浸泡在盐的饱和溶液中，经过一定时间后取出，烘干后再次浸泡，按此周期反复循环。由于盐溶液可通过孔隙侵蚀试体内部，试体烘干后盐结晶产生较大压力，从而使样块开裂溃散，通过观察破坏出现的时间和程度，能够比较试体的耐盐性能。本次试验采用Na_2SO_4饱和溶液。具体操作为：将NHL试体用饱和Na_2SO_4溶液浸泡16h，在105—110℃下烘干4h，冷却4h后，观察记录试体表面变化情况。此为一循环，如此反复进行，直至试体出现严重缺陷为止，本批共2组，每组2块。

3. 水硬石灰耐二氧化硫浸蚀

本实验项目用于考察封护后的试体暴露在SO_2气氛中的变化情况，可反映岩石抵抗大气中SO_2和酸雨侵蚀的能力。将$NaHSO_3$饱和溶液放在干燥器下层，试体放在干燥器上层，$NaHSO_3$分解产生大量SO_2气体，试体在这样的气氛里放置，定时观察破坏情况，本次试验共2组，每组2块，共放置10d。

（五）半涂破坏性实验

为了进一步研究水硬石灰和环氧树脂灌浆和填缝性能的稳定性，做了水硬石灰和环氧树脂半涂试件的耐热试验、耐冻融试验、耐高低温交变试验。

1. 耐热试验

将试块在烘箱中100℃烘16h，冷却8h，记录样块外观变化情况。如此反复，共进行10个循环。仪器为电热鼓风干燥箱，101A-2，上海实验仪器厂。

2. 耐冻融试验

将样块在水中浸泡8h，在-20℃冷冻16h，记录样块外观变化情况，本次试验共进行10个循环。

3. 耐高低温交变试验

将样块在烘箱中100℃烘4h，取出在水中浸泡4h，在-20℃冷冻12h，取出在水中浸泡4h，记录样块外观变化情况，再进行下一次循环，反复进行10个循环。

四、结果与讨论

（一）浆料需水量与凝结时间的测定

填缝灰浆由天然水硬性石灰与水按一定比例配制而成，水与灰的重量比称为水灰比。水灰比的大小直接影响固结体的性能，水灰比过大，粉浆易搅拌，但由于游离水的挥发大，灰浆成型后体积收缩大，容易产生裂缝；水灰比小，粉浆不易搅拌，则影响硬化，内部空隙率大，强度降低（表二）。

表二　浆料需水量与凝结时间的测定（25℃）

材料名称	需水量/水灰比	初凝时间/h	终凝时间/h
NHL	0.42	5	18
NHL+石粉（1∶1）	0.32	6	20
NHL+石粉（1∶3）	0.27	8	24

灰浆用水量随着掺加石粉量的增加而减少，浆凝结时间为5—24h。

（二）抗压强度、体积密度和吸水量的测定

将制备的试件室温放置21天，分别测定试体抗压强度，体积密度和吸水量。结果表明NHL固结体21天的抗压强度为1.47MPa，掺加石粉后强度降低，掺加量越大，强度越低；NHL的吸水率近30%，具有很强的吸水性，掺加石粉后吸水性降低；体积密度随着掺加石粉量的增加而增加（表三）。

表三　灰浆试体的基本性能（20mm×20mm×20mm试体，21d）

材料名称		抗压强度/MPa	体积密度/g·cm^{-3}	吸水率/%
灰浆试体	NHL	1.47	1.33	29.85
	NHL+石粉（1∶1）	1.24	1.59	22.12
	NHL+石粉（1∶3）	0.49	1.68	18.29

（三）体积安定性实验结果与讨论

沸煮法：冷却后取出观察NHL灰浆试体外表，试体无溃散，无裂缝，无变形弯曲现象，表明沸煮法安定性合格。

干烘法：肉眼观察NHL灰浆试饼，试饼无溃散、裂纹和鼓泡等现象，表明干烘法体积安定性合格。

结果表明，灰浆试体在干燥和水浸、硬化时和硬化后均具有良好的体积安定性，不随温度变化发生溃散、裂纹、鼓泡、变形等破坏。以天然水硬性石灰为主要成分的NHL材料，成型后试体吸水性高，具有良好的耐水性，在干燥和水浸条件下的体积安定性均合格。

（四）腐蚀循环实验结果

1. 水硬石灰耐水性能的测定结果

本次试验将2块NHL灰浆试体浸泡在水中1个月，表面无明显变化，因此，NHL灰浆有良好的耐水性能。

2. 水硬石灰耐盐浸蚀

结果表明：试体可以抵御2次耐盐浸蚀循环。5次循环后，试体底层出现轻微剥落。10次循环后，试体外观略变暗，底层有轻微剥落（图八；表四）。

表四　耐盐浸蚀试验结果

材料名称		2个循环	5个循环	10个循环
灰浆试体	NHL	试体完好	底层出现轻微剥落	表面略变暗，色差 ΔE=9.76，底层轻微剥落

3. 水硬石灰耐SO₂浸蚀

NHL灰浆试体，在含SO_2气氛的干燥器中放置10d以后，其结果见表五。

表五　耐SO₂试验结果（240h）

材料名称		48h外观	72h外观	240h外观变化
灰浆试体	NHL	无变化	表面出现泛黄	表面明显泛黄，色差 ΔE=11.10

结果表明，在浓SO_2气氛里，灰浆试体在72h出现泛黄，其后逐渐加深，240h色差 ΔE=11.10。在高浓度SO_2气氛中，表面易泛黄色。这个原因还需深入研究，是和SO_2生成了新的物质，还是因为这种牌号的水硬石灰里含有微量的有机物质（不耐酸），这都需要今后进一步研究（图九）。

图八　耐盐浸蚀试验10个循环后试体外观

图九　耐SO₂试验240小时后试体外观

（五）半涂破坏性实验结果

1. 耐热实验结果

水硬石灰试件经过10个热循环后，试体无裂纹，变色，粉化，变形等现象，表明灰浆试体具有良好的耐热性能，实验结果见表六。

表六　水硬石灰耐热试验结果

材料名称		10个循环外观变化
灰浆试体	NHL	无变化
	NHL+石粉（1∶1）	无变化
NHL+石粉（1∶3）	NHL+石粉（1∶3）	无变化
半涂岩石试件	NHL	无变化
	NHL+石粉（1∶1）	无变化
	NHL+石粉（1∶3）	无变化

环氧树脂半涂试件在100℃老化时，表面略泛黄，无裂纹，变形等现象（表七；图一〇），这是因为环氧树脂的耐热温度一般在80—150℃，高于此温度时环氧树脂结构老化会产生变形和变色现象。本次试验在100℃出现变色，说明此种材料的耐热温度低于100℃。因此，建议此种环氧树脂材料不能在温度高于80℃时使用。

结果表明，水硬石灰在耐热性能方面明显高于环氧树脂，这与无机材料没有老化现象有关。由于环氧树脂是有机高分子材料，其遇热老化不可避免。

图一〇　10个热循环后环氧树脂半涂试件照片

表七　环氧树脂半涂试件耐热试验结果

材料名称	1个循环外观	10个循环外观
XH160A/B	环氧表面略泛黄	环氧表面略泛黄，其他无变化
XH160A/B+石粉（1∶1）	环氧表面略泛黄	环氧表面略泛黄，其他无变化
XH160A/B+石粉（1∶2）	环氧表面略泛黄	环氧表面略泛黄，其他无变化
XH160A/B+石粉（1∶3）	环氧表面略泛黄	环氧表面略泛黄，其他无变化

2. 耐冻融试验结果

样块在水中浸泡8h，在-20℃冷冻16h，10个循环后样块外观见表八、图一一。

表八　水硬石灰耐冻融试验结果

材料名称		10个循环外观变化
灰浆试体	NHL	底面局部有轻微灰浆剥落，其他面完好
	NHL+石粉（1:1）	底面局部有较多灰浆剥落，其他面完好
	NHL+石粉（1:3）	底面灰浆的表层全部剥落，其他面完好
半涂岩石试件	NHL	第3个循环后灰浆覆盖层全部剥落
	NHL+石粉（1:1）	第3个循环后灰浆覆盖层全部剥落
	NHL+石粉（1:3）	第2个循环后灰浆覆盖层全部剥落

图一一　水硬石灰半涂件第1个冻融循环后照片

由结果可以看出，水硬石灰半涂岩石试件在第3个循环后灰浆覆盖层全部剥落（表八；图一一）。这可能是制备的岩石试件表面比较光滑，与灰浆表面黏接强度较低，再加上冻融时体积的反复变化，引起灰浆层脱落。而单纯的灰浆试体在经过10个循环后，表面并无溃散、裂纹等现象，只在底面（与存放托盘接触的面）出现灰浆剥落，而石粉掺加量越大，剥落越多，这种情况的出现可能与这一面接触存放托盘面有关，掺加石粉的试体强度降低。因此，可以认为在冻融环境下，灰浆试体本身具有一定的抗冻性能，但灰浆试体容易从岩石覆盖表面脱落。因此施工时应该设法提高灰浆与岩石本体表面的黏接强度，达到阻滞灰浆从岩石表面脱落的目的。

经过10个冻融循环后，环氧树脂半涂试件外观无变化，与岩石试件无剥离，无裂纹等破坏现象（表九；图一二），表明全部环氧树脂配方材料均具有良好的耐冻融性。由于环氧树脂有较高的黏结力，在冻融的环境下，环氧树脂与石块的交接处有较高的稳定性。而水硬性石灰与石块的黏结力不高，造成在冻融环境下脱落的现象。

3. 耐高低温交变试验结果

将样块在烘箱中100℃烘4h，取出在水中浸泡4h，在-20℃冷冻12h，取出在水中浸泡4h，反复进行10个循环，其结果见表一〇，图一三。

表九　环氧树脂半涂试件耐冻融试验结果

材料名称	10个循环外观
XH160A/B	无变化
XH160A/B+石粉（1:1）	无变化
XH160A/B+石粉（1:2）	无变化
XH160A/B+石粉（1:3）	无变化

表一〇　水硬石灰耐高低温交变试验结果

材料名称		10个循环后外观变化
灰浆试体	NHL	底面局部有轻微灰浆剥落，其他面完好
	NHL+石粉（1∶1）	底面表层灰浆全部剥落，其他面完好
	NHL+石粉（1∶3）	底面有较多灰浆剥落，其他面完好
半涂岩石试件	NHL	第3个循环后灰浆覆盖层全部剥落
	NHL+石粉（1∶1）	第2个循环后灰浆覆盖层全部剥落
	NHL+石粉（1∶3）	第2个循环后灰浆覆盖层全部剥落

图一二　10个冻融循环后环氧树脂半涂试件照片

图一三　水硬石灰半涂件第10个高低温循环后照片

2010年8月，笔者在贺兰口现场做了水硬石灰的填缝试验，先采用环氧树脂裂隙灌浆，再用水硬石灰表面填缝，经过四年的自然环境考验，发现环氧树脂表面的水硬石灰已经大部分脱落，部分环氧树脂已经暴露在空气中（图一四），与实验室冻融试验结果相符。

从水硬石灰耐高低温交变试验结果可以看出：在实验条件下，单一的水硬性石灰试件表层有灰浆剥落现象出现，稳定性还不够高；第3个循环以后，半涂试件上的水硬性石灰全部从石块表层脱落（表一〇；图一三）。但是，从单一的水硬石灰试体和半涂水硬石灰的岩石试件的耐热实验结果来看（表六），二者都有着良好的耐高温能力。因此，在高低温交变环境中性能不理想，主要原因还是水硬石灰试体和半涂水硬石灰的岩石试件抗低温能力不佳。

环氧树脂半涂试件经高低温交变循环后，表面略泛黄，外观基本同热循环试验相同（表一一；图一五），没有脱落等不稳定性现象。表明变色主要是由高温老化引起，而与低温冷冻无关。半涂环氧树脂试件没有出现脱落现象，表现出了较好的耐高低温性能。

表一一　环氧树脂半涂试件耐高低温试验结果

材料名称	1个循环外观	10个循环外观
XH160A/B	环氧表面略泛黄	环氧表面略泛黄，其他无变化
XH160A/B+石粉（1∶1）	环氧表面略泛黄	环氧表面略泛黄，其他无变化
XH160A/B+石粉（1∶2）	环氧表面略泛黄	环氧表面略泛黄，其他无变化
XH160A/B+石粉（1∶3）	环氧表面略泛黄	环氧表面略泛黄，其他无变化

图一四　环氧树脂表面的水硬石灰填缝材料脱落殆尽

图一五　10个高低温交变循环后环氧树脂半涂试件照片

五、结论和建议

（1）水硬性石灰具有良好的耐水性能、耐热稳定性，耐热稳定性能明显强于环氧树脂。

（2）在冻融环境中，水硬性石灰易与石块分离，产生脱落现象，表现得非常不稳定。在抗冻融稳定性方面，水硬性石灰半涂试件远远不如环氧树脂，有着较大的差距。建议加强水硬性石灰的抗冻融稳定性研究，使其能够在北方寒冷地区石刻文物灌浆加固方面发挥主要作用。

（3）宁夏贺兰口是我国西北地区，极端最低温度-34℃，冬季日均温度在-10—5℃波动，是较为典型的冻融环境。因此，在岩画灌浆加固时，建议以环氧树脂灌浆为主，这样可以保证灌浆加固的稳定性。由于环氧树脂类的高分子材料耐光老化性能差是众所周知的[1]，一般户外五年以上，环氧树脂聚合物就易变黄，文物保护领域这样的实例很多，因此环氧树脂类材料不适合在岩石表面使用。灌浆口应预留2—3mm的填充高度，用以填充水硬性石灰，起到填缝和封面的作用。这样可以避免光线直接照射环氧树脂表面，减缓环氧树脂的老化。

（4）水硬性石灰在冻融环境下易于脱落的问题，是需要用相应辅助材料或者工艺去解决的。建议在水硬性石灰和环氧树脂界面之间，采用一些有一定黏结性能并与它们相匹配的材料，如糯米石灰浆、环氧胶泥等有机、无机共混物作为过渡层，开展相应的黏结加固研究，或许能够缓解甚至解决问题。

（原载于《文物保护与考古科学》2016年第4期）

---

① 丁著明、吴良义、范华等：《环氧树脂的稳定化（Ⅰ）环氧树脂的老化研究进展》，《热固性树脂》2001年5期，第34—36页。

有机-无机复合疏水型二氧化硅涂层制备及性能

杨隽永　徐　飞

内容提要：为研究制作保护石质文物的加固材料，采用溶胶-凝胶法，以两种有机硅材料［正硅酸乙酯（TEOS）和甲基三乙氧基硅烷（MTES）］为共同前驱体，少量正辛胺为催化剂，聚二甲基硅氧烷（PDMS）（方法1）或硅烷偶联剂KH-570（方法2）为有机改性剂，制备了有机-无机复合疏水型SiO_2涂层。通过红外光谱（FT-IR）、扫描电镜（SEM）和水接触角（WCA）来表征在砖块表面形成的SiO_2膜层化学组成、表面形貌以及疏水性能，然后再通过测试砖块加固前后外观、吸水性能和孔隙率的变化来验证实际加固效果。结果表明，两种方法均可以制备骨架带-CH_3基团的SiO_2溶胶。采用方法1（添加前驱体质量10%的PDMS）或者方法2（MTES/TEOS质量比为2），加固后的砖块对水接触角均超过140°，毛细吸水率降低到未处理时的1%—2%，并且砖块的色差和光泽度改变较小。通过耐候性能测试表明，方法2的保护效果相对较好，说明用此种方法合成的疏水性二氧化硅涂层可以作为砖块加固材料。

关键词：有机-无机　溶胶-凝胶法　疏水性涂层　耐候性能测试　石质文物保护

一、引　言

砖石质文物保护对化学加固材料具有较高的要求，不仅需要达到加固文物本体的效果，还必须符合"修旧如旧"的标准。聚硅氧烷具有渗透性好、与石材相容且对紫外线照射稳定的优点[1]，在吸收周围环境中的水分反应后会形成二氧化硅胶体，并通过硅氧烷链重新连接增强松散颗粒间的黏聚力[2]，因此常被作为石质文物的加固材料。其合成方法中溶胶-凝胶法具有易操

---

[1]　罗宏杰、刘溶、黄晓：《石质文物保护用有机硅材料的防开裂问题研究进展》，《中国材料进展》2012年第11期，第1—8页。

[2]　Maria J Mosquera, Desireé M de los santos, Teresa Rivas, et al. Surfactant-synthesized ormosils with application to stone restoration. *Langmuir*, 2010, 26(9): 6737-6745. Zárraga R, Cervantes J, Salazar-Hernandez C, et al. Effect of the addition of hydroxyl-terminated polydimethysiloxane to TEOS-based stone consolidants. *Journal of Cultural Heritage*, 2010, 11(2): 138-144. Salazar-Hernández C, Zárraga R, Alonso S, et al. Effect of solventtype on polycondensation of TEOS catalyzed by DBTL as used for stone consolidation. *Journal of Sol-Gel Science and Technology*, 2009, 49(3): 301-310.

作、成膜均匀、纯度高①等特性被较为广泛的应用②。以纳米SiO₂溶胶为例，目前使用最广泛的方法是Stöber法③，即前驱体为正硅酸乙酯，溶剂为无水乙醇，催化剂为氨水。在此基础上改变前驱体、催化剂和反应顺序可以得到不同粒径和分散结构的SiO₂溶胶。利用聚硅氧烷也可以构造出超疏水表面：一方面借助其微纳米结构达到改变材料表面粗糙度和形态的效果，另一方面通过表面修饰来降低材料的表面能④。

此前已经有诸多类似研究⑤，尽管在前驱体和合成路线上略有区别，但多数使用了盐酸、硝酸、草酸或者氨水作为催化剂，并且由于用途不同采用了载玻片⑥、单晶硅片⑦、混凝土⑧、

---

①　刘宝、崔升、沈晓冬：《疏水型SiO₂薄膜的制备与性能》，《南京工业大学学报（自然科学版）》2013年第6期，第48—51页。

②　Mosquera M J, Santos D M D L, Valdez-Castro L, et al. New route for producing crack-free xerogels: obtaining uniform poresize. *Journal of Non-Crystalline Solids*, 2008, 354(2-9): 645-650.

③　Stöber W, Fink A, Bohn E. Controlled growth of monodisperse silica spheres in the micron size range. *Journal of Colloid & Interface Science*, 1968, 26(1): 62-69.

④　Lin F, Shuhong L, Yingshun L, et al. Super-hydrophobic surfaces: from natural to artificial. *Advanced Materials*, 2002(14): 1857-1860. Eiji Hosono, Shinobu Fujihara, Itaru Honma, et al. Superhydrophobic perpendicular nanopin film by the bottom-up process. *Journal of the American Chemical Society*, 2005, 127(39): 13458-13459. Xinjian F, Lin F, Meihua J, et al. Reversible super-hydrophobicity to super-hydrophilicity transition of aligned ZnO nanorod films. *Journal of the American Chemical Society*, 2004, 126(1): 62-63. Coulson S R, Woodward I, Badyal J P S. Super-repellent composite fluoropolymer surfaces. *Journal of Physical Chemistry B*, 2000, 104(37): 8836-8840. Furstner R, Barthlott W. Wetting and self-cleaning properties of artificial superhydrophobic surfaces. *Langmuir*, 2005, 21(3): 956-961. Katsuya T, Hiroyuki S, Yasushi I, et al. Ultra-water-repellent poly(ethylene terephthalate) substrates. *Langmuir*, 2003, 19(25): 10624-10627. Erbil H Y, Demirel A L, Acvi Y, et al. Transformation of a simple plastic into a superhydrophobic surface. *Science*, 2003, 299(5611): 1377-1380.

⑤　刘宝、崔升、沈晓冬：《疏水型SiO₂薄膜的制备与性能》，《南京工业大学学报（自然科学版）》2013年第6期，第48—51页；叶文波、黄世俊、关怀民等：《超疏水聚硅氧烷涂层的制备及其性能》，《应用化学》2012年第10期，第1123—1129页；徐桂龙、邓丽丽、皮丕辉等：《溶胶凝胶法制备超疏水二氧化硅涂膜及其表面润湿行为》，《无机化学学报》2010年第10期，第1810—1814页；杨雨、钱国栋、王民权：《MTES-TEOS先驱液水解-缩聚机理及其凝胶玻璃性能研究》，《材料科学与工程学报》2000年第3期，第52—56页；刘绍军、孙敏、高峰等：《二氧化硅胶体基石质文物防风化有机-无机杂化材料制备及效果评估》，《中南大学学报（自然科学版）》2013年第1期，第46—54页；任志威、丁新更、董泽等：《混凝土表面SiO₂-GPTMSPDMS复合薄膜的耐腐蚀性能》，《材料科学与工程学报》2012年第5期，第737—751页。

⑥　叶文波、黄世俊、关怀民等：《超疏水聚硅氧烷涂层的制备及其性能》，《应用化学》2012年第10期，第1123—1129页；徐桂龙、邓丽丽、皮丕辉等：《溶胶凝胶法制备超疏水二氧化硅涂膜及其表面润湿行为》，《无机化学学报》2010年第10期，第1810—1814页。

⑦　谢伏将、姚兰芳、关飞飞等：《实验条件对SiO₂-MTES-CTAB纳米疏水薄膜的影响》，《材料导报》2009年第14期，第70—72页。

⑧　任志威、丁新更、董泽等：《混凝土表面SiO₂-GPTMSPDMS复合薄膜的耐腐蚀性能》，《材料科学与工程学报》2012年第5期，第737—751页。

多孔陶瓷[①]、钢板[②]等作为成膜基底，部分干燥成膜过程中还需要干燥加热处理[③]，显然这与砖石质文物保护方法相距甚远。

聚硅氧烷材料也存在一些不足，关键点在于干燥过程中凝胶中毛细压力差异会导致膜层内产生裂隙[④]。研究表明，可以通过改善干燥条件、引入弹性链段、表面活性剂或纳米粒子等方法来减少开裂和收缩[⑤]，其中添加聚二甲基硅氧烷（PDMS）或者硅烷偶联剂是常用的改性方法[⑥]。PDMS/SiO_2复合材料具有优异的光学和力学性能、耐高温和抗老化性能[⑦]以及无毒无害等特点[⑧]；硅烷偶联剂则是含二氧化硅复合材料的优良界面改性剂[⑨]，可以提高复合材料的连接性能。

在溶胶-凝胶反应中，前驱体和催化剂也是两个重要的影响因素。前驱体决定聚硅氧烷结构形式和基团组成。正硅酸乙酯水解缩聚后形成以Si—O—Si为骨架的三维网络结构，再添加其他前驱体（或者有机改性剂）即可以引入有机基团组成有机-无机复合材料。在二氧化硅疏水涂层中常见的有机基团为长链羧酸、含甲基、较长的烷基、氟代烷基、苯基等有机基团的硅

① 王飞、韦奇、王艳丽等：《碳氟基团修饰的疏水微孔二氧化硅膜的制备与表征》，《化学学报》2008年第1期，第44—48页。

② 陈远、吴春春、丁新更等：《加水量与TEOS/MTES比例对有机-无机复合涂层防腐性能的影响》，《稀有金属材料与工程》2010年增刊2，第288—291页。

③ 叶文波、黄世俊、关怀民等：《超疏水聚硅氧烷涂层的制备及其性能》，《应用化学》2012年第10期，第1123—1129页；徐桂龙、邓丽丽、皮丕辉等：《溶胶凝胶法制备超疏水二氧化硅涂膜及其表面润湿行为》，《无机化学学报》2010年第10期，第1810—1814页；谢伏将、姚兰芳、关飞飞等：《实验条件对SiO_2-MTES-CTAB纳米疏水薄膜的影响》，《材料导报》2009年第14期，第70—72页；王飞、韦奇、王艳丽等：《碳氟基团修饰的疏水微孔二氧化硅膜的制备与表征》，《化学学报》2008年第1期，第44—48页；陈远、吴春春、丁新更等：《加水量与TEOS/MTES比例对有机-无机复合涂层防腐性能的影响》，《稀有金属材料与工程》2010年增刊2，第288—291页；曲爱兰、文秀芳、皮丕辉等：《复合SiO_2粒子涂膜表面结构及超疏水性能》，《无机化学学报》2007年第10期，第1711—1716页；杨靖、陈杰瑢、余嵘：《溶胶-凝胶法改性SiO_2膜的润湿性与水汽稳定性》，《无机材料学报》2008年第10期，第1711—1716页；许莉丽、李晓光、倪星元等：《微结构与表面修饰对二氧化硅多孔薄膜疏水性能的影响》，《无机化学学报》2013年第3期，第449—454页。

④ Scherer G W. Recent progress in drying of gels. *Journal of Non-Crystalline Solids*, 1992(147): 363.

⑤ 罗宏杰、刘溶、黄晓：《石质文物保护用有机硅材料的防开裂问题研究进展》，《中国材料进展》2012年第11期，第1—8页。

⑥ 曲爱兰、文秀芳、皮丕辉等：《复合SiO_2粒子涂膜表面结构及超疏水性能》，《无机化学学报》2007年第10期，第1711—1716页；王世敏、吴崇浩、赵雷等：《聚二甲基硅氧烷/SiO_2杂化材料的制备与性能研究》，《材料科学与工程学报》2003年第2期，第205—207页。

⑦ Shuwang D, Meishuan L, Ming Z, *et al.* Polydimethylsioxand / silica hybrid coatings protecting Kapton from atomic oxygen attack. *Materials Chemistry and Physics*, 2008(112): 1093-1098.

⑧ Iwona Zaręba-Grod, W odzimierz Miśta, Wiesław Stręk, *et al.* Synthesis and properties of an inorganic-organic hybrid prepared by the sol-gel method. *Optical Materials*, 2004(26): 207-211.

⑨ 毋伟、贾梦秋、陈建峰等：《硅烷偶联剂对溶胶凝胶法纳米二氧化硅复合材料制备及应用的影响》，《复合材料学报》2004年第2期，第70—75页。

氧烷、卤代硅烷、甲硅烷基[1]。其中甲基便是一种简单易得的疏水基团。

根据pH划分溶胶-凝胶反应的催化剂有酸、碱两类，由于催化机理不同导致产物结构和凝胶时间有差异[2]。如果用酸作催化剂可能对某些材质（如碳酸岩）的石质文物产生破坏作用，而采用氨水、氢氧化钠等碱性较强的无机氨作催化剂，则可能不能得到很好的单分散、小粒径纳米SiO$_2$球形颗粒[3]，还有一些催化剂［如二月桂酸二丁基锡（DBTL）］对人体有害也应避免使用。相较而言，利用有机胺作催化剂还可以起到模板剂的作用[4]，并且很容易自行脱除[5]，因此多用于制备介孔分子筛[6]、单分散纳米颗粒[7]等的用途。

本次研究综合借鉴了以上研究成果，以正硅酸乙酯（TEOS）与甲基三乙氧基硅烷（MTES）为共同前驱体，以少量正辛胺（n-octylamine）为催化剂，通过添加聚二甲基硅氧烷（PDMS）或者甲基丙烯酰氧基丙基三甲氧基硅烷（KH-570）为有机改性剂，制备了疏水型SiO$_2$薄膜材料，并在砖块上进行半涂渗透加固，进而探讨不同前驱体比例和添加剂类型、用量对涂层化学组成、微观形貌、疏水性能以及砖块的外观、吸水性能以及孔隙率变化的影响。

二、实 验 部 分

（一）试剂

正硅酸乙酯（TEOS）、无水乙醇（EtOH）为国产分析纯试剂；甲基三乙氧基硅烷（MTES），阿拉丁试剂（98%）；正辛胺（n-octylamine），TCI试剂（＞98%）；聚二甲基硅氧烷（PDMS），中昊晨光化工研究院有限公司，甲基丙烯酰氧基丙基三甲氧基硅烷（KH-570），国药集团；纯净水，实验室自制（Elix Reference 3）。

---

① 罗宏杰、刘溶、黄晓：《石质文物保护用有机硅材料的防开裂问题研究进展》，《中国材料进展》2012年第11期，第1—8页。

② Matsuyama I, Satoh S, Katsumoto M, *et al*. Raman and GC-MS study of the initial stage of the hydrolysis of tetramethoxysilane in acid and base catalyzed sol-gel processes. *Journal of Non-Crystalline Solids*, 1991, 135(1): 22-28.

③ 李西营、师兵、李萌萌等：《有机胺催化制备单分散二氧化硅纳米球形颗粒》，《化学研究》2015年第6期，第619—623页。

④ Mosquera M J, Santos D M D L, Valdez-Castro L, *et al*. New route for producing crack-free xerogels: obtaining uniform poresize. *Journal of Non-Crystalline Solids*, 2008, 354(2-9): 645-650.

⑤ Mosquera M J, Santos D M D L, Montes A, *et al*. New nanomaterials for consolidating stone. *Langmuir the Acs Journal of Surfaces & Colloids*, 2008(24): 2772-2778.

⑥ Zhen-An Q, Ling Z, Mingyi G, *et al*. Synthesis of mesoporous silica nanoparticles via controlled hydrolysis and condensation of silicon alkoxide. *Chemistry of Materials*, 2009(21): 3823-3829.

⑦ 李西营、师兵、李萌萌等：《有机胺催化制备单分散二氧化硅纳米球形颗粒》，《化学研究》2015年第6期，第619—623页。

（二）实验材料制备

1. SiO$_2$溶胶的制备

（1）以TEOS和MTES为前驱体，添加PDMS（方法1）

首先将TEOS和MTES倒入A和B两个锥形瓶中，然后分别添加等量的无水乙醇和正辛胺，在60℃的磁力搅拌器上搅拌0.5h，缓慢滴入适量纯净水后再搅拌4h。接着将B瓶溶液倒入分液漏斗后逐滴加入A瓶（约0.5h），持续搅拌3h后放入恒温水浴锅（60℃）保温反应16h。次日把溶液放在60℃的磁力搅拌器上继续搅拌，同时加入PDMS，搅拌5h后结束并倒入烧杯得到SiO$_2$醇溶胶，用留孔的锡纸覆盖烧杯，静置冷却2h待用。

（2）以TEOS和MTES为前驱体，添加KH-570（方法2）

按照上述方法制备SiO$_2$醇溶胶，只是将添加PDMS的步骤改为添加KH-570。

2. SiO$_2$溶胶的配比和编号

溶液中各组分的摩尔比例为n（TEOS）：n（MTES）：n（EtOH）：n（H$_2$O）：n（n-octylamine）=1：x：40：4（1+x）：0.006，其中x=0.5、1.0、2.0（x=2.0仅在方法2中出现）；PDMS添加量与前驱体质量之和的比例为0、0.1、1.0；KH-570加入量为溶胶中SiO$_2$质量的30%[①]。方法1按照PDMS添加量从小到大进行编号：C$_{1-1}$、C$_{1-2}$、C$_{1-3}$（x=0.5）；C$_{2-1}$、C$_{2-2}$、C$_{2-3}$（x=1.0）；方法2按照MTES添加量从小到大进行编号：F$_1$、F$_2$、F$_3$。

3. 砖块加固方法

从市面购得青砖并切割成5cm×5cm×3cm的块状，用超声波清洗浸泡72h后称量砖块湿重（m_1），再放入120℃烘箱5h烘干后称量砖块干重（m_2），计算吸水率［（m_1-m_2）/m_2］，并将四块砖块分为一组备用。为模拟真实保护情况，不选择浸泡加固而采取单面分次滴渗加固，每次滴渗1mL，总计10—15mL（用时约1h）。将砖块放在室内阴凉处存放1个月。

（三）测试方法

1. SiO$_2$膜层性能测试

包括化学组成、微观形貌和疏水性能三项。将SiO$_2$凝胶取出放在玛瑙研钵中研磨，在60℃烘箱中干燥1h，混合溴化钾在红外光谱仪（仪器型号NEXUS 870FT）测试SiO$_2$的官能团；采用

---

① Xinjian F, Lin F, Meihua J, *et al*. Reversible super-hydrophobicity to super-hydrophilicity transition of aligned ZnO nanorod films. *Journal of the American Chemical Society*, 2004, 126(1): 62-63.

上海中晨（JC2000D1）接触角测定仪测定加固后砖块表面的水接触角；采用日立S-3400N扫描电镜（发射电压20KV）测量砖块表面SiO₂膜层的微观形貌。

2. 砖块物理性能测试

包括色差、光泽度、吸水性能和孔隙率四项。分别采用KONICA MINOLTA CR-400和Multi Gloss 268 PLUS测量加固前后砖块表面色差和光泽度；取长条形滤纸条一端浸入蒸馏水，一端压在砖块加固面之下，利用砖块的毛细作用吸收水分，定时测量质量变化 Δm_i，与加固后的砖块质量 m_i 比较得到吸水率（ $\Delta m_i/m_i$ ），考察砖块加固后的毛细吸水性；采用Poremaster GT-60压汞仪测量加固前后砖块孔隙率变化。

3. 耐候性能测试

包括湿热老化、氙灯热老化、高低温老化、冻融老化、二氧化硫气体侵蚀老化、自然户外曝晒等实验。实验中定期测试砖块表面色差、光泽度和接触角等数据。对部分表面失效的砖块进行再加固，以验证该材料的可重复处理效果。

三、结果与讨论

（一）SiO₂凝胶的FT-IR分析

图一是两种方法得到的不同SiO₂凝胶的红外光谱图。由图一可知，两种方法得到的产物基本成分是一致，主要共同点为：3435—3464cm⁻¹附近存在吸附水分子的—OH与Si—OH的反对称伸缩振动吸收峰；1087—1095cm⁻¹、800cm⁻¹、460cm⁻¹的Si—O—Si反对称伸缩振动、对称伸缩振动与摇摆振动吸收峰；2965cm⁻¹、2906cm⁻¹附近—CH₃键的C—H伸缩振动吸收峰；1622—1639cm⁻¹附近存在H—O—H的弯曲振动吸收峰；1412cm⁻¹的C—N伸缩振动吸收峰（代表正辛胺）。不同点在于方法2中在1638cm⁻¹出现C＝O伸缩振动吸收峰（代表KH570）。

另外重要的区别在于乙氧基团（960cm⁻¹—OC₂H₅）和疏水基团［850cm⁻¹的Si—CH₃、1265cm⁻¹CH₃的Si—（CH₃）₂］的变化。方法2中乙氧基团始终存在，而方法1中在C₁₋₃和C₂₋₃乙氧基团消失，说明PDMS增加会促进其水解缩聚反应。方法1中所有反应产物中均有Si—（CH₃）₂基团，并且峰值随PDMS增加而增强，而Si—CH₃基团只有在C₁₋₃、C₂₋₃出现；方法2中F₁—F₃都存在Si—（CH₃）₂基团，但是仅在F₃中出现Si—CH₃基团。说明Si—（CH₃）₂基团来自TEOS与MTES的水解产物Si—OH之间的缩聚，并且PDMS增加后的水解产物Si—OH也会促使Si—（CH₃）₂基团增多；未添加KH570时（方法1），Si—CH₃基团来自PDMS与TEOS的水解产物Si—OH之间的缩聚；添加KH570时（方法2），Si—CH₃基团来自TEOS与MTES的水解产物Si—OH间的缩聚，因此当PDMS或MTES足够多后其产物中便可以检测到该基团。

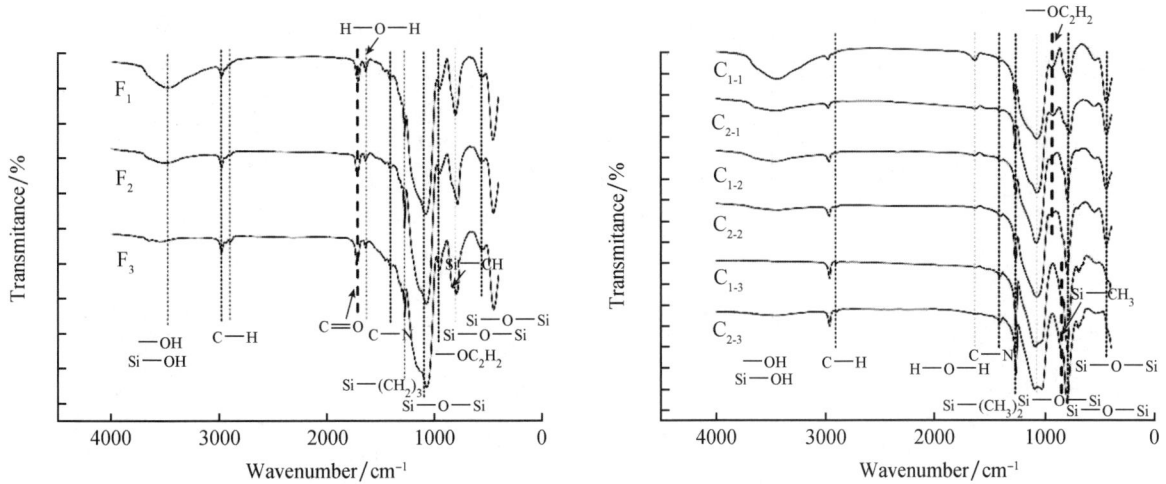

图一　不同前驱体比例、有机改性剂类型与用量制备的SiO₂凝胶红外光谱图

（二）加固前后砖块表面的微观形貌

图二是空白、C_{1-2}、C_{2-2}和F_2砖块样品表面SEM的观测结果。由图二可知，空白样品中颗粒松散，棱角分明，孔隙较多；F_2和C_{1-2}的砖块颗粒间被二氧化硅薄膜充填，连接紧密，孔隙明显减小；而C_{2-2}砖块表面的二氧化硅薄膜更加明显，尺寸最大，但是周围仍有裂隙，这可能与薄膜自身收缩、砖块表面不平等因素有关。从图二可以估算C_{2-2}的样品中裂隙宽度约10^{-5}m，常压下对渗水和透气影响较小。

（三）砖块表面SiO₂膜层的疏水性

每组配方加固四个砖块，每个砖块测量2—4次，得到图三即为接触角的分布图以及接触角的部分视频照片。加固后砖块接触角均值在130°以上，个别样品（C_{1-2}、C_{2-2}）接触角的均值＞150°（达到了超疏水的效果），其次是C_{1-3}、F_2和F_3（接触角均值＞140°），最后是C_{1-1}、C_{2-1}、C_{2-3}和F_1（接触角均值＞130°）。由此可知：方法1中未添加PDMS时砖块的接触角最低，但并不是添加越多接触角越高。当添加10%后即可以达到超疏水效果；MTES与TEOS比例为0.5和1.0效果类似；方法2中MTES与TEOS比例为1.0和2.0的效果好于0.5。

（四）加固前后砖块物理性能测试

1. 色差与光泽度变化

文物保护必须坚持"修旧如旧"和"最小干预"的原则，因此加固后砖块外观应当减小差别。色差值反映了被测物体色调、饱和度和亮度三者综合的变化值，光泽度表示物体表面接近

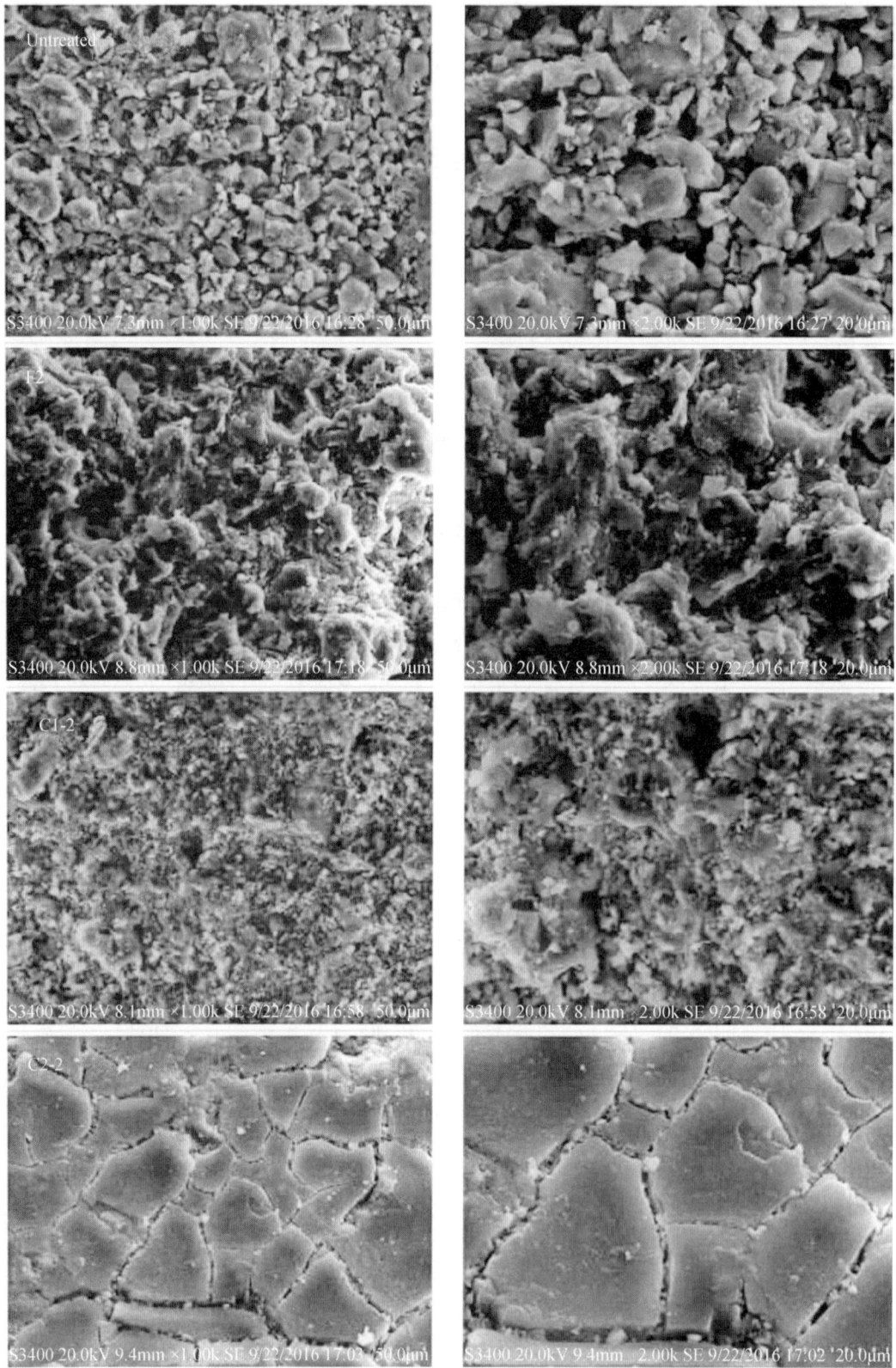

图二　空白、C_{1-2}、C_{2-2}和F_2砖块样品表面的SEM图

镜面的程度。加固前后两者数值越低，表示加固材料对加固对象外观的改变程度越小[1]。每组配方四块样品，加固前后各自测量色度与光泽度。光泽度分为20°、60°和85°三个方向的测量值，差值则按照加固后与加固前的数值分别计算；色差值按照如下方程式（1）定义，一般认为不超过5时基本能够满足石质文物颜色的要求[2]。

$$\Delta E=\sqrt{(\Delta L)^2+(\Delta a)^2+(\Delta b)^2}$$

（1）

式中，ΔL、Δa和Δb分别代表加固前后明度差、红/绿差和黄/蓝差。

图四为此次实验结果。对于色差而言，色差均值基本在5以下（除了C_{1-3}、C_{2-3}），因此添加较多PDMS可能会增加砖块色差（颜色更深）；对于光泽度而言，高角度（60°和85°）改变略大于低角度（20°），但仍然属于低光泽度范围（最高约2.2）。

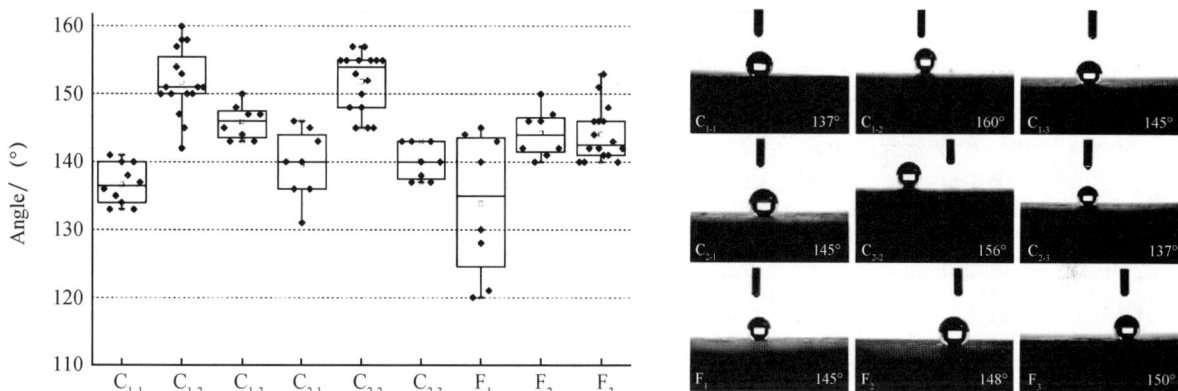

图三 SiO₂膜层加固后砖块接触角的箱形图与照片

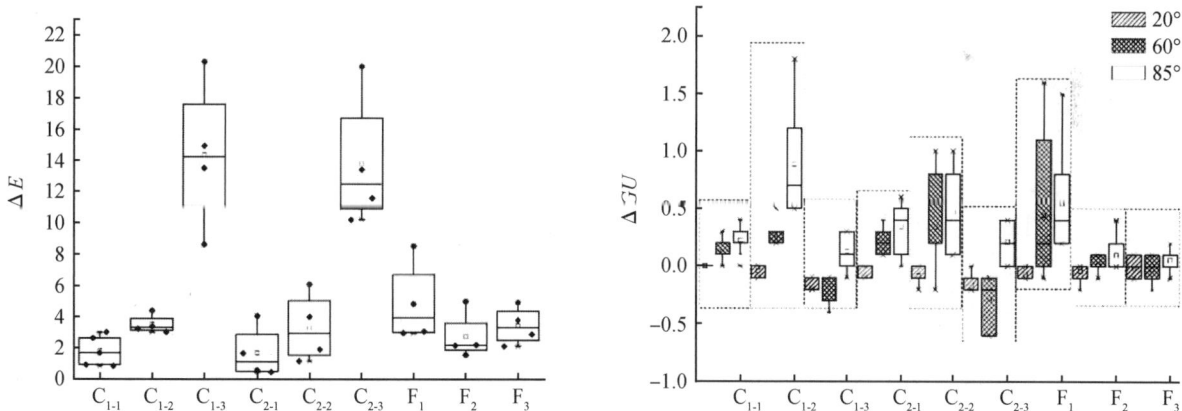

图四 SiO₂膜层加固后砖块的色差与光泽度改变的箱形图

---

[1] 杨隽永、万俐、陈步荣等：《印山越国王陵墓坑边坡化学加固试验研究》，《岩石力学与工程学报》2010年第11期，第2370—2376页。

[2] 刘绍军、孙敏、高峰等：《二氧化硅胶体基石质文物防风化有机-无机杂化材料制备及效果评估》，《中南大学学报（自然科学版）》2013年第1期，第46—54页。

2. 吸水率变化

吸水率主要由岩石的孔隙度决定，它也间接反映了岩石的孔隙度[①]。为更接近实际保护条件，本次实验选择单侧滴渗加固的方法，然后从每组配方中各选择一块砖块进行吸水性测试。

表一反映了砖块加固前常温常压浸泡下的吸水率以及加固后的毛细吸水率。由此可知，未加固时砖块在浸泡状态下的吸水率在15%—17%，毛细吸水率随时间逐渐增长；加固后毛细吸水率C_{1-1}砖块最高（是未加固的60%—78%），其次是C_{2-1}、F_1、F_2和F_3（是未加固的7%—18%），其余的样品毛细吸水率为未加固的1%—2%。

表一 砖块在不同状态下的吸水率

编号	加固前吸水率（浸泡在水中，常温常压）/%	加固后吸水率（通过滤纸吸水）/%		
		24h	48h	72h
空白样	17.07	9.17	15.18	14.93
C_{1-1}	17.37	6.76	9.08	11.66
C_{1-2}	17.18	0.09	0.11	0.13
C_{1-3}	16.56	0.16	0.16	0.04
C_{2-1}	17.06	0.86	1.38	1.16
C_{2-2}	16.38	0.04	0.05	0.06
C_{2-3}	17.00	0.34	0.23	0.09
F_1	16.21	0.07	0.40	0.76
F_2	15.53	1.70	1.13	2.20
F_3	15.11	1.15	1.31	0.93

3. 孔隙率变化

图五是将同一块砖块切开后，部分采用F_3和C_{1-2}配方浸泡加固，然后与未处理部分砖块一起进行压汞试验的对比结果。图五，1反映了砖块微孔体积随微孔直径变化的分布图，图五，2反映了砖块微孔体积随进汞压力变化的累积图。

由此可知，砖块孔径主要分布范围为0.1—10μm，而加固后的砖块比加固前的在较大孔径范围（10—50μm）有所减少，同时总体而言加固后的砖块微孔体积整体变少。因为当加固材料渗透进入砖块后首先充填到较大孔径的微孔，然后才能逐渐扩充到更小孔径中，所以砖块中孔径较大的孔隙体积下降明显，而整体微孔体积略有下降。

---

① 刘宝、崔升、沈晓冬：《疏水型SiO_2薄膜的制备与性能》，《南京工业大学学报（自然科学版）》2013年第6期，第48—51页。

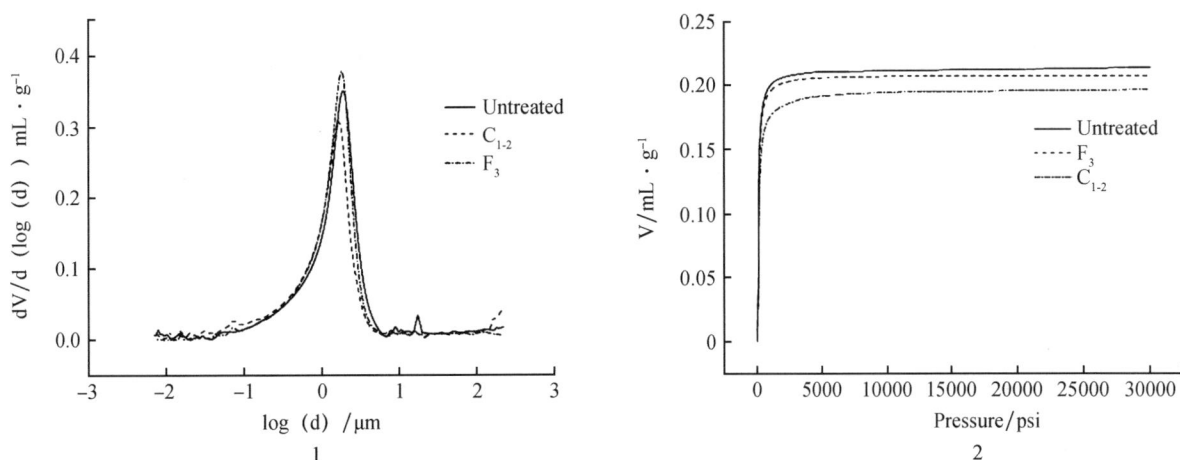

图五　砖块压汞试验结果

（五）耐候性能测试

1. 测试方法

1）氙灯热老化测试。将砖块放入氙灯老化箱（仪器型号为Q-Sun Xe-1台式氙灯试验箱）中进行加速光老化试验。每次老化试验120h，分为白天/黑夜两种模式，白天模式持续12h，光强0.55W/m²/nm@340nm，黑标温度为60℃，夜间模式持续12h，关闭光照，黑标温度为30℃。间隔一段时间进行测试，共循环5组。

2）湿热老化测试。将砖块放入人工气候箱中进行湿热老化试验。每次老化试验8h，然后关机自然冷却16h，如此循环，每组循环10次，间隔一段时间后进行测试，共循环8组。仪器参数设置为：温度50℃、相对湿度90%、光照度约5000lux。

3）低温冷冻测试。将砖块放入冷柜中冷冻16h（温度-15—-20℃），然后取出在恒温恒湿柜中放置8h（温度25℃，湿度约75%），再放入冷柜，如此循环10次为1组，间隔一段时间后进行测试，共循环5组。

4）SO₂气体侵蚀测试。将亚硫酸氢钠饱和溶液放在干燥器下层，砖块放在干燥器上层，亚硫酸氢钠分解产生大量二氧化硫气体，用以模拟砖块表面加固层抵御酸性气体侵蚀的能力。本次测试时间为2周。

5）冻融老化测试。将砖块放入蒸馏水中浸泡超过24h，然后放入冷柜中冷冻16h，取出后常温解冻8h，再放入水中浸泡，如此循环直至砖块样品表面接触角明显下降为止。

6）户外自然老化测试。将砖块放置在五楼户外平台，下部用开孔的铝板作支撑，底部垫置砖块，用以模拟砖块表面加固层在排水通畅的条件下抵御阳光、降雨等侵蚀的能力。由于时间有限，目前试验刚进行2个月。

根据之前测试结果，本次耐候性能测试仅选择C₁₋₂、C₂₋₂、F₃和F₄四组样品进行试验。考虑到光泽度改变不明显，故试验结果仅比较接触角和色差变化。

2. 测试结果与讨论

1）紫外线测试结果分析。根据仪器说明书可以计算得到，试验中紫外线辐射量为 $62.15J/s \cdot m^2$（300—400nm）。查阅相关文献，南京市紫外线最大辐射时间段为10—14时[①]（约占全年辐射量94.8%），以7月份日最大平均值$25.15J/s \cdot m^2$计算，全年紫外线辐射量约为 $1.32 \times 10^8 J/m^2$。而本次试验中的紫外线辐射量约为$8.05 \times 10^8 J/m^2$，因此大致相当于南京市6年的紫外线辐射总量。

试验结果表明（图六），接触角略有下降，但基本稳定，而色差基本不变，说明砖块表面的疏水涂层抗光老化性能较好。

2）湿热老化测试结果分析。湿热老化测试主要模拟样品抵抗长时间高热与高湿环境的耐久性能。从此次测试结果来看（图七），色差变化都不明显，除了C_{1-2}样品接触角下降略大（从150°下降到138°，约8%），其余都保持较好状态（甚至略有上升），说明此次合成的疏水涂层可以经受较长时间湿热老化测试。

3）低温冷冻测试结果分析。低温冷冻主要测试样品在干冷环境中的耐久性能。从此次测试结果来看（图八），色差和接触角变化都不明显，只有F_3的接触角变化稍大（约10%）。说明此次合成的疏水涂层可以经受较长时间低温冷冻测试。

4）SO_2气体侵蚀测试结果分析。此次测试中形成的酸性气体浓度较大，因此破坏速度较快。由测试结果可知（图九），砖块表面色差变化不大（但部分砖块表面有局部"发黄"现象），F_2和F_3接触角下降很快（一周或两周就低于80°），C_{1-2}和C_{2-2}接触角表现相对较好，但也有较多下降（约10%）。说明极端气候中酸性气体对此次合成的疏水涂层影响较大，应避免长时间暴露于此环境（如交通繁忙道路、重污染化工厂附近等）。

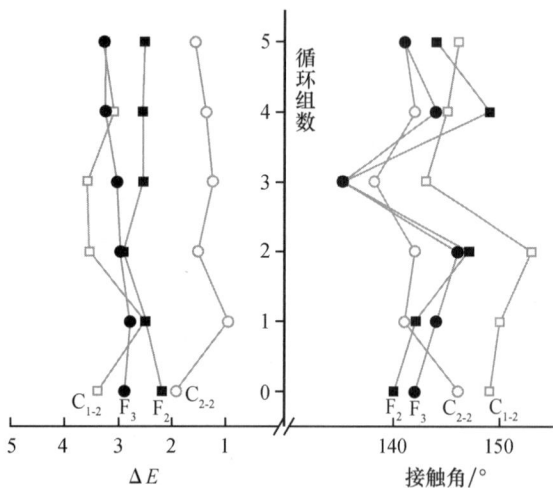

图六　氙灯老化试验结果　　　　　图七　湿热老化试验结果

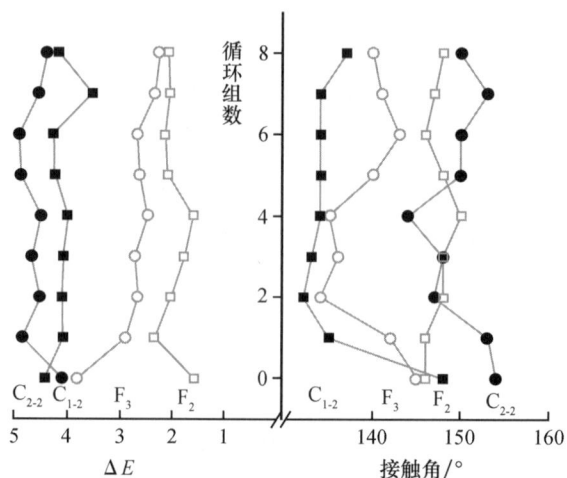

① 毛宇清、沈澄、姜爱军等：《南京市紫外线辐射强度的变化及影响因子》，《气象科学》2011年第5期，第621—625页。

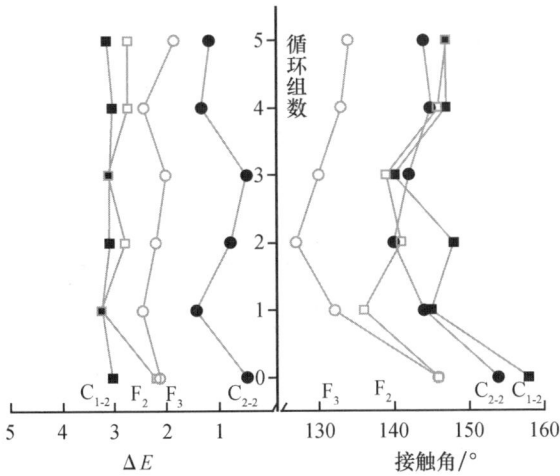

图八　低温冷冻试验结果

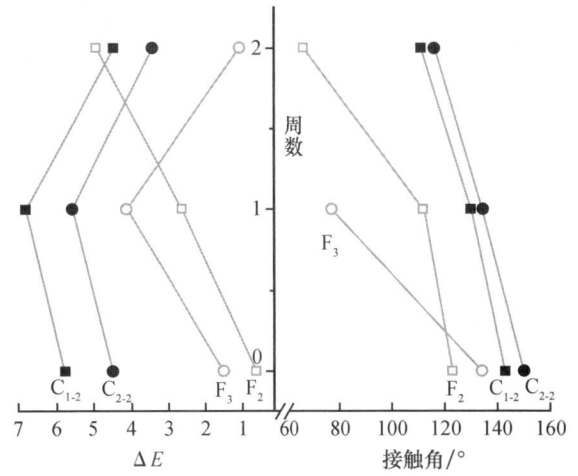

图九　SO₂气体侵蚀试验结果

5）冻融老化测试结果分析。冻融老化测试是此次测试中最不理想的一项。在一个循环后憎水性均已失效。因为这次加固只是半涂加固，水从砖块另一侧渗入冻融后就会很容易将疏水涂层破坏（如膜层开裂等）。所以此项老化测试提醒不能在潮湿环境（尤其是能产生冷冻环境）中使用这种材料加固砖块。

6）户外自然老化测试结果分析。为了更加真实检验此次合成的疏水涂层的保护效果，特地进行了户外自然老化测试。鉴于以上冻融试验结果不佳，故将砖块底部悬空，模拟在排水通畅

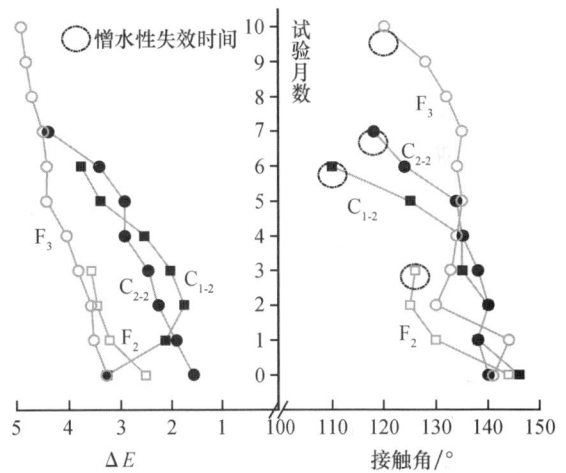

图一〇　户外自然老化试验结果

的环境中抵御自然侵蚀的能力（包括日晒、淋雨、污染气体、灰层等），测试结果见图一〇。

由试验结果可知：①从憎水性角度而言，经过F₂加固的砖块接触角下降最快，而在经过雨水充沛的高温季节后C₁₋₂和C₂₋₂加固的砖块接触角也下降明显，只有被F₃加固的砖块保存时间较长；②被F₃加固的砖块在经过降雪融化后接触角也下降明显，说明冻融作用对加固材料的影响较大；③从色差角度而言，所有砖块颜色都加深，但考虑到户外环境特点还可以接受，不过仍建议用于隐蔽或不重要部位。

7）可重复处理试验结果分析。为了验证在涂层疏水性能失效后可以重新处理，特地增加了可重复处理试验：选择冻融试验后部分失效的砖块重复处理，测量加固后接触角、色差变化，结果见表二。

表二　可重复处理试验结果

编号	接触角/°	色差
C_{1-2}	150	1.01
C_{2-2}	151	1.20
F_2	145	1.60
F_3	146	1.89

试验结果表明，经过重复处理后砖块表面可以恢复疏水效果，且外观改变不明显。

3. 耐候性能测试小结

以上耐候性能测试表明，冻融循环对疏水涂层影响最大，其次是SO_2气体侵蚀，但在重复处理后样品能够恢复疏水效果，且外观改变不明显。总体而言，四组样品中方法2的材料保护结果较好。

四、结　论

1）分别以TEOS和MTES为前驱体，少量正辛胺为催化剂，无水乙醇为溶剂，先单独水解缩聚再合并继续反应，并添加端羟基硅油为有机改性剂，制备了疏水SiO_2涂层。

2）红外检测证明涂层在硅氧硅网络结构上接上了疏水基团，通过在粗糙的砖块表面降低表面自由能后提高了对水的接触角；当涂层渗透进入砖块表层后，降低了砖块的孔隙率和吸水性能。

3）方法1中并不是添加越多端羟基硅油效果越好，而是在添加前驱体质量10%的端羟基硅油时的砖块对水接触角较大，且光泽度和色差改变较小；方法2中当MTES与TEOS的比例为2时砖块的对水接触角较大，加固后的砖块毛细吸水率降低到未处理时的1%—2%。

4）尽管对于憎水材料在砖石质文物上的应用还存在一定争议，但本次研究作为一种尝试还是具有一定价值的。通过多项室内和一年户外耐候性能测试表明，方法2中F_3的材料保护效果相对较好。但是需要避免在潮湿冻融和酸性气体环境中使用，如果出现憎水效果减弱的情况，可以通过重新加固的方法进行再保护。

（原载于《文物保护与考古科学》2018年第2期）

瓷器传统修复材料变色成因分析

张　慧　张金鼎

内容提要：瓷器文物修复需要经过多道工序方可完成，修复后的瓷器经过1—3年均会出现修复部位不同程度的变色。为不影响瓷器文物的展陈效果，往往进行再次修复，多次修复对瓷器文物带来一定的损伤。为此，本研究以传统瓷器修复材料为研究对象，开展瓷器修复材料变色成因分析研究，以期为提高瓷器修复材料耐久性的研究提供一定的研究思路。本研究通过模拟瓷器修复工艺处理市售白色瓷板，然后进行干热、湿热和氙灯老化，利用色差仪和光泽度仪表征了老化前后各模拟样品的色差和光泽度。结果表明：作色处理色差变化最大，而且引起变色的环境因素主要是光和温度，故瓷器在修复后需避光和低温保存。

关键词：瓷器修复　变色　成因分析

一、引　言

瓷器文物修复的一般步骤包括黏接、补配、作色和仿釉处理，黏接步骤所用的黏接材料有环氧树脂、三甲树脂、虫胶、502黏合剂、快干胶等，其中的环氧树脂是目前使用最多的，使用时需与固化剂按照一定的比例配合应用才能达到预期的效果。环氧树脂的固化剂大多数使用的是胺类材料，包括乙二胺、羟基乙基乙二胺、二乙烯三胺或者聚酰胺树脂等。补配工艺中使用环氧树脂作填补材料时，还需加入一定量的填充材料，如石英粉、滑石粉、硫酸钡、高岭土、白炭黑和碳酸钙等。作色工艺就是将硝基清漆配以一定量的矿物颜料后，利用毛笔或者喷枪均匀地涂布于已补配处，反复多次，直至达到预期目的。仿釉处理是瓷器修复中的最后一步，即利用毛笔或者喷枪将光油均匀地涂刷或喷涂于做旧处理后的地方，直至达到预期目的。由此可见，瓷器修复中的每一步所用材料均有别，而且每一步中均使用了有机材料。众所周知，有机材料存在耐久性差、易于变色等缺点，为了搞清楚按照上述步骤修复后的瓷器易于变色的主要原因，需分解瓷器修复中的各个步骤进行模拟实验，再经过各种人工加速老化方法，利用光泽度仪、色差仪分析手段，评价各步骤中材料老化变色问题，方可为缓解瓷器修复材料的变色问题提供思路。据文献检索可知，瓷器修复方面的研究主要集中在瓷器修复技术[1]，对瓷器修复材料的研究甚少，偶有道[2]。

二、材料和仪器设备

材料包括市售8cm×8cm瓷板，油画刀，毛笔，喷枪，合众AAA超能胶（浙江黄岩光华胶粘剂厂），滑石粉，金装全效超值装硝基清面漆（半哑）[紫荆花涂料（上海）有限公司]，硝基稀释剂[紫荆花涂料（上海）有限公司]，碳酸钙（西陇化工股份有限公司），哑光油（广州保赐力化工有限公司），光油（广州保赐力化工有限公司）。

仪器设备为Q-SUN-Xe1氙灯老化设备（翁开尔上海国际贸易有限公司），DHG-9140A电热恒温鼓风干燥箱（上海申贤恒温设备厂），RXZ型智能人工气候箱（宁波江南仪器厂制造），HPG-2136便携式色差仪（上海汉谱光电科技有限公司生产），MG 268PLUS三角度光泽度计（KONICA MINOLTA公司生产）。

三、实验过程

1）黏结步骤模拟样品的准备。按照1∶1的比例配制AAA超能胶，A胶（主剂）与B胶（固化剂）的用量与瓷板的大小有关，8cm×8cm瓷板需分别称量1.0g A胶和1.0g B胶，均置于白瓷板上，用油画刀快速充分搅拌均匀，并抹平至瓷板表面均匀无抹痕、无气泡，自然放置约24h直至AAA超能胶彻底固化。平行制作9个样品，备用。

2）补缺步骤模拟样品的准备。补缺步骤所需的材料有AAA超能胶和滑石粉，AAA超能胶起黏结作用，滑石粉起到填料作用，目的是减少AAA超能胶固化收缩率，增加AAA超能胶的耐磨性能[3]。滑石粉加入量的多少与实际操作有关，加入的量太少，树脂流淌性好，不易于塑形操作；加入的量太多，难以搅拌均匀，过于干燥也不易于塑形。经初步试验并结合瓷器修复经验，1.0g的A胶和1.0gB胶混合后，需加入0.14g的滑石粉时易于操作，方可达到补缺修复要求。此处需注意的是，建议先将A胶和B胶充分混合均匀后，再加入滑石粉进行搅拌混合，否则补缺材料难以搅拌均匀，老化后黄变不均匀。搅拌均匀后，用油画刀抹平，需保证样品平整

---

① 吴启昌：《"南海Ⅰ号"两件出水瓷器文物的保护与修复》，《文物保护与考古科学》2016年第1期，第93—100页；徐圆圆：《浅谈古陶瓷精准修复技法运用与鉴赏》，《文物天地》2017年第3期，第81—85页。

② 张慧、徐飞、张思敏：《瓷器文物修复中环保作旧材料性能比较研究》，《文物保护与考古科学》2018年第1期，第81—85页；蒋道银、罗曦芸、刘伟等：《古陶瓷修复仿釉涂料的研究》，《文物保护与考古科学》2002年增刊，第92—100页。

③ 惠学军：《瓷器补配工艺》，《博物馆研究》2015年第4期，第93—96页。

均一，室温下放置约24h直至样品表面彻底固化。平行制作9个样品，备用。

　　3）作色处理模拟样品的准备。按照传统工艺作色步骤需要的材料有硝基清漆和颜料，硝基清漆起到黏结剂的作用，颜料起到作色作用。为了便于实验时变色观察，此处选用白色碳酸钙作为颜料使用。所需材料用量的多少，主要取决于作色后的效果，再结合修复经验得出。分别称取4.0g硝基清漆用6.0g稀释剂混合均匀后，再加入0.8g的碳酸钙，继续搅拌，直至碳酸钙分散均匀。用干净的毛笔蘸取上述分散液于白瓷板上，均匀涂刷3遍，需保证样品表面均一、无刷痕、无气泡，将处理好的样品放置于干净无尘的通风橱中自然干燥固化。平行制作9个样品，备用。

　　4）仿釉处理模拟样品的准备。将常用仿釉材料光油和哑光油分别用喷枪均匀地喷在白色瓷板上，自然放置。分别平行制作9个样品，备用。

四、加速老化方法

　　1）干热老化。在（100.0±2）℃鼓风干燥箱中连续老化72h后取出，室温下放置24h后备用。

　　2）湿热老化。将样品放置于温度、相对湿度分别为50℃、80%的智能人工气候箱中连续老化184h后取出，室温下放置24h后备用。

　　3）氙灯老化。光照、黑暗1h交替模式，光照时温度设定为63℃，黑暗时温度设定为37℃，连续老化1000h后取出，室温下放置24h后备用，所选用波长532nm光源。

五、表征手段

　　1）色度。对材料进行质量控制和检验的一项重要指标是对材料色度指标值的测定。物质的颜色是指可见光被物体选择性反射或投射后的颜色，表面色是指不透明物体表面的颜色。一般用色调、色彩度和明度这三种尺度来表示物体的颜色。此外，还用色差来表示物体颜色知觉的定量差异，通常以色差值（用ΔE表示）来衡量文物保护材料颜色改变的程度。ΔE的数学表达式为：$\Delta E=\left[(\Delta L)^2+(\Delta a)^2+(\Delta b)^2\right]^{1/2}$，通过测量老化前后样品的$L$、$a$、$b$值，按照上述公式可计算出色差$\Delta E$。

　　利用仪器内部的标准光源照明来测量透射色或反射色的一种常用的光电积分仪器——色差计，常用3个探测器将光信号转变为电信号进行输出，从而得出a、b、L值；测试中需要的两个物体色的ΔE可由与仪器相连的计算机给出。

　　每次测试需保证测试同一点，测试方法如图一所示。

　　2）光泽度。光泽度是用数字表示的物体表面接近镜面的程度。光泽度的评价可采用多种方法（或仪器）。它主要取决于光源照明和观察的角度，仪器测量通常采用20°、45°、60°或

85°角度照明和检出信号。不同行业往往采用不同角度测量的仪器，本文选用了20°、60°和85°角度照明和检出信号，本文主要考察60°角度（人眼观察物体的角度）照明时的测试值，分别测试老化前后各样品的光泽度值。

每次测试需保证测试同一区域，测试方法如图二所示。

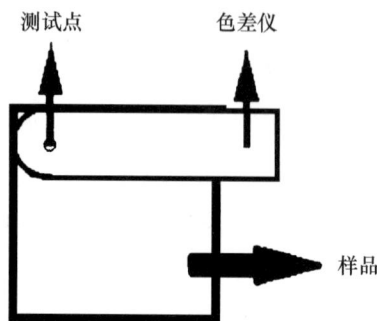

图一　色差仪测试示意图　　　　　图二　光泽度仪测试示意图

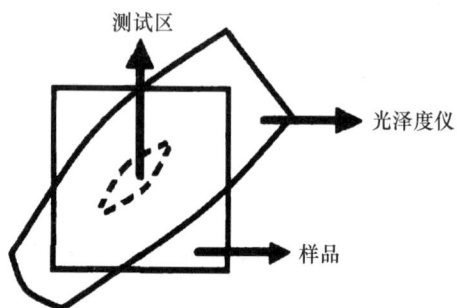

六、结　　果

1）材料自身性质的影响。资料表明[①]：红外光谱分析可知AAA超能胶中A组分主要为双酚A环氧树脂，B组分主要是脂肪胺/酰胺类固化剂。众所周知，胺类固化剂稳定性差，易于发黄，是胺或不饱和脂肪链的氧化造成的。由此可知，AAA超能胶的发黄问题主要是B组分固化剂稳定性差导致的。

瓷器文物修复作色用的黏结材料硝基清漆，硝基清漆[②]一般由固体分与挥发分两部分组成，固体分中包括成膜物质、辅助材料（增塑剂）等，硝基清漆的主要成膜物质是硝化棉，它是由棉花与硝酸反应生成的硝酸纤维素酯，易溶于酯酮类有机溶剂中。为改善硝化棉成膜的光泽、附着力及其他性能，还会添加其他一些合成树脂，如甘油松香、顺丁烯二酸酐松香甘油酯（简称顺酐树脂）、醇酸树脂等；挥发分主要是一些有机溶剂，如醋酸丁酯、醋酸乙酯、甲基异丁基酮、丁醇、乙醇和甲苯。挥发分最终已挥发，只有固体分起到作旧黏结的作用，由此可知，硝基清漆中易于黄变的成分主要是硝化棉和其他一些添加的合成树脂。

仿釉材料使用的是保赐利自动喷漆光油和哑光油，该光油的主要成分是热塑性丙烯酸树脂漆，具有较好的物理机械性能，耐候性、耐化学品性及耐水性优异，保光、保色性高。

由此可见，材料自身的性质成为决定其耐久性的关键，保赐利自动喷漆光油和哑光油的耐老化性能比较好，而AAA超能胶和硝基清漆的耐老化性能就差一些。

---

① 余英丰、杨植震、俞蕙等：《固化温度及填料对文物环氧胶粘剂性能的影响》，《粘接》2009年第2期，第79—80页。

② 张光仁、王瑞杰、胡云：《硝基漆膜耐温变性的初步研究》，《木材工业》1992年6卷第4期，第13—16页。

2）环境因素的影响。将黏结、补缺、作色和仿釉处理后的瓷板样品分别置于干热、湿热和氙灯老化设备中，老化后的效果见图三。由图三可知，黏结处理、补缺处理和作色处理处理的样品老化后颜色发黄，尤其是氙灯老化后黄变最为严重；其次是干热老化后，湿热老化后其颜色变化不大；仿釉处理后的瓷板各种老化后颜色基本没有变化，耐久性较好。

除了拍照记录各处理步骤处理后瓷板样品老化前后的效果外，还利用色差仪和光泽度对其老化前后的色差及光泽度进行了测试，以进一步说明各处理步骤所用材料抵抗环境因素的能力。具体数据见图四和表一。

由图四可知：氙灯老化导致各样品的色差值最大，其次是干热老化，最后是湿热老化。由此可见，色差测试结果与前述拍照分析结果一致，氙灯即太阳光的照射和温度是导致瓷器传统修复材料变色的主要环境因素，湿度对瓷器修复材料的影响较小，其色差变化均小于3，用肉眼看不出其颜色有变化；对于干热老化来说，色差变化最大的是作色处理的样品，其次是补缺处理样品，然后是黏结处理的样品，最后是仿釉处理的样品；氙灯老化与干热老化后样品色差变化一致。由此可知：瓷器传统修复材料中，最容易变色的是作色处理步骤所用的硝基清漆材料，其次是补缺和黏结用的AAA超能胶，这一研究结论对耐久瓷器修复材料的研究至关重要。同理，对于采用传统修复材料修复好的瓷器，建议避光和低温保存。

各样品老化前后光泽度变化值见表一。

由表一可知，老化后与老化前比较，各样品的光泽度变化均不是很大，最大都没有超过10，说明各材料在老化过程中对光泽度的影响均比较小，主要的变化仍然是色差的变化。

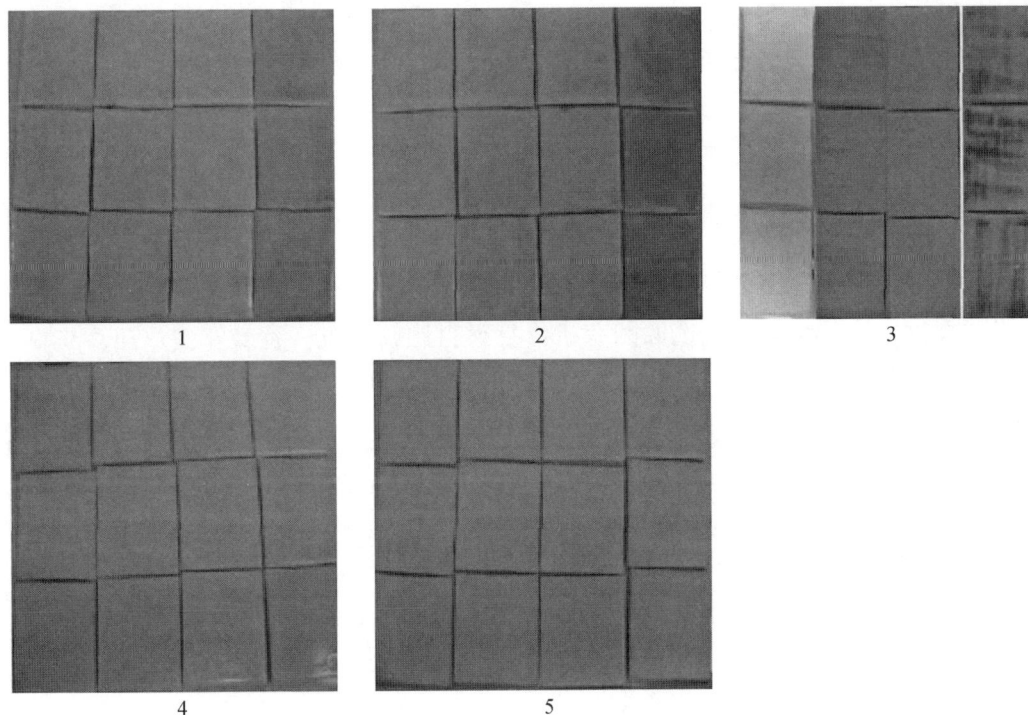

图三　各样品老化前后的照片

1.黏结处理　2.补缺处理　3.作色处理　4.仿釉处理（光油）　5.仿釉处理（哑光油）

（1—5从左至右依次为未老化、干热老化、湿热老化、氙灯老化）

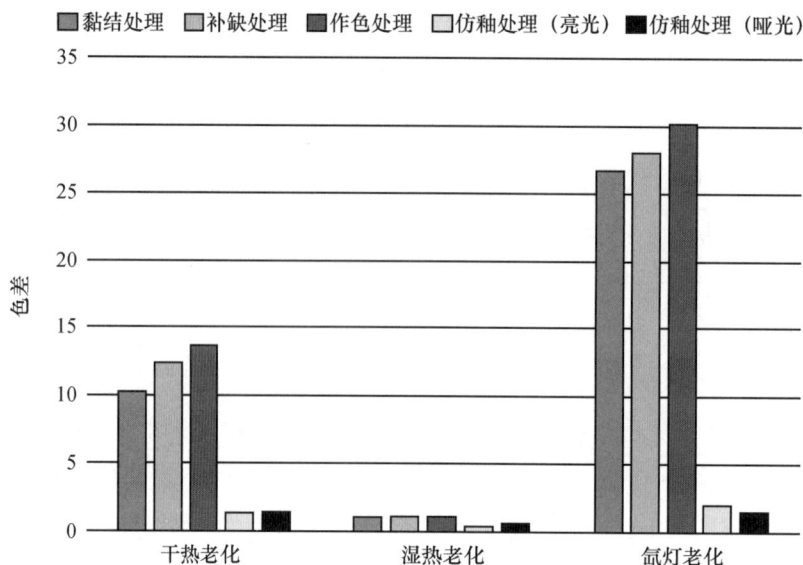

图四　不同老化条件下各模拟样品的色差比较

表一　各样品老化前后60°角度光泽度变化值

项目		干热老化	湿热老化	氙灯老化
黏结处理		−5.3	−3.2	−6.2
补缺处理		−6.5	0	5.1
作色处理		−0.8	0.8	−1.7
仿釉处理	亮光	5.4	−2.2	3.1
	哑光	7.9	−1.1	2.1

七、结　　论

1）分解传统瓷器修复工艺为四步，通过不同的老化方式可知在作色这一步最易出现黄变现象，说明在这一步传统工艺所选取的有机修复材料比较活泼，容易发生反应产生巨大的色差。应选取更为合适的材料进行这一步骤的修复。

2）修复中每一步骤均通过三种不同的老化方式进行老化，其中氙灯老化色差变化最为明显，干热老化次之，湿热老化一般没有剧烈的黄变产生。这说明高温和紫外线均会对有机材料黄变产生影响，其中氙灯老化中高温与紫外线协同作用，黄变现在最为明显。高温和紫外线究竟哪种因素处于主导地位还需下一步实验继续验证。

3）通过上述实验可知经过修复的瓷器应该在低温避光的环境下保存，避免阳光直射，避免长期处于高温环境中。

（原载于《文物保护与考古科学》2018年第6期）

潮湿彩绘陶加固材料对比研究及应用

范陶峰　张　慧　杨隽永

内容提要： 针对考古出土的彩绘陶存在脆弱易毁、难以保存的问题，选明胶和水性氟碳作为潮湿彩绘陶片的加固材料，采用不同浓度的加固材料对4种颜色彩绘陶片进行加固，并对加固前后的强度、色差以及光泽度进行检测和对比，结果表明较为理想的浓度选择为明胶在1%左右，水性氟碳浓度在20%左右。同时，对有底层和无底层两种类型的彩绘陶片进行加固对比实验，发现经明胶加固及老化后，有底层试样的色差和光泽度变化比无底层试样小；经水性氟碳加固后，有底层试样的色差和光泽度变化比无底层试样小，但老化后则相反。在实践应用时，选用这两种材料对盱眙出土的一组潮湿彩绘陶进行了抢救性加固保护，都取得理想的效果。

关键词： 潮湿　彩绘陶　加固　明胶　水性氟碳

一、引　言

彩绘陶是陶器烧制完成后在其表面进行绘彩的一种陶器装饰艺术。主要的色彩有红、白、黑、黄、赭等，常以炭黑打黑底、丹砂或铅丹打红底、白黏土打白底，个别以生漆打底；其施彩方法通常在黑底上绘红黄白彩、红底上绘黑白黄彩、白底上绘红黑彩。由于彩绘是经加工后再绘上去，不再烧制，因此彩绘部分极易磨损脱落，不易留存。由于彩绘陶形式独具特色，其社会作用从早期主要用于陶器纹样和美饰生活，到后期逐渐发展为装饰礼器和明器，它是史前人类社会地位等级的一种象征[①]。相关研究得出结论，彩绘陶绘制方法大致有四类：一是用矿物质颜料直接在胎体上绘制图案；二是在胎体表面先施陶衣，再在其上用矿物质颜料绘制图案；三是在胎体上用单色矿物质颜料层打底，然后绘彩；四是在胎体上涂刷生漆底层，再在其

---

① 冯先铭：《中国陶瓷》，上海古籍出版社，1994年，第10页；马清林：《中国文物分析鉴别与科学保护》，科学出版社，2001年，第204页。

上施彩绘①。

国内在彩绘陶保护研究方面有较多报道，万俐等对徐州狮子山出土的彩绘陶俑采用氟橡胶作为保护材料②，宗时珍等针对出土的饱水彩绘陶器选用氟树脂作为保护材料③。容波等为有效加固秦俑彩绘，以2-羟基甲基丙烯酸乙酯为单体，用1 MeV，2.0 mA，60 kGy电子束辐照有效地加固了秦俑彩绘层④。王丽琴等采用紫外线吸收剂UV326对B72进行改性，表明改性材料能够有效延缓B72变黄，具有更好的耐光老化性⑤。赵静对彩绘加固材料分子结构层面的研究解析其耐老化性能⑥。报道对已经干燥的彩绘陶进行加固保护方面的研究相对较多⑦，而对出土的潮湿彩绘陶的加固研究则相对较少。课题组主要根据考古出土文物保护的需要，选择一种传统材料（明胶）和一种现代合成材料（水性氟碳）在潮湿彩绘陶抢救性保护方面做对比研究。

二、实验部分

（一）实验材料

明胶、水性氟碳、陶片、颜料（血朱、朱砂、炭黑、克孜尔黄）、防霉剂等。

（二）制作彩绘陶模拟样品

根据出土的彩绘陶的状况，制成2种类型的彩绘陶：①无底层的彩绘陶，颜料直接绘制在陶片表面；②有底层的彩绘陶，首先在陶片表面涂刷一底层（碳酸钙+明胶，明胶溶液浓度为质量比1%），然后在底层上涂刷颜料。

---

① 王国栋：《试论中国史前彩陶的起源》，《考古与文物》2005年第2期，第37—42页；张玉新：《河姆渡与其他地区"彩绘陶"艺术图案（图形）、色彩的比较研究》，《宁波大学学报（人文科学版）》2011年第5期，第117—121页。

② 万俐、徐飞、范陶峰等：《徐州狮子山汉楚王陵彩绘陶俑的保护研究》，《文博》2009年第6期，第125—135页。

③ 宗时珍、赵晓伟、盛储彬：《出土饱水彩绘陶器保护研究》，《东南文化》2008年第1期，第84—90页。

④ 容波、张志军、周铁等：《用电子束辐照加固秦俑彩绘》，《文物保护与考古科学》2002年第2期，第1—8页。

⑤ 王丽琴、杨璐、党高潮等：《改性B72文物保护材料耐光老化性能研究》，《西北大学学报（自然科学版）》2006年第5期，第761—764页。

⑥ 王丽琴、杨璐、梁国正：《改性丙烯酸树脂文物保护材料耐光性能研究》，《工程塑料应用》2006年第9期，第60—63页。

⑦ 赵静、王丽琴、何秋菊等：《高分子彩绘类文物保护涂层材料的性能及应用研究》，《文物保护与考古科学》2006年第3期。

根据出土彩绘陶常见的颜色,选用了朱砂(含胶)、血朱、克孜尔黄(氧化铁黄)、炭黑(含胶)。

1)颜料浆液配制。将无胶颜料用浓度为1%的明胶溶液调制,调制完成后放在试剂瓶内。

2)彩绘陶片的绘制。采用毛笔蘸取颜料浆液涂刷在陶片(有底层、无底层)表面,要求色泽均匀。

3)干燥。涂刷完成的陶片置于空气中自然干燥。

4)老化。因为彩绘陶出土时,彩绘层的胶黏物已经基本老化,因此,将制得的彩绘陶片进行适当的老化,以达到相似效果。老化方法主要采用的是高温,使胶结物加速老化。将彩陶片置于烘箱内,温度设置为100℃,老化72h。

5)老化完成后,将彩陶片取出备用。

6)在进行加固前,将彩陶片完全喷湿。

(三)实验内容

1. 加固实验

选用不同浓度的明胶溶液和水性氟碳乳液对潮湿的彩绘陶片进行加固,陶片通过加固并干燥以后,对其加固前后的外观进行对比,以选择适宜的加固浓度。

明胶溶液的浓度为质量百分比:0.5%、1.0%、2.0%;水性氟碳与水的配制比例为1:3、1:4、1:6、1:8,即体积百分比:25%、20%、14%、11%。为防止陶片发霉,在加固剂中加入了浓度为3‰的防霉剂,主要成分为异噻唑酮化合物。

加固时,采用滴管在彩绘板(潮湿)表面滴加加固液,每块实验板滴加的加固材料的量相同。

由于潮湿的彩绘陶表面强度很弱,且在潮湿状态时无法进行相关的检测,因此,做检测时一般针对干燥后的试样,主要包括色差、光泽度。彩绘的强度以手触摸为准,只要彩绘层不脱落,即可表示加固材料对彩绘是有加固作用的。

2. 老化实验

包括耐干热老化和氙灯光照老化实验。干热老化实验条件为:老化温度为100℃,在老化箱内持续老化72h;氙灯老化条件为:采用日光和黑暗周期循环方式,228/60循环,即光照228min,黑暗60min;光强为0.55W/m²;光照时,黑板温度89℃,箱内温度62℃,相对湿度50%;黑暗时,箱内温度38℃,相对湿度95%。氙灯老化持续进行5d。

三、结果与讨论

（一）不同浓度明胶溶液加固及干热老化前后对彩绘陶片外观的影响

从图一、图二可以看出，3种浓度明胶溶液加固试样后，随着明胶浓度的提高，4种颜料试样出现色差增大的现象，而进行干热老化后，浓度越大，出现的色差基本呈现增大的趋势。

从图三、图四可以看到，3种浓度明胶加固的试样光泽变化都比较小，试样经干热老化后，表面光泽度出现降低。通过对比，血朱、炭黑试样随着浓度增大老化前后色差变化增大，而朱砂试样在老化后色差变化随着浓度增大而减少。

通过上述实验对比，浓度为0.5%加固的试样色差和光泽度变化最小；浓度为1%的其次，浓度为2%的试样在老化前后的色差和光泽度变化最为明显，尤其是血朱试样。但从加固后的强度来看，经浓度0.5%加固的试样强度比浓度为1%、2%的试样要稍弱，因此，加固浓度宜选择1%。

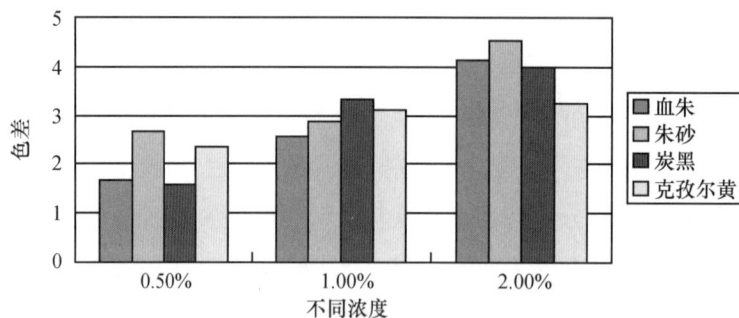

图一　不同浓度明胶加固前后色差对比

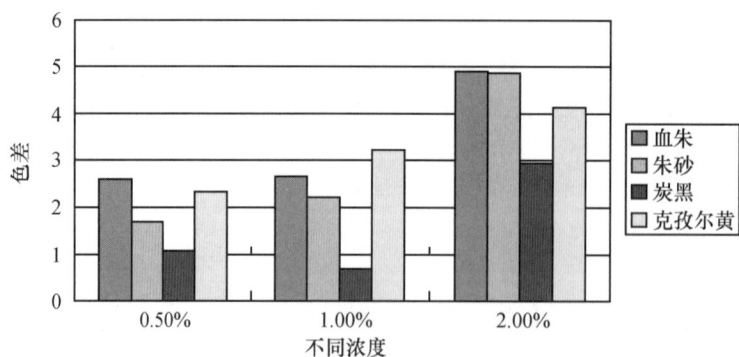

图二　不同浓度明胶加固在干热老化前后色差对比

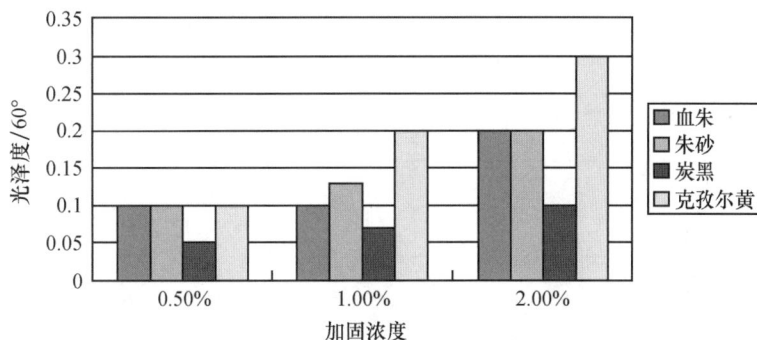

图三　不同浓度明胶加固前后的光泽度变化

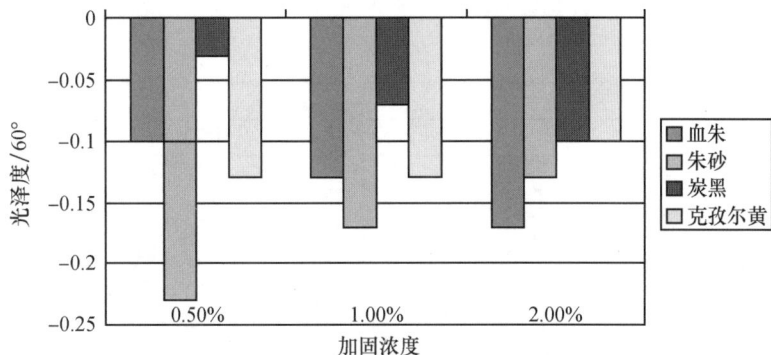

图四　不同浓度明胶加固干热老化前后的光泽度变化

（二）不同浓度水性氟碳加固及干热老化前后对彩绘陶片外观的影响

从图五、图六可以看到，水性氟碳浓度越小，试样总体色差变化就越小。其中，浓度为25%加固的试样色差值都接近5，加固前后色度变化最大；4种浓度加固试样，克孜尔黄色差最大，炭黑、朱砂色差较小。从干热老化后的结果来看，浓度为25%的所有试样色差变化最大；其余3种浓度中，炭黑色差变化最小；而血朱和朱砂的色差变化也都小于3。

从图七、图八可以看到，经过氟碳加固的试样光泽度变化明显，血朱、朱砂、克孜尔黄呈现随着浓度减小光泽度增加的趋势；四种不同浓度加固试样，炭黑的光泽度变化差异不大，均在20左右。从老化结果来看，炭黑试样在浓度较小时，出现的光泽度变化大，其他试样的光泽

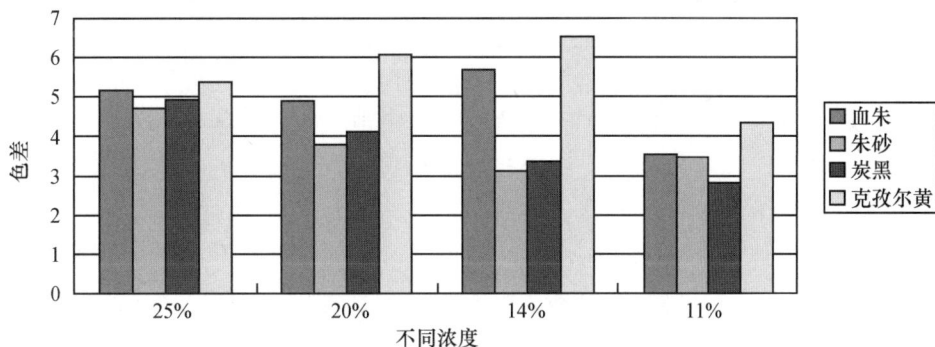

图五　不同浓度水性氟碳加固前后的色差对比

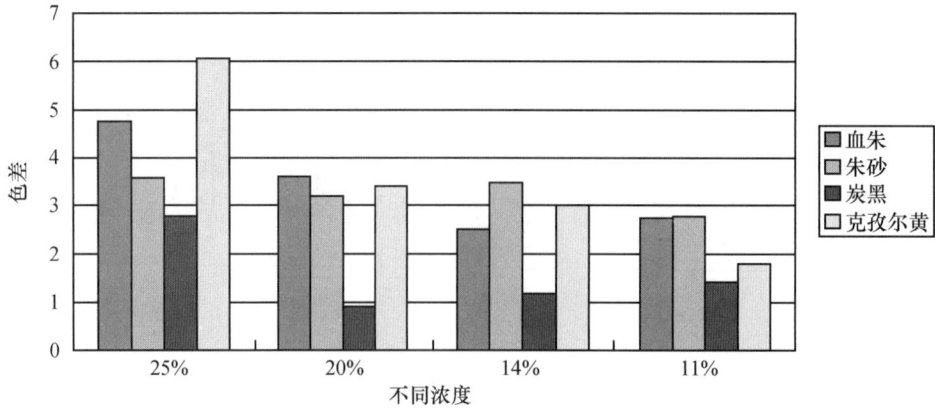

图六　不同浓度水性氟碳加固在干热老化前后的色差对比

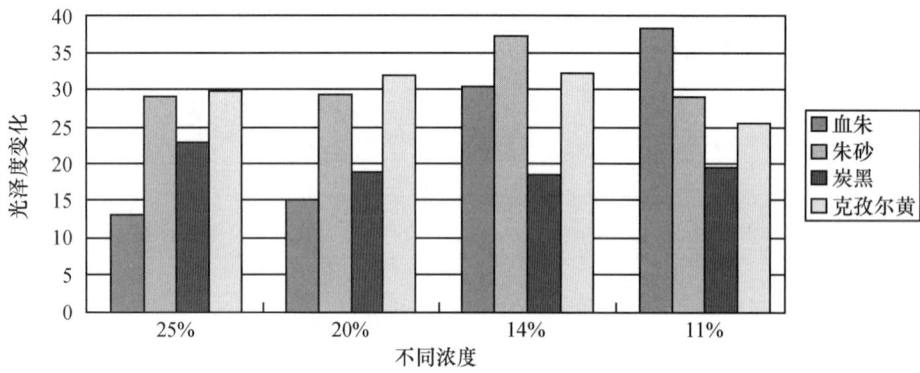

图七　不同浓度水性氟碳加固前后的光泽度变化

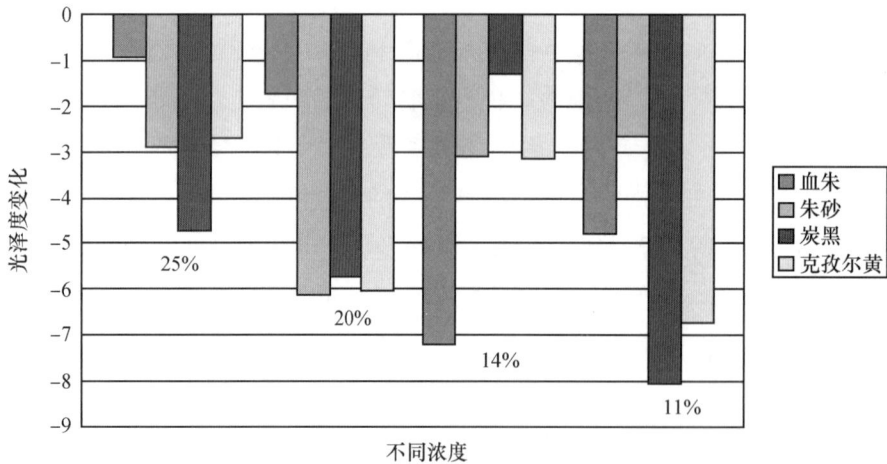

图八　不同浓度水性氟碳加固干热老化前后的光泽度变化

度变化没有明显的变化规律。

　　从水性氟碳加固实验结果对比可知，不同颜料经过不同浓度水性氟碳加固后的色差变化趋势不是一致的，因此对不同颜料选择何种浓度时具有可选择性。同时，经浓度14%、11%水性氟碳加固的试样强度比浓度为25%、20%的试样要稍弱，且根据老化后的数据，加固浓度宜选择20%。

　　通过上面两组实验，可选择浓度为1%的明胶溶液和浓度为20%的水性氟碳乳液作为潮湿彩绘陶试样的加固材料。

（三）两种加固材料对不同试样的加固效果评估

　　在制作试样时，考虑到出土的彩绘陶的多样性，特别是有的彩绘有底层，而有的彩绘是直接绘制在陶器表面。因此，试验样品也制作了两种类型，一种为有底层的彩绘试样，另一种则没有底层。通过质量浓度为1%的明胶溶液和体积浓度为20%的水性氟碳乳液对这两种试样进行加固，并通过氙灯老化，检测试样的色差及光泽度，并进行对比。

　　从图九—图一二可以看到，有底层试样在明胶加固前后及老化前后色差变化均要小于无底层试样；经水性氟碳加固的无底层试样，加固前后色差变化比有底层试样大，但在老化后出现色差的变化小。

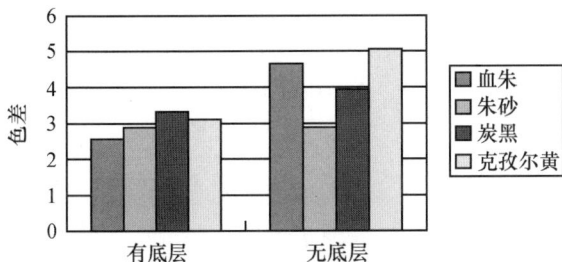

图九　两种试样在明胶加固前后的色差对比

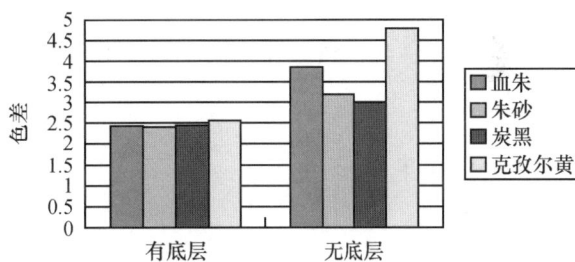

图一○　两种试样在明胶加固氙灯老化前后的色差对比

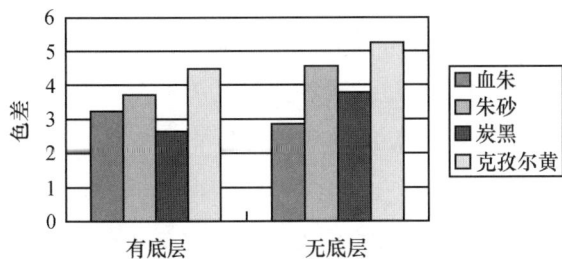

图一一　两种试样在水性氟碳加固前后的色差对比

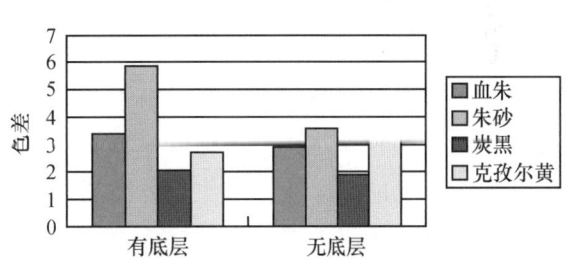

图一二　两种试样经水性氟碳加固氙灯老化前后的色差对比

　　从图一三—图一六可以看到，无底层试样经过明胶加固和氙灯老化前后的光泽度变化均大于有底层试样；无底层试样经过水性氟碳加固后，光泽度变化比有底层试样明显，但是经氙灯老化后，朱砂、炭黑、克孜尔黄试样的光泽度变化比有底层试样的小。

　　通过这部分试验结果可以得知，有底层试样和无底层试样在明胶和水性氟碳加固并老化后，其外观变化是不同的。经过明胶加固的试样（有底层、无底层）色差和光泽度变化较小，在老化后出现的变化趋势基本是有底层试样的变化要小于无底层试样；而经水性氟碳加固的试样（有底层、无底层）色差和光泽度变化较大，但经老化后出现无底层试样的变化小于有底层试样。

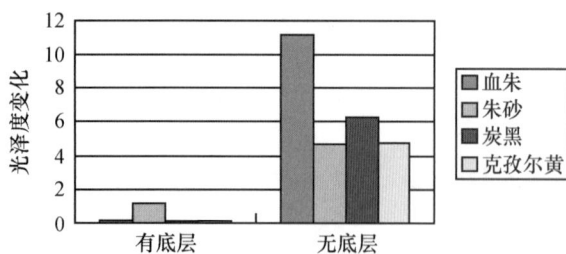

图一三　两种试样在明胶加固前后光泽度变化对比

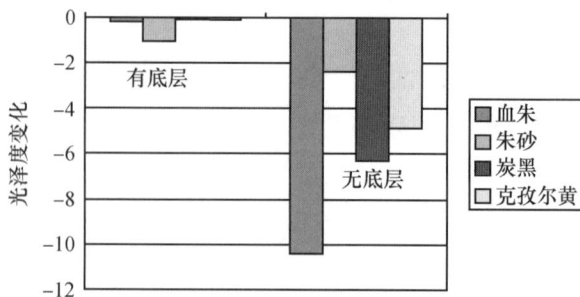

图一四　两种试样在明胶加固氙灯老化后光泽度变化对比

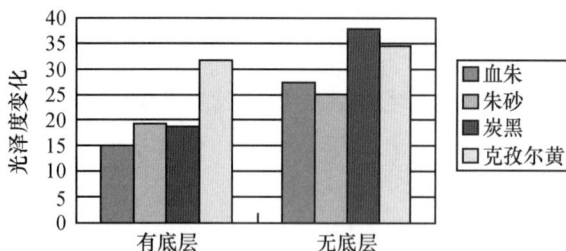

图一五　两种试样在水性氟碳加固后光泽度变化对比

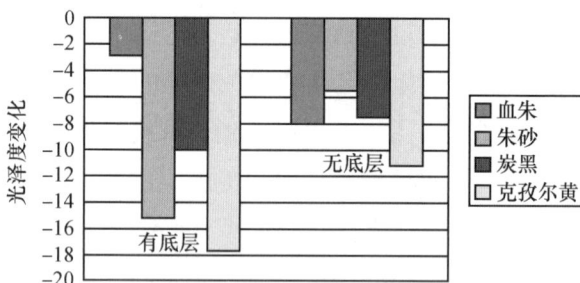

图一六　两种试样在水性氟碳加固氙灯老化后光泽度
变化对比

（四）结果和讨论

1. 加固材料成膜机理的不同，导致实验陶片外观变化不同

明胶本身具有吸水和支撑骨架的作用。在溶于水后，明胶微粒相互吸引和交织，形成叠叠层层的网状结构。覆盖于彩绘板后，潮湿的彩绘板内的水填充到明胶凝胶空隙中，并在彩绘板表面凝聚，随着水分挥发干燥成膜。因此，膜层孔隙率相对较大，在彩绘板表面的色差和光泽度变化相对较小；实验用的单组分水性氟碳漆是由CF113与乙烯基醚酯等单体直接聚合成的乳液，添加填料和助剂，使用水作为分散剂。涂到潮湿彩绘板表面后，水在挥发过程中，乳液粒子互相挤压聚集成膜。因此，膜层孔隙率相对较小，彩绘板色差和光泽度变化相对较大，并在浓度大的时候有眩光。

2. 加固材料的老化机理不同导致实验陶片外观变化不同

明胶属于天然高分子材料，低浓度明胶膜层在长时间热氧老化和光老化作用下会发生降解作用。降解后，明胶膜层中的分子内氢键发生断裂，明胶成膜的网状结构发生坍塌和缺陷，但由于没有发色基团的产生，老化后没有出现明显变黄而导致陶片彩绘板明显变色；水性氟碳属于合成的高分子材料，由于高分子材料中引入氟元素，碳氟键键能强，氟材料具有特别优越的各项性能。但由于水性氟碳材料在制备过程中加入了助剂和填料，在热氧老化和光老化作用后，助剂和填料率先发生降解，使得膜层出现了变色或光泽度变化较大，并导致彩绘陶片的外观变化较为明显。

3. 彩绘底层不同导致外观变化的原因探析

在实验中，陶片采用完全相同的规格和制作工艺，同一批烧制，陶片的各项性能指标基本相同。底层是由碳酸钙和明胶制成，在其加固前的老化过程中，底层中的明胶已经被局部老化。随后在喷湿并进行加固过程中，部分明胶溶液和水性氟碳乳液进入到底层或陶片基层中，填充在底层和陶片基体之间。因此，加固材料使用相同量的情况下，相对于无底层的陶片，有底层的彩绘陶片在彩绘表面留存的加固材料的量要少。因此，彩绘陶片的外观会出现不同的现象。也可以简单理解为底层对加固材料的吸附作用，减少了彩绘层表面的色差和光泽变化。至于为何经水性氟碳加固的无底层试样在老化后出现的色差和光泽度变化小于有底层试样，有待于进一步研究和探讨。

四、潮湿彩绘陶的加固应用案例

实验室实验的彩绘陶片为自行定制的试样，与考古出土的陶片有差异。因此，有必要对考古出土的彩绘陶片进行实际应用，以印证加固材料的适用性。

盱眙博物馆考古出土一组彩绘陶，出土后即用保鲜膜进行封存，以防止彩绘陶迅速干燥而失去彩绘层。但是，通过保鲜膜保护不是长久之计。因此，最好采用加固潮湿彩绘陶的方法，让陶器自然干燥的同时，彩绘层得到加固，不脱落。

（一）彩绘陶保护前状况

出土的彩绘陶有3件，其中两件已经破碎，另外一件相对比较完整。3件器物出土后用宣纸和保鲜膜包裹，保持潮湿状态。3件彩绘陶彩绘的制作方法为：在烧制好的素陶表面首先涂覆了一层薄薄的生漆，待生漆层干后，再在生漆层上进行彩绘。彩陶保护前的现状见表一。

（二）实施保护前的准备工作

1）实施保护前，把器物保存在高湿箱内，保持陶片的高含水率。
2）将陶器表面覆盖的宣纸进行轻轻剥除，小心宣纸将彩绘层带下。
3）部分陶片表面有淤泥，可用软质的竹签或牛角刀将其慢慢剥去。

（三）彩绘陶保护

进行彩绘陶器的保护时，选用了两种材料：浓度为1%的明胶溶液、水性氟碳乳液（与水的体积比1∶4）。在两种材料中都含有浓度为3‰的防霉剂。

表一　出土潮湿彩绘陶保护前状态

彩陶（Ⅰ）	
彩陶（Ⅱ）	
彩陶（Ⅲ）	

1）采用滴管吸取保护剂，在陶片表面轻轻滴加，保护剂基本铺满陶片为准。

2）待保护材料逐渐渗透至陶片内部之后，再次滴加保护材料。保护材料在陶片表面滴加3次。

3）经滴加保护剂的陶片置于室内环境，让其逐步干燥，并随时观察陶片上彩绘是否出现脱落、掉色、起翘现象，如有问题，及时处理。

（四）彩绘陶保护后现状

1）经过水性氟碳乳液加固，干燥后经过修复的陶器见图一七、图一八。

2）经过明胶溶液加固，干燥后的彩陶见图一九。

彩绘陶经过加固后，在室温环境中自行干燥，彩绘层得到有效加固，没有出现卷曲、起翘、剥落的状况。在自然环境中长期保存后，未出现变色、发霉等状况，基本处于稳定状态。

图一七　保护修复后的彩陶（Ⅰ）　　　图一八　保护修复后的彩陶（Ⅱ）　　　图一九　保护后的彩陶（Ⅲ）

五、结　　论

低浓度的明胶水溶液和水性氟碳乳液均可以满足考古现场彩绘陶的加固的要求，易配制，易操作，无须大量的设备和工具；在实际应用时，明胶需要在60℃水溶液中溶解，并尽可能当天使用完毕；而水性氟碳通过常温水复配即可，并可连续长时间使用。

实验通过不同浓度明胶溶液和水性氟碳乳液用于潮湿彩绘陶片的加固实验。从加固前后、老化前后彩绘层强度及外观的对比，选择质量浓度为1%的明胶溶液和体积浓度为20%的水性氟碳乳液作为潮湿彩绘陶片的加固剂。选择在该浓度下对有、无底层的彩绘陶片进行对比实验，发现经明胶加固及老化后，有底层试样的色差和光泽度比无底层试样小；经水性氟碳加固后，有底层试样的色差和光泽度变化比无底层试样小，但老化后则相反。在实践应用时，发现两种材料都可用于潮湿彩绘陶的加固，加固效果明显。

（原载于《文物保护与考古科学》2019年第2期）

近现代文献脱酸关键技术集成与应用

张玉芝　张云凤　张金萍　郑冬青　夏淑冉　蒋　弼

内容提要：为解决纸质文献酸化的问题，针对近现代文献存世量大、保存状况差、酸化严重的现象，对已有脱酸技术进行优化，实现了水溶液脱酸-微波干燥-冷冻干燥的规模化集成。每批次的脱酸处理量不少于30本图书，脱酸后图书pH和碱储量均有提高，皱缩率可控。初步构建起规模化脱酸示范技术体系，并进行集成应用示范，为大量近现代文献的保护提供技术支撑。

关键词：近现代文献　脱酸　关键技术　集成　应用

一、引　　言

据课题组调研统计，国家图书馆馆藏民国文献88万余册、南京图书馆馆藏近70万册、上海图书馆馆藏48万册、广东中山图书馆馆藏25万册、吉林省图书馆馆藏19万册、重庆图书馆馆藏近17万册。民国文献存世数量多于古籍，等级不一，在保存保管方面也与古籍相去甚远，主要存在的问题有：①保存环境和保护措施不够，大量民国文献都裸露放置在非恒温恒湿、不避光、无防尘措施的书库里。书库大多属敞开体系，对酸性气体、微生物等没有阻断或隔绝作用，无法延缓纸张酸化。②纸张现状差，由于特殊的造纸工艺，民国文献普遍出现了酸化、损毁现象，整体泛黄，甚至一触即碎。③出版和再利用远远不够，开发整理速度慢，难成系统[①]。

现实工作中，受经费和其他条件的制约，为所有民国文献提供恒温恒湿的保管环境不现实；此外，数字化整理和出版再利用进展慢。纸质文献酸化已经成为普遍的社会问题，是困扰

[①]　张金萍：《近现代文献酸化危机与防治思考》，《文物保护与考古科学》2008年20卷（增刊），第95—99页。

图书文博界的第一大难题[①]。要系统有效地保护和利用民国文献，必须开发一套安全有效的规模化脱酸设备，配套成熟易推广的脱酸技术，方是解决近现代文献酸化问题的行之有效的手段。

根据现实工作需求所开发的规模化脱酸设备是压差浸泡脱酸系统（图一，1）、真空微波预干燥系统（图一，2）、真空冷冻稳形干燥系统（图一，3）的规模化集成。经系统集成后，这套设备可以完成每批次不少于30本酸化图书的脱酸。所用的脱酸液主要是由几乎不溶于水的纳米级氧化镁与水在润湿剂的作用下，经超声波震荡混合配制而成的悬浊液，脱酸主要依赖于均匀悬浮于水溶液中的纳米氧化镁颗粒，脱酸流程参见于书大等人的成果[②]。

1

2

3

图一　规模化脱酸成套设备

1.压差浸泡脱酸系统　2.真空微波预干燥系统　3.真空冷冻稳形干燥系统

①　郑冬青、张金萍、陈潇俐等：《整本图书水溶液法脱酸研究》，《中国造纸》2009年第10期，第34—37页。
②　于书大、张金萍、郑冬青等：《图书脱酸保护研究》，《中国造纸》2016年第11期，第14—18页。

二、材料与方法

（一）材料与设备

实验用图书（购于旧书商店，并保存于南京博物院文保所资料室，1940—1959年出版）、OT-75（磺基琥珀酸钠盐表面活性剂，美国亨斯迈HUNTSMAN试剂有限公司）、纳米球形MgO（上海麦克林公司）、聚氧化乙烯（南京奥罗杰复合材料有限公司）、十二烷基硫酸钠（上海凌峰化学试剂有限公司）、纳米二氧化钛（阿拉丁试剂有限公司）、二级纯水（Elix3纯水仪制得）、压差浸泡系统（南京博物院自制）、真空微波预干燥系统（南京博物院自制）、真空冷冻稳形干燥系统(南京博物院自制）、ORION 3 STAR台式pH计（Thermo公司）、卧式拉力机（TMI公司）、共晶点测试仪（台湾研华股份有限公司）、AL204电子天平（Mettler Toledo）、电子秤（拜杰）。

（二）脱酸方法

1. 浸泡方式

常用的浸泡脱酸的方式有常压浸泡、正压浸泡、负压浸泡。

由于纳米MgO颗粒难溶于水，所以在浸泡脱酸的过程中，无论采用常压浸泡还是正压浸泡，脱酸液在进入整本文献纸张时，MgO被相互贴合的纸张毛细纤维阻挡，虽然整本文献浸泡透湿，但进入文献页面内部的碱性脱酸介质分布不均匀，导致脱酸效果不佳。结合以往的工作[①]，最终选择了负压浸泡。

2. 整本文献在浸泡脱酸系统中的摆放方式

有三种放置方法。

1）水平平放。在浸泡的过程中，纸张页面下沉，自然贴合，页面间缝隙小，纸张纤维间的气体在负压状态下或穿越纸张向上移动或在阻力小的部位逸出，页面间由逸出的气泡形成的空隙不均匀，MgO粒子易被纸张的毛细纤维阻挡，难以进入纸张纤维内部。

2）垂直立放。在脱酸浸泡的过程中，纸张在脱酸液中自由舒展，纸张纤维间的气体在负压状态下逐渐逸出，由于气泡的向上移动纸张上端张开，纸张下端在流体压力作用下合拢，不

---

① 顾宇、李超、张金萍等：《真空微波-冷冻联合干燥在民国文献脱酸中的应用研究》，《南京师范大学学报（工程技术版）》2015年第1期，第49—54页；侯赫男、李超、顾宇等：《预冻方式对脱酸图书冻干效果的影响研究》，《制冷学报》2017年第2期，第102—108页。

利于脱酸液在纸张内的分布。

3）书背水平在下，书口水平在上。在脱酸浸泡的过程中，纸张在脱酸液中自由舒展，纸张纤维间的气体在负压状态下逐渐逸出，由书背部纸张纤维释放的气体所形成的小气泡由下而上一边膨胀一边上升，有利于气泡膨胀分离及MgO粒子的扩散。

最终筛选3）中所述的图书摆放形式。

3. 不同真空抽放次数对脱酸效果的影响

抽真空—放真空是一个缓慢的过程，工作过程中将每5min的抽—放过程记为一次，则6次耗时30min，12次需60min，18次需90min。取30本书，研究不同抽放次数对脱酸渗透效果的影响，结果见表一。

表一　图书经过不同抽放次数后pH的变化

pH（平均值）	左上	左下	中心	右上	右下
脱酸前	6.08	5.78	5.39	5.83	6.01
6次	7.22	7.37	7.60	7.45	7.23
12次	8.85	8.31	8.12	8.60	7.78
18次	8.55	8.57	9.16	8.77	7.90

从表一可看出，经过不同次数的真空抽放，整本书的pH在脱酸后有所提高。综合考虑工作效率，真空抽放12次（60min）基本可达到整本书脱酸的目的。

4. 真空微波预干燥系统中微波功率的选择

取重量为300g的书本，按上述脱酸工艺（用水做模拟实验代替脱酸液）进行浸泡，浸泡后的书重量约800g。根据干燥结束时书本相对含水量为20%—25%进行计算，书本的重量在380g左右。

计算此过程中的升温速率，即估算此功率全部用来使书本升温的速率，即最大升温速率。

根据公式：$P = 70 \times m \times \Delta t$

式中：P为微波功率（单位：W），m为书本的重量（单位：kg），Δt为每分钟书本的上升温差（单位：℃）。

按以上公式计算，在真空度为10kPa时，水的沸点小于60℃；在不计水分蒸发所需能量的情况下，书本每分钟的最大升温只有46℃，此升温速率（46℃/min）对控制系统来说是完全可跟踪、可调节的，即书本的温度不会发生跳变，故书本的安全可以保证。

为了验证上述工艺的安全性，进行了大量实验：微波功率1000W；按此推算，在干燥后期，其功率密度约为2.5W/g；真空度：小于10kPa；温度值：上限安全温度值设定为65℃；含水率值：设定为20%时，即相对含水率到达20%时，系统自动停止工作。过程完成后，取出书本，并观察书本干燥情况，观察书本是否遭到破坏，验证干燥过程的安全性。

以上述工艺参数，反复进行试验，均没有发现对书本有任何损坏的痕迹。此实验结果说明在最终含水率为20%及以上时，书本对微波功率的敏感性不强。采用微波进行干燥，纸质文献安全性是有保障的。

5. 真空冷冻干燥过程中共晶点的确定

当脱酸后纸质文献微波干燥到相对含水率25%左右，从纸张的形状稳定性和安全性方面考虑，将文献转入真空冷冻干燥来完成后期的干燥工艺。真空冷冻干燥过程在自制的真空冷冻干燥设备中完成，具体参数见表二。

表二　真空冷冻干燥设备性能参数

冷阱温度/℃	极限真空度/Pa	冻干面积/m²	捕水能力/（kg/24h）	加热板极限温度/℃
-60	1	2	30	70

物料的冻结过程分为三个阶段：晶核形成阶段、冰晶成长阶段、共晶阶段。在第一阶段里，随着温度下降，物料会慢慢冻结，物料中还存在大量水分，仍有大量自由移动正负离子，电阻值变化不明显；在第二阶段里，随着温度持续下降，物料表面已经开始形成冰晶，物料内部的冰晶也随之增加，自由移动离子的数量减少，电阻值较第一阶段增大趋势明显；在第三阶段里，物料完全冻结，正负离子停止运动，电阻值突然增大，电阻值突然有很大程度地升高的温度即共晶点。

课题研发的几种脱酸液均以纳米氧化镁为主要脱酸成分，考虑到不同纸质文物的受损情况，筛选聚氧化乙烯（PEO）作为纸张的主要加固剂，以纳米二氧化钛配合纳米氧化镁作为主要的抗菌物质，以十二烷基硫酸钠（K12）作为主要清洗剂，配制四种不同成分脱酸液，具体成分见表三。其中1号脱酸液适用于纸张酸化，且纸张的保存现状良好的情况；2号脱酸液则适用于需要进行脱酸、抑菌及耐光老化处理的纸张；3号脱酸液具有比较好的去污、清洗能力，适用于有霉斑、油斑、红墨迹、茶渍和锈斑等病害的酸化纸张；4号脱酸液中的聚氧化乙烯是一种纸张加固剂，适用于纸张强度较差的酸化纸张。

表三　4种脱酸液成分

编号	脱酸液成分
1号	纳米氧化镁，水
2号	纳米氧化镁，纳米二氧化钛，水
3号	纳米氧化镁，十二烷基硫酸钠，水
4号	纳米氧化镁，聚氧化乙烯，水

经测定，上述4种不同组方的脱酸液的共晶点结果见图二。

分析4种溶液的温度-电阻变化曲线，从图二中可以发现在某一温度区间电阻值有明显的突升，这里以电阻变化率达到50MΩ/℃的温度区间作为共晶区，并确定共晶区的上限温度为共晶点，则得到4种脱酸液的共晶点如表四所示。

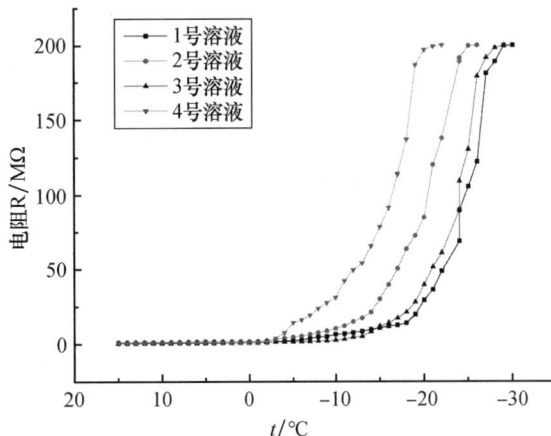

图二 4种脱酸液温度-电阻变化曲线

表四 4种脱酸液共晶点

溶液	1号	2号	3号	4号
共晶点温度/℃	−27	−22	−25	−19

6. 真空冷冻干燥的系统参数确定

冷冻干燥过程中，纸质文献厚度、加热板温度和干燥室真空度对冻干时间均会产生影响，纸质文献越厚则所需时间越长，加热板温度越高则时间越短，真空室压力越小所需的时间越短。

根据冻干机性能和纸质文献的物理特性，加热板温度选取35℃、25℃、15℃；纸质文献厚度选取7mm、14mm、32mm；干燥室压力选取10—20Pa、20—30Pa、30—40Pa。以纸张皱缩率（浸泡后纸张面积的变化值与纸张原来面积的比率）、冻干时间和含水率为评价指标，采用$L_9(3^4)$正交实验进行因素分析，正交试验因数水平表见表五，试验结果见表六。

以皱缩率小于5%为标准，即在保证纸质文献冻干品质的情况下，适当地提高温度以提高干燥效率。由表五可知，当温度低于25℃时，皱缩率接近5%，当温度继续升高，不同厚度的纸质文献皱缩率均有提高，不满足冻干品质的要求。因此最佳加热板温度确定为25℃。以冻干品质为指标，确定纸质文献厚度为7mm，真空室压力为10—20Pa的实验方案最好。

表五 正交试验因素水平表

水平	因素		
	加热板温度A/℃	纸质文献厚度B/mm	真空度C/Pa
1	35	7	10—20
2	25	14	20—30
3	15	32	30—40

表六 $L_9(3^4)$ 正交实验表

试验编号	A	B	C	皱缩率/%	冻干时间/h	含水率/%
1	1（35）	1（7）	1（10—20）	3.2	55	3.2
2	1（35）	2（14）	2（20—30）	5.5	116	4.1
3	1（35）	3（32）	3（30—40）	6.4	157	5.1
4	2（25）	2（14）	3（30—40）	4.3	152	4.3

续表

试验编号		A	B	C	皱缩率/%	冻干时间/h	含水率/%
5		2（25）	3（32）	1（10—20）	4.9	168	4.9
6		2（25）	1（7）	2（20—30）	2.8	68	3.1
7		3（15）	3（32）	2（20—30）	4.5	210	4.3
8		3（15）	1（7）	3（30—40）	2.5	88	2.9
9		3（15）	2（14）	1（10—20）	3.8	160	3.2
冻干品质	k_1	5.0	2.8	4.0			
	k_2	4.0	4.5	4.3			
	k_3	3.6	5.3	4.4			
	R	1.4	2.5	0.4			
冻干时间	k_1	109.3	70.3	127.7			
	k_2	129.3	142.7	131.3			
	k_3	152.7	178.3	132.3			
	R	43.4	108.0	4.6			
含水率	k_1	4.2	3.1	3.8			
	k_2	4.1	3.9	3.8			
	k_3	3.5	4.8	4.1			
	R	0.7	1.8	0.3			

三、结果与讨论

为保证试验数据准确且全面，选用资料室中30本图书（pH3.5—6.5，编号1—30），称量，采用自制的成套脱酸设备，使用表三所示的1号脱酸液，30本书经浸泡脱酸—真空微波干燥—冷冻干燥处理，挑选其中厚度大、重量足的10本书（图书序号为：10、11、13、14、15、17、19、21、27、29）进行测试。实验开始前，留取部分纸张作为空白样，经72h干热老化后，验证纸张的pH、碱储量、抗张强度的变化①，结果见表七。

从表七可以看出，脱酸后的图书放在恒温恒湿实验室，在温度为（23±1）℃，相对湿度为（50±2）%的环境中稳定放置72h，图书重量略有增加；pH的测定采用五点法（左上、右上、中心点、左下、右下），最后将平均值列入上述表格，可以看出经过整套的脱酸系统脱酸后，pH有较大程度的提高；以$CaCO_3$计，碱储量老化前后均大于2.0%，纸张稳定性好。

---

① 中华人民共和国国家质量监督检验检疫总局、中国国家标准化管理委员会：《纸和纸板　表面pH的测定：GB/T 13528—2015》，中国标准出版社，2015年；中华人民共和国国家质量监督检验检疫总局、中国国家标准化管理委员会：《纸和纸板　碱储量的测定：GB/T 24998—2010》，中国标准出版社，2015年；中华人民共和国国家质量监督检验检疫总局、中国国家标准化管理委员会：《纸和纸板　抗张强度的测定：GB/T 12914—2008》，中国标准出版社，2008年。

表七 脱酸前后图书对比

书名	状态	重量/g	pH平均值		碱储量CaCO₃计/%		抗张强度/kN·m⁻¹	
			老化前	老化后	老化前	老化后	老化前	老化后
10《草明的短篇小说集》	脱酸前	273.5	4.10	4.05	—	—	0.827	0.814
	脱酸后	276.8	8.37	8.33	2.49	2.12	0.920	0.884
11《致泉水去的道路》	脱酸前	232.1	4.19	4.12	—	—	1.000	0.974
	脱酸后	236.5	8.40	8.36	2.54	2.47	1.187	1.168
13《孙中山选集》	脱酸前	361.2	4.54	4.60	—	—	1.352	1.130
	脱酸后	366.5	7.98	7.85	2.88	2.62	1.526	1.424
14《米特里亚珂珂雨》	脱酸前	191.3	4.55	4.21	—	—	1.463	1.362
	脱酸后	194.6	9.20	9.14	2.56	2.52	1.748	1.636
15《无线电物理学导论》	脱酸前	296.0	4.50	4.76	—	—	1.930	1.743
	脱酸后	299.7	8.07	8.02	2.95	2.67	2.238	1.867
17《电子管在实验物理中的应用》	脱酸前	250.0	5.54	4.89	—	—	0.859	0.842
	脱酸后	253.8	8.81	8.73	2.35	2.32	1.018	1.027
19《人体解剖学下册》	脱酸前	266.5	4.36	4.55	—	—	1.351	1.240
	脱酸后	262.9	7.49	7.33	2.54	2.42	1.555	1.440
21《世界人民和平大会》	脱酸前	216.0	4.33	4.46	—	—	1.167	1.152
	脱酸后	218.6	8.56	8.35	2.92	2.56	1.275	0.902
27《戊戌变法人物传稿》	脱酸前	187.5	6.30	5.80	—	—	0.750	0.730
	脱酸后	188.9	8.88	8.63	2.44	2.32	0.886	0.866
29《实用治疗概要》	脱酸前	199.0	3.80	3.54	—	—	0.614	0.602
	脱酸后	202.1	7.85	7.81	2.31	2.14	0.656	0.655

四、结　论

针对近现代文献存量大、酸化日益严重、历史文化资源面临断层的严峻形势，从完整、全面、科学地保护中华民族文化资源的高度，在自有研究基础上，开展近现代文献脱酸关键技术的研究与开发。

根据规模化脱酸的需要，研制出相应的浸泡脱酸工艺、微波预干燥工艺、真空冷冻干燥工艺，通过系统的技术优化集成，研制出适宜推广应用的脱酸成套系统。经初步验证，图书经脱酸设备集成处理后，pH有所提高，碱储量相对稳定，纸张品质良好，值得推广应用。

（原载于《文物保护与考古科学》2019年第2期）

太仓半泾河古船船体用材鉴定与分析

陈潇俐　袁　雨　潘　彪　张　诺

内容提要：为做好太仓半泾河古船保护修复工作、了解古船造船工艺及用材习惯，对船体龙骨、隔舱板、舱底板、侧板、船尾挡板、斜撑木、补强材、桅座和护舷板等31个样品的树种进行了鉴定。结果表明，太仓古船用材包括杉木（38.7%）、香樟（32.3%）、硬松（16.1%）、枫香（9.7%）和柏木（3.2%）等5个树种。经分析，古船用材均广泛分布于中国南方，其性能适合作为船体用材，说明古人造船就地取材但不单一选材。船体树种鉴定结果有利于后期针对性地进行船体保护工作。

关键词：太仓　古船　树种鉴定

一、引　　言

2014年8月初，由南京博物院、太仓市博物馆联合组成的江苏苏州太仓市万丰村古船考古队，对清淤过程中发现的古船进行了抢救性考古发掘。根据河道淤泥中出土的瓷片，初步推测该古船年代应不晚于宋代。太仓地处东海头、长江尾，水系发达，刘家港作为入沿海漕运的起点，元代以来被称为海外贸易著名的六国码头，半泾河是太仓刘家港一处重要的港汊。作为太湖三大尾闾之一的古娄江（又称浏河）穿城而过，自唐宋起至明清，一直作为太湖主要出水河道，为海上交通发挥着重要作用①。太仓半泾河古船的发现，成为太仓历史的重要见证，同时也为中国船舶史提供了新的实物资料。

---

① （南宋）范成大：《吴郡志》，江苏古籍出版社，1986年；（北魏）郦道元：《水经注》卷二十九，浙江古籍出版社，2001年；王祖畲：《中国方志丛书》，成文出版社，1989年；（清）顾士琏：《太仓州新刘河志·卷下》，《四库全书存目丛书》，齐鲁书社，1997年；林承坤：《古代刘家港崛起与衰落的探讨》，《地理研究》1996年第2期，第61—62页。

古船出土于太仓市半泾河万丰村段（图一），实测残长17.83m，宽5.76m，船舱最深处1.91m，共11个隔舱，双桅，首桅座和主桅座分别位于2号舱壁和6号舱壁前。从桅座上的榫口可知，桅应为单桅杆的可倒桅，还应设有二帆。船体平面略呈柳叶形，前端横剖面V形，后端横剖面U形。首封板完整，艏柱完整，封板内侧设有加强木。除3号和10号隔舱板缺失，其余隔舱板及尾封板有残损，右舷外侧板上有水蛇和走马。甲板及上层部分无。龙骨包括主龙骨和尾龙骨，主龙骨被挖断，尾龙骨完整。全船采用中国传统造船铁钉和舱缝工艺接合。船钉有钩钉、方钉、蘑菇钉，未见铜钉和枣核钉。

图一　古船发掘遗址（自北向南拍摄）

二、试验材料与方法

（一）试验材料

太仓古船取样的船体用材情况共计31个，如表一所示。

表一　太仓古船用材取样情况

部位	序号	名称	部位	序号	名称
龙骨	1	艏柱西北处	船尾挡板	16	船尾挡板
	2	主龙骨断裂处		17	船尾南侧板
	3	第8隔舱龙骨		18	船尾北侧板
隔舱板	4	第1隔舱板	斜撑木	19	第2隔舱斜撑木
	5	第2隔舱板		20	第5隔舱斜撑木
	6	第5隔舱板		21	第7隔舱板斜撑木
	7	第6隔舱板		22	第8隔舱斜撑木

部位	序号	名称	部位	序号	名称
隔舱板	8	第7隔舱板	斜撑木	23	第9隔舱斜撑木
	9	第8隔舱板	补强材	24	隔舱第1块
舱底板	10	船头第1块底板		25	第6和7隔板内横木
	11	第6和7隔舱底板		26	第7和8舱间龙骨加强筋
	12	第9舱底板		27	第9隔舱加强筋
侧板	13	北面西头侧板	桅座	28	桅座底板
	14	南面东头第二侧板		29	第2舱桅座前盖板
	15	北断裂侧板（4和5隔舱中间）	护舷板	30和31	南、北护舷木

（二）试验方法

1）试样的制备与处理。将试样制作成10mm×10mm×10mm的尺寸，用清水洗净。放入装有5%甲醛溶液塑料瓶中储存，在瓶身贴上标签，标上编号。浸泡至木材变为饱水，避免切片出现气泡。

2）特殊试样的软化。为防止切片严重卷曲、开裂及损伤刀片，将硬度大的试样挑出，放入装有高纯水的烧杯中，在90℃恒温水浴锅中进行蒸煮软化。

3）特殊试样的包埋。将质地松软及腐朽严重的样品挑出，采用聚乙二醇（PEG）包埋。用刀片切出5mm×5mm×5mm的小块，将横、径、弦三个标准面修齐，用纱布将样品和标签一起包好，进行脱水加固：首先配置20%、40%、60%、80%、100%的PEG水溶液，在60℃烘箱中保存；接着将样品依次置于20%、40%、60%、80%、100%的PEG水溶液中逐级脱水，在20%、40%、80%中保持24h，在60%、100%中保持48h，烘箱温度为60℃；保温不可中断，如果不慎中断发生降温凝固，需废弃试样，从20%浓度开始重新脱水；然后将脱水后的试样放入事先准备好的纸盒中，倒入100%的PEG，静置20min左右，使其固化；最后取出固化好的PEG块，修整好与垫块一起浸入100%的PEG中，保持一段时间（不确定时长，视车体情况而定）后取出，用手压紧直至两者固定在一起，除去多余的PEG，放入冰箱中备用。

4）切片制作。切片机切片的制作：对处理后的样品及不需处理的样品使用滑走式切片机（Yamato TU-213大型滑走式切片机）切片，厚度为20μm。切片时使用水润湿材料和刀片，切出的切片置于水中，漂洗后用阿拉伯胶固封，放于烘片机上烘干。

徒手切片的制作：对体积小、形状不规则、不适合用切片机切片的试样采用徒手切片法。用Feather牌刀片，切片时使用水润湿材料和刀片，切出的切片置于水中，漂洗后用阿拉伯胶固封，放于烘片机上烘干。

显微观察及拍摄显微图片：实验中使用普通光学显微镜（Olympus BX51）对切片进行观察，并使用DPC Controller和DPC Manager软件拍摄显微照片。

三、鉴定结果与讨论

（一）树种1

1. 宏观构造特征

木材因氧化颜色变深，新切面颜色较浅，为浅黄褐色，生长轮明显。无管孔，晚材带窄，早材至晚材缓变至略急变。木射线极细放大镜下横切面较明显。无胞间道。

2. 显微构造特征

早材管胞横切面为不规则多边形及方形，晚材管胞横切面为长方及多边形（图二，1）。轴向薄壁组织量多，星散状及弦向带状，早晚材带均有分布，含深色树脂（图二，2）。木射线单列，高1—21个细胞或以上，多数5—13个细胞，射线细胞椭圆、长椭圆及方形，少数圆形，少数含深色树脂（图二，3）。全由薄壁细胞组成，射线薄壁细胞与早材管胞间交叉场纹孔式为杉木型，无树脂道（图二，4）。

根据以上构造特点，通过相关资料、木材标本、木材显微切片比对可知，所鉴定木材为杉科（Taxodiaceae）杉木属（*Cunninghamia*）的杉木（*Cunninghamia lanceolata*）[①]。

（二）树种2

1. 宏观构造特征

木材因氧化发黑，早晚材色差大，生长轮非常明显，松脂气味明显。新切面颜色较浅，生长轮明显。早材带占全轮宽度2/3—3/4（部分等于晚材带宽），管胞在放大镜下明显，早材至晚材急变。无轴向薄壁组织。木射线稀，极细，在放大镜下横切面上明显，肉眼下径切面可见射线斑纹。

2. 显微构造特征

早材管胞横切面为多边形及长方形（图三，1）。轴向树脂道较大（图三，2），木射线稀且细。木射线具单列和纺锤形两类：单列射线高1—20个细胞或以上，多数5—15个细胞。纺锤射线具径向树脂道，近道上下方射线细胞3或2列，上下两端逐渐尖削成单列，高1—10个细胞或以上。射线细胞椭圆、长椭圆、长方及卵圆形，含少量树脂（图三，3）。由于木材腐朽导致

---

① 成俊卿、杨家驹、刘鹏：《中国木材志》，中国林业出版社，1992年，第5、19、83、316、352页。

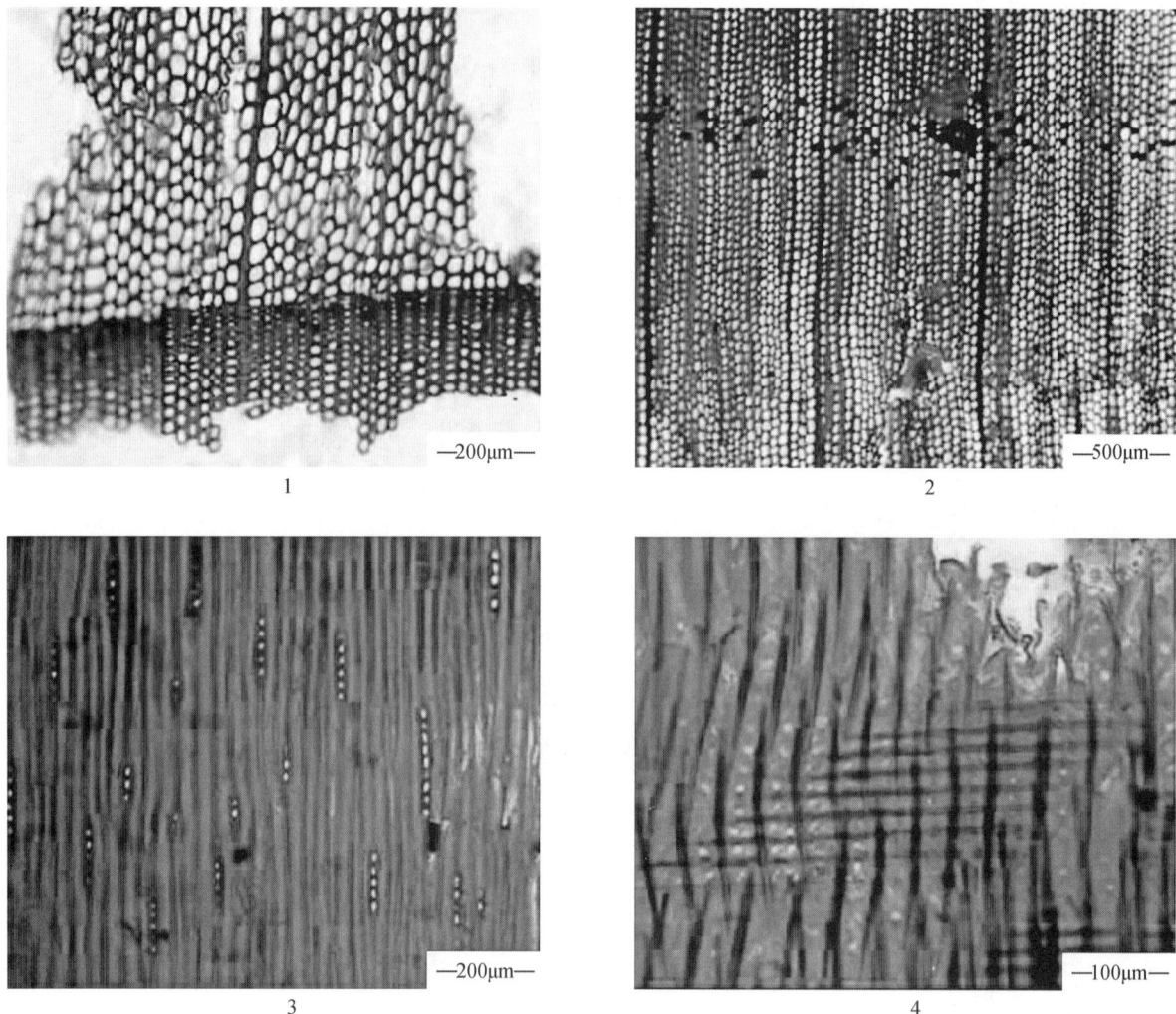

图二　13号侧板样本三切面微观照片
1. 横切面　2. 横切面　3. 弦切面　4. 径切面

多数射线细胞丢失，径向树脂道较轴向小。射线薄壁细胞与早材管胞间交叉场纹孔式为窗格状，稀松木型。树脂道泌脂细胞壁薄，常含拟侵填体。内壁深锯齿，外缘波浪形（图三，4）。

　　根据以上构造特点，通过相关资料、木材标本、木材显微切片比对可知，所鉴定木材为松科（Pinaceae）松属（*Pinus*）双维管束松亚属（*Diploxylon*）的硬松类木材，依据树种分布情况及用材习惯，为马尾松（*Pinus massoniana*）的可能性较大[①]。

（三）树种3

1. 宏观构造特征

木材因氧化发黑，新切面颜色较浅，生长轮明显，樟脑气味较明显，经久不衰。散孔材至

[①]　成俊卿、杨家驹、刘鹏：《中国木材志》，中国林业出版社，1992年，第5、19、83、316、352页。

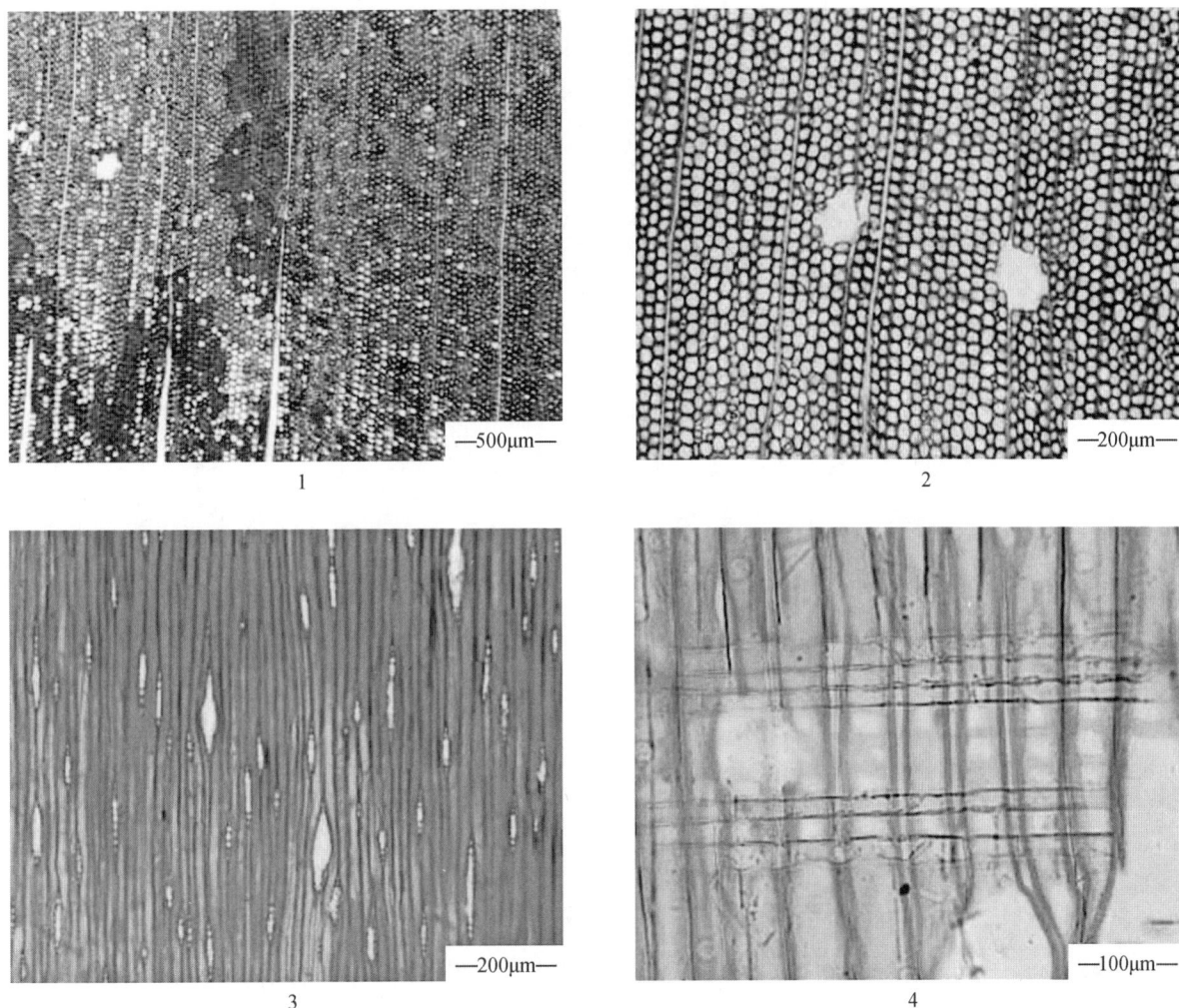

图三　2号龙骨样品三切面微观照片
1. 横切面　2. 横切面　3. 弦切面　4. 径切面

半环孔材，管孔略多，略小至中，肉眼可见。在生长轮由内往外逐渐减小，分布略均匀，斜列或散生，具侵填体。放大镜下轴向薄壁组织傍管状，木射线极细，肉眼下径切面有射线斑纹，无波痕及胞间道。

2. 显微构造特征

导管横切面为圆形、卵圆及椭圆形，部分略具多角形轮廓，单管孔，以及短径列复管孔（2—5个），稀呈管孔团，偶见管孔弦列成对，斜列或散生，少数具侵填体，轴向薄壁组织环管状及轮界状，少数环管束状或似翼状及星散状（图四，1）。油细胞或黏液细胞甚多，木射线非叠生，单列射线极少，高1—6个细胞，多列射线通常宽2—3个细胞，高4—32个细胞或以上，多数10—20个细胞，同一射线内有时出现2次多列部分（图四，2）。射线组织通常为异形Ⅱ型，稀Ⅲ型。直立或方形射线细胞比横卧射线细胞高，后者为卵圆及椭圆形，具多角形轮廓。射线细胞内含树胶。射线-导管间纹孔式多为刻痕状（横列）及大圆形，无胞间道

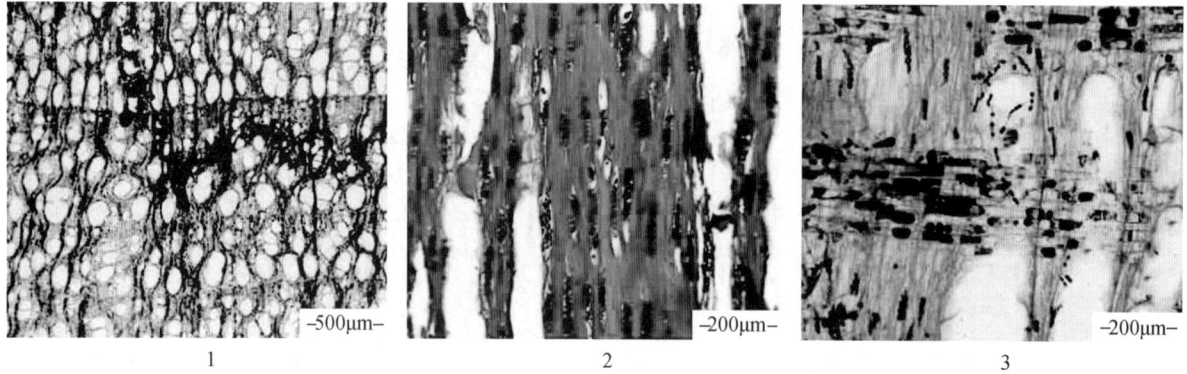

图四　4号隔舱板样品三切面微观照片

1.横切面　2.弦切面　3.径切面

（图四，3）。

根据以上构造特点，通过相关资料、木材标本、木材显微切片比对可知，所鉴定木材为樟科（Lauraceae）樟木属（*Cinnamomum*）的香樟（*Cinnamomum camphora*）[①]。

（四）树种4

1. 宏观构造特征

木材因氧化发黑，新切面颜色较浅，无特殊气味，生长轮不明显，散孔材，管孔多且小，放大镜下可见。未见侵填体和轴向薄壁组织，木射线中至略密，甚细至略细，比管孔小，肉眼下径切面有射线斑纹。

2. 显微构造特征

导管横切面为多角形，单管孔及少数短径列复管孔（2—3个），少数含侵填体（图五，1）。复穿孔，梯状，具分枝，横隔窄，中至多，穿孔板甚倾斜，轴向薄壁组织量少，星散聚合及星散状，并似环管状，薄壁细胞端壁节状加厚明显，含树胶，晶体未见。射线-导管间纹孔式为刻痕状与少数大圆形（图五，2）。木射线非叠生，单列射线甚少，高3—21个细胞或以上，多列射线通常宽2—3个（稀4）细胞，高4—58个细胞或以上，多数10—30个细胞，同一射线内常出现2—3次多列部分，射线组织异形Ⅱ型，偶至Ⅰ型。直立或方形射线细胞比横卧射线细胞高，后者为卵圆形及圆形，射线细胞含树胶（图五，3）。

根据以上构造特点，通过相关资料、木材标本、木材显微切片比对可知，所鉴定木材为金缕梅科（Hamamelidaceae）枫香属（*Liquidambar*）的枫香（*Liquidambar formosana*）[②]。

---

① 成俊卿、杨家驹、刘鹏：《中国木材志》，中国林业出版社，1992年，第5、19、83、316、352页。

② 成俊卿、杨家驹、刘鹏：《中国木材志》，中国林业出版社，1992年，第5、19、83、316、352页。

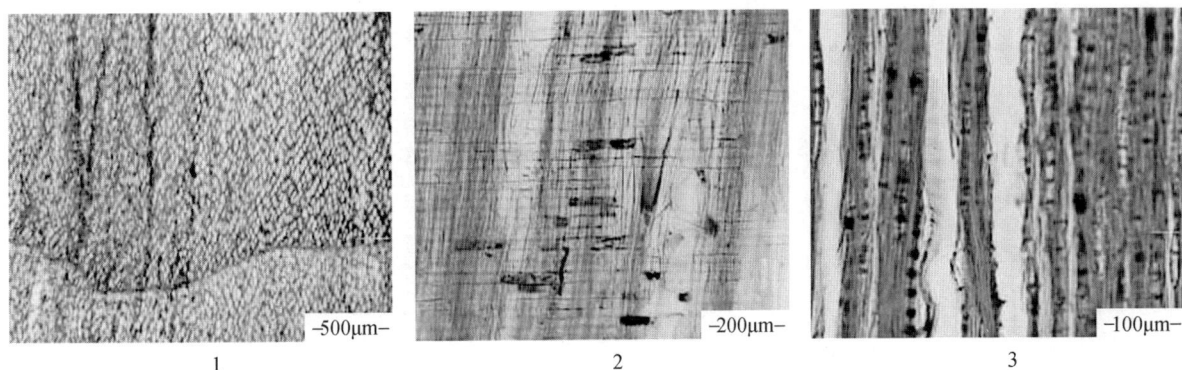

图五　8号隔舱板样品三切面微观照片
1. 横切面　2. 径切面　3. 弦切面

（五）树种5

1. 宏观构造特征

木材因氧化发黑，新切面颜色较浅，为黄褐色，木材有光泽，具柏木香气，生长轮明显，轮间晚材带色深，早材带极宽，占全轮宽度的绝大部分，晚材带极窄，早材至晚材渐变。轴向薄壁组织在放大镜下可见，星散状及呈短弦列，褐色。木射线稀至中，极细至甚细，在放大镜下横切面上明显，在肉眼下径切面上射线斑纹明显。无树脂道。

2. 显微构造特征

轴向薄壁组织星散状及呈短弦列，褐色。木射线稀至中，极细至甚细，树脂道未见。早材管胞横切面为圆形及多边形，轴向薄壁组织量少，星散状，少数带状（图六，1）。薄壁细胞间或含深色树脂，单列木射线，稀2列，高1—26个细胞或以上，多数5—20个细胞，射线细胞圆形、卵圆及椭圆形，少数细胞含深色树脂，射线管胞偶见，短而高，内壁无锯齿（图六，2）。射线细胞水平壁薄，纹孔甚少，射线薄壁细胞与早材管胞间交叉场纹孔式为柏木型，1—6个，1—2横列，未见树脂道（图六，3）。

根据以上构造特点，通过相关资料、木材标本、木材显微切片比对可知，所鉴定木材为柏科（Cupressaceae）柏属（*Cupressus*）的柏木（*Cupressus funebris*）[①]。

具体鉴定结果如表二所示。

---

① 成俊卿、杨家驹、刘鹏：《中国木材志》，中国林业出版社，1992年，第5、19、83、316、352页。

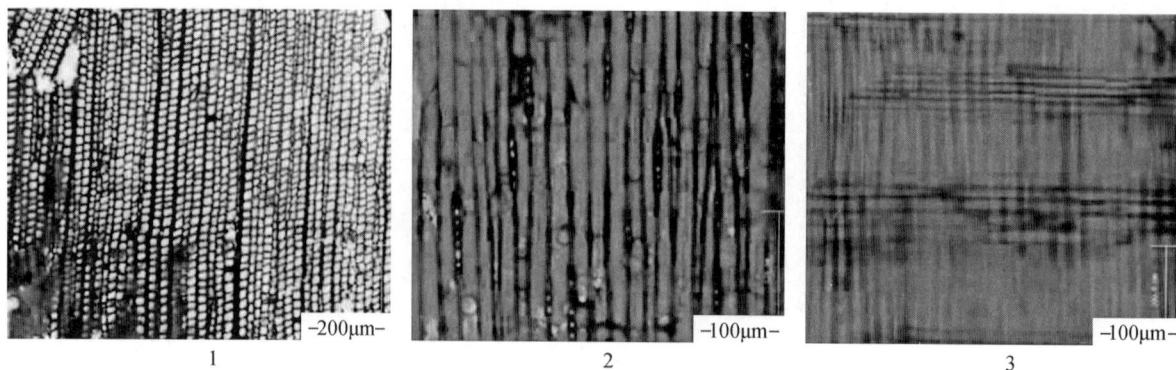

图六　1号艌柱样品三切面微观照片
1. 横切面　2. 弦切面　3. 径切面

表二　太仓古船用材鉴定结果

部位	序号	结果	部位	序号	结果
龙骨	1	柏木	船尾挡板	16	香樟
	2	硬松		17	杉木
	3	硬松		18	杉木
隔舱板	4	香樟	斜撑木	19	香樟
	5	香樟		20	杉木
	6	枫香		21	杉木
	7	硬松		22	香樟
	8	枫香		23	杉木
	9	枫香	补强材	24	硬松
舱底板	10	香樟		25	杉木
	11	硬松		26	香樟
	12	香樟		27	杉木
侧板	13	杉木	桅座	28	香樟
	14	杉木		29	香樟
	15	杉木	护舷板	30和31	杉木

四、太仓古船用材分析

　　太仓古船用材和其他地方出土的内河船只及独木舟用材基本接近，如山东平度胶莱河双体独木船[1]、淮北濉溪县柳孜隋唐大运河出土的独木舟及木板船[2]、上海浦东川杨河[3]、泉州

---

① 徐永吉、吴达期、李永敬：《平度隋船的木材鉴定》，《电子显微学报》1983年第2期，第40—43页。

② 阚绪杭、龚昌奇、席龙飞：《隋唐运河柳孜唐船及其拖舵的研究》，《哈尔滨工业大学学报（社会科学版）》2001年第4期，第35—38页。

③ 王正书、杨宗英、黄根余：《川沙县、武进县发现重要古船——从独木舟向木板船的过渡形式》，《船舶工程》1980年第2期，第62页。

湾①、南通如东东海村②、山东蓬莱登州③出土的古船等，都部分采用了松木（硬松类）、枫香、樟木、杉木、柏木，可见这几类树种为我国古代造船工业的首选树种④。此外，蓬莱四艘古船、上海浦东川杨河古船和宁波小白礁Ⅰ号清代木船还大量用到了楠木、柚木⑤等名贵木材。这些树种都是造船良材，具备质轻、耐水湿、耐腐耐用、韧性及弹性好、变形小、易加工等特点，因而在古代被大量应用于船只建造。总结可知，造船用材首选的阔叶材主要有香樟、枫香、梓木等，针叶材主要有杉木、柏木、硬松等。另外，所用材种还与地域有关。

太仓古船用材多含侵填体和各类生物碱、油脂，如香樟中的樟脑、杉木中的杉木油、枫香中的树胶、柏木中的柏油和松木中的松脂，具有较强的杀菌防腐作用，保证古船历经近千年的埋藏却未严重降解，是古船千年不腐的重要原因之一⑥。

（一）杉木

杉木，杉科（Taxodiaceae）杉木属（Cunninghamia）的杉木（Cunninghamia lanceolata），英文名Common China-Fir。乔木，高达30m以上，树干通直，长江流域以南盛产。由于杉木分布广，生长快，9年生胸径可达20cm以上，产量多，木材加工性能好，耐腐，是很好的建筑和工业用材。具备纹理直、结构均匀、干缩小、质轻等良好的物理力学性能，同时容易干燥、有香气、耐腐、切削容易。杉木板材是优良的船舶用材，多用于船壳，因其质

① 费利华：《泉州湾宋代海船保存现状的调查研究》，《中国文物科学研究》2014年第3期，第74—79页。

② 徐永吉、吴达期、李大纲等：《南通元代古船的木材鉴定》，《福建林学院学报》1995年第1期，第87—90页。

③ 袁晓春、张爱敏：《蓬莱四艘古船保护技术解析》，《中国文物科学研究》2013年第1期，第81—84页。

④ 金涛：《浙江宁波象山"小白礁Ⅰ号"清代沉船树种鉴定和用材分析》，《文物保护与考古科学》2015年第2期，第34—39页；冯欣欣、高梦鸽、金涛等：《宁波"小白礁Ⅰ号"清代沉船部分构件木材树种的补充鉴定》，《文物保护与考古科学》2017年第1期，第72—77页；袁晓春：《菏泽元朝古船探析》，《"航海——文明之迹"中国航海博物馆第二届国际学术研讨会》，上海古籍出版社，2011年，第237—253页；郑明、张恩海：《清代双桅帆船》，《中国远洋航务》2007年第4期，第101页；周世德、金秋鹏、陈鹏等：《泉州法石古船试掘简报和初步探讨》，《自然科学史研究》1983年第2期，第164—172页；刘瑞、李毓芳、王志友等：《西安市汉长安城北渭桥遗址出土的古船》，《考古》2015年第9期，第3—6页；袁晓春：《韩国新安沉船与中国古代沉船之比较研究》，《当代韩国》2004年第4期，第25—29页；吴达期、徐永吉：《江苏武进县出土汉代木船的木材鉴定》，《考古》1982年第4期，第420—423页；赵西平、王磊、艾培炎等：《洛阳偃师古沉船木材识别及材性分析》，《西北林学院学报》2016年第1期，第276—279页。

⑤ 袁晓春、张爱敏：《蓬莱四艘古船保护技术解析》，《中国文物科学研究》2013年第1期，第81—84页；王正书：《川杨河古船发掘简报》，《文物》1983年第7期，第50—53页；田兴玲、李乃胜、张治国等：《广东汕头市"南澳Ⅰ号"明代沉船木材的分析研究》，《文物保护与考古科学》2014年第4期，第109—115页。

⑥ 田兴玲、李乃胜、张治国等：《广东汕头市"南澳Ⅰ号"明代沉船木材的分析研究》，《文物保护与考古科学》2014年第4期，第109—115页；孙键：《绥中三道岗元代沉船的发现》，《国际博物馆》2008年第4期，第114—118页；孙明：《大朝余晖：泥沼下的菏泽元代沉船》，《东方收藏》2011年第11期，第53—55页；席龙飞：《对韩国新安海底沉船的研究》，《海交史研究》1994年第2期，第55—74页。

轻耐腐，可减轻船身自重，延长使用寿命，长江流域及以南用得最多，如交通用船，货船及农船①。

由此可见船壳用材，包括侧板、船尾挡板、护舷木，以及部分加固构件均为杉木，船壳因时干时湿，需要木材具有优良的抗干缩性、抗弯强度和冲击韧性，同时还要耐水湿，耐腐，耐磨损，尺寸稳定性强，杉木可以很好地满足这些要求。

（二）香樟

香樟，樟科（Lauraceae）樟木属（*Cinnamomum*）的香樟（*Cinnamomum camphora*），英文名camphor tree。常绿乔木，高达40m，胸径可达4m多。产自长江流域及其以南各省区。具备螺旋纹理或交错纹理，结构细而匀，重量轻至中，硬度软至中，干缩小，冲击韧性中等优良的物理力学性能，同时耐腐朽，耐虫害，切削容易，切面光滑，光泽性强，径面上常具颜色深浅不同的条纹，适于做家具。钉钉不难，握钉力中至略强，不劈裂的特点，使其具备良好的加工及工艺优势，不足的地方是干燥略困难，易翘曲，稍有开裂。香樟耐腐、耐虫、耐水湿，历代常作为船材使用。唐代陈藏器曾说过"江东船，多用樟木"②，江苏武进出土的汉船船底板为香樟③，"樟树两头，梓树底"成为造船的优良木材，在日本也发现将香樟作为船材④。

隔舱板和船尾挡板要求具有良好的尺寸稳定性、耐腐、耐虫、耐水湿，防止隔舱板遭受腐蚀和变形，降低水密性，舱底板因常年泡在水里，特别要能抵抗生物危害，同时耐磨损抗冲击，补强材和桅座需要较强的握钉力，不易劈裂，香樟可以很好地满足这些要求。

（三）硬松

硬松为松科（Pinaceae）松属（*Pinus*）双维管束松亚属（*Diploxylon*），从样品综合特征可推测为马尾松（*Pinus massoniana*）。乔木，高达30m，胸径1m多。在长江中下游各省都有生长。具备纹理直或斜，结构粗，不均匀，轻或中，软或中，干缩通常中等，强度低或中，冲击韧性中的特性，物理力学性质指标较高。但也有一些加工缺点，如干燥过程中容易产生表面裂纹，尤以斜纹理为甚。翘曲现象不显著。边材甚宽，易遭受白蚁袭击，不抗海生钻木动物危害，从船体钻孔样品来看，多为马尾松树种，边材很宽，切削较软松木困难，锯解时有夹锯现

① 徐永吉、吴达期、李永敬：《平度隋船的木材鉴定》，《电子显微学报》1983年第2期，第40—43页。

② 徐永吉、吴达期、李永敬：《平度隋船的木材鉴定》，《电子显微学报》1983年第2期，第40—43页。

③ 阚绪杭、龚昌奇、席龙飞：《隋唐运河柳孜唐船及其拖舵的研究》，《哈尔滨工业大学学报（社会科学版）》2001年第4期，第35—38页。

④ 费利华：《泉州湾宋代海船保存现状的调查研究》，《中国文物科学研究》2014年第3期，第74—79页。

象，切面光滑，多松脂，油漆及胶黏性能不佳。由于心材耐腐，握钉力强，也适于做船材[①]。

船体骨架包括龙骨、肋骨、横梁及首尾柱等要求木材具有很高的抗弯强度和冲击韧性。隔舱板和船尾挡板要求具有良好的尺寸稳定性、耐腐、耐虫、耐水湿，防止隔舱板遭受腐蚀和变形，降低水密性，舱底板因常年泡在水里，特别要能耐腐，耐磨，抗冲击，补强材需要较强的握钉力，不易劈裂，因此硬松可以很好地满足这些要求，唯一缺点就是不耐海生钻孔动物的损害。

（四）枫香

枫香，金缕梅科（Hamamelidaceae）枫香属（*Liquidambar*）的枫香（*Liquidambar formosana*）。落叶大乔木，高40m，胸径1.5m，产于长江流域以南各省及台湾地区等地。具备纹理交错，结构甚细，均匀，重量、硬度及强度中，干缩中至大，冲击韧性中或高的物理力学性能。板材在天然干燥时最易翘裂、变色，如及时运出锯解，采用干燥炉进行人工控制干燥，其缺陷亦易克服。枫香树干通直高大，常用作古庙及宫殿的大梁，是优良的建筑用材，于是有"枫一名樆，香木也，其树高大而坚，可作栋梁之材"之称。"千年水底松，万年燥搁枫"指的就是在干燥通风条件下，此木材经久耐用，在家具、镶板、水桶的制作中较为常见。因其耐腐耐用的特点，用作船材可保存千年以上，山东平度隋船就大量使用枫香[②]，由于纹理扭曲，钉钉、钻孔时木材不开裂[③]。

隔舱板要求具有良好的尺寸稳定性、耐腐、耐虫、耐水湿，防止隔舱板遭受腐蚀和变形，降低水密性，因此枫香可以很好地满足这些要求。

（五）柏木

柏木为柏科（Cupressaceae）柏木属（*Cupressus*）的柏木（*Cupressus funebris*）。乔木，高达30m，胸径2m，皮褐色或暗褐色，平滑或呈长薄片状剥落。产于长江流域及其以南温暖的地区。具备纹理直或斜，结构中而匀，重量及硬度中至大，干缩小或中，强度及冲击韧性中的优良物理力学性能。耐腐性及抗蚁性均强，切削容易，切面光滑，耐磨损，握钉力大，为目前已知国产针叶材中最大者。木材细致，强度较大，最耐久，板材宜造船[④]。

---

① 徐永吉、吴达期、李大纲等：《南通元代古船的木材鉴定》，《福建林学院学报》1995年第1期，第87—90页。

② 王正书、杨宗英、黄根余：《川沙县、武进县发现重要古船——从独木舟向木板船的过渡形式》，《船舶工程》1980年第2期，第62页。

③ 袁晓春、张爱敏：《蓬莱四艘古船保护技术解析》，《中国文物科学研究》2013年第1期，第81—84页。

④ 金涛：《浙江宁波象山"小白礁I号"清代沉船树种鉴定和用材分析》，《文物保护与考古科学》2015年第2期，第34—39页。

艄柱要求木材具有良好的强度和耐久性，尤其是抗弯强度和冲击韧性，同时具有耐腐、耐磨、抵抗海洋生物的危害，因此柏木可以很好地满足这些要求。

从古船的用材统计与分析中可以看出，船体用材种类比较丰富，但都产自长江流域及其以南地区，可见古人十分合理地利用了木材天然的材性，就地取材。即使是同一结构不同部位，也会根据使用需求，采用不同树种，并且做到不同树种巧妙搭配，以扬长避短，取长补短。古人对木材的认识和加工经验已经达到了相当成熟的水平。

五、结　　论

太仓古船船材经鉴定，主要有杉木（38.7%）、香樟（32.3%）、硬松（16.1%）、枫香（9.7%）和柏木（3.2%）等5个造船树种。

古人因材施用，根据不同的性能要求选取不同树种作为材料。艄柱为柏木，取其木材细致，纹理直，干缩小，耐腐蚀，耐磨，耐久，握钉力大；主龙骨、隔舱龙骨与部分舱底板为硬松，取其纹理直，结构粗壮及耐腐。这两个树种符合船体骨架要求木材强度，特别是抗弯强度和冲击韧性高，能抵抗海洋生物的危害的要求。船舷板、护舷木及部分隔舱板内横木、竖筋为杉木，取其纹理直，疤节少及材质轻，此树种符合船壳因时干时湿，需要具备很强的抗干缩能力、抗弯强度和冲击韧性。部分舱底板、隔舱板、船尾挡板、筋木、斜撑木、桅座为香樟和枫香，因其结构细致、坚实、耐腐蚀，适合常年泡在水中，除了能抵抗生物危害外，还能耐磨损和抗冲击。研究结果将为我国江浙一带造船史提供资料，丰富我国古船用材研究成果，用材鉴定结果也有利于后期有针对性地开展船体保护工作。

（原载于《文物保护与考古科学》2019年第5期）

馆藏清代《牧牛图》轴的微生物病害研究

张 诺 徐 森

内容提要： 馆藏书画文物易受到微生物的侵害，全面调查馆藏书画文物的微生物病害信息有助于制定相关的保护措施。本文利用分子生物学方法，对楚州博物馆旧藏《牧牛图》轴上黑色污斑和红色污斑处的微生物进行了分离培养和鉴定，并对微生物的酶活进行了测定。结果表明，书画文物表面污染物中分离得到13个序列，它们主要隶属于芽孢杆菌属（*Bacillus*）、裂褶菌属（*Schizophyllum*）和根霉属（*Rhizopus*）。酶活测定结果提示，酯酶、类脂酯酶以及N-乙酰-β-氨基葡糖苷酶等胞外酶与微生物腐蚀相关。本文结果为微生物对馆藏书画文物的损伤机理提供了相关的数据支撑。

关键词： 书画　微生物病害　鉴定　文物保护

一、引　　言

我国拥有卷帙浩繁的书画文物。这些书画文物是古代先人留给我们的极其珍贵的历史文化遗产，是中华民族宝贵的精神财富。书画文物流传至今，面临着酸氧老化、断裂脱浆、虫蛀霉烂，岌岌可危。其中，微生物损害是书画文物中较为常见的病害。微生物具有分布广、对环境适应能力强、代谢转换能力强、繁殖速度快等特点，且在一开始生长的阶段很难发现，但当被发现时已经蔓延扩散。组成书画文物的材料——纸张、绢丝及糨糊等也都是微生物喜好的养料。所以，书画文物更容易受微生物的侵染。

近年来，微生物技术已经出现在文物保护中，在壁画、纸质文物、木质文物等方面取得了一定的研究成果[①]。这些技术为文物保护开辟了一个全新的领域，如今文物保护微生物学作为

---

① 武发思、汪万福、马燕天等：《敦煌莫高窟第98窟壁画表面菌斑的群落结构分析》，《微生物学通报》2013年第9期，第1599—1608页；葛琴雅、李哲敏、孙延忠等：《壁画菌害主要种群之分子生物学技术检测》，《文物保护与考古科学》2012年第2期，第14—21页；唐欢、王春、范文奇等：《馆藏纸质书画文物上霉菌的分离与鉴定》，《文物保护与考古科学》2015年第2期，第40—46页；雷琼、章俊、邱祖明等：《一件出土饱水木漆器文物中可培养细菌的鉴定及对木材的腐蚀作用》，《微生物学通报》2018年第4期，第753—761页。

一门独立的学科出现在学术界[1]。利用这些新技术可以研究损害文物的微生物的种类，微生物对壁画、纸质、木质类文物材质的降解机理，从而为文物的保存及除霉工作提供技术指导。书画文物受到微生物侵染后，会留下微生物滋生的痕迹，出现黑色、黄色、红色等斑点，轻则损坏纸张部分纤维，重则使文物腐烂。早在20世纪30年代，人们就注意到纸质文物上出现的黄色、黄褐色、铁锈色的斑点，称之为狐斑（fox spots）[2]。目前，关于狐斑的成因，有些研究者更倾向于"生物论"的观点，即认为狐斑的成因主要可能与某种或某几种真菌的生长有关[3]。Arai[4]从不同纸张的褐色斑点（狐斑）处分离得到25株真菌，并认为这些斑点的形成与高温、高湿的环境相关，Corte等[5]也从地图的狐斑样品中分离得到真菌，并揭示了其与环境的相关性。

为全面了解馆藏书画文物的微生物病害信息，该研究工作包括了以下内容：对淮安楚州博物馆旧藏《牧牛图》轴的画芯和镶料及褙纸等处出现的微生物损害展开调查；对《牧牛图》轴上的黑色污斑和红色污斑处的微生物进行培养、分离纯化及鉴定。该项工作通过对这些污斑的分析检测探讨了微生物的损害机理，可为后续馆藏书画文物的预防性保护工作提供依据。

二、材料与方法

（一）实验材料

1. 书画样品

书画样品来自《牧牛图》轴。《牧牛图》轴为江苏淮安楚州博物馆旧藏，其画芯、镶料和褙纸等处出现严重的污渍和微生物损害。现场调研时发现该图轴存放的库房中无温湿度控制系统、密集柜内也未做防霉处理，致使本体材料出现多处变色，现状照片见图一。淮安为国家级历史名城，该画作对于研究清代淮安地区的民俗、民风具有重要的意义。

---

[1] Mitchell R, MC Namara C J. Cultural heritage microbiology. *Tijdschrift Voor Filosofie*, 2010, 35(35): 917-920.

[2] Liams T M, Beckwith T D. Notes on the causes and prevention of foxing in books. *The Library Quarterly*, 1935, 5(4): 407-418.

[3] Florian M E. The role of the conidia of fungi in fox spots. *Studies in Conservation*, 1996, 41(2): 65-75；陈刚、张田：《近代书籍纸张中"狐斑"的发生特点研究》，《文物保护与考古科学》2012年第4期，第66—70页。

[4] Arai H. Foxing caused by fungi: twenty-five years of study. *International Biodeterioration and Biodegradation*, 2000, 46(3): 181-188.

[5] Corte A M, Ferroni A, Salvo V S. Isolation of fungal species from test samples and maps damaged by foxing, and correlation between these species and the environment. *International Biodeterioration and Biodegradation*, 2003, 51(3): 167-173.

图一 《牧牛图》轴病害现状

2. 培养基制备

牛肉膏蛋白胨培养基：依次称取蛋白胨10g、氯化钠10g、酵母膏5g、琼脂15g于烧杯中，加入适量的水并加热使其溶解，后定容至1000mL，调pH至7.4—7.6，1×10^5 Pa灭菌30min。液体培养基与固体培养基的成分相同，但不加琼脂。

马铃薯葡萄糖培养基：去皮马铃薯200g，加适量的水煮沸30min后，用八层纱布过滤，滤液中加入葡萄糖20g、琼脂15g，后定容至1000mL，自然pH，1×10^5 Pa火菌30mln。液体培养基与固体培养基的成分相同，但不加琼脂。

3. 试剂及主要设备

基因组提取采用北京百泰克生物科技有限公司基因组DNA提取试剂盒。聚合酶链式反应（PCR）扩增引物：细菌为24F（5'-AGAGTTTGATCCTGGCTCAG-3'）和1492R（5'-TACGGCTACCTTGTTACGACTT-3'）、真菌为ITS1（5'-TCCGTAGGTGAACCTGCGG-3'）和ITS4（5'-TCCTCCGCTTATTGATATGC-3'），Taq DNA聚合酶，缓冲液体系（Green PCR试剂）均由南京金斯瑞公司提供。基因序列测定委托苏州金唯智生物科技有限公司进行。

PCR仪为德国Biometra公司2720型；凝胶成像系统为美国Bio-Rad公司170-8170型；电泳仪为北京市六一仪器厂DYY-6C型；酸碱度测试计为美国CLEAN仪器pH30型；微波水分仪为德国ABB公司L＆W862型；扫描电子显微镜为日本日立公司S-3400N型。

（二）实验方法

1. 书画本体分析检测

采用酸碱度测试计在样本上选择4点进行测试。采用微波水分仪测试样本的含水率。采用扫描电子显微镜（SEM）观察样本污渍处的显微形貌。

2. 样品的采集

用无菌棉签在样品污斑处（黑色污斑处为Sample 1，红色污斑处为Sample 2）轻轻摩擦，后置于无菌水中，震荡混匀。分别取混匀液100μL接种于适宜微生物生长的无菌牛肉膏蛋白胨和马铃薯葡萄糖固体培养基上。

3. 微生物的分离和纯化

将接种完的牛肉膏蛋白胨和马铃薯葡萄糖固体培养基置于恒温培养箱中，分别于37℃和28℃条件下培养，其间陆续在培养基上得到菌落。随后，采用平板划线法，接种换取样于新的培养基中，重复纯化3次，最终为单菌落。

4. 微生物的形态观察

采用解剖针刮取少量纯化菌株于载玻片上，盖上盖玻片，在光学显微镜（OM）下观察形态特征并拍照保存。

5. 基因组DNA的提取

细菌总DNA的提取采用细菌基因组DNA提取试剂盒（Bacteria Gen DNA Kit）。真菌总DNA的提取方法如下：取适量纯培养物置于100μL微生物裂解试剂盒（Lysis Buffer for Microorganism to Direct PCR）中，于80℃中水浴20min，直接作为DNA模板用于后续PCR。

6. PCR扩增[①]

细菌扩增的引物序列为24F（5'-AGAGTTTGATCCTGGCTCAG-3'）和1492R（5'-TACGGCTACCTTGTTACGACTT-3'）。PCR反应体系为50μL，其中24F、1492R各1μL，Taq酶0.5μL，10×PCR缓冲液5μL，脱氧核糖核苷三磷酸（dNTP）4μL，$MgCl_2$ 4μL，DNA模板1.5μL，无菌双蒸水33μL。PCR反应条件为：94℃预变性

---

① 郑晓霞、张诺、胡南：《纸质文物上的"寄居者"》，《南京工业大学学报（自然科学版）》2018年第1期，第101—105页。

5min；94℃变性1min；55℃退火30s；72℃延伸100s，35个循环；最后72℃延伸10min。真菌ITS基因片段扩增的引物序列为ITS1（5'-TCCGTAGGTGAACCTGCGG-3'）和ITS4（5'-TCCTCCGCTTATTGATATGC-3'）。PCR反应体系为50μL，其中ITS1、ITS4各1μL，Taq酶0.4μL，10×PCR缓冲液5μL，dNTP 4μL，MgCl$_2$ 3μL，DNA模板2μL，无菌双蒸水33.6μL。PCR反应条件为：94℃预变性5min；94℃变性30s；58℃退火30s；72℃延伸90s，35个循环；最后72℃延伸10min。PCR扩增完毕，产物用1%琼脂糖凝胶电泳检测纯度。

7. 序列比对

待测细菌的16S rDNA和真菌的内源转录间隔区（internally transcribed spacer，ITS）序列经过DNAMAN 6.0软件校正后，在美国国立生物技术信息中心（NCBI）中进行同源性序列搜索（BLAST search）。

8. 酶活测定

由于微生物具有不同的酶学系统，它们可以利用不同或者相同的底物产生不同的代谢产物。微生物的活性和生长繁殖与细胞外分泌的酶相关。研究各种胞外酶活性及作用是研究微生物致病机理的一个重要方面。为评估《牧牛图》轴上分离得到微生物的代谢和破坏能力，采用法国API-ZYM半定量微量方法系统测定了微生物19种胞外酶——碱性磷酸酶、酯酶（C4）、类脂酯酶（C8）、类脂酶（C14）、白氨酸芳胺酶、缬氨酸芳胺酶、胱氨酸芳胺酶、胰蛋白酶、α-胰凝乳蛋白酶、酸性磷酸酶、萘酚-AS-BI-磷酸水解酶、α-半乳糖苷酶、β-半乳糖苷酶、β-糖醛酸苷酶、α-葡萄糖苷酶、β-葡萄糖苷酶、N-乙酰-β-氨基葡糖苷酶、α-甘露糖苷酶、α-岩藻糖苷酶的活性。该试剂盒专为研究酶活性所设计，包括4种酯酶、5种蛋白酶、2种水解酶和8种糖发酵酶。

9. 模拟样品的制备

挑取纯化菌株孢子，将孢子分散于马铃薯葡萄糖液体培养基中，放入恒温培养振荡器中，28℃，125r/min过夜培养制成孢子菌悬浮液。然后用喷雾器将稀释后的孢子悬液喷洒到宣纸纸样表面，放入培养箱中，保持湿度为80%、温度28℃。

三、结果与分析

（一）书画本体分析检测结果

样本的pH在3.72—5.06，酸度值偏高；样本的含水率为12%，远远超出了纸张正常含水率水平；污斑样本在扫描电子显微镜下放大500倍，可见表面布满菌丝，如图二，1所示。纸张本体含水率过高会导致微生物的滋生，微生物代谢产生的有机酸又会增加载体的酸度，这些因素造成书画本体腐蚀、破碎，如图二，2所示。

据研究报告[①]，微生物代谢中产生的有机酸主要有柠檬酸（青霉）、葡萄糖酸（青霉和曲霉）、甲酸、乳酸、延胡羧酸、丙酸、五倍子酸、丁烯二酸（根霉）等十几种酸。这些有机酸同无机酸一样可明显加大纸张酸性，使纸张变黄发脆，强度降低，是影响纸张寿命的主要因素。

图二　《牧牛图》样本扫描电子显微图
1.污斑表面扫描电子显微图　2.书画本体扫描电子显微图

（二）分离纯化结果

书画文物Sample 1和Sample 2处共获得7株细菌和6株真菌，用接种针挑取少量已纯化菌株于载玻片上，于显微镜下观察、拍照，其中，F1-1—F1-3为Sample 1处分离纯化得到的真菌（图三，1—3），F2-1—F2-3为Sample 2处分离纯化得到的真菌（图三，4—6）。

（三）鉴定结果

利用BLAST检索对测序结果进行序列比对，结果表明：提交的13个序列分属于4个细菌属和5个真菌属，具体结果见表一和表二。7株细菌属于4个属：芽孢杆菌属（B1-1、B1-2、B2-2）、微球菌属（B1-3、B2-3）、假单胞菌属（B1-4）和葡萄球菌属（B2-1）。6株真菌属于5个属：根霉属（F1-1）、耙齿菌属（F1-2）、裂褶菌属（F1-3、F2-3）、蜡质菌属（F2-1）和腐霉菌属（F2-2）。

---

① 吴红娥：《霉菌代谢物有机酸对档案影响的分析研究》，《兰台世界》2009年第7期，第69—70页。

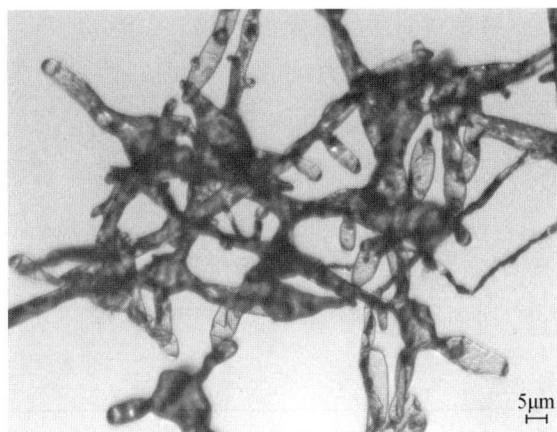

5μm

1

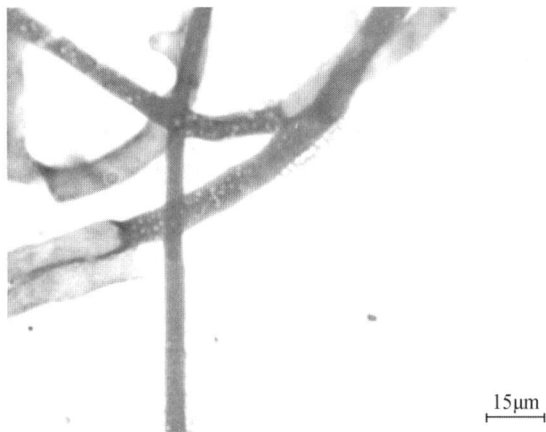

15μm

2

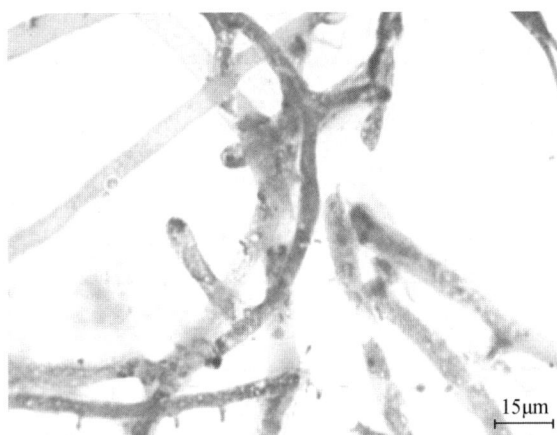

15μm

3

15μm

4

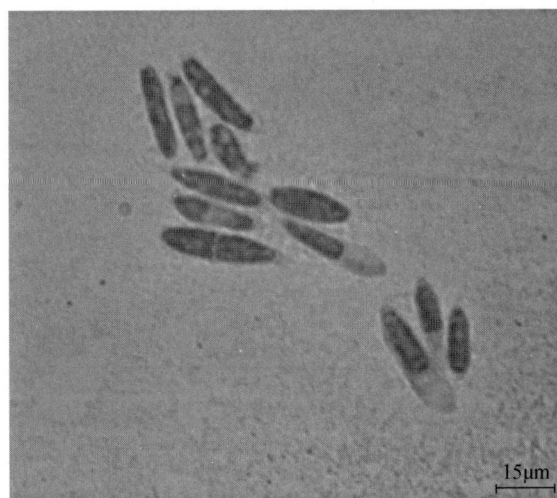

15μm

5

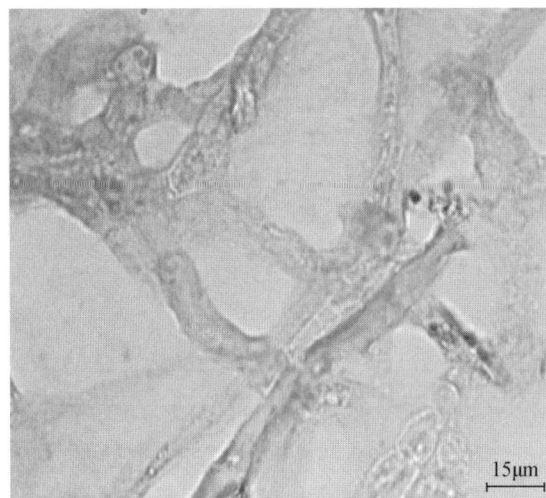

15μm

6

图三　油镜下菌株的显微形态

1. F1-1　2. F1-2　3. F1-3　4. F2-1　5. F2-2　6. F2-3

单菌落培养发现：F1-1菌株（*Rhizopus oryzae*）在培养后期会产生黑色颗粒，而Sample 1为黑色污斑样品，故F1-1（*Rhizopus oryzae*）可能与黑色污斑上的污染物相关。而据文献报道[①]，根霉属为纸张常见的霉变种属。同时，F2-3菌株（*Schizophyllum commune*）在培养后期会产生红色色素，这也可能会导致样品表面产生红色污渍。为了验证这种推测，本文通过模拟实验，挑取F1-1菌株孢子作为受试菌，将其分散于马铃薯葡萄糖液体培养基中，并将制成的孢子菌悬浮液喷洒到宣纸纸样上。通过一段时间的培养，模拟纸样上遍布了黑色的斑点。从而，这也证实了推测的可能性，后续将采用质谱等检测手段做进一步研究。

表一　细菌鉴定结果

取样处	菌株编号	参考序列号	同源菌株	种属	相似度/%
Sample 1	B1-1	KP422465.1	*Bacillus* sp. B1408	芽孢杆菌属	99
	B1-2	EU685816.1	*Bacillus* sp. PK-14	芽孢杆菌属	99
	B1-3	EU182882.1	*Micrococcus* sp. MH54	微球菌属	99
	B1-4	FJ416144.1	*Pseudomonas* sp. BSw10041N	假单胞菌属	98
Sample 2	B1-1	EU798945.1	*Staphylococcus* sp. JY04	葡萄球菌属	99
	B1-2	EU236740.1	*Bacillus* sp. Z9	芽孢杆菌属	99
	B1-3	DQ490458.1	*Micrococcus* sp. KVD-1921-02	微球菌属	99

表二　真菌鉴定结果

取样处	菌株编号	参考序列号	同源菌株	种属	相似度/%
Sample 1	F1-1	AF113440.1	*Rhizopus oryzae*	根霉属	98
	F1-2	MF190370.1	*Irpex lacteus*	耙齿菌属	94
	F1-3	AM493689.1	*Schizophyllum commune*	裂褶菌属	97
Sample 2	F2-1	AB084585.1	*Ceriporia lacerata*	蜡质菌属	99
	F2-2	KY031652.1	*Microdochium* sp.	腐霉菌属	99
	F2-3	KX3637.7.1	*Schizophyllum commune*	裂褶菌属	97

（四）酶活测定结果

为探究书画文物上分离的微生物的生物降解能力，采用API-ZYM系统测定分离得到微生物的4种酯酶（碱性磷酸酶、酯酶（C4）、类脂酯酶（C8）、类脂酶（C14））、5种蛋白（多肽）酶（白氨酸芳胺酶、缬氨酸芳胺酶、胱氨酸芳胺酶、胰蛋白酶、α-胰凝乳蛋白酶）、2种水解酶（酸性磷酸酶、萘酚-AS-BI-磷酸水解酶）和8种糖发酵酶（α-半乳糖苷酶、β-半乳糖苷酶、β-糖醛酸苷酶、α-葡萄糖苷酶、β-葡萄糖苷酶、N-乙酰-β-氨基葡糖苷酶、α-甘露糖苷酶、α-岩藻糖苷酶），结果见表三。本文发现：分离的细菌的胞外酶主要有酯酶（C4）、类脂酯酶（C8）；真菌的胞外酶主要有碱性磷酸酶、酸性磷酸酶、酯酶（C4）、类脂酯酶

① 姚娜：《纸质印刷品霉变类型及防治技术探讨》，北京印刷学院硕士学位论文，2016年。

表三　API-ZYM测定结果

酶活 菌株	碱性磷 酸酶	酯酶 （C4）	类脂 酯酶 （C8）	类脂酶 （C14）	白氨 酸芳 胺酶	缬氨 酸芳 胺酶	胱氨 酸芳 胺酶	胰蛋 白酶	α-胰 凝乳 蛋白 酶	酸性磷 酸酶	萘酚-AS- BI-磷酸 水解酶	α-半乳 糖苷酶	β-半乳 糖苷酶	β-糖 醛酸苷 酶	α-葡萄 糖苷酶	β-葡萄 糖苷酶	N-乙 酰-β-氨 基葡萄糖 苷酶	α-甘 露糖 苷酶	α-岩 藻糖 苷酶
B1-1	-	+	+	-	-	-	-	-	-	-	+	-	+	-	-	-	-	-	-
B1-2	-	+	+	-	-	-	-	-	-	-	+	-	+	-	-	+	-	-	-
B1-3	-	+	-	-	-	-	-	-	-	-	+	-	-	-	-	+	-	-	-
B1-4	-	+	+	-	-	-	-	-	-	-	+	-	+	-	-	-	-	-	-
B2-1	-	+	-	-	-	-	-	-	-	-	+	-	-	-	-	+	-	-	-
B2-2	-	+	+	-	-	-	-	-	-	-	+	-	-	-	-	+	-	-	-
B2-3	-	+	-	-	-	-	-	-	-	-	+	-	-	-	-	-	-	-	-
F1-1	+	+	+	+	+	-	-	-	-	+	+	-	-	-	-	-	+	-	-
F1-2	-	+	+	-	-	-	-	-	-	+	+	-	+	-	-	+	+	-	-
F1-3	+	+	+	-	-	-	-	-	-	+	+	-	-	-	-	+	+	-	-
F2-1	+	+	-	-	+	-	-	-	-	+	+	-	-	-	-	-	+	-	-
F2-2	+	+	+	-	-	-	-	-	-	+	+	-	-	-	-	-	+	-	-
F2-3	+	+	+	-	-	-	-	-	-	+	+	-	-	-	-	-	+	-	-

注："+"表示阳性（存在）；"-"表示阴性（不存在）。

（C8）、白氨酸芳胺酶、萘酚-AS-BI-磷酸水解酶及*N*-乙酰-β-氨基葡糖苷酶。

书画文物是有机质文物，属植物纤维类。其主要化学成分是纤维素、半纤维素、木质素，还有少量的果胶、无机盐等次要成分。绢丝等作为书画文物的镶料也常成为微生物的侵蚀对象。纤维素主要是以微纤维的形态存在于细胞壁的初生壁中，半纤维素分布在微纤维中间，木质素等包围在微细纤维和细纤维周围，它们三者相互交联在植物细胞壁的初生壁中。微生物是异养型生物，主要是通过一些胞外酶，将有机质文物中的高分子水解成能通过细胞膜的小分子物质，后者被微生物的细胞吸收利用，这也是文物被腐蚀破坏的过程。这些胞外酶加速了微生物代谢中有机酸和无机酸的产生，酸性物质和一些酶协同又加速了书画材质的老化。仲雨薇[1]采用蒽酮检测法分析了菌斑处碳水化合物的含量，并推测得出：霉菌使纸张原本不溶性的纤维素、半纤维素等降解为可溶性化合物，并最终导致污染处的纸张易断裂。微生物的代谢和产酶与作用底物密切相关，后续将考虑基于纤维素、半纤维素、木质素为单一碳源，分析菌株的产酶特性。

四、讨　论

微生物病害是书画类文物较为常见的病害，属于活动性病害和可诱发性病害[2]，应尽早预防和治理。随着预防性保护理念的日益深入，监测微生物污染已成为近年来预防性保护研究的一个新方向[3]。López-Miras等[4]采用API-ZYM系统对从油画上分离得到的细菌和真菌的酶活进行了测定，并认为酯酶和类脂酯酶会造成油画的损坏。纤维素酶通常包括内切葡聚糖酶、外切葡聚糖酶和β-糖苷酶。曲霉属、木霉属、青霉属被认为能产生高活性的纤维素酶[5]。而不同菌体中，纤维素酶系的组合是各不相同的。本文采用的API-ZYM系统中没有涉及内切葡聚糖酶、外切葡聚糖酶，后续将基于纤维素、半纤维素、木质素为单一碳源，并分析菌株的酶学性质。

纸质文物上滋生微生物的现有研究大多数是针对真菌，尤其是丝状真菌（俗称为霉菌）。近年来，越来越多的研究者开始关注细菌对书画文物的危害。芽孢杆菌属、假单胞杆菌属和微

---

① 仲雨薇：《生物学方法去除纸质文物霉斑的研究》，辽宁大学硕士学位论文，2016年。

② 雷琼、章俊、邱祖明等：《一件出土饱水木漆器文物中可培养细菌的鉴定及对木材的腐蚀作用》，《微生物学通报》2018年第4期，第753—761页。

③ 唐欢、王春、范文奇等：《馆藏纸质书画文物上霉菌的分离与鉴定》，《文物保护与考古科学》2015年第2期，第40—46页。

④ López-Miras M, Pinar G, Romero-Noguera J, et al. Microbial communities adhering to the obverse and reverse sides of an oil painting on canvas: identification and evaluation of their biodegradative potential. *Aerobiologia*, 2013, 29(2): 301-314.

⑤ 唐欢、王春、范文奇等：《馆藏纸质书画文物上霉菌的分离与鉴定》，《文物保护与考古科学》2015年第2期，第40—46页。

球菌属是其中最常见的菌种①。有研究②发现：在一套被菌斑严重侵蚀的摄影材料中，包括正片、底片、纸质框和玻璃纸的信封，细菌和真菌在同一个生态位置共同生长。所以，虽然不同细菌对生长环境各有偏好，但是细菌和真菌是可以在纸张这个微环境中共同存在的。许多纸张在久藏后，表面出现各种颜色的斑点，其形成并不一定是细菌或是真菌单方面作用的结果，也可能是两者协同的效应，这些微生物在载体材料上群居杂生，势必共同加快了纸张的老化降解。

五、结　　论

本文对淮安楚州博物馆馆藏的《牧牛图》轴上黑色污斑和红色污斑处样品进行分离及鉴定后发现：分离菌株分属4个细菌属和5个真菌属，主要有芽孢杆菌属、裂褶菌属和根霉属。酶活结果显示：细菌的酯酶和类脂酯酶与微生物腐蚀相关；真菌的酯酶、类脂酯酶及 N-乙酰-β-氨基葡糖苷酶等与微生物腐蚀相关。酯酶类可催化植物纤维细胞壁中酯酶的水解；N-乙酰-β-氨基葡糖苷酶可水解细胞壁和蛋白酶类。这些胞外酶水解造纸纤维细胞壁中脂类和多糖类物质、颜料中的胶料以及镶料绢丝中的蛋白质。本文为了解书画文物侵染的微生物种类和数量及后续保护修复过程提供参考，具有重要的指导意义。

在环境温度为22—30℃、相对湿度大于65%的条件下，书画的有机材质适宜微生物的生长。因此，根据书画载体的材质和微生物的类型及其生理特征，可从三个方面制定相关的保护措施：①控制孢子源头，通过书画文物入库前的检查，可定期对其进行消毒进而降低存储空间书画文物发生霉变的概率；②控制环境温湿度，为保证存储环境温度和相对湿度的稳定，可采用空调系统控制，但是适当的自然通风、保持室内空气的适当流动也是防止微生物滋生的有效方法；③采用相应的防霉剂。事实上，文物所处的环境不可能做到无菌，微生物防治工作的重点是"防"，如果"防"的工作做好了，"治"就不显得格外重要。通过定期对书画文物及存放空间中的微生物进行检测，评价微生物污染的状况，检测方法可参照《馆藏文物保存环境质量检测技术规范》（WW/T0016—2008），从而建立微生物综合防治体系，为科学有效解决微生物病害提供保障。

（原载于《文物保护与考古科学》2020年第1期）

---

① 周言君、钟江：《古籍纸张表面微生物群落组成的初步研究》，《复旦学报（自然科学版）》2016年第6期，第707—714页。

② Bučková M, Puškárová A, Sclocchi M C, et al. Co-occurrence of bacteria and fungi and spatial partitioning during photographic materials biodeterioration. *Polymer Degradation and Stability*, 2014, 108:1-11.

传统书画装裱修复技艺多元价值及其体系构建探究

——基于"苏裱"传承人访谈的思考

陈虹利　　何伟俊　　陈潇俐　　陈　琦

内容提要：价值多元化是中国传统书画装裱修复技艺重要的特征之一。当前书画装裱修复从业者对技艺价值认知程度不均，价值认知现状不能与多元价值共存的现实相匹配。基于非物质文化遗产保护与传承的视角，书画装裱修复从业者应从理念上重新树立多元价值观、方法上加强现代科技手段的有效介入、理念上重视传承人整体情况的深入探求、行动上加快技艺科学化研究进程等几个方面来全面构建技艺多元价值体系。

关键词：书画装裱修复　苏裱　传统技艺　价值认知　科学认知　多元价值体系

传统书画装裱修复技艺又称"古书画装裱修复技艺"，一般是指包括洗、揭、补、全等修复技艺以及装裱技艺在内的整套技艺流程，有别于现代机器装裱技术和新画装裱工艺。传统书画装裱修复技艺在中国历史悠久，随着时代发展逐渐形成了各具特色的技艺流派，如一南一北遥相呼应的"苏裱"和"京裱"，就是目前最具代表性的两大流派[1]。"苏裱"作为起源于苏州地区的传统装裱流派，因受地域文化的影响，有着较为显著的"苏式"特色，如技艺上更重视技术细节的处理，装裱材料配色上追求淡雅之风，装裱风格上更倾向于为"文人字画"服务等。

随着我国非物质文化遗产（以下简称"非遗"）保护事业的蓬勃发展，传统书画装裱修复技艺于2004年被列入非遗保护体系。作为一项国家级非遗，价值多元化必然是传统书画装裱修复技艺最重要的特征之一。正如《中华人民共和国非物质文化遗产法》第十八条明确指出的："国务院建立国家级非物质文化遗产代表性项目名录，将体现中华民族优秀传统文化，具有重大历史、文学、艺术、科学价值的非物质文化遗产项目列入名录予以保护。"[2]因此，列入国家级非遗代表性项目名录的非遗应具有"重大"的历史、文学、艺术、科学价值，这也是国家

---

①　南京博物院：《传统书画装裱与修复》，译林出版社，2013年，第11页。

②　《中华人民共和国非物质文化遗产法》，中华人民共和国第十一届全国人民代表大会常务委员会第十九次会议，2011年2月25日。

级与地方性非遗代表性项目的重要区别①。

本文是基于"苏裱"传承人口述史研究的思考，在南京博物院科研项目"编写《苏裱口述史》"的支持下，课题组以"苏裱技艺的历史演变及当前传承情况"为出发点，调研了国内二十余名装裱修复技艺从业者。被访谈对象主要包括国家级非遗"装裱修复技艺"传承人，上海和江苏苏州、南京等地方非遗"装裱修复技艺"传承人代表以及业内著名的装裱修复师代表。他们都是目前仍在从事书画装裱修复工作的老一辈技艺大师，是苏裱技艺发展的参与者、见证人，为传统技艺的发展做出了巨大贡献。

在访谈过程中谈及苏裱技艺的当代传承问题时，课题组发现，几乎所有传承人更为关注的是技艺本身的实用性和效用性，对技艺实用价值的追求也成为其对下一代传承人考核的唯一要求。这一共识的出现不由得触发了课题组对于传统技艺的当代价值的思考。而当进一步深入探讨当前的从业群体对技艺价值的认知程度时，课题组发现他们对技艺价值的认知均停留在了单一层面，远远未能与当前非遗的多元价值内涵相适应，也不利于当前保护视角下传统书画装裱修复技艺的全面有序传承。因此，从保护传承的角度出发，重新梳理与挖掘传统书画装裱修复技艺的当代价值内涵，并结合当前技艺价值认知现状来思考技艺多元价值体系的构建方法就显得尤为必要与迫切。

一、当代传统书画装裱修复技艺的价值内涵及其认知现状

在官方和社会各界对非遗保护的倡导之下，传统书画装裱修复技艺集多元价值为一体的非遗观念已逐渐引起重视。但是，课题组通过实地调研发现目前传统书画装裱修复技艺价值认知现状仍存在许多突出问题，从业者对各种价值的认知程度极为不均衡。

1. 实用价值：认知程度最为充分

在传统社会，实用性是一切手工技艺产生并得以持续传承发展的重要因素，也是传统手工技艺的根本价值所在。日本著名民艺大师柳宗悦认为，"工艺就是用的艺术"，"'用'是超越一切的工艺本质"②。就传统书画装裱修复技艺而言，其产生的最初目的是保护、保存中国书画作品，使之便于长久观赏及展示。明代时，周嘉胄更是将装裱修复技艺的作用与书画作品价值相等同，其有言："故装潢优劣，实名迹存亡系焉。窃谓装潢者，书画之司命也。"③在此，技艺的实用价值得到了淋漓尽致的体现。此外，在古代装裱师、鉴赏家眼里，优良的书画装裱修复技艺可以增加书画作品的价值，而技艺粗糙者却会使书画作品贬值甚至成为弃物，正

---

① 赵蔚峡：《非物质文化遗产价值论》，中国艺术研究院硕士学位论文，2013年，第20页。

② 〔日〕柳宗悦著、徐艺乙译：《工艺之道》，广西师范大学出版社，2011年。

③ （明）周嘉胄著，尚莲霞编著：《装潢志》，中华书局，2012年，第1页。

如"其书画高值者，装善则可倍值，装不善则为弃物"①。因而，装裱修复技艺的实用价值不但体现在对书画作品的保护作用上，还体现于对书画作品的增值作用中。

鉴于传统书画装裱修复技艺对书画艺术品的保护作用，实用性一直以来就是技艺传承的主要内容，发展至今几乎成为师徒传承的唯一内容。受其影响，当今从业者必然更注重技艺实用价值的挖掘，书画装裱修复过程的记录以及相关修复难点、修复技巧的剖析也成为当前研究者关注的焦点。目前，不同类型书画作品的装裱修复过程以及技艺细节处理均得到了详细描述和完整说明，为传统书画的装裱修复工作提供了众多极具操作性的修复案例。这些研究成果多以论文和个人著作的形式出现，往往配以详细的手工操作图片，图文并茂地阐释修复步骤，如《图说中国传统手工书画装裱（典藏版）》②《图说中国书画装裱》③《中国书画装裱技法》④等。由此可知，传统书画装裱修复技艺对书画作品修复、保护的实用价值在当代已得到了充分挖掘与展示。

2. 技术价值：尚未得到全面发掘

技术价值是传统书画装裱修复技艺实用价值的内在支撑，也是实用价值得以凸显的核心因素。如果一项手工技艺经过多年的沉淀、发展，仍能在工业化生产高度发达的今天发挥重要作用，那其中必然是形成了一套与之相适应的技术标准和规范，这正是传统技艺的技术价值所在。对传统书画装裱修复技艺而言，其技术价值不但体现在装裱修复过程中的技艺选择和操作标准中，更体现于逐渐形成的规范化修复技术路线上。

一方面，因地域差异、环境差异等，传统书画装裱修复技艺在发展中形成了不同的技艺派系，出现了不同的技术分流，由此造成的技术选择和差异造就了它独特的技术价值。如装裱修复用黏合剂的选择上，南方装裱派系选用面粉糨糊，北方装裱派系选用淀粉糨糊⑤。这些不同的技术选择及其形成的一整套技艺流程成为南、北派系技术的核心内涵，对不同地域、不同环境下分析纸质文物保护的质量效果以及劣化原因等具有明显的指示作用。另一方面，随着文保科技的进步以及当代装裱修复要求的提高，传统书画装裱修复技艺外在的技术价值也逐渐被挖掘出来。《中国书画文物修复导则》根据书画文物病害情况的不同程度规范了三条不同的保护修复技术路线，分别是"保留原裱""还旧处理""重新装裱"⑥，这正是传统装裱修复技艺外在技术价值的表现。由此，传统书画装裱修复技艺背后的技术价值正逐步被挖掘，相关的技术标准和规范也开始逐步形成。

---

① （明）周嘉胄著，尚莲霞编著：《装潢志》，中华书局，2012年，第15页。

② 汪自强、施绗：《图说中国传统手工书画装裱（典藏版）》，浙江摄影出版社，2017年。

③ 严桂荣：《图说中国书画装裱》，上海人民美术出版社，2016年。

④ 康建国：《中国书画装裱技法》，四川科学技术出版社，2005年。

⑤ 郭兴宽：《裱画浆糊南北说》，《紫禁城》1999年第4期。

⑥ 龚良主编：《中国书画文物修复导则》，译林出版社，2017年，第24页。

但是，由于国内相关保护技术研究起步较晚，传统技艺背后的技术价值挖掘与展示尚未形成系统，如不同类型装裱修复用黏合剂的技术差异、不同装裱修复技艺流派的技术异同及其对书画装裱修复效果的影响等深层次技术问题并未得到深入研究。同时，调查中也发现，技艺从业者因对技艺技术价值认知程度不一，大多数师傅对技术标准和规范的认识不清，甚至有人认为标准和规范的意义不大，对装裱技艺的描述、材料和样式的选择、装裱的效果评估等均停留在经验的定性层面，不利于书画文物保护和修复工作的可持续发展，究其原因亦在于没有深刻认识其中的技术价值。

3. 科学价值：认知极为缺乏

就现代文保角度而言，传统书画装裱修复技艺主要是一项针对纸、绢、墨、颜料等不同材质材料进行保护和修复的跨学科工作。究其技艺过程，其科学价值更多地体现于修复载体、修复材料的选择，以及修复实施细节在文保工作中所具有的借鉴作用，甚至在科学指示作用上。周嘉胄曾明确提出："已凉天气未寒时，是最善候也。未霉之先，候亦佳。冬燥而夏溽，秋胜春，春胜冬夏。夏防霉，冬防冻。"[1]这很好地揭示了季节变化、气候差异对装潢技艺的影响，从本质上揭示了书画裱件本体在何种气候条件下更适宜保存的科学原理，为纸质文物的保护提供了科学借鉴和指示。此外，还有，"裱房恶地湿而惮风燥，喜湿润而爱虚明。装板须高，利画坚挺。必安地屏，杜湿上蒸"[2]。这些约束性条件在当时是一些关于传统技艺的经验性知识总结，但在今天看来，都是符合科学原理并极具科学价值的技艺理念和原则，为当今书画装裱修复恒温恒湿实验室的设计和建设提供了理论基础和事实依据。

一直以来，科学价值是传统手工技艺中最容易被手艺人忽视乃至导致其缺失的内容。调研发现，从业者普遍认为技艺的实际效用才是最重要的，其背后的科学内涵及其科学原理在实际的装裱修复过程中并不重要，科学价值不值一提。以装裱修复用黏合剂的使用问题为例，在苏裱修复师固有观念中，只有面粉糨糊才适合在潮湿的南方地区使用，而淀粉糨糊因黏性太大并不适用于南方地区。但实际情况是，四川地区的北方派系仍在使用淀粉糨糊作为他们的装裱修复用黏合剂。可见，固有的技艺经验与习惯并不能用来解释技艺差异背后的科学内涵。

正因为科学价值认知的过度缺失，传统书画装裱修复技艺的实施往往带着很大的经验性和随意性，已远远不能满足当今科学保护纸质文物的工作需求。此外，从业者关于纸质文物本体的科学认知、纸质文物技术发展历程、纸质文物劣化原因、纸质文物保护材料和环境、纸质文物保护的效果评估等方面的科学研究需要在书画文物保护和修复的工作中追溯知识来源并经历实践检验，只有充分挖掘科学价值，才能更好地融合文物科技研究与保护修复实践。

---

① （明）周嘉胄著，尚莲霞编著：《装潢志》，中华书局，2012年，第157页。
② （明）周嘉胄著，尚莲霞编著：《装潢志》，中华书局，2012年，第159页。

4. 艺术价值：已被忽视乃至遗忘

艺术价值是因艺术作品的总体艺术特性而产生的价值，是工艺品的外在表现。书画作品除了其自身具备的艺术价值之外，优良的书画装裱修复技艺所展示的精美装裱样式还能进一步提升书画作品的整体观赏性和美学内涵，给人以美的享受。由此，基于技艺形成的装裱形式、精美材料及其色彩搭配构成了其艺术价值的重要内容。

南宋周密曾总结过绍兴御府的书画装褫样式、装裱尺寸等，"两汉、三国、二王、六朝、隋、唐君、臣墨迹……用克丝（即缂丝）作楼台锦襟，青绿簟文锦里，大篆牙云鸾白绫引首，高丽纸贉，出等白玉碾龙簪顶轴（或碾花），檀香木杆，钿匣盛"[①]，从中可一窥传统书画装裱修复技艺所展示的艺术美感和艺术观赏性。当时已将各类古代书画作品按等级分类，并严格规定不同的装裱样式、装裱材料。传统书画装裱修复技艺包含的多彩装裱裁制和卓著的装潢艺术，各有尺度，具有成式，体现出极其瑰丽精致的装裱风格和极高的艺术价值。

但是，随着时间流逝以及传世书画作品的不断流转、修复，技艺的艺术价值逐渐被淹没。目前的书画装裱已经很少能看到唐宋时期的装裱样式，盛极一时的"宣和装"也逐渐消失。当谈及苏裱技艺的配色特点或艺术特色时，99%的修复师可以说出"配色淡雅"这个极具概括性的词语；但是如果引导他们再往深层次描述，往往是一片空白，传统书画装裱修复技艺的艺术价值无疑已被遗忘。

5. 历史文化价值：认知高度有待提升

"非物质文化遗产承载着丰富的历史，是过去时代流传下来的历史财富，我们可以从中活态地认识历史、了解历史。"[②]目前学界普遍认为，中国书画装裱修复始于汉朝，因而传统书画装裱修复技艺传承至今已有两千余年的历史。其中出现过许多技艺精湛的装裱大师，还有不少是精于创作的书画家、鉴赏家、收藏家，如宋代的米芾、米友仁父子二人就有着书法名家和装潢名家的双重身份。唐时期，传统书画装裱修复技艺之盛名一度远播东洋，日本自奈良时代开始派遣使臣前来学习观摩，并将其传至海外[③]。在宋代，声誉卓著的"宣和装""绍兴内府装"等技艺样式兴盛发达，如今在日本传统装裱中所见到的"惊燕"样式就是从"宣和装"而来[④]。这些因技艺而生、与技艺发展密切相关的历史事实、历史人物及其事迹均成为传统书画装裱技艺重要的历史文化内涵，也成为不同历史时期文人群体、传统艺术发展、文化交流和传播的见证，是该技艺历史文化价值的所在，极大丰富了装裱修复技艺的价值内涵。

目前，从业者对装裱修复技艺历史文化价值的认知却体现出认识与真实价值不相称的状

---

① （明）周嘉胄等著，胡珍、王浩宇编：《装潢志·赏延素心录：外九种》，广陵书社，2016年，第45页。
② 王文章：《非物质文化遗产概论》，文化艺术出版社，2006年。
③ 杜秉庄、杜子熊：《书画装裱技艺辑释》，上海书画出版社，1993年，第11页。
④ 赵莉：《日本装裱艺术浅析》，《中国文物科学研究》2010年第1期。

况：一是技艺历史源流认识笼统化，谈及传统书画装裱修复技艺的历史时，大部分修复师都只能将其笼统概括为"已有一两千年的发展历史"，但对其起源于何时、何地，不同历史阶段发展状况如何，技艺如何演化、发展，不同的技艺流派何时出现、为何出现，技艺如何传播等历史问题均处于一个朦胧不清的状态；二是技艺传承谱系尚未完善，对大部分传承人来说，多数只能往上了解大约两三代师徒传承的情况，传统书画装裱修复技艺的传承历史多处于断层和模糊状态；三是技艺传承者长时期不受重视自身的历史文化价值，在技艺传承过程中，传承多仅是通过口传身授、耳濡目染等方式进行，传承者自身的成长历史、个人感悟等极具时代价值的内容往往被忽视，其历史文化价值就自然得不到重视与挖掘。然而，一旦这些内容没有在师徒传承中实现延续，相关技艺的历史文化价值自然也就变成了"绝唱"。

二、基于访谈的技艺价值认知现状分析

技艺本身价值认知的广度和深度是决定一项传统技艺是否可以持续传承与发展的重要因素。从目前访谈的内容及其结果来看，当前传统书画装裱修复技艺师群体对该技艺各项价值的认知广度与深度仍处于一个极不均衡的状态，究其原因主要在于以下几点。

1. 固有传承方式及其传统观念的限制

千百年来，师徒间的口传身授是传统技艺传承的唯一方式，技艺的实用性成为唯一的追求。在实用主义为主导的价值观指引下，实用价值越发得到重视与凸显，这一传统观念在40—50岁、50—60岁这两个年龄段的修复师群体中表现得尤为突出。这部分技艺拥有者几乎都是"师徒传承方式"的受益者，也是传统传承方式的坚定拥护者。囿于其自身的教育经历、学习技艺的方式，他们近乎一致地认为，在传授技艺过程中，如何将一幅作品装裱修复完好是最重要的，"有用"是其考察徒弟的唯一标准。此外，在选择徒弟方面，98%的装裱帅傅都将技艺潜力作为首要要求，而所谓潜力主要表现为性别、身高、力量、悟性等客观条件，学徒的科学精神、艺术素养、兴趣爱好等则考虑较少，这实际上也是装裱技艺师群体充分认知实用价值的直接体现，但反过来也显示出他们对技艺其他价值的忽视。

2. 技艺与科学之间的壁垒

众所周知，起源于中国乡土社会的传统技艺被认为是一种经验性知识的总结，在科技尚未渗透到传统技艺研究之前，传统技艺与科学知识之间存在着厚重的壁垒，而这种壁垒在很长时期里也加剧了技艺价值认知与科学认知的不均衡发展。在关于传统技艺与科技创新的问题中，将近75%的装裱师傅认为，在传统装裱修复技艺中经验是第一位的，科学分析并不必要，而关于装裱修复技艺的科学价值、技术价值等，他们更是没人能说清楚；只有约25%的装裱师傅肯定了科学分析手段对实际装裱修复工作的作用，但对技艺具体的科学价值、技术价值等仍处于模糊不清的认知状态。由此，在绝大多数装裱技艺师傅的认知里，修复技艺的实际操作与其科学、技术价值处于绝对分离的状态，这也是装裱修复技艺价值认知发展不均衡的内在原因。

三、技艺多元价值体系的重建及其保护传承

从传统书画装裱修复技艺的历史发展来看，技艺的传承并不只是单一实用价值的传授，而应将技艺视为一个价值综合体来看待。但是，基于目前价值存在与现实认知之间的巨大差距，从理念、方法、行动、科研等角度推进技艺多元价值体系的整体构建仍任重而道远。

1. 理念上，应树立多元价值观

陆宗润曾从艺术、技艺、科学等三个方面论述了中国书画修复理论的现代重建之路。对今天的传统书画装裱修复技艺而言，其价值体系的重新构建需要重新认识实用价值、技术价值、科学价值、艺术价值以及历史文化价值在多元价值体系中的关系和作用。首先，技艺实用价值的贡献不可否认，"就传世中国书画的保存质量与数量之多便足以证明，传统的修复与装裱方式对书画的保存和修护是行之有效的，也是符合科学规律的"[①]。其次，应充分认识技艺的技术价值、科学价值、艺术价值和历史文化价值。通过对技艺发展历史的考察可知，实用价值并不是技艺的唯一价值，仅仅强调其实用性是极为片面的。在现实的文物保护工作中，唯有从观念上认识并重视多元价值存在的重要性，形成完整的多元价值一体的观念，才能更好地为相关研究、保护和修复工作提供具体指导，也才能更有利于传统书画装裱修复技艺的健康有序发展。

2. 方法上，应加强现代科技手段的有效介入

传统书画装裱修复技艺科学价值、技术价值的挖掘需要借助一系列的科学分析、技术研究手段来实现。在传统书画装裱修复工作中提倡现代科技手段的有效介入，并不是要用现代科技手段取代传统技艺，而是将现代科学技术手段运用到传统书画装裱修复前的调查分析、修复中的技术应用和过程控制、修复后的评估中，以更深入地挖掘技艺的技术内涵和科学知识，从而更科学地提出针对性的修复措施。陆寿麟曾明确提出目前现代科技所提供的分析、检测和模拟实验研究方法在揭示传统工艺技术科学性及科学内涵等方面的研究中的重要性和不可取代性[②]。毋庸置疑，现代科技手段的有效介入对传统技艺科学价值内涵和技术价值内涵的挖掘与认知具有不可取代的作用。

---

① 陆宗润：《艺术、技艺、科学——中国书画修复理论的现代重建》，《中国美术》2016年第5期。
② 陆寿麟：《传统工艺与现代科技——在中国文物保护技术协会第五次学术年会上的讲话》，《中国文物保护技术协会第五次学术年会论文集》，科学出版社，2007年。

3. 行动上，应深入探求传承人的整体情况

技艺是人与物的结合，作为社会中的人，往往是以工作活动的形态来传承技艺[①]。技艺传承人是连接传统技艺的过去与现在的纽带，他们不但见证了传统技艺的历史，还经历着传统技艺的当代发展。传承人既是非遗代表作项目历史文化价值的重要载体，反映了技艺文化、历史的变迁发展，也是开展非遗保护、完成价值判断和实现价值主张目标的核心力量。唯有注重对技艺传承者的研究，才能从中获取足够的艺术价值、历史文化价值。

自2008年装裱修复技艺成功入选国家级"非遗项目"第二批名录以来，列入国家级非遗代表性传承人名录的有10人，其中古字画装裱修复技艺7人、苏州书画装裱修复技艺1人、古籍修复技艺2人[②]。与当下从事书画装裱修复工作的人群相比，这个数字是极为微小的；相对于厚重的技艺历史来说，这个数字也是极为单薄的。目前，关于传统书画装裱修复师的研究基本是围绕非遗传承人进行，众多一般修复师群体的历史及其技艺特色尚未得到充分挖掘，而历史上修复师群体的相关研究更是空白。

因此，借助历史研究方法以及口述史研究方法，加强对修复师群体的历史考察显得尤为必要与迫切。一方面，既能有效拓展技艺历史文化价值内涵的深度与广度，厘清技艺自身的历史发展渊源；另一方面，还可深入了解当前修复师群体的整体情况，包括其技艺发展历史，学艺历程、成长过程、传承感悟以及技艺特点等极具个人特色的真实面貌，为当前的技艺传承与发展提供案例和启发。

4. 科研上，应加快传统技艺科学化研究进程

传统技艺科学化为近年来文物保护与修复界提出的，旨在强调将传统工艺与现代科技相结合以用于传统技艺的研究。其主要以传统工艺调查为基础，采用现代科技手段作为科学化分析方法，以现代科学原理阐释传统工艺，最终建立起一套规范化的传统工艺科学化体系[③]。从其研究基础、研究路径及研究角度来看，技艺科学化研究工作的开展十分有利于传统技艺多元价值的挖掘及其体系的构建。

首先，以传统技艺调查为基础必然会涉及对传统技艺本身以及传统技艺从业者情况的调研与分析，有助于对技艺的实用价值与历史文化价值的挖掘、提炼；其次，其研究路径强调采用各种现代科技手段作为科学化分析方法，其与价值挖掘工作的方法论是一致的；再次，传统工艺科学化研究要求从现代科学原理的角度阐释传统工艺，科技分析结果的阐释其实就是对传

---

① 杨永兵、龚自力：《工作诀窍知识在我国少数民族技艺类非物质文化遗产保护和传承中的价值》，《中国职业技术教育》2019年第33期。

② 中国非物质文化遗产数字博物馆：《书画装裱》，中国非物质文化遗产网，［2020-07-06］［2021-09-01］http://www.ihchina.cn/search_result/keyword/。

③ 陈虹利、潜伟：《文物保护中传统工艺科学化研究探析》，《中国文物保护科学研究》2015年第1期。

统工艺科学内涵进行分析和揭示的过程①，也是在认知传统技艺的技术价值与科学价值。基于此，对传统书画装裱修复技艺的科学化研究很大程度上等同于对传统技艺多元价值内涵的挖掘与认知。唯有进一步加快和规范传统技艺的科学化研究，并将科学化研究成果运用于传统书画装裱修复实践，才能更好、更快地推进传统技艺多元价值体系的构建进程。

5. 应全面构建技艺多元价值体系

从理念、方法、科研多层面重建多元价值观，有助于在传统书画文物保护修复技艺传承和发展中构建起多元价值体系，提高传承和发展的质量。在五大价值中，实用价值作为技艺传承和发展中最基础的部分，是技艺传承和发展的基石，也是多元价值体系是否稳固的关键所在。实用价值之上是技术和科学价值，它们来源于实践，反过来又对实践产生指导作用，直接影响技艺传承和发展的有效性。实用价值、技术价值和科学价值是多元价值体系中的"硬实力"和应用部分。

传统技艺有着丰富的历史、文化和艺术内涵，如果没有传承和发展，技艺也会成为"无本之木、无源之水"，而实用价值、技术价值和科学价值之上应是艺术价值和历史文化价值（图一），它们有别于技艺传承和发展中的"物质"和应用成分，是技艺传承和发展的"软实力"和精神内核，是非遗容易被忽视但绝对不可或缺的部分。正因为具备艺术价值和历史文化价值，传统技艺才不只是单纯的流程和工序，才亦拥有灵魂，才能够反映出技艺的精神品格、历史变迁和文化脉络，并深刻影响技艺传承和发展的未来。

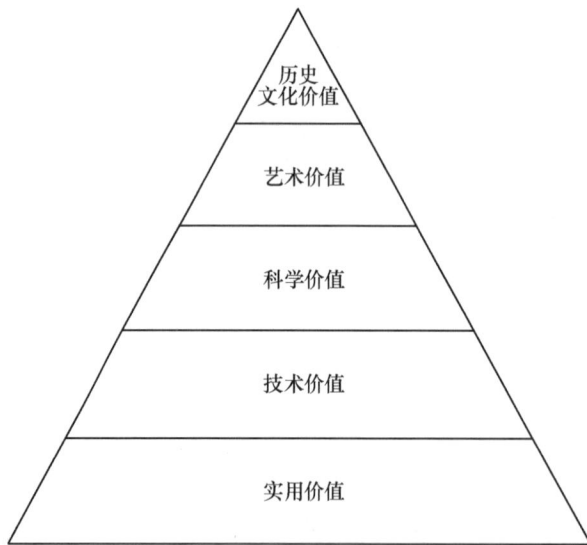

图一　传统书画装裱修复技艺多元价值体系结构图

图片来源：作者自制

---

① 陈虹利、潜伟：《文物保护中传统工艺科学化研究探析》，《中国文物保护科学研究》2015年第1期。

四、结　语

目前，非遗保护理念广泛传播并日渐深入人心，如何促进传统书画装裱修复技艺的健康有序传承也成为每位从业人员、技艺传承人以及文保工作者迫切需要解决的问题。通过实地调查发现，目前从业者对技艺价值的综合认知程度已深刻影响并决定了传承者的思维与工作方向，从而影响了技艺保护与传承工作的持续发展。由此，如何从传承者群体以及技艺从业人员出发来加强对技艺价值的认知已经成为促进技艺持续发展的关键环节。

科学认知技艺价值是技艺保护传承的理论基础，对其进行科学剖析、提升价值认知水平是传统技艺保护和传承的必要前提，也是促进传统书画装裱修复技艺健康有序发展的理论基石。从术业专攻的角度来看，这就需要科研工作者更为深入地挖掘装裱修复技艺价值认知的途径和认知方法，方能为从事在装裱修复一线的从业人员和技艺传承者提供科学认知的源泉。

在深化和提升科学认知的基础上，每位技艺传承人、从业人员以及文保工作者都应转变保护理念，重新树立传统技艺的多元价值观，更加重视技术价值、科学价值、艺术价值以及历史文化价值的挖掘与传承，才有可能实现传统书画装裱修复技艺多元价值体系的重建，从而构建一个多维的、立体的传统书画装裱修复技艺当代价值体系。在实践中，科研工作者以及装裱修复师们需要共同努力，将价值认知的理论研究成果与保护修复工作相结合，才能系统、全面地促进书画文物的研究、保护和修复工作。

（原载于《东南文化》2021年第5期）

文物保护类展览的策划与特色

——以"纸载千秋——传统记忆与保护技艺"为例

田建花　　张金萍

内容提要：近些年，文物保护以展览的形式出现在多家博物馆内，有别于以往的历史展、艺术展等，文物保护类展览不论是策展还是实践环节，始终坚持学术性和科普性并重，突破了传统展览模式。南京博物院"纸载千秋——传统记忆与保护技艺"展是文物保护类展览的典型案例，其特色主要表现在动态的展陈方式、灵活的展览延伸、欣赏文物的别样角度、闲置文物的活化利用和便捷的线上展览方面。文物保护展的推出为社会公众文物保护意识的提升和相关知识的普及发挥了积极的作用。

关键词：文物保护类展览　动态展示　过程展示　活化利用　线上展览

一、引　言

在文物与博物馆行业，文物一直是展览的主角，展览或以物见史，或以物见人，或以物见艺术、见风貌……相对而言，以物见技、以人见技或是反映博物馆职能的展览并不多见。近些年，随着文化事业的兴盛，考古、文物保护等小众行业日益受到公众关注，人民群众对博物馆展览的形式和内容也有了新的需求。在这样的时代背景下，组织策划文物保护修复展，向公众展示文物背后的修复故事，开拓公众了解博物馆文物保护职能的渠道就尤为必要。

2014年，陕西历史博物馆"巧手良医——陕西历史博物馆文物保护修复工作展"（以下简称"'巧手良医'展"）①在全国"博物馆十大陈列展览精品"评选活动中荣获"精品奖"，这是第一个广受肯定的文物保护展。此后，多家博物馆陆续举办了文物保护相关展览，如故宫

---

① 陕西历史博物馆：《我馆〈巧手良医〉展荣获全国博物馆"十大精品奖"》，［2016-12-01］［2021-09-01］http://www.sxhm.com/index.php?ac=article&at=read&did=10048。

博物院的"故宫博物院文物保护修复技艺特展"①、南京博物院的"纸载千秋——传统记忆与保护技艺"（以下简称"'纸载千秋'展"）②、新疆维吾尔自治区博物馆的"指尖旋舞 艺成天工——新疆文物保护修复成果展"③、国家文物局主办的"古道新知——丝绸之路文化遗产保护科技成果展"（以下简称"'古道新知'展"）④和"万年永宝——中国馆藏文物保护成果"（以下简称"'万年永宝'展"）⑤等。这两年，陕西历史博物馆再次创新，推出常设展"文物修复季特展"，包括"赏延素心""削木为鐻""埏埴匠之"等⑥。这些展览各有千秋，在一定程度上拓宽了展览的形式和内容，对全社会文物保护意识的提升和相关知识的普及发挥了积极的作用。

相较于以展示文物为主的历史展和艺术展，文物保护展更倾向于技术展或科普展，因此，就展陈内容和形式而言，文物保护展始终坚持学术性和科普性并重，这与博物馆其他展览风格有异，也决定了其策展理念和实践思路都需要突破传统模式，通过探索和创新树立相应的风格和特色。虽然不同的文物保护展因为主题定位和资源差异会有很大不同，但也有一些普适性的特征，下文就重点以南京博物院"纸载千秋"展为例来探讨此类展览的策划理念和特色。

二、文物保护类展览的策划

1. 主题和定位

文物保护是一个大的概念，就文物材质而言可分为玉石质、金属质、纸质、织物类等类别的保护，就保护针对性而言可分为本体保护和预防性保护，就保护步骤而言又可分为检测分析、清洗、修复、加固、封护等。一个展览不可能无所不包，亦无必要一应俱全，因为这可能意味着有限时空里的杂乱和无序。因此，策展的首要任务是确定主题、范围、目的并定位观众群体。

展览的主题和定位取决于需求、资源和目标。"古道新知"展和"万年永宝"展均是近几年来在业内反响巨大的文物保护展，分别缘起于对接国家"一带一路"倡议和展示我国馆藏文

---

① 故宫博物院：《"故宫博物院文物保护修复技艺特展"在故宫开幕》，［2015-09-25］［2021-09-01］https://www.dpm.org.cn/show/226230.html。

② 南京博物院：《纸载千秋——传统记忆与保护技艺》，译林出版社，2016年，第I页。

③ 中国新闻网：《新疆集中展示近十年文物修复成果》，［2017-07-19］［2021-09-01］http://www.xinhua-net.com/expo/2017-07/19/c_129658763.htm。

④ 周旸、贾丽玲：《博物馆展陈在文化遗产保护新体系中的作用探讨——以"古道新知——丝绸之路文化遗产保护科技成果展"为例》，《中国博物馆》2018年第2期。

⑤ 国家文物局：《万年永宝：中国馆藏文物保护成果》，科学出版社，2021年，第vii页。

⑥ 陕西历史博物馆：《陕西历史博物馆举办"壁上丹青"馆藏壁画文物修复季特展》，［2020-10-09］［2021-09-01］http://www.sxhm.com/index.php?ac=article&at=read&did=12777。

物保护工作的发展成就的诉求，均将科技成果展示作为主题切入点，关注当代文保工作者运用技术保护文物的系列工作。在赋予古老文物以新的讲述角度的同时，展现科技在遗产保护和传承中的作用，立意高远，兼具专业视角和世界格局。而"纸载千秋"展切入点在纸质文物，将文物保护融入纸的发展历程之中，作为其中浓墨重彩的一章，传统文化和技艺贯穿始终，同时也展示科技在保护文物和传统技艺中的重要价值。

"纸载千秋"展的产生源于两个因素：一是南京博物院文物保护工作起步早、成果多，作为"纸质文物保护国家文物局重点科研基地"和"近现代纸质文献脱酸保护技术文化和旅游部重点实验室"的依托单位，馆藏纸质文物质量高、数量多、种类全、年代跨度大，具备将学术成果转化为原创性展览的得天独厚的条件。鉴于这样的契机、优势和需求，"纸载千秋"展应运而生，以纸为主题，展现纸文化和造纸技艺，尤其是纸质文物的保护技艺。二是南京博物院当时推行"策展人制度"，提倡各部门根据自己业务专长积极申报选题，拓宽临展的内容范畴。文物保护作为博物馆的重要职能之一，承担着帮助文物延年益寿的使命，也有必要向公众展示和宣传博物馆的工作，以唤起社会力量对文物保护的重视。

南京博物院根据分众策略将市场细分理论引入博物馆的策览过程，改变了将观众视为单一统一体的做法，针对不同的观众群体，采用与之相匹配的展陈内容和设计方式。作为专题展览，定位的准确与否是整个展览能否成功的关键之一。首先是目标群体的定位，面向儿童、青少年、成人、专业人士、普通公众等不同的对象，对应内容的广度和深度都必然不同。其次是核心内容的定位，在文物保护这个大框架内，展示成果、工作过程或是技术、方法、阶段、相关知识，呈现思路和方式也都会有差异。考虑到展览恰逢寒假和这一代年轻人对传统技艺的热衷，团队将"纸载千秋"展的目标群体定位为普通中青年公众，内容重在展示纸质文物保护工作。

2. 内容和展品

相较于展物、展史的艺术展、历史展，兼顾展物、展史，重在展技的文物保护展其内容范畴和输出方式显得尤为重要，也相当复杂。首先是内容范畴的确定，依据是主题架构的展示脉络，脉络不在于庞大和细密，而在于和主题的相关度以及自身的精准度。"纸载千秋"展定位纸质文物保护是展示核心，但以纸为主题讲好文物背后的故事，纸的前世今生、纸的贡献、纸的技艺等也是不可或缺的，因为这也是纸质文物价值的重要组成部分，保护文物就是保护其价值。其次是展示手段的运用，展文物易，展技术难，文字太多会影响展览可观性，如何搭建桥梁、实现展品与观众的沟通是这类展的难点，如对技术过程进行点、线、面角度的全范围动态展示，吸引观众了解造纸技术和保护技术。最后是在确定内容的前提下空间和展品、展品和展品的组合问题，展品之间是相互联系而非割裂的，需要通过精心组合并结合空间设计来表达内容，同时实现展览的艺术性。"纸载千秋"展文物多为平面纸质文物，欠缺立体感和空间感，而造纸及保护修复设备、材料、工具等更是严谨有余、雅趣欠缺，这就需要通过揭示展品之间的关系和巧妙的组合空间来营造氛围感和故事性。

综合上述因素，"纸载千秋"以纸的发展历程为主线，内容最终定为四个部分："纸之源流""纸之技艺""纸之保护""纸与生活"。"纸之源流"是铺垫，分为"纸前时代"和"纸上记忆"两个单元，阐述纸出现之前信息载体的优劣和演变，强调纸的重要贡献——"为书传世"和"画镜写心"。"纸之技艺"是发展，分为"造纸技艺"和"加工技艺"两个单元：一方面通过特定文物体现造纸和加工技艺的成果；另一方面通过材料、工具、演示和多媒体手段展示技之过程。"纸之保护"是高潮，包括"分析检测""保护修复""预防性保护"三个单元，以视频和现场演示来展示纸质文物保护过程，以文物修复前后的状态对比来揭示保护的意义和效果。"纸与生活"相当于余韵，讲述纸除了记录和传播功能之外，还具有生活用途，通过纸鸢、纸屏、纸伞、纸扇、剪纸、刻纸等纸质艺术品，体现纸为传统生活带来的美好情趣。

"古道新知"展以丝绸之路史为线，内容锁定在公元前5世纪到公元8世纪的"丝绸之路：长安—天山廊道的路网"，144件来自丝绸之路沿线的文物或相关展品就是文物保护成果，修复、保护、分析、复原等保护科技穿插其中对应展出，突出科技在丝绸之路文化遗产保护中的作用[①]。"万年永宝"展用五十余件（套）文物及相关辅助展品，分为"万年""慧眼""巧手""芳华""永宝"五个部分，分别对应文物保护中的"发展历程""科学认知""保护修复""工艺复原""风险管理"，集中展示我国馆藏文物保护的最新成果与经典案例的同时，也将中国馆藏文物保护的发展历程、科学认知方法与保护修复技术融入其中，意在体现文物保护的中国理念和中国实践[②]。

总体而言，文保类展览的故事线与技术相关，展示文物的目的重在呈现保护技术的结果，辅助展品一般也是为了呈现技术的过程或是相关材料工艺。虽然为了展示效果都在努力追求一定的艺术性，但是都更重在体现其背后的学术性和科技含量，重在科普。

3. 形式和目标

一个好的展览，形式与内容必须相辅相成。博物馆展览的几个理念要素中，"知识性和教育性、科学性和真实性"重点靠内容、"观赏性和趣味性"主要靠形式来体现。"纸载千秋"展的形式设计中，陈列设计人员紧紧围绕"纸"这一主题，利用纸元素，采用传统与现代融合的方式，营造出一种由古至今的氛围感和叙事感。展厅的主色调为白色，空间的分隔通过纸质与木质组合打造的格栅实现，展陈内容由文物展示、文保材料、修复工具及现场演示活动共同组成。序厅采用动静结合的呈现方式，在高空悬挂不同种类、不同色彩、附有展标的纸带，背景投影播放南京博物院文物保护研究所（以下简称"文保所"）的工作视频。"纸与生活"部分加入各种纸艺，配合或清新淡雅，或端庄凝重的纸质文物，辅之以灯光凸显纸的纹理和质

①　周旸、贾丽玲：《博物馆展陈在文化遗产保护新体系中的作用探讨——以"古道新知——丝绸之路文化遗产保护科技成果展"为例》，《中国博物馆》2018年第2期。

②　国家文物局：《万年永宝：中国馆藏文物保护成果》，科学出版社，2021年，第vii页。

感，将观众引入纸的艺术世界，从而提高展览的观赏性。展览趣味性的体现主要取决于内容表达的易懂性和有趣性，需要将专业性的内容以普通公众感兴趣、能理解的方式呈现出来。因此除了常规的文物和图片展示方式外，考虑到文保类展览的特殊性，策展方加入了大量辅助展品，如造纸和修复所用的原料、工具、设备、场景等（图一、图二），辅之以现场操作和视频播放，让学术知识通俗化、理性内容感性化、枯燥知识趣味化、复杂问题简单化。

图一　"纸之技艺"部分展示场景

图片来源：南京博物院资料

图二　"纸之保护"部分展示场景

图片来源：南京博物院资料

三、文物保护类展览的特色

纵观所有的文物保护类展览，就内容角度而言，尤为讲究学术性和科普性。细化到内容展示、文物选择、社教活动、数字展示等方面，亦有一些有别于艺术展、历史展的特点。

1. "动态"的过程展示

技术是一个动态的过程，文物保护修复技术绝非仅凭一张张枯燥的图片便可以完整揭示，因此"纸载千秋"展策展过程中，除了现场演示和互动体验，策展方还准备了15个相关的保护修复小视频，分别在对应环节的展示区循环播放。另外，"纸之技艺"部分有造纸和加工纸制作演示，令观众置身流沙纸制作现场，从而对纸之器、道产生感性认识。"纸之保护"部分将修复室搬到展厅，保护修复人员在现场演示修复工作。观众不仅可以看到保护修复的设备、材料、工具、药品试剂，也可以看到修复的过程（图三）；展品不仅仅是修复好的文物，也可以是存在病害的正在被修复的文物；辅之以提前拍摄好的十余个保护修复视频，观

图三　文献修复现场演示

图片来源：南京博物院资料

众看到的不仅有现场正在演示的局部，而且有保护修复过程的全部。同时，观众也可以参加社教活动，亲自参与修复工作，体验文物修复中苦与乐并存、艰辛与成就同在的感觉。看图片，难免枯燥，往往走马观花，时日一久，仅存淡影；看视频，新奇生动，看展专注、认识清晰、印象深刻，让观众领悟到原来文物保护运用的是传统工艺兼具现代科技；看活态演示，距离感消失、现场感倍增，更为直观感性，观众会觉得文物保护不再遥远；参与体验互动，是在用耳听、用眼看、用心想基础之上的动手做，观众在获得对纸质文物及其修复保护工作的"懂"和"理解"后，文物保护工作更成为嵌入其人生的一段经历。

2. 灵活的展览延伸

"纸载千秋"实体展虽设在展厅，但展览场景又不局限于展厅，南京博物院文保楼同时也是"延伸展厅"。整个展览期间，南京博物院定期邀请公众走进南京博物院文保所实验室和修复室，观摩文物保护修复工作。受限于现有展厅空间和环境，展厅中所呈现的只是文物保护工作高度浓缩后最适合展出的部分，前期准备的细致烦琐、对象的多样性、操作过程的复杂性、技术的难点和挑战、理念的具体应用等都无法在展厅用通俗易懂的方式全面地展现出来。走进真实的实验室和修复室，让观众亲眼看到各种高新技术、专业设备的应用以及文保人员专注的工作状态和娴熟的技艺，辅之以专业的讲解，将会使公众体会到整个文物保护是一个庞大而复杂的体系。一个文物保护团队的成长需要长期持之不懈的努力，科研的不断创新、经验的持续积累、人才的培养都非一蹴而就；文物工作者面对一件存在病害的文物，要做的不仅仅是保护修复的实施，还有前期的科学研究、保护对策的制定以及贯穿始终的预防性保护等。近距离的观摩有助于揭开文物保护工作的神秘面纱，满足公众对于文物保护工作的了解需求，从而唤起他们的文保意识，引导社会力量参与到文保事业中来。

3. 欣赏文物的别样角度

绝大多数的展览是从历史价值和艺术价值的角度展示文物，文物保护类展览可以突破这一模式。"纸载千秋"展就从纸本身和技术角度解析文物。"纸之源流"单元中，不论是纸前时代的金石竹帛，还是体现纸上记忆的文献书画，文物存在的意义都聚焦于纸，都是为了揭示纸的贡献。"纸之技艺"单元中，每件文物都代表着一种技艺。麻纸、皮纸、竹纸、宣纸……不同的纹理和质感源于不同的原料或工艺，富有地域文化特色；金粟山纸、瓷青纸、泥金纸、洒金纸等各种笺纸，美好观感和耐久性的背后，是不同的加工技艺，是匠心智造。"纸之保护"单元中，通过文物修复前后状态的对比结合视频和现场演示，观众看到的不只是文物，更是文物背后的保护技艺，是文保工作者的妙手慧心。"纸与生活"单元中，剪纸、刻纸、纸伞、纸鸢、纸屏……不只是民间艺术，也是纸技艺与现实生活结合后的创造性劳动。所以，这个展览里，贯穿始终的是技术之魂——纸的制造、加工、利用、保护与修复，终极目标是帮助纸质文物延年益寿。

4. 闲置文物的活化利用

纸质文物是南京博物院文物中数量最大的一类，不但精品多、种类丰富，年代跨度也大。但是，除了书画，受限于以往展览主题的局限，大多数纸质文物未曾展出过，一直收藏于库房。"纸载千秋"展作为以纸为主题、以纸之保护为核心内容的展览，终于使众多文物不受内容、时代等方面的限制，而是因为纸本身的特殊性，或者制作技术、用途的特殊性，抑或修复保护技术的高明，走入了观众的视野。例如，一直以来都是幕后英雄的木匣、夹板、六合套、四合套、云套之类的古代装具，作为主角出现在"预防性保护"单元（图四）。另外，大量的经卷、古籍、清宫笺纸、各种花笺、剪纸、刻纸、纸币等，也都是以往的展览没有展出过的，这次得以走出深闺，面对公众。

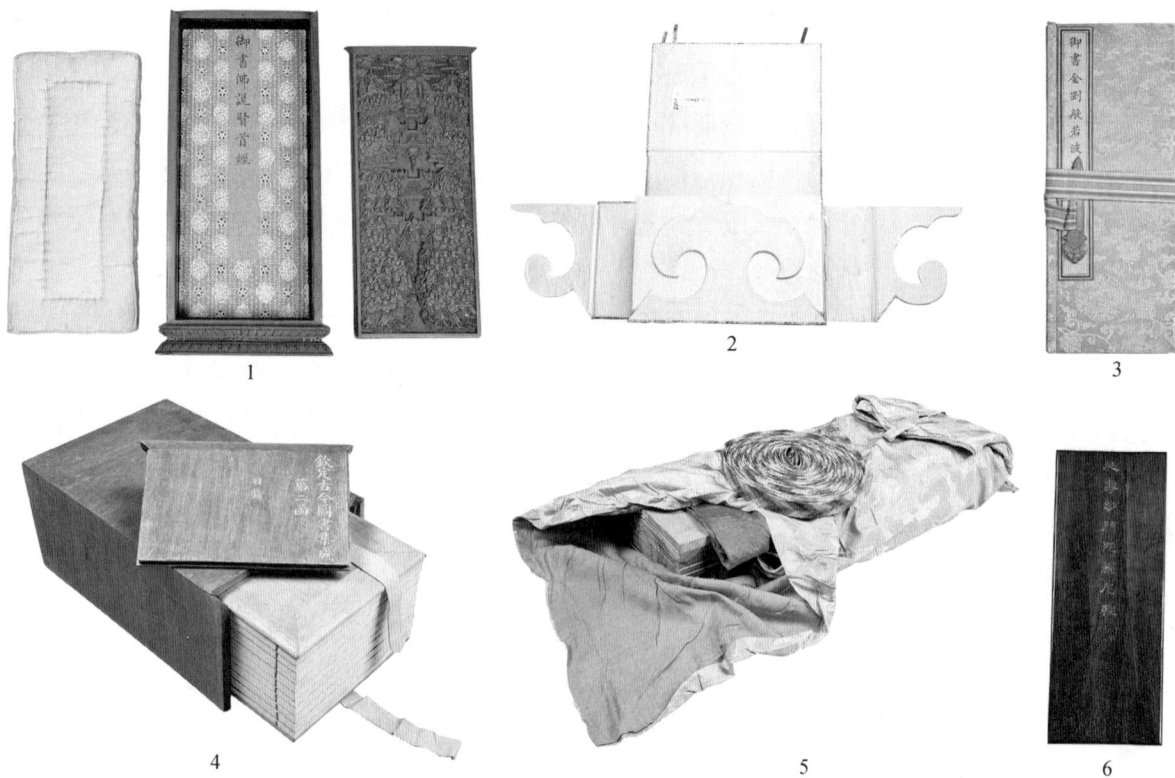

图四　古代的纸质文物装具

1.《御书佛说贤首经》及书匣　2.《南巡盛典》及函套　3.《御书金刚般若波罗密经》及函套　4.《钦定古今图书集成》及书匣
5.《大藏经》及经衣　6.《延寿妙门陀罗尼经》及夹板

5. 线上展览的好素材

随着互联网的发展，线上展览成为新的趋势。网络具有的高效性、普及性、虚拟性和强大的信息集散功能使得"互联网+展览"的线上展览具有虚拟性、开放性、通用性和可扩展性的特点。与传统的线下实体展览相比，线上展览在时空、资源、成本、效益等方面有着明显优势：一方面使得观众看展既不受时间、地域限制，也避免了实体展的空间局限；另一方面可在很大程度上帮助博物馆节约资源和控制成本，延长时效性。

文物保护类展览具有技术展的属性，因此更适合通过视频等形式进行线上展览。为将展览效能最大化，"纸载千秋"实体展览结束后，团队即整合资源推出了完备的线上展览在"南博在线"（http://fight.njmuseum.com/exhibition.html）长期展出。得益于此展览在策划过程中就已经加入了很多多媒体内容（15个解读纸的贡献和保护技术的短视频），展出期间又录制了展厅实景，所以线上展兼具了配套图书的翔实和展厅的生动等特性。

就目前所见，"巧手良医"展、"古道新知"展、"万年永宝"展等文物保护展均制作了线上展，观众通过三维虚拟方式可对展览进行全景游览，这种观展方式在充分有效利用资源的同时，还向社会普及了文物保护知识和理念，也有助于提高公众在文物方面的科学素养。

四、余　　论

纵观近几年的文物保护展览，不论是内容还是形式，科技性的特点显而易见。内容上，文保工作本就是现代科技与传统技艺的结合，保护中的各个步骤和环节都涉及材料、工艺方面的科技；形式上，科学原理、技术应用等过程都需要通过视频、动画、多媒体等科技手段分解和组合，以辅助展示，有时候技术设备还会成为展示的一部分。相较于其他文物保护成果展，"纸载千秋"展在文化性和艺术性方面兼顾更多，没有要求涵盖所有种类的文物，而是以纸为主题，将技艺贯穿始终，讲述了纸的前世今生，形式设计也体现了传统纸文化的氛围感和艺术感。

文物保护内容的展示也是展示文物背后的故事，这种过程的展示往往能达到帮助观众知其然也知其所以然的效果。2019年上海博物馆举办的"莱溪华宝——翁氏家族旧藏绘画展"中，就将"长达半年的跟踪拍摄的《杜甫诗意图》"这一关于文物修复装裱的视频一并做了展示播放，呈现了此画的全部修复过程①。"万年永宝"展中，在展示韩休墓壁画《玄武图》的同时也将修复过程拍成视频在展厅播放，动态展示了文物保护工作者繁杂、严谨、细致的修复工作②。这也是文物保护展策展的初衷：兼顾文物与保护工作，合理利用保护设备，使得展览更具故事性和完整性。

（原载于《东南文化》2021年第5期）

---

① 上海博物馆：《莱溪华宝——常熟翁氏旧藏绘画珍品展》，［2019-09-20］［2021-09-01］https://www.shanghaimuseum.net/mu/frontend/pg/article/id/V00004174。

② 中国文物保护技术协会：《万年永宝——中国馆藏文物保护成果展》，［2021-04-28］［2021-09-01］http://hdwx. museum-edu. cn/sdbwgwan/html/? scene_id=72757477。

关于考古出土纸质文物保护利用的若干思考

何伟俊

内容提要：19世纪末，我国西北地区开始有纸质文物的考古发现，其后纸质文物在多地考古发掘中均见出土。它们品种多、数量大，加工工艺、写印材料独特，时代自汉代至明清，其中的早期文物尤为珍贵。因其出土环境复杂，保护修复工作难以直接借助传统技术和现有科技，特别是潮湿环境和干燥潮湿交替环境下出土的纸质文物的保护修复往往遭遇瓶颈。目前学界在科学分析检测、造纸工艺研究、科学信息提取等科学化研究方面取得了一定成就，但对糟朽类文物的病害机理、保护修复技术等研究还远远不够。因此，当务之急是开展本体材质、劣化与粘连机理研究，探究多因素协同作用对本体的长期影响和作用方式，研发新材料与新技术，并致力于探索这类文物的活化利用。

关键词：考古出土纸质文物　保护利用　纸质文物保护修复　科学化研究　糟朽纸质文物　造纸工艺　潮湿环境　干燥潮湿交替环境

一、引　　言

在我国文物体系中，纸质文物作为四大发明中造纸术、印刷术的承载体，具有极为重要的地位与意义；其亦是我国古代劳动人民的智慧结晶与创新成果，对古代中国乃至世界的政治、经济、文化的发展均产生了深远的影响。自纸张发明以来，我国两千多年来所积累的纸质文物可谓浩如烟海，《国家文物局第一次全国可移动文物普查数据公报》显示：如果综合计算书法、绘画、古籍图书、档案文书、碑帖拓本、文件等不同种类，纸质文物在国有六千多万件可移动文物中的总体比例已超过四分之一，是所有材质文物中数量最多的一类文物①。按照制作与加工工艺的不同，我国纸质文物大致可归纳为手工纸与机制纸两大类。手工纸主要指考古出土的纸质文物和传世的古籍、书画等；机制纸则主要见于近现代文献与革命文物。

---

① 国务院第一次全国可移动文物普查领导小组办公室：《国家文物局第一次全国可移动文物普查数据公报》，［2017-04-07］［2021-07-01］http://www.ncha.gov.cn/art/2017/4/7/art_722_139374.html。

从考古发掘的实物来看，当今通常意义上的纸指植物纤维经物理、化学作用提纯与分散，其浆液在多孔模具帘上滤水并形成湿纤维层，干燥后交结成的薄片材料[①]。与传世书画、古籍保护修复技术相对完善的情况不同，针对考古出土纸质文物的保护修复技术，特别是丝绸之路沿线的早期"古纸"和潮湿环境下出土的纸质文物，存在着严重的技术储备不足和保护滞后的问题。纸质文物的揭取、清洗与加固等关键技术目前相对薄弱，但这些都是抢救性保护措施中不可或缺的环节；部分出土纸质文物本身已极为糟朽，对应性的现场提取方法尚待大量实践检验……种种不足极大地限制了古丝绸之路沿线等考古出土重要纸质文物保护利用工作的顺利开展，急需应用先进科学手段进行技术与方法的创新。

二、考古出土纸质文物概述及保护利用的难点

我国考古出土纸质文物的总体现状为品种数量多、珍贵程度高、年损毁率大、修复防治难。尤其是丝绸之路沿线地区考古出土的大量纸质文物，由于本体材质、加工工艺、写印材料的独特性，能够借鉴的传统纸张保护修复技术和方法相对有限，保护利用出现瓶颈。此外，诸多现代纸质文物保护的技术、材料和工艺研究在应用于考古出土纸质文物之时，同样也面临着比较窘迫的局面。譬如在出土粘连纸张的揭取、脆弱纸张的本体加固、大量出土纸质文物的智能化处理、用纸的修复（补）、出土后纸张的脆化与粉化、黑色霉斑的清洗去除等具体的材料和技术研究上，尚无完全可靠之方法，有待研发对应的新材料和保护修复技术。而这些新材料和新技术还需进行可行性、安全性、原创性研究之后，才有可能进行初步应用示范。

依照保存环境的不同，考古出土的纸质文物主要可分为三种出土环境：干燥环境、潮湿环境、干湿交替环境，其中潮湿和干湿交替环境下出土纸质文物的情况基本类似，可大致归于一类。干燥与潮湿（包含干湿交替）这两大类出土纸质文物的病害类型、劣化机理不同，出现的问题也有所不同，保护利用的需求与方法因此存在很大差别。所以，目前如果从可持续发展的角度考虑考古出土纸质文物的保护利用问题，就必须开展针对考古出土纸质文物造纸工艺等的深化研究，以及系列保护技术的研发与实际应用。

（一）干燥环境下的考古出土纸质文物

1. 出土情况概述

20世纪以来，在我国北方地区干燥环境下的考古现场多次出土了纸质文物，主要分布在

---

① 罗文伯、汤书昆：《造纸术是蔡伦发明的吗？——兼论技术成果归属问题》，《科技管理研究》2017年第19期。

新疆、内蒙古、甘肃等丝绸之路沿线地区，比较有代表性的是汉唐时期的麻纸。这些地区气候极端干燥，长期埋藏在干燥条件下的出土纸质文物保存比较完好[①]。这些出土的早期纸质文物不仅意义重大、价值较高，而且具备重大的考古学价值。如甘肃敦煌悬泉置遗址发掘最重大的意义是发现了西汉时期的麻质纸二十多片，为西汉宣帝至哀帝时期（公元前73—前1年）的遗物[②]。再如在甘肃兰州伏龙坪一座东汉墓中共发现三片直径17厘米的圆形纸张，除一片破碎外，两片保存完整[③]。新疆民丰东汉墓出土的尼雅纸的鉴定表明，东汉时期用浇纸法造出的纸张已出现在南疆地区，这是历史最为悠久的造纸术[④]。

以新疆吐鲁番吐峪沟为例，近年来就已经出土了数万件纸质文物[⑤]。吐峪沟石窟寺遗址群经历了2010年和2015年两次较大规模的考古发掘工作，但是对于其中出土的数量巨大的文书残片的研究还很少[⑥]。据悉，吐鲁番出土的纸质文物只占整个新疆纸质文物的三分之二。经不完全的考古资料统计：罗布泊汉代烽燧亭故址、民丰县附近、楼兰一带的屯垦和烽燧遗址、吐鲁番地区、焉耆西南30千米的"明屋"千佛洞遗址、库车的苏巴什古城、拜城县克孜尔千佛洞遗址、新和县西北的托乎拉克埃肯千佛洞、巴楚县脱库孜沙来古城遗址、若羌县米兰古城、和田于阗地区等，均考古出土了不同数量的纸质文物。其中与吐鲁番吐峪沟遗址相仿，楼兰遗址和楼兰古城出土了大量的汉文简纸文书[⑦]。此外，与新疆同处古丝绸之路的内蒙古黑水城也出土元代文献四千余件[⑧]。可以说，"一带一路"地区考古出土的大量纸质文物，年代跨度大致从汉至元明，囊括了中国古代的大部分历史朝代。

2. 保护利用的困境

在国家提出"一带一路"倡议的大背景下，丝绸之路沿线地区作为历史上中西文化交流的通道，以及纸与造纸术西传的重要枢纽路线，得到广泛关注，对其考古出土的纸质文物所蕴含文化价值的挖掘与提炼被提上了一个新的高度。可是，目前关于新疆、内蒙古、甘肃等丝绸之路地区考古出土的纸质文物不仅在造纸工艺等特定价值的挖掘与提炼方面存在明显不足，而且在保护利用方面面临着出土数量巨大而难以开展的困境。

干燥环境下出土的纸质文物数量大，单片居多且双面有字，理化性能较稳定，但面对大量亟待修复的文物，当前的保护修复技术面临着很大的挑战。首先，传统托裱技术不适宜于双面有字纸质文物的修复，且修复效率低下；其次，修复中使用的糨糊容易遭受霉菌侵害，不利于

① 何伟俊：《谈我国纸质文物保护的科技需求》，《东南文化》2016年第5期。
② 张克复：《甘肃出土西汉纸质档案》，《档案工作》1992年第2期。
③ 陈华：《兰州出土写有文字的东汉纸》，《新闻知识》1988年第7期。
④ 李晓岑、郭金龙、王博：《新疆民丰东汉墓出土古纸研究》，《文物》2014年第7期。
⑤ 王瑟：《新疆待修复纸质文物堆积如山》，《光明日报》2013年2月17日第1版。
⑥ 汪瀚、陈刚：《吐峪沟石窟东区2015年出土古纸的基本性能研究》，《吐鲁番学研究》2020年第2期。
⑦ 侯灿：《楼兰出土汉文简纸文书研究综述》，《西域研究》2000年第2期。
⑧ 杜立晖：《〈魏书〉纸背元代文献具有双重史料价值》，《中国社会科学报》2015年6月10日第A05版。

纸质文物的长期保存；最后，纸质文物自1949年之前就有考古出土，但始终未对文物本体用纸进行系统的分析检测与研究，直接影响了对传统造纸技术的挖掘与凝练，对当今古法造纸也没能发挥很好的参考和借鉴作用，自然也带来了修复用纸难以匹配文物本体的困扰。

古丝绸之路沿线地区出土的古纸最多、年代最早、意义最大，如目前所知最早的纸地图——甘肃出土放马滩纸，现存最早的纸书——新疆出土《三国志·孙权传》写本残卷，我国第一部木活字印刷版本——宁夏出土西夏文佛经《吉祥遍至口和本续》等[1]。关于早期"古纸"的抢救性保护，我国文博界惯用玻璃片将其夹住加以固定，这种方法至今仍在使用[2]。但使用玻璃或有机玻璃片夹住纸张和丝绸类文物固定的保存方法，在经过较长时间之后，其不良影响正逐步显现。对于这些数量巨大的出土纸质文物而言，开展适用的修复用纸研究，研发基于古代造纸原理、利用纸张本身的氢键作用产生结合效应，取代附加的胶黏剂并能够明显提高修复效率的智能化技术当为良策。这样有望解决干燥条件下考古出土的大量纸质文物的保护问题，尤其是双面有字纸质文物保护修复后的利用问题。

20世纪六七十年代新疆阿斯塔那-哈拉和卓古墓群陆续出土的大量纸质文物，就得益于纸浆修补技术的持续进步和文物工作者对传统造纸工艺认识的不断加深，采用了与本体材料基本相同的纸浆进行了良好的保护修复，解决了当时使用传统保护修复方法无法解决的问题，现已在量身定制的无酸包装之中双面陈列展示。最为关键的是，针对这些大量的出土纸质文物，当下保护修复的效率依旧低下，成熟有效的智能化、科学化批量保护修复处理方法依然欠缺。

（二）潮湿或干湿交替环境下考古出土纸质文物

1. 出土情况概述

处在潮湿或干湿交替环境下考古出土的纸质文物近年来也时有发现，浙江武义南宋"徐谓礼文书"[3]、江西上饶明墓的明版古籍[4]、江苏常州芳茂山服务区宋代墓葬[5]、甘肃天祝祁连镇岔山村唐代墓葬[6]等都出土了许多此种类型的纸质文物。

毫无疑问，潮湿或干湿交替环境下出土的纸质文物虽然相对数量较少，但亦不乏填补史料空白的珍品，极具考古、历史、文化等价值。如浙江温州博物馆藏唐代写本《太上洞玄灵宝无量度人上品妙经》和宋代泥金写本《妙法莲华经》，于1956年分别出土于浙江龙泉崇因寺双

① 李斌：《我国专家发现现存最早活字印刷品》，《当代图书馆》1997年第2期。
② 马骥：《简论丝路沿线出土的汉代古纸》，《文博》1991年第1期。
③ 包伟民、郑嘉励：《武义南宋徐谓礼文书》，《文史知识》2012年第12期。
④ 卢国复：《江西上饶县明墓出土的明版古籍》，《南方文物》1992年第1期。
⑤ 李白：《常州芳茂山惊现两座宋墓　出土大量保存完好的丝织品、银器等》，［2018-09-06］［2021-07-01］http://news.jsnol.com/local/2018/0906/165164.html。
⑥ 南京博物院：《甘肃省武威市天祝县祁连镇岔山村M1（慕容智墓）纸质文物修复项目》，南京博物院内部资料，2020年。

塔、金沙塔内①；1970年，在山东邹城发掘的明鲁荒王朱檀墓的随葬物品中，有六种至为珍贵的元刻本书籍，有的已是海内罕见的孤本②；1975年，江西星子县横塘乡开挖排水沟时，在一座宋墓中发现两部邵尧夫诗集③，此前邵尧夫未见有文献记载；四川省井研县相关人员考察民俗文物时，在县文化馆意外发现一张从明墓中出土的"丰都山冥途路引"④；江苏太仓明施贞石墓出土古籍《古今考》中存有散夹于各卷内的手抄文牍共14页，为明嘉靖、万历时期太仓州太仓卫前千户所官员奖惩履历文册⑤。这些均是对史籍资料的有益补充。

　　与干燥环境下出土的纸质文物不同，此类环境下出土的纸质文物往往霉变腐烂、粘连严重，不仅需要及时进行抢救性保护修复，并且后续保护修复的难度极大，还会给今后文物价值的充分发掘带来极大影响。2000年3月在湖南衡阳西郊胜利山发掘了两座明代墓葬，在二号墓中出土了一沓珍贵的古籍，出土以后，考古人员将这些腐烂粘连的古籍急速送往湖南省博物馆装裱室⑥；2001年上海宝山明墓出土古书的保存选用了乙醇作消毒剂，这批古书的书页之间相互粘连，散发出恶臭⑦；太仓南转村明墓出土的纸制木刻版古籍，在尸体霉菌和潮湿环境的作用下，变成了又黑又臭的"饼子书"，其修复是件非常艰难的工作⑧。

2. 保护利用的难点

　　潮湿或干湿交替环境下出土的纸质文物，在修复技术和文物本体用纸研究方面与干燥环境下出土的纸质文物存在着同样的问题，且显然还有其本身独特的个性问题，如霉变腐烂、粘连严重、纸质脆弱等，有些甚至已成为"纸饼""书砖"。

　　因此，对干湿交替环境下出土粘连纸质文物的揭取，必须要解决传统蒸汽法、溶剂法无法解决的问题，深入探讨分析研究出土纸质文物的粘连机理，进而研制有针对性、普适性的揭展剂。文物保护工作者采用化学定性和仪器分析相结合的手段对出土明代历书纸张上的硬结黏着物和深褐色斑进行定性，结果表明：使纸张发硬、结块的主要原因是大量的钙盐及钙的氧化物的存在⑨。从实际情况来看，"纸饼""书砖"的成因通常更为复杂，考古现场对其提取也相当困难，可是目前还没有适合潮湿环境下出土纸质文物的抢救性科技保护措施和手段。当前急需解决此类埋藏环境下出土纸质文物的抢救性保护，以及基于现场移动实验室的整体提取、微

　　① 童圣江：《"册府千华——浙江省藏国家珍贵古籍特展"在浙江图书馆开展》，《图书馆研究与工作》2014年第4期。

　　② 崔巍：《明鲁荒王墓出土元刊古籍略说》，《文物》1983年第12期。

　　③ 胡迎建：《宋墓出土的两部邵尧夫诗集》，《文献》1988年第4期。

　　④ 江玉祥：《一张新出土的明代丰都冥途路引》，《四川文物》1996年第4期。

　　⑤ 张恒、孙继民：《明太仓州施贞石墓出土卫所武官档案考释》，《史志学刊》2018年第2期。

　　⑥ 周志元：《衡阳明墓出土古籍的修复》，《国际敦煌项目第六次会议论文集》，万方数据，［2008-09-24］［2021-11-01］https://d.wanfangdata.com.cn/conference/6604867。

　　⑦ 陈元生、解玉林：《明墓出土古书的消毒杀菌与除臭研究》，《文物保护与考古科学》2002年第S1期。

　　⑧ 吴聿明：《太仓南转村明墓及出土古籍》，《文物》1987年第3期。

　　⑨ 罗曦芸：《出土纸张上硬结物和深褐色斑的定性分析》，《实验室研究与探索》1999年第1期。

型发掘、粘连揭取、脆弱纸张加固等关键技术和设备的开发研究。

现今对潮湿或干湿交替环境下出土纸质文物的损坏因素与机制的基础性研究远远不够，粘连、脆化与粉化等病害发生的劣化机理不明，导致潮湿或干湿交替环境下出土脆弱、糟朽类纸质文物的保护加固存在极大的困难。相关统计显示，2008年至今纸质文物的加固保护增添了许多新的科研内容，尤其是各种高分子保护剂的实验，但对于纸质文物的保护手段没有提出更新颖的方式，整体变化不大，并且有些保护剂只是停留在试验阶段，并没有真正使用到纸质文物的保护中①。

纸质文物的保护今后应必须针对出土糟朽类纸质文物存在的脆化、粉化等主要病害，突破现有惯性的加固模式，采用低分子量官能化纤维素接枝技术在断裂的分子之间架起链接的“桥梁”；对于脆化与粉化十分严重的出土纸质文物，引入评估作用机制，研发能够精准应用、具有多重功效的纳米与生物技术，如纳米纤维素、细菌纤维素、静电纺丝技术制备微纳米结构纤维膜等。此类新型材料除具有黏合、加固、防霉防虫和抗老化等多重功效之外，还可经生物与化学结构重组、功能化，在可控制其结构、纯度及规范操作基础上在纸质文物的表面构成精准应用，是可降解、具有可逆性且无毒副作用的加固保护材料，最终能够使脆弱、糟朽的出土纸质文物得以陈列展示，达到保护利用之效果。

三、“古纸”及其造纸工艺的科学化研究

（一）科学分析检测

有学者全面论述了古代纸质文物（包括纸张原料、墨、印泥和颜料等）所涉及的各种现代科技检测技术与方法，认为上述技术的综合应用、各取所长和相互印证是揭示纸质文物的制造过程、艺术特征、保存历史、病害情况、真迹与否及如何修复等重要问题的有效手段②。钱存训以翔实史料为基础的研究，部分结合考古发现，最终呈现出的动态画面非常有助于理解我国古代造纸原料的演变过程，对古代造纸工艺研究甚至古纸分析有很好的参考作用③。

出土的古纸通常会有相应的加工技术，且造纸过程与加工工艺纷繁复杂。李晓岑分析敦煌写经纸原料以苎麻为主，少数为大麻，并有少量的构皮纸或桑皮纸。这说明当时的纸张的加工技术既有淀粉施胶技术，也有涂蜡技术，出现了多样化的加工纸④。吐鲁番哈拉和卓古墓群出土的一批东晋到唐代的古纸，纸张的原料主要是苎麻、大麻和构树皮，纸张的生产方法有浇纸

---

① 朱佳佳：《纸质文物加固保护技术研究综述》，《客家文博》2020第1期。

② 阎春生、黄晨、韩松涛等：《古代纸质文物科学检测技术综述》，《中国光学》2020年第5期。

③ 李涛：《古代造纸原料的历时性变化及其潜在意义》，《中国造纸》2018年第1期。

④ 李晓岑、贾建威：《甘肃省博物馆藏敦煌写经纸的初步检测和分析》，《敦煌学辑刊》2013年第3期。

法和抄纸法两种，有单面施胶、双面施胶、浆内施胶加填、染色技艺等多种加工方式[①]。

另外，特别需要指出的是，关于"纸药"的文献、分析、流传等方面的研究均未得到足够的重视。在传统造纸过程中，造纸工将捣碎后的物料放入纸槽中加清水并用力搅拌，有时同时会加入用米浆等淀粉物质制成的糊液作为悬浮剂，即"纸药"，古时称为"纸药水汁"[②]。"纸药"对于成纸质量可谓举足轻重，甚至有"墨有配方（胶法），纸有纸药"之说，可是当前在对出土纸质珍贵文物的研究中，多利用显微观察纸张纤维以判断造纸原料来源、处理工艺，为纸质文物保护修复提供数据支持，早期"古纸"的分析鉴别也同样如此，诸如"纸药"之类的加工工艺的科学分析检测却迟迟未能得到有效开展。显微观察法的缺陷是容易受到学者主观因素的影响，同时也无法获取纸张纤维的化学组成及降解老化状况。此外，针对纸张劣化程度的预测还需建立在有足够已知样本的检测数据基础上，特别是涉及早期"古纸"的研究。由于目前必要与关键的分析检测数据的缺失，若想得到较为理想的纸质文物劣化模型，今后还需文物工作者长期协同努力。

（二）保护利用

目前，我国大部分博物馆所用的修复（补）用纸基本为采购而来，质量参差不齐。实际使用中发现，目前古法造纸在湿强度、形稳性、柔韧性、耐老化等方面远远不能满足出土纸张文物修复质量的需要，也就难以顾及后续保护利用的问题。

简言之，关于我国出土纸质文物的造纸及加工工艺的挖掘和基础性研究，国内尚未开展系统性的工作，造纸工艺的解读以及现今的修复用纸难以满足出土纸质文物保护修复的要求。开展出土纸质文物的传统造纸工艺研究，对提升当下纸质文物的修复质量以及加强保护利用的程度具有极大的现实意义。因此，文物工作者首先必须解读"古纸"的造纸工艺，在此基础上引入新方法与新思路、开展技术创新，研发新技术与新材料来解决纸质文物的保护修复问题。例如，通过模拟古代手工造纸过程中的剪切、舂捣工艺，利用纤维测量仪观察模拟试样中纤维的微观形态，与古代样品中纤维的形态进行对比，从而建立起造纸工艺与纤维微观形态特征的对应关系[③]。其次，在保护利用关键的修复技术方面，如果寄希望于找到与纸质文物同时代、同材质的修补和补配材料，无疑是可遇不可求、难以实现的。可是通过对纸质文物本体材质进行相应的分析检测，制作与本体成分、加工工艺、理化性能等类似或接近的材料用于修补和补配，则是切实可行的，明显有利于出土纸质文物的长效保护利用。

---

① 李晓岑、郑渤秋、王博：《吐鲁番阿斯塔那-哈拉和卓古墓群出土古纸研究》，《西域研究》2012年第1期。

② 潘吉星：《敦煌石室写经纸的研究》，《文物》1966年第3期。

③ 杨海艳、郭金龙、龚德才：《古纸纤维形态特征与传统造纸工艺的对应关系》，《中国造纸》2011年第12期。

从保护利用的角度来看，我国出土纸质文物制作及加工工艺的科学研究进程有非常大的提升空间。文物工作者在此方面已积累了一定的科学分析检测数据与考古资料，但目前空白点仍较多，相应的谱系与数据库尚未完善。如染色纸张的使用曾在西夏时期一度流行，国内外均有一定的存世量，但相关的化学分析甚少开展，因此，文物工作者对于染料的使用情况和染色纸张的纤维原料并不十分清楚①。先前研究中，对珍贵"古纸"的研究多利用纸张纤维作显微观察法，其他的分析检测应用较少。近来不断有考古出土纸质文物出现与新资料发表，修订、检验和弥补原有不足或缺陷已日渐成为可能，关于出土纸质文物潜在意义和价值的挖掘与探索必将从量变到质变。

（三）较为特殊的出土纸质文物

"一带一路"倡议所涉地区考古出土的纸质文物，不单单是早期的"古纸"较多，诸如唐朝时的西域地区，与宋朝并存的金、西夏等时期的纸质文物存世量亦不少，但关于其造纸术的历史文献记载极少或基本没有，这很可能会导致其中部分无文字的出土纸质文物难以明确具体年代。即使是书写或印刷有文字的纸质文物，也会因属于古代少数民族文字等因素造成识读困难，目前保护利用的总体情况与前景堪忧。

此外，纸的应用至两宋已不仅限于书写、绘画，其用途之广泛令人叹为观止，已有作冠、作帐、作被、作甲、作瓦等特殊用途②。有些出土品虽为纸张所制，但因需要而被制作成了其他物件形态，可称之为"异形文书"。纸帽和纸鞋是该类"异形文书"中最常见的形式，如新疆吐鲁番高昌区阿斯塔纳古墓群就出土了数十件③。另外，有些与传统古籍、书画装帧方法有关，例如关于"缝缋装"，在有关印刷史、版本学的论著中，包括一些很有影响的权威性著作，基本没有论及。这就是说，在古籍中有没有"缝缋装"，"缝缋装"是什么样式，还是一个悬而未决的问题④。而宁夏贺兰县拜寺沟方塔出土的西夏文献印证了古籍中"缝缋装"的样式及装帧方法。再如甘肃省华池县双塔寺遗址出土的金代纸质佛像画可见雕版印刷痕迹，原始状态为立轴装，但与常规立轴（宋代文献记载样式）明显有所不同。该文物无镶料，无命纸及覆褙纸，天地杆使用相对较细的树枝，当为未见于记载的金代书画"立轴"装帧样式⑤。笔者建议诸如此类具有特殊意义、用途、类别的出土纸质文物的进一步"活化"保护利用，应纳入今后的规划研究与实践。

---

① 李涛：《黑水城遗址出土西夏时期染色纸张的分析》，《西夏研究》2017年第3期。
② 元：《关于山西稷山县元墓出土的纸衣服》，《考古》1959年第2期。
③ 李媛：《略述吐鲁番墓葬中出土的"异形文书"》，《大众文艺》2014年第18期。
④ 牛达生：《从拜寺沟方塔出土西夏文献看古籍中的缝缋装》《文献》2000年第2期。
⑤ 南京博物院：《华池县博物馆馆藏出土佛像画与古藏经保护修复方案》，南京博物院内部资料，2019年。

（四）"古纸"和造纸术的起源与发展

造纸术起源于何时，依然是早期"古纸"研究以及此类考古出土纸质文物保护利用中不能回避的关键问题之一。从宏观角度来看，20世纪以来，关于早期"古纸"的研究长久纠结于"什么是纸""蔡伦是否发明造纸术"等问题，反而对为什么在中国形成如此这般的纸的定义，为什么在各地、各族群中发展形成如此种类繁多的造纸术等更为重要的问题没有予以足够的关注。

有学者认为，纸张起源于西汉是毋庸置疑的，考古出土的早期纸质文物充分说明了这一点。例如20世纪80年代以来，考古界陆续公布了在甘肃的一系列重大发现，其中包括西汉纸张的三次新的发现。尤其是西汉纸绘地图和书有大量文字的纸张的惊人发现，以十分有力的证据反复证实了我国在西汉时期就有了用于书写、绘画的麻料纤维纸[①]。但亦有诸多学者坚持"蔡伦造纸"认为"西汉纸"难以经受各方面严谨的质疑和考证[②]。有学者撰文称，目前考古发现的代表性"西汉纸""放马滩纸"不是地图纸，"居延查科尔帖纸"是东汉蔡伦以后的古纸，"悬泉纸"是魏晋纸，"灞桥纸"不是纸，"罗布淖尔纸""金关纸""中颜纸"是麻絮纸（以"纸"的定义来衡量也不是真正的纸），因此西汉还没有任何纸书的证据[③]。其实，以研究中双方争议均相当大的纸的纤维分析来说，如能在相关部门的支持下重新取样，共同分析各种"西汉纸"的纤维状况，应可尽量避免不同人因取样差异和分析角度不同造成的异议[④]。

近来，纸质文物无损分析模型的建立以及通过古纸"指纹信息"，即特征化学标记物进行纤维种属的精确判定及化学组成判定，逐渐成为纸质文物保护研究的新趋势。所以，要厘清"古纸"和造纸术的起源与发展问题，第一，有赖于今后早期"古纸"的考古新发现；第二，需打破学科边界，融合考古、科技史、文物保护、造纸等多学科开展古代纸张认知系统研究，在我国古代纸张的缘起、发展与定型等问题上取得共识，最终集多方合力研究来解决。如此方能使得纸的发明这一跨越时空的华夏智慧能够古为今用、历久弥新。

四、考古出土纸质文物保护利用问题的思考与对策

纵观我国考古出土纸质文物的保护利用过程，有关这些纸质文物的本体分析检测与研究一

---

① 张克复：《西汉纸张与纸质档案述论》，《社科纵横》1994年第3期。

② 王菊华、李玉华：《二十世纪有关纸的考古发现不能否定蔡伦发明造纸术（1）》，《文物保护与考古科学》2002年第1期。

③ 陈淳：《"西汉纸"的质疑》，《湖南造纸》2002年第3期。

④ 陈彪：《浅论中国造纸术起源争议的两大观点——基于出土纸状物是否为纸及其断代的视角》，《中国造纸》2020年第7期。

直未得到很好的开展，严重影响了对其制作工艺、传统造纸技术乃至所蕴含科学信息的提取与价值挖掘，同时因无法厘清病害产生的基本情况与机理，亦无法为后续良好的保护利用提供较好的参考与借鉴。

为更好地保护利用好考古出土纸质文物，从文物保护层面来看，当务之急是利用考古出土的纸质文物开展本体材质、劣化与粘连机理研究。一方面开展基于造纸原理的修复技术创新，智能化提升出土纸质文物（干燥环境）的修复质量和效率；另一方面重点研发在微观层面上可以有效揭取、加固出土糟朽纸质文物（潮湿或干湿交替环境）的新材料与新技术。同时，文物工作者要做到将考古现场与纸质文物保护衔接好、配合好，之后的保管与陈列对接好、活化利用好。

长远来看，在集众家之长形成考古出土纸质文物"智库"的基础之上，还需基于造纸原理、不同环境下出土纸质文物的共性问题和传统纸质文物修复技术，在考虑保护修复材料的匹配性、修复工艺、操作规范的同时，从机理角度阐释保护修复后的主要指标在单一与复合层面的改善与提高，从分子量、单元组成、官能团等多角度剖析现今的保护处理模式，并且探究多因素协同作用对纸质文物本体的长期影响和作用方式。在保护修复好纸质文物之后，文物工作者还需要思考如何通过创新模式将考古出土纸质文物与出土遗址的考古工作、保护修复过程、文创产品开发等有机结合起来，致力于探索考古出土纸质文物的活化利用，带动文物事业和文旅融合的发展，开创考古出土纸质文物保护和利用之新路径，为其长久保护利用提供新思路。

2016年国家文物局申报了《国家文物大数据公共服务平台》建设计划，旨在建设全国一体、区域统一、互联互通的国家文物局大数据公共服务平台，整合、共享、开放文物数据[①]，这无疑是惠国惠民的系统性工程。从考古出土纸质文物进一步保护利用的角度来说，文物工作者也应打破传统工作模式与方法，思考创新普及弘扬"纸文化"的表现形式，与时俱进地应用信息化时代的多种先进技术，努力构建基于物联网、大数据、云计算、人工智能等的保护、管理和利用系统，并通过多种形式的合作提升，力求解决考古出土纸质文物保护利用中面临的诸多难题。

从开放的全球视野出发，考古出土纸质文物的保护利用需要学习借鉴世界各国的优秀先进技术与方法，广纳百川，与国内外同行开展合作，拓宽交流和影响范围，并力求在考古出土的纸质文物保护研究中有新发现、新突破（依以往实例来看是必然现象），进而填补我国文化传承发展中的空白，更好地契合我国作为"四大发明"发源地的文明古国的国家形象。这样方是真正发挥了考古出土纸质文物在弘扬、传承中华优秀传统文化之中的关键作用，全面有效和科学合理地做好了文物的保护利用工作。

---

① 中国文物信息网：《加强文物保护利用和文化遗产保护传承迫切需要与大数据深度融合》，［2017-12-19］［2021-07-01］http://news.cssn.cn/kgx/kgdt/201712/t20171219_3785653.shtml。

五、结　　语

　　考古出土纸质文物的保护利用对于传承华夏文化、激发爱国热情的固有价值可谓不言而喻，其承载的文字等信息、背后蕴含的历史故事、彰显的文化交流与融合，皆是全面了解真实的古代中国，坚定对中华文化博大精深的信念，弘扬中华民族由古至今的发明创造精神等不可或缺的重要教育资源。

　　将纸和造纸术纳入当今文化遗产保护的领域，对出土纸质文物在中华民族文化中的特殊地位和价值，与其相关的传统工艺在我国传统文化中作为连接"物质"与"非物质"文化遗产，及"大传统"与"小传统"的载体功能等问题，包括其在"一带一路"倡议中的作用等诸多问题的研究，依旧是今后不可回避的关键话题，值得继续深入研究探讨。

（原载于《东南文化》2021年第6期）

新型文物封护保护材料氟橡胶耐紫外性能研究

章　月　杨隽永　冯向伟　徐　飞

内容提要：封护措施对文物保护修复具有重要的意义，封护保护能有效阻隔环境因素（水分、氧气、空气污染物）对文物的影响，提高文物的耐腐蚀性。目前丙烯酸树脂B72和有机硅在文物封护领域应用较多，它们对于馆藏文物的保护有显著的效果，但它们的耐紫外性能不佳，不能很好地满足户外文物长期保护的要求。近年来氟碳材料由于具有优异的耐候性和耐老化性，已逐渐受到文物保护工作者的重视，本文选择了一种新型氟碳材料F2311型氟橡胶作为研究对象，近年来已有将氟橡胶应用于金属文物、陶器、彩绘、壁画等文物封护保护的报道，但报道多侧重于应用，未见从理论方面验证或考察氟橡胶保护效果的研究。

为了研究氟橡胶的耐老化性和在文物封护领域的适用性，本文选用了丙烯酸树脂B72和2种有机硅涂料（分别为正硅酸乙酯和工业成品KSE-OH300）作为性能对比研究，通过紫外加速老化实验对它们进行了长期老化测试，利用红外、接触角、色差仪进行了结构和性能表征。结果表明：①新型氟碳材料氟橡胶具有较优的紫外线耐受性，其在长期的紫外照射作用下颜色、结构和疏水性能均未发生明显变化，推测氟橡胶能够长期用于文物户外或户内封护保护，特别是针对处于复杂存储环境的文物保护有广阔的应用前景；②B72在紫外照射下会发生氧化降解行为，红外证明这种降解反应在紫外照射初期就开始发生了，B72在紫外光下氧化降解导致封护膜发生黄变，在文物表面造成色差，推测B72不适用于户外文物的长期封护保护；③2种有机硅类材料成膜后疏水性能一般，且在紫外辐射下结构趋于不稳定，外观也会发生黄变，推测这2种有机硅同样不适用于户外文物的长期封护保护。

本文通过评估材料的耐紫外性能来考察它们的耐老化性和在文物封护领域的适用性，研究结果表明，新型氟碳材料氟橡胶与B72和2种有机硅相比，具有更优的紫外线耐受性，该考察结果可为文物封护材料的选择提供参考。

关键词：氟橡胶　B72　有机硅　文物封护保护　紫外老化

一、引　言

大多数无机类文物保护过程中通常表面需要增加涂层，以阻隔水分、氧气、空气污染等环境因素的影响，降低这些影响因素对文物的破坏，从而提高文物的长期稳定性，业内也将此表面防护涂层称为封护层。国内外文物保护工作者在文物封护保护材料选择方面做了许多尝试，从天然树脂到人工合成高分子材料，如蜡、聚氨酯、丙烯酸树脂、有机硅、氟碳材料等[①]。目前报道较多的文物封护保护涂料有丙烯酸树脂B72和有机硅[②]，它们对于馆藏文物的保护有显著的效果，但它们的耐紫外性能不佳，不能很好地满足户外文物长期保护的要求。经过多年的保护实践，业内普遍认为文物封护保护材料必须拥有良好的耐老化性能，近年来氟碳材料由于具有优异的耐候性和耐老化性，已逐渐受到文物保护工作者的重视，特别是对于复杂存储环境中的文物封护保护有着广阔的应用前景[③]。本文选择了一种新型氟碳材料F2311型氟橡胶作为研究对象，工业上F2311型氟橡胶可加工成胶带、胶管、胶布、薄膜、垫片等，广泛应用于航空工业、汽车工业、石油工业、化学工业等领域[④]。近十年来相关课题团队持续研究了氟橡胶用于文物封护保护，2004年该项技术申请了发明专利并已获得授权[⑤]。课题团队将氟橡胶作为封护保护材料已成功应用于金属文物、陶器、彩绘、壁画等文物的保护中[⑥]，后期追踪发现经过保护的文物在数年之后外观没有变化，未出现黄变、开裂、发硬、发脆等老化现象，文物保存状况均良好。为了更好地指导氟橡胶在无机文物封护领域的应用，推广氟橡胶的应用范围，本文以考察氟橡胶耐紫外性能为目的，借助于科学化表征分析，探索和验证氟橡胶在文物封护保护领域的应用潜力，选用丙烯酸树脂B72和2种有机硅材料（分别为正硅酸乙

---

① Sabatini V, Pabgoletti E, Longoni M, et al. Stearyl methacrylate co-polymers: towardsnew polymer coatings for mortars protection. *Applied Surface Science*, 2019, 488: 213-220. Lazzari M, Scalarone D, Malucelli G, et al. Durability of acrylic films from commercial aqueous dispersion: glass transition temperature and tensile behavior as indexes of photooxidative degradation. *Progress in Organic Coatings*, 2011, 70(2-3): 116-121. Chiantore O, Lazzari M. Photo-oxidative stability of paraloid arcylic protective polymers. *Polymer*, 2001, 42(1): 17-27. Licchelli M, Malagodi M, Weththimuni M L, et al. Water-repellent properties of fluoloelastomers on a very porous stone: effect of the application procedure. *Progress in Organic Coatings*, 2013, 76(2-3): 495-503. 杨隽永、徐飞：《有机-无机复合疏水型二氧化硅涂层制备及性能》，《文物保护与考古科学》2018年第2期，第10—19页。Kotlík P, Doubravová K, Horálek J, et al. Acrylic copolymer coatings for protection against UV rays. Journal of Cultural Heritage, 2014, 15(1): 44-48.

② 陈立义、张海波：《一种新型偏氟乙烯与三氟氯乙烯氟橡胶的合成研究》，《有机氟工业》2012年第1期，第12—15页；张秉坚、张栋梁、铁景沪：《测量文物保护材料可逆率的探索性研究》，《中国材料进展》2012年第11期，第33—36页。

③ 陈立义、张海波：《一种新型偏氟乙烯与三氟氯乙烯氟橡胶的合成研究》，《有机氟工业》2012年第1期，第12—15页；张秉坚、张栋梁、铁景沪：《测量文物保护材料可逆率的探索性研究》，《中国材料进展》2012年第11期，第33—36页。

④ 陈立义、张海波：《一种新型偏氟乙烯与三氟氯乙烯氟橡胶的合成研究》，《有机氟工业》2012年第1期，第12—15页。

⑤ 万俐、徐飞：《氟橡胶作为文物保护剂的应用》，（专刊号：CN200410041244.0），2005年2月23日。

⑥ 万俐、徐飞：《氟橡胶作为文物保护剂的应用》，（专刊号：CN200410041244.0），2005年2月23日；徐飞、范陶峰、万俐：《古代建筑彩绘膜层隔离保护修复方法》，（专刊号：CN201110191639.9），2011年12月7日；徐飞、万俐、陈步荣等：《氟橡胶成膜物封护青铜试片的研究》，《文物保护与考古科学》2009年第2期，第27—33页；万俐、徐飞、范陶峰等：《徐州狮子山汉楚王陵彩绘陶俑的保护研究》，《文博》2009年第6期，第125—135页。

酯TEOS和工业成品KSE-OH300）作为性能对比研究，拟用理论数据进一步验证氟橡胶的应用效果。

二、材料和方法

（一）实验材料

氟橡胶（商品代号为F2311）为三氟氯乙烯/偏氟乙烯＝1/1的共聚物，购买于晨光化工研究院；B72为甲基丙烯酸乙酯/丙烯酸甲酯＝7/3的共聚物，生产厂家为美国罗门哈斯；KSE-OH300为工业成品，主要成分为硅酸乙酯，品牌为碧林；正硅酸乙酯（TEDS）、醋酸丁酯、丙酮均为化学纯，厂家为国药集团化学试剂有限公司。

（二）仪器与方法

红外分析采用赛默飞生产的Nicoleti Z10傅里叶红外光谱仪，扫描范围4000—600cm^{-1}，分辨率为4cm^{-1}；接触角分析采用上海中晨数字技术设备有限公司生产的JC2000C接触角测量仪，每个样品测试15次[①]，取平均值；色差分析采用KONICAMINOLTA生产的CR-400色差仪，每个样品在不同点测试10次，取平均值[②]。

（三）样品制备

封护材料一般是在文物表面形成一层薄膜，该薄膜起到将文物与外界阻隔保护的作用，故实验中模拟样品均制成薄膜样品进行性能评估。氟橡胶薄膜的制备：首先将氟橡胶溶解在丙酮中，再用醋酸丁酯稀释，样品质量分数为3%，然后将溶液涂刷在载玻片上，室温下干燥成膜，膜厚约10μm。B72薄膜的制备：将B72溶解于丙酮中，样品质量分数为5%，将溶液涂刷在载玻片上，室温下干燥成膜，膜厚约20μm。TEOS薄膜是将TEOS溶解在丙酮中，样品质量分数为5%，将溶液涂刷在载玻片上，室温下干燥成膜，膜厚约5μm（注：正硅酸乙酯成膜

---

① Sabatini V, Pabgoletti E, Longoni M, et al. Stearyl methacrylate co-polymers: towardsnew polymer coatings for mortars protection. *Applied Surface Science*, 2019, 488: 213-220. Kotlík P, Doubravová K, Horálek J, et al. Acrylic copolymer coatings for protection against UV rays. *Journal of Cultural Heritage*, 2014, 15(1): 44-48.

② Kotlík P, Doubravová K, Horálek J, et al. Acrylic copolymer coatings for protection against UV rays. *Journal of Cultural Heritage*, 2014, 15(1): 44-48. Monaco A L, Marabelli M, Pelosi C, et al.Colour measurements of surfaces to evaluate the restoration materials// O3A. *Optics for Arts, Architecture and Archaeology III*, Vol. 8084 of Proceedings of SPIL. Munich: SPIE Optical Metrology, 2011: 1-14.

性不佳，在载玻片上肉眼无法看到具体的膜）。KSE薄膜是直接将工业成品涂刷在载玻片上，室温下干燥成膜，膜厚约10μm。性能测试前需将成膜样品置于25℃，RH50%环境下保持24h以上。

（四）紫外老化实验

大量文献报道紫外辐射是户外文物封护涂层老化的主要原因[①]，故本文重点考察紫外线对文物封护涂料的影响。在室温下进行紫外光老化，辐射光源为UVA-340，光源与样品距离约5cm，平均辐照度为260μW/cm²，老化时间为3360h（20周），实验中定期取样进行表征。

三、结果与讨论

4种封护材料通过刷涂成膜后目测外观均为透明无色，表面光洁，无眩光，初步判断外观均符合文物封护材料要求。将4种封护材料进行紫外老化实验，考察它们的耐紫外性能，定期取样表征。

（一）接触角分析

封护层对文物主要的防护作用是阻止腐蚀介质接触文物表面。在含水环境中（水溶液或含水大气）水分子渗入基材，同时携带腐蚀介质（氧或污染物），使文物发生腐蚀劣化。封护涂层对腐蚀介质的阻挡能力，更多地取决于其对水分子渗入的阻碍作用，故在考察涂层防护性能时，疏水性是一项重要的评价指标。本文采用接触角来评判封护层的疏水性能。

图一为4种封护材料成膜后的接触角测试结果图，从该图中可以看出4种封护材料成膜后接触角与空白样相比都有一定的提升，其中TEOS提升不明显，其他3种效果突出。4种封护材料中氟橡胶的接触角最大，说明其疏水性能最佳，同时从表一中可以看出氟橡胶在紫外老化前后和老化过程中接触角变化不大，证明了氟橡胶耐紫外性能优良。B72接触角虽然小于氟橡胶，

① Sabatini V, Pabgoletti E, Longoni M, et al. Stearyl methacrylate co-polymers: towardsnew polymer coatings for mortars protection. *Applied Surface Science*, 2019, 488: 213-220. Lazzari M, Scalarone D, Malucelli G, et al. Durability of acrylic films from commercial aqueous dispersion: glass transition temperature and tensile behavior as indexes of photooxidative degradation. *Progress in Organic Coatings*, 2011, 70(2-3): 116-121. Chiantore O, Lazzari M. Photo-oxidative stability of paraloid arcylic protective polymers. *Polymer*, 2001, 42(1): 17-27. Licchelli M, Malagodi M, Weththimuni M L, et al. Water-repellent properties of fluoloelastomers on a very porous stone: effect of the application procedure. *Progress in Organic Coatings*, 2013, 76(2-3): 495-503.

图一　封护材料成膜后接触角测量

但疏水性能也较好，并且在紫外老化前后和老化过程中接触角变化不大。有机硅系列中TEOS的接触角较小，疏水性能不佳，且在紫外辐射下接触角呈下降趋势；KSE初始接触角较大，且紫外辐射初期接触角保持平稳，但1680h后迅速下降。

表一　封护材料紫外老化前后接触角结果

老化时间/h	紫外老化期间接触角/（°　）			
	氟橡胶	B72	TEOS	KSE
0	96.2	80.7	69.0	87.0
168	94.5	82.5	62.0	87.5
336	93.5	81.8	65.5	87.0
672	93.7	79.0	56.0	92.2
1008	94.0	79.8	52.5	85.7
1344	94.7	79.5	50.0	83.8
1680	95.5	81.0	56.0	61.0
2184	94.5	83.3	58.0	59.0
2688	93.3	82.2	55.5	54.6
3360	95.0	83.8	53.6	59.1

（二）色差分析

施加材料对文物本体颜色的影响是文物保护中很重要的考量因素，表征封护材料在老化过程中颜色的变化可以反映该材料对文物本体颜色影响的程度。色差表征结果见表二。氟橡胶在紫外老化条件下色差在0.03—2.37，均小于3，文献中报道色差ΔE=3是人眼可观察到变化的临界点[①]，测试结果说明氟橡胶在紫外老化条件下基本不会产生肉眼可见色差，颜色稳定，符合文物保护法中不改变外观的原则。B72在紫外老化条件下色差大于氟橡胶，在0.68—3.48。2种有机硅的色差变化相对较大，TEOS在3360h后色差达到3.39，KSE在1680h后ΔE开始大于3，3360h后色差达到5.17，色差变化属于肉眼可见范围。

---

① Kotlík P, Doubravová K, Horálek J, et al. Acrylic copolymer coatings for protection against UV rays. *Journal of Cultural Heritage*, 2014, 15(1): 44-48; Monaco A L, Marabelli M, Pelosi C, et al.Colour measurements of surfaces to evaluate the restoration materials// O3A. *Optics for Arts, Architecture and Archaeology* Ⅲ, Vol. 8084 of Proceedings of SPIL. Munich: SPIE Optical Metrology, 2011: 1-14.

表二　封护材料紫外老化后色差 ΔE 结果

老化时间/h	紫外老化后色差 ΔE			
	氟橡胶	B72	TEOS	KSE
168	0.03	0.68	0.16	1.47
336	0.77	0.86	0.29	2.46
672	1.35	1.71	0.29	2.38
1008	1.42	2.52	2.44	2.82
1344	1.70	2.63	2.57	2.80
1680	1.97	2.60	2.61	3.26
2184	2.37	2.71	2.73	3.28
2688	2.24	2.87	2.82	4.40
3360	2.31	3.48	3.39	5.17

由于有机材料在紫外线作用下发生老化降解的一个表现形式就是变黄，实验中参考文献采用 Δb 来评估材料在紫外条件下黄变程度[1]。从图二可以看出在紫外老化条件下4种封护材料的 Δb 值都呈上升趋势，其中氟橡胶的 Δb 是4种封护材料中最小的，并且氟橡胶的 Δb 值均较小。这都说明氟橡胶在紫外线辐射下产生黄变的程度很小。B72的 Δb 明显大于氟橡胶，说明B72在紫外线辐射下会产生一定的黄变，可能会在文物表面造成色差，这也推断其可能不适用于户外文物的保护。2种有机硅的 Δb 均较大，其中KSE的 Δb 值变化最大，说明其黄变程度最大，这同样证明有机硅不适用于户外文物的保护，不然严重的黄变会在文物表面造成色差，这是不符合文物保护原则的。

（三）红外光谱分析

红外光谱法是一种便捷简单的结构鉴别方法，本文中借助于该方法研究封护材料在老化前后的结构变化。从图三中可以看出，成膜后的氟橡胶薄膜在3500—3000cm^{-1}之间没有羟基吸收峰，这说明氟橡胶薄膜是不吸水的。紫外辐射下氟橡胶的特征峰C-F、C-C1、C-H出峰位置和吸收强度均未发生变化，并且未产生新的吸收，这说明在紫外照射下氟橡胶化学结构稳定，由此可以推论氟橡胶拥有优异的耐紫外性能。这是因为氟橡胶的C-F键拥有很高的化学键能（451—485kJ/mol），同时氟原子具有最高的电负性和较小的原子半径，使氟化了的碳原子与别的原子结合的键能提高，这些影响因素都使氟橡胶的稳定性得到提高[2]。

---

① Monaco A L, Marabelli M, Pelosi C, et al. Colour measurements of surfaces to evaluate the restoration materials// O3A. *Optics for Arts, Architecture and Archaeology* Ⅲ, Vol. 8084 of Proceedings of SPIL. Munich: SPIE Optical Metrology, 2011: 1-14.

② 万俐、徐飞：《氟橡胶作为文物保护剂的应用》，（专刊号：CN200410041244.0），2005年2月23日。

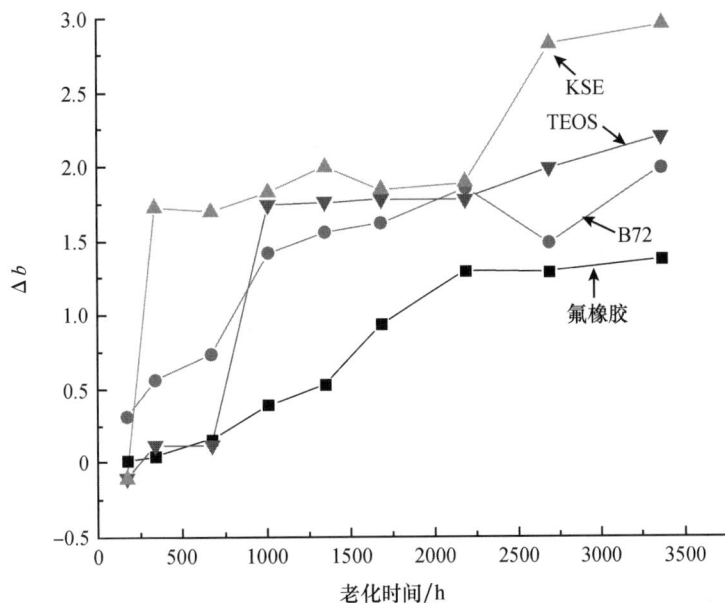

图二　封护材料在紫外老化条件下的黄化程度 Δb 变化情况

文献报道丙烯酸涂料在紫外波段会有光的吸收，导致其在阳光作用下会发生氧化降解，使得丙烯酸涂料长期有效性直接受限[①]。从图三中可以看出在紫外老化作用下B72的红外光谱图发生了一定的变化，1712cm^{-1}处羰基吸收强度逐渐降低同时变宽，这是因为聚合物链的断裂造成单体损失造成的。在紫外照射672h后在3800—3500cm^{-1}出现了新的吸收峰，这是典型的羟基吸收峰，说明生成了新的羟基基团，这是B72发生氧化反应造成的[②]。通过红外光谱表征发现B72在紫外照射下发生了氧化降解行为，并且这种降解反应在照射初期就开始慢慢发生了，该结果与文献报道一致[③]。从图三中可以看出2种有机硅在紫外作用下1062cm^{-1}和967cm^{-1}处的Si—O—C不对称伸缩振动吸收，以及793cm^{-1}处的Si—O—C的对称伸缩振动吸收均变弱，推断在紫外辐射作用下有机硅的稳定性会逐渐降低[④]。

①　Kotlík P, Doubravová K, Horálek J, et al. Acrylic copolymer coatings for protection against UV rays. *Journal of Cultural Heritage*, 2014, 15(1): 44-48.

②　Lazzari M, Scalarone D, Malucelli G, et al. Durability of acrylic films from commercial aqueous dispersion: glass transition temperature and tensile behavior as indexes of photooxidative degradation. *Progress in Organic Coatings*, 2011, 70(2-3): 116-121.

③　Lazzari M, Scalarone D, Malucelli G, et al. Durability of acrylic films from commercial aqueous dispersion: glass transition temperature and tensile behavior as indexes of photooxidative degradation. *Progress in Organic Coatings*, 2011, 70(2-3): 116-121；杨隽永、徐飞：《有机-无机复合疏水型二氧化硅涂层制备及性能》，《文物保护与考古科学》，2018年30卷2期，10-19页。

④　Futamatm M, Gai X H, Itoh H. Improvement of water-repellency homogeneity by compound fluorine-carbon sprayed coating and silane treatment. *Vacuum*, 2004, 73(3-4): 519-525; Sassoni E, Gabriela G, Franzoni E. An innovative phosphate-based consolidant for limestone, Part 1: Effectiveness and compatibility in comarison with ethyl silicate. *Construction & Building Materials*, 2016, 102(1): 918-930.

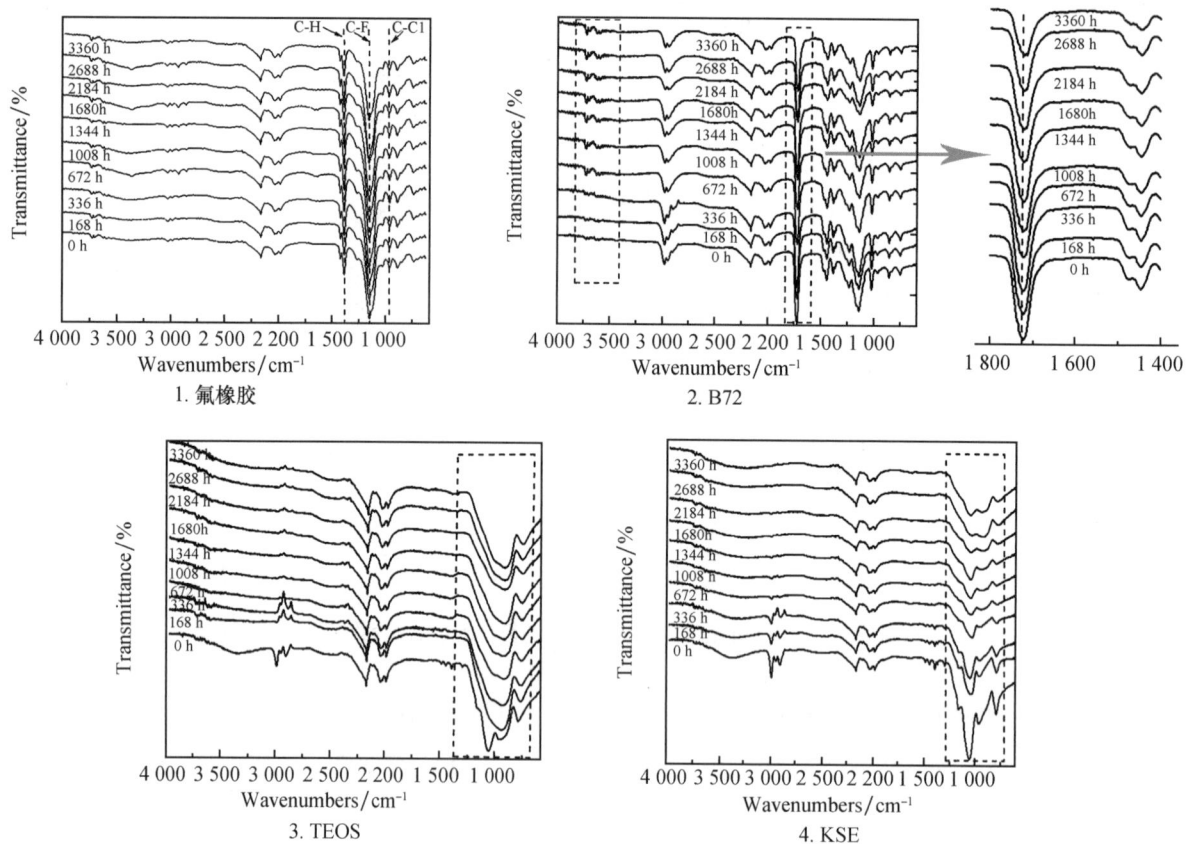

图三　封护材料紫外老化前后红外图

四、结　　论

　　通过评估材料的耐紫外性能来考察它们的耐老化性和在文物封护领域的适用性，研究结果表明新型氟碳材料氟橡胶具有最优的紫外线耐受性，其在长期的紫外辐射作用下颜色、结构和疏水性能未发生明显变化，说明氟橡胶能够长期用于文物户外或户内封护保护，特别是针对处于复杂存储环境的文物保护有广阔的应用前景。而常用的B72在紫外照射下会发生氧化降解行为，发生黄变，可能会在文物表面造成色差，但是这种降解行为并不会影响其疏水性能，说明B72适用于户内文物的封护保护，但不适用于户外文物的长期封护保护。2种有机硅类材料成膜后疏水性能一般，且在紫外辐射下结构趋于不稳定，外观也会发生黄变，说明这2种有机硅同样不适用于户外文物的长期封护保护。

（原载于《文物保护与考古科学》2022年第1期）

文　物　学

中国近代江南土布产业化道路对当今非遗土布产业开发的启示

张　茹

内容提要：土布曾是中国古代平民百姓广泛使用的服装面料。如今，以江南土布、山东鲁锦为代表的各地土布陆续成为重要的非遗项目，并开始尝试生产性保护与开发。其实，中国近代就对传统土布进行了一系列产业化道路的探索，积累了丰富而宝贵的经验，使中国近代土布即使面对洋布的冲击，依然在中国近代纺织服装业的历史舞台上扮演着重要角色。与之相比，当今重新开始尝试土布开发却仅相当于前人已开发的原始阶段。故需梳理出中国近代土布产业化道路中可供当今非遗土布开发的具体思路和措施。本文通过大量田野调查、历史档案文献梳理以及实验研究法，从服装与非遗跨专业角度，采用对比分析法，提出土布要想"活态传承"可以结合以服装产业为核心的时尚产业去研究，走出一条经济与文化相结合的产业化道路。为当今传统非遗纺织工艺当现代化传承与发展提供借鉴案例。

关键词：江南土布　非遗土布　产业化道路　生产性保护

一、引　言

"土布"历史悠久，是曾被中国古代百姓广泛使用的中国传统服装面料。如今，以江南土布、山东鲁锦为首的传统手织土布成为全国各级重要非物质文化遗产（以下简称"非遗"）项目，并开始尝试对土布的非遗生产性保护与开发。但由于对历史的不了解，当今对土布的开发水平仅相当于前人19世纪末20世纪初时的原始开发阶段。其实中国近代就已经对传统手织土布进行了一系列产业化道路的探索，积累了丰富而宝贵的经验，使土布即使面对洋布的冲击，依然在中国近代纺织服装业的历史舞台上扮演着重要角色。所以，当今土布要想"活态传承"，依然可以结合时尚产业、结合流行去研究。时尚产业以服装行业为核心，故本文结合服装专业的角度，采用对比分析法，分析非遗土布在当今传承与发展的路线。

本文的近代土布指的是按中国近代官方颁布的国货标准①划分的，相对于"洋布"而言的中国本土生产的棉布。区别于"传统土布"的概念，它包括含有一切工业化改良成分的手工、半手工或动力机织的土布，实际属于"国货"范畴，等同于"国布"的概念。因"土布"是中国近代官方文献中广泛使用的称谓，故本文沿袭这一传统称谓。而当今理解的非遗土布更多是指偏工艺角度理解的传统手工制作的一种棉布。

之所以将研究对象的时间界定为中国近代，是因为相对其他历史时期，中国近代与当今有着最为相似的国内外环境与历史任务，即许多传统手工艺需完成"融通中外"②的现代化的传承与发展。之所以将研究地域界定为江南，是因为江南地区自元代开始就是中国的棉纺织中心，同时也是最重要的时尚发源地。近代土布的工业化改良也以江南地区为先驱。故本文以中国近代江南土布的产业化道路为案例，梳理出可供当今非遗土布产业化开发的具体思路和方法，旨在为当今非遗土布以及同样基于传统非遗的纺织工艺的产业化开发提供借鉴案例。

二、中国近代及当今的土布服装的流行现象

（一）土布在当今服装流行中的表现

随着中国已成为全球第二大经济体③，中国经济备受全球瞩目，我国对立足于本国的创意文化产业和"文化自信"高度重视，并提出了《中国传统工艺振兴计划》④。文化界大力推进非遗的生产性保护，"振兴传统工艺"。同时，"一带一路"倡议也使得中国传统服饰的传承与创新得到了国家和社会的广泛重视，"新中式""华服"走上了时尚舞台，走入广大民众的生活，"中国风""国潮风"的中式服装越来越成为时尚人士彰显其个性品位的选择之一。公众在重要礼仪着装时越来越会选择中式礼服，许多年轻人外出游玩选择复古的"华服"已经成各大景区的一道风景线。在诸多中式风格服装中，有一类追求回归自然、禅意古朴的风格，手工感的天然纤维面料的运用是此类风格最主要的体现手段。于是，中国近代曾经盛行的一种土布服装又悄然回到了当今时尚圈。北京、上海等地再次出现土布旗袍，一些著名学者在公开演

---

①　吴其焯：《农工商业法规汇辑》，百城书局，1935年。

②　习近平主席在谈到推动中华文化走出去时说要"打造融通中外的新概念、新范畴、新表述，更加充分、更加鲜明地展现中国故事及其背后的思想力量和精神力量"。参见：《习近平主持中共中央政治局第三十次集体学习并讲话》，中华人民共和国中央人民政府网，［2021-06-01］［2023-06-01］http://www.gov.cn/xinwen/2021/06/01/content_5614684.htm.

③　《数据显示中国已成为全球第二大经济体和第一大贡献国》，［2011-12-07］［2017-02-07］https://www.gov.cn/govweb/wszb/zhibo491/content_2013602.htm.

④　《国务院办公厅关于转发文化部等部门中国传统工艺振兴计划的通知》（国办发〔2017〕25号），［2017-03-24］［2017-04-07］https://www.gov.cn/zhengce/content/2017/03/24/content_5180388.htm.

讲等正式场合中总选择一身土布"学生装"或者中式对襟马褂。中式土布服装于无形中成了体现他们自身文化认同、学识或艺术造诣的象征物。就是在这样的社会背景下，一些企业或个人已开始重新尝试开发土布，甚至推出土布服装品牌。以江南色织土布、山东鲁锦为代表的各地土布陆续成为重要的非遗项目。

（二）中国近代土布的开发与流行

根据我们对江南地区大量田野调查和对大量一手近代历史档案、报纸等文献的整理发现，与当今国际形势相似，中国近代的土布也曾面对洋布的严重冲击，民族棉纺织业危机重重，但经过国家的大力扶植、众多民族实业家的努力及民众的积极响应和支持，中国土布在自身条件、技术条件、社会管理等条件方面都作出了大量的改革[①]。

以近代土布如何平衡传统图案与工业化的关系为例，根据我们的研究，早期传统的色织土布服饰的流行纹样骨架以点式为主， 20世纪30年代流行格式，其中最流行的芦菲花不是简单的格子，图案结构和工艺极其复杂精美。而到20世纪40年代，流行的条式纹样相对简化，这与其易于机械化生产密切相关。印染土布服饰的流行纹样在20世纪40年代产生的新样式有：土布印洋花和阴丹士林布（阴丹士林布是当时最成熟、最有特色的土布服装面料）。其得名就是因引进或模仿了当时世界最先进的德国化工染料，制成的阴丹士林旗袍点线面的搭配比例极具现代工业构成感。我们对一些20世纪三四十年代江南地区的改良土布做"无损检测"分析时发现，当时世界刚发明的化学染料已经大量用于国内土布生产中。这些改良都是尽可能在工业化与传统手工的审美与功能间寻求平衡，使近代江南改良土布简约而不简单，花色品种丰富。土布有了成为时尚流行的物质基础。我们对一件20世纪40年代旗袍进行工艺复原实验时发现，由于近代织机工业化改良，织布幅宽增加，对传统旗袍结构变迁产生了重大影响：出现了集中西裁剪大成的中国近代无省旗袍，中式平面裁剪的旗袍实现了西方立体裁剪才能实现的立体合体效果，使当时的旗袍得以风靡世界。

总体回看中国近代土布产业化过程，前人用了几十年的努力，从19世纪末到20世纪30年代，物质、精神条件及群众基础齐备，才使20世纪40年代土布服装可以广泛流行（图一）。整个过程一直秉持了"中学为体，西学为用"、对内尊重传统与对外积极吸收世界先进科技的作风，做到中西合璧、中外融通。

---

① 林举百：《近代南通土布史》，南京大学学报编辑部，1984年。

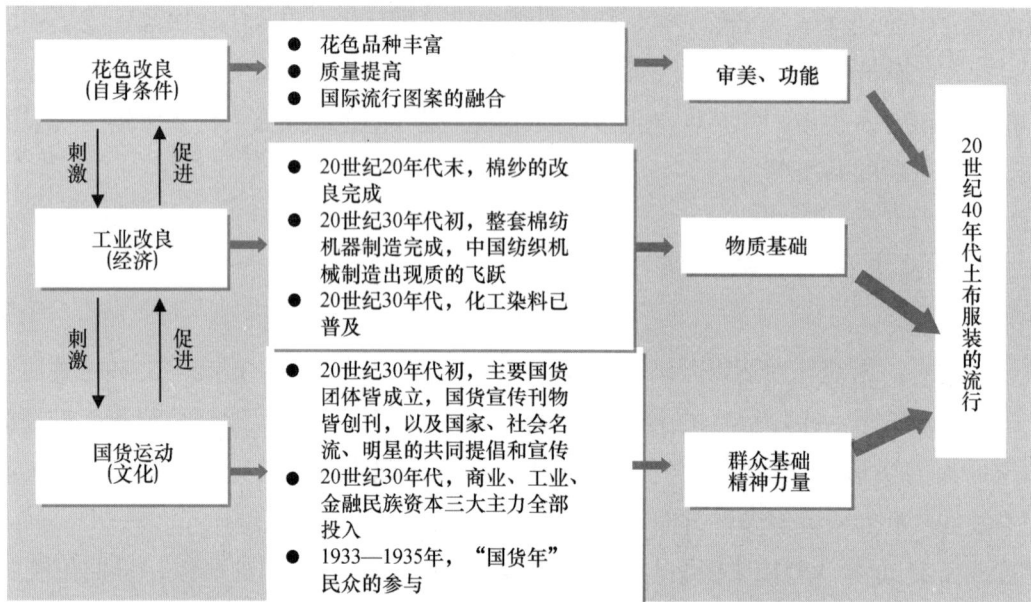

图一　中国近代土布工业化道路对20世纪40年代土布服装流行的影响

三、当今服装界对非遗土布开发的不足

由于对中国近代土布传承与产业化开发的历史不了解，当今对传统非遗土布的开发水平仅停留于在技术层面，且以个体自主研发为主，仅相当于前人19世纪末20世纪初土布改良的原始作坊阶段。当今非遗土布开发的不足方面很多，总体归纳如下。

（一）技术开发起点过低

中国近代土布技术开发直接吸收了当时世界最先进的科技成果，几乎完成了动力机械的开发，形成了较完备的产业体系[①]。当今开发者对中国近代土布工业化程度不了解，导致对土布技术的开发多依靠经营者个人之力，大多仅从原始手工土布阶段开始开发，刚刚实现或尚未实现半自动化。常产生类似这样的报道：某某与村民边织布边琢磨，进行了多项改革，传统的手工纺织已经变成了半自动化织布……更有甚者，土布技术改良稍有成绩，就将开发者与黄道婆相媲美。

---

① 张茹：《中国土布织机近代工业化改良对土布旗袍改良及流行的影响》，《中国古代纺织文化研究与继承》，北方联合传媒出版集团万卷出版社，2018年，第218—227页。

（二）开发花色品种过单一

对中国近代土布花色品种的不了解，导致开发花色品种过单一。当今人单纯认为"传统的老粗布花色品种单一，传统的方格、小柳条变成彩条、大条纹等20多种"[1]。而中国近代开发花色品种保留下的品种都有上百系列。

（三）开发面比较窄、开发层次不够深

首先，当今非遗土布服装研发品种仅停留于传统中式款，流于小众，如何与当今国际时尚、当代大众审美接轨，这方面做得严重不足。而中国近代土布是直接运用于当时最时尚的款式，如旗袍、文明新装、中山装等。

其次，对传统土布工艺的理解不够深入，导致当今对非遗土布工艺开发层次不够，仅停留于表面装饰。仅简单印染几个土布图案代表土布特征，将传统工艺简单"图案化"。未对土布从纱线、织物机理、结构到服装服用性能等传统土布工艺特点进行全面而深刻的把握，无法将土布与一般现代工业纺织品相区分，无法凸显其文化产品的特色。对比看，中国近代对土布开发是对从其棉种、纱线、织物结构、织造工艺的全方位把握，且是工业化批量化生产的开发。

（四）相关行业机构倡导不足

当今开发往往凭经营者一己之力闭门造车，缺乏相关行业机构的引导，具有一定盲目性。而从事中国近代土布工业改良的，仅行业协会就有"中华国货维持会""上海机制国货工厂联合会""中华国货产销合作协会"等，关于棉纺业的行业协会有"棉统会""布业公所""土布改良所""棉业工会"等。还有专门的行业教育机构、大众媒体等多方联合，以行政、法律、社会舆论等具体落实到每一步的实际手段，从而对土布业进行帮助和引导。相比之下，当今社会和企业虽然提倡"创意文化"产业，但具体措施及实施力度远不如当时细致、深入。

总之，当今对非遗土布的现代化开发存在很多问题，所以中国近代对土布的产业化开发为当今提供了诸多学习和借鉴的因素。

---

① 陈进明：《土布织出富路》，《社会经纬》2007年第7期。

四、中国近代土布开发对当今非遗土布开发的启示

（一）对当今开发路线的启示

非遗土布若要走产业化道路，解决工业机械化问题是第一步。而当今，如何根据动力织造机器原理对手工织机改良，是一直困扰许多非遗土布服装研发者的技术瓶颈。在这种情况下，近代土布改良的经验可谓雪中送炭。研究表明，纺织设备上，无论是机械化还是半机械化的织机，近代土布的改良已经做得很成熟，中国近代土布改良的目标是实现工业动力化织造，完成从手工到动力机制棉布的转变，这一历史使命在中华人民共和国成立后随着棉纺织动力织造技术的发展而得以实现。所以，当今非遗土布开发的技术起点应该是当代机制棉纺织最前沿的科技成果，而不应该再回到19末的技术开发起点，重走前人"手工—动力"机械开发的道路。关于当今如何进一步开发非遗土布，可以尝试以下几条路线。

1. 动力机械化开发走"后工业化"开发路线

当今棉纺趋势又重新朝着"自然、个性、回归"方向发展，所以许多面料开发时故意追求纱支粗细不匀、花色印染不均的手工效果。当今非遗土布在技术上的开发不妨借鉴该方式。不沿"手工—动力"的工业化模式方向开发土布，而是相反的，沿着"动力—手工"的"后工业化"模式方向发展土布的动力机械化，干脆强化土布外观纱支不均的审美特点。另外，原材料方面，可以采用当今优质棉材料（如彩棉）。随着环保意识的不断增强，当今天然面料越来越受到重视，非遗土布的当代开发不妨充分利用人们的这种需求，从棉纤维的质量上入手，打造产品核心竞争力，开发新品种。例如，从棉纤维上开发并强化土布的耐磨特性。在当今的市场竞争中，"质量"被大众提高到了前所未有的重视程度，土布的耐磨性正可以作为其中倡导流行的一个卖点。

2. 走纯手工开发的路线

随着当今国际时尚潮流越来越重视手工制作的产品，手工制品的价格不断高于工业制品，发挥手工的优势创造优质品种的需求显得十分迫切。针对这种情况，当今非遗土布手工开发可以细分不同目标消费市场，可以借鉴服装品牌的品牌化发展战略，分别走普通平价大批量化和高端定制小批量化两种市场定位的产品开发模式。

（1）普通平价大批量化产品手工开发模式

这种方式必须以足量的劳动力为基础。近代时期，一位在中国多年的西方人说："在中国从南到北、从东到西的任何内地城镇或乡村里观察一群人，其中十分之九是劳动人民，多半是

在地里劳动的。"①我们当今对非遗土布的开发依然可继承这种方式。当今我国农村人口比重依然很大，能为手工土布生产提供广泛的劳动力，如果也能充分地利用这些劳动力资源，发展手工机织土布"劳动密集型产业"，这样不仅可以为乡村多创造一份就业机会，吸纳城乡社会富余劳动力，同时也为大众提供一种选择平价商品的机会。如果质量优良，也可以将其发展成精美的中高档礼品，甚至进军国际市场。

（2）高端定制小批量化产品开发模式

这种模式注重非遗土布的历史、艺术、文化及情感价值，这些都可成为非遗土布产品的高额附加价值。这种方式主要针对当下极度追求个性化手工产品的消费群体，他们一般对土布生产者的手工艺水平、土布精细程度、花色品种的审美和技术等要求都十分高。而现在除上海和江苏苏州、无锡一带的偏远古镇和农村，土布制作、销售土布服装的店铺寥寥无几，且几乎只有80岁以上老人才精通复杂的技术。而随着这些老人的逝去，土布织造技术可能会"人亡艺绝"，这些地区的非遗土布服装销售业也将像其他地区一样最终消失，非遗土布工艺传承状况堪忧。如果以高端定制小批量化模式加以开发，在经济利益驱动下，可以培养出一批非遗传承人，甚至培养出国家级传承大师。这可能是解决传统土布织造工艺人后继无人的一剂良方，同时也能带动非遗土布技艺产、学、研的良性循环。

3. 走借鉴土布某个元素开发的路线

这种路线建立在普通大众成衣技术基础上，是运用当今工业染织技术模仿土布图案、色彩、外观质感，融合当今时尚创造新的流行。这种开发路线在当下其他非遗纺织品上已有实践成功案例。例如，经过十多年的探索，在传统工艺基础上发展的扎染成衣在国际时装舞台上已取得良好的成绩。所以，当今穿着的所谓"中式布衣"，不一定都属于真正传统的棉纺织工艺，但因其保留了土布传统外观风格特点，故也被认作土布衣。

以上三种路线（当然还有许多其他的道路）可根据企业设计定位、针对不同目标消费群灵活运用。

（二）对当今非遗土布企业管理与运作的启示

1. 对经营者素质的启示

中国近代棉纺业产销的领导力量自始至终都是中国的民族实业家。他们曾先后倡导和投入发展国货的行动中，并为改良和推广国货、国布作出不懈的努力。他们或孤军奋斗，率先倡导；或联合友军，共同协作，均旨在使国货的产销能获得更大的发展。例如，近代实业家张謇曾以一人之力为棉纺织工业基础设施建设作出了巨大贡献，其感人事迹至今在仍南通广为流

---

① 姚贤镐：《中国近代对外贸易史资料（1840—1895）》（第三册），中华书局，1962年，第1355期。

传，张謇也成为当地人的精神楷模。这些实业家大多是高级知识分子，有的还有留洋学习的经历，他们对中国传统文化的造诣都极为深厚，文化素质与道德修养较高。如今中国老民族企业的接班人或新民族企业的创始人，他们对于世界先进技术、管理、经营等有深刻的了解，如果他们也能像先辈那样更好地继承中国传统之精华，有着立足于本国、放眼全世界的眼光和同样的爱国、奉献精神，承担当今非遗土布生产性保护和产业化开发的经营管理之重任，非遗土布再次复兴则有望矣！

2. 对管理和运作模式的启示

中国近代先进的棉纺织企业大量吸收当时世界先进经营管理方式，如引进当时世界先进的股份制，建立专门的棉业行业协会、销售协会，以及在工厂内建立专业化教育机构等，建立了"人才培养—生产—经营—销售"全方位立体的企业运作模式，当今非遗土布服装的开发也应主动借鉴当今世界最先进的运作模式，而非停留在个体经营的小规模范围内。

另外，还要充分利用其他各行业优势来发展自身行业。近代时期的中国国力不足，棉纺织业相关基础设施行业尚在从零建起的探索阶段，民族实业家最终不堪历史之重负，许多因资金匮乏最终未能完成历史使命。而当今我国经济实力强盛，各行各业都在健康稳步发展，土布业及土布服装业应及时与相关产业进行跨界交流，充分利用其他产业先进成果发展自身，促进共同发展。

（三）对行业精神及社会文化的启示

国货精神在中国近代已有很好的表现。当时国人对国货运动的积极响应及对国货的信心，使得近代土布的国货精神与现代化改良之间产生了良性循环互动。据1936年的一份统计数据，改良工业化土布加手工布，以绝对占比优势，将来势汹汹的洋布挤得市场份额仅占11%。以至于当时法律规定，禁止洋货冒充国货，以次充好。"一律国货"为中国近代商家常见广告词，用实力做到了文化自信。

近十年来，中国正加速文化产业转型的步伐，大力发展立足于本国传统的文化创意产业。党的十八大以来，在"文化自信"的相关国家政策引导下，从国家到社会的各个层面都在努力付诸实践，可谓又新一轮的"国货运动"。就服装产业而言，著名服装史论家、服装设计理论专家袁仄教授早在2000年就指出，提倡国货精神在当今服装纺织业仍有意义，"服装业里提倡国货、发展国货也已到刻不容缓的地步。一方面我们服装业、纺织业同样面临洋牌、洋货的挑战，另一方面我们有些企业总是将国货贴上'洋'的标签"；他进一步指出，今天的中国仍需要保护民族工业，发展自己的品牌、自己的优势，呼吁"服装界的决策者、企业的经营者、设计者还有广大消费者，仍需要重新增强国货意识"[1]。

---

① 袁仄：《人穿衣与衣穿人》，中国纺织出版社，2000年，第63、64页。

今天的非遗土布如何振兴传统工艺和传统服饰、在传承与创新事业大发展的社会环境下完成立足于本国的现代化，中国近代国货运动、土布运动中前人的具体措施和表现可为当今国货业、本土服装纺织业提供宝贵的经验及精神财富。

（四）结合当今时代赋予服装产业的新课题

对传统工艺的开发，每个时代都有其历史使命。中国近代土布的历史使命是传统土布完成手工向现代工业化的过渡，当今非遗土布的产业化开发要在恢复前人水平的基础上有新的思考。

今天人类已进入工业4.0人工智能时代，西方工业文明发展至今极大地满足了人类的物质需求，但同时西方设计所倡导的无节制地满足个体物欲的发展路线，无法解决当今人类面临的资源与环境恶化的种种问题。中国传统社会发展理念中追求人与自然、人与社会、物质与精神和谐均衡发展的理念越发受到世界关注。中国传统设计中所体现的社会价值观越来越受到关注和肯定，设计的社会责任越发被强调。当今服装界也已进入"衣浪费"的时代，建立在大批量工业化生产基础上的时尚产业所推广的快速消费理念越来越遭到当今国内外服装设计师的质疑。一些服装设计师已经开始努力在传统人文的社会价值与工业文明下的经济价值之间探寻一个服装设计的平衡点。例如，国内著名女装品牌"例外"的创始人之一、服装设计师马可又开创了"无用"品牌，服装生产从手工纺纱织布开始探索推广产品中的人文情感。这种探索虽尚未成熟，但如何体现服装内涵的历史文化、情感价值及社会道德已不再是服装品牌运作下的某个运作方式、服装工业的附属元素，而是服装产业未来努力的一个方向。

当今非遗土布的服装产业化开发不可回避这一世界范围内的服装行业面临的新课题。土布中所蕴含的文化、情感、道德等社会价值都是当今以商业交换为目的、冷冰冰的工业化服装纺织品所无法替代的，如何充分加以利用并找到其社会价值与经济价值的平衡点，是当代土布开发有待完成的历史使命，也是非遗传承与发展的一个重要新课题。

五、结　论

综上所述，中国近代土布产业化开发的模式给当今非遗土布的生产性保护与开发带来了丰富而宝贵的经验。我们可以借鉴的是先辈传承和发展的设计理念和思维方式。一是努力平衡传统手艺的人文艺术价值与现代工业科技之间的矛盾；二是高度尊重本土传统，积极吸收世界先进科技。如今，我国有着过去无法匹敌的国力，当今非遗土布的产业化开发有足够的技术、社会、经济与文化等方面的条件。作为一种文化产品，非遗土布在时尚界的重新回归，需要充分抓住这些来之不易的时代机遇。

　　总之，当今非遗土布的生产性保护与开发可借鉴当今服装产业，结合流行时尚，进行土布服装产业化开发，走出一条经济与文化相结合的产业化道路。

　　［原载于《纺织生物工程与信息国际会议论文集（2017）》（Textile Bioengineering and Informatics Symposium Proceedings，2017），此次对原文有所增订］

南京博物院藏乾隆皇帝御书《佛说贤首经》

奚可桢

内容提要： 南京博物院藏有一部《佛说贤首经》，它是一部专为佛教女信徒说教所用的经典。清朝佛教发展飞速，乾隆皇帝更是忠实的佛教徒。乾隆十三年孝贤皇后去世后，为了表达对皇后的思念，乾隆皇帝亲笔抄写了这部《佛说贤首经》。本文从这部经书的特点、时代背景、帝王书法、写经缘由等几方面做了一定的讨论。

关键词： 《佛说贤首经》 乾隆皇帝

清代前期，尤其是康熙、雍正、乾隆三朝，被称为清代的盛世。在此期间，出于统治需要，清政府全面学习掌握汉文化，继承奉行以儒治国、以佛治心的政策。组织译刻众多佛道经典便是表现之一，几朝皇帝御笔或敕臣精写的佛、道经文、疏论等更是为后人留下不少精美写本。南京博物院收藏了大量藏传佛教经典，也包括清朝皇帝的御笔手书，其中有一部乾隆十三年（1748年）御书《佛说贤首经》，尤为珍贵，本文即对这件作品进行介绍。

一、乾隆皇帝御书《佛说贤首经》

南京博物院藏《佛说贤首经》，长29.9、宽12.7厘米，经折装。绿地织仿宋锦封面（图一），扉页为洒金纸，内页为磁青笺纸。首页有如意馆画家奉敕绘制的泥金礼佛图，释迦牟尼佛坐于正中莲台上，两侧随侍伽叶、阿难，背后为四大天王，前有国王夫人合掌礼拜。画中形象端庄、雅丽，画工极为精细（图二）。其后为泥金行书，每半开5行，行11字，共十四开，为乾隆十三年清高宗弘历亲笔手书，行书书法精整端谨（图三—图六）。卷首标题"佛说贤首经"，落款为"乾隆戊辰夏六月御笔"，钤"烟云舒卷"白文印和"乾隆御笔"朱文印，卷末绘有韦驮立像（图七）。外附锦套

图一 《佛说贤首经》封面

图二　《佛说贤首经》卷首

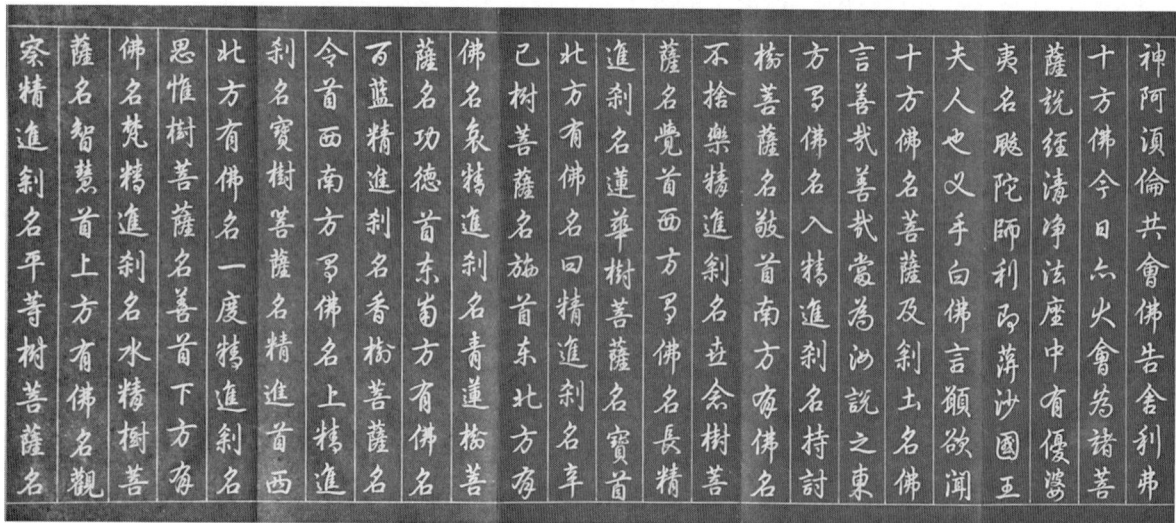

图三　《佛说贤首经》之一

及雕漆木盒一只。经盒是乾隆年间生产制作的宫廷漆器，盒长16、宽7、高35.4厘米。表面刷有六七十层特制内府漆。正面有"大清乾隆年敬制"款，款两侧雕有祥龙、云气纹环绕（图八）。背面为一幅降魔得道图，释迦牟尼双手施降魔印，莲座下压着一大两小的鬼怪，正给众弟子说法。共雕有佛、罗汉、天王等大小137个人物，形态各异（图九）。盒顶及两侧面亦雕有龙纹。这是书品考究、书质精湛、极富艺术价值的珍品，具有相当高的文物价值。

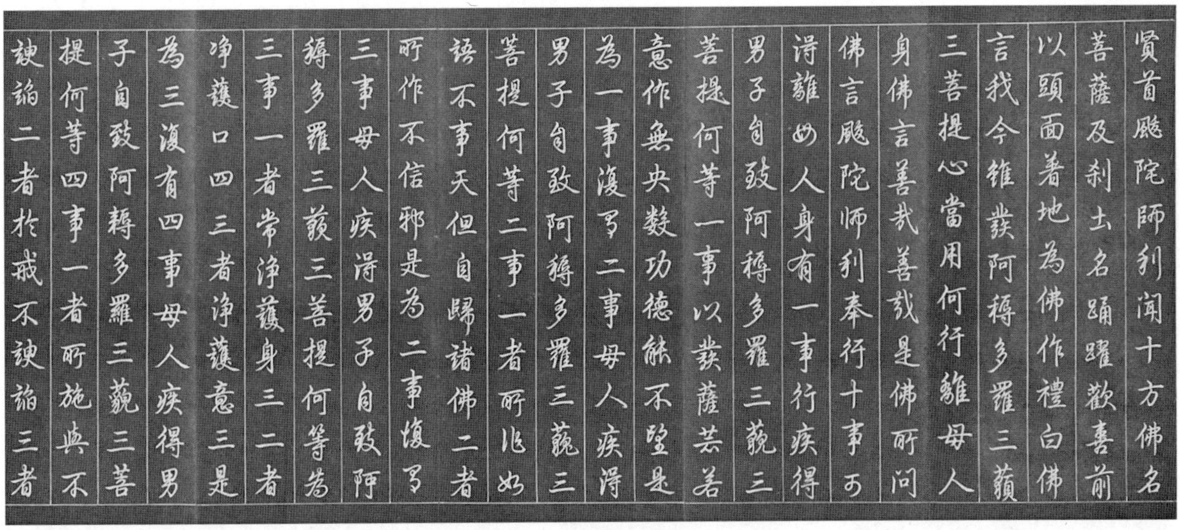
賢首颰陁師利聞十方佛名菩薩及刹土名踊躍歡喜前以頭面著地為佛作禮白佛言我今維欲阿耨多羅三藐三菩提心當用何行離母人身佛言善哉善哉是佛所問佛言颰陁師利奉行十事不得離女人身有一事行疾得男子自致阿耨多羅三藐三菩提何等一事以欲薩芸若意作無央數功德終不墮是為一事復有二事母人疾得男子自致阿耨多羅三藐三菩提何等二事一者所作如語不事天但自歸諸佛二者所作不信邪是為二事復有三事母人疾得男子自致阿耨多羅三藐三菩提何等為三事一者常淨護身三二者淨護口四三者淨護意三是為三復有四事母人疾得男子自致阿耨多羅三藐三菩提何等四事一者所施與不悔二者於戒不悔諂三者

图四 《佛说贤首经》之二

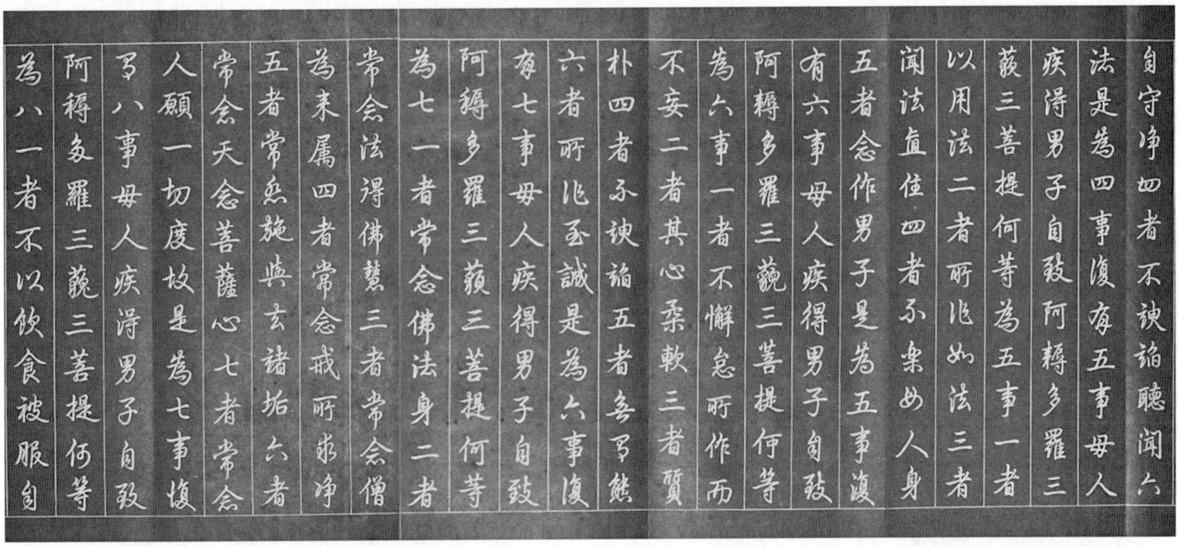
自守淨四者不悔諂聽聞六法是為四事復有五事母人疾得男子自致阿耨多羅三藐三菩提何等為五事一者以用法二者所作如法三者聞法直住四者不樂女人身五者念作男子是為五事復有六事母人疾得男子自致阿耨多羅三藐三菩提何等為六事一者不懈怠所作而不妄二者其心柔軟三者質朴四者不悔諂五者無有態六者所作至誠是為六事復有七事母人疾得男子自致阿耨多羅三藐三菩提何等為七一者常念佛法身二者常念法得佛慧三者常念僧為眷屬四者常念戒所求淨五者常樂施與去諸垢六者常念天念菩薩心七者常念人願一切度故是為七事復有八事母人疾得男子自致阿耨多羅三藐三菩提何等為八一者不以飲食被服自

图五 《佛说贤首经》之三

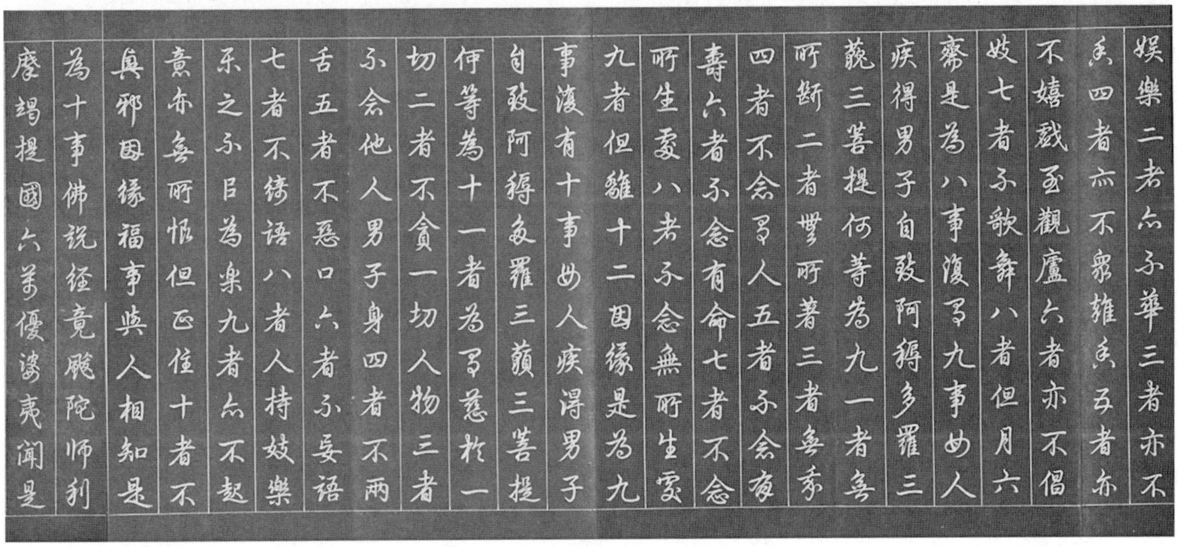
娛樂二者亦不華三者亦不香四者亦不衆雜香五者亦不嬉戲至觀廬六者亦不倡妓七者不歌舞八者但月六齋是為八事復有九事女人疾得男子自致阿耨多羅三藐三菩提何等為九一者無所斷二者無所著三者無希四者不念男人五者不念夜壽六者不念有命七者不念所生處八者不念無所生處九者但離十二因緣是為九事復有十事女人疾得男子自致阿耨多羅三藐三菩提何等為十一者為男慈於一切二者不貪一切人物三者不念他人男子身四者不兩舌五者不惡口六者不妄語七者不綺語八者人持妓樂不之不自為樂九者亦不起意亦無所恨但正住十者不與邪因緣福事與人相知是為十事佛說經竟颰陁師利摩竭提國六萬優婆夷聞是

图六 《佛说贤首经》之四

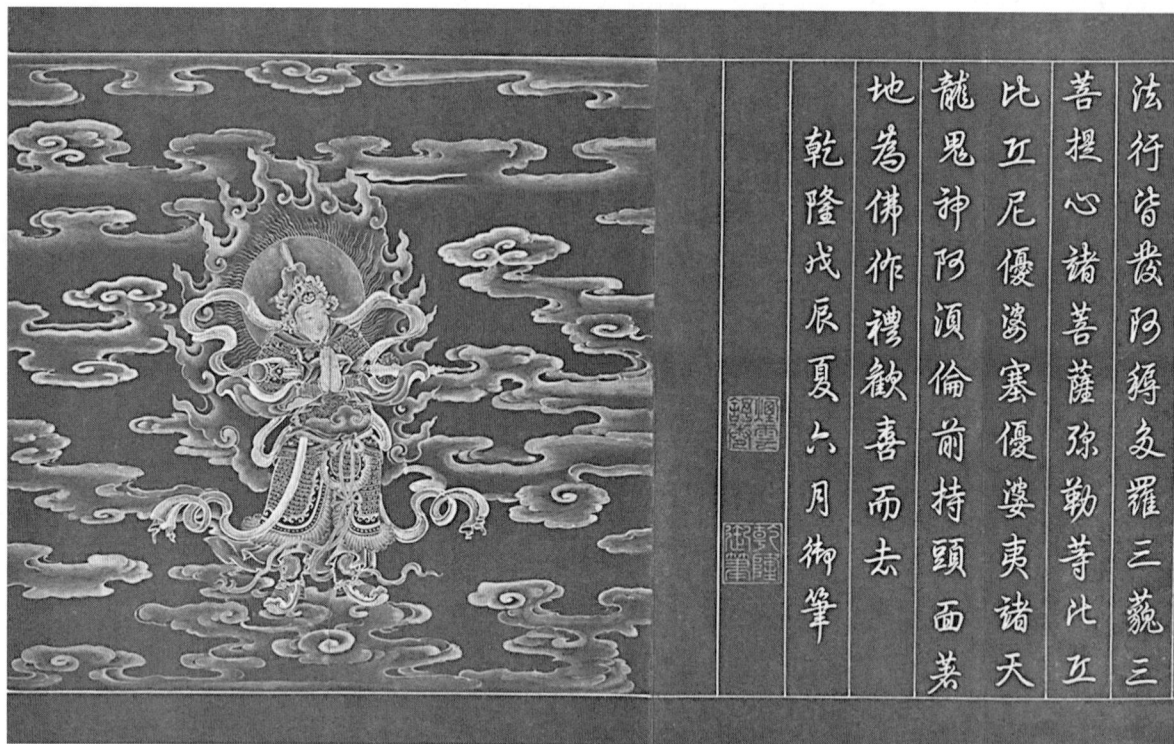

法行皆发阿耨多罗三藐三
菩提心诸菩萨弥勒等比丘
比丘尼优婆塞优婆夷诸天
龙鬼神阿须伦前持头面著
地为佛作礼欢喜而去
乾隆戊辰夏六月御笔

图七　《佛说贤首经》卷末

图八　雕漆经盒正面

图九　雕漆经盒背面

二、写 经 背 景

历代清帝多推行藏传佛教，将其作为治理蒙藏的政策基石。紫禁城各主要宫殿多供有佛像、佛塔、佛经、祭法器，清帝每天早晚进佛堂烧香，每月初一还要读佛经，并到各殿神佛前拈香。抄写佛经被认为是一种功德而成为清帝之必修。从政治上是为了巩固政权、维护统治，从个人角度而言，大多数写经是为了祈福延寿，施舍做功德用。清帝抄写时通常会选择佛经中那些以智慧、修持、觉悟、真如等为主要内容的典籍，包括《般若经》《心经》《金刚经》《法华经》《圆觉经》等，基本上都是大乘佛教所尊奉的经典。

乾隆时期对佛教相当尊重、提倡，是清朝佛教发展的黄金时期。乾隆皇帝信奉佛教，对佛学也有很深的造诣，勤政之余，每手抄佛经以示诚笃。仅《秘殿珠林》著录的他登基以后手写的《心经》，就不下七百册之多。除《心经》外，他还经常抄写《金刚般若波罗蜜经》《无量寿经》《大方广圆觉修多罗了义经》等。

这部《佛说贤首经》共一卷，又名《贤首夫人经》，文字共1263字，为秦沙门释圣坚翻译而成，属《大藏经》中第506部，藏传《大正藏》中第14册。这部经的主要内容是释迦牟尼佛在摩竭提国集弥勒菩萨等讲法时，为优婆夷萍沙国王夫人名跋陀师利者说十方化佛及菩萨土之名及离女身之十法。跋陀师利即译作贤者，所以此经称为《佛说贤首经》。这部经义的主旨实际上是宣传大乘佛教"十方有佛"的思想及优婆夷（女信徒）的一些"禁戒"，为向女信徒传教所用。

乾隆十三年三月，孝贤皇后在德州去世，年仅三十七岁①。故乾隆帝在当年六月之际抄写《佛说贤首经》，可能是寄托哀思，并超度、祭奠亡妻。

三、重 要 价 值

乾隆皇帝的作品在《秘殿珠林》著录清五朝帝王佛道题材书画作品中的数量最多，题材最为丰富。《秘殿珠林》记载的乾隆手书作品84件中，佛教书法26种题材55件作品，多为宗教影响较大、流传较广的经典，如《心经》20件、《四十二章经》3件、《贤首经》1件、《阿弥陀经》1件、《金刚经》5件等②。他的佛教题材书法创作中还包括前人较少注意的一些经典，这意味着他对佛教经典和佛教思想的了解是较为深入的，对书画艺术也都有自己的理解。这部《佛说贤首经》他只抄过一次，成为御笔书法中不可多得的珍品。

---

① 《清史稿》卷二一四，中华书局，1977年，第8916页。
② 熊隽：《〈秘殿珠林〉文献价值研究》，华东师范大学硕士学位论文，2007年，第30页。

乾隆对自己的书法非常自信。不仅宫藏的历代法书名画大多有他的题咏，他的"墨宝"还遍布了紫禁城的殿宇宫阙。而且随着他巡幸各地，六下江南，其"御笔"刻石、刻碑在大江南北的名园古迹中亦随处可见。所谓的乾隆御笔，形式有墨迹、碑刻等，有亲笔和代笔之分。这部《佛说贤首经》是乾隆为纪念皇后而亲自书写。为仿王体楷书，字体稍长，点画圆润均匀，结体婉转流畅，兼具楷书和行书的韵味。书迹是乾隆圆熟的习见体貌，其字圆润遒丽，气象雍容；亦具备乾隆书法的普遍缺点，如平正刻板、缺乏变化等。

此经装潢华美，字体严整，上等泥金，色泽晶莹，收置于剔红漆盒中，此盒亦按宫廷中最高规格制作而成，雕工精致，具有典型的宫廷书籍装潢风格和艺术特色。

南京博物院藏有清宫旧藏的佛经若干卷，样式大致相同（首尾部分以泥金线描佛菩萨像，中间以泥金书写经文），但书体不一（有行楷书、行书、篆书等），其中尤以乾隆帝御书经卷最为珍贵。这部经卷不仅是研究清代宫廷佛教的重要资料，也是研究帝王书法艺术的重要实物。

（原载于《文物》2016年第2期）

晚清民国镇江清真寺伊斯兰教刻经述论

张平凤

内容提要：晚清民国镇江清真寺刻经是中国回族出版史上的重要一页。出版的伊斯兰经书尚保存至今的至少有17种，刊刻工作始于清同治二年，终于民国八年；刻经地点则是镇江两所历史最悠久也是最主要的清真寺——剪子巷清真寺和山巷清真寺；多数为新刻，也有汇集已有经板重印的；刻经资金的最主要来源是教民捐资；所选书籍则多为价值最大也最为流行的汉文伊斯兰教典籍。刻经的繁荣和镇江当地伊斯兰教学者的参与、镇江邻近江南伊斯兰学术中心南京、刻经中充分的准备以及太平天国运动之后地方宗教事业的恢复等因素有关。而刻经的衰微，则主要和刻经作为一种出版事业没有能够跟上近代中国的时代潮流有关。

关键词：镇江　汉文伊斯兰教典籍　出版　剪子巷清真寺　山巷清真寺

镇江地处长江和大运河交汇之处，交通条件上的优势非常突出，是中国东南地区回族人的一个重要的聚居地。根据明万历四年《重修镇江府志》的记载："清真礼拜寺系唐贞观二年敕建，原在阜民坊，洪武间毁后改。"[1]又清光绪五年《丹徒县志》记载："清真寺，一在城内治安坊剪子巷，唐贞观二年始建于仁安坊阜民街，明万历三十年移此。"[2]则唐代就已有伊斯兰教传入镇江。但这一晚出的记载并不能得到完全的证实；显然贞观二年的年代也太早了。不过剪子巷清真寺确实是镇江历史上可知的最早的清真寺。元代是西域回族人口大量进入中国、并散布各地的一个时期。《至顺镇江志》详细记录了其时活动在镇江路的回族人的信息，其中回族共374人，占总人数的3.54%[3]。不过从元代、明代一直到近代之前，镇江回族人以及伊斯兰教的具体情况是不太清晰的。晚至近代时期，才有了关于镇江伊斯兰教的比较丰富的史料。

---

① （明）万历《重修镇江府志》卷三十三"寺观·丹徒境"，《南京图书馆藏稀见方志丛刊》第50册影抄本，第103页。

② （清）光绪《丹徒县志》卷六"寺观"，《中国地方志集成·江苏府县志辑》第29册影清光绪五年（1879年）刻本，第147页。

③ 杨志玖：《从〈至顺镇江志〉看元代镇江路的回回人》，《元代回族史稿》，南开大学出版社，2003年，第126—132页。

在清乾隆年间，镇江已有汉文伊斯兰教经书的刊刻。其时的海富润事件中[①]，广西查获一批汉文伊斯兰教经书（多为刘智所著）以及非汉文的伊斯兰教经书，因为广西巡抚处置不当，迅速引起各地督抚大员的注意。其中江苏还在镇江谭在文家查得刘智所著《天方性理》《天方典礼》二书的板片，事载乾隆四十七年（1782年）六月十四日两江总督萨载的奏折：

> 刘智久经身故，有曾孙刘梦义，讯有《天方性理》《典礼》二书板片现在镇江谭在文家，即经飞关镇江府查拿。[②]

《天方典礼》《天方性理》二书分别于乾隆五年、二十五年在镇江刊刻，印本还保留至今，原书书名则分别为《天方典礼择要解》和《天方性理图传》[③]。

当然，这只是零星的经书刊刻。及至晚清民国时期，镇江出现了集中刊刻汉文伊斯兰教典籍的态势，一度繁荣了五十年，在中国伊斯兰教经籍出版史上有一席之地。本文试在归纳此时期镇江伊斯兰教刻经基本状况的基础上（特别是综合这些经书中有关刊刻的零星信息），分析刻经兴衰的原因，也一并谈谈刻经的历史意义。

一、晚清民国时期镇江清真寺伊斯兰教刻经的一般状况

部分民国时期镇江伊斯兰教刻经的印本附有经书广告，是我们了解刻经状况的重要线索。现存经书广告，可以明确看到图像的有三种：清光绪三十年（1904年）镇江西城外清真寺刻本《正教真诠》（南京大学藏马榕轩印本：56-40722）所附，民国七年（1918年）杨德诚刊本《认己省悟》（《中国伊斯兰教典籍选》第3册影印本）所附，清同治十三年（1874年）京口清真寺刻本《天方至圣实录》（南京大学藏马榕轩印本：56-40644）所附，其中罗列经书最多的为21种：《正教真诠》《天方性理》《天方典礼》《至圣实录》《认己省悟》《穆民须知》《天方三字经》《天方字母宝训》《初学入门》《杂学辑要》《宝命真经》《西来宗谱》《教款捷要》《认礼切要蒙引》《清真释疑》《真功发微》《四典要会》《五功释义》《大化总

① 有关海富润案相关的历史资料以及其中涉及的伊斯兰教经书，可以参考杨晓春：《18世纪下半叶中国内地回民分布状况初探——以清乾隆四十六年、四十七年的档案资料为中心》，《元史及民族与边疆研究集刊》（第二十九辑），上海古籍出版社，2015年；杨晓春：《从乾隆四十七年海富润携书案相关档案资料看中国回民学经问题》，《回族研究》2014年第2期。

② 《宫中档乾隆朝奏折》（第52辑），台北"故宫博物院"，1986年，第120—122页；（清）刘智著，冯增烈标点：《天方至圣实录》，中国伊斯兰教协会，1984年，第393页。

③ （清）刘智：《天方典礼择要解》，《续修四库全书》第1295册、《回族典藏全书》第20册影清乾隆五年（1740年）京江童氏刻本；（清）刘智：《天方性理图传》，清乾隆二十五年（1760年）京江谈氏刻本，中国国家图书馆、南京图书馆、南京大学图书馆等藏。

归》《清真教典》《先贤录》。而最少的则为17种（即上列经书的前17种）①。现存书籍印本的书名页、序跋等还可以提供有关经书刊刻的更具体信息，现存有印本的经书共17种（另有一种题作《认己省悟序》而单行的未计算在内）②。列出17种经书的广告将经书书名排列成一个圆盘，列出21种经书的广告则将多出的4种经书书名列在圆盘两侧，而现存的17种经书恰好就是广告圆盘所列书名，使人怀疑圆盘书目两侧所列4种经书很可能最终并未刊刻。

综合所揭示的基本信息，我们可以归纳晚清民国镇江清真寺刻经在出版方面的一般情况。以下试从刻经的具体时间、刻经的具体地点（主要是板存之处，有少部分系用旧有经板重印）、刻经的经理者和出资者、书籍的选择等方面具体论述。

（一）刻经的时间

根据前文所提及的经书广告和现存的经书，可以获知现存晚清民国镇江刊刻的伊斯兰教经书的刊刻时间（表一）。

表一 晚清民国镇江清真寺刻经时间分布表

序号	经籍名称	刊刻时间
1	《天方字母解义》	同治二年（1863年）
2	《天方三字经注解浅说》	同治九年（1870年）
3	《教款捷要》	同治十三年（1874年）
4	《天方至圣实录》	同治十三年（1874年）
5	《认礼切要》	光绪元年（1875年）
6	《清真释疑》	光绪二年（1876年）
7	《天方蒙引歌》	光绪九年（1883年）
8	《至圣宝训》	光绪十九年（1893年）
9	《真功发微》	光绪十九年（1893年）
10	《西来宗谱》	光绪二十八年（1902年）
11	《四典要会》	光绪三十年（1904年）
12	《正教真诠》	光绪三十年（1904年）
13	《初学入门》	光绪三十一年（1905年）
14	《回教认礼蒙引教科书》③	民国元年（1912年）
15	《穆民须知》	民国七年（1918年）
16	《穆民必读》	民国七年（1918年）
17	《认己醒语》	民国八年（1919年）

① 张平凤：《民国时期镇江清真寺经书广告略析》，《元史及民族与边疆研究集刊》（第二十二辑），上海古籍出版社，2010年。

② 张平凤：《现存晚清民国镇江清真寺刻经辑目详注》，《元史及民族与边疆研究集刊》（第二十五辑），上海古籍出版社，2013年。

③ 包括《认礼切要》和《天方蒙引歌》，民国元年（1912年）用旧板重印，加上新的封面。

由表一可知，晚清民国时期镇江清真寺刻经始于清同治二年，终于民国八年，持续了50多年，平均约每三年刻一部经。50多年中，同治十三年至光绪二年、光绪二十八年至三十一年和民国七年至八年是刻经相对集中的三个时间段。

（二）刻经的地点

经书书名页所写明的存板地，可以视为刻经的地点。

经书书名页中反映的此类信息是非常多样的，包括"镇江西关外""镇江清真寺""京口清真寺""润州城内古寺""镇江城内清真寺""镇江城西清真寺""镇江山巷清真寺""镇江西城外清真寺"等，以"镇江清真寺"和"镇江西城外清真寺"出现频次相对较高。现知镇江历史上共建有五座清真寺，以剪子巷清真寺和山巷清真寺两寺最为重要。根据五座清真寺的相对位置和其当时的社会作用，大致可以判断，上述诸清真寺名称中，"镇江城西清真寺""镇江山巷清真寺""镇江西城外清真寺"都是指山巷清真寺，"镇江西关外"大约也是指此；而"润州城内古寺""镇江城内清真寺"则指剪子巷清真寺。可见镇江清真寺刻经实际上和镇江两所历史最悠久、也是最主要的清真寺——剪子巷清真寺、山巷清真寺——都有关。

光绪五年（1879年）《丹徒县志》卷六《寺观》附载镇江清真寺的情况，正是这两所清真寺：

> 清真寺（附二），一在城内治安坊剪子巷，唐贞观二年始建于仁安坊阜民街，明万历三十年移此（有李一阳《记》石刻，今存。并加修葺）。一在西城外山巷内，（始建未详）。国朝康熙间，廓其基宇。皆回民礼拜之所（咸丰三年，城西寺毁于寇，同治十二年重建。按回回本国曰天方，其集成之盛曰穆罕默德，其教于隋开皇七年流入中土，其寺有讽经、礼拜、斋戒诸仪，而不设像。其制惟回民习之，而中土人不与。其经典惟论敬主及伦常日用，初无悖戾，惟天堂地狱之说，则犹囿于西土之习俗云尔）。①

1958年，镇江各清真寺合并，只保留一所清真寺，剪子巷清真寺并入山巷清真寺，有十七板车的书板被运至山巷清真寺，而山巷清真寺原来保存的经板则更多。不久，书板被毁坏于"文化大革命"中②。

只有少数的经书注明了刊刻的具体人物，如民国七年石印本《穆民须知》，就在书名页上注明杨德成（用二印）敬刊；民国八年刻本《认己醒语》附《马四爸爸传略》末署"润州杨德诚重刊"。这个问题，参照经书广告，更可以得到明确的认识。对此，下文在谈及经理者时再加以说明。

---

① （清）光绪《丹徒县志》卷六《寺观》，《中国地方志集成·江苏府县志辑》第29册影清光绪五年（1879年）刻本，第147页。

② 夏容光著，江宝成、张光裕、王社省整理：《江苏镇江伊斯兰教史》，镇江，1999年，第4、56页。

（三）汇集经板重印

晚清民国时期镇江清真寺刻经中的多数为新刻，同时，镇江清真寺还集中已有经板重印，有的是此前镇江的刻经，如清乾隆五年京江童氏刻本《天方典礼择要解》、清乾隆二十五年京江谈氏重刻本《天方性理图传》；有的是同时期其他地方的经板，如清同治石尊行堂丁肥顺堂刻本《教款捷要》、清光绪十九年真州增荣堂刻本《真功发微》。

《真功发微》书名页署增荣堂，《再次重刻〈真功发微〉序》末署"真州后学遵行堂谨识"，如果把书名页看成后加的话（旧板重印中，此种现象常见），遵行堂、增荣堂都可以看成镇江回民石氏的堂号，或至少两者间有某种紧密联系。清同治石尊行堂、丁肥顺堂刻本《教款捷要》之"尊行堂"也即"遵行堂"。由此推测，二书均是真州石氏所刊。

增荣堂石氏为镇江回族中人口较多的一姓，夏容光《江苏镇江伊斯兰教史》介绍：

> 增荣堂石姓，清末时期，原在扬州仙女庙镇（今江都县）开石三益铜锡器皿五洋布足百货大型综合商店，因失慎而毁尽，于是一家四代同堂的各房，乃先后来到镇江定居，已有七世。现在上海、武汉、徐州、芜湖、南京等地均有其后裔。[①]

魏德新编著《中国回族姓氏溯源》介绍：

> 石姓约在太平天国时从苏北仪征迁居扬州仙女庙镇（今江都县），辛亥革命后陆续迁居镇江，迄今已有七世。上海、南京、武汉、徐州、芜湖等地均有后裔。[②]

《中国回族姓氏溯源》认为真州（仪征）石氏是辛亥革命后迁居镇江的，《江苏镇江伊斯兰教史》未明言迁入镇江的时间，姑且取《中国回族姓氏溯源》说。虽然时间上不那么准确，但基本可以判断大概那个时期，回民石氏确实开始在镇江活动了。从部分书的序中可以看出，是将原有的书板带到镇江清真寺重印的。

（四）经理者与出资者

"江苏镇江现有木板经书"圆形广告左下角有一个圆形标识，外圈文字"江苏镇江城西大寺南大巷口杨宅"，内圈文字"印刷所/经理人/杨德诚"。由此可知，大约在民国八年，具体负责印刷的是杨德诚（偶有一印作杨德成）。民国初年，杨德诚是山巷清真寺的阿訇，由此可

---

① 夏容光著，江宝成、张光裕、王社省整理：《江苏镇江伊斯兰教史》，镇江，1999年，第14页。
② 魏德新：《中国回族姓氏溯源》，新疆人民出版社，1999年，第129页。

见，经书的刊印，主要还是清真寺的行为。

杨德诚为镇江德润堂杨氏第四十四世，据同治时期的家谱记载，杨氏宋初由山西迁至镇江。德润堂杨氏是镇江回族中人口最多的一家望族①。

清真寺刻经的资金来源，可以从民国七年（1918年）石印本《穆民须知》前附助资表中得到部分的说明（图一）。

由《穆民须知》捐款名单可见，捐资的十一家均是商号，每家大洋二元，共二十二元。捐资的十一家商号或许都是镇江回民的商号。镇江回民经商的很多，基本情况，夏容光先生《江苏镇江伊斯兰教史》中有详细的介绍，并列有“镇江回民经营企业简表”。从该表中可以查得万盛源为炒货业，代表人张志章，独资②，但其他的商号均未能查到。《江苏镇江伊斯兰教史》中记载的主要是20世纪30—50年代的情况，和《穆民须知》助资表反映的20世纪10年代的

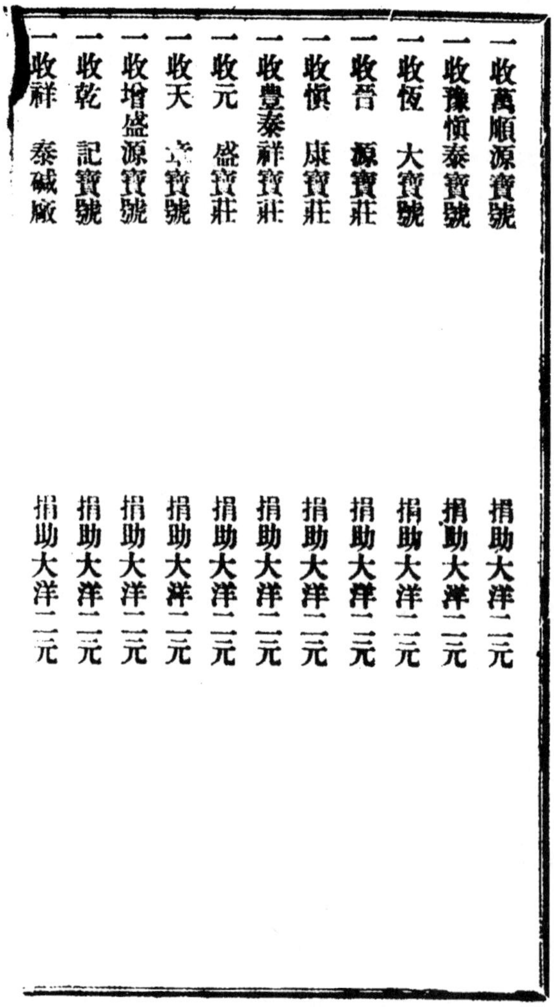
一收萬順源寶號　捐助大洋二元
一收豫慎泰寶號　捐助大洋二元
一收恆大寶號　捐助大洋二元
一收晉源寶莊　捐助大洋二元
一收慎康寶莊　捐助大洋二元
一收豐泰祥寶莊　捐助大洋二元
一收元盛寶莊　捐助大洋二元
一收天[illegible]寶號　捐助大洋二元
一收增盛源寶號　捐助大洋二元
一收乾記寶號　捐助大洋二元
一收祥泰碱廠　捐助大洋二元

图一　《穆民须知》捐款名单（《中国伊斯兰教典籍选》第3册影民国七年杨德成刊本)

① 夏容光著，江宝成、张光裕、王社省整理：《江苏镇江伊斯兰教史》，镇江，1999年，第8—9页；魏德新：《中国回族姓氏溯源》，新疆人民出版社，1999年，第85、128页。

② 夏容光著，江宝成、张光裕、王社省整理：《江苏镇江伊斯兰教史》，镇江，1999年，第97页。

情况可能有所不同。

类似的情况在此前几种刻经的序跋中也明确提到。如光绪元年京口清真寺重刻《天方至圣实录》跋云：

> 是以何〔同〕人共襄劝勉，并蒙统领都标新兵五营提督军门尚勇巴图鲁朱印怀森、统带新兵营记名总镇前潜山营游府朱印淮俊、统带福靖左营尽先协镇前广德营都阃府王印福禄，吾教同人，以及本城，共襄刊刻，以垂永远，相传千古不朽矣。①

光绪二年镇江城内清真寺重刻本《清真释疑》卷首石可宗《清真释疑叙》云：

> 顾兵燹游离，版片尽失，同人延鸠赀付梓，嘱予校雠，诚不欲没金先生一片婆心也，因为叙其颠末如此②。

清光绪三十年镇江西城外清真寺刻本《正教真诠》童镕《跋》云：

> 今吾润耆宿因此书板存粤东，购之不易，为重付梓人，以广先生启牖之苦心，以坚后学信义之素志，属余叙其缘起，余因不敢以不文辞而为之志数行于篇末。③

清光绪三十年镇江西城外清真寺刻本《四典要会》童镕《跋》云：

> 今夏，同里诸君集议鸠赀，另锓梨枣，以广其传，洵美举也。梓成，爰敬缀数语于篇末，以志响往云。④

总之，教民捐资刊刻是刻经资金来源的最主要的途径。虽然也有外地的回族人（如重刻《天方至圣实录》跋中的三位回族军官）出资的例子，当时多数出资者应仍是镇江当地的回族人。当然，这样也就使得清真寺刻经业具有镇江地方回族人公共事业的特点了。

（五）书籍的选择

晚清民国镇江清真寺所刻伊斯兰教经籍，虽然种类并不太多，但已经包括了明末以来最为主要的作家的代表作品，如王岱舆《正教真诠》，马明龙《认己醒语》，马伯良《教款捷

---

① （清）刘智：《天方至圣实录》，清光绪元年（1875年）京口清真寺重刻本，南京大学图书馆藏。
② （清）金天柱：《清真释疑》，《清真大典》第18册影清光绪二年（1876年）镇江城内清真寺重刻本。
③ （明）王岱舆：《正教真诠》，清光绪三十年（1904年）镇江西城外清真寺刻本，南京大学图书馆藏。
④ （清）马德新：《四典要会》，清光绪三十年（1904年）镇江西城外清真寺刻本，南京大学图书馆藏。

要》），刘智《天方性理》《天方典礼》《天方至圣实录》，金天柱《清真释疑》，马德新《四典要会》）。可以看出，出版时是经过特别考虑的，选择了价值最大、最为流行的经籍。

以上作品中的多数产生于100年前，甚至200年前。能够在一二百年后重新被刊刻，显然是这些作品的内在价值得到了时人的承认。从今天一般的中国伊斯兰教经籍的历史总结[①]，我们不得不承认以上作品的选择，是抓住了出版的关键之处的，也充分反映了主持出版者的宗教学术眼光。

特别是镇江附近的南京作家刘智的作品，更是受到了特别关注，除了《天方性理》《天方典礼》《天方至圣实录》三部部头比较大的代表作品外，还有《真功发微》《天方字母解义》《天方三字经》。此外，注解《天方三字经》的袁国祚也是南京人，《清真释疑》的作者金天柱也是南京人。镇江、南京两地在宗教上的联系，早在乾隆年间已经开始。乾隆五年（1740年）童国瑾、童国选《重刊〈天方典礼〉序》称："质于金陵诸学者，蒙赞美曰任道阐教，贵于早断，遂付剞劂"，序末还署"金陵后学袁维垣、刘瑛商刻"[②]。

除了上述一些多年来广泛流行的作品外，还有一些新出的作品也为镇江清真寺刻经所选择，如《西来宗谱》有光绪二年粤东省城内怀圣光塔寺初刻本，光绪二十八年镇江清真寺将之重刊；如《至圣宝训》，光绪十七年在四川印出后，光绪十九年十月三日传播至镇江，当月便在镇江将此书重新刊刻了。可见，主持刊刻者也很关心最新出现的经籍。

也有部分经籍的内容出自镇江当地或活动在镇江的伊斯兰教学者之手。如杨竹坪写了《穆民必读》《认己省悟序》。

有时还考虑了各种经籍出版的状况——如某种经籍虽然已经刊刻，但书板收存地在比较远的地方，本地或附近地区购置不易；又如某种经籍的书板已经毁坏，不再重刻，影响到经籍的流传，甚至可能会影响到经籍的保存。前者如《四典要会》书板保存在云南和湖南，光绪三十年童镕《跋》云："惜此书刊板远存滇南，惟湘省曾经翻刻，他省未见，购置维艰。"[③]于是重新刊刻。又如《正教真诠》书板保存在广东，光绪三十年童镕《跋》云："书板存粤东，购之不易，为重付梓人。"[④]后者如《天方至圣实录》，重刻时跋云："于同治年间兵燹后，镇城内外清真寺有《至圣实录》二部，访得省都、陕甘、广东各处板藏全无，是以何〔同〕人共襄劝勉。"[⑤]又如《清真释疑》，约为光绪二年《再次重刻〈清真释疑〉序》云："为板遗

---

① 例如李兴华、秦惠彬、冯今源、沙秋真：《中国伊斯兰教史》第十二章"汉文译著活动各阶段概述"，主要介绍的有代表性的著作是：王岱舆的《正教真诠》、《清真大学》和《希真正答》，张中的《克里默解》、《归真总义》和《四篇要道》，伍遵契的《修真蒙引》和《归真要道》，马注的《清真指南》，马伯良的《教款捷要》，米万济的《教款微论》，刘智的《天方性理》、《天方典礼》和《天方至圣实录》，金天柱的《清真释疑》，马德新的《大化总归》和《四典要会》，马德新等的《天方诗经》，马联元的《辨理明正语录》，蓝煦的《天方正学》，唐晋徽的《清真释疑补辑》（中国社会科学出版社，1998年，第555—601页）。

② （清）刘智：《天方典礼》，《续修四库全书》第1295册影清乾隆五年（1740年）京江童氏刻本。

③ （清）马德新：《四典要会》，清光绪三十年（1904年）镇江西域外清真寺刻本。

④ （明）王岱舆：《正教真诠》，清光绪三十年（1904年）镇江西城外清真寺刻本，南京大学图书馆藏。

⑤ （清）刘智：《天方至圣实录》，清光绪元年（1875年）京口清真寺重刻本，南京大学图书馆藏。

失，其广播重刻。"①

从书籍的写作语言看，中国伊斯兰教典籍有汉文、回文（阿拉伯文及波斯文）和汉回合璧文字三种形式，镇江清真寺刻经采纳的绝大多数都是汉文伊斯兰教典籍，这完全是为了适应东部地区回族穆斯林的阅读需要。《教款捷要》原有的阿拉伯文部分，还有"哈小亭注汉"。

二、晚清民国镇江清真寺刻经兴衰的原因分析

晚清民国时期镇江清真寺的刻经，是回族文化史、特别是出版文化史上的一个值得关注的历史现象。此时正逢中国历史前所未有的大变局，处处显现出新旧交替之象，在被动的情况下中国开始了现代化的艰苦历程，社会、文化各方面都处于转型过程之中。咸丰、同治年间，更有太平天国运动带来的社会动荡。因此，晚清民国镇江清真寺刻经也不可避免地带上了深刻的时代烙印。晚清民国镇江清真寺刻经的迅速兴起和迅速衰微，都与时局有密切的联系。

今天，当我们回顾这一段历史的时候，除了就刻经本身需要进行仔细的查考、完整的总结，还需要从近现代回族穆斯林文化转型的角度去认识它的历史意义，从而客观地评估其在中国伊斯兰文化史上的位置。

以下试从刻经繁荣的原因、刻经衰落的原因、镇江清真寺刻经的影响与意义三方面做初步的探讨。

（一）刻经繁荣的原因分析

第一，当地伊斯兰教学者的参与。

民国初年，山巷清真寺的杨德诚阿訇不但具体组织了经籍的刻印，还著有《初学入门》，《穆民须知》一书也许也是他所著。

还有山巷清真寺的开学阿訇杨竹坪在镇江时写作并出版了《穆民必读》和《认己醒悟序》。杨竹坪（1861—？年），字正安，广东人。18岁离家赴西北习经。清光绪十四年（1888年），在甘肃穿衣挂幛，后即应聘于南京。光绪十六年（1890年）回到广州濠畔清真寺任教。不久再次应聘于南京，在花牌楼清真寺和净觉寺开学授经。以后又在上海穿心街清真寺任伊玛目八年。清末民初，两次到河南开封，在东大寺和文殊寺任教。辛亥革命后，又到上海中华新街清真寺任教。民国七年再次回到江苏，在镇江山巷清真寺（西大寺）开学②。在镇江时，除

---

① （清）金天柱：《清真释疑》，《清真大典》第8册影清光绪二年（1876年）镇江城内清真寺重刻本。

② 参考伍贻业主编：《南京回族·伊斯兰教史稿》，南京市伊斯兰教协会，2000年，第373页；江苏民族宗教网，http://www.jsmzzj.gov.cn/newsfiles/29/2008−02/1441.shtml，2008年；杨棠：《粤东杨竹坪 江南留汗青———读〈至圣品注〉自叙有感》，《中国穆斯林》1994年第4期；并参见所撰《穆民必读》："余于其年七月，辞他坊之学，到镇江西大寺清真明德学校内。"（第十三叶）《回族典藏全书》第48册影民国七年（1918年）镇江西大寺清真学校杨氏刻本。

了写作并出版的《穆民必读》《认己醒悟序》外，还写作了阿拉伯文《至圣品注》。此外，又著有《讨白音义》^①、《天方明德注解》^②、《赫忒音义》^③等书。

《穆民必读》署"中华民国七年五月于镇江西大寺清真学校"，《认己醒悟序》署"中华民国七年七月于镇江西大寺清真学校"，很可能此类经书是用作学校教育教材的。

光绪二十九年（1903年），山巷清真寺开办清真大学。后在寺内发现刻有"学院"二字的石刻一块，署"民国十年"，应当与清真大学有关^④。山巷清真寺位于镇江市区老商业街附近，历史上在镇江旧城西门之外，故又习称城西清真寺、西门外清真寺、西大寺。上述《穆民必读》和《认己醒悟序》所署指"镇江西大寺清真学校"，即此清真大学。光绪三十二年（1906年），童琮在镇江发起组建"东亚穆民教育总会"，是中国回族穆斯林最早的教育组织，后称"东亚清真教育总会"^⑤。光绪三十二年，杨白山、金质庵、金聘三、谈履谦、杨星斋、童琮等在镇江创办"穆源学堂"，这是中国回族穆斯林最早的现代学校^⑥。从现代教育的角度看，在镇江率先发生了中国回族穆斯林的现代化进程，这与此前镇江地方伊斯兰教的发展有关，或许还与镇江在晚清时期为英国租界、接触比较多的现代事物也有关联。

附近教内同人的著作也有刊刻，如真州（今仪征）人杨恩寿作的《马四爸爸传略》，作为马明龙的传记，附于马明龙《认己醒悟》之后。

第二，与东南沿海地区最为重要的伊斯兰文化中心南京，地理位置邻近，有密切的关系。

南京是汉文译著发端地之一，南京的学者写作了大量的汉文伊斯兰教典籍，成为镇江清真寺刻经的重要内容。如《正教真诠》的作者王岱舆，《天方字母解义》《天方至圣实录》的作者刘智，《天方三字经注解浅说》的作者刘智和作注者袁国祚，《清真释疑》的作者金天柱，都是南京人。

第三，选择需要刊刻的经籍时，做了充分的准备工作。

首先，选择合适的、重要的伊斯兰教经籍。

汉文伊斯兰教典籍产生于明末崇祯年间，到晚清时期，经过大约两百年的积累，形成了一批典籍，也产生了一些最受回族瞩目的典籍，镇江清真寺刻经中的多数都属于最为知名的汉文伊斯兰教典籍。相关情况，已在前面进行了说明。

其次，对全国的伊斯兰教刻经情况做了一定的调查。

通常，如果发现经书的书板已经毁坏或者经书难以查询时，便会把这类书籍作为刊刻的

---

① 《中国伊斯兰教典籍选》第三册影民国十年（1921年）石印本。

② 杨竹坪译著，张蓉蒲校订：《天方明德注解》，民国十二年（1923年）华记石印本，中国国家图书馆藏（133979）。

③ 《中国伊斯兰教典籍选》第五册影民国十四年（1925年）刊本。

④ 夏容光著，江宝成、张光裕、王社省整理：《江苏镇江伊斯兰教史》，镇江，1999年，第52页。

⑤ 李兴华、秦惠彬、冯今源等：《中国伊斯兰教史》，第739页；夏容光著，江宝成、张光裕、王社省整理：《江苏镇江伊斯兰教史》，镇江，1999年，第113页。

⑥ 夏容光著，江宝成、张光裕、王社省整理：《江苏镇江伊斯兰教史》，镇江，1999年，第60—65页。

重点。在刊刻经典的序跋中，对此类情况会有一些说明。如《〈天方三字经注解浅说〉跋》说《天方三字经注解浅说》书板已毁，《〈天方至圣实录〉跋》说省城、陕甘、广东各地《天方至圣实录》的书板都毁坏了，《〈清真释疑〉叙》说《清真释疑》书板已毁。《〈教款捷要〉跋》说《教款捷要》书已难寻。《〈认礼切要〉序》《〈正教真诠〉序》说此二书书板只有广东有，不利传播，于是只能重刊；《〈四典要会〉跋》说此书书板只有云南、湖南有，其他地方没有，要获得此书很困难，因此想重刊。

还有一份标注书板存放地的书单，附在同治十三年（1778年）京口清真寺刻本《天方至圣实录》中，为探讨此时已刻经书的情况，提供了方便。翻刻的底本是乾隆四十三年启承堂刻本《天方至圣实录》，原书有已刻未刻书目一叶，同治十三年京口清真寺据之翻刻，并附跋文，署光绪元年。翻刻时在有些书名下注明书板保存地，从字体看，《认礼切要》一书书名好像也是后增的（图二）。

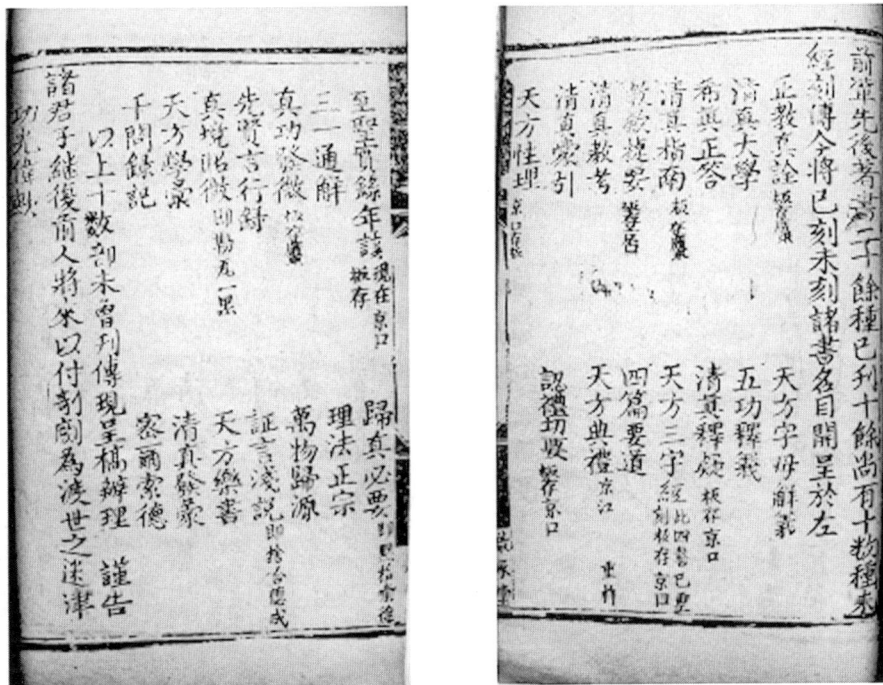

图二　清同治十三年京口清真寺刻本《天方至圣实录》已刻未刻书目书叶

除了有多种经籍注明在京口（即镇江）外，还有《正教真诠》注明"板存广东"、《清真指南》注明"板存广东"、《真功发微》注明"板存广东"，此类信息，都是为了以后刊刻进行准备，希望得到大家的关注。可惜未刊书中的多数并没有在镇江刊刻，倒是《真功发微》《正教真诠》二书虽已刊刻，但书板远存广东，所以分别于光绪十九年、光绪三十年又在镇江清真寺重新刊刻。

由此书单，可以肯定光绪元年时镇江已刻、印的各经书为《天方字母解义》《五功释义》《清真释疑》《天方三字经》《天方典礼》《天方性理》《认礼切要》《至圣实录年谱》。上述八种经书，除了《五功释义》外，都能查得。又，经书广告中的《先贤录》，即此书单中的

《先贤言行录》。

第四，历史发展提供的特别时机。

太平天国败亡后，地方文化事业有待恢复，镇江伊斯兰教的发展也面临着清真寺的重修、宗教活动的恢复等工作，其中也包括经籍的刊印工作。这种情况，可以参看一些经籍重刊时作的序跋。

同治九年《天方三字经注解浅说跋》云：

> 自粤寇犯顺，奇灾浩劫，书帙荡然无存。迨今武事既休，文教渐启。幸王阿衡继贤来主学席，童君道生基立相与讲业问道，因出其所藏《三字经》以示之。时正忧启导之、体究之无可凭藉，遂传观焉，并乞将原本付梓，匝月厥成，以嘉惠后学。①

清同治年间《〈教款捷要〉跋》云：

> 越粤匪肆逆，文教失宣，大册高文，劫灰顿起。肃清后，偏访名会，搜辑是书，无有存者。先师之苦心孤谊，作为此书，不骙骙乎湮没哉！然正语法言，默邀呵护；帝灵主眷，重为绵延。购求既远，竟于山东珍藏家得之，因罕见珍，传观难遍，爰为公商付梓，以承先志，用开来学，庶乎一线之延，允为千古不朽。②

"粤寇""粤匪"指太平军，这两篇跋文明确说到了太平天国起义导致伊斯兰教经书以及书板的毁坏。

光绪二年石可宗《〈清真释疑〉叙》云：

> 兵燹游离，版片尽失，同人延鸠赀付梓。③

所谓"兵燹"，很可能也是指太平军。

第五，镇江清真寺刻经业，一定程度上也是地方宗教公益事业。

一方面，除了教民广泛参与外，有的经籍明确知道是教民捐资印刷的，还有清真寺及宗教职业者、宗教学者的参与。对此，前面已做分析。另一方面，免费传播，只要自备纸张，便予以印刷。后者在有的已刊经籍中有明确的说明。

如约为光绪二年《再次重刻〈清真释疑〉序》云：

---

① （清）刘智著，袁国祚注：《天方三字经注解浅说》，《清真大典》第17册影清同治九年（1870年）镇江清真寺刻本。

② （清）马伯良：《教款捷要》，清同治京口清真寺刻本，南京图书馆藏。

③ （清）金天柱：《清真释疑》，《清真大典》第18册影清光绪二年（1876年）镇江城内清真寺重刻本。

如有同好道者，自备纸张，印刷以广流传可也。①

又如光绪十九年《〈至圣宝训〉跋》云：

如有各贵方穆民举意敬送，可以来信镇江山巷清真寺。②

约为光绪十九年真州后学遵行堂《再次重刻〈真功发微〉序》云：

如有同好道者，自备纸张、印刷流传可也。③

这句话和前引《再次重刻〈清真释疑〉序》几乎是完全一样的。

（二）刻经衰落的原因分析

晚清民国时期镇江清真寺的刻经，是在太平天国运动覆灭，包括镇江在内的长江下游地区重新恢复了社会秩序之后迅速繁荣起来的。虽然持续了五十年的光景，也曾经在近代回族伊斯兰教经籍刊刻业中产生一定的社会影响，但在"五四运动"（1919年）之后中国社会开始更加迅速的变化过程中，却远远没有能够跟上时代的潮流，从而便又迅速地销声匿迹了。

究其自身的原因，主要有两点：第一，没有新型的著述，如初级教育课本、现代报刊、新型内容的书籍等，因此也不能顺应时代变化的需要，正如此前的繁荣也是借助了战争之后地方宗教社会恢复的需要。第二，很少采纳现代的印书方式，偶有石印本，但未见铅印本。这使得印书的效率降低，也使得新版书籍的成本增加。

这两点与北京牛街清真书报社的刻书业形成鲜明的对比。

北京牛街清真书报社，1922年由北京牛街马魁林阿訇创办，社址在牛街寿刘胡同。先是用传统的木板印书，20世纪30年代中至40年代初，先后购置了石印机和小型铅印机等印刷设备，使印刷、发行业务不断扩大，汉文经书的印刷种类和数量逐渐增多，并面向全国发行。清真书报社不但出版了大量的传统汉文伊斯兰教典籍，还有《古兰经》及经、训选译本和有关伊斯兰教义、教法、哲学、历史、文学、伦理、常识及语言、修辞等各类经书刊物。另外，编辑铅印

---

① （清）金天柱：《清真释疑》，《清真大典》第18册影清光绪二年（1876年）镇江城内清真寺重刻本。

② （清）四川穆民译：《至圣宝训》，《中国伊斯兰教典籍选》第2册影清光绪十九年（1893年）镇江清真寺（山巷清真寺）刻本。

③ （清）刘智：《真功发微》，清光绪十九年（1893年）真州增荣堂刻本，中国国家图书馆藏。

了《正道》月刊。清真书报社的出版物行销全国①。

当然，牛街清真书报社刊印书籍的时间比镇江清真寺要晚，从清末民初到20世纪20—40年代，中国社会已经发生了不小的变化。

此外，伊斯兰文化中心北移至北京也可能有一定的影响②。更为主要的是，随着民国初年以后大量出现的伊斯兰教书籍的出版、印刷机构，全国的伊斯兰教经籍出版从有限的几个中心转向多个中心，同治、光绪年间镇江清真寺刻经在全国伊斯兰教经籍出版中的突出地位的失去，这不能不说是导致镇江清真寺刻经衰落的重要外部因素。

民国初年比较著名的伊斯兰教经籍出版社，赵振武《三十年来中国回教文化概况》③列举了成都经书流通处、镇江山巷清真寺、云南振学社、北平清真书报社、上海协兴公司、上海中国回教书局、北平成达师范出版部、上海穆民经书局，以及西安之某书社，共有九处。20世纪上半叶出现的相关出版、印刷机构还有北京的万全堂（万全书局）、富华印刷所、京华印书局、光明印书局、北平回教俱进会、上海的著易堂、中华书局、交通书局、中国回教协会、伊斯兰文化供应社、南京的清真董事会、蒋氏念一斋、明德书社、明阳社、天津的遵古堂、秀真精舍、成都华英书局、西安的大林石印局、太原的中国伊斯兰布道会等，有的是伊斯兰教相关的机构，有的是普通的出版、印刷机构，还有各地的清真寺以及新出现的现代学校④。其中多数是光绪末年至民国初年才出现的，并且多数是以现代印书方式（石印、铅印）为主的出版。

三、晚清民国镇江清真寺刻经的历史意义

第一，流通了伊斯兰教经籍。

中国回族伊斯兰教的经籍，往往流通范围有限，因此大量的书籍今天已经难觅踪迹。而晚清民国镇江清真寺的一批刻经，今天仍然多有保存（主要进入了公共图书馆，清真寺等民间收

---

① 北京牛街清真书报社的出版状况，缺乏专门的研究，此处的叙述只是参考了刘东声、刘盛林、北京市政协文史资料研究委员会、北京市宣武区政协文史资料研究委员会：《北京牛街》"结束语"，北京出版社，1990年，第214页；《中国伊斯兰百科全书》编辑委员会，宛耀宾主编：《中国伊斯兰百科全书（修订本）》，"北平清真书报社"条（马忠杰撰），四川辞书出版社，2007年，第7页。清真书报社的出版物中往往是带有书籍广告的，也可作初步了解的参考。

② 当然，镇江地方伊斯兰文化的建设不能与北京、南京相比。

③ 赵振武：《三十年来中国回教文化概况》，《禹贡》1936年第十一期（回族与回教专家）。

④ 以上清代末年至民国年间伊斯兰教书籍出版、印刷机构的粗略状况，主要参考了辽宁省图书馆、吉林省图书馆、黑龙江省图书馆：《东北地区古籍线装书联合目录》"子部伊斯兰教类"，辽海出版社，2003年，第2424—2430页；钱伯城：《日本访书记》，《中华文史论丛》（第五十七辑），上海古籍出版社，1998年，第13—22页；北京图书馆编，邱德燊主编：《民国时期总书目（1911—1949）·宗教》，书目文献出版社，1994年，第94—104页。也参考了《清真大典》和《中国伊斯兰教典籍选》中的相关典籍。

藏情况不明），因此，可以估计这些经书在当时就有一定的印量、曾经广泛流通，也可以估计镇江清真寺刻经在伊斯兰教宗教知识传播中起到了较大的作用。

第二，保存了伊斯兰教经籍。

刊刻之时，刊刻者主观上就有保存典籍的考虑，如前引《天方至圣实录》的跋语。客观上也确实起到了保存典籍的作用，如明末清初伊斯兰经师马明龙的代表作《认己醒语》一书。马明龙是明末清初一位著名的伊斯兰教经师，《经学系传谱》①、《天方正学》②都有他的传记，他有数部翻译或撰写的作品，可是多数作品已佚。《认己醒语》现知只有镇江清真寺刻本流传至今，难能可贵。至于杨德诚、杨竹坪二人的新著，则更是如此。

第三，更为重要的，顺应了当时中国东部地区回族穆斯林的宗教、文化需求。

明代末年以来，虽然江苏、广东、云南、湖南、四川、北京等地一直有着伊斯兰教经典的刊刻，但同时期各地所刻经籍的数量比较有限，少有集中的伊斯兰教典籍刊刻中心，晚清民国镇江清真寺的刻经在这一点上可以说是引领时代潮流的。

四、小　　结

清同治二年至民国八年的五十多年间，镇江主要的两所清真寺——城西清真寺（山巷清真寺）和城内清真寺（剪子巷清真寺）刊刻了至少17种伊斯兰教经书。这一回族出版史上的个案，有多方面的历史意义。

镇江清真寺刻经的繁荣，得力于阿訇和镇江当地以及寓居镇江的回族人士的共同努力。他们不但共同捐资，而且用心了解伊斯兰教经书以及书板的保存状况，精心挑选书目。同时，太平天国之后宗教事业的恢复，也是一个重要的外部条件。

不过，镇江清真寺刻经也很快衰微，未能跟上近代中国的时代潮流。我们似乎可以把晚清民国镇江清真寺的刻经业看作旧时代的孑遗，而非新时代的开端。类似的还有同治/光绪年间成都的刻经业。

（原载于《世界宗教研究》2020年第1期）

---

① （清）赵灿著，杨永昌、马继祖标注：《经学系传谱》，青海人民出版社，1989年，第43—47页。
② （清）蓝煦：《天方正学》卷七，民国十四年（1925年）北京清真书报社刊本，第43—45页。

瓷僧帽壶源流考

高 杰

内容提要： 僧帽壶因器物口沿造型与藏传佛教僧侣所戴僧帽相似而得名，是一种较为特殊的景德镇官窑瓷器器形。学界对于僧帽壶的研究性文章较少，对于其器形来源主要关注于藏传佛教噶玛噶举黑帽系僧帽的关联。本文主要从考古出土实物出发，对僧帽壶器形来源进行了溯源、研究和探讨，认为其独特的器形来源于粟特文化的影响。

关键词： 僧帽壶 瓷器 粟特 西夏 源流

2018年7月，南京博物院征集入藏了一件明永乐景德镇官窑白釉锥刻莲托八吉祥纹僧帽壶，壶盖缺失，高19.8厘米。器身通体锥刻纹饰。内口沿、外流身饰缠枝灵芝纹，外口沿、颈部饰缠枝莲纹，腹部饰莲托八吉祥纹，胫部饰莲瓣纹，各瓣相接，瓣内饰灵芝纹，执手饰串枝灵芝纹（图一）。此器原为湖南省文物总店旧藏。

明永乐时期景德镇御器厂瓷质僧帽壶的烧造与明成祖积极推行多封众建的治藏策略，同时出于其对藏传佛教的崇信与热情，多次遣使召请藏传佛教宗教领袖入南京，并对宗教领袖慷慨颁赠，以及在南京举办的宗教活动用度有直接关系。笔者在参与征集此件僧帽壶的过程中，查阅了相关资料，对于瓷质僧帽壶进行了初步研究，本文拟对其器形来源问题进行探讨。

一、概　　述

僧帽壶，以该器物口沿造型与藏传佛教僧侣所戴僧帽相似而得名，是一种较为特殊的器形。僧帽壶按照材质可分为金属类，如铜僧帽壶①、铜胎掐丝珐琅僧帽壶②，以及陶瓷类，如紫

---

① 20世纪白铜璎珞纹僧帽壶，西藏博物馆藏。

② 明景泰蓝莲纹僧帽壶，西藏博物馆藏，可参见首都博物馆等：《天路文华——西藏历史文化展》，科学出版社，2018年，第194页。

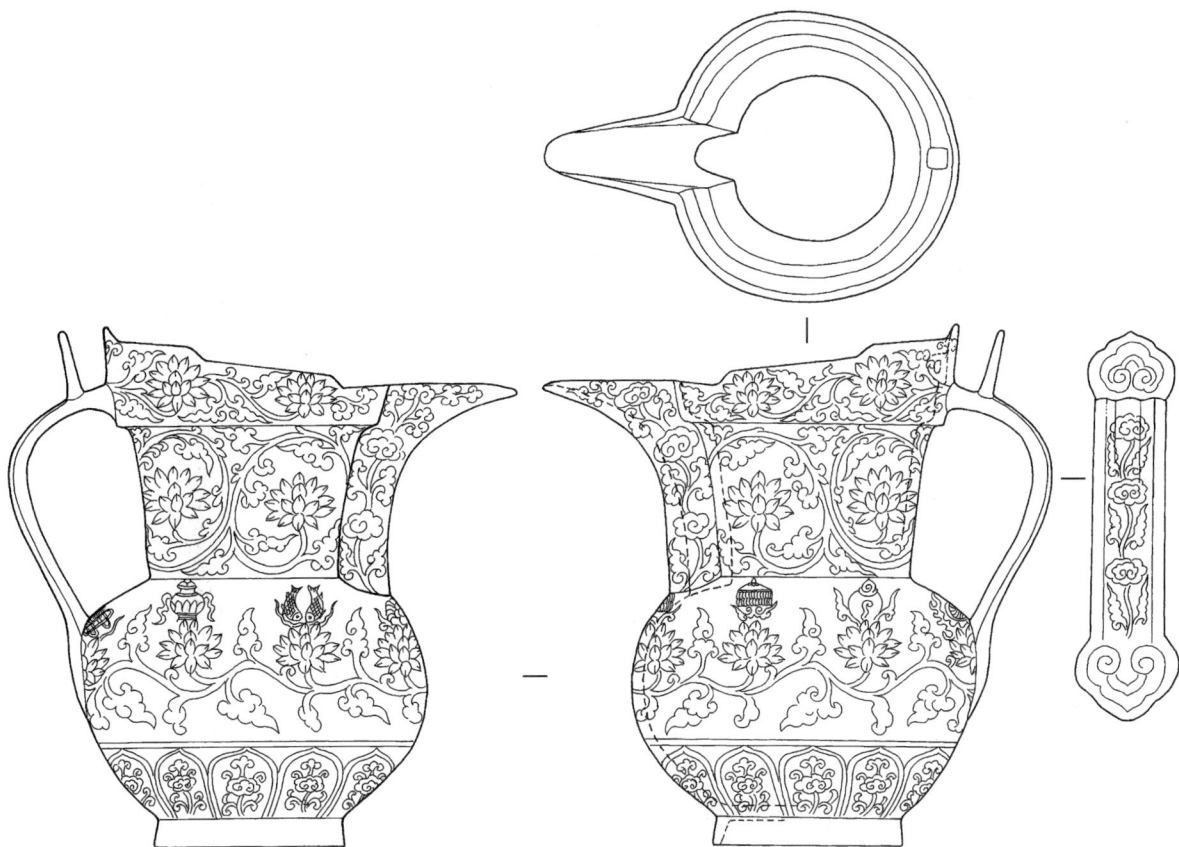

图一 明永乐景德镇官窑白釉锥刻莲托八吉祥纹僧帽壶

砂僧帽壶①、瓷僧帽壶。此外，还有玉僧帽壶②。诸类材质中，以瓷质僧帽壶最为著名，且流传深远。目前可知最早的瓷质僧帽壶，为元代青白釉僧帽壶，出土于北京海淀区墓葬，现藏于首都博物馆（图二）③。

瓷僧帽壶，基本造型为口沿呈僧帽形，前后两侧各呈三层台阶状，从流口至执手方向逐渐增高，后侧口沿内壁有一小系孔，圆筒形短粗颈，鼓腹，圈足。壶身一侧为鸭嘴形流，流口与口沿第一层台阶上部相接，流身与颈一侧相附并与之相通，流下部则贯通于壶腹。与流相对的一侧置扁条形执手，

图二 元青白釉僧帽壶

① 清紫砂僧帽壶，故宫博物院藏，可参见耿宝昌：《故宫博物院藏文物珍品大系——紫砂器》，上海科学技术出版社，2008年，第122页。

② 清和田玉僧帽式执壶，故宫博物院藏，可参见杨伯达：《中国玉器全集（中）》，河北美术出版社，2005年，第522页。

③ 首都博物馆：《首都博物馆藏瓷选》，文物出版社，1991年，图版66。

上接口沿第三层台阶下部，下贴附于壶腹。执手上部近口沿处立有如意云头状飞把。僧帽壶一般附盖，盖呈圆形，宝珠形纽，边缘伸出短舌，以压盖鸭嘴形流口。盖上也附有小系孔，可与口沿内壁之孔以绳索相连。

二、器 形 源 流

　　关于僧帽壶器形的源流问题，最直接的即是其名称"僧帽"的来源。按照现在普遍的说法，僧帽壶之名的由来是该器物口沿似藏传佛教僧侣所戴僧帽，其中颇具代表性的观点是此种僧帽之原型来源于噶玛噶举黑帽系活佛所戴僧帽[①]。这些将僧帽壶与僧帽之间建立的联系，正如持该观点的学者所直言的一样，并没有直接的文献资料方面的支持，有的只是图像学的解释与政治关联所产生的联想[②]。

　　目前可知文献资料关于僧帽壶的记载主要是清宫档案的记录，且其所能反映的信息极为有限，通常仅记有僧帽壶的配座事宜。如《乾隆五年各作成做活计清档》载："正月二十九日，七品首领萨木哈来说太监胡世杰交霁红僧帽壶一件……于本年二月十一日……将霁红僧帽壶一件配得紫檀木座持进。"[③]

　　从档案可知，清代宫廷中已将该器定名为僧帽壶，然而元明时期其又称之为什么呢？虽然文献中并无直接记载，但陈克伦在《明清时期景德镇官窑瓷器流传西藏考略》一文中所引西藏档案馆藏《致如来大宝法王书及赏单》中的一条档案则提供了重要线索。文中提及永乐六年（1408年）正月初一，成祖赏赐大宝法王的礼物中有"……白磁八吉祥茶瓶三个，银索全；白磁茶钟九个，红油斜皮骰手全，五龙五个，双龙四个……"陈克伦指出，此条记载中所提到的瓷器大都可以在西藏文物中得到印证。"白磁八吉祥茶瓶"有"银索"，说明有盖，有盖而用于盛茶的瓶，应该就是指西藏传世较多的白釉刻花僧帽壶[④]。进一步来说，此条记载的这类"八吉祥"茶瓶或许就是南京博物院征集入藏的永乐白釉锥刻莲托八吉祥纹僧帽壶这类品种。如此，就可明晰在明永乐时期此类器物应称为"茶瓶"，而"僧帽壶"多见于清人对于这种器形的称呼。

　　以上仅是对于明清文献资料中僧帽壶之名来源的梳理，那么此种器形的源流究竟在哪里？现在普遍的观点认为，瓷僧帽壶是汉藏之间文化交流的产物。然而，虽然僧帽壶鼓腹、圈足的造型以及景德镇的烧造工艺等汉文化因素显而易见，但藏文化的因素却并不明晰。若将研究

　　① 何鸿：《从僧帽壶瓷器看汉藏文化交流》，《荣宝斋》2011年第5期；达哇彭措、朱德涛：《从元代瓷器看汉藏文化交流》，《中国藏学》2016年第2期。
　　② 何鸿：《从僧帽壶瓷器看汉藏文化交流》，《荣宝斋》2011年第5期。
　　③ 中国第一历史档案馆等：《清宫内务府造办处档案总汇9》，人民出版社，2005年，第417页。
　　④ 陈克伦：《明清时期景德镇官窑瓷器流传西藏考略》，《西藏博物馆藏明清瓷器精品》，中国大百科全书出版社，2004年。

重点回归器形本身，则可以看出僧帽壶的造型明显受到了非中原传统文化因素的影响，其中最瞩目的当属其鸭嘴状流与类似僧帽的口沿。在唐代以前汉文化的传统壶形中，兼有流和口沿的壶一般是流和口沿相对独立，流一般置于器腹之上，这种形制随着唐代胡瓶的出现而产生了变化。日本奈良正仓院藏有一件明确称为"漆胡瓶"的器物，为胡瓶的器形提供了标准（图三）[①]。学者认为胡瓶的特征是"大口，鸭嘴式流，细长颈，椭圆形腹，长曲柄，圈足或无足"[②]，或可描述为"具有鸟嘴状口、鼓腹、单柄、圈足这些基本特征的器物"[③]。可见鸭嘴式流是胡瓶的重要特征之一。就目前资料来看，根据不同的文化因素，胡瓶大致可分为萨珊系统、粟特系统、哒哒系统及拂菻系统等。

萨珊系统胡瓶[④]，总体特征为鸭嘴形流，细长颈，圈足较为细高且多带有节状装饰，把手上端多安于颈部（图四，1—5）[⑤]。把手上端安于口沿处，是萨珊系统胡瓶的晚期特征，顶端多有圆珠。另有学者提出，萨珊胡瓶在腹部多有呈波状起伏的妇女形象或舞蹈者与动物，而四人表演组是萨珊晚期最普遍的图案之一[⑥]。

粟特系统胡瓶[⑦]，总体特征为鸭嘴形流，束

图三　日本正仓院藏漆胡瓶

颈，圈足粗矮且没有节状装饰。把手上端安在口沿上，下端安在腹部。把手上端多有指垫，前端与口沿相交处多有装饰。壶身以素面较多，部分腹部有动物如翼驼纹饰（图四，6—13）。

---

① 奈良国立博物馆：《平成十年正仓院展》，株式会社便利堂，1998年，第14、15页。

② 杨瑾：《说唐墓壁画中的胡瓶》，《唐墓壁画国际学术研讨会论文集》，三秦出版社，2006年。

③ 赵晶：《唐代胡瓶的考古发现与综合研究》，西北大学硕士学位论文，2008年。

④ 关于萨珊系统胡瓶的归类，夏鼐、原田淑人、深井晋司、齐东方等学者都进行过相关研究，可参见齐东方：《唐代金银器研究》，中国社会科学出版社，1999年。此外，一些在伊朗出土的类似器物，无疑可归为萨珊系统。

⑤ 图四中，1—3、6—12采自齐东方：《唐代金银器研究》，中国社会科学出版社，1999年，第307、308、324页；4、5、13、14采自高启安：《胡瓶传入和唐人注酒方式的改变》，《丝绸之路研究集刊》（第一辑），商务印书馆，2017年；15采自林英：《唐代拂菻丛说》，中华书局，2006年，图版11。

⑥ 赵晶：《唐代胡瓶的考古发现与综合研究》，西北大学硕士学位论文，2008年。

⑦ 关于粟特系统胡瓶的归类和研究，可参见齐东方：《唐代金银器研究》，中国社会科学出版社，1999年。

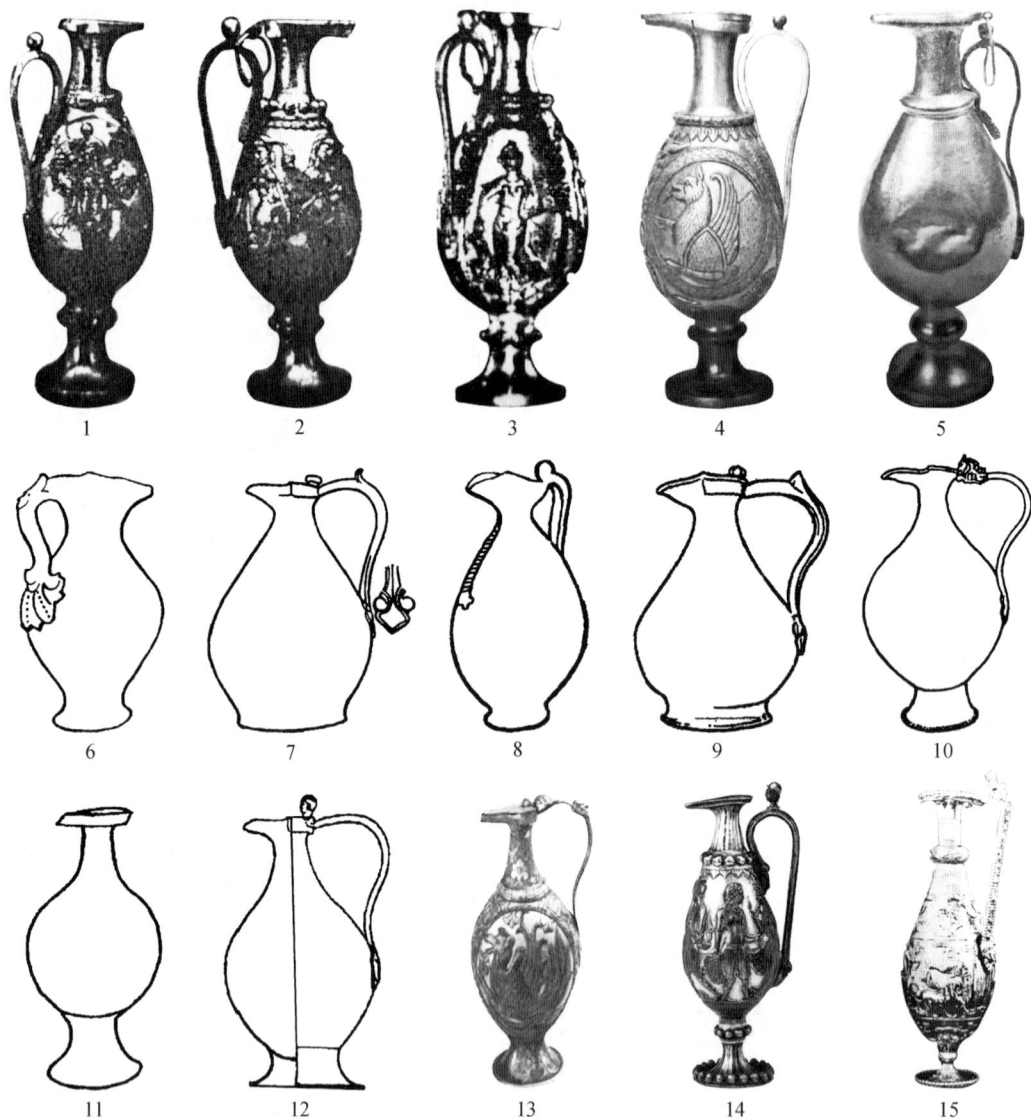

图四　萨珊、粟特、嚈哒、拂菻系统胡瓶

1—3. 萨珊银带把壶　4. 伊朗出土5、6世纪银胡瓶　5. 伊朗出土5世纪金胡瓶　6—10. 粟特7—8世纪银带把壶　11. 宽城银壶
12. 李家营子银带把壶　13. 粟特出土7世纪银胡瓶　14. 宁夏固原李贤墓出土银胡瓶　15. 希波吕托斯银壶

嚈哒系统胡瓶，据孙机研究[1]，以李贤墓出土胡瓶为例，高圈足，圈足下缘饰大粒联珠纹；把手顶部饰人头像，把手两端与器身连接处饰骆驼头像；把手上人首及腹部人像戴嚈哒式圆帽，人物造型与萨珊系统胡瓶有别（图四，14）。

拂菻系统胡瓶[2]，以希波吕托斯银壶为例。圆口，长颈，颈上有箍圈，长圆形腹，把手呈直角形，高圈足，有节状装饰。腹部纹饰分三部分，中间用横纹相隔，上下两部分捶揲动植物图案，中间部分为表现希腊罗马神话的图案（图四，15）。

---

① 孙机：《固原北魏漆棺画》，《中国圣火——中国古文物与东西文化交流中的若干问题》，辽宁教育出版社，1996年。

② 学者对于拂菻系统胡瓶的研究，可参见林英：《唐代拂菻丛说》，中华书局，2006年。

对照以上胡瓶的分类，可以看出瓷僧帽壶器形与粟特系统胡瓶具有相似的特征，如鸭嘴形流，把手上端连接口沿，下端连接腹部，矮圈足。同时，粟特系统胡瓶还有一个特征尤其值得注意，即在一些粟特系统胡瓶（如图四，7、9、10、12）中，鸭嘴形流和器物口沿交界处有明显的凸起或口沿明显宽于流，这样的方式使得流和口沿的界线更为清晰。这也应看作粟特胡瓶的一个重要特征。萨珊系统胡瓶，流口与口沿则没有分界，流口一直往后延伸，与口沿相结合，而其他如嚈哒、拂林系统胡瓶皆没有这样的特征。由此看来，我们可以初步认为瓷僧帽壶的鸭嘴形流、口沿及把手的形制与粟特文化中的胡瓶具有一定程度的契合。

那么瓷僧帽壶如僧帽一样的造型是从何而来呢？陕西临潼庆山寺地宫出土的一件高浮雕人头胡瓶提供了重要线索[①]。据简报描述此件胡瓶"高29.5厘米。凤首龙柄，喇叭状圈足。细领中有凸弦纹三周。腹作六个高浮雕人头"。观察其流口，也是鸭嘴状流，口沿宽于流口且凸起有明显的界线，尤其引人注目的是口沿上有花瓣形装饰。把手上端连接口沿，顶端有树叶状饰物，下端连接腹部（图五）。据简报分析，这件壶"造型奇特，稀世罕见。从人物的形象看，天竺（今印度）人的特征极强，证明这件壶来自天竺"。关于这件胡瓶归属问题的分析，学者之间也有不同的见解。熊雯在《唐代庆山寺地宫艺术与丝绸之路中外文化交流》一文中认为这件人头胡瓶是否出自天竺尚待商榷，因为人物浮雕发饰似突厥人的常见发饰，而壶的形制为典型的胡瓶，并引齐东方考证成果认为此胡瓶有萨珊及粟特的风格，由此认为其明显受到西域胡风的影响[②]。林梅村在《庆山寺地宫出土高浮雕人头胡瓶考——兼论印度教神像对粟特火祆教艺术的影响》一文中指出，该胡瓶采用鹤嘴流，器形与粟特胡瓶相同，而腹部高浮雕人头实为印度教战神塞健陀像，推测此件胡瓶的产地在粟特与印度之间的罽宾国[③]。按照上文对于粟特系统胡瓶特征的分析，并将之与此件胡瓶进行对比，笔者认为将其归入粟特系统胡瓶体系是妥当的。尤其难能可贵的是，与这件胡瓶同出的"上方舍利塔记"碑记有"大唐开元二十九年四月八日"刊刻时间，由此可知这座地宫瘗藏器物的年代下限应不晚于唐开元二十九年（741年）。这种花瓣形的口沿附饰不

图五　陕西临潼庆山寺地宫出土铜人头胡瓶

①　临潼县博物馆：《临潼唐庆山寺舍利塔基精室清理记》，《文博》1985年第5期。

②　熊雯：《唐代庆山寺地宫艺术与丝绸之路中外文化交流》，《艺术探索》2016年第2期。

③　林梅村：《庆山寺地宫出土高浮雕人头胡瓶考——兼论印度教神像对粟特火祆教艺术的影响》，《文博》2017年第5期。

见于其他文化系统类型的胡瓶，所以也可以看作粟特文化因素的特征之一。

胡瓶在唐代以后从风靡一时到渐渐销声匿迹。唐以后发现的胡瓶或类似胡瓶的器物，较为典型的有内蒙古敖汉旗李家营子辽代墓地出土的银壶[①]、辽宁朝阳北塔出土的玻璃壶（图六）[②]等。据学者研究，这些辽代遗址出土的具有典型胡瓶风格的器物，有的可能是前代遗物，如李家营子银壶[③]，有的可能是辽代通过北方丝绸之路与西方交流的产物。朝阳北塔出土的玻璃壶被认为是伊斯兰时代的器物[④]。而在宁夏地区西夏遗址中出土的一批铜壶有助于发现粟特胡瓶在唐以后的踪迹，也有助于进一步探讨瓷僧帽壶器形的来源问题。

宁夏回族自治区西吉县偏城乡出土了一件西夏时期的铜壶，现藏于宁夏回族自治区博物馆。这件铜壶，鸭嘴形流，口沿有五个花瓣状装饰，流与口沿有明显的界线，喇叭形圈足。颈下腹部有联珠串饰，器腹中部也有一周联珠纹饰（图七）。现在普遍的观点认为，成熟的联珠纹产生于萨珊王朝，在魏晋至隋唐时期经粟特人传入中国而风行一时。由此可见，联珠纹是萨珊及粟特文化中的重要装饰纹样。具体到金属器上，密集的小联珠纹装饰流行于粟特系统器

图六　辽宁朝阳北塔出土玻璃壶

图七　宁夏回族自治区博物馆藏西夏铜壶

① 敖汉旗文化馆：《敖汉旗李家营子出土的金银器》，《考古》1978年第2期。

② 朝阳北塔考古勘察队：《辽宁朝阳北塔天宫地宫清理简报》，《文物》1992年第7期。图片采自首都博物馆《大辽五京——内蒙古出土文物暨辽南京建城1080年展》，文物出版社，2018年，第286页。

③ 齐东方：《李家营子出土的粟特银器与草原丝绸之路》，《北京大学学报（哲学社会科学版）》1992年第2期。

④ 孙机：《建国以来西方古器物在我国的发现与研究》，《文物》1999年第10期。

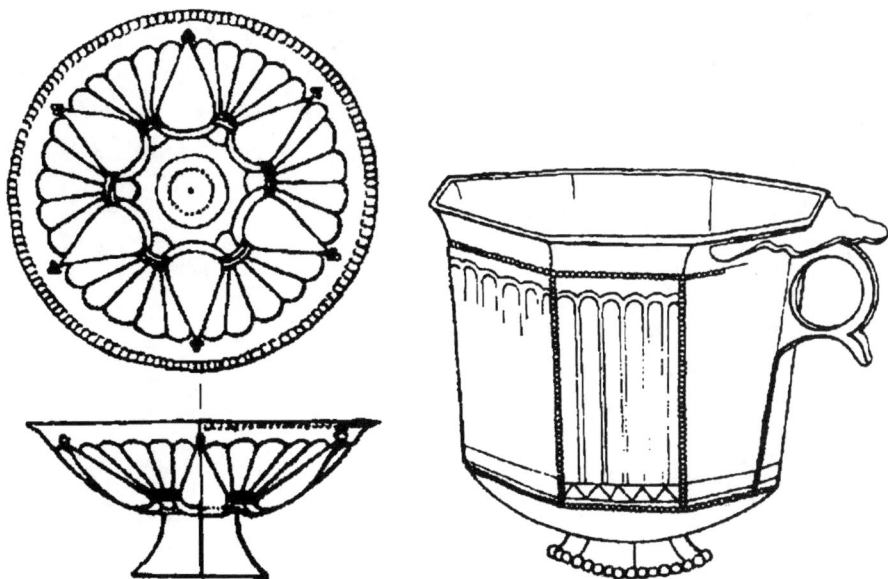

图八 粟特银碗、八棱形银带把杯

物，如李家营子胡瓶，圈足上饰一周密集的小联珠
纹；又如粟特银碗的口沿、粟特八棱形银带把杯的
圈足（图八）[①]，均饰密集的小联珠纹。而粟特系
统胡瓶又有在腹部装饰垂带的传统。因此，基于以
上分析，将宁夏回族自治区博物馆藏这件铜壶的文
化属性或器形来源归入粟特文化的胡瓶中去是恰当
的。这件铜壶还有一点值得关注，就是流身已经开
始出现和一侧颈相附的趋势。

　　另一件西夏博物馆藏联珠纹铜盘口壶，口沿后
部有花瓣形装饰，腹部有联珠纹串饰，颈部、下腹
部、圈足饰有密集的细小联珠纹（图九）。与宁夏
回族自治区博物馆藏铜壶相比，这件铜壶口沿后部
的花瓣形装饰更为发达，且呈阶梯状的形制更为明
显。虽无鸭嘴形流，但颈部一侧有凸出的附饰，类
似于上文中西夏联珠纹鸭嘴形铜壶流身的造型。

图九 西夏博物馆藏铜盘口壶

　　藏于西夏博物馆的另一件铜壶，有鸭嘴形流，口沿上有三个花瓣形装饰，鼓腹，矮圈
足。其流口较宁夏博物馆藏铜壶为短，且流身更为粗壮，与颈一侧相附的现象更为显著（图
一〇）。

---

① 图片采自齐东方：《唐代金银器研究》，中国社会科学出版社，1999年。

图一〇　西夏博物馆藏铜壶

图一一　甘肃武威出土西夏铜壶

甘肃武威凉州区出土的一件西夏铜壶①，盘口，鸭嘴形流，流身呈方形，与颈部一侧相附，鼓腹，圈足。原报告中提及"錾残"，所以也未见把手之形及后部口沿之状，但以此保存状况所见，基本器形已与瓷僧帽壶之形接近了（图一一）。

那么，为何西夏地区出土的铜壶会受到粟特文化较深的影响呢？对于考察西夏与粟特之间的关系，陈玮在其《中古时期党项与粟特关系论考》一文中已有深入探讨②。据其研究，中古时期的党项与粟特关系密切。党项人与突厥属部中的粟特人在8世纪时因联合发动六胡州之乱而结盟。10世纪时，夏州粟特人成为以夏州党项为主体的定难军政权中的文职僚佐和武职将军，世代辅弼夏州党项酋首——定难军节度使李氏家族。在李元昊称帝建国后，原夏州、灵州、凉州、沙洲的粟特人后裔又成为西夏的属民。正是由于如此紧密的关系，也就不难理解西夏为何会出现较多的粟特系统铜壶了。虽然随着时代的变迁，这种器形也在慢慢发生变化，但其最重要的特征依然被保留了下来。

当然，僧帽壶作为藏传佛教领袖专门定制的高等级器物，其背后必然也可看到藏传佛教文化的影响。众所周知，西夏国所处地域与吐蕃相邻，西夏的党项与吐蕃民族山水相连，二者之间文化、宗教往来较为密切。据学者研究，藏传佛教在西夏的发展大抵以河西走廊为重点，并向西夏腹地延伸，河西走廊的甘州、凉州、沙洲、瓜州等地都是受吐蕃佛教熏陶较深的地区。西夏的藏族僧人数量较多，尤其是西夏的帝师皆为藏族僧人③。目前因无西藏地区出土的类似铜壶的资料，所以无法直接证明该类型铜壶在西藏地区流行的情况，实际上这种器形与藏传佛教之间建立起某种联系已然具备了现实条件。值得一提的是，在青海郭里木乡吐蕃墓葬中发现

---

① 党菊红：《武威出土的西夏铜壶、铜观音像、石磨》，《西夏学辑刊》（第7辑），上海古籍出版社，2011年。

② 陈玮：《中古时期党项与粟特关系论考》，《中国史研究》2015年第4期。

③ 史金波：《西夏的藏传佛教》，《中国藏学》2002年第1期。

图一二　青海郭里木吐蕃墓葬中的棺板画

的棺板画及棺板画中的胡瓶形象对于分析粟特与青藏高原的交流提供了重要资料，也对探讨具有浓厚藏地风格的僧帽壶与粟特文化之间的联系有所裨益（图一二）。研究者将入华粟特人墓葬葬具图像与该棺板画进行比较研究，认为二者之间具有共同的中亚西域风格，反映了吐蕃和粟特的交往联系[①]。对丁棺板画中山现的胡瓶，有学者认为此胡瓶应归为粟特银器[②]。

三、余　论

综合以上从临潼庆山寺胡瓶，到三件西夏铜壶，可以明显看到粟特系统胡瓶器形演变的脉络。花瓣形装饰在唐代出现于粟特胡瓶之上，其流口起初与盘口形口沿有明显的界线，但是流身并不发达。到了后期，流身渐渐发达，依附于颈之一侧，这应就是瓷僧帽壶中鸭嘴形流与颈的形制之源流。至于其僧帽状的口沿装饰，则很明显从以上铜器中可见的口沿上的花瓣形

---

① 霍巍：《西域风格与唐风染化——中古时期吐蕃与粟特人的棺板装饰传统试析》，《敦煌学辑刊》2007年第3期。

② 许新国：《郭里木吐蕃墓葬棺板画研究》，《中国藏学》2005年第1期。

装饰演变而来。从元代瓷僧帽壶口沿上的装饰来看，其较明代时阶梯状的装饰，更具花瓣形的影子。不论瓷僧帽壶是否与元代以及明成祖时期对于噶玛噶举黑帽系活佛的礼遇相关，仅从器物学的角度而言，僧帽壶器形之来源与粟特系统的铜器在源流与传承上具有密切联系是可以肯定的。

（原载于《文物》2020年第3期）

汉晋文物艺术形象中的丝路名马

沈 骞

内容提要：丝绸之路沿线地区有汗血马、阿拉伯马和蒙古马三大名贵品种其形象在汉晋时期的众多文物艺术品中有不少反映。本文将文献和考古出土资料相结合，对三种马的起源地、主要食物、外观特征、分布地域以及其品种优势等进行了介绍和分析。

关键词：汉 晋 丝绸之路 汗血马 阿拉伯马 蒙古马 起源 分布

一、丝绸之路上的名马品种

世界上最古老、血统最纯正的三个马种是汗血马、阿拉伯马和蒙古马。这三个马种是血统最纯正的"祖宗马"，其他的马种都是由这三种马在漫长的时间中，逐步地杂交、演变、再杂交、再演变一步步形成的。这三个马种都诞生于古代丝绸之路沿线地区。

汗血马即西汉时期的西域大宛马，《史记》中有关于汗血马的明确记载，张骞出西域，归来说："西域多善马，马汗血。"①《汉书·武帝纪》记载太初四年春，李广利斩大宛王获汗血马归来②，西汉武帝因此作《西极天马歌》："天马徕兮从西极。经万里兮归有德。承灵威兮降外国。涉流沙兮四夷服。"③汗血马就是现在中亚地区闻名世界的阿克哈-塔克马（下文均称为"汗血马"）。汗血马以很快的速度、很好的耐力、非常聪明和极易训练而闻名于世，自古以来在中亚地区颇受青睐。汗血马可以说是世界上最古老的品种之一，它的血统影响了许多现代马的品种，这独一无二特色仍然保留在它纯正的血统里。汗血马是热血马品种。当代汗血马是唯一保留古代原生血统马萨革特马的后代，伴随着中亚地区从斯基泰游牧系统的马萨革特人族群到伊朗语定居系统的帕提亚人和波斯人族群及突厥系统的土库曼人族群的一系列历史

---

① （西汉）司马迁：《史记》，中华书局，1959年，第3177页。
② （东汉）班固：《汉书》，中华书局，1962年，第202页。
③ 转引自林梅村：《"西域之贡"：汉代皇家艺术中的汗血马》，《紫禁城》2014年第10期。

性转变，汗血马的名称也逐渐发生一系列的变化①，依次被称为：马萨革特马、帕提亚马、尼西马、波斯马、土库曼马、阿克哈-塔克马。苏联考古学家曾在土库曼斯坦共和国南部地区挖掘到距今4400年前的马的骨骸，这种马的骨骸有类似汗血马的巨大的骨骼。阿克哈-塔克马这个名称出现最晚，阿克哈现在是土库曼斯坦共和国的一座绿洲，它坐落在科佩特山脉的脚下，这里在古代曾是萨珊波斯帝国的东部呼罗珊行省的属地②。塔克是一个入侵阿克哈绿洲的斯基泰后裔的游牧民族的名称，塔克族也被称为特克族，塔克族群在占领阿克哈绿洲后，几百年间使用了汗血马这一优良品种，这就是现今阿克哈-塔克马名称的由来。阿克哈绿洲西部靠近里海，南部为科佩特山脉，北部为卡拉库姆沙漠，这些水域、山脉、沙漠是塔克族人的天然屏障，汗血马的血统基因也因此得以长期保持稳定。自然地理因素对汗血马品种的形成起到了很大作用。卡拉库姆沙漠涵盖土库曼斯坦共和国百分之九十的面积，沙漠地区早晚温差极大，忽冷忽热，降雨稀少，是世界上最干旱的地区之一，这都使得汗血马成为世界上最有耐力的马品种之一。普通马种对牧草的需求量很大，但是这一地区一年之中只有数月可以长出牧草，汗血马平常只需用苜蓿、大麦喂养，有时会食用混有羊脂的麦类谷物，幼马在出生后两个月就断奶。汗血马大约在五百年前被带到俄罗斯帝国，这使得俄罗斯人也熟识了汗血马，直到今天，俄罗斯还是最佳的纯种汗血马的生存地之一。在俄罗斯，最初汗血马被叫作"argamaks"，"argamaks"最初的意思是阿拉伯马和土耳其马的混血品种，这是一个土耳其语的单词，是指高大、精致、有战斗价值的亚洲品种马。但是这是一种误解，汗血马的外形非常独特，与"argamaks"不同。汗血马最显著的特征就是长且精致的头，笔直瘦长的脖子，耳朵狭长和高耸，鬐甲相当突出，胸部狭窄，身体长且结实，腿非常苗条，脚长而有弹性，身高平均约155厘米以上，非常具有贵族气息。《三国演义》中的赤兔马就是最初由董卓从西凉带来的中亚品种的汗血宝马，因为它耳朵和脸像兔子，所以被称为赤兔；汗血马是土库曼斯坦共和国的国宝，常被赠送给各国首脑，中国近三十年来的历任领导都被赠予过汗血马（图一）。

图一

阿拉伯马这一古老而珍贵的品种起源目前并无定论，有一种看法认为阿拉伯马的祖先来自西亚北非地区的西南部利比亚、埃及一带，理由是这里的沿地中海地区降雨较多，气候温暖，长有非常丰富的天然野草，可以供养这些野马。另一种看法是阿拉伯马应起源于土耳其南部、叙利亚北部和高加索山麓一带的野生马品种。理由是这一地区温和湿润的气候对野生马的生长繁衍极其有利。阿拉伯马的特征非常明显。精致的楔形头部、宽大的额头、大大的

---

① 马健：《草原霸主——欧亚草原早期游牧民族的兴衰史》，商务印书馆，2014年，第141—150页，第五章。

② 转引自林梅村：《汉代皇家艺术中的汗血马》，《紫禁城》2014年第10期。

眼睛、巨大的鼻孔和呈弓形的脖子都是其典型特征。最特别的体征是凹陷的侧脸和轻微凸起的眼睛，这种特征被贝都因人称为"Jibbah"，平均体高在140—150厘米以上（图二）。阿拉伯马非常聪明，易于调教训练，并且对食物条件要求不高。公元前16世纪之后，在埃及的石柱、签印和各种纪念碑上都可以见到阿拉伯马的形象。"阿拉伯马"的命名仍然不是很清楚，阿拉伯一词的希伯来文有"Arabha"和"Erebh"，前者是指黑暗的陆地或大草原，后者是指有组织秩序的定居社会的反义词，希伯来文的一个字根"Abhar-"是移动、经过的意思。"Arab"在闪米特文中是沙漠或其居民的意思，没有涉及国家的意义。《可兰经》中"a'rab"是指阿拉伯人，即贝多因人。《旧约圣经》中有记载阿拉伯王杰里迈亚生于公元前625年到公元前586年。而阿拉伯人很久之前就用这个词来指贝多因人，以区别其他沙漠游牧民族。闪米特人将他们称为"Arabas"的热血马的名声带到高峰，贝多因人致力于保持阿拉伯马的血统纯正。阿拉伯马在阿拉伯民族出现之前好几个世纪就已经被命名了[1]。

蒙古马品种具有独立起源，起源地位于北亚地区寒冷的蒙古高原，广泛分布于中国北方地区以及蒙古国和俄罗斯的亚洲部分。蒙古马品种头较大、额宽、颈短厚，呈水平颈。躯干长，胸深而宽，背腰平直，尻斜。四肢较短。飞节角度较小，稍曲飞，蹄质坚实。体格不大，平均体高120—135厘米，体重267—370千克。蒙古马具有适应性强、耐粗饲、易增膘、持久力强和寿命长等优良特性。史籍中所记载之匈奴马和突厥马即是蒙古马不同时期的称谓，《唐会要》就记载："突厥马技艺绝伦，筋骨适度，其能致远，田猎之用无比。"[2]并指出其与延陀马、同罗马、仆固马为同种，多为骆毛（兔褐毛）和骢毛（青毛）。这些都与现在的蒙古马很相似（图三）。

图二

图三

---

① 《不列颠百科全书：哺乳动物》网络版，详见http://Encyclopedia Britannica Online.cn。
② （北宋）王溥：《唐会要》（卷七三），中华书局，1955年，第1317页。

二、汉晋文物中的名马形象

汉晋时期的文物艺术中出现了不少丝路名马的形象，其中既有汗血马的形象，也有阿拉伯马的形象。

汗血马的形象最先出现在陕西茂陵博物馆所藏西汉时期的鎏金铜马上，这是典型的汗血马形象（图四）。1981年5月，在陕西茂陵附近平阳公主墓南，西吴乡豆马村农民在平整土地时发现这件文物。高62厘米，长76厘米，通体铜铸鎏金，昂首，翘尾，四腿直立，体态矫健。头部造型甚为生动，粉鼻亮眼，两耳竖立[1]，专家考证这是以西汉时大宛国的汗血马为原型而精制的工艺品[2]，这件国宝现收藏在茂陵博物馆。

阿拉伯马在中国早已有迹可循。在中国内蒙古自治区阴山北麓的达茂旗，中国和德国的岩画专家发现了距今2000多年的阿拉伯战马岩画（图五）。内蒙古师范大学鸿德学院中国北方岩画研究所所长吴甲才介绍说，岩画中的阿拉伯马高17厘米，长42厘米，其呈弓形的脖子是典型的阿拉伯马的特征，背身上佩戴征战出击时的披甲、足踏，披甲呈平铺背迭式，前颈、后胯、腿肚下均有宽带皮绳扣固，马下腹有垂吊式的佩饰。经技术手段测定，其刻磨时间在公元前210年左右，属于匈奴与东胡之战时期，即中国的秦代[3]。广西贵港出土的西汉大铜马和武威擂台西晋墓出土的铜飞马（即著名的"马踏飞燕"）是阿拉伯马的形象。西汉大铜马是西汉的文物，1980年贵县风流岭出土[4]，现为广西壮族自治区博物馆所藏。大铜马通高117厘米，长112厘米，背宽30厘米。马为雄性，体型高大，肌肉丰满，四肢刚健。昂头，竖耳，张嘴，右前腿提起，作前奔嘶鸣状。大大的眼睛、巨大的鼻孔和呈弓形的脖子与阿拉伯马形象很相似（图

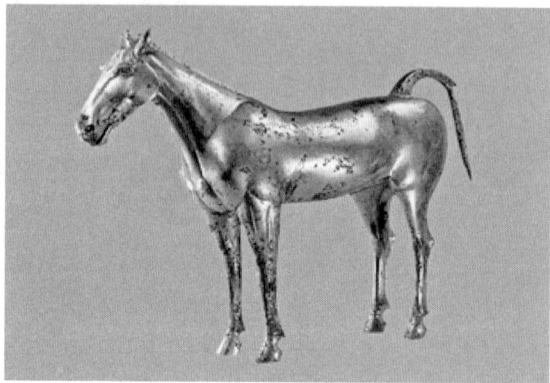

图四

图五

① 咸阳地区文管会、茂陵博物馆：《陕西茂陵一号无名冢一号从葬坑的发掘》，《文物》1982年第9期。

② 常洪、王仁波：《试评茂陵东侧出土的西汉鎏金铜马——兼论天马和现代中亚马种的关系》，《农业考古》1987年第2期。

③ 于嘉：《内蒙古发现阿拉伯战马岩画》，《人民日报海外版》2017年1月5日。

④ 何乃汉、张宪文：《广西贵县风流岭三十一号西汉墓清理简报》，《考古》1984年第1期。

六）。1969年，在甘肃武威擂台西晋墓出土了99件青铜车马仪仗俑，其中包括作为中国旅游标志的"铜奔马"（图七），该墓葬的年代长期以来被学术界认为是东汉末期，但是北京大学历史学系的吴荣曾教授在甘肃省博物馆库房内重新检查出土文物，发现了大批西晋五铢钱，并在北京大学百年校庆学术讨论会上公布了这项成果[1]，从此中国考古学界内部人士都认为此墓为西晋墓[2]，铜飞马较大的眼睛和鼻孔及呈弓形的脖子表明其属于典型的阿拉伯马的形象，而非以前一直认为的汗血马的形象。伊朗设拉子附近的帝王谷有一幅4世纪初的萨珊波斯浮雕上的战马雕塑（图八），战马的鬃毛被扎起；华盛顿弗利尔·塞克勒美术馆的4世纪萨珊波斯银盘中的战马的鬃毛也被扎起（图九），这两个战马图像较大的眼睛和鼻孔及呈弓形的脖子和擂台西晋墓的铜飞马形象非常相似[3]，从外观特征和年代的判断也属于阿拉伯马的形象。

　　蒙古马的形象比较早地出现在汉高祖长陵陪葬坑的兵马俑上，根据文献记载，西汉武帝时期才接触到中亚汗血马品种，而在之前的西汉高祖时期，只是接触到匈奴马品种，也就是现在的蒙古马品种，虽然不排除偶然出现的内蒙古阴山北麓的秦汉岩画中的阿拉伯马的造型，匈

图六

图七

图八

① 转引自林梅村：《汉代皇家艺术中的汗血马》，《紫禁城》2014年第10期。
② 杨泓等：《马的中国历史》，商务印书馆（香港），2008年，第20、21页。
③ 林梅村：《中国与近东文明的最初接触——2012年伊朗考察记之五》，《紫禁城》2012年第10期。

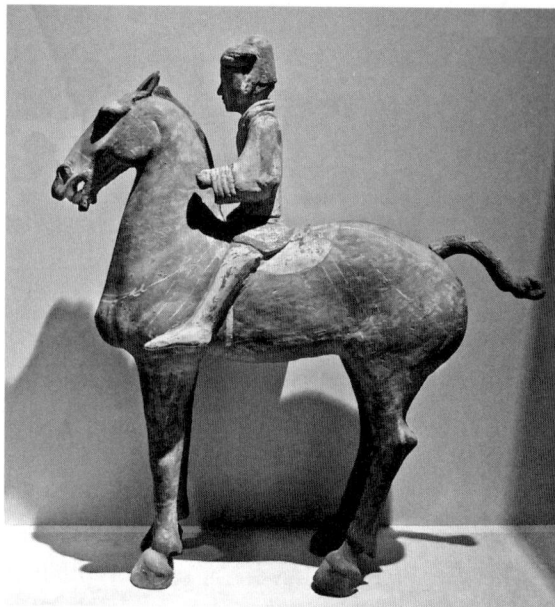

图九　　　　　　　　　　　　　　　　　图一〇

奴人与斯基泰人等伊朗语族群的战争和经济交流也是长期存在的，阿拉伯马品种的传入不足为奇。汉高祖长陵陪葬坑的兵马俑中的战马形象根据体型特征判断（图一〇）[1]，正符合蒙古马颈短厚、背腰平直、四蹄坚实、体格不大的特征。

丝绸之路上孕育的这三大名马品种为历史上东西方的交流沟通提供了运输上的便利，它们的基因促进了全世界马种的改良和发展，它们的形象也成为众多文物艺术品的生动图案，今天还在某些地区的物流运输和全球体育竞赛中发挥着重要的作用。

（原载于《南方文物》2020年第5期）

---

① 陕西省文管会、博物馆咸阳市博物馆杨家湾汉墓发掘小组：《咸阳杨家湾汉墓发掘简报》，《文物》1977年第10期。

南京博物院藏吴大澂信札五通初考

万新华

内容提要：吴大澂一生为官南北，行走天下，形成了仕宦、学术、鉴藏等数个不同的朋友圈。南京博物院藏有吴大澂中年为官陕甘学政前后致友人信札五通，涉及有关政务经历、金石鉴藏等内容，不仅可资考察吴大澂与王懿荣、刘锦棠、李慎三人的具体交游细节，更是研究吴大澂政事交游、业余生活最为直接的史料。

关键词：吴大澂　王懿荣　刘锦棠　李慎　宦历　金石　交游

吴大澂（1835—1902年），字清卿，号愙斋，江苏吴县人。他由科举而仕宦，勇于任事，而履历丰富。吴大澂的时代，政事、学问已不能闭门造车，不仅需要商量互助，也需要讨论补益。他一生为官南北，行走天下，形成了仕宦、学术、鉴藏等数个不同的朋友圈，留下了许多珍贵的书札资料。

南京博物院藏有吴大澂中年为官陕甘学政前后致友人信札五通，涉及有关政务经历、金石鉴藏等内容，是研究吴大澂政事交游、业余生活最为直接史料。五通信札不仅可资考察吴大澂与王懿荣、刘锦棠、李慎三人的具体交游细节，且因其为《愙斋尺牍》未收，也从没刊布，故可以补益吴大澂研究的历史文献，弥足珍贵。兹不揣简陋，释录文字，略加考释，敬请方家斧正。

一、致王懿荣札两通

廉生吾弟如手：

途中寄缄想早达到，久未得书，至以为念，滂喜消寒之会，想仍罗列彝鼎，广结古欢。僻处秦中，寂无闻见，眷怀旧雨，能无怅然。青门市肆，无可搜罗，数月以来，仅得卣一、汉镜二、絜刀一、古币二，此外一无所觏。卣只作宝彝三字，惟底内完好如新，上半生绿，下半色泽如金，盖中红翠斓斑，亦有数处作金色，断非后人刮

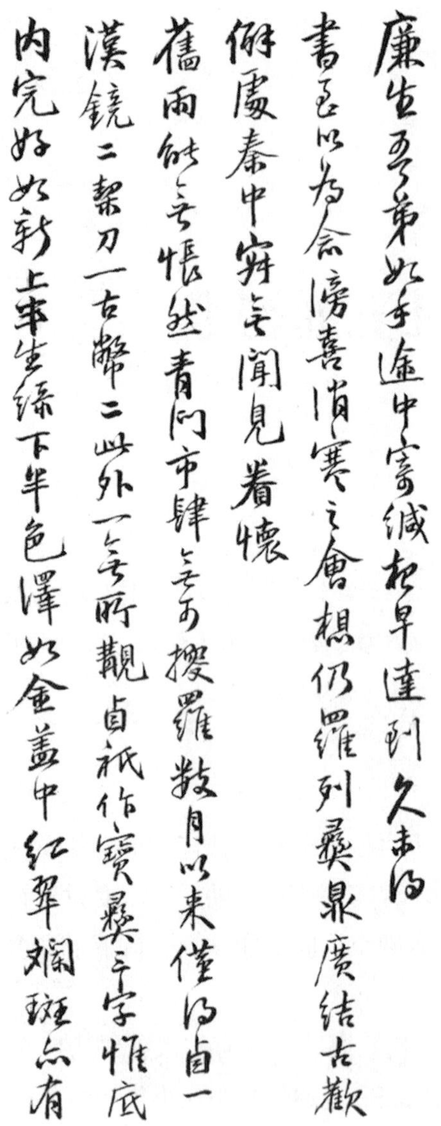

廉生吾弟如手，途中寄缄，起早达到久无
书至以为念，愫喜消寒之会，想仍罗列彝泉，广结古欢
傛厪秦中宲，喜闻见眷怀
旧雨结……青门市肆……搜罗数月以来仅得一
汉镜二、契刀一、古币二……外……观贞祇作宝彝于字惟底
内完好如新，上率生绿，下半色泽如金，盖中红翠斓斑点有

磨之功，想系出土未久，铜不变色，生平所见吉金无此精美者，未知执事曾见此等铜质否？尚方御镜与敝藏辟雍明堂镜略同，可见当时宫中所用炼铜最精，惜已裂而为三，用漆粘合。"梁二釿"币真而且精，甘丹币完善无缺，拓奉鉴定，惟栔刀满身青绿，不能拓矣。闻郑盦师又得邵钟，三器廿钟之愿转眼可偿，良深健羡。席间谭论，必以兄为富，有尊彝而秘不示人，岂料一出都门，此事遂废。匪直不富于今，而亦不能不贫于古，计此三年中，量入为出，尚须格外剬节，即遇古缘，亦恐力不能致，惟有专心以培植人材为事。西方榛苓，求而得之，亦足以报慰知己，即他日囊橐萧然，自谓不虚此行矣。执事以为然否？石查想益下帷攻苦，摩厉以须，平日窃见其骨肉友爱，私心敬服，以为石查必不久于蹭蹬，倘今春联镳直上，此言或可一验乎？乞于晤时微劝其少言人过，此鄙人刍荛之献，想不以为迂腐也。簠斋先生两次书来，寄拓本四十余种，愧无以报之。

手泐敬颂春祺，百不尽一。
如兄大澂顿首（图一）。
甲戌人日。

图一　清吴大澂行书致王懿荣札（1874年）
南京博物院藏

按：同治十二年（1873年）八月，吴大澂授陕甘学政，九月初从京师出发，一个月后抵达三原，接印视学西陲，至光绪二年（1876年）十月卸任回籍省亲，前后计三年有余。

在陕甘学政任上，吴大澂不断赴各地巡考，还忙于访古、考古，开始了从事有规模的收藏活动。光绪二年三月，他在西安以百金购得"愙鼎"，从此以"愙斋"自号。

此札写于同治十三年（1874年）正月初七，收信人王懿荣（1845—1900年），字正儒，一字廉生，山东福山人。同治三年（1864年）因岳父黄熙庭政绩被签分到户部候补主事；同治十二年秋参加顺天府乡试，中式副贡第一；光绪六年（1880年）进士，授翰林编修，后任国子监祭酒、京师团练大臣。光绪二十六年（1900年）七月廿六日，八国联军攻入京城，次日投井殉节，谥号"文敏"。

吴大澂主要向王懿荣介绍了就任陕甘学政三个月间的收获：宝彝卣、尚方御镜、梁二釿币等，羡慕潘祖荫（1830—1890年，郑盦）新得邵钟之精，赞叹王氏收藏之富，并述及陈介祺（1813—1884年，簠斋）寄拓本之事。依吴大澂同治十二年腊月十八日、同治十三年正月初五回函陈介祺所及，所赠拓片分别为汉画石刻二纸、延光残石精拓一纸和金文四十五纸①，故在末尾发出"愧无以报"的感叹。

同治九年（1870年）腊月，吴大澂入京参加朝考，寓京近三年，与王懿荣志趣相投，切磋学问，交往最为密切。对于王懿荣鉴定吉金的能力，吴大澂十分佩服，直叹"吾辈中第一法眼"②。西北行三年间，他们一直书信不断。而他与陈介祺首次通信，似由鲍康（1810—？年，字子年，安徽歙县人）介绍，时在同治十二年八月。后来，两人通信大多由王懿荣转寄，彼此交流金石与学术。所以，他致信王氏时常常要介绍陈氏的拓片馈赠。当时，不惑之年的吴大澂沉迷于金石收藏，但仍表示三年间不能囿于古欢，节制行事，"专心以培植人材为事"。

札中，吴大澂还让王氏以朋友身份微劝胡义赞（石查）"少言人过"之处事方式，颇示忧虑。胡义赞（1831—1902年），字叔襄，号石查，河南光山人，同治十二年举人，长金石考证之学，所藏泉币为海内第一，时任职于户部。稍早，吴大澂、胡公赞同时行走潘祖荫门下，因为某种原因产生间隙，胡公赞一直不愿与吴大澂通信交往。此间，吴大澂请王懿荣居中说合③。同年十一月廿四日，他致信王懿荣有云："晤年丈时一询及之，石查先生不与鄙人通书，或尚有牢骚之意？"④

另查《吴愙斋大澂尺牍》，吴大澂上述回复陈介祺冬月望日之函，也简略介绍了西北新获，可以相互印证。⑤

　　　廉生吾弟大人如手：

　　　新正泐奉寸缄，计早澂览，旋由周懋臣大令处递到去冬十一月廿九日惠书，伏谂起居万福。令弟处转寄手缄至今未到，明年度陇后必相见也。兄自正月出桐后，惟日不足，每郡试毕，得闲数日，仍复俗尘扰扰，绝无清兴。三原距省九十里，金石之缘无从搜索。苏七代觅残瓦、破镜、汉钩等物，绝无奇品。惟得凉造新泉一枚，字迹迷漫不可拓，索值十金，以为奇货矣。年翁寄赠虞夏赎金释文，适得二币"京一釿"、"梁一釿"，即刘青园所谓最罕见者，拓奉审定。窃疑"京"为"韩"字省文，"釿"即"釿"之变体，李氏《古泉汇》以"倉"为"京"字，以"釿"为"颍"字，亦未的塙（确），各存其说可耳。月初按临北山，在同官道中见一造像，高约四尺许，无年号，其文似唐以前物，正面佛像两层凸起处多剥落，阴面侧面有象数十躯，每像各有佛弟子某某敬造一行，碑末有刻像人姓名，收来拟选良工往拓数纸，容再寄览。

① 吴大澂：《吴大澂书信四种》，凤凰出版社，2016年，第4、5、155、5、10、11、29、30、31、48、153页。
② 吴大澂：《致沈树镛——第二十二通》，《吴清卿手札》，复印稿本，顾廷龙旧藏。
③ 李军：《吴大澂交游新证》，复旦大学博士论文，2011年，第168，157页。
④ 吴大澂：《吴大澂书信四种》，凤凰出版社，2016年，第4、5、155、5、10、11、29、30、31、48、153页。
⑤ 吴大澂：《吴大澂书信四种》，凤凰出版社，2016年，第4、5、155、5、10、11、29、30、31、48、153页。

秋初，北山试竣，前赴汉中，纤道往访襄城汉刻，或有题名未经人拓者，亦未可知？潘宗伯、韩宗元题字必以另纸拓出，一并奉寄。《西狭颂》《五瑞图》，则须俟诸来岁也。仓颉庙碑拓来数纸，阴及两侧字尚不少，拓手不佳，拟再另拓奉寄。郑盦师重值南斋，意兴如何？厂肆古缘，有无新奇可喜之品？乞将拓本代留一分，便中寄示。兄僻处山中，日形寡陋，往来千余里，所过荒村废堡并残砖片瓦而不可得，贫于古而不富于今，未免岑寂之感。礼闱揭晓，此间尚无消息，舍弟文字尚可，有望。倘与石查作同年，又结一重文字缘，大妙妙。蜀中常有竹报否？孝达先生久未通书，亦极系念。以后惠书，乞交顺治门大街咸长会馆内陕西提塘，至为妥便。

手泐敬颂著祺。临颖不胜依驰之至。

弟夫人闻福。

兄大澂顿首。

四月廿七日，绥德试院（图二）。

按：《吴愙斋先生年谱》同治十三年甲戌载，正月，按试同州；四月，出棚，按试北山、延安、榆林、绥德各属①。此札书于同治十三年四月廿七日，时在绥德试院。

正月，吴大澂收得由大荔知县周铭旂（1828—1913年，字懋臣，号海鹤，山东即墨人）

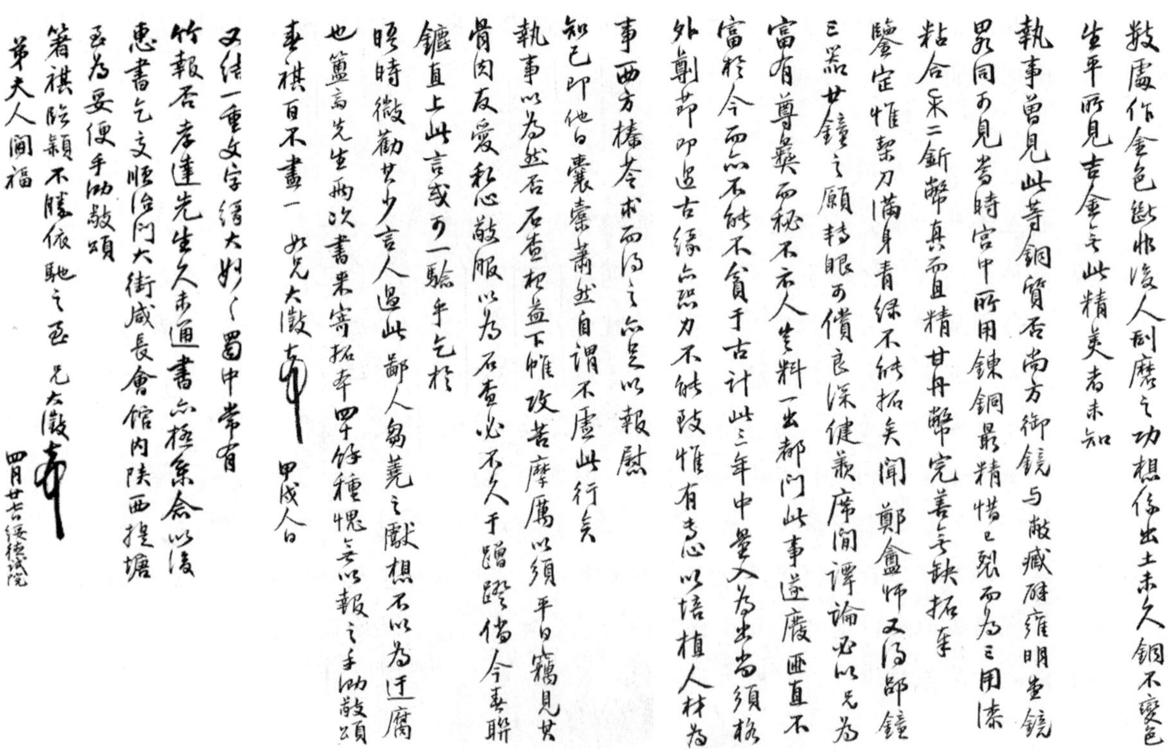

图二　清吴大澂行书致王懿荣札（1874年）
南京博物院藏

① 顾廷龙：《吴愙斋先生年谱》，哈佛燕京学社，1935年，第48页。

转来王懿荣同治十二年十一月廿九日来函，而稍早前由王氏胞弟王懿榮（1851—1899年，字信卿）转寄信函一直未收。

在鲍康、胡公赞、王懿荣等人影响下，入京后的吴大澂开始关注古钱币。在与王懿荣书信往来中，他经常讨论古钱鉴藏心得。因为经眼不多，吴大澂若有疑问，往往致函王氏请教商量。至西北后，他百计搜求，收获良多。这里，他首先向王懿荣介绍了由西安古董商苏亿年代购的古物简况，特别交代了"索值十金，以为奇货"的"凉造新泉一枚"，后依鲍康（年翁）"寄赠虞夏赎金释文"和李佐贤（1807—1876年）《古泉汇考》考证新得古泉"京一釿""梁一釿"二币的文字。之后，他还介绍了巡试北山道中所见造像以及即将按临汉中访碑的种种打算，如拓印仓颉庙等情形。查《吴愙斋大澂尺牍》，吴大澂八月初八回函陈介祺时，也叙述了同官道中所见唐人造像，分享心得。而所及《西狭颂》《五瑞图》等则在次年春由所雇拓工张懋功前往拓印[①]。

另外，他还提及弟弟吴大衡会试，表示关心，也时刻不忘胡义赞的动向："与石查作同年，又结一重文字缘，大妙妙。"就语气看，吴大澂内心一直急切地想与胡义赞复好。查考，吴大衡（1838—1896年），字谊卿，号运斋。光绪三年（1877年）丁丑科进士，改翰林院庶吉士。光绪六年（1880年）四月，授翰林院编修。同治十三年三月，朝廷举办会试，礼部尚书万青藜为正考官，刑部尚书崇实、工部尚书李鸿藻、吏部左侍郎魁龄为副考官；四月二十一日，又举办殿试[②]。从文字判断，吴大衡、胡义赞都参加殿试，可惜两人都没有高中。

因为王氏之父王祖源（1822—1886年，字莲塘）时任四川龙安知府，故他最后有"蜀中常有竹报否"的关切。同时，他表达了对张之洞（1837—1909年，字孝达，号香涛，河北南皮人）的思念之情，因为在吴大澂外放陕甘学政前的同治十二年六月，张之洞也外放四川学政，吴大澂、王懿荣、胡义赞等人廿七日举办雅集看荷会为张之洞践行，感情甚笃[③]。

二、致刘锦棠札两通

前接惠缄，知台旌进省，相违数百里，未能握手一谈为怅。未知何日返旆西凉？闻太老伯母迎养来甘，何时可到，是否卜居兰会，至以为念。大澂自前月秦州试毕，接考阶州，山径纡仄，风景颇佳，幸无风雪之阻，地气亦极和暖，刻下试事将竣，望前启程回陕，迢迢千余里，计须岁暮方抵鹿原，知念附及，寄建堂一信，乞饬交为感。手泐敬请勋安，并颂岁祺。

小兄大澂又顿首，腊月初八日，阶州试院泐（图三）。

---

① 吴大澂：《吴大澂书信四种》，凤凰出版社，2016年，第4、5、155、5、10、11、29、30、31、48、153页。
② 佚名：《清实录同治朝实录》卷三四〇。
③ 李军：《吴大澂交游新证》，复旦大学博士论文，2011年，第168、157页。

毅斋仁弟大人阁下：

去腊泐布寸械，奉贺年禧，计邀鉴及，敬维苣猷卓著，勋候胜常，允符臆颂。克庵副帅前在西安，晤谈数日，计二月初必可到兰，想台旌当在会垣，商办一切事宜，未知执事何日回凉？此后训练转输，倍增劳勩，尚望为国保爱，是所企祷。大澂自阶州试毕，冒雪遄归，至腊月廿七日始抵鹿原，知念附及，手泐布达，敬请勋安，不具。

如小兄吴大澂顿首，正月廿三日（图四）。

按：同治十三年十一月，吴大澂按试秦州，十二月按试阶州，至腊月廿七日抵回鹿原学署[①]。吴大澂善于交游，所交友朋涉及同乡、军政、学术、收藏各界，十分复杂。两札收信人刘锦棠（1844—1894年），字毅斋，湖南湘乡人。十五岁时参加湘军，随叔父刘松山（1833—1870年）转战江西、安徽、陕西等地，围剿太平军、捻军。同治九年（1870年）二月，刘松山率军进攻回民军基地金积堡地区阵亡，刘锦棠代理统领，三年半间经历苦战相继攻克金积堡、西宁、肃州（今酒泉），平定陕甘回变，因功擢升甘肃西宁道。光绪元年（1875年）春，刘锦棠率部驻扎凉州（今武威），开始为平定新疆之乱整军备战，光绪元年九月廿四日得左宗棠（1812—1885年）之荐，任前敌指挥，总理行营事务。光绪二年四月，刘锦棠统部从肃州出发，横行千里戈壁，进军北疆，一路征剿，次年平定新疆阿古伯之乱。光绪十年（1884年），新疆建省，刘锦棠授任巡抚。

第一札，写于光绪元年腊月初八，时在阶州。吴大澂向刘锦棠叙述了先前巡试的简单情况，问及刘锦棠迎养祖母事，抒发友朋间的思念之情。咸丰四年（1854年）刘父刘厚荣征剿太

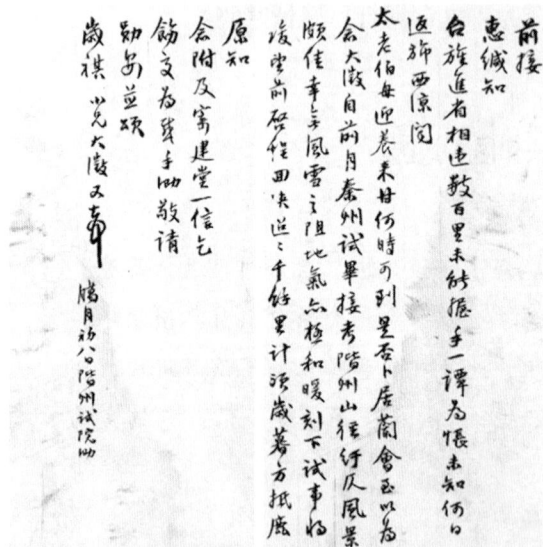

图三　清吴大澂行书致刘锦棠札（1876年）
南京博物院藏

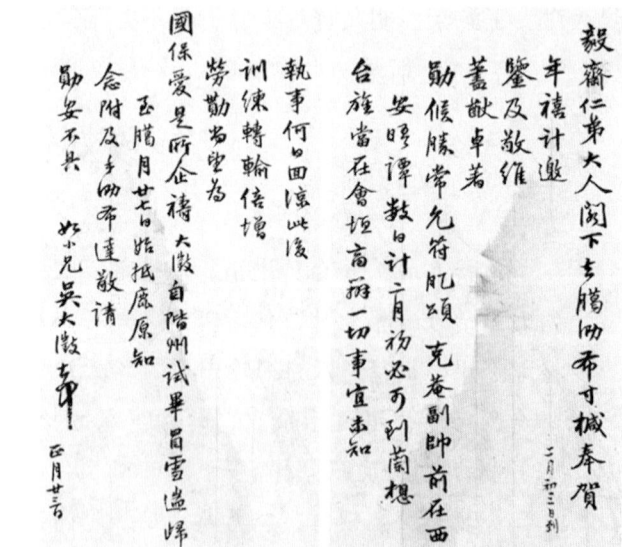

图四　清吴大澂行书致刘锦棠札（1877年）
南京博物院藏

① 吴大澂：《吴大澂书信四种》，凤凰出版社，2016年，第4、5、155、5、10、11、29、30、31、48、153页。

平天国战死岳州，母亲彭氏因生活所迫改嫁，年仅十岁的刘锦棠由祖母陈氏抚养成人。正因如此，刘氏一直对祖母十分孝顺，征战以后曾数次上书请开缺回乡，多未获批准，故有迎养之议。光绪十五年（1889年），八十五岁的陈氏中风瘫痪，刘锦棠以李密《陈情表》获准回乡侍奉老祖母[①]。

札中所及"建堂"，乃钟麟同（？—1911年），山东济宁人，毕业于李鸿章创办的威海武备学堂，治军严整、累保道员，后调充云南陆军第十九镇统制官。

第二札，写于光绪二年正月廿三，时自陇南回到鹿原，也是吴大澂、刘锦棠之间的问候，略说了自己的行程。札中所及"克庵副帅"为刘典（1820—1879年），字伯敬，湖南宁乡人。曾任浙江按察使、甘肃按察使、陕西巡抚等。光绪元年奉命奔赴新疆，协助左宗棠征讨新疆叛乱，光绪二年二月到达兰州，任后方留守，筹兵转饷，授太仆寺正卿，旋升布政使。吴大澂向刘锦棠说及正月间在西安得晤刘典，故了解他的安排。

补充说明，查《吴愙斋大澂尺牍》，丙子正月廿二日，也就在写此信前日，吴大澂致信陈介祺介绍新获尊彝二器并秦汉砖瓦数种[②]。

三、致李慎札一通

勤伯仁兄大人阁下：

前月泐布寸缄计已鉴及，比想政祉增绥，茮勛楙著，定符臆颂。弟因荃相奏调来津，会办晋省筹赈事宜，因南路平阳一带被灾甚重，粮运较远，拟由道口运至河内之清华镇，北度太行，径达平阳各属，惟沿途水陆脚费是否合算，尚无把握，适有南中善士集捐之款，先购牛庄高粱七千余石，试运一次，由弟自行督运前往，察度情形，酌量散给，计事竣回京约在腊月中。想老兄入觐之时，必可图晤。或台从由西道北来平蒲，正站必由之路，届时并可相约结伴同行，尤所欣盼。二秦灾歉以冯翊为最重，筹捐筹赈想极费力，千里运粮，不足应饥黎之急，实无良法，徒益焦思，奈何奈何。手泐敬请勋安，不尽百一。

弟大澂顿首，九月廿三日。

再，弟处曾托南院门杨实斋代购古器及瓦当数种，一时无便可带，因属实斋装捆结实，送至尊处，费神饬纪代收，携带入都，至为感企，恃爱琐渎，尚希谅察。

弟大澂又顿首。

敝寓在琉璃厂之南大安南营，并以附闻（图五）。

---

① 十年砍柴刘锦棠：无奈"不养下堂母".北京：新华每日电讯，［2016-5-10］. http://wap.gansudaily.com.cn/system/2016/05/10/016057226.shtml.

② 吴大澂：《吴大澂书信四种》，凤凰出版社，2016年，第4、5、155、5、10、11、29、30、31、48、153页。

按：光绪三年夏，山西大旱，千里荒野。七月间，吴大澂始创运粮之议，九月初八因陕甘总督曾国荃（1824—1890年，字沅甫）之荐奉旨前往天津，会办山西饥荒赈灾。抵津后，他筹集购买高粱七千石，亲自督运，九月末出发，先由卫河至浚县道口，后改陆路，一路颠簸，异常艰辛。腊月，他抵达山西凤台、阳城，设厂放馍①。当时两县受灾严重，遍地饥民，形状惨烈。吴大澂赋诗记录："单车问俗到阳城，绝巘重峦路不平。百里荒村无犬吠，半山残雪少人行。田庐多属流亡户，父老惟闻叹息声。忍死须臾待膏泽，明年有地为谁耕？挽粟飞刍腊正残，区区何以慰饥寒？野多枯骨生人少，数不留皮粒食难。救火情怜循吏苦，望梅心喜圣恩宽。万家性命存呼吸，吾辈盘飧愧未安。"为了更好地救赈，吴大澂劝导当地士绅添设馍厂，辅助官办的不足。除夕，他回到凤台，想及饥民仍深感愧疚，赋诗抒怀："山郡荒凉地，居然日两餐。有鱼供醉饱，无米救饥寒。夜半惟闻泣，门前不忍看。圣恩朝早逮，中泽共胪欢。"光绪四年（1878年）二月，他由泽州到太原，面见曾国荃汇报赈灾事宜，三月十二日回到天津督办其他转运事宜，圆满完成山西救赈"②。后来，吴大澂因功被"赏加侍读学士衔"，年底出任河南河北道。

此札写于光绪三年九月，时在天津，收信人李慎，字勤伯，号柏孙，辽宁铁岭人，隶汉军旗。咸丰三年（1853年）进士，同治六年（1867年）任凤翔知府，同治十二年改任西安知府，后官陕西布政使、西宁办事大臣。左宗棠征讨新疆期间，李慎曾负责陕西军需局，担任盐运使。吴大澂向李慎叙述了自己督运赈灾粮的若干设想，并相约朝觐时会晤或结伴入都之事。核查吴大澂赈务行程，他后来与李慎并未相见，结伴入京更是无法成行。在担任陕甘学政时，他多次来往于西安、三原之间，结识或在期间。李慎也精于鉴赏，喜欢收藏，二人遂成知音。故在再及中，他委托李慎帮忙携带由西安古董商杨秉信代购的古器物入都。杨秉信（1831—1909

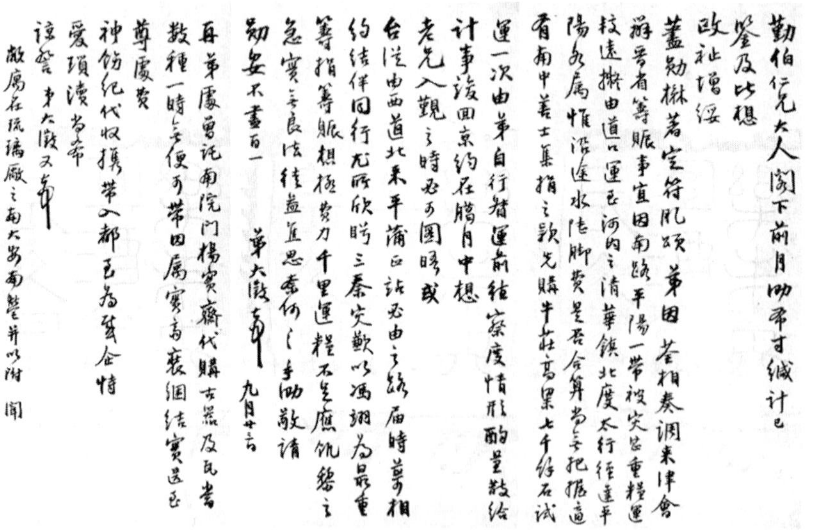

图五　清吴大澂行书致李慎札（1877年）

南京博物院藏

①　吴大澂：《吴大澂书信四种》，凤凰出版社，2016年，第4、5、155、5、10、11、29、30、31、48、153页。

②　王国华：《吴大澂是如何办赈的》，《同舟共进》2014年第7期，第88—90页。

年），字幼实，号实斋，陕西西安人。精鉴赏，善于审定金石，从事古董交易，斋名友石轩，与陈介祺、吴大澂等关系密切。在西北时，因陕西出土文物较多、古董价格远低于京沪主要城市，吴大澂开始大肆收藏、广泛购买文物。他与西安古董商杨秉信和北京永和斋主苏亿年（苏六）、苏兆年（苏七）兄弟等人十分热络。在上述第二通致王懿荣札中，他就说及委托苏兆年代购瓦当、铜镜之类古器。离开陕西后，吴大澂仍与他们保持着联系，委托其打探消息，购买古物。

再查《吴愙斋大澂尺牍》，光绪三年十一月朔日，吴大澂致信陈介祺也叙述了会赈山西的各种情形，十分详细，可作补充①。

（原载于《中国书法》2020年第9期）

---

① 吴大澂：《吴大澂书信四种》，凤凰出版社，2016年，第4、5、155、5、10、11、29、30、31、48、153页。

南京博物院藏古籍珍善本撷要

欧阳摩壹　奚可桢

内容提要： 南京博物院除藏有大量文物外，还藏有七千多部、近二十万册古籍，这在全国博物馆界也是不多见的。南京博物院所藏古籍分两部分收藏，其中珍善本古籍（包括清代内府书）藏于典藏部，计二千七百余部、五万余册；其中有五百七十余部、八千余册原藏于图书馆，于21世纪初移交典藏部收藏。普通古籍（主要为清代地方志）藏于图书馆，用于本院研究人员查询、借阅。珍善本古籍里有不少系海内孤本、珍稀本，弥足珍贵。笔者深入南京博物院古籍库房调研近两年时间，对其中具代表性的珍善本古籍加以介绍，以期呈现南京博物院所藏古籍整体面貌和历史文化价值。由于篇幅所限，敦煌写经卷、清代内府书和宗教经典等古籍文献未列其中，以后拟作介绍，以就教于学界专家和读者。

关键词： 南京博物院　古籍　珍善本　撷要

　　南京博物院（以下简称南博）是我国大型历史艺术类综合性博物馆之一，其前身为始建于1933年的中央博物院筹备处，经过数代同仁的努力，目前除庋藏四十三万余件（套）文物外，还收藏大量的古籍和文献资料。作为第一批入选国家级重点古籍保护单位的南京博物院，院藏古籍近二十万册。其中善本古籍有二千七百余部，五万余册。拥有如此多的珍贵古籍藏品，在中国博物馆界也是不多见的。

　　南京博物院藏古籍分两部分收藏。其中珍善本古籍（包括清代内府书）藏于南博典藏部，作为文物珍藏；普通古籍（包括清代地方志）收藏于南博图书馆，用于南博研究人员查询、借阅。典藏部所藏珍善本古籍中，有五百七十余部原为南博图书馆所藏，于21世纪初转交典藏部收藏。这批古籍计八千余册，九万余卷，分属经、史、子、集等各个门类，其中史部选入《中国古籍善本书目》者六十六部，有不少为海内孤本、珍稀本[①]。

　　南京博物院藏古籍门类较齐全，包含各种版本形式，如刻本、活字本、稿本、抄本、批校本等，涵盖宋、元、明、清等各个时期。如宋刻本《大唐六典》《新刊诂训唐柳先生文集》，宋刻宋元递修本《武经七书》，元刻本《集千家注杜工部诗集》，明内府刻本《周易传义大

---

① 南京博物院图书馆、典藏部藏档案资料。

全》《诗传大全》，明刻本《百一新判》《皇明名臣琬琰录》《程孟阳诗集》，清内府本《秘殿珠林》《南巡盛典》《佩文斋书画谱》《（乾隆）钦定皇舆西域图志》，清内府铜活字本《古今图书集成》，清康熙刻本《江宁县志》《吴县志》，明清名家批校本《洛阳伽蓝记》《周礼注疏删翼》，清稿本《金川纪略》《太平天国年表》《八琼室金石稿本》《春草堂诗订》，清抄本《马鞍山志》《陈墓镇志》《双凤里志》等，多为孤本，或为典藏精品，有不少入选《国家珍贵古籍名录》。另外，南博还藏有为数较多的佛道教经典，如东晋至唐宋时期的写经、刻经卷，《碛砂藏》《径山藏》刻本等，还有满、蒙、藏和其他少数民族语种经书文献，大多是珍善本，传世甚少，弥足珍贵。除此之外，南博还藏有契约、公文、日记、信札、殿试卷、夹带书、地图、邮票、纸币、年画、广告画、宣传画、革命文献、民国图书和报刊等。这些资料数量大，内容丰厚，反映出一定历史时期政治、经济、社会、文化等方面的重要内容。因本文篇幅所限，故只介绍南博所藏宋、元、明、清古籍珍善本，敦煌写经卷、清代内府书和宗教经典等古籍文献未列其中，以后拟陆续介绍，以就教于学界专家和读者。

一、宋 元 刻 本

在古籍善本中，宋刻本校刊精善，存量稀少，具有很重要的版本价值和文物价值。自明代中后期以来，宋刻本一直受到学者、藏书家的珍视。早在明朝，宋刻本已有"寸纸寸金"之说。而宋刻宋元递修或宋刻宋元明递修本，因存量少，且反映历代递修情况，也具有重要的版本价值。南博所藏宋刻本及宋以后递修本如下。

《大唐六典》三十卷，唐玄宗御撰，唐李林甫等奉敕注，南宋绍兴四年（1134年）温州州学刻，存五卷。蝴蝶装，四册。版框高20厘米，宽29.3厘米。半叶十行，行一般二十字，少数十九或二十一字、二十二字。小字双行，行二十三字，个别二十四字。白口，左右双边，单鱼尾。版心中题书名"六典"及卷次、叶次；版心下题刻工名，计有陶中、宋昌、余政、吴佑、王恭、王拱、刘昭、陈良、张明、曹溢等十四人。该书于唐玄宗开元十年（722年）开始编纂，开元二十六年（788年）成书。这是一部唐朝官修、记述当时职官等典章制度的行政法典，并且将职官的职能和历代官制沿革注于正文之下，为文精密简要，为研究唐代官制的比较原始和准确的史料，同时也可作为研究周、秦至隋代官制演变的参考。此本为目前所知存世最早的刻本。国内现存十五卷，分藏于南博、国家图书馆和北京大学图书馆。南博所藏存五卷，为卷七至卷十一，其中卷十一缺第五叶和第十四叶，共存六十五叶。原藏于北平历史博物馆，卷十一第十四叶钤有"京师历史博物馆收藏"朱文长方印。后归南博前身国立中央博物院筹备处收藏。卷七第一叶纸背上方，钤有"国子监崇文阁官书"楷书朱文长方印，说明此书宋亡后入元，为元国子监官书。南博藏残本五卷，虽只为全书六分之一，却是《大唐六典》中的主要部分。卷七，尚书工部；卷八，门下省；卷九，中书省、集贤院、史馆等；卷十，秘书省；卷十一，殿中省。尤其对京城西安和洛阳的宫殿门阙记述详备，可为今日古都宫阙遗址考古发掘工作提供参考资料。避宋讳，“敬”“弘”“讓”等字缺末笔。正文有四处批注、两处补字①。国家珍贵古籍名录号00547（图一）。

《韦苏州集》十卷，唐韦应物撰，南宋绍兴年间刻本。蝴蝶装，一册。版框高23.7—24.2厘米，宽33.8—34.5厘米。半叶十行，行十八字。小字双行同。白口，左右双边，单鱼尾。版心中题书名“韦”及卷次、叶次，版心下题乙琦、贾琚等刻工名。南博所藏系残本，卷六只存九、十两叶，卷七存十二、十三、十五至十九叶，共存九叶。两残卷共存诗四十一首。南博藏《韦苏州集》残本，因首尾皆缺，序跋不存，镌刻年代和地点难以考定，唯刻工中的贾琚曾见于《备急总效方》。傅增湘在《藏园群书经眼录》中提到《备急总效方》一书，系宋绍兴二十四年（1154年）刻本，刻书人姓名有乙成、金彦、贾琚等。加之残本中所见避讳止于宋高宗，而且其纸质、字体和雕版技艺，又与傅增湘所述之书相近，依此类推，该书可能亦为南宋绍兴年间浙刻本②（图二）。

《新刊诂训唐柳先生文集》四十五卷，唐柳宗元撰，宋刻本。蝴蝶装，一册。版框高21.1厘米，宽31.7厘米。半叶九行，行十七字。小字双行同。白口，左右双边，单鱼尾。版心

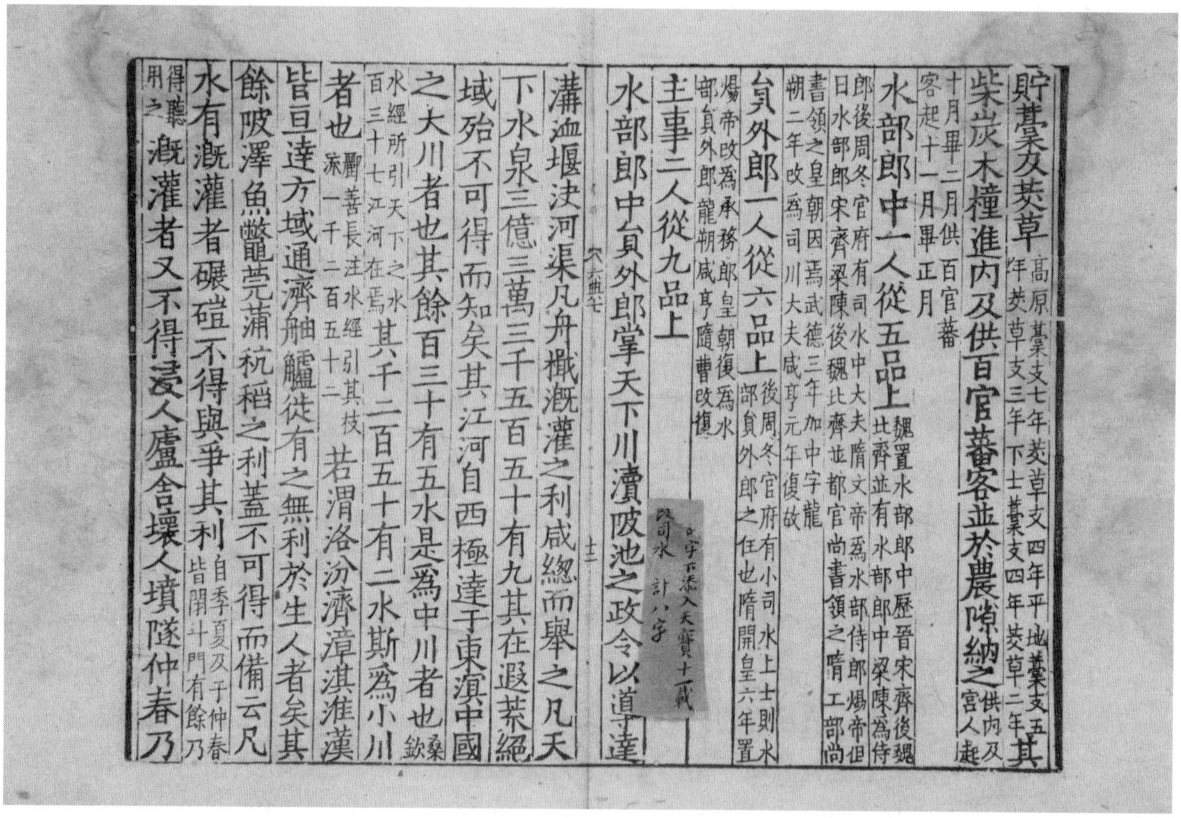
貯藁及茭草高原藁支七年茭草支四年平地藁支五年茭草支三年下士藁支四年茭草二年其
柴炭木橦進內及供百官蕃客並於農隙納之供內及宮人起
十月畢二月供百官蕃客起十一月畢正月
水部郎中一人從五品上魏置水部郎中歷晉宋齊後魏北齊並有水部郎中梁陳爲侍
郎後周冬官府有司水中大夫隋文帝爲水部侍郎煬帝但日水部郎宋齊梁陳後魏北齊並都官尚書領之隋工部尚
書領之皇朝因焉武德三年加中字龍朔二年改爲司川大夫咸亨元年復故
員外郎一人從六品上後周冬官府有小司水上士則水部員外郎之任也隋開皇六年置
煬帝改爲承務郎皇朝復爲水部員外郎龍朔咸亨隨曹改復
主事二人從九品上
水部郎中員外郎掌天下川瀆陂池之政令以導達
□字下添入天寶十一載改司水　計八字
六典七　十二
溝洫堰決河渠凡舟檝溉灌之利咸總而舉之凡天
下水泉三億三萬三千五百五十有九其在遐荒絕
域殆不可得而知矣其江河自西極達于東溟中國
之大川者也其餘百三十有五水是爲中川者也桑欽
水經所引天下之水百三十七江河在焉其千二百五十有二水斯爲小川
者也酈善長注水經引其枝派一千二百五十二若渭洛汾濟漳淇淮漢
皆亘達方域通濟舳艫從有之無利於生人者矣其
餘陂澤魚鼈莞蒲秔稻之利蓋不可得而備云凡
水有溉灌者碾磑不得與爭其利自季夏及于仲春皆閉斗門有餘乃
得聽用之溉灌者又不得浸人廬舍壞人墳隧仲春乃

图一　《大唐六典》

① 张正祥：《宋刻〈大唐六典〉》，《南京博物院藏宝录》，上海文艺出版社、三联书店（香港）有限公司联合出版，1992年，第275—276页。

② 张正祥：《宋刻〈韦苏州集〉》，《南京博物院藏宝录》，上海文艺出版社、三联书店（香港）有限公司联合出版，1992年，第276—277页。

寒鳥下破衣掛樹老僧□

詣西山深師

曹溪舊弟子何緣住此山世有征戰事心將流
水閑掃林驅虎出宴坐□林間藩守寧為重□
騎造雲關

尋簡寂觀瀑布

躡石欹危過急澗攀崖迢遞弄懸泉猶將虎□
為身累欲什歸人絕世緣

簡寂觀西澗瀑布下作

深□作流絕壁□泫煙翠樹深叢際松風起□察
灑塵襟窺靄靆翫猿鳥解覊傲雲林余果邈真愜
觴酌冶同心曠歲懷□賞行春始重尋聊□□
吹曲一寫山水音

遊南亭

池上鳴佳禽僧幽日寂寂高林晚露清紅藥無
人摘春水不工煙花岡藥翳石不應朝夕遊□
照蹉跎客

南園

清露夏天曉齊園野氣通水禽遙泛雪池蓮□
紅藥紛已舒□黍□穟稀□□不窮頓灑塵喧□

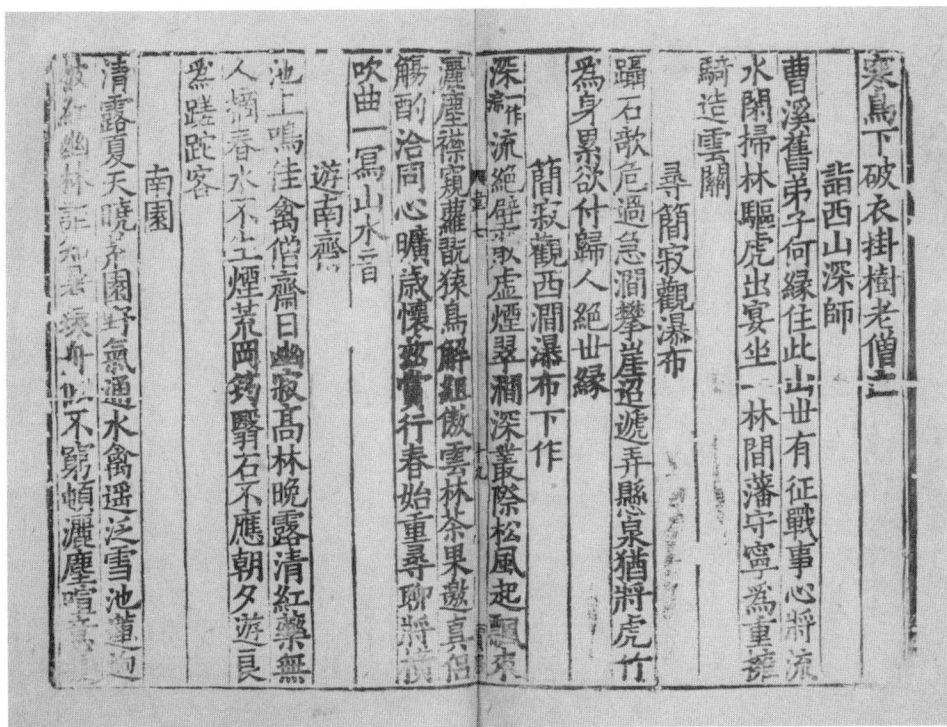

图二 《韦苏州集》

中题书名"柳文"及卷次、叶次，版心下题丁松、王仔、王禧、张侍用、吴椿、吴铉、金滋、王瑞等刻工名。南博所藏系残本，卷三十七存二十七叶，卷四十一存十一叶，共三十八叶，包括"表"二十六篇，"文"八篇，如《祭六侄母文》《祭独孤氏丈母文》《祭从兄文》等。避宋讳，"敬""弘""讓"等字缺末笔。国家珍贵古籍名录号03794（图三）。

　　《古今合璧事类备要》前集六十卷后集八十一卷，宋谢维新辑，南宋建安黄氏刻本。线装，前集、后集各八册。版框高17.4厘米，宽11.5厘米。半叶七行，行十六字不等。小字双行，行二十四字。白口，少数为黑口，左右双边，双顺鱼尾。版心上有"宙""帝""弓"等字，版心中题书名"要"（或不题书名）及卷次，版心下题叶次。正文前有谢维新序和黄似道（叔度）题跋。跋文末刻有"叔度""建安黄氏"等印记。谢序首叶钤"良惠堂沈九川收藏图籍印章"朱文长方印。正文钤"良惠堂沈沦九川印"朱文长方印、"季振宜印"朱文方印、"沧苇"朱文方印、"毛褒之印"朱文方印、"华伯氏"白文方印、"季振宜藏书"朱文方印、"子长"朱文方印、"项笃寿印"白文方印、"万寿堂藏书印"朱文方印。此书迭经明清收藏家沈沦、项笃寿、毛褒、季振宜等鉴藏。前集目录、卷十六、卷五十九、卷六十七，后集卷二十五、卷三十五等以墨笔补抄。《中国善本书提要》录美国国会图书馆藏此书二种（另有一种残存一册）。《北京大学图书馆藏善本书目》记载藏此书四十八册。此三种（包括前、后、续、别、外集）书前皆有明嘉靖三十五年（1556年）顾可学序，为明嘉靖刻本。南博所藏此本年代较早。

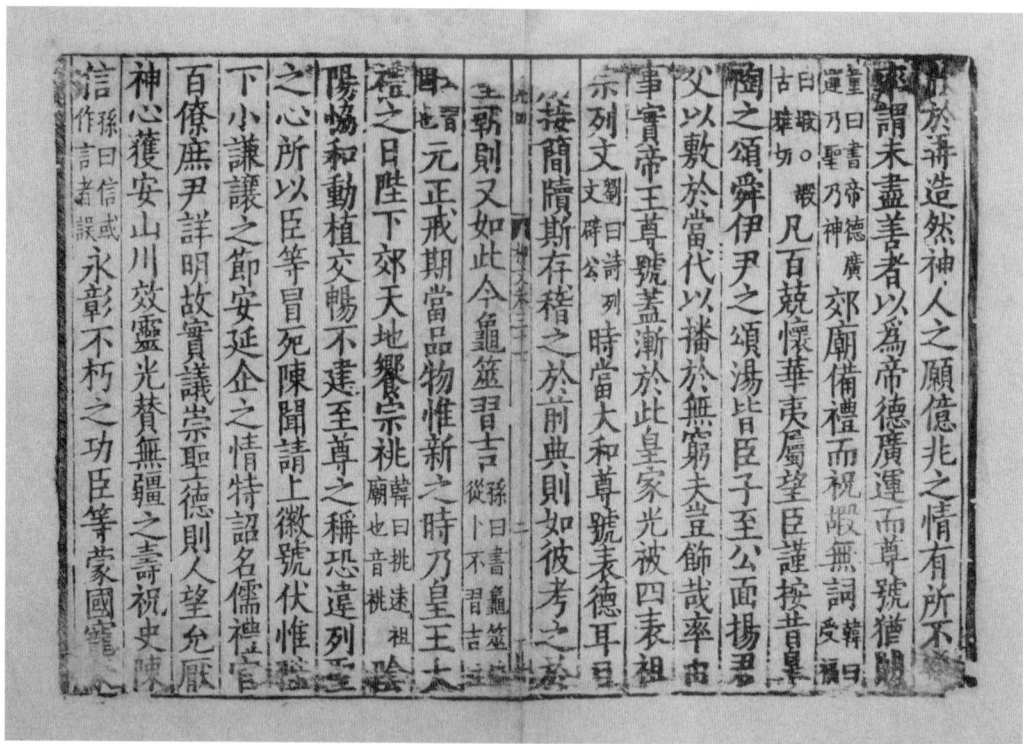

图三　《新刊诂训唐柳先生文集》

《武经七书》二十五卷，西周姜太公、东周黄石公、孙武撰，宋刻宋元递修本。包背装，一册。版框高21.3厘米，宽14.7厘米。半叶十行，行二十字。白口，左右双边，单鱼尾。版心中题书名、卷次。本书存《六韬》六卷五十一叶，《黄石公三略》三卷十一叶，《孙子》三卷十八叶，共计八十叶。《六韬》六卷分别为文韬、武韬、龙韬、虎韬、豹韬、犬韬。《黄石公三略》分上略、中略、下略。《孙子》分上、中、下三部。其上部存始计第一、作战第二、谋攻第三、军形第四、兵势第五，中部存虚实第六、军争第七、九变第八、行军第九，下部存地形第十、九地第十一、火攻第十二、用间第十三。残损处修补，字未补。《六韬》首叶钤"晋府书画之印"朱文方印、"晋府书籍"朱文方印。《孙子》卷末钤"子子孙孙永宝用"朱文方印、"敬德堂图书印"朱文方印。此书迭经明洪武帝第三子晋王朱㭎等鉴藏。国家珍贵古籍名录号00617（图四）。

《陈书》三十六卷，唐姚思廉撰，宋刻宋元明递修本。改为线装，十册。版框高21.5厘米，宽18厘米。半叶九行，行十八字。白口，左右双边，因属补刊，版式不一，单鱼尾或无鱼尾。多册版心上部题"嘉靖八年刊""嘉靖八年补刊""嘉靖九年补刊"等。版心中题书名及卷次、叶次，版心下题"七"等刻工名。内容凡三十六卷，其中本纪六卷，列传三十卷。本纪第一卷、列传第三十卷有补抄。卷一首叶钤"勾吴曹氏收藏金石书画之印"白文方印。此为清晚期至民国年间藏书家和版本目录学家曹元忠的鉴藏印。另外，南博所藏同为宋刻宋元明递修、又同藏于曹元忠处的还有《南齐书》五十九卷、《北齐书》五十卷（图五）。

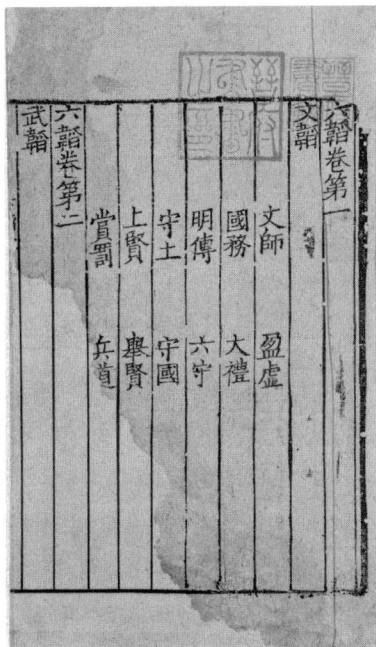

图四　《武经七书》

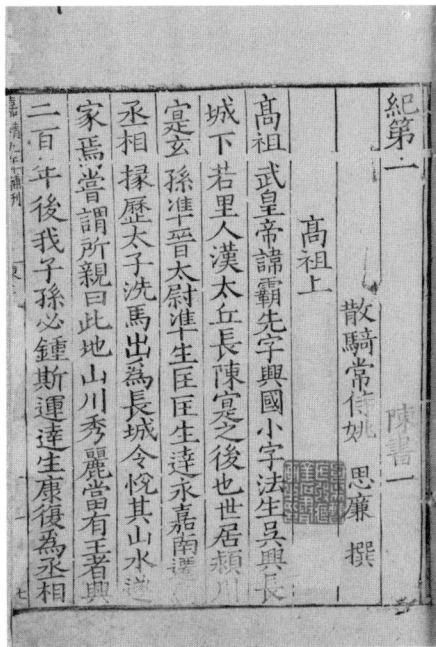

图五　《陈书》

其他宋刻元明递修本还有《西山先生真文忠公读书记》
《孟子注疏解经》等，原藏承德避暑山庄或内阁大库。

《西山先生真文忠公读书记》甲集三十七卷、乙集下
二十二卷、丁集二卷，宋真德秀撰。甲集、丁集为南宋福州官
刻元明递修本，乙集为宋开庆元年（1259年）福州官刻元明
递修本。线装，四十四册。版框高21.8厘米，宽15.7厘米。白
口，左右双边，双顺鱼尾。甲集、丁集半叶九行，行十六字。
小字双行，行二十四字。乙集半叶九行，行十七字。小字双行
同。版心中题书名"读书记"及卷次，版心下题叶次和刻工
名，并题"延祐五年（1319年）刊□"等。前有汤汉序。正文
钤"天禄琳琅"朱文方印、"永寿堂"白文长方印、"长啸
堂"白文方印、"乾隆御览之宝"朱文方印、"避暑山庄"朱
文方印、"张隽之印"朱白文方印、"一字文通"白文方印
等。甲集卷八、十、十一、三十等有墨笔补抄。甲集第十卷末
有"壬辰借朱克远本抄补"墨笔题记。函套上以楷书题"真西
山读书记，乾隆甲子重装"，与书签"真西山读书记"为同一人所写（图六）。

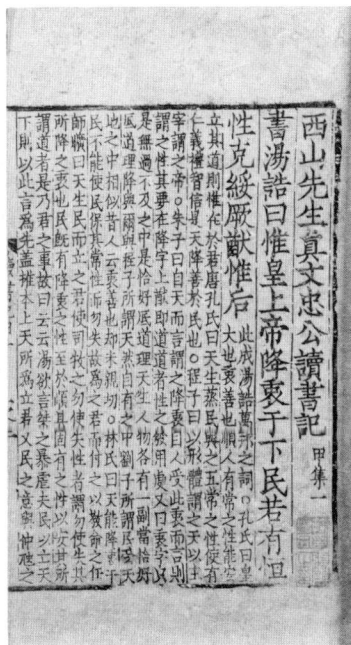

图六　《西山先生真文忠公读书记》

另外，南博还藏有数部较为珍贵的元刻本，具体如下。

《集千家注杜工部诗集》二十五卷年谱一卷，唐杜甫撰，宋徐居仁编，宋黄鹤补注，元
广勤书堂刻本。线装，二十六册。版框高20.2厘米，宽13.4厘米。半叶十二或十三行，行二十
字。小字双行，行二十六字。上、下黑口，少数上白口、下黑口，左右双边，双顺鱼尾。版心

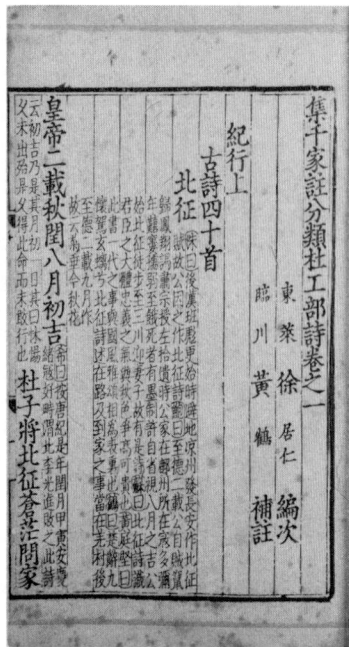

图七　《集千家注杜工部诗集》

中题书名"杜诗注"及卷次，版心下题叶次。前有《杜工部传序碑铭》，如宋祁《唐新书杜工部传》、元稹《唐杜工部墓志铭》等。序末有"广勤书堂新刊"长方形牌记，门类末刻以"三峰书舍"钟形印、"广勤堂"鼎形印。书签题端秀楷书"旧刊集千家注杜诗"。美国国会图书馆藏此版本（多文集二卷），国内仅见南博有藏（图七）。

《新编方舆胜览》七十卷首一卷，宋祝穆辑，元刻本。线装，二十四册。版框高17.4厘米，宽12厘米。半叶七行，行十五字。小字双行，行二十三字。上、下黑口或上、下白口，左右双边，双顺鱼尾。版心中题书名"方"及卷次，版心下题叶次。前有吕午序和祝穆自跋。吕序首叶钤"溪山风月"白文方印、"歙吴束三藏书"朱文方印、"翀山吴霖"白文方印。卷四第七至八叶、卷三十六第三叶、卷三十七第十六叶、卷四十二第十一叶、卷七十第九至十六叶等处，均为楷书补写。该志撰成于南宋理宗年间，祝洙重订于度宗咸淳三年（1267年）。此为当时的全国总志，实仅记载南宋疆域内以首都所在浙西路为首的十七路，以府、州、军为单位，分述建置沿革、事要、风俗、形胜、土产、山川、寺观祠庙、学校、人物名贤、题咏，最后以四六骈体文作结。该志略建置、田赋、户口等他志详载者，惟于名胜古迹，多所胪列，并录相关诗赋序记于其条下，不为考证地理而著，实为登临题咏而备。与同成书于宋理宗时期的王象之《舆地纪胜》类似，只是王书繁而祝书简，王书意在备作诗之用，祝书意在备骈俪文之用。此书涉猎宏富，讹误较少，不失为一部了解、研究南宋地理、名胜、古迹、风物的重要参考书（图九）。

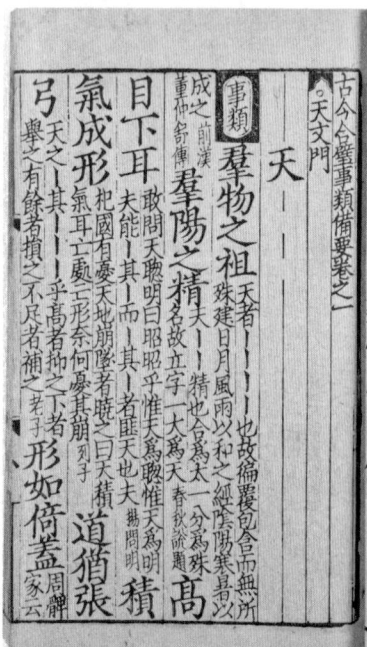

图八　《古今合璧事类备要》

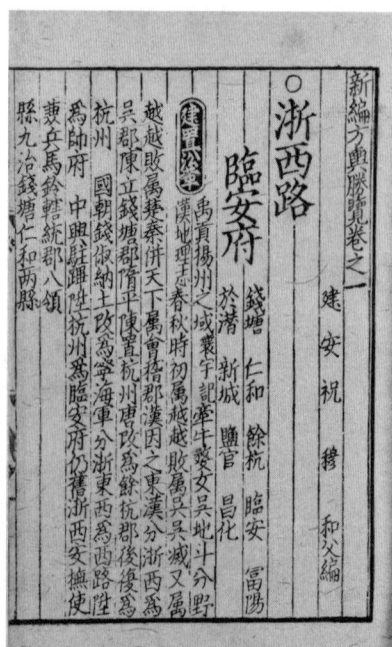

图九　《新编方舆胜览》

二、明刻本

古代刻本中，大致可分内府刻本、官刻本、私刻本、坊刻本等四大类别。内府刻本主要指明清宫廷刻本；官刻本主要指朝廷各部或国子监，以及省、府、州、县学刻本；私刻本主要指私人刻书，如明末清初汲古阁刻本；坊刻本指书坊刻本，如苏州扫叶山房、金陵奎璧斋等。南博所藏明代善本中，有部分为明代内府本（明代宫廷、司礼监等）和国子监、南京吏部等刊刻的官刻本，校刊精善，印制精良，为明代刻本中的上品力作。

明代内府本多为上、下黑口，四周双边，双对鱼尾。具体如下。

《周易传义大全》二十四卷首一卷，明胡广等辑，明永乐内府刻本。线装，十二册。版框高26.6厘米，宽17.6厘米。半叶十行，行二十二字。小字双行同。上、下黑口，四周双边，双对线鱼尾。版心中题书名、卷次和叶次。前有《周易程子传序》《易序》《周易朱子图说》《易五赞》《易筮义》《易说纲领》等。卷十一有补抄。卷首及正文钤"诟燕堂"白文长方印、"爱棠轩"朱文长圆形印、"韩秉智印"白文方印、"择愚"朱文方印。据《中国古籍善本目录》等，此书仅见南京博物院有藏（图一〇）。

《诗传大全》二十卷纲领一卷图一卷，明胡广等纂修，明永乐十三年内府刻本。线装，十二册。上、下黑口，四周双边，双对黑线鱼尾。线装，十二册。版框高27厘米，宽17厘米。半叶十行，行二十二字。小字双行同。上、下黑口，四周双边，双对线鱼尾。版心中题书名、卷次、叶次。前有凡例、朱熹《诗传序》等。卷首及正文钤"乾隆御览之宝"朱文方印、"天禄琳琅"朱文方印。原藏承德避暑山庄。此书迭经明清两代内府刊刻、庋藏（图一一）。

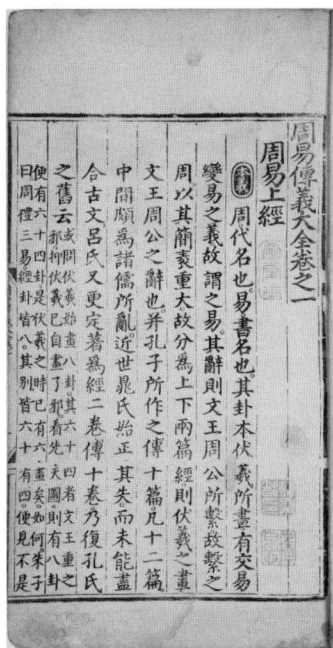

图一〇 《周易传义大全》

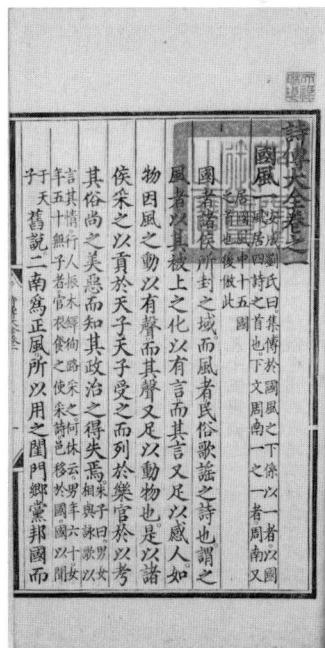

图一一 《诗传大全》

《诗集传》二十卷诗序辨说一卷诗传纲领一卷诗图一卷，宋朱熹撰，明正统十二年（1447年）司礼监刻本。线装，八册。版框高22.8厘米，宽15.5厘米。半叶八行，行十四字。小字双行，行十九字。上、下黑口，四周双边，双顺鱼尾。版心中题书名"诗传"、卷次、叶次。前有《诗传纲领》，其首叶钤"徐氏兴公"白文方印、"吴雨苍"白文方印、"留春书屋"朱文方印、"子孙永保之"白文方印。每册封面均钤"亦园图书"白文方印。此书版式也与上述几部相类，刊印精整，同为明代内府本上品（图一二）。南博所藏明代内府书还有《礼记集说大全》三十卷、《洪武正韵》十六卷等。

南博还藏有一些明代官刻本，如《辽史》一百十六卷，明嘉靖八年（1529年）南京国子监刻本。《吕氏家塾读诗记》三十二卷，明万历四十一年（1613年）南京吏部刻本。《两汉纪》三十卷，明万历二十六年（1598年）南京国子监刻本。《艺文类聚》一百卷，明嘉靖二十八年（1549年）平阳府刻本。其中，《辽史》一百十六卷，元脱脱撰，明嘉靖八年南京国子监刻本。线装，二十册。版框高21.1厘米，宽16.1厘米。半叶十行，行二十二字。白口，左右双边，双顺鱼尾。版心上题"嘉靖八年刊"，版心中题书名、卷次，版心下题叶次。前有脱脱《进辽史表》。卷首及正文钤"浮青小榭图书"白文长方印、"中吴钱氏收藏印"朱文长方印、"陆恬之印"白文方印、"大淳"朱文方印。目录等处有补抄。此书曾经明代藏书家、刻书家钱谷等鉴藏（图一三）。

南博所藏其他明代刻本中，有不少为孤本。具体如下。

《百一新判》三卷，明胡介撰，明嘉靖三十八年（1559年）刻本。线装，二册。版框高19.4厘米，宽13厘米。半叶十行，行二十字。白口，四周单边，单鱼尾。版心上题书名，版心中题卷次、叶次。存二卷：卷一、卷二。前有江一山《刻云楼胡先生百一新判叙》、胡介《百一新判题词》、"云楼胡先生小像"、陈尧《云楼先生小像赞》。卷首及正文钤"静远

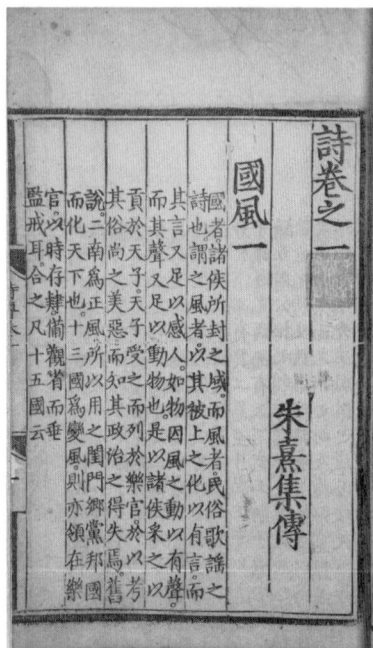

图一二　《诗集传》

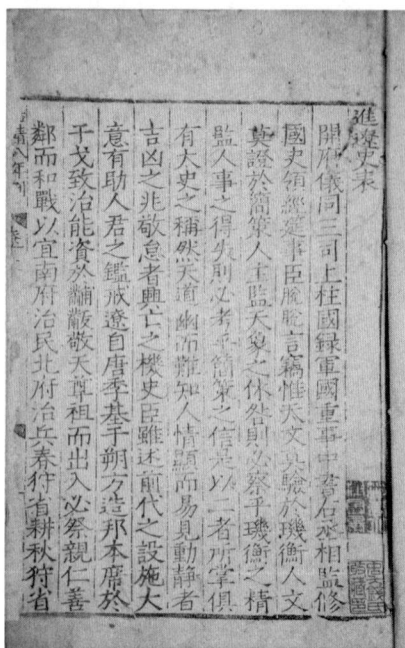

图一三　《辽史》

斋"白文方印、"澂一之印"白文方印。判词的写作，在我国有着悠久的历史，但将判词编为专书并能传播至今者，却颇为鲜见，南博所藏《百一新判》，即为硕果仅存的孤本秘籍。存世的判语著作中，主要分为两大类：一类为作者审判案件时所做的判语，即实判；另一类为模拟一些案件，根据律法来进行判决，即拟判，胡介撰《百一新判》属拟判一类，为我们了解明代的法律制度等，提供了宝贵的一手资料。据《中国古籍善本书目》，此书仅见南博一家有藏①（图一四）。

《皇明名臣琬琰录》前集二十四卷后集二十二卷，明徐紘辑；续集八卷，明王道端辑；明嘉靖四十年（1561）刻本。线装，十册。版框高23.1厘米，宽15.8厘米。半叶十二行，行二十一字。小字双行同。上、下黑口，四周双边，两组双对线鱼尾。版心上刻有"前""后"等字，版心中题卷次、叶次，版心下题"黄富荣刊"、关德、冯受等刻工名。前有薛应旂序。正文钤"毗陵文献征存社"朱文方印。据《中国古籍善本书目》，仅见南博一家收藏此本（图一五）。

《程孟阳诗集》四卷，明程嘉燧撰，明天启元年（1621年）自刻本。线装，三册。版框高22.2厘米，宽13.5厘米。半叶七行、八行、十行不等，行十二至十七字不等。白口，左右双边，单线鱼尾。版心中题叶次。《松寥诗》版心下题"冷风台"，《吴装》版心下题"偈庵"，《雪浪诗》版心下题"玄畅室"。全书包括《松寥诗》一卷、《吴装》二卷、《雪浪诗》一卷三种，各订一册。前有唐时升《程孟阳诗序》、程嘉燧《松寥诗引》。唐序首叶及正文钤"余姚谢氏永耀楼藏书"朱文方印。此书曾经近现代银行家、藏书家谢光甫鉴藏。据《中国古籍善本书目》，此书仅见南博藏一部全本，另有国家图书馆、江西省图书馆藏有一部残本

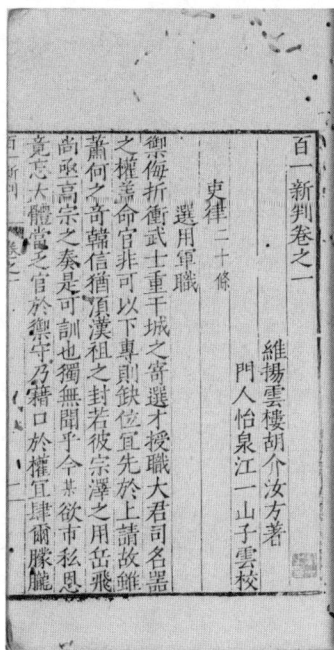

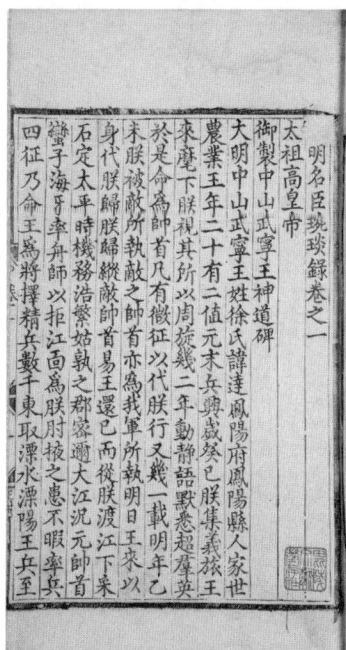

图一四　《百一新判》　　　　图一五　《皇明名臣琬琰录》

① 管军波、王明发：《〈百一新判〉初探》，《江苏图书馆学报》1999年第2期。

（图一六）。

《潇碧堂续集》十卷，明袁宏道撰，明刻本，佚名批注。线装，二册。版框高20.6厘米，宽13.7厘米。半叶九行，行十八字。小字双行同。白口，四周单边，单线鱼尾。版心上题书名，版心中题卷次、叶次。存九卷：卷一至卷九。其中，卷一至卷四：诗；卷五：记；卷六：叙；卷七：传；卷八：杂录；卷九：尺牍。各书目无此书，刊刻年不详。正文及天头有多处墨笔批注及圈点。学者钱伯城先生认为：《潇碧堂集》有两种刻本，一种即二十卷本；另一种加《潇碧堂续集》十卷，但所续十卷即《瓶花斋集》①。而张金锋先生经进一步考证认为：《潇碧堂集》最早由袁氏书种堂刻于万历三十六年，而《潇碧堂续集》不是钱伯城所说的《瓶花斋集》，而是与书种堂《潇碧堂集》不同的另一刻本，只可惜未能考证出这"另一刻本"的具体情况②。由此可见《潇碧堂续集》存量稀少，版本可贵。《潇碧堂集》和《潇碧堂续集》，南博皆有收藏，版式有异，此《潇碧堂续集》可能即为张金锋先生所说之"另一刻本"（图一七）。

另外，《大广益会玉篇》三十卷玉篇广韵指南一卷，梁顾野王撰，唐孙强增字，宋陈彭年重修，明弘治五年（1492年）詹氏进德书堂刻本；《荆溪疏》二卷，明王稚登撰，明万历吴氏云栖馆刻本。据《中国古籍善本书目》，此二书存世量稀少，仅见南博和国家图书馆有藏。《太学增修群书会元截江网》三十五卷，明初刻本。国内仅见南京博物院和北京故宫博物院有藏。

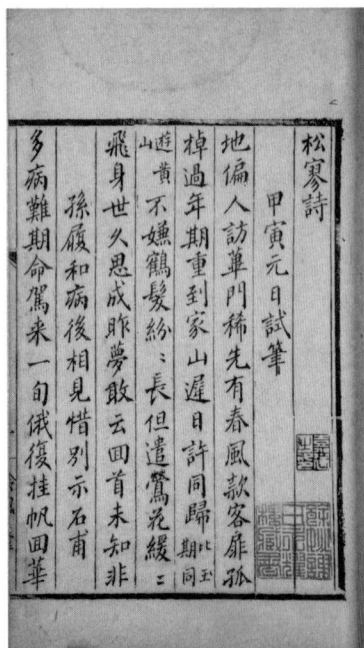

图一六　《程孟阳诗集》

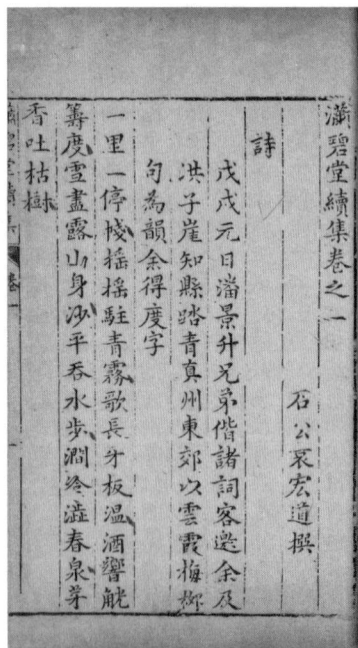

图一七　《潇碧堂续集》

①　钱伯城：《袁宏道集笺校凡例》，《袁宏道集笺校》，上海古籍出版社，2008年。
②　张金锋：《袁氏书种堂刻本袁宏道集刊刻时间补正——兼析此本所收三集的几个不同版本》，《重庆科技学院学报》（社会科学版）2010年第8期；王镜苏：《袁宏道〈潇碧堂集〉研究》，西南大学硕士学位论文，2016年。

前人或古人在各种刻本、活字本、稿抄本上作批、注、校、跋的古籍称为批校题跋本。根据内容、性质和位置的不同，可分为批本、校本和跋本三类。前人对于所读之书内容上有所感悟，随手写在书上的文字，称为批语，而此种书即称为批本。批本主要有两种：一是眉批，即将批语写在书之天头空白处；二是夹批，即将批语写于书的字里行间。前人所校勘之书称为校本。校本又分为原校本、录校本、点校本三种。前人以各种校雠方式在书中写下校语的书，称为原校本；将别人的校语录写于另一部同一种书上，这种校本称为录校本；点校旧称句读，即将原书原文以圈、点等符号加以标注。前人读书时，将读书的感想、该书的版本源流、得书经过及书中所述史实的考订等内容，记录在书的前后空白处，称为题跋，此种书即称为题跋本。

南博所藏明代善本中藏有不少批校题跋本。具体如下。

《洛阳伽蓝记》五卷，北魏杨衒之撰，明万历二十年（1592年）何允中广汉魏丛书本，清吴翌凤批校并跋。线装，一册。版框高19.8厘米，宽13.8厘米。半叶九行，行二十字。白口，左右双边，单白鱼尾。版心上题书名，版心中题卷次、叶次。前有杨衒之《伽蓝记序》。封面题"伽蓝记"，钤"湘管斋"白文方印；另题"吴枚庵校本，嵩霞藏"，钤"皆大欢喜"朱文长方印。序首叶钤"赵卓"白文方印、"嵩霞藏书"朱文长方印、"吴三锡印"白文方印、"秋邨"朱文方印、"吴伊仲藏书"朱文方印。目录首叶钤"甫里湘管斋赵氏藏书"朱文方印，卷一首叶钤"嵩霞"白文方印、"湘管斋赵氏藏书印"朱文长方印，卷二尾钤"赵氏缃芸"朱文方印，卷四尾钤"湘管斋书画记"朱文方印。正文有清代学者、藏书家吴翌凤朱笔批校。书尾有吴翌凤朱笔题跋，钤"甫里赵卓宝藏"朱文长方印、"枚庵流览所及"朱文方印。此书曾经清代书法家吴三锡和吴翌凤等鉴藏（图一八）。

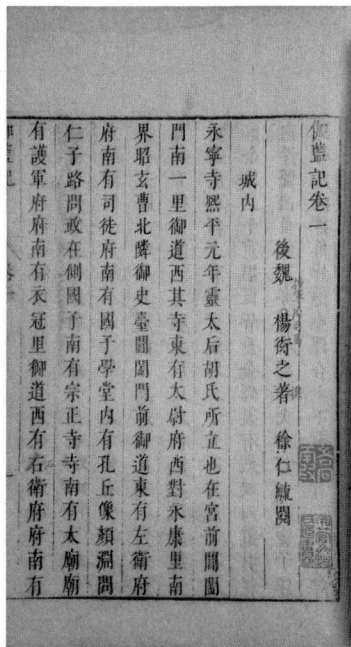

图一八 《洛阳伽蓝记》

《说略》三十卷，明顾起元撰，明万历四十一年（1613年）吴德聚刻本，清林佶跋，佚名批注。线装，十二册。版框高20.4厘米，宽13.6厘米。半叶九行，行二十字。小字双行同。白口，四周单边，单鱼尾。版心上题书名，版心中题卷次，版心下题叶次。前有顾起元序。卷首及正文钤"合肥亲仁堂郭氏珍藏印"朱文长方印、"宾叔经眼"朱文方印、"南京古物保存所藏"朱文方印等。目录末有清早期诗人、学者、藏书家林佶写于"康熙庚辰"的购书题跋，钤"臣佶之印"白文方印、"鹿原"朱文方印。正文有朱笔句读和批注（图一九）。

《周礼注疏删翼》三十卷，明王志长辑，明崇祯十二年（1639年）叶培恕刻本。清沈淑批校，清沈栻录，清江文虎批校并跋。线装，八册。版框高19厘米，宽13.2厘米。半叶八行，行十九字。小字双行同。白口，左右双边，单线鱼尾。前有书名叶："王平仲先生手辑，周礼注疏删翼，本衙藏板。"其后有贾公彦序、叶培恕序、张溥序、王志长序、王志庆序。版框上刻有眉批，书内有清代经学家、学者沈淑和江文虎朱笔批校，清代书画家沈栻抄录文字。书名叶后、贾序前有江文虎朱笔题跋（乾隆丁亥）。贾序首叶钤"松禅过眼"朱文方印、"同龢"白文方印。正文钤"静补斋"朱文方印等鉴藏印。此书曾经清代藏书家李芝绶和清晚期政治家、书法家翁同龢等名家鉴藏（图二〇）。

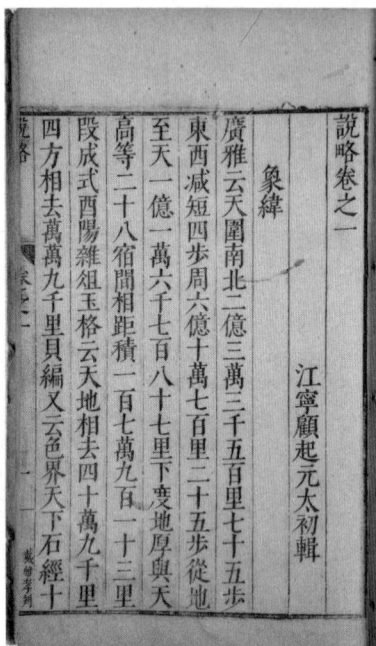

图一九　《说略》

图二〇　《周礼注疏删翼》

　　《明诗选》八卷，明周诗雅辑，明崇祯刻本，清陈维崧批注，清谢璋跋，清许我跋。线装，五册。版框高21厘米，宽12.7厘米。半叶八行，行二十一字。白口，四周单边。版心上题书名、卷次，版心中题叶次。前有周诗雅《皇明诗选序》。卷首钤"春柳草堂"白文方印、"二符簏"朱白文方印、"春柳"朱文方印。正文有明末清初词坛第一人陈维崧朱笔批注、圈点，书尾有许我题跋。每册封面钤"荀里谢氏珍藏"朱文方印。第一册封面有谢璋题签，钤"企石"白文方印。序之前叶有谢璋题跋二，钤"谢璋"朱文方印、"企石"白文方印（图二一）。

　　《津逮秘书》一百四十一种七百四十七卷，明毛晋编，明崇祯汲古阁刻本，清徐时栋补目并跋。线装，存一百四十种，七百二十七卷，计一百四十五册。版框高18.6厘米，宽13.4厘米。半叶九行，行十九字。白口，左右双边。版心上题书名，版心中题卷次，版心下题"汲古阁"。前有书名叶："小寒山陈函辉先生撰，津逮秘书，汲古阁藏。"钤"城西草堂"朱文方印、"宽树堂"白文椭圆形印、"汲古阁"白文方印。其后有毛晋序及胡震亨《题辞》、胡震亨《小引》等。总目后等处有徐时栋墨笔题跋，钤"徐时栋手校"朱文长方印。总目后有陈函辉《毛氏津逮序》、萧士玮《易十家序》等。卷首及正文钤"翁氏守福堂藏书"朱文方印、"柳泉书画"白文方印。书尾有徐时栋手书《重定津逮秘书目次》，钤"柳泉"朱文方印、"徐时栋印"白文方印、"月湖长"白文方印。此书曾经清代藏书家徐时栋及浙江余姚翁元圻守福堂鉴藏。此本为毛氏汲古阁精刻，加之清代名家徐时栋补目、校跋，具有较高的版本和学术价值（图二二）。

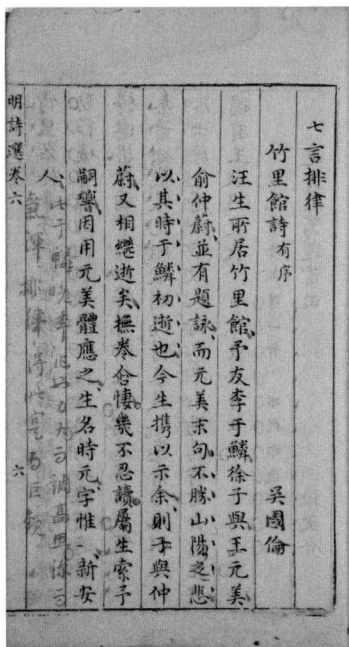

图二一 《明诗选》

图二二 《津逮秘书》

《管子》二十四卷，唐房玄龄注，明刘绩、朱长春补注，明张榜等评，明刻本，清顾广圻批校题识，清季锡畴校跋并录，清叶裕仁跋。线装，三册。版框高19.8厘米，宽13.6厘米。半叶九行，行二十字。小字双行同。白口，左右双边，单白鱼尾。版心上题书名，版心中题卷次、叶次。存二十卷。前有书名叶："齐管夷吾八十六篇，朱大复张宾王评点。"其后为朱长春序。版框上刻有眉批。正文及天头上有清代校勘学家、藏书家、目录学家顾广圻和清代校勘学家、学者季锡畴朱笔批校、题识、抄录文字，另有少数墨笔校改。目录后有清晚期学者叶裕仁墨笔题跋，钤"涵溪"朱文方印。

《江东白苧》二卷、续二卷，明梁辰鱼撰，明末刻本，吴梅批校并跋。线装，二册。版框高19.8厘米，宽11.6厘米。半叶八行，行十八字。小字单行同。白口，左右双边。版心上题书名，版心下题卷次、叶次。前有张伯起序。序首叶钤"陆氏之印"白文长方印，序末有近代著名文学家、词曲大家吴梅题跋，钤"老瞿"朱文方印。正文多处有吴梅朱、墨笔批校、题跋，钤"瞿安制谱"白文方印、"吴梅"白文方印、"瞿安"朱文方印、"霜崖手校"白文方印、"湖西草堂"白文方印、"吴氏霜崖藏书之印"朱文方印，另钤"陆"朱文方印、"柳蓉春经眼印"白文方印、"博古斋收藏善本书籍"朱文方印。此书曾经吴梅及近代书商柳蓉春等鉴藏（图二三）。

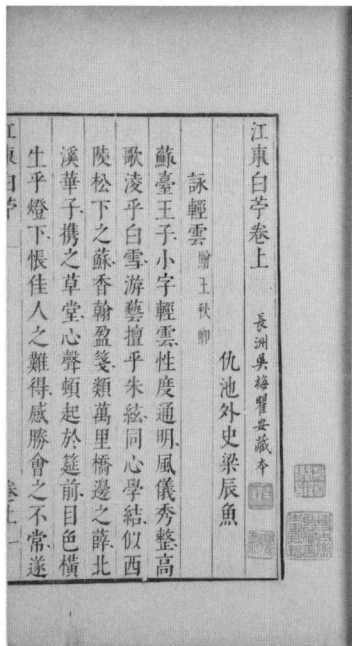

图二三 《江东白苧》

南博所藏明代善本中，除前述外，还有多部迭经名家庋藏。具体如下。

《唐宋白孔六帖》一百卷，唐白居易撰，宋孔传续撰，明嘉靖覆宋本。线装，二十四册。版框高19.4厘米，宽15.1厘米。半叶十行，行十八字。小字双行同。白口，左右双边，单白鱼尾。版心上间或题"淳祐元年"，版心中题书名及卷次、叶次，版心下题师、陆等刻工名。前有韩驹序。正文钤"乾隆御览之宝"朱文方印、"天禄琳琅"朱文方印、"万卷楼收藏书画印"朱文长方印、"赵女师藏书印"白文方印、"魏氏文宪"朱文方印、"宝藏"朱文长方印等鉴藏印。此书迭经明代收藏家项笃寿"万卷楼"、清内府等鉴藏（图二四）。

《唐文粹》一百卷，宋姚铉纂，明嘉靖三年（1524年）徐焴刻本。线装，四十册。版框高19.8厘米，宽14.3厘米。半叶十四行，行二十五字。白口，左右双边，单鱼尾。版心中题书名、卷次、叶次。前有汪伟序、胡缵宗序、姚铉序。卷首及正文钤"宝应乔莱一字曰石林印"朱文方印、"言思可道行思可乐"白文方印、"马睿印"白文方印、"深泉"白文方印、"钰德堂藏书"朱文方印、"勾吴曹氏收藏金石书画之印"白文方印。此书曾经清早期官员、学者乔莱和近现代藏书家曹元忠等名家鉴藏。

《吕氏家塾读诗记》三十二卷，宋吕祖谦撰，明嘉靖十年（1531年）傅凤翱刻本，佚名批注。线装，二十册。版框高15.1厘米，宽12.4厘米。半叶十四行，行十九字。小字单行，行十九字。白口，左右双边。版心中题卷次、叶次。前有朱熹《吕氏家塾读诗记叙》。叙首页钤"安乐堂藏书记"朱文长方印。正文钤"张照"白文长方印、"世泽堂藏"白文方印、"魏氏文宪"朱文方印。正文多处有黄纸墨笔、白纸墨笔批校签条及朱笔批注。此书曾经清代书法家、戏曲作家、鉴赏家张照和清代藏书家、诗人怡亲王爱新觉罗·弘晓等鉴藏（图二五）。

此外，《类编草堂诗余》四卷，明嘉靖二十九年（1550年）顾从敬刻本。此书曾经清代

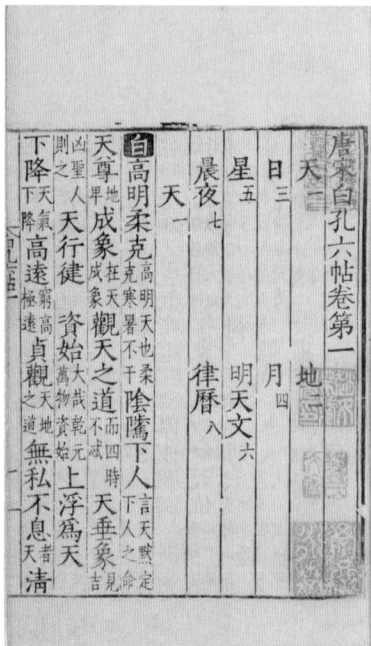

图二四　《唐宋白孔六帖》

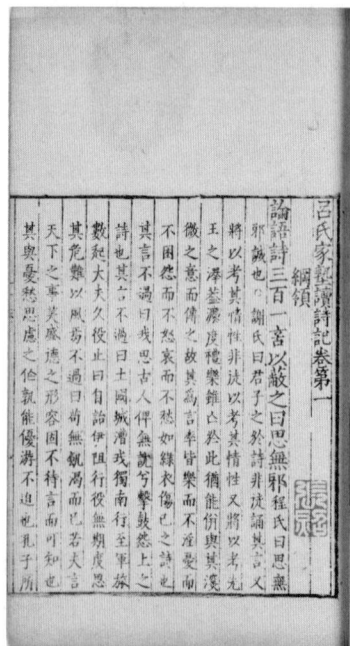

图二五　《吕氏家塾读诗记》

藏书家吴农祥和近代诗人、藏书家、史学家邓邦述等鉴藏。《濯缨亭笔记》十卷礼记集说辨疑一卷，明嘉靖二十六年（1547年）无锡华察刻本，迭经清代藏书家、金石学家、篆刻家汪启淑和现当代散文家、老报人、翻译家、藏书家黄裳等鉴藏。《世说新语》三卷，明嘉靖十四年（1535年）袁褧嘉趣堂刻本，曾经明末清初官员、收藏家曹溶等鉴藏。《淮海集》四十卷后集六卷又三卷，明万历四十六年（1618年）李之藻校刻本，曾经清代学者、藏书家马国翰和清末著名小学家、金石学家、校雠学家和书法家丁艮善等鉴藏。《方氏墨谱》六卷，明万历方氏美荫堂刻本，曾经明末清初学者、官员李际期和与之同时稍晚的学者、藏书家姜绍书等鉴藏。《两晋南北史合纂》四十卷，明万历刻本，曾经清代大臣、藏书家季芝昌和晚清藏书家陈善等鉴藏。《赐闲堂集》四十卷，明万历刻本，曾经清代藏书家马国翰和近现代藏书家、出版家叶德辉等鉴藏。《榖山笔麈》十八卷，明天启五年（1625年）于纬刻本，曾经清代科技专家丁守存和近代考古家、收藏家、书法家丁麟年父子鉴藏。

明代是活字印刷和套版印刷大放异彩的时代。这两种技艺和雕版印刷术一样，都是中国人的发明。活字印本分为泥、木活字和金属（铜、锡等）活字。现存最早的明代木活字印本为明弘治年间排印的《鹖冠子》一书，后来的武英殿聚珍版即受此本启发而成，因而在明代木活字本中享有盛誉。其他如宋刘宰《漫塘刘先生文集》等前贤遗著及明人著述，也都有木活字印本。明代木活字版以私刻为多，官刻较少。

南博所藏《思玄集》十六卷，明桑悦撰，即为明万历二年（1574年）桑大协活字印本。线装，四册。版框高20厘米，宽12.7厘米。半叶十行，行二十一字。小字双行同。白口，四周单边，双对线鱼尾。版心上题书名，版心中题卷次、叶次。前有计宗道序。书尾有李枳协后序。计序首叶钤"虞山丁初我所藏善本"朱文方印。卷一首叶钤"岱南阁"朱文长方印。此书曾经清代藏书家、目录学家、书法家、经学家孙星衍和近现代藏书家、出版家丁初我等鉴藏。从字口等考量，应为木活字印本（图二六）。

套版印刷的应用和发展，也是明代书业取得的辉煌成就之一。所谓"套版"，即根据同一版面不同内容，分别镌刻制版，用不同的颜色轮番施印。早期的套印本多用朱墨两色，后发展为三色、四色、五色乃至六色，甚为精美。南博所藏明代套印本具代表性者如下。

《史记纂》二十四卷，明凌稚隆辑，明万历七年（1579年）自刻套印本。线装，二十册。版框高20.4厘米，宽14厘米。半叶九行，行十九字。白口，四周单边。版心上题书名、卷次，版心中题篇名，版心下题叶次。前有王世贞序、凌稚隆序（凌森美重校并书）。该书采用节选《史记》加评点的形式。以朱色套印眉批、夹批及圈点、勾画等。

《孟子》二卷（上、下），宋苏洵评点，明万历四十五年（1617年）闵齐伋刻三色套印本。线装，四册。版框高20.8厘米，宽14.6厘米。半叶八行，行十八字。白口，左右双边。版心上题书名等，版心下题叶次。前有朱得之《苏老泉批点孟子引》。书尾有闵齐伋跋。该书以墨、朱、蓝三色套印。书内钤"泰州刘汉臣麓樵氏印"朱文方印、"味莲主人"朱文长方印、"仪真卞氏六印斋藏书"白文方印等。以朱、蓝色套印正文及天头评点文字及圈点。此书曾经近代藏书家刘汉臣等鉴藏（图二七）。

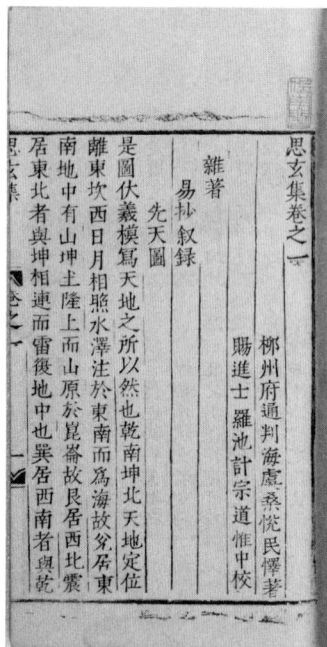

图二六　《思玄集》

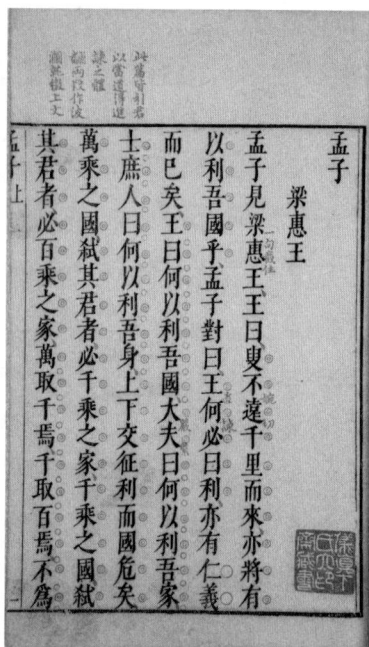

图二七　《孟子》

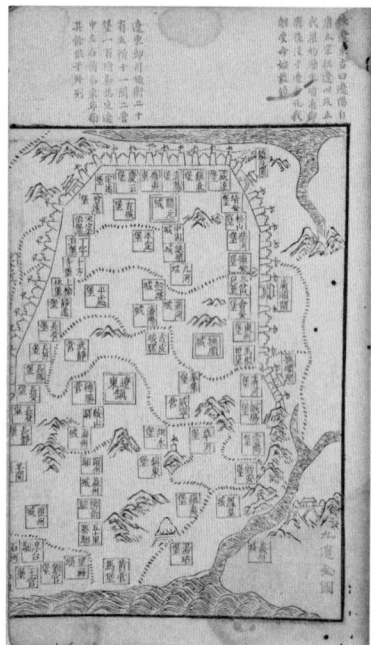

图二八　《九边图论》

《九边图论》，明许论撰，明臧懋循参阅，明泰昌元年（1620年）刊朱墨套印本。线装，一册。版框高20.8厘米，宽14厘米。半叶八行，行十七字。白口，四周单边。版心上题地名，版心下题叶次。该书为《兵垣四编》附录之一。前有世德堂主人《九边图论小引》、许论《九边图论引》。内容包括《九边图略》《九边总论》《九边全图》及辽东、苏州、宣府、大同、榆林、宁夏等分论。正文以朱色套印眉批和圈点，图上眉批及《九边总图》图名也以朱色套印，在套印本中稀见。泰昌年号仅有数月，刻书本来就少，朱墨套印本更少，加之图名也以朱色套印，故具有重要的版本价值（图二八）。

另外，本院所藏套印本还有：《苏长公小品》四卷，明天启凌启康刻朱墨套印本。《欧阳文忠公五代史钞》二十卷，明刻朱墨套印本。《选诗》七卷，明刻朱墨套印本。

南博还藏有一些明末毛晋汲古阁刻本。毛晋为明末著名藏书家、刻书家，一生酷爱买书、刻书，他不惜重金大量购藏善本书籍，为刻书提供版本来源，聘请学者校勘，并招募技艺高超的刻工刊刻。汲古阁刻本以《十三经注疏》《十七史》《津逮秘书》等影响最大，传播最广。汲古阁刻本是明末清初刻本中的精华，私家刻书中的杰出代表。

南博除收藏上述《津逮秘书》一百四十一种外，还藏有其他汲古阁本，如《中州集》十卷首一卷《乐府》一卷，明末毛氏汲古阁刻本。《六十种曲》一百二十卷，明末汲古阁刻本。

《诗词杂俎》十六种（缺一种），明末汲古阁刻本。《陆放翁全集》一百五十七卷，明末毛氏汲古阁刻清毛扆增刻本。《说文解字》十五卷，清初毛氏汲古阁刻本。此外，南博还藏有《二如亭群芳谱》二十八卷，明天启元年（1621年）沙村草堂刻本，此本是由毛氏汲古阁代刻，版框分三栏，上刻注音，中刻正文，下刻批注，版式较为特别。

三、清代刻本、抄本和稿本

南博所藏清代善本，可分刻本、稿本、抄本三大类。刻本中，或为孤本，或为批校本、名家递藏本等，有较重要的版本文献价值。具体如下。

《（康熙）江宁县志》十四卷，清佟世燕修，清戴本孝纂修，清康熙二十二年（1683年）刻本。线装，十二册。版框高20.5厘米，宽13.5厘米。半叶九行，行十九字。小字双行同。上、下黑口，四周单边，卷首于序有单鱼尾，其他无鱼尾。版心中题书名、卷次和叶次等。前有于成龙序、邓旭序、米雯序、倪灿序，佟世燕著"书后"一篇，《（万历）江宁县志》旧序两篇。此志校勘较为精良，正文部分均刻有圈点句读，便于阅读；书中因避讳之故，出现数处减笔字、异体字。江宁县至明万历年间才有县志，近九十年后又修县志，是为配合当时修《大清一统志》、省修"通志"而编纂，为了解江宁地区历史、地理等情况重要的参考书。每册首页右下钤有"金陵□氏家藏"白文印。据《中国地方志联合目录》《中国古籍善本书目》，仅南博藏此刻本，另有中国科学院等三家藏此书胶卷[1]（图二九）。

《（康熙）吴县志》六十卷首一卷，清孙佩纂修，清康熙三十年（1691年）刻本。线装，十六册。版框高21.1厘米，宽13.5厘米。半叶十行，行二十二字。小字双行同。上白口、下黑口，左右双边，双顺线鱼尾。版心上题书名，版心中题卷次、卷名，版心下题叶次。封里书名叶："孙鸣庵先生纂辑，吴县志，金阊刘汝洁梓。"前有丁恩礼序、刘鼎序、高裔序、刘兹序等，其后为皇帝"巡幸纪事"等。该志亦为配合当时朝廷修"大清一统志"、省修"通志"而编纂。康熙十六年（1677年）即成初稿，后几经增修，至康熙三十年终成此书。据《中国地方志联合目录》《中国古籍善本书目》，此书仅见南博一家有藏全本，此外仅国家图书馆藏有一部残本。该书系从章太炎家购得。序及每册首叶钤"汤国梨"朱文方印、"苕上老人"朱文方印等收藏印[2]（图三〇）。

另外，较为重要的刻本方志还有《（乾隆）支溪小志》《虎丘山志》《栖霞小志》等[3]。

①　南京博物院图书馆：《南京博物院藏善本方志经眼录》，《东南文化》1999年第2期。

②　南京博物院图书馆：《南京博物院藏善本方志经眼录》，《东南文化》1999年第2期。

③　南京博物院编印：《南京博物院地方志目录》，1977年；南京博物院图书馆编印：《南京博物院线装方志目录》，1999年；李萍：《南京博物院藏清代方志》，《艺术百家》2011年第7期。

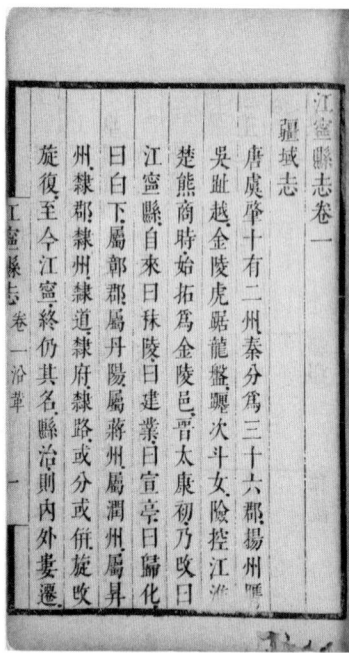

图二九　《（康熙）江宁县志》　　　图三〇　《（康熙）吴县志》

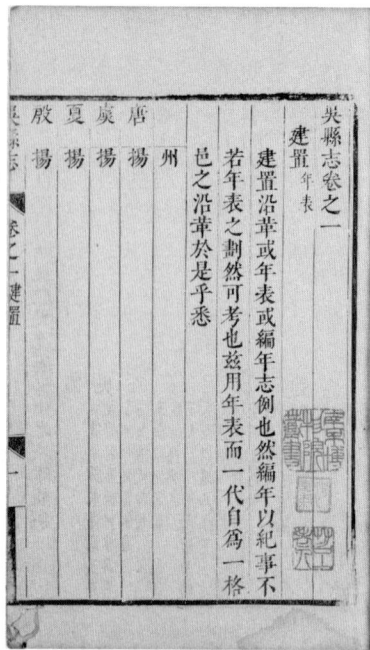

南博藏清代刻本中的批校本、题跋本如下。

《（崇祯）太仓州志》十五卷，明崇祯刻清康熙重修本，清王祖畲批校并跋。线装，八册。版框高19.4厘米，宽13厘米。半叶九行，行十九字。小字双行同。白口，左右双边，单线鱼尾。版心上题书名，版心中题卷次、叶次等。前有钱肃乐序、朱士华序，以及《太仓州志》旧序多篇。钱序前贴以唐文治撰《镇洋王文贞公遗书室记》，可知此书原为近代学者王祖畲所藏。钱序首页钤"苏南区文物管理委员会藏"朱文方印。书中有补抄。书中及天头有多处王祖畲批校文字。书后附抄黄忍庵"太仓州志三大疑考"及钱竹汀"太仓州志跋"，跋尾有王祖畲写于光绪甲辰的行书跋记，钤"镇洋王祖畲校读"朱文长方印。其后有一段抄录文字，款题为"光绪丙午春三月溪山老农王祖畲识"。其后另有王祖畲行书题跋："丁巳初夏命謩妇景懿书。"钤"漱山"朱文长方印。

《国语》二十卷，吴韦昭解、宋宋庠补音，清刻本，清戴望跋并录清惠栋批校。线装，四册。版框高15.5厘米，宽10厘米。半叶十行，行二十四字。小字双行同。白口，左右双边，单线鱼尾。版心上题书名"国语古本"，版心中题卷次、叶次。前有韦昭《国语解叙》、宋庠《国语补音叙录》。卷一首叶有清晚期经学家戴望跋语："乙丑夏日用惠先生定宇校宋本对勘一通，望记此。"此叶版框上钤"子君"朱文方印。天头多处有戴望墨笔录惠栋批校文字。版框上栏刻以注音等。正文有多处朱笔圈点。

《绝妙好词笺》七卷，宋周密辑，清查为仁、厉鹗笺，清乾隆十五年（1750年）查氏澹宜书屋刻本，清谭仪圈点并跋，钱基博、周贞亮、邵章跋。线装，二册。版框高17.9厘米，宽12.1厘米。半叶九行，行二十一字。小字双行同。白口，四周单边，单线鱼尾。版心中题书名、卷次、叶次。前有隶书书名叶："绝妙好词笺。"书名前有近代学者钱基博题识，钤"飞花入砚田"白文椭圆印、"钱基博印"白文方印、"守藏史"朱文方印。书名后夹有印拓："曾经民国二十五年浙江省文献展览会陈列"朱文方印。其后有近代学者周贞亮、邵章题记,分别钤"贞亮"朱文方印、"倬盦校录之印"朱文方印。目录前为厉鹗序。目录及正文钤"复堂填词"白文方印、"钱基博印"朱文方印、"精忠柏石室藏"白文方印、"沔阳卢氏"朱文方印、"慎始基斋"朱文方印、"眉月楼主"朱文长方印、"卢弼"朱文长方印、"康侯"朱文方印等。书尾刻有宋善长、宋善和题跋。其后有清晚期词人、学者谭仪题跋两段。朱笔:"同治庚午四月朔,谭仪读,越五月卒业。"墨笔:"光绪壬午五月四月,校读词综阅一过。"书尾有篆书牌记:"宛平查氏澹宜书屋藏板。"正文有谭仪朱笔圈点。此书经近现代谭献、周贞亮、邵章、卢弼、钱基博等名家题跋、鉴藏(图三一)。

图三一 《绝妙好词笺》

此外,《杜工部集》二十卷、《毛诗日笺》六卷、《八紘译史》四卷纪余四卷、《青邱高季迪先生诗集》等,曾经清代黄丕烈和近代胡绍瑗、廉泉、赵宗建等名家鉴藏,亦增添其文物价值。

南博还藏有不少名人稿本,保存了一些政治、经济、军事及学术文化方面的资料,有较珍贵的文物、文献和版本价值。其中,有关历史、地理、外交方面的稿本较多,如程穆衡《金川纪略》《准噶尔考》,王广荫《直隶日记》,薛福成《太平天国年表》,马建忠《东渡日记》,张荫桓《甲午日记》,薛福成代撰《李鸿章函稿》,曾纪泽《译事秘录》等。具体如下。

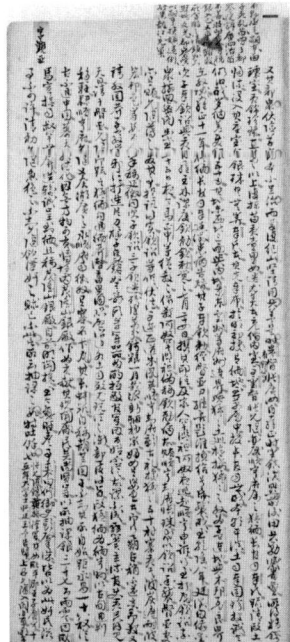

图三二 《金川纪略》

《金川纪略》二卷,清程穆衡撰,清乾隆稿本。线装,一册。开本高25.2厘米,宽14.2厘米。半叶十五行,行字不等。行草书。首页题"丁巳进士原任榆社县知县臣程穆衡撰"。此稿本中有修改、补正,并以朱笔标示句读,以单、双竖线标示人名、地名。卷首有《大金川图》,署"十二年九月绘呈",当为乾隆十二年(1747年)。清代乾隆年间,清政府曾进行过十次重大战役,其中有两次是在今天四川西北部的金川地区进行的,而乾隆十二年至十四年第一次金川之役的史料所存无多。《金川纪略》一书详细记述了清朝乾隆年间用兵瞻对和第一次征讨金川的全过程,正文记事自乾隆八年十二月始,终于乾隆十四年二月,注文记事有至乾隆二十一年者。此书虽为私家著作,但撰者所据多系奏章上谕,并参以当时亲身见闻,叙事秉笔直书,史料颇为可靠,分析亦颇中肯綮,具有较高的版本价值和史料价值(图三二)。四川大学图书馆藏有一部该书的清抄本,《大金川图》题为"乾隆十二年九月绘呈",其年代与南博所藏此本相比为晚，可能系南博此本的抄本①。程穆衡为江苏太仓人，清乾隆二年（1737年）进士。工诗文，著述甚富。

南博所藏《准噶尔考》一卷，清乾隆稿本，也为程穆衡所撰。该书介绍准噶尔历年大事，记载自清康熙三十五年（1696年）至乾隆二十二年（1757年），为研究我国西北准噶尔地区历史、地理等重要资料。

《太平天国年表》一卷，清薛福成撰，清晚期稿本。线装，一册。开本高24.4厘米，宽13.6厘米。半叶十六行，行字不等。该稿本记载自道光三十年（1850年）至同治二年（1863年）间太平天国大事，为太平天国史及中国近代史之重要资料。书名据体裁内容及正文"年表"题名而拟，如"道光三十年表""咸丰元年表""咸丰二年表"等（图三三）。薛福成（1838—1894年）为江苏无锡人，近代散文家、外交家、洋务运动的领导者之一。薛氏深得曾国藩、李鸿章器重，而成为他们的幕僚和智囊人物，亲身经历或参与近代许多重要事件。

南博所藏《李鸿章函稿》，为薛福成任李鸿章幕僚时所代撰，内容涉及政治、经济、军事、社会治理等。南博所藏《李鸿章信稿》，为李鸿章信稿、军牍底稿，由幕僚代拟，李鸿章亲自改定，并在每函后签以"照缮"等字。此二稿本同为研究中国近代政治、军事史之重要资料。

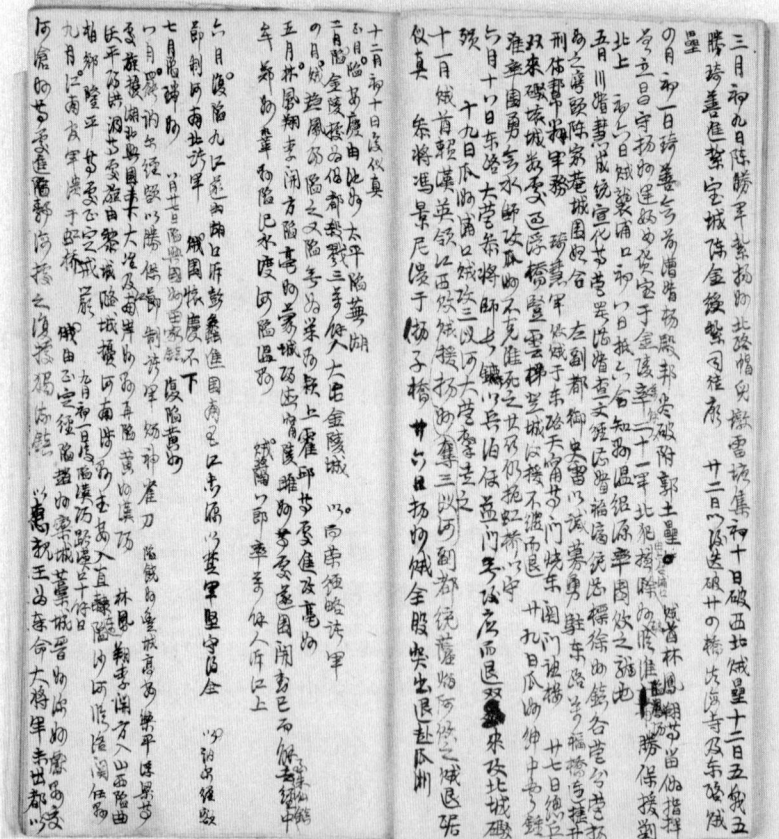

图三三　《太平天国年表》

---

① 陈力：《〈金川纪略〉及其相关问题》，《四川大学学报》（哲学社会科学版）1992年第3期。

《甲午日记》《东渡日记》皆为清光绪稿本，为反映甲午战争及其后与日谈判之重要资料，具有珍贵的历史价值。《甲午日记》，清张荫桓撰。该日记所记，自光绪二十年（1894年）十月二十六日至十二月三十日，而所记之事则在马建忠《东渡日记》前数月。其时张荫桓（1837—1900年）以户部侍郎入直总理各国事务衙门，时中日战争方殷，颇多与外国交往，及十一月二十四日，奉旨与邵友濂赴日和议，则记自京至上海行程止。翌年元旦即出使东洋，惜其后未再记录（图三四）。《东渡日记》，清马建忠撰。此日记所记，时间从清光绪二十一年（1895年）二月初六至三月二十六日。马建忠（1845—1990年）为江苏丹徒人，留学法国，通洋务，主张办理新政，为当时优秀外交人才。此稿本为中日甲午战争结束后马氏随李鸿章为参赞至马关和议之亲历日记，为研究中国近代军政及外交史之重要资料（图三五）。

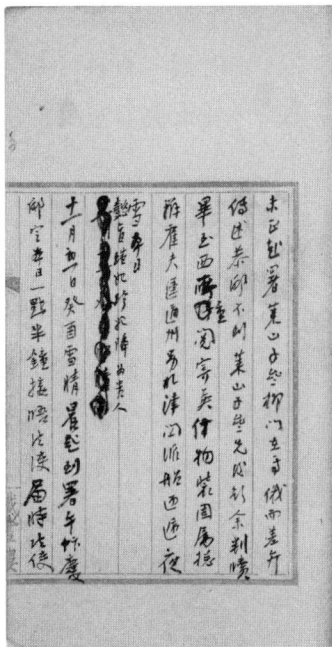

图三四 《甲午日记》

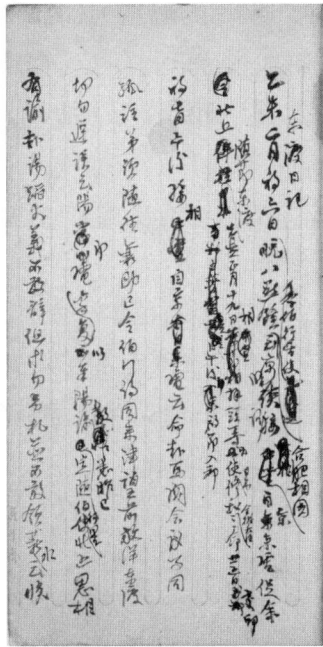

图三五 《东渡日记》

《译事秘录》也同为我国近代外交史之重要文献。清曾纪泽撰，清吴云按语，清末两罍轩所藏稿本。线装，一册。以红线稿纸录写。版框高16.8厘米，宽9.6厘米。半叶九行，行二十五字。此稿本为曾纪泽与俄罗斯交涉归还伊犁等地函电之函稿。后附与俄交涉"伊犁河、帖克斯江流域"归还领土示意图。封面钤"吴云私印"白文方印、"两罍轩"朱文方印等。首叶钤"抱罍子"朱文方印、"心梅"朱文长方印、"数点梅花天地心"朱文长方印等。此稿本为曾纪泽与俄罗斯交涉归还伊犁等地函电之函稿，后附与俄交涉"伊犁河、帖克斯江流域"归还领土示意图。曾纪泽（1839—1890年）为湖南双峰人，清代晚期著名外交家，曾国藩长子，为当时秉承"经世致用"新思维的外交官员。其后与俄人力争，毁崇厚已订之约，更立新议，交还伊犁等地，有功于新疆及国家甚大。此稿本曾经清晚期金石学家、收藏家吴云鉴藏（图三六）。

　　南博所藏稿本中的诗集有高凤翰《春草堂诗订》、张琦《宛邻诗初集》。

　　《春草堂诗订》等四卷，清高凤翰撰，清稿本。线装，二册。开本高23.8厘米，宽12.5厘米。半叶九行，行字不等。小字单行、双行、三行不等，行字不等。封面签条题"春草堂诗订"，钤"南邨"朱文椭圆印。正文钤"凤""翰"白文联珠印，"西园"朱白印方印，"西""园"朱文联珠印，"墨农髯伧"白文方印，"西园"朱白文方印（较大），"臣翰"朱白文方印，"南邨"朱文方印，"高凤翰印"白文方印，"仲威亦字西园"朱文方印，"海上诗伧"白文方印。正文有朱笔圈点。南博所藏之《春草堂诗订》等四卷，含《春草堂诗订》一卷，《江行草》一卷，《竹西亭稿》一卷，《鸡肋编余》一卷，是清代诗人、书画家、篆刻家、收藏家、"扬州八怪"之一高凤翰仅存于世的手订诗集稿本，为迄今为止所发现的海内孤本。计录诗二百一十余首，其时间跨度为康熙三十七年（1698年）至康熙五十二年（1713年）。其诗，除少数诗已刊行于《南阜山人诗集类稿》等书外，有近二百首诗未刊于世。这些未刊诗，是高凤翰早期创作与生活的记录和缩影，对于深化高凤翰研究有重要的学术价值（图三七）①。

　　金石学方面的稿本有陆增祥《八琼室金石稿本》、《嘉荫簃龙门造像录目》、莫友芝《〈金石录〉颜碑目》等。

　　陆增祥《八琼室金石稿本》六种，线装，十二册。开本不小不等，高23—28.6厘米，宽12.6—16.4厘米。包括《八琼室乙卯金石录目》，二册；《八球室金石补正目》，二册；《八琼室待访金石录》，一册；《八琼室金石文字》，二册；《八琼室金石目录两种》，二册；《八琼室专录初集、后续》，三册。多为补正《金石萃编》所进行案头准备工作之成果。陆增

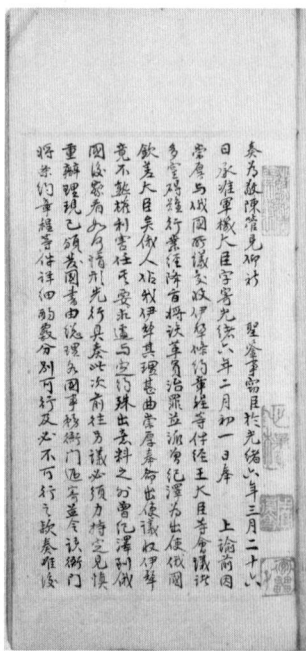

图三六　《译事秘录》

图三七　《春草堂诗订》

---

　　① 金实秋：《高凤翰遗珍———南博孤本〈春草堂诗订〉述评》，《扬州文化研究论丛》2016年第1期。

祥（1816—1882年）为江苏太仓人，清道光状元，著名金石学家。其主要著作《八琼室金石补正》，是继王昶《金石萃编》之后集金石学大成的巨著，历来受到学术界的重视和好评（图三八）[①]。

《〈金石录〉颜碑目》，清莫友芝辑，清稿本，一卷，画心高17厘米，宽127厘米。卷首题："金石录颜碑目，△者欧集古录有跋；○者本卷有跋；◎者今存。"钤"莫友芝图书印"朱文长方印、"友芝私印"朱文方印、"莫氏子偲"朱文方印、"影山竹堂"朱文方印。本卷录赵明诚、李清照编著《金石录》中颜真卿碑目五十九种，另录欧阳修编著《集古录》有而《金石录》未载者七种（碑、帖、题名等），条目下以小字注撰者、书者、年月等。卷尾补录数处颜真卿书法碑刻。莫友芝（1811—1871年）为贵州独山人，晚清著名金石学家、目录版本学家、诗人、书法家。此卷由莫友芝编辑并录写，具有较为重要的学术价值和书法艺术价值。

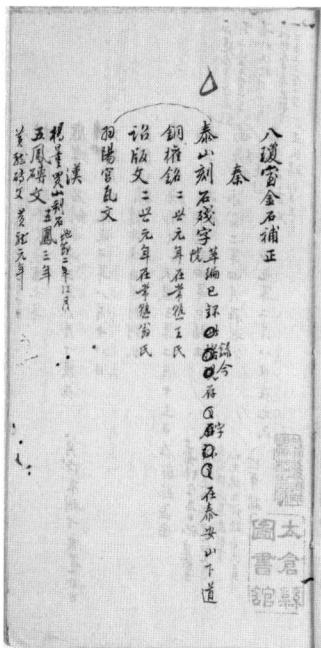

图三八　《八琼室金石稿本》六种之一

南博所藏清代抄本，分为清代内府抄本和民间抄本两种。清代内府抄本，拟以后再作介绍，兹不赘述。本文主要介绍民间抄本，包括方志、家训等。具体如下。

《马鞍山志》二十九卷首八卷，清朱谨纂，清早期抄本，补写、绘于清代中晚期。线装，一册。开本高24.6厘米，宽18厘米。半叶十行，行二十字。小字双行，行字不等。马鞍山今属江苏昆山市。该抄本字体为行楷书。封里书名叶为："道光七年嘉平月，马鞍山志，后学唐其昌绘图。"其后有唐其昌于道光七年（1827年）绘写的马鞍山（今属江苏昆山市）地形全图（敷彩），图后有唐氏题记。书中文字以红、墨笔圈点，并在天头上写有眉批。文中多处以墨笔修改或补写。书中更夹有10张毛边纸小纸条，以行草书补写"聂公祠""遂园"等。据书中文字考证，《马鞍山志》撰写于康熙晚期，抄写于康熙晚期至乾隆二十年左右；补写者前后有几人，年代大致在乾隆至道光中期。补写者不详，可能为抄写者或藏书者。该志书首之图，以线条勾勒山石、树木、山路、河道等，再以淡墨及绿、黄、褐等颜色点染，如同一幅中国传统的山水画，颇有立体感，且以墨笔对图中的建筑、景点等作说明。《马鞍山志》此图，比明万历年间周世昌纂修《昆山县志》和清道光六年《昆新两县志》中的"马鞍山图"更详细，且系手绘，绘工精，具有历史和艺术价值。该书资料翔实丰富，抄写认真，讹误较少，且系海内孤本，颇为珍贵[②]。"山志绪论"首页钤"箸雍摄提格之岁"朱文长方印等三枚鉴藏印，曾藏于清晚期状元陆增祥处（图三九）。

① 王明发：《陆增祥〈八琼室金石稿本六种〉》，《东南文化》1998年第3期。

② 欧阳健父：《孤本〈马鞍山志〉经眼及研究》，《江苏图书馆学报》1999年第3期。

　　《玉峰志》三卷续志一卷，清潘道根校并跋，清抄本。两志为一人所抄。《玉峰志》三卷，南宋凌万顷纂修。中卷末叶有道光二十年（1840年）潘道根题跋。《玉峰续志》一卷，南宋边实纂修。书中有谢玉渊序、谢玉渊跋、边实跋、潘道根跋等。两志正文及天头有多处潘道根朱、墨笔考证、校改、补充文字。据《中国古籍善本书目》，续志仅载南博一家有藏。《玉峰志》及续志为江苏昆山最早的县志，是了解昆山历史文化的重要参考文献[①]。

　　《陈墓镇志》十六卷首一卷，清陈尚隆纂，清陈树谷续纂，清抄本。线装，四册。开本高23.5厘米，宽13.2厘米。半叶九行，行二十五字。小字双行同。此志记事迄于咸丰三年（1853年）。陈墓镇即今江苏省昆山市西南锦溪镇。此志成书前，陈墓镇并无修志。晚年的陈尚隆于雍正二年（1724年）开始修志，然中道溘逝，后其子陈树谷继承乃父遗志，三易其稿，修成此志。志成后又有增补，增补人不详。卷首有陈尚隆序、陈景琇《陈墓纪原集序》、屈儒《陈墓纪原》、姜存礼《书陈墓纪原诗后》、陆祚兴《陈墓小纪》、陈树谷《陈墓镇志后序》。据《中国地方志联合目录》，仅见南博一家收藏此清抄本。此志另有民国三十五年（1946年）抄本，藏于苏州图书馆（存卷一至八，有王志瑞跋）（图四〇）。

　　《双凤里志》六卷，清时宝臣纂修，清道光抄本。线装，四册。版框高16厘米，宽10厘米。半叶九行，行二十四字。小字双行同。上、下黑口，四周单边，双对线鱼尾。版心中题叶次。双凤里为今江苏太仓双凤镇。本志记事起于明洪武（1368—1398年）初，止于清道光二十三年（1843年）。时宝臣为清太仓双凤里人，嗜学多闻，广罗材料，考证史实，增益前刊，终成此书。卷首有《双凤里地全图》，界定了当时双凤里的地域分布。次为目录，目录后为徐元润序、谭天成序和时宝臣自序。卷一首页题"里人吴庆曾抄录，顾思庸校对"。卷首及

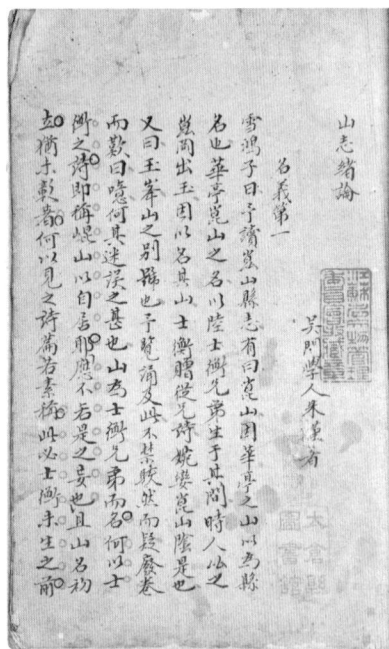

图三九　《马鞍山志》　　　　　　　　　图四〇　《陈墓镇志》

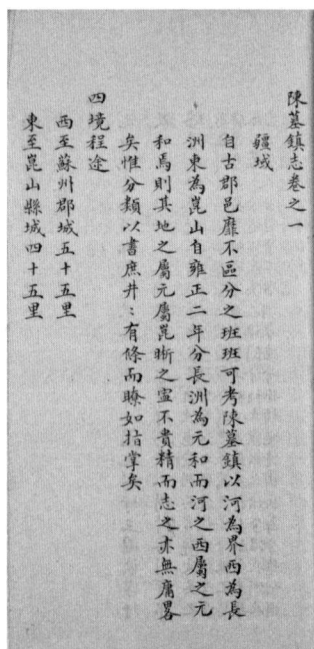

① 南京博物院图书馆：《南京博物院藏善本方志经眼录》，《东南文化》1999年第2期。

正文钤"箸雍摄提格之岁"朱文长方印，与陆增祥《八琼室金石稿本》上所钤的为同一方印，可能曾藏于清晚期状元陆增祥处。据《中国地方志联合目录》，仅见南京博物院一家收藏此清抄本。

《王烟客先生家训》，清王时敏撰，清道光四年（1824年）季锡畴抄本，清季锡畴、吴锡麒跋。线装，一册。开本高25厘米，宽13.7厘米。半叶九行，行二十五字。行书流美。书末有季锡畴二跋。前跋钤"锡畴"白文方印、"松云"朱文方印、"笔华"朱文长方印。后跋钤"臣锡畴印"白文方印、"范卿"朱文方印。其后有吴锡麒跋，钤"隔千里共明月"白文长方印。此书由清代目录版本学家、校勘家季锡畴抄写、收藏。

另外，南博还藏有《赖古堂印谱》四卷[①]、《讱葊集古印存》二十卷等钤印本。

南博所藏古籍及文献资料，为南博藏品中的重要组成部分，文物与古籍文献相结合，互相生发辉映，构成了南博院藏的鲜明特色，向为文博界、学术界所珍视。珍藏之，研究之，生发之，可探析中华优秀传统文化的精髓，并为我们今天的精神文化建设提供学术支撑和源泉力量。

（原载于《南方文物》2021年第1期）

---

① 欧阳摩一：《周亮工〈赖古堂印谱〉探析》，《新世纪图书馆》2014年第3期。

艺 术 学

国立中央博物院筹备处贵州民间艺术考察初探

——以庞薰琹为中心

杜　臻

内容提要：1939年11月—1940年2月，国立中央博物院筹备处组织了贵州民间艺术考察团，由专员庞薰琹主持，并借调中央研究院历史语言研究所芮逸夫担任助理。考察团在贵州少数民族地区开展了田野调查及民族民间艺术品的采集工作，调查了贵阳、安顺、龙里、贵定等地的苗族村寨，采集了大量的民族艺术标本，并绘制了民族服饰纹样和民俗风情图。本文拟以档案材料为基础，论述国立中央博物院筹备处贵州民间艺术考察的背景和过程，以期探索在民国民族学史上这段鲜为人知的研究轨迹。

关键词：国立中央博物院筹备处　贵州民间艺术　庞薰琹

国立中央博物院筹备处是南京博物院的前身，承国民政府教育部之令，设立于1933年4月。国立中央博物院筹设的宗旨为提倡科学研究，辅助民众教育，其任务为系统的调查、采集、保管、陈列，并说明一切自然科学、人文科学及现代工艺之材料与标本，关于上项材料之采集、购置，筹备处得即时开始进行之。国立中央博物院分自然、人文、工艺三馆，自然馆范围以地质学、植物学及动物学为主，其他关于自然历史之科学材料均陈列之。人文馆范围以人类学、民族学、考古学、历史学为主，凡与人类文化演进相关之材料均陈列之。工艺馆以陈列现代各项工艺品为主①。国立中央博物院筹备之初，就将民族文物、民间工艺的采集、整理和研究工作放在了一个非常重要的位置。台北"故宫博物院"原副院长李霖灿②认为："国立中央博物院的人文馆中有两个大的系统。一个是上下古今的历史系统，举凡史前、商、周以迄近代的史料，都包含在这项系统之中，所以在博物院的建筑蓝图中，有殷商周秦汉唐宋元明清各断代陈列室的设计。另一个系统是四陲边疆民族资料之采集研究和陈列。意思是要使观众在博物院中巡北一过。上下古今之久，边陲四至之遥，都能交互融会于一心之中，由此而对整个的

---

① 台北"故宫博物院"档案：档号0024-400-033。
② 李霖灿（1913—1999年），1941年进入国立中央博物院筹备处工作，退休前任台北"故宫博物院"副院长。

大中华文化，悠然产生一项崇高的了解。"①

1936—1946年，国立中央博物院筹备处曾组织了三项少数民族的调查和研究工作，分别是：川康民族考察、贵州民间艺术考察②和云南丽江纳西族调查。川康民族考察先后以马长寿、凌纯声为负责人，从1936年底开始，至1942年初此项调查工作才结束，考察地点包括汶川、理藩、松潘、雷波、屏峨、昭觉、西昌、越巂等地区，考察对象主要为羌民、罗彝、嘉戎，在考察过程中，考察团成员测量其体质，记录其语言，探溯其历史，叙述其环境，分析其生产经济、社会组织、文化集丛等，并搜集民族文物标本。贵州民间艺术考察开始于1939年11月，由庞薰琹主持，并借调中央研究院历史语言研究所芮逸夫任助理，至1940年2月结束，调查了贵阳、安顺、龙里、贵定等地苗族村寨60余处③，采集标本400余件，并绘制民族服饰纹样和民俗风情图。云南丽江纳西族调查从1941年开始至1943年结束，由李霖灿负责，调查地点主要为丽江永宁及其周边地区，以纳西族风俗习惯、生活状况的调查为主，尤其注重纳西族象形文字的研究，调查过程中收集了大量的象形文字经典（东巴经）、宗教法器和衣饰乐器等④。

在上述三项国立中央博物院筹备处的少数民族调查研究中，马长寿的川康民族考察和李霖灿的云南丽江纳西族调查留下了较多的文字资料，如《凉山罗彝考察报告》《彝族古代史》《麽些象形文字字典》《麽些标音文字字典》等，学界的相关研究成果也十分丰富，而庞薰琹的贵州民间艺术考察出于多方面的原因，并未留下专著，该研究的背景、过程和价值也鲜少为民族学、人类学、民俗学学者所认知⑤，这是一件非常遗憾的事情。本文拟以档案材料⑥为基础，详细地论述了国立中央博物院筹备处贵州民间艺术考察的背景和过程，以期探索在民国民族学史上这段鲜为人知的研究轨迹。

---

① 李霖灿：《"国立中央博物院"的民族学研究》，《南京博物院集刊（12）》，文物出版社，2011年，第586页。

② 在后文中有时也将贵州民间艺术考察称为贵州民间艺术采集，这是因为这两个名称在所引用的档案材料中都有出现，但都是指1939—1940年庞薰琹、芮逸夫在贵州所做的民族民间艺术的调查、研究和采集工作。

③ 在袁韵宜《庞薰琹传》（北京工艺美术出版社，1996年）和周爱民《庞薰琹艺术与艺术教育研究》（清华大学出版社，2010年）两本书中，描述庞薰琹、芮逸夫先生曾考察苗族村寨80余处。由于庞薰琹、芮逸夫及熟知当时调查情况的人都已逝世，且记录考察村寨数目的第一手资料缺失，在此项考察中具体调查了苗族村寨60余处还是80余处，已经无法准确考证。

④ 关于这三项少数民族调查和研究工作的简介，参见王欣《马长寿先生的川康民族考察》，《中国边疆史地研究》2013年第4期；李济《国立中央博物院筹备处社会教育概况》，《南京博物院集刊（12）》，文物出版社，2011年；谭旦冏《国立中央博物院概略》，《南京博物院建院60周年纪念文集》。

⑤ 在多部民族学、人类学、民俗学重要的学科研究史中都没有关于国立中央博物院庞薰琹贵州民间艺术考察的相关论述，比如王建民《中国民族学史上卷（1903—1949）》（云南教育出版社，1997年），王文宝《中国民俗学史》（巴蜀书社，1995年），胡鸿保《中国人类学史》（中国人民大学出版社，2006年），孟航《中国民族学人类学社会学史（1900—1949）》（人民出版社，2011年）。

⑥ 本文所依据的档案材料主要包括庞薰琹的回忆录以及台北"故宫博物院"、南京博物院的有关档案等。

一

庞薰琹（1906—1985），江苏常熟人，是我国杰出的艺术家和艺术教育家，是中国现代美术运动的先驱者和中国现代设计艺术教育的开创者①。他1921年考进震旦大学，1925年赴法国留学，曾就读于巴黎叙利恩绘画研究所，1929年回国，曾任职于北平艺专、国立中央博物院筹备处、四川省立艺专、重庆中央大学、华西大学、广东省立艺专等机构，1953年负责筹建中央工艺美术学院②。目前学界对于庞薰琹的评价和研究主要集中在工艺美术、设计艺术学科的范围内，而对于庞薰琹贵州民间艺术考察的研究，往往是作为他的艺术生活经历来进行论述。笔者试将庞薰琹贵州民间艺术调查和采集的过程置于民族学的视角下进行阐释，希望能为民国时期民族学的研究史增添一些基础资料，也为丰富庞薰琹的学术理论研究贡献一点绵薄的力量。

国立中央博物院贵州民间艺术考察开始于1939年，这是由当时的历史条件决定的。由于抗日战争的爆发，清华大学、北京大学、金陵大学、齐鲁大学、中央研究院历史语言研究所、中国营造学社、国立中央博物院筹备处等学术机构都陆续迁到了云南昆明。当时中国最优秀的一批考古学、建筑学、人类学和民族学的研究人才汇聚在西南边陲，继续从事着自己的研究工作。1938年底，原供职于国立北平艺术专门学校的庞薰琹来到昆明。1939年初，庞薰琹在青云街受陈梦家、沈从文鼓励，开始研究古代装饰纹样，绘著《中国图案集》四册，于西南联大教授中传观③。由于《中国图案集》被人借去传阅，庞薰琹不久就认识了梁思成、林徽因、梁思永，并由梁氏兄弟推荐进入国立中央博物院筹备处工作。1939年9月，庞薰琹由国民政府教育部备案正式受聘于国立中央博物院筹备处，担任筹备处专员职务，负责中国历代器物上所附图案的研究工作，月薪定为贰百伍十元，实际支付贰百壹拾元④。庞薰琹初到国立中央博物院筹备处时，主要从事彩陶、汉砖、铜器纹样的收集和研究工作，与当时研究汉代车具的王振铎⑤同在一间工作室。

当时国立中央博物院筹备处迁移至昆明，为开展西南地区多项民族调查工作提供了十分便利的条件，贵州民间艺术考察也被列入国立中央博物院筹备处该年度的重点工作之一。关于此项调查工作的缘起，李霖灿认为："对日抗战军兴，中央博物院于民国二十八年奉命迁往云南，进入西南边陲中心，于是调查边疆民族，更得到地理上的近便，遂于当年的十一月，组织黔境民间艺术考察团，决定对贵州的苗族，进行一次民间艺术，尤其侧重衣饰纹样的考察研究，因为苗人的华丽服饰，一向为世人所欣赏称道，本院的陈列计划中，亦原有西南民族

---

① 周爱民：《庞薰琹艺术与艺术教育研究》，清华大学出版社，2010年，第15页。
② 李立新：《庞薰琹简谱》，《吴中学刊（社会科学版）》1994年第2期，第87—92页。
③ 谭旦冏：《"中央博物院"廿五年之经过》，中华书局，1960年，第90页。
④ 台北"故宫博物院"档案：档号0028-600-075、0028-600-085。
⑤ 王振铎（1911—1992年），1939年进入国立中央博物院筹备处工作，考古学家、博物馆学家、古代科技史学家。

特殊习俗室之设置，滇黔壤地相邻，正当趁此时机，广为收罗，以备来日陈列研究之用。"①根据《中央博物院与中央研究院合作暂行办法》中的规定："（乙）办法：（四）民俗之研究工作，与历史语言研究所合作。"②故此项国立中央博物院的贵州民间艺术考察工作，由中央博物院专员庞薰琹③负责，并借调了中央研究院历史语言研究所的芮逸夫③任其助理。芮逸夫曾于1933年和民族学家凌纯声前往湘西的凤凰、乾城、永溪（今花垣县）等地调查，在当地人的协助下，他们深入湘西苗族地区，走大路、踏水路，走万丈深渊的山间小道，访遍了那里的村村寨寨、城镇码头，对当地苗族进行了极为深入、细致、全面的调查，芮逸夫负责语言、歌谣和故事方面的搜集和研究④。芮逸夫对苗族地区的调查研究工作富有经验，而且具有一定的摄影技术，这是借调他辅助庞薰琹进行贵州民间艺术考察的重要原因之一。

　　1939年11月20日，国立中央博物院筹备处向教育部呈报了关于《贵州民间艺术采集团出发日期、工作地域及经费支用请准予备案》的公文，此公文主要内容为："关于黔省民间艺术及工艺品决定开始作系统的调查及采集。现已遴派专员庞薰琹，并借调中央研究院历史语言研究所助理员芮逸夫等二员组织贵州民间艺术采集团，工作地域暂定为贵阳、定番、长寨、康顺、安顺、普定、织金、郎岱、黔西、大定、毕节、威宁等处，期间约需两个月至三个月，并拟于十二月一日以前出发。至经费一项，职处数月以来已就本年度特别费及购置费项下积有三千余元未支用，不必为此项工作另请他款。关于将来调查及采集之详细情形，自当陆续呈报。"⑤为了保证此次考察工作的顺利进行，国立中央博物院筹备处将贵州民间艺术考察一事呈报教育部之后，于1939年12月1日致函给贵州省政府，请求对方予以协助⑥。

二

　　1939年12月9日，国民政府教育部部长陈立夫批复了国立中央博物院筹备各组织贵州民间艺术采集团前往贵州从事民族艺术调查、民族文物采集的呈文⑦。当日，由庞薰琹和芮逸夫组成的贵州民间艺术考察团从昆明出发前往贵阳，开始进行此项调查和采集工作。

　　1939年12月22日，庞薰琹写信给李济⑧，汇报了出发14天来的工作情况，信中这样写道："济之先生台鉴：琹九日由昆出发，十五日始抵贵阳，中途换车四次之多，每次车坏均在途

① 周爱民：《庞薰琹艺术与艺术教育研究》，清华大学出版社，2010年，第590页。
② 谭旦冏：《"中央博物院"廿五年之经过》，中华书局，1960年，第90页。
③ 芮逸夫（1898—1994年），民族学家，1930年起任职于中央研究院社会科学研究所和历史语言研究所，1948年去台湾。
④ 凌纯声、芮逸夫：《湘西苗族调查报告》，民族出版社，2003年版，《导读》，第2、3页。
⑤ 台北"故宫博物院"档案：档号0028-400-040。
⑥ 台北"故宫博物院"档案：档号0028-400-030。
⑦ 台北"故宫博物院"档案：档号0028-400-039。
⑧ 李济（1896—1979年），考古学家，1934—1947年任国立中央博物院筹备处主，1948年去台湾。

中，而由救济车送至附近县城。九日至平彝，十日至普安，在普安住三日，因车无法修理待安南来车相换。在普安芮先生与栗原拟下乡采集，但司机每日均言安南即有车来，固又不敢下乡。不知在普南竟虚待三日。十三日至安南，十四日至安顺。至贵阳后因衣服肮脏，精神疲乏，而又逢星期。故迟至十八日（星期一）始去省政府接洽。幸郑秘书长道儒与孙民政厅长希文均相当热心。致各县公文大约明后日即可办妥。寄梅先生适因病请假，芮先生与栗曾至水口寺周先生住处访谈，因周先生在病中未与谈。承介绍大夏大学之吴泽霖先生，但吴先生适又去定番，故至今尚未唔及。连日与各方人士商谈之结果，原拟之路线在事实上不得不累加改动，如长寨广顺二县适在围剿区域，不能前去。现所拟之路线大概如下：贵阳、花溪、青岩、定番、龙里、贵定，此数县以贵阳为中心。余如清镇、平墙、安顺、镇宁、普定、织金、郎岱、黔西、大定、毕节、威宁诸县则以安顺为中心。然是否能尽如理想实行尚不可逆料。若省政府公文日内办妥，则芮先生与栗定二十五日去定番。明日（二十三日）拟在筑招待方言讲习所之诸苗籍教师，或可略得线索。至于采集日期因交通之困难等问题恐必须延长，如九日出发以来，所得甚微，而时间则已消耗旬余矣。专此先行奉闻，余容续上。此上敬请近安。庞薰琹十二月二十二日贵阳同乐社。"①从这封信中，可以清楚地了解12月9—22日，庞薰琹和芮逸夫的贵州民间艺术考察的前期行程，同样也可以看出当时进行少数民族调查工作的艰辛，交通的不便和时局的动荡都给调查工作造成了很多困难。

在贵州民间艺术考察团出发之前，就有亲友劝庞薰琹不要接受这项工作，他们担心他会遭遇各种危险，并告诉了他关于少数民族地区的可怕传闻，如有的民族会使用毒箭，有的民族在播种前有"猎头"的仪式，有的民族善于"放蛊"来害人。庞薰琹对少数民族传统艺术有浓厚的研究兴趣，加上自己受过西方科学的教育，使得他对于这些危言耸听的传闻毫无畏惧，仍然十分坚定地踏上贵州民间艺术考察的征途。其实在庞薰琹致李济的信中，他对调查中所遇到的一些困难有所隐瞒，比如庞薰琹到达贵阳时，带着国立中央博物院筹备处的公函前往贵州省民政厅找到民政厅长，这位厅长知道他们的来意后，立刻就说："不行，不行，你们回昆明去吧！关于收集资料的问题，这事办不到，蒋夫人宋美龄想要一套苗族的服装，我们搞了很久，也没有搞到。你们不要空想了。既然你们一定要去，那么一切由你们自己负责，民政厅不能派人保护你们。"②这位民政厅长也拒绝为庞薰琹和芮逸夫调查诸县开具介绍信。但是面对种种意想不到的困难，庞薰琹和芮逸夫并没有止步不前，还是决定深入贵州少数民族旳居住地，继续调查和采集工作。

幸运的是庞薰琹和芮逸夫得到了一些有识之士的相助，时任贵州省临时参议会参议员的杨秀涛就专门为他们给黔西县政府第三科长李毓芳、织金谨志熊、陈尔嘉、定番农村合作社刘光谦发出了介绍信："兹有老友庞薰琹、芮逸夫二位先生前来调查苗民风俗及采集苗民工艺，恐到贵处时不免人地生疏，祈兄指示一切予以方便，不胜感激之至。特此顺颂，时祺，十二月

---

① 台北"故宫博物院"档案：档号0028-400-041。

② 庞薰琹：《就是这样走过来的》，生活·读书·新知三联书店，2005年，第182、183页。

二十三日。"①吴泽霖②也致信朱约庵："介绍中央博物院庞薰琹、芮逸夫二先生，有所请教，乞予襄助，无任感荷。"③这些朋友无私地伸出援手，为庞薰琹和芮逸夫的贵州民间艺术考察工作提供了一定的帮助。

当庞薰琹和芮逸夫深入贵州苗寨后，又出现了新的问题：只要他们走近寨子，寨子里的人就全部走光，躲到山里去了④。这是因为当时的汉苗之间还有一些芥蒂，当地苗族人对于这些不同穿着、不同语言、不同发式、拿着相机的民族调查者心存误解，担心他们和以前来的汉人一样，是来收税或者是征兵的。庞薰琹和芮逸夫为了能和这些苗区民众进行交流，通过赠糖的方法先和当地孩子有了接触，再赠糖给老年妇女，然后介绍自己是来收购花边（一种衣服饰物）的。他们通过不断地走访，以购买花边、挑花、服装等工艺品的名义往来于苗族村寨，之后还参与当地苗民的婚丧活动，逐渐与当地民众消除了隔阂，使得贵州民间艺术的调查和采集工作能够深入进行下去。

1940年1月2日，庞薰琹又写信给李济，信中写道："芮先生与荣二十八日即乘车去花溪，在花溪住两夜，曾去苗夷村寨购得花边、衣服等物。三十日步行至石头寨，在夷人家住一夜，亦购得花边等物。三十一日又自石头寨步行至青岩。今住青岩社会教育实验区。昨日曾去仲家村寨，今日去青苗村寨，明日则拟去花苗村寨，在此收集标本得其方法，则尚不十分困难。惟因经费关系，琹不敢尽量收购。不知标本价费是否能略增加与是否需要尽量采集，请即电示贵阳中山路二二六号任树椿先生，将琹为感，专此敬颂年禧。"⑤此时贵州民间艺术的调查和采集工作已经进行得比较顺利，庞薰琹和芮逸夫一边对当地少数民族的生产生活习俗进行记录，一边收购民间艺术品。1940年1月9日，国立中央博物院筹备处汇给庞薰琹1800元，请他多购置民族艺术标本⑥。

1940年1月13日，庞薰琹又写信给李济，汇报关于购置标本的情况："济之先生台鉴：来电奉悉，琹九日由青岩返贵阳，此数日在贵阳附近采集，事毕即去龙里、贵定，在二地最少亦得住一星期左右，此后即去安顺，兹因标本携带不便，寄存在筑，又恐空袭，故已将花溪、青岩二地所得之标本先行寄上，共分四大包，第一包内分三小包共九件；第二包内亦分三小包共二十一件；第三包内亦为三小包共一百三十七件，第四包内则仅一件。请察收，专此敬请大安。庞薰琹一月十三日贵阳。"⑦至1940年1月，国立中央博物院筹备处的贵州民间艺术考察工作已经接近尾声，在实地调查中，庞薰琹和芮逸夫徒步前往一个又一个苗族村寨，他们翻山

---

① 台北"故宫博物院"档案：档号0031-500-032。

② 吴泽霖（1898—1990年），民族学家，曾任职于大夏大学、清华大学、西南民族大学等研究机构。抗日战争期间，大夏大学从上海迁至贵阳，他多次进入贵州少数民族地区从事民族学调查。

③ 台北"故宫博物院"档案：档号0031-500-032。

④ 刘振宇、维薇：《中国李庄：抗战流亡学者的人文档案》，四川人民出版社，2005年，第183页。

⑤ 台北"故宫博物院"档案：档号0029-700-452。

⑥ 台北"故宫博物院"档案：档号0029-400-150。

⑦ 台北"故宫博物院"档案：档号0029-400-149。

越岭，跋山涉水，其中的艰辛难以言表。清华大学美术学院周爱民在《庞薰琹艺术与艺术教育研究》一书中论述："他们（庞薰琹和芮逸夫）克服重重困难，先后在贵阳、花溪、龙里、贵定、安顺等地八十多个苗族、布依族和仲尼族的村寨展开调查，在调查过程中他们采用了多种手段，如民间文物搜集法、实地摄影法、以图画和文字记录民间工艺等。他们实地参加了苗族和仲尼族的各种风俗活动，亲入现场进行观察体验，对这些民族的宗教、巫术、神话、传说、图腾、歌谣、音乐、舞蹈、语言进行了详细的记录。"[①]这对于庞薰琹和芮逸夫贵州民间艺术考察过程的概括是比较客观的。

1940年2月，苗区实地调查工作结束，庞薰琹和芮逸夫回到昆明，整理贵州民间艺术考察所得的调查材料，并且策划了一次贵州民族服饰展览，他们本以为后期的研究工作可以顺利地进行下去。但是由于云南战事危机，从1940年3月开始，国立中央博物院筹备处、中央研究院、同济大学等学术研究机构，陆续迁往四川李庄这个抗战时期的学术重镇。在四川李庄期间，庞薰琹忘我的工作状态实在是令人敬佩，他的回忆录里写道："（在李庄的）三个月时间，我几乎一分钟都没有浪费，一清早匆匆洗了脸吃好早饭，放下碗就看书抄写资料或摹绘纹样资料，午饭后也不休息继续工作。我请人为我买了几瓶火油，晚上工作到1时，三个月每天如此。"[②]两个多月后，庞薰琹因为废寝忘食地工作得了神经衰弱症，而且心脏旧疾复发，由于坐的时间太长，缺少活动而便血，人也一天一天瘦下来。那时，庞薰琹已经无法再从事研究工作，加上庞薰琹的嫂子也在病中，需要人照顾，庞薰琹的女儿也卧病在床，他只得离开李庄，前往医疗条件较好的成都。当时四川李庄生活条件之艰苦是难以想象的，我们可以从同住在李庄的中央研究院史语所所长傅斯年的饮食情况上看出来，据李庄板栗坳[③]当地的老人回忆："当时傅斯年每天只吃一盘藤藤菜，有时只喝一碗稀饭，偶尔招待来访的客人，甚至要向邻居借钱，实在是接济不上了就卖书。傅斯年一生最好读书藏书，积蓄几乎全部用在买书上，非到万不得已，是不卖书的。"[④]庞薰琹离开国立中央博物院筹备处确实是情有可原，虽然离开了博物院的工作地李庄，但是庞薰琹仍在做着博物院的研究工作。1940年5—7月，庞薰琹和李济有多封书信往来，多是关于贵州民族调查的资料整理、古代纹样的研究和相关的展览事宜。其中一封信中，庞薰琹写道："琹有一言愿在此声明，若博院有必需时，琹当见召即来，不论何时何地，虽然琹在博院一年，实获益匪浅，此终生所不能忘者。苗族图案之整理，琹负责完成，若博院拟继续采集苗民工艺，琹亦可为先生介绍一宜于此种工作者。"[⑤]

国立中央博物院筹备处贵州民间艺术考察的最终成果应该是有相关研究报告的，因为在1940年5月4日中央博物院呈报教育部的《二十九年度工作计划及临时核算书》中已经将"工

①　周爱民：《庞薰琹艺术与艺术教育研究》，清华大学出版社，2010年，第121、122页。
②　1940—1946年，中央研究院人员就在四川李庄板栗坳工作、生活。
③　刘振宇、维微：《中国李庄：抗战流亡学者的人文档案》，四川人民出版社，2005年，第33、34页。
④　台北"故宫博物院"档案：档号0031-500-032。
⑤　台北"故宫博物院"档案：档号0029-700-029。

作报告印刷费"和"研究报告印刷费"这两项列支出来①。由于时局和战乱，庞薰琹关于贵州民族调查的研究成果并没有保留下来，而当时调查所留下的资料也出于历史原因没有保存下来，在庞薰琹的回忆录《就是这样走过来的》和他的爱人袁韵宜所写的《庞薰琹传》两本书中写道："文化大革命"期间，庞薰琹在贵州进行民族调查的文字资料全部毁掉了，因为旧时少数民族的族字不少都用"犭"字旁，还有一些民歌的民族矛盾很深，这些资料有可能歪曲成为庞薰琹当时的罪状②。这在我国苗族研究和民国时期民族学研究史上是多么令人惋惜的一件事情。

三

现在我们要去探寻国立中央博物院先贤们贵州民间艺术考察的脚步，只能从下述材料中找到一些线索：台北"故宫博物院"、台湾"中央研究院"和南京博物院的档案材料；庞薰琹根据当时调查情况所描绘的一些画作，如《贵州山民图》系列；《庞薰琹随笔》中《初访》《绣衣》《送嫁》和庞薰琹回忆录《就是这样走过来的》中《深入苗寨》《仲家族的婚礼》《跳花》等记事散文。国立中央博物院筹备处贵州民间艺术考察虽然没有和同时期其他少数民族调查研究一样具有非常重大的影响，比如1939年大夏大学教授吴泽霖、陈国钧、张少微等对贵州境内民族进行的多次调查，历时八个月，整理调查成果《安顺县苗夷调查报告书》《炉山县苗夷调查报告书》《定番县苗夷调查报告书》；1937—1941年中山大学江应樑在四川、贵州、云南所做西南民族调查，写成《西南边疆民族论丛》《凉山夷族的奴隶制度》等；1939年梁瓯第考察四川、西康社会和教育，撰写了多篇论文，并有专著《川康边民之社会及其教育》《我怎样通过大小凉山》等。上述这些对于西南地区民族的调查工作，在民族学史上都已经成为经典的研究范例，是民族学研究必须努力攀爬的学术山峰。但是庞薰琹和芮逸夫的贵州民间艺术考察同样具有不可复制性和唯一性，这项考察的调查过程和研究价值也非常值得我们进行深入的思考。笔者认为国立中央博物院贵州筹备处民间艺术考察的价值主要体现在以下三个方面。

第一，在调查研究的方法上，庞薰琹和芮逸夫的贵州民间艺术考察已经采用了人类学的田野调查方法，这对于当时西方人类学、民族学研究方法运用于我国少数民族的早期实地调查而言，是具有实践意义的。1940年1月30日，在国立中央博物院筹备处向教育部呈报的《中央博物院二十八年度工作报告》中，第六部分的名称为"贵州民间艺术之创始考察"，之所以用"创始"两个字，笔者认为这对于国立中央博物院筹备处来说是恰当的，这确实是国立

---

① 庞薰琹：《就是这样走过来的》，生活·读书·新知三联书店，2005年，279页；袁韵宜：《庞薰琹传》，北京工艺美术出版社，1995年，第102页。

② 刘振宇、维徽：《中国李庄：抗战流亡学者的人文档案》，四川人民出版社，2005年，第194页。

中央博物院筹备处第一次进行贵州民间艺术考察。关于此项贵州民间艺术考察的情况，工作报告中是这样叙述的："查贵州在全国幅陨中便处西南，自昔以交通梗塞之故，往来行旅颇少，荒山辟邑中尚有较原始民族（按即苗民）聚居，较原始习俗保存，而服装、修锦、编织物等之点缀尤饶异超，于研究古代文化上堪资比较处甚多，即在今日文化渐启，而为融洽民族间感情计，亦应先自调查入手，冀渐得相互间之了解。本处职司社会教育，在陈列计划中本有西南民族特殊习俗之一室，自本年奉令迁滇，又有地域人事上之方便，爰自十一月起特组织黔境民间艺术考察团，派本处专员庞薰琹，并借调中央研究院历史语言研究所助理员芮逸夫，二员携带应用工具前往考察，考察地点拟暂以贵阳、遵义、安顺三地为中心，旁及修文、普定、平远、安南、郎岱等地，遇有衣服、装饰、乐器、编织物、日常手工品等之可购得者采购之，其不能者，则以摄影、作图等方法留其真，总期于各该地特有习俗绘得一较明瞭之轮廓，以供各方参考。"①

在赴贵州苗区调查之前，有几个民族学研究的前辈一再叮嘱庞薰琹："要尊重各民族的风俗，搞好民族间的关系，千万不能为了个人多得到一些资料，就不顾到对方的风俗习惯。"②庞薰琹真正把他们的话牢记在心。当时苗区生活艰苦，为了换取一点点盐巴，要靠入山砍柴再去山下很远的集市去卖柴买盐。天无三日晴，地无三尺平，人无三分银，就是对当时苗区的写照。为了深入调查下去，了解生活，了解风俗民情，庞薰琹曾充作出嫁姑娘的亲属，抬着嫁衣去送嫁；有一次为祭死者，他也随之跪在灵前吞吃一碗无盐又半生不熟的牛肉③。由于有尊重民族风俗的自觉意识，他在参与苗民的婚嫁、丧葬、跳花等民俗活动时，真实地了解了他们的生产方式和生活情感，关于参加苗族葬礼吃牛肉的经历，庞薰琹说："是不是我只吞下这碗牛肉？不是的。是拆掉在我和他们之间的一道'墙'。他们对我们的怀疑和不安情绪消除了。"④庞薰琹认为："做（民族学）研究工作，必须长期的深入生活。靠走马看花，画些速写，拍些照片是解决不了问题的。"⑤这些细节都表现了庞薰琹作为一个优秀的民族学研究探索者所具有的素质。

第二，在民族文物的收集和展览方面，国立中央博物院的贵州民间艺术考察是有一定的开创意义和社会教育价值的。从笔者查阅的相关档案材料所知，在1949年之前，关于此项贵州民间艺术考察曾有三次比较重要的展览：第一次是在1940年7月，地点为昆明桃园村，举办了关于贵州苗族衣饰及图画的展览；第二次是在1944—1945年，在四川李庄举办了专题展览"贵州夷苗衣饰展览"；第三次是在1948年，在南京举办了"中国西南及南部边疆民族标本展览"。这三次展览在当时都产生了较大的影响。特别是抗战胜利后，1948年"中央博物院与故宫博物院在首都南京开大规模之联合展览会，贵州苗族衣饰一项，即展览于中央博物院新建之陈列室

①　台北"故宫博物院"档案：档号0029-400-161。
②　刘振宇、维徽：《中国李庄：抗战流亡学者的人文档案》，四川人民出版社，2005年，第188页。
③　袁韵宜：《庞薰琹传》，北京工艺美术出版社，1995年，第102页。
④　庞薰琹：《庞薰琹随笔》，四川美术出版社，1991年，第66页。
⑤　庞薰琹：《论工艺美术》，轻工业出版社，1987年，第17页。

内，甚得观众，尤其是仕女们之赞叹欣赏，都认为色泽之明灼谐和，纹样之意匠新奇，实为极有价值之边民手工艺术珍品。"①

民族文物是民族生存信息的载体，是了解一个民族生产、生活、信仰和习俗的重要途径。中国的民族文物在源流、形式、工艺、内涵等方面所表现出的异同是中华民族文化多元交融的集中体现。民族文物是南京博物院的院藏特色，最早的收藏可以追溯到民国时期国立中央博物院筹备处和中央研究院历史语言研究所合作的边疆少数民族调查。这些调查是我国民族文物系统征集的开端，也是我国民族学研究的早期实践，为南京博物院民族文物的收藏奠定了坚实的基础。南京博物院现藏的民族文物品类丰富，体系完整，涉及生产生活、宗教信仰、婚丧嫁娶、人生仪礼、娱乐游戏等多个方面，从文物的来源来看，有很大一部分就是中央博物院先贤在抗日战争时期深入西南边疆少数民族地区调查时专门收集的，其中庞薰琹在贵州民间艺术考察期间收集的花边、挑花、服装、首饰等弥足珍贵。

民族文物的收集和展览还有推进当时社会教育的作用，根据李济1944年的书稿整理而成的《国立中央博物院筹备处社会教育概况》一文论述："他们到边疆去，虽然重在研究方面，但他们能以传教士的精神，到一个地方，便和那一个地方的人住在一处；学习他们的语言，接受他们的习惯，参加他们的宴享集会，同情他们的死丧灾难，遇着困难争斗，即替他们排解，遇着普通的疾病，即以自己所携的药品为他们救治。所以那些边远的民族渐渐对于汉人，尤其是中央机关派来的汉人，渐渐地消去仇视的心理，以至变为亲密的朋友。这班工作的人，便可乘机宣传中央的威信，并说明这次抗战的重要。并且每次工作完毕以后，便在工作站内，或回来以后，在本处的办公地点，将采集的标本和图片、照片等，作一非正式的展览，让住在当地的人来参观，由采集的人负责领导。结果使许多足不离县境的本地人以及许多从沿海各省来的下江人，对于边远民族有个比较清楚的认识。这不能说不是推行社会教育的一个有效的方法。"②

第三，对于庞薰琹的艺术设计和艺术教育研究而言，贵州民间艺术考察是庞薰琹个人艺术生涯非常重要的工作和生活经历，"这次经历对他艺术上的影响反映在两方面：第一，认识到了民族民间生活中的丰富艺术创造，特别是苗族丰富的民间工艺美术给他留下了深刻的印象，使他增强了创造生活美的艺术理想；第二，他在深入到苗民生活的过程中，积累了丰富的艺术创作素材，在此基础上他创作了一批颇具影响的以苗民生活为题材的绘画作品"③。庞薰琹在深入贵州苗族村寨调查西南少数民族艺术时，不只是搜集到了400余件珍贵的民族民间工艺品，而且在与苗民朝夕相处的日子里，熟悉了苗民的生活习俗，理解了他们的思想情感，这在庞薰琹创作的苗民生活作品中得到了直观的再现，他反感对少数民族进行歪曲和猎奇的描写，绘制苗族风情总以还原现实场景为出发点。

---

① 周爱民：《庞薰琹艺术与艺术教育研究》，清华大学出版社，2010年，第590页。

② 李济："国立中央博物院"筹备处社会教育概况》，《南京博物院集刊（12）》，文物出版社，2011年，第4页。

③ 周爱民：《庞薰琹艺术与艺术教育研究》，清华大学出版社，2010年，第120页。

　　1940—1946年，庞薰琹创作了《贵州山民图》系列作品，共计20余幅，现主要藏于中国美术馆和庞薰琹美术馆，这些作品包括:《黄果树瀑布》（1940）、《洗衣》（1941）、《挑水》（1941）、《笙舞》（1941）、《射牌》（1941）、《畅饮》（1941）、《贵定花苗跳花》（1941）、《盛装》（1942）、《橘红时节》（1942）、《卖柴》（1942）、《丧事》（1942）、《4初恋》（1943）、《寒林》（1943）、《花溪青苗跳花》（1944）、《小憩》（1944）、《收割》（1944）、《垂钓》（1944）、《苗女拉猪》（1945）、《背篓》（1946）、《捕鱼撒网》（1946）、《捉鱼》（1946）、《割稻》（1946）等。上述作品重在对生活内容的体现，再现了苗族地区特有的风土人情、生产方式和生活习惯，并对照各地区苗民分布及衣着特色，真实而生动地描绘出各种生活场景中的人物形象、动态和服饰等。这些绘画在风格上融合了西方写实绘画的造型观念，使得庞薰琹找到了一种中西绘画结合的方式，即西方的绘画形式与中国民族传统的艺术结合[1]。贵州之行是庞薰琹绘画事业中一个重要的转折点，贵州民族调查的画作与之前的相比，更趋向于写实，具有装饰性，这样的艺术探索是非常具有启发意义的。

　　　　　　　　　　（原载于《南京艺术学院学报（美术与设计版）》2015年第1期）

---

　　① 杜杨：《西方绘画形式与中国民族艺术的结合——庞薰琹〈贵州山民图〉解读》，《美术大观》2012年第8期。

豪气吞山河　风骚独自领

——傅抱石毛泽东诗意画创作探析

嵇亚林

内容提要： 傅抱石是一位具有忧患意识和进取精神的美术大家，毛泽东诗词的恢宏意境赋予了傅抱石作品浓厚的时代气息和俯仰自得的空间意识。他开创的毛泽东诗意画创作突破了传统的束缚，丰富和发展了中国山水画艺术，践行了他"艺术当随时代"的主张，在思想和行动上，证明了"中国画是可以表现现实、为新时代服务的"。

关键词： 中国画　艺术作品　傅抱石　绘画创作　诗意画　艺术创作　意境

傅抱石作为20世纪中国绘画史上的一代宗师，以其卓越的艺术才情，毕生精进，大胆变法，在保持中国画民族精神的同时，赋予中国画以新境界、新内容、新笔墨。他的贡献不仅仅是他倡导和率领的两万三千里创作写生，使中国山水画面貌焕然一新，还有他最早开辟的毛泽东诗意画创作，创造了一个时代表现题材和表现方法的完美结合，从而使他在新山水画领域获得崇高的文艺声誉和地位。

一、新的时代：让画家与诗人凝神观照

画家创造形象，诗人也创造形象。画家与诗人在本质上是同素异形的兄弟，当社会处于大变革的时期，艺术的趣味会随之而更新，因为艺术不仅提供了娱乐，更主要的是揭示真理。中国画的笔墨语言尽管不如诗人的语言那么清晰明确，但并非单纯地诉于视觉的客观描写，而是以心接物，借物写心，表达妙悟后的自然，是画家主观与客观的统一，是天人合一的结果。画家与诗人分别通过手中的画笔和文字让思想行走，相互间的相融相通之处往往依据的是共同的品性与人生感怀。

傅抱石很早就审视自己能否为时代有所作为，如何找到一条适合自己成长的艺术之路。

20世纪50年代之后，傅抱石以一种审慎的心情投入改造旧美术的第一次运动，尝试以毛泽东诗词为题材进行山水画创作。也许是画家与诗人精神世界的感应和默契，傅抱石认为毛泽东诗词展现了中国革命和建设波澜壮阔的宏伟画卷，是他一生的政治理想、生活追求、哲学观念、思维方式、生活阅历、思想境界、人生情致、创造才能和审美情趣的反映。毛泽东对于诗词创作的态度极其严谨，用词用韵千锤百炼。毛泽东虚怀若谷、从善如流，会广泛听取他人对自己创作的诗词的意见，其中包括朱德、邓小平、彭真、郭沫若、臧克家等老一辈无产阶级革命家和现代著名诗人甚至身边的工作人员。美国人罗斯·特里尔（Ross Terrill）在他的著作《毛泽东传》中说，毛泽东"是一个诗人和艺术家。他的诗词想象丰富、气魄宏大、寓意深刻；他的书法汪洋恣肆、任意挥洒、自成妙趣，将他列到中国最杰出的诗人和艺术家行列是当仁不让的"。柳亚子先生曾以"推翻历史三千载，自铸雄奇瑰丽词"的诗句赞叹毛泽东的诗词①。

毛泽东诗词语言准确、气势磅礴、抒情达意、形象生动，表现出一种气吞山河的气度和胸襟，大大触发了傅抱石的创作灵感。傅抱石在艺术上崇尚革新，他的山水画立意深邃，章法新颖，用笔洗练，注重气韵，能够达到酣畅淋漓、出神入化的效果。他在继承传统的同时，融会日本画技法，受蜀中山水气象磅礴的启发，进行艺术变革，独创的散锋皴法——抱石皴成为中国画的一种新形态。就是这样一位高深的画家，被毛泽东的诗词深深打动，他在《北京作画记》一文中写道，中华人民共和国成立以前，"在重庆金刚坡下，一个雪花漫天的日子，我第一次读到毛主席的名篇《沁园春·咏雪》，心情无限激动。那气魄的雄浑，格调的豪迈，意境的高超，想象力的丰富，强烈地感染着我。"②

"伟大领袖"与"大学教授"，身份的悬殊，除非特殊的情缘，一般很难将二者联系在一起。诗人毛泽东与画家傅抱石，却因艺术个性、风格、审美气息和乐观雄浑的精神气质有着更多的相通之处，最终在这个时代"对话"（图一—图九）。

二、伟人诗意画：再现傅抱石的悠然神韵

1950年，傅抱石根据毛泽东《清平乐·六盘山》一词，尝试创作了第一幅诗意画，作品基本保持了他一贯的风格——独特的"抱石皴"和改良的石涛树画法。1957年《诗刊》创刊时首次发表了毛泽东的《旧体诗词十八首》。此后，又接连发表了《蝶恋花·答李淑一》《送瘟神二首》《词六首》《诗词十首》《词二首》。傅抱石以其睿智的思考和独特的视角，从毛泽东诗词中领悟出发展的契机，决心以自己的思考和实践来探索新技法与新题材的有机结合，突破传统的束缚，力求达到诗词意、山水画的完美融合。出于对毛泽东的崇敬和特定历史时期的社会环境，傅抱石开始学习和研读毛泽东诗词，将激动人心的诗句融入自己的画面中，不断拓展出中国画表现的广阔空间。

---

① 《点评毛泽东诗词：一代伟人千古绝唱》，《光明日报》2013年1月3日。
② 南京博物院：《江山如此多娇：傅抱石"毛泽东诗意画"作品集》，荣宝斋出版社，2010年，第185页。

图一　毛泽东《清平乐·六盘山》词意图

纸本，20.2cm×28.2cm，1950年9月，南京博物院藏

图二　毛泽东《沁园春·长沙》词意图

纸本，34cm×50cm，1958年11月，南京博物院藏

图三　毛泽东《如梦令·元旦》词意图

纸本，27.5cm×20.8cm，1959年1月，南京博物院藏

图四　《虎踞龙蟠今胜昔》

纸本，136cm×191.8cm，1964年5月，江苏省美术馆藏

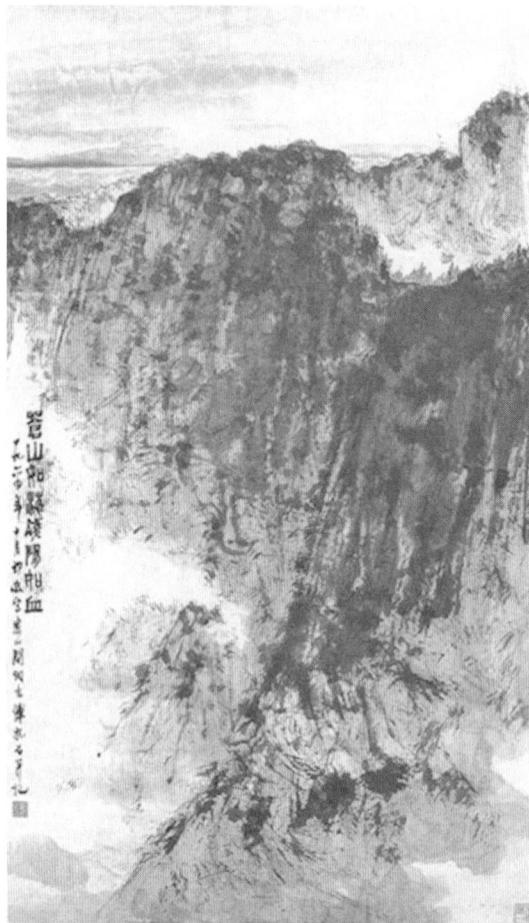

图五　《苍山如海残阳如血》

纸本，113.5cm×67.3cm，1964年3月，南京博物院藏

图六　《芙蓉国里尽朝晖》

纸本，48.8cm×68.5cm，1964年，江苏省美术馆藏

图七　《龙蟠虎踞今胜昔》

纸本，60cm×87cm，1960年5月，江苏省美术馆藏

图八　《风展红旗如画》

34.5cm×47cm

图九　毛泽东《沁园春·长沙》
诗意图，1964年

在傅抱石的生命岁月中，有两个阶段是他创作毛泽东诗意画的旺盛期。

一是为参加1958年"社会主义国家造型艺术展览会"，以及1959年庆祝中华人民共和国成立10周年、德意志民主主义共和国莱比锡国际书籍艺术博览会，他开始进行大量的创作。

1958年11月12日，傅抱石在给郭沫若的信中说道："今春以来，大跃进声中，以参加社会主义国家在莫斯科举行的造型艺展的作品为首要任务。""明年庆祝伟大的国庆十周年，任务更加紧张，且非放'卫星'不可"①。他全身心投入创作，夜以继日，在给郭老写信之后近20天内就创作了《七律二首·送瘟神》《如梦令·元旦》《水调歌头·游泳》《西江月·井冈山》《沁园春·长沙》《菩萨蛮·大柏地》《七律·长征》《忆秦娥·娄山关》《十六字令·山》《浪淘沙·北戴河》《菩萨蛮·黄鹤楼》《蝶恋花·答李淑一》等诗意画。1959年1月，又接连创作诗意画近20幅。

1959年7月，傅抱石奉调北京，与关山月一起为新落成的人民大会堂作巨幅国画《江山如此多娇》，以体现毛泽东《沁园春·雪》的词意。对这一重大使命傅抱石感慨万分，他在《北京作画记》一文中写道："我深深认识到这是毛主席对民族传统绘画无微不至的关怀，是对全国国画工作者热情的鼓励，也是全国国画工作者的无上光荣。"②《江山如此多娇》成功地以

---

① 南京博物院：《江山如此多娇：傅抱石"毛泽东诗意画"作品集》，荣宝斋出版社，2010年，第211页。

② 叶宗镐：《傅抱石美术文集》，上海古籍出版社，2003年，第479页。

传统中国画的形式描绘了中华大地妖娆壮阔的图景，表达了中华人民共和国稳定与安宁、生机和希望的宏伟气概。这幅巨大山水画气魄之大、意境之新、布局之美，在我国绘画史上是前所未有的。至此，傅抱石对毛泽东诗词意境的把握已经相当到位、准确，形成了一套独特的笔墨语言和形式技巧，也使傅抱石的名声大振，其艺术生涯进入了最得意最顺心的阶段。

二是1964年1月毛泽东新诗词在《诗刊》发表，此时又逢迎接中华人民共和国成立15周年和第四届全国美术展。

毛泽东新诗词的发表为傅抱石创作诗意画提供了新的题材。他以难以抑制的激情和冲动投入创作，用不到两个月的时间，就完成了《七律·人民解放军占领南京》《七律·到韶山》《七律·登庐山》《七律·答友人》《七绝·为李进同志题所摄庐山仙人洞照》《七律·和郭沫若同志》《卜算子·咏梅》《七律·冬云》《满江红·和郭沫若同志》等诗意画创作。3月1日，他在完成《乾坤赤》时，特意在画面上题写道："今年元旦，欣值毛主席诗词十首发表，翻覆学习，拟相继形诸笔墨，此写《满江红·和郭沫若同志》词意，并师郭老原旨，题曰乾坤赤云。"①在这幅画中他运用夸张的手法表达词意，具有强烈的视觉冲击力。自然洒脱，直抒胸臆，激情喷发是他山水画的重要特色，这一特色在他创作的近200件毛泽东诗意画中表现得最为充分，从而形成了"毛泽东诗意画"这一具有鲜明时代印记的山水画品类。

三、其命唯新：傅抱石毛泽东诗意画形成的动因

傅抱石早在20世纪40年代就已经是颇具名气的画家。他于1942年在重庆举办的"傅抱石教授国画展览会"影响很大，他由此被称为"中国画坛出现了又一颗巨星"②。中华人民共和国成立后，傅抱石审时度势，开启了以毛泽东诗意为题材的山水画创作，以自己特有的文化形式参加社会变革，记录了一个时代的精神历程、思想历程、变革历程，最终呈现出对山水画发展的辉煌业绩。

第一，"文艺为人民服务并首先为工农兵服务"方向的确定，对傅抱石产生了巨大影响。

1949年7月，"中华全国文学艺术工作者代表大会"把毛泽东提出的"文艺为人民服务并首先为工农兵服务"的方向，作为发展人民文艺的基本方针，号召全国文艺工作者以最大努力来贯彻执行。周恩来在这次会议上明确提出，新文艺的总路线是"为工农兵服务"，方针是"面向基层，熟悉他们的生活"，政策是改造旧艺人和旧的艺术形式，开启了新文艺的伟大变革主潮。面对中华人民共和国成立后文艺工作的新要求，面对如火如荼的社会主义建设和广大人民的冲天干劲，傅抱石内心受到不小的触动，促使他需要从思想、观念、艺术形态等方面适应这种时势的变化。傅抱石在给挚友郭沫若的信中说过这样的话："自己未能参加革命而落

---

① 南京博物院：《江山如此多娇：傅抱石"毛泽东诗意画"作品集》，荣宝斋出版社，2010年，第149页。

② 南京博物院编：《傅抱石信息资料（1）》，南京博物院内部资料，2008年，第48页。

伍，要重新跟上时代。"加上中国画本身确实面临改造的问题，如何将"闲情逸致"的山水画变为"为人民服务"的艺术，并能够对人民发挥教育作用是此时的问题之一。他开始以崭新的姿态思考和实践中国画的变革，一心想要改变自己画境中一味表现"石涛诗意""唐人诗意"的"泥古"气息，在气质上力图改变传统的绘画风格。

第二，创新是傅抱石的毕生追求，造化自然，其命唯新，把个人精神情怀与国家意识、政治意识、时代精神相融合，与中国画的传承发展相呼应。

傅抱石是一个传统文化底蕴深厚、具有全面修养的大家，在他的艺术生涯里，从来没有停止过对绘画语言的探索和实践，不断追求艺术个性与时代精神的统一。绘画是社会、时代的反映，与当时的政治、经济和社会意识以及作者的思想感情相关联。无论中国绘画的传统，还是现在的绘画创作，画家都具备深邃的精神要素、具备顽强的生命创造力。傅抱石认为中国画若要在传统的基础上获得新生命、新气象，"只有深入生活，才能有助于理解传统，也只有深入生活，才能够创造性地发展传统"①。1960年，他率领江苏国画工作团进行二万三千里写生，深入社会主义建设的第一线体验生活，感受伟大祖国山川巨变，最终形成了"思想变了，笔墨就不能不变"的美术观念，把20世纪50年代初开始的以写生带动传统国画推陈出新的运动推向了一个历史高潮。

第三，革命的浪漫主义与革命的现实主义结合的创作方法成为新要求、新时尚。

1958年以后，文艺界采取有效措施，力求创造出一批思想性和艺术性都能突破现有水平的新作品，作为对中华人民共和国成立十周年的献礼。中国山水画家在20世纪50年代前期创作了大量反映国家建设和时代新貌的现实主义作品，传统的中国画笔墨出现了很大的变化，打破了以往山水画荒寒萧索、阴柔幽婉的气息。这是他们坚持深入基层、深入生活，感受时代脉搏的结果。到了50年代后期，毛泽东诗词因气魄雄伟豪迈、格调阳刚恢宏、意境高远壮阔，成为革命现实主义和革命浪漫主义相结合的文艺创作典范，从而激发起傅抱石等一批山水画家创作毛泽东诗意画的欲望。如果能够成功，不仅可以表达对一代伟人的无限崇敬与爱戴，彰显山水画的社会意义与教化功能，而且能充分挖掘诗词中潜在的可创作因素，为山水画家的创作思路打开一扇阳光灿烂、风光无限的窗户。这应是傅抱石有意将毛泽东诗意山水画引入大众化审美领域的动力之源。

第四，谦虚谨慎、不骄不躁地学习毛泽东诗词，是傅抱石深刻领会诗词意境，更准确地在山水画创作中表现的客观需要。

受当时社会政治生态的影响，"读毛主席的书"已日渐深入每个中国人的日常生活。形容傅抱石把毛泽东诗词当作"座右铭"来学并不夸张，他不装样子、不搞形式，学习态度非常虔诚，为方便阅读，他即使出国也要随身携带。他最有效和最特别的方式是从创作中学习毛泽东诗词。为防止对诗词理解不够深刻全面，他对自己创作的每一幅毛泽东诗意画都要反复揣摩修改，并请大家帮助提意见。

---

① 叶宗镐：《傅抱石美术文集》，上海古籍出版社，2003年，第487页。

"我多次讲，只要有人提一句有力的反证，就会立刻被全部否定掉。主席的词是伟大的，画得好也是光荣的。但是，对画家来说，是一项危险的工作"①。傅抱石有一枚"不及万一"的闲章，是他1958年11月专门为创作毛泽东诗意画刻制的，就是表达其所作的画意不及诗词原意的万分之一。他说："因为主席的诗词博大精深而又奇峰突出、变幻多姿，实在不容易着想。画者与作者的思想天地太悬殊了，怎么样，也只能是'貌似'一斑，绝对谈不到'神似'。"②

生活在毛泽东时代的傅抱石，践行了他早年"读万卷书，行万里路"的诺言，使他"艺术当随时代"的主张产生了新的飞跃，在思想和行动上，证明了"中国画是可以表现现实、为新时代服务的"③。社会主义新生活、新体验、新感受，强化了他大胆地寻求新的笔墨形式和技法，自觉能动地表达对新的时代、新的生活的歌颂与热爱；毛泽东诗词的恢宏意境赋予了他的作品浓厚的时代气息和俯仰自得的空间意识，从而丰富和发展了中国山水画艺术。傅抱石不愧是画坛巨擘、时代骄子，他将永远定格在中国美术史上并为后人所景仰。

（原载于《艺术百家》2015年第2期）

---

① 南京博物院：《江山如此多娇：傅抱石"毛泽东诗意画"作品集》，荣宝斋出版社，2010年，第11页。
② 南京博物院：《江山如此多娇：傅抱石"毛泽东诗意画"作品集》，荣宝斋出版社，2010年，第11、12页。
③ 叶宗镐：《傅抱石美术文集》，上海古籍出版社，2003年，第543页。

四川蒲江县河沙寺大雄宝殿明代壁画初探

鲁珊珊　戴旭斌

内容提要：四川蒲江县河沙寺大雄宝殿《华严经》善财童子五十三参壁画是四川地区明代有明确纪年，且每参存有题记的明代中期佛教艺术遗存。壁画主要内容为善财童子五十三参，另有二十四诸天，并混有天官等儒教形象，是研究明代早期四川地区宗教在蜀献王时期仍受方孝孺"正学"影响的见证。壁画运用工笔重彩、线条勾勒流畅柔和、造型生动传神，与明代同时期的蓬溪宝梵寺、新津观音寺等壁画的工细金碧、沥粉贴金的风格迥异，与邛崃盘陀寺、新繁龙藏寺、广汉龙居寺壁画风格相近又有区别，为明蜀王四川地区不同艺术风格的壁画提供了又一不同类型。

关键词：蒲江县　河沙寺　壁画　明代　善财童子五十三参

河沙寺位于四川蒲江县寿安镇龙泉村，地处翠峰山北麓，地理坐标为北纬30°14′40.1″、东经103°38′10.2″，海拔544.8米，2002年被四川省人民政府公布为省级文物保护单位。1955年3月四川省文物管理委员会曾对河沙寺进行调查，撰写了《蒲江县文物调查工作报告》。蒲江县文管所于1991年和2000年对其进行调查，先后写成了《四川省文物档案·河沙寺》《成都市市级文物保护单位现状调查·河沙寺》。2017年成都市文体广新局联合浙江大学文化遗产研究院对河沙寺进行勘察，重点进行了壁画的考古调查记录和数字化保护的三维扫描。本文在这些新成果的基础上，除了尽快公布新材料外，重点对建筑的壁画做初步探讨，以期为四川明代早、中期建筑的壁画的年代及分期研究抛砖引玉。

一、建　筑　形　制

据《蒲江县志》记载，南宋淳熙十六年（1189年）兴公禅师创建此寺，元毁于兵燹。

明初洪武三十一年（1398年）复建，弘治壬子（1492年）重修^①，现明代建筑仅存大雄宝殿（图一）。

　　大雄宝殿坐东朝西，平面呈矩形，建筑面阔三间13.3米，由明间、次间组成，明间6.3、次间3.5米；进深五柱四间12.2米，中间减二柱，通高8.66米；建筑面积264平方米。为单檐悬山顶，小青瓦屋面，抬梁结构，并配以龙凤雕刻的雀替于明间两侧梁下，梁上驼峰支撑。前檐下分布斗拱8朵，檐下施双下昂五铺作斗拱，后檐采用挑梁和真昂出挑支撑檐檩，前后檐口采用飞椽结构，气势雄伟（图二、图三）。

　　大殿建筑有明确纪年，中梁上墨书"维大明国天顺二年岁次戊寅正月初十己巳直当代住持善埁暨十方善男信女等同心协力建立谨题"（图四），大致确立了建筑及其壁画为明天顺年间的作品。

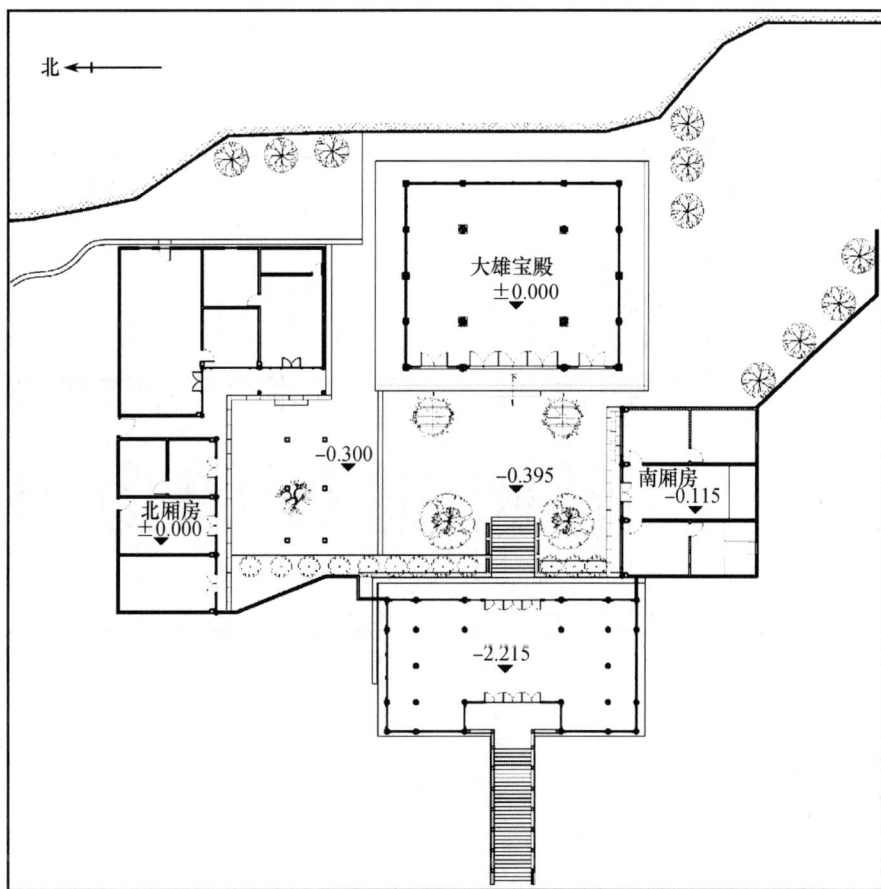

图一　河沙寺总平面图

① （清）孙清士修，（清）解璜、徐元善纂：《（光绪）蒲江县志》卷二《方外》，《中国地方志集成·四川府县志辑》第12册，巴蜀书社，1992年，第842页。

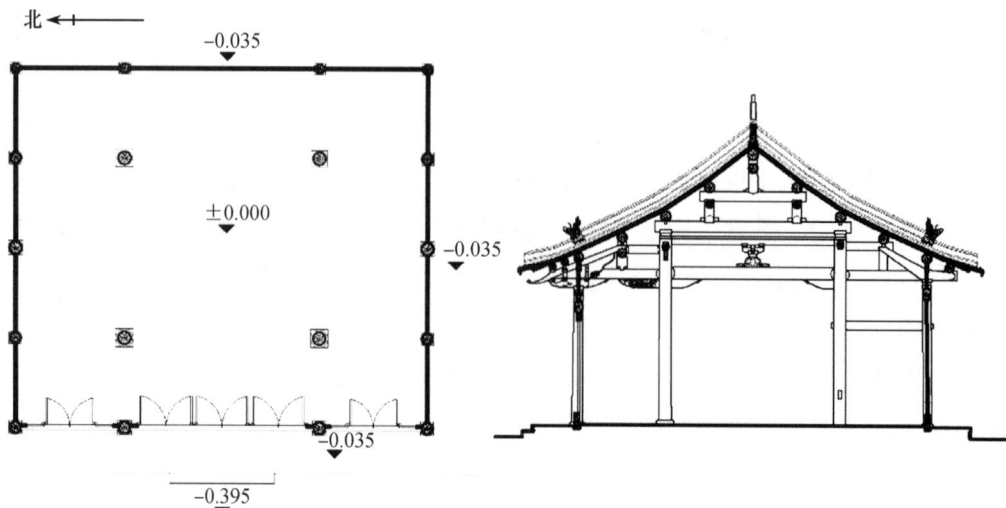

图二　大雄宝殿平、剖面图

图三　大雄宝殿立面图

二、壁画主要内容

大殿壁画主要保存在大殿南、北壁的山墙和西壁上部的墙体上，现存58.84平方米。因殿内墙壁被柱梁和穿枋分割成大小不一的壁面，壁画内容也因此都独立成幅。壁画内容为五十三参、二十四诸天等内容。其中，南墙现存壁画19幅、合计18.69平方米，大殿北墙现存壁画17幅、合计面积30.77平方米（图五）。

北壁　绘5幅人物故事（图六），五架梁下方有3幅图像，长宽约1米，编号为北-03、北-04、北-05，为二十四诸天内容。每幅彩绘人物3人、天

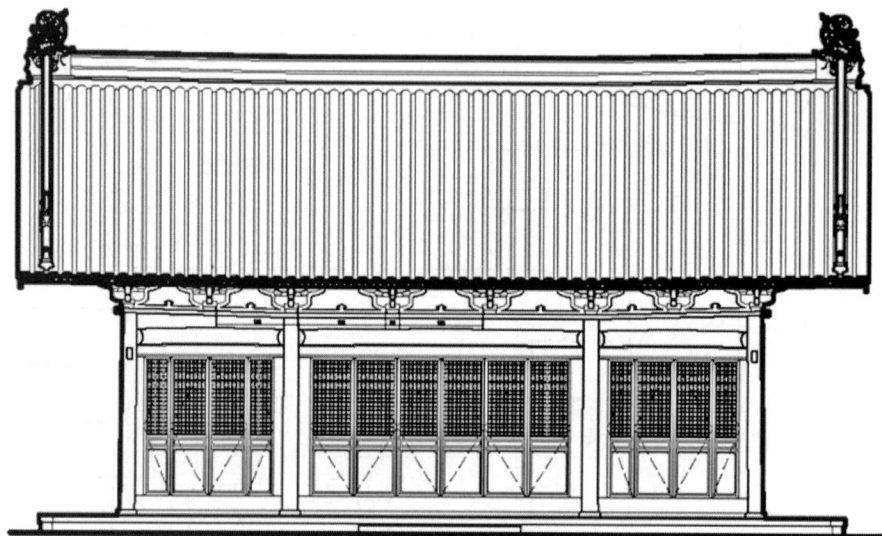

图四　中梁墨书题记

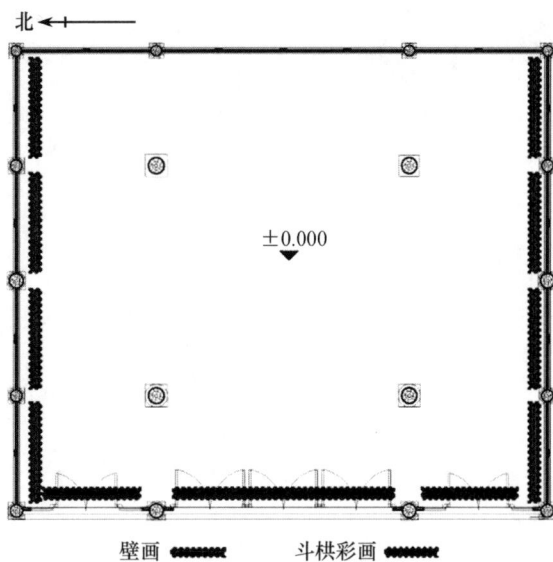

图五　壁画分布示意图

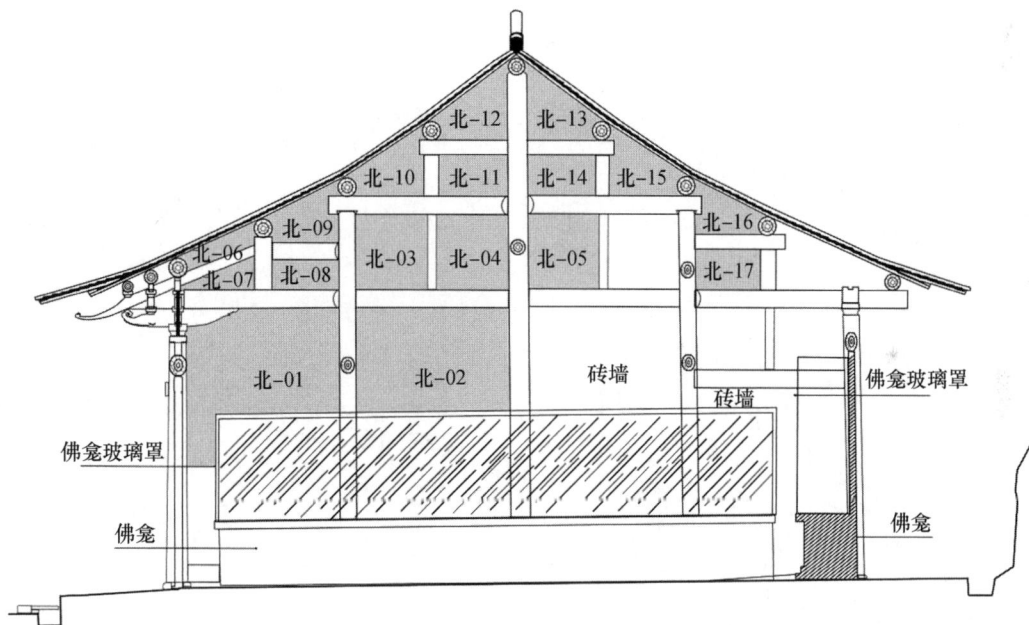

图六　北壁壁画分布示意图

神1人、穿袍捧笏官员2人（图七）。另两幅长4、宽2.5米，编号为北-01、北-02。北-01彩绘善财童子在为法聚落参最寂静婆罗门（第50参）佛会中参拜普贤菩萨（第53参）的3次参访善知识的故事，北-02彩绘善财童子到迦毗罗城参访遍友童子师（第43参）到出生城参无胜军长者（第48参）的6次参拜善知识的经历（图八、图九）。

南壁　五架梁下方有4幅图像（图一〇），长宽各1米，编号为南-03、南-04、南-05和南-06，为二十四诸天内容。每幅彩绘人物3人，女子或手捧宝珠奉献，或者双手合十，男子袍服捧笏，天神持杵或持斧（图一一）。另有两幅残像，编号为南-01、南-02，其中一幅为

图七　北-03、北-04

图八　北-01局部

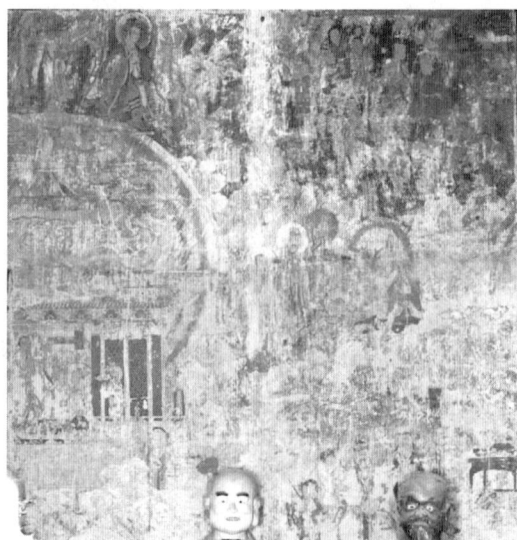

图九　北-02

善财童子在住林城参解脱长者（第6参）、在摩利伽罗国参海幢比丘（第7参）、在海潮处普庄严园参休舍优婆夷（第8参）的内容，另外一幅为善财童子到藤根国普门城参普眼长者（第17参）、到广大国参优钵罗华长者（第22参）、到楼阁城参婆施罗船师（第23参）的内容（图一二、图一三）。

北壁、南壁下方彩绘佛教《华严经》善财善子五十三参的故事。

第一参至第五参已毁。

第六参　善财童子去住林城参见解脱长者。保存在南壁（南-01），有题记："善财童子

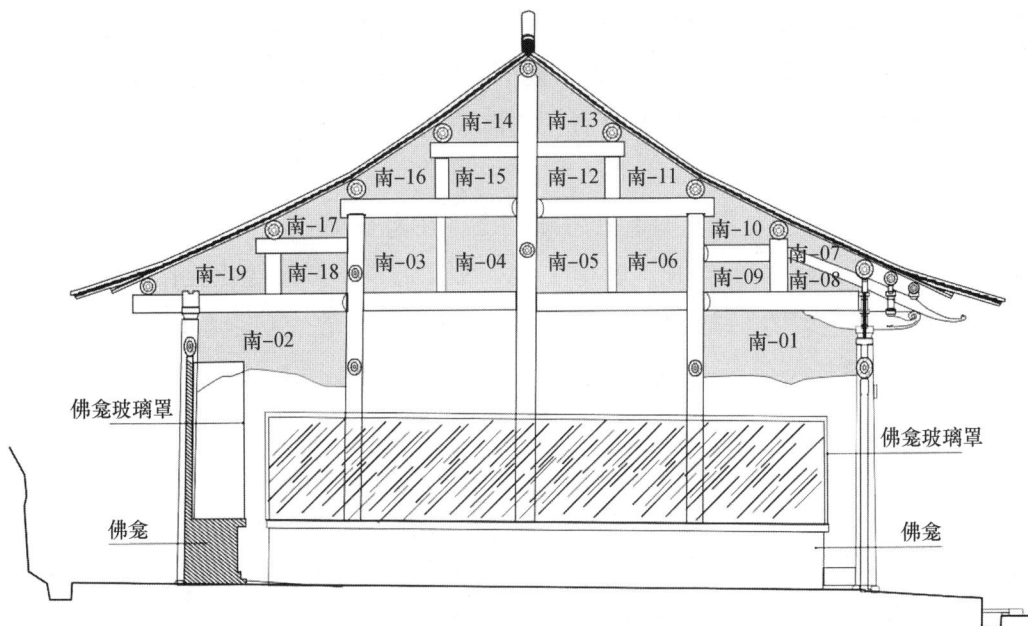

图一〇 南壁壁画分布示意图

图一一 南-03、南-04

图一二 南-01

图一三 南-02

第六诣／住林城参解脱长者／庄严法门证具足性。"解脱长者右手执玉如意，袍服，腰束带，倚坐。右一穿蓝色长衫侍童，双手持一曲棍，棍顶端祥云一朵，云中显现十方十佛；另一侍童穿青色长衫，手中捧物，侧身面向解脱长者。左面一老头侧身面向解脱长者。善财童子在前跪拜。

第七参　善财童子到摩利伽罗国参见海幢比丘。在南壁画心正中（南-01），有题记："善财第七，诣摩利伽国渗海幢比丘，舍得法／门，证正心性。"海幢比丘作一胡僧形象，秃头顶，穿"U"字形黑色袈裟，结跏趺坐，举右手，身放6层毫光。其头顶上现出一朵祥云，如来端坐云端，左右各黄云一朵，分托红色的太阳、白色的月亮。海幢比丘左面一僧人侍立，两耳戴环，右手举拂尘，拂尘柄为红色，毛为白色。僧人外披红色袈裟，内穿绿色交领衣。

第八参　善财童子到海潮处园林参见休舍优婆夷。在南壁（南-01）左侧，有题记："善财童子第八，诣海潮／处园林，参休舍优婆夷／安隐幢法门，证不退住。"休舍优婆夷在壁画上是一位年轻漂亮的妇女，头戴花冠，插满珠翠，穿交领宽袖绿色长裙，右手举白羽扇，左手下垂，在一座亭台前，山石旁草地上接见俯伏在地的善财童子。身后左面一穿红衣小姑娘，双手持长竿，长竿曲颈下垂红色飘带。右面一小姑娘，穿红衣，双手持长柄宫扇。又一人在茶几上端碗。

第九参至第十六参已毁。

第十七参　到藤根国普门城参见普眼长者，在南壁（南-02），有题记："善财童子第十七参／普眼长者证善现行。"普眼长老头戴方巾，身穿交领绿袍，坐于有靠背方形座椅上，右手抚椅，曲右腿，举左手胸前，左足踏踏板上，左面一茶几，几上一香炉，炉烟袅袅，左面树林茂密。善财童子立前参见，双手合十，头向后回顾，右面一人跪拜。一人双手捧盆，敬献珊瑚。

第十八参至第二十一参已毁。

第二十二参　到广大国参见优钵罗华长者。在南壁左上角（南-02），有题记："善财童子第二十二参／优钵罗华长者证离聚众生相回向。"优钵罗华长者穿交领绿袍，左肩披黄色披风，坐椅上，右一人侍立，手执长扇，左有桌、茶几，几上置香炉。善财童子在前参拜，曲折栏杆，一桌上置花木、酒壶、香盒。

第二十三参　到楼阁城参见船师婆施罗。在南壁（南-02），已残，仅存婆施罗上半身，头戴幞头，穿交领绿色上衣。

以下第二十四参至第四十三参的图画已毁。

第四十四参　到迦毗罗城参童子师遍友。在北壁右上角（北-02），有题记："善财童子第四十四参／童子师遍友，今朝见面。"童子师遍友穿红袍，倚坐，善财童子俯伏在前；左有童子7人，有吹箫、敲锣、击响板的；右有童子4人聚集嬉戏，一童子伏地，手持长秆网套，捕捉昆虫。

第四十五参　参善知众艺童子。在北壁（北-02）。4人聚集于右面，前3人，年长；后1人童子，头顶上绾双髻，善财童子跪拜于地，左面1人站立，穿红袍。

第四十六参 到婆怛那城参贤胜优婆夷。在北壁（北-02），有题记："善财童子第四十六参／贤胜优婆夷无依处道场法门。"贤胜优婆夷为一妇女，外披红袍，内穿交领黄色内衣，倚坐，双手胸前合十，身后右面二绿衣女子，一双手持扇，一双手捧红盒。身左一女子侍立，穿粉红色衣，善财童子在前参见，贤胜优婆夷背后是一座亭台。

第四十七参 到沃田城参坚固解脱长者，在北壁（北-02），有题记："善财童子第四十七参／坚固解脱长者，得无着念净庄严法门。"坚固解脱长者倚坐在一殿阁内，外披绿色外衣，在胸前系带打结，右立一侍女，善财童子立前参见。善财身后一绿衣小童，双手托着盛满食物大盘，回首张望。殿下有二人，一为小童，穿红衣，双手捧盘。

第四十八参 到沃田城参妙月长者。北壁（北-02），有题记："善财童子第四十八参妙月长者，得净智光明法门。"妙月长者头戴花冠，面圆胖，披绿色外衣，结跏趺坐。

第四十九参 到生城参无胜军长者。在北壁右下角（北-02）。题记："善财童子第四十九参／无胜军长者，得无尽相法门。"大树下，无胜军长者倚坐，外披绿色外衣，胸前扎结，右手持白羽扇，左右各侍童两人。右侧一童子双手持长拐杖，一童子绿衣，双手持拂尘横竖右肩，拂尘红长柄，白旄。左侧一红衣童子双手持短笛，另一双手持长柄扇。

第五十参 到城南法聚落参最寂静婆罗门。在北壁右上角（北-01）。题记："善财童子第五十参／法聚城中参／最寂静婆罗门得诚愿语法门。"最寂静婆罗门，婆罗门是印度贵族僧侣。壁画中，最寂静婆罗门，为一贵族妇女形象，头戴花冠，穿交领红色外衣，白衬衣圆领向外翻卷，倚坐在椅上，右一侍童，双手胸前合十。左一侍女，穿红衣，双手捧盘。右一成年男子，扇插在背后腰带上，面向右，举右手，左手持拐杖。一妇女，举左手，一小孩穿红色上衣，面俱向右，右面一株大树，青枝绿叶，开放着大朵的红花。树右是重重的宫殿。

第五十一参 到妙意花门城参德生童子、有德童女。北壁（北-01），题记："善财童子第五十一参／德生童子、有德童女，得菩萨幻住法门。"画面上共有六人。

第五十二参 到海岸国大庄严园毗卢遮那藏楼阁参见弥勒菩萨。在北壁（北-01），题记："善财童子毗卢藏／楼阁，参弥勒菩萨。证人／三世法门境界。"弥勒菩萨在毗卢藏楼阁内，楼阁枋、柱都彩绘。弥勒头戴花冠，外披红色外衣，举右手。左右各一菩萨侍立，头戴花冠，胸饰璎珞。举右手，手中持物。

第五十三参 到佛会中参普贤菩萨。在北壁中间（北-01）。四大天王，东方持国天王多罗吒，左手执琵琶，右手弹拨。西方广目天王毗留搏叉，面目狰狞。南方增长天王毗琉璃，穿甲胄，戴兜鍪，手执长剑。北方多闻天王毗沙门，光头，面目狰狞。侍女头戴花冠，面圆胖，穿交领衣，手持华盖，另一侍女双手合十，左一脸武士持幡[①]。

---

① 龙腾：《蒲江县河沙寺》，《蒲江文史》第18辑，2005年。

三、相关问题研究

（一）壁画的风格

大殿建筑稳重朴实的风格是成都地区明代中期寺庙建筑的代表，室内存有大面积清晰完整的明代壁画。画面注重在平面上表现具有空间关系的纵深感，在四川地区同为一题材的邛崃盘陀寺、新都龙藏寺壁画不可比拟，布局设计上的每一参既独立又与其他故事环境相联系，过渡自然，突破了局限与平面效果的格局。人物线条绘制柔和飘逸，顿挫自然，绘画线条使用传统技法"骨法用笔"，画面线条有铁线描、兰叶描等方法。天神线条劲健有力，善财童子线条圆润流畅，人物的绶带和宽袖部分有"吴带当风"的感觉。

壁画的设色以青、绿、白、红为主，另外以黑色和黄色穿插点缀，不同于早于它的平武报恩寺和晚于它的新津县观音寺用色以红、黄、褐、金为主，高雅，庄严。在人物衣饰、其他物品等多采用重彩平涂的染色方法。人物面部和皮肤的颜色用传统的层层晕染着色的方法，人物面部用了"三白法"，增强了面部的立体感。河沙寺运用传统的工笔重彩，色彩丰富、人物造型生动传神，而平武报恩寺、新津县观音寺壁画描绘工整细致、沥粉贴金而富丽堂皇。

沙河寺二十四诸天中四大天王的绘制不同于蓬溪县慧严寺的水墨晕染的北方民间画工艺术[1]。而手持法器与苏州瑞光塔出土北宋彩绘四大天王一致[2]，南方增长天王手持长戟，东方持国天王手持宝剑，北方多闻天王手持金刚杵，西方广目天王手持斧。与平武报恩寺完全不同，报恩寺南方增长天王手持青光宝剑，东方持国天王手持花龙，北方多闻天王手持混元伞，西方广目天王手持碧玉琵琶[3]。前者继承宋代时期法器用法，后者的法器变化反映了明代四川地区的地方特征和时代信仰变迁。

（二）壁画的年代

正梁上墨书题记"维大明国天顺二年岁次戊寅，正月初十日己已。直当代住持善埕……谨题"，可知该寺大殿始建于明天顺二年（1458年），明确了壁画的年代上限；从大殿内金柱上墨书"天顺庚辰（四年，1460年）六月"及"各舍资财绘彩五十三参并庄严殿宇，祈愿各人福慧增崇，灭危殄灭者"[4]，得知壁画绘制共历时两年半时间，耗资不菲。四川地区有确切纪年

---

① 杨小晋、刘显成：《四川蓬溪县慧严寺大雄殿明代壁画初探》，《四川文物》2016年第3期。
② 马书田：《中国佛菩萨罗汉大典》，华文出版社，2003年，第429页。
③ 四川省文物考古研究院、四川省平武报恩寺博物馆、四川省武县文物保护管理所：《平武报恩寺》，科学出版社，2008年，第279、280页。
④ 四川省文物调查组：《蒲江县文物调查工作报告》，1955年。

的明代建筑数量有限，尤其木构建筑有彩绘的较少，彩绘有纪年的更少。彩绘和壁画的绘制年代明确，为我们研究四川地区的建筑及其壁画提供了不可多得的珍贵资料[①]。

（三）壁画的性质

绘画内容包括佛教的五十三参、二十四诸天以及儒家天官、天将等题材。

寺内壁画主要是佛教《华严经》善财童子五十三参的故事。《重修翠峰山碑记》河沙寺住持善瑆"戒行精严，日课《华严》，冰暑不辍"[②]，他主持修建的大雄殿作为日课参拜之所，所绘内容皆与"若化河沙众，皆得阿罗汉"的寺庙取名关联，教化世人，宣扬大乘佛法。善财童子五十三参故事讲述南亚孟加拉国善财受文殊菩萨点化的参学历程，所学善识也为佛教思想。

大殿也绘制有天官、天将等为儒家题材，河沙寺作为一个佛教寺庙，壁画上同时绘制了佛、儒两教的内容。寺僧圆鉴及其住持宗谧撰文的《河沙寺修砌石工记》记载："……儒以一贯之旨，而为道统之传，佛以拈花之宗，而为心法之授。儒、佛虽殊，心法授受之际，其揆卜也。苟不能融两教心胸者，奚能提振宗门之纲要。"考释碑碣，阐明提振宗门既要修行佛法，也要顺其自然，不喜强求的要意。

文献记载河沙寺住持善瑆幼从朱元璋第11个儿子蜀王朱椿洪武二十三年（1390年）从南京入蜀，后到蒲江县住持重建河沙寺。而朱椿至蜀后聘方孝孺为世子傅，表其居曰"正学"。献王"博综典籍，容止都雅"，在朝中有"蜀秀才"之称[③]。壁画绘制时期，第四代蜀和王就藩成都府，蜀地政通人和，蜀人方孝孺"正学"之风在有皇家背景的河沙寺重建中得到稳固传承。朱棣迁都北京后，一方面严厉整顿和限制佛教，完成了对明代整顿和限制佛教政策的补充和完善，另一方面又大力对之加以提倡和保护[④]。虽远在蜀地，但从蜀献王到蜀和王均对儒家正学和宗教教化有序传承并弘扬，且一度派遣皇家寺庙主持和京城太监、名师画家在正统年间大事新扩建或者复建寺庙，在天顺和成化年间盛况空前，为四川地区留下了不同风格的珍贵艺术。

河沙寺彩绘风格继承了北方宋代的工笔重彩的华丽，不同于该时期四川地区的其他寺庙的铁线勾勒贴金的金碧辉煌。河沙寺虽采用寺庙壁画传统工笔重彩技法，朴素大方，不描不沥但也显得华丽严谨；其内容的儒、佛共存有着其皇家历史背景和蜀地"正学"儒风的根缘，这是研究明代早期四川地区宗教在蜀献王时期仍受方孝孺"正学"影响的重要线索。

---

① 姚军：《四川地区明至清建筑结构和风格演变原因分析》，《考古与文物》2017年第6期。
② 蒲江县河沙寺藏明弘治十七年《重修翠峰山碑记》。
③ （清）张廷玉等撰：《明史》卷一一七《诸王列传》，中华书局，1974年，第3579页。
④ 何孝荣：《明成祖与佛教》，《佛学研究》2002年第1期。

（四）壁画的艺术价值

四川明代壁画保存至今的共14处，其中绘有善财童子五十三参故事的仅有3处：蒲江河沙寺、邛崃盘陀寺、新都龙藏寺。邛崃盘陀寺壁画为毛笔墨绘，未施彩色，现已斑驳陆离，很难对比研究。而新都龙藏寺壁画为彩色绘制，保存较差且每参无题记。河沙寺壁画所绘善财童子五十三参故事既为彩绘，并每参存有题记，保存较好，是难得的天顺年间珍贵的实物资料，不仅为有同样题材的壁画研究提供了珍贵材料，更为研究明代天顺年间的四川地区壁画提供了新的对比作品。

其建筑壁画精美、色彩鲜明、清晰完整。采用传统的线描技法，同最近的北京御用监匠奉旨监工绘制的新津观音寺壁画铁线描技法完全不同[①]，也不同于觉苑寺殿内樟木额枋所圆雕的二十四诸天神像[②]，布局也不同于觉苑寺通景式的构图方式[③]；同宝梵寺受到不同地域所流行样式粉本在局部和构图上也有区别[④]。

殿内壁善财童子、诸佛诸天、菩萨等像，线条流畅，色彩绚丽，人物姿态多样，表情丰富，面像喜怒分明，姿态各异。构图巧妙，在人物之间以流云相隔，布局不因人多而拥挤。菩萨面部头丰唇润，表情稳重，上身赤裸，锦帛飞扬。自腰部以下，衣纹流动；身条苗条、颈、肩和腰部佩挂着玲珑的璎珞。壁画采用彩色绘制，所绘内容线条轻盈，人物、花草图画逼真，栩栩如生，人物姿态、面容等表现得淋漓尽致，充分体现了画师的精益技巧和完美的画工。

（原载于《四川文物》2019年第2期）

---

①　曹丹：《浅谈四川壁画》，《四川文物》1996年第3期。

②　张德荣、王振会、阮荣春：《剑阁觉苑寺明代壁画》，文化艺术出版社，2010年。

③　母春生：《剑阁觉苑寺壁画艺术探析》，《艺海》2016年第12期。

④　李雅梅、余艳君：《蓬溪宝梵寺壁画艺术特征探析》，《重庆大学学报（社会科学版）》2014年第4期。

胡小石楷书创作分期述略

赵启斌

内容提要：胡小石的楷书风格特色大致经历了四个阶段的发展演变，每一阶段各具特色：第一期为早年至1926年，是胡小石楷书风格根基初步奠定的阶段，形成了宽博雄伟、俊美秀逸的书法风格特色；第二期为1926—1941年，是胡小石楷书风格进一步形成的阶段，形成了雄健峻拔、圆润流畅的书法风格特点；第三期为1941—1949年，是胡小石楷书风格完全成熟的阶段，形成了纵逸奔放的风格特色；第四阶段为1949—1962年，是胡小石书法风格继续演化、发展的阶段，呈现出其特有的楷书筋骨之美、内在气韵之美。

关键词：胡小石　楷书风格　演变

1945年8月15日，日本宣布无条件投降，中国人民取得了抗日战争的伟大胜利。1946年夏，中央大学复员回南京。同年9—10月，"时和气润""神怡务闲"，胡小石创作了一批风格统一的行书作品，标志着其"碑体行书"的全面成熟。这批作品如今都珍藏在南京博物院，精彩的如《杜甫〈白帝城最高楼〉句》轴、《杜甫〈百忧集行〉句》轴、《屈原〈九歌·东君〉句》轴、《谢灵运〈答范光禄书〉句》轴、《王翰〈凉州词〉》轴等署有年款之作，以及《屈原〈九章·橘颂〉句》轴、《金农诗》轴等未署年款之作，风格出奇的统一，用笔多方折，断而后起，行笔多侧锋，所写线条一侧毛糙一侧光滑；横画起笔多圆，富有隶意；竖画起笔多方，悬针收尾；撇捺伸展，直来直往，喜用反捺；时出飞白，虚实相间。可以说，胡小石此时创作的"碑体行书"已经完全摆脱李瑞清楷书、行书的笼罩，达到一个更高、更稳定、更自由的境界，笔者谓之"离"。

约从1947年开始，胡小石有意识地将"二王"草书展大临写，不仅改变原帖的字势、字形、布白，还将磨炼成熟的"碑体行书"笔法融入其中，所作草书也一派"胡氏面貌"。与其说这是临摹，不如说这是"二次创作"。这样的草书实践一直持续到20世纪50年代末，也反作用于其"碑体行书"。笔者发现，约从1948年开始，胡小石的"碑体行书"中逐渐出现草书字形，如胡小石纪念馆藏的《杜甫〈缚鸡行〉句》轴（1948年），一字之内的连笔也多了起来，章法上两字连缀、大小参差的情形频繁出现。这一情形在其50年代和60年代初的作品中体现得更为明显，如南京博物院藏的《傲舍种树》轴、《白沙大瀑布》轴、《节临米芾〈乐兄帖〉》轴、《题王匋民遗画》轴、《大孤二月七言联》、《节录李白〈上清宝鼎诗〉》轴等。一言以蔽之，"碑体行书"中行草的成分越来越重。这说明先生的"碑体行书"在20世纪40年代末达到成熟后仍在不停地升级、打磨，到五六十年代时更显老辣、野拙。

约从1958年开始，先生偏爱20厘米高、约四尺长的尺牍式横幅创作，创作题材多样，有自作儿歌，如《牛牛上街歌》《花生米》《红公鸡》等；有自作文，如《论海髥治印》《忆白沙往事》等；有实用信札，如《致高一涵札》；有古诗抄录，如《节录谢灵运〈游赤石进帆海〉》等。虽为小字行草，但与其成熟期大字的风格颇为一致，而更显老辣。此时，他钟情于这样的创作形制，这也许是体能原因，因为小字适合坐姿书写，而坐姿又能最大限度地减少体力消耗。

结合部分学者如吴白匋、徐利明、庄天明、辛尘等的研究成果和论断，以及胡小石留存的部分楷书作品分析，可以大致将胡小石的楷书风格演变分为四个发展阶段，兹分别简单阐释如下。

一、第一期：早年至1926年（38岁）

这一时期是胡小石楷书风格根基初步奠定的阶段，形成了宽博雄伟、俊美秀逸的书法风格特色。这一时期可以看作胡小石楷书风格从筑基到初步成型的阶段，早年其父为其书法打下深厚的基础，其书学颜真卿，宽博雄迈的颜真卿书法风格成为其一生最为基本的风格范畴，无论是高华韶秀、豪迈峻拔书法格调的出现，还是枯瘦劲健、疾涩纵逸书法格调的出现，都没有偏离早期筑基时期所定下的基调，少年老成，深具大家气象。

1907年（19岁），胡小石考入两江师范学堂，受其李瑞清的影响，自此开始改学北碑，得力于《郑文公碑》《张黑女墓志》，为他注重方笔、硬笔、实笔，致力于沉雄豪迈的楷书风格特点打开了渠道。1914年（26岁），胡小石有幸得遇《流沙坠简》，为汉晋人墨迹本书法所震撼，从此终生揣摩临写汉晋简帛墨迹本书法，从中领悟楷书风格的来源、演变和审美特色及其范畴类型，为其尊崇恢宏大气、沉雄峻拔的书法风格范畴的出现提供了新的风格元素。吴白匋对他这一时期的书法风格特色总结说："少时初临颜书，陷于板滞。经梅庵先生指授笔法，改学北碑，得力于《郑文公》《张黑女》，于《郑》取坚实严密（《书学史》称郑北书第一），于《张》取其空灵秀美。其时西陲流沙坠简初出，师以为学古人最好的墨迹，即取其印本肄习之，而八分、章草、行草书得汉人真相，迥异时流。"[1]1918年（30岁），胡小石在上海继续饱览碑版、法帖、金石、甲骨刻辞；1921年（33岁），他对甲骨文、金文、碑版书法的见解日益高远，不断将各体书法的用笔、章法、结体特征加以会通，转化为楷书风格的组成要素，为

---

[1] 吴白匋：《胡小石书法选集·前言》，《胡小石文献》，荣宝斋出版社，2008年。

其极具鲜明自我个性的楷书风格进一步打下了深厚的基础。可以说，此一时期，由于胡小石的个人书学见解、阅历以及年龄等，他将坚实严密、空灵秀美的两路书法审美风格特点结合起来，使其楷书风格在总体上呈现出宽博雄伟、俊美秀逸的风格特色。

二、第二期：1926年（38岁）左右至1941年（53岁）

这一时期是胡小石楷书风格进一步形成的阶段，形成了雄畅峻拔、圆润流畅的书法风格特点。胡小石在碑学、帖学书法上进一步加大取法的力度，碑帖融合的趋势进一步加强，"遍临汉碑，兼临汉简。楷书多学北碑，兼锺王，关注南碑，喜临魏晋残纸……由不自觉走向自觉，探寻碑帖熔铸之途径"①。如1930年（42岁）对锺繇书法、北魏造像、《刘平国开道记》、甲骨文、金文、秦诏版的临写，1935年（47岁）对黄庭坚书法、秦权量的临写等，他都始终致力于碑学书法、帖学书法审美风格与用笔的融会贯通，从中获得符合自己性情特点的审美意象和风格要素，方硬劲挺、圆润流畅的楷书书法风格特色开始出现。这一时期，胡小石继续对先秦金文以及秦诏版、秦权量不断临习，继续从中获取方笔、圆笔的书法用笔，不断汲取沉着、稳重、坚实、沉凝的实笔书法用笔特点；同时也在不断地深化八分以及楷书碑刻的临习，梁之《萧憺碑》《萧秀西碑阴》以及隋之《董美人墓志》《常丑奴墓志》都成为他这一时期楷书创作和楷书风格的取法对象。相对于早期的楷书风格取法而言，这一时期显然拓展了更宽的接续通道，为产生质的飞跃提供了新的条件和基础。

在帖学取法方面，此一时期胡小石也开始向魏晋以及两宋、明清转化。他对锺繇（《戎路帖》等）、王献之以及苏轼、黄庭坚、米芾三家的法帖也不断临习，在用笔和结体上不断综合化用诸家笔法和审美风格元素，将不同书体的用笔和审美风格元素向楷书用笔和风格上转化。当然，明清人的书法用笔也给予他深刻的启示。胡小石说："至晚明董其昌、黄道周、倪元璐、张瑞图诸家出，始能摆脱藩篱，别开生面，而董书实为明书第一，以其楷书以丑为美，行草着空意多，着纸意少，以虚神替实笔，在书学史中为首创也。"②"明末华亭（董）善用柔，石斋（黄）、鸿宝（倪）善用刚。每欲为两派沟通之。"③如何转化刚柔，既保留碑刻方笔、实笔、硬笔的峻拔雄畅风神，同时也将帖学书法善于运用圆笔、虚笔、柔笔特点吸纳进来，汇融潇洒灵秀、飘逸清雅的风格类型，应该可以在此加以打通、汇融碑帖，创立新的风格类型，切实可行。在帖学取法上，胡小石为其楷书风格特色的确立与形成找到了一条畅通的门径。

---

①　庄天明：《陶铸古今卓然自立——胡小石书法艺术别论》，《沙公墨妙——胡小石书法精品集》，南京大学出版社，2012年。

②　吴白匋：《胡小石先生传》，《胡小石研究》（《东南文化》1999年增刊1），1999年。

③　吴白匋：《胡小石先生传》，《胡小石研究》（《东南文化》1999年增刊1），1999年。

此一时期胡小石正处于中年精力最为旺盛的时期，也是他个性才华发挥最为淋漓尽致的一个人生阶段，具有个人风格特点的楷书在20世纪30年代也开始逐步进入成熟阶段。

他的楷书筑基北魏碑刻墓志书法，同时将北碑体格与汉魏简牍、魏晋文书残纸墨迹笔法不断融合，用笔圆健流畅，兼有金石气、书卷气，同时汲取草隶八分书的书法风格特点，为强化、凸显具有个性化的楷书风格特色的出现进一步打下了坚实的基础。经过多年的沉潜往复，他的楷书风格不断进行综合融合，此一时期胡小石形成了雄畅峻拔、圆润流畅的楷书风格基调，是其学识修养、自我精神性情最为真实的流露。

三、第三期：1941年（53岁）至1949年（61岁）

这一时期是胡小石楷书风格完全成熟的阶段，形成了纵逸奔放、凝涩劲整的书法风格特色。第三期是胡小石楷书全面进入成熟的一个重要时期，经过长期的书法艺术实践，胡小石的书法风格特色基本定型，个性特色开始出现，具有胡小石疾涩笔力、纵逸奔放、刚健雄伟的楷书风格特色形成，反映胡小石健硕艺术生命、笔力深稳劲健的胡氏个性化楷书面貌终于确立。

这一时期，经过长期的临习、研究和创作实践，胡小石的楷书已经进入成熟的中老年阶段。年事逾高，笔力愈强，破空杀纸，颇得米氏"刷"字诀以及王献之、黄庭坚的笔法格调，沉雄豪迈之中有着纵放疾荡、厚实老硬的审美意象[1]。此一时期，胡小石彻底打通了碑帖之间的通道，融合南北，参汉简、魏晋残纸，终成自家风格。这一时期，胡小石临习研究碑帖互融的思路始终没有中断，到了1943年（55岁），还在继续临写《萧憺碑》、王献之书、金文等，尤其以碑体方笔作二王体书，结体布白，颇有意趣，潇洒灵秀之外深得雄深宏伟的意概。所以吴白匋总结说："吾师晚年所临碑帖亦臻此境，铸所见有其在云南所书正楷二大碑，及各体书匾额、楹联、屏条卷册无数，皆独具本家面目，其学问诗文风度，与接人待物、喜怒哀乐之情亦可于书法中见之，环视当世，能臻此境者寡。"[2]将碑学书法的格调与帖学书法的优势整合起来，将楷书的审美风格范畴推到新的境地，确实有令人耳目一新之感，鲜明的楷书个人风格终臻形成。

此一时期，胡小石对清代何绍基临写八分书有更深的感悟和理解，深得八分书、楷书的变化神理，他说："何道州临《张迁碑》凡二百数十通，每通记数，前数十通不似，中数十通甚似，后百余通又从不似至大不似，乃尽化《张迁》为道州。"[3]胡小石继承李瑞清运用涩笔而能顿挫的笔法、受何绍基转实为虚的用笔影响，推动了书法用笔审美格调的进一步变化，创造出以涩笔临金文的书风，是李瑞清擅用涩笔进行楷书创作的新拓展，为其纵逸奔放、凝涩劲整的书法格调出现提供了笔法基础。

---

① 徐利明：《胡小石的学者生涯与书法》，《胡小石书法文献》，荣宝斋出版社，2008年。
② 吴白匋：《胡小石书法选集前言》，《胡小石文献》，荣宝斋出版社，2008年。
③ 吴白匋：《胡小石书法选集前言》，《胡小石文献》，荣宝斋出版社，2008年。

四、第四期：1949年（61岁）至1962年去世

　　这一时期是胡小石楷书风格继续演化、发展的阶段，书法的自我个性风格继续得到强化。晚年的胡小石除了不断汲取碑帖书法风格的元素并致力于楷书风格特色的构建外，也在笔下展现出个体生命进入老年后所具有的独特的艺术风貌，老辣苍秀、天真烂漫的书法境象不断呈现出来，愈到晚年，愈发明显，在瘦硬劲健、枯老苍茂的审美气象中表现出胡小石书法特有的楷书筋骨之美、内在气韵之美。

　　胡小石对历代碑学书法和帖学书法的感受和把握在晚年越来越精熟，对各体笔法、结体、章法特点越来越具有高度的驾驭能力和概括能力。六朝碑刻、隋代碑刻、六朝写经、王羲之书、颜真卿书、汉简、乙瑛碑、张迁碑、礼器碑、曹全碑、金文、米芾法帖等，都是他晚年一再临写的范本，并不断加重碑帖互融的力度，继续为其独特的楷书风格注入新的血液、灵感与审美意象，"先生晚年书风归于简淡静穆，笔法老成。其篆、隶、楷三体，于精严中寓变动，于朴实中见华丽，于峻拔中味墨韵……，其中以篆、隶、楷三体最为突出，创造出方笔多折，断而后起的拆分笔法与圆笔多转、换而不断的使转笔法，成就一代碑学大家"[①]。

　　胡小石晚年尤其喜欢临写《萧憺碑》，从中领悟笔法，为他的楷书格调带来不同于《郑文公碑》以及北朝墓志的特有神韵。《萧憺碑》是具有王羲之书风影响的南朝碑版，严正精密的结体和用笔深受胡小石内心的由衷喜爱，《萧憺碑》雄浑苍劲、气势宏大的精神气质和审美意象强化了胡小石的硬笔、实笔、方笔特点，而具有王羲之南方书法神韵的风格特色也暗合了胡小石追求飘逸秀美、遒劲妍媚的审美价值倾向，雄畅高华，呈现出胡小石晚年书法独特的个性化色彩。胡小石晚年的楷书涩笔用笔、结体纵长以及古朴瘦硬的个性特点愈发典型、明显，这也是胡小石书法艺术追求的基本美学价值观念和老年时期特有的生理、心理因素的表现和反映，深深打上了书法家晚年的生命烙印。

　　胡小石的楷书风格特色大致经历了四个阶段的发展演变，不同时期的楷书表现出不同的风格艺术特色，是不同时期胡小石个人学识修养和审美意识的反映。胡小石风格特点的形成经历了一个特定的发展演变过程，其间凝结着胡小石对文化、历史和艺术的深邃体验、感悟。经过早年而壮年、中年、老年，胡小石楷书风格宛如一曲流动的生命音符自然流淌，逐渐进入旺盛期、老年期，最终完成了书法生命的成长演化历程。

（原载于《中国书法》2018年第3期）

---

　　① 庄天明：《陶铸古今卓然自立——胡小石书法艺术别论》，《沙公墨妙——胡小石书法精品集》，南京大学出版社，2012年。